本書出版得到
國家古籍整理出版專項經費資助

中外交通史籍叢刊

西域水道記

(外二種)

〔清〕徐松 著
朱玉麒 整理

中華書局

圖書在版編目(CIP)數據

西域水道記,外二種/(清)徐松著;朱玉麒整理.
-北京:中華書局,2005.7(2012.7重印)
(中外交通史籍叢刊)
ISBN 978-7-101-04541-3

Ⅰ.西… Ⅱ.①徐…②朱… Ⅲ.水域-歷史地理-西域 Ⅳ.K928.6

中國版本圖書館CIP數據核字(2005)第011854號

責任編輯:李晨光

中外交通史籍叢刊

西域水道記(外二種)

〔清〕徐 松 著

朱玉麒 整理

*

中 華 書 局 出 版 發 行

(北京市豐臺區太平橋西里38號 100073)

http://www.zhbc.com.cn

E-mail:zhbc@zhbc.com.cn

北京瑞古冠中印刷廠印刷

*

850×1168毫米 1/32 · 23印張 · 8插頁 · 409千字

2005年7月第1版 2012年7月北京第2次印刷

印數:4001-7000冊 定價:69.00元

ISBN 978-7-101-04541-3

西域水道記

啓功題

徐松像（《清代學者像傳》第二集）

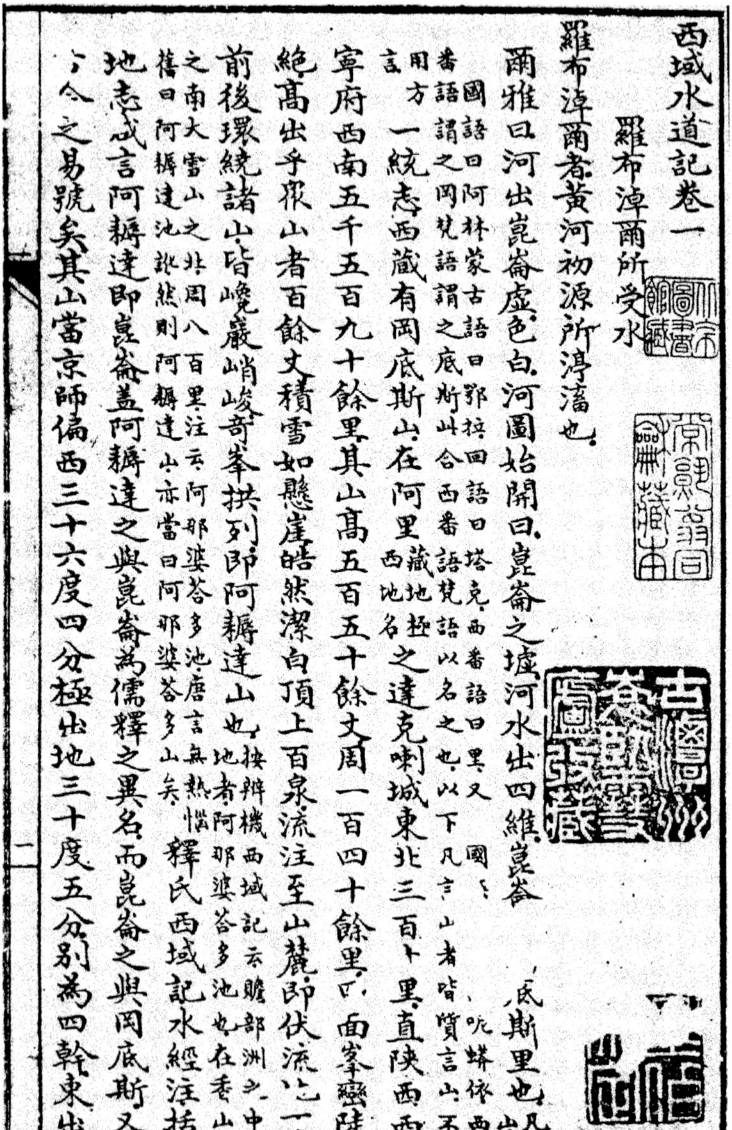
西域水道記卷一

羅布淖爾所受水

羅布淖爾者黃河初源所渟滀也

爾雅曰河出崑崙虛色白河圖始開曰崑崙之墟河水出四維崑崙氐斯里也凡山國語曰阿林蒙古語曰鄂拉回語曰塔克西番語曰里又國國吮蟒依西番語謂之岡梵語謂之底斯山合西番語梵語以名之也以下凡言山者皆質言山不用方言

一統志西藏有岡底斯山在阿里西藏地名之達克喇城東北三百十里直陝西西寧府西南五千五百九十餘里其山高五百五十餘丈周一百四十餘里四面峯巒陡絕高出乎衆山者百餘丈積雪如懸崖皓然潔白頂上百泉流注至山麓即伏流地下前後環繞諸山皆巉巖峭峻奇峯拱列即阿耨達山也按辯機西域記云贍部洲之中地者阿那婆答多池也在香山之南大雪山之北周八百里注云阿那婆答多池唐言無熱惱舊曰阿耨達池訛然則阿耨達山亦當曰阿那婆答多山矣釋氏西域記水經注括地志或言阿耨達即崑崙蓋阿耨達之與崑崙為儒釋之異名而崑崙之與岡底斯又亦今之易號矣其山當京師偏西三十六度四分極出地三十度五分別為四幹東出

二

《西域水道記》稿本書影

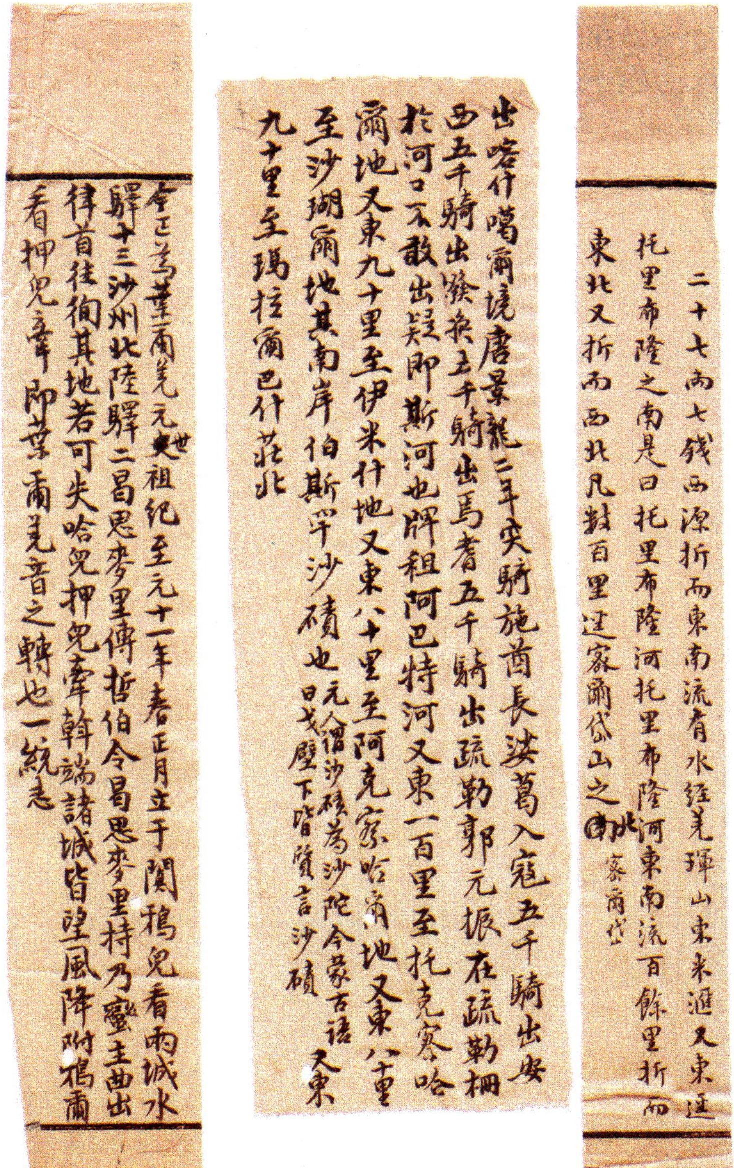
二十七兩七錢西源折而東南流有水經羌琿山東來匯又東逕
托里布隆之南是曰托里布隆河托里布隆河東南流百餘里折而
東北又折而西北凡數百里逕塞爾岱山之北
塞爾岱

出喀什噶爾境唐景龍二年突騎施酋長娑葛入寇五千騎出安
西五千騎出撥換五千騎出焉耆五千騎出疏勒郭元振在疏勒柵
於河口不敢出疑即斯河也䍧祖阿巴特河又東一百里至托克賽哈
爾地又東九十里至伊米什地又東八十里至阿克家哈爾地又東八里
至沙瑚爾地其南岸伯斯罕沙積也元人謂沙積為沙陀今蒙古語曰戈壁下皆質言沙磧又東
九十里至瑪拉爾巴什莊北

今正為葉爾羌元史世祖紀至元十一年春正月立于闐鴉兒看兩城水
驛十三沙州北陸驛二昌思麥里傳哲伯令昌思麥里持乃蠻主曲出
律首徇其地若可失哈兒押兒牽斡端諸城皆望風降附鴉爾
看押兒牽即葉爾羌音之轉也一統志

《西域水道記》稿本夾籤書影

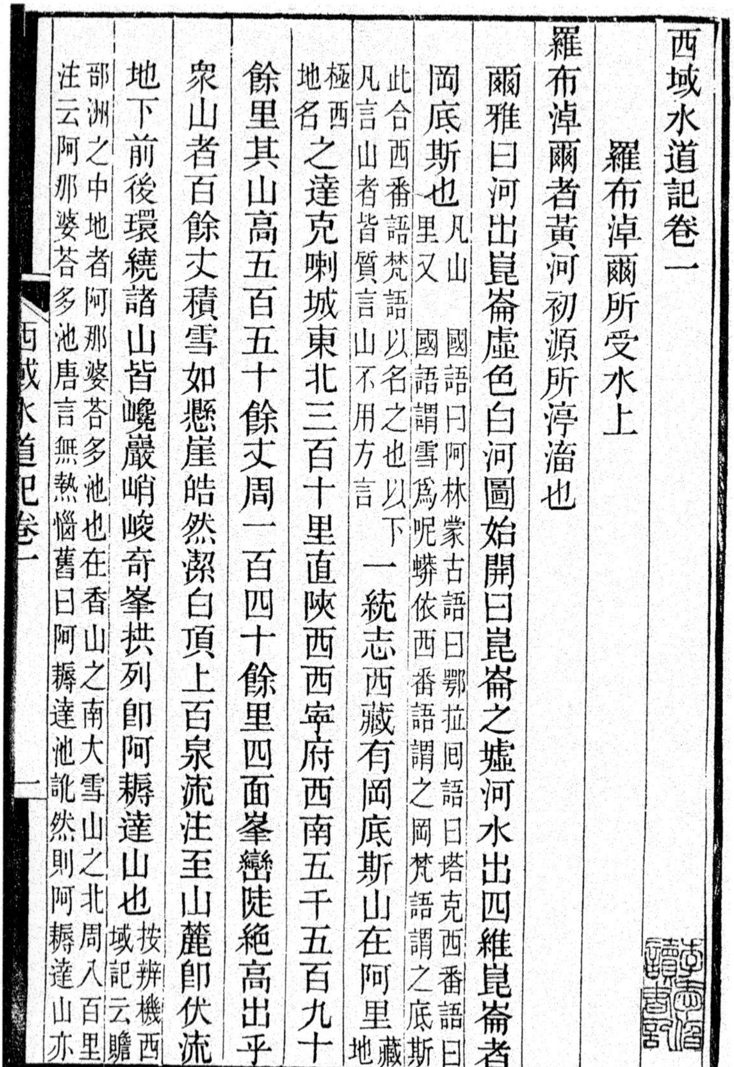

西域水道記卷一

羅布淖爾所受水上

羅布淖爾者黃河初源所渟滀也

爾雅曰河出崑崙虛色白河圖始開曰崑崙之墟河水出四維崑崙者岡底斯也凡山國語曰阿林蒙古語曰鄂拉回語曰塔克西番語曰里又國語謂雪爲呢蟒依西番語謂之岡梵語謂之底斯此合西番語梵語以名之也以下凡言山者皆質言山不用方言一統志西藏有岡底斯山在阿里藏地極西地名之達克喇城東北三百十里直陝西西寧府西南五千五百九十餘里其山高五百五十餘丈周一百四十餘里四面峯巒陡絶高出乎衆山者百餘丈積雪如懸崖皓然潔白頂上百泉流注至山麓卽伏流地下前後環繞諸山皆巉巖峭峻奇峯拱列卽阿耨達山也按辨機西域記云贍部洲之中地者阿那婆荅多池也在香山之南大雪山之北周八百里注云阿那婆荅多池唐言無熱惱舊曰阿耨達池訛然則阿耨達山亦

西域水道記卷一　一

《西域水道記》道光刻本書影

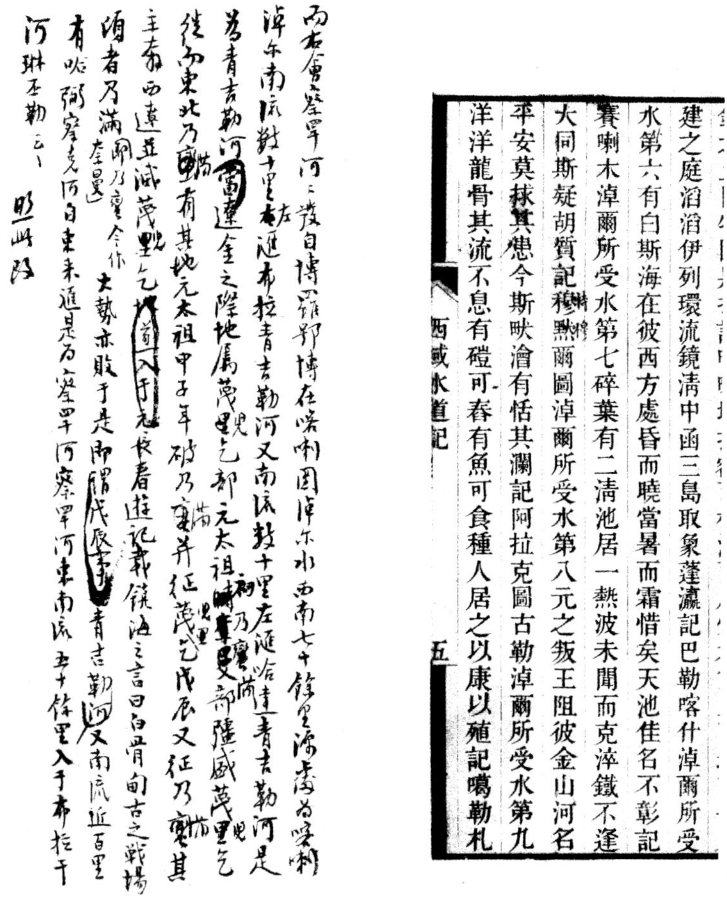

建之庭滔滔伊列環流鏡淸中函三島取象蓬瀛記巴勒喀什淖爾所受
水第六有白斯海在彼西方處昏而曉當暑而霜惜矣天池佳名不彰記
賽喇木淖爾所受水第七碎葉有二淸池居一熱波未聞而克淬鐵不逢
大同斯疑胡賓記穆默爾圖淖爾所受水第八元之叛王阻彼金山河名
平安莫賦其愚今斯昳澮有恬其瀾記阿拉克圖古勒淖爾所受水第九
洋洋龍骨其流不息有磴可舂有魚可食種人居之以康以殖記噶勒札

西域水道記　五

《西域水道記》校補本書影

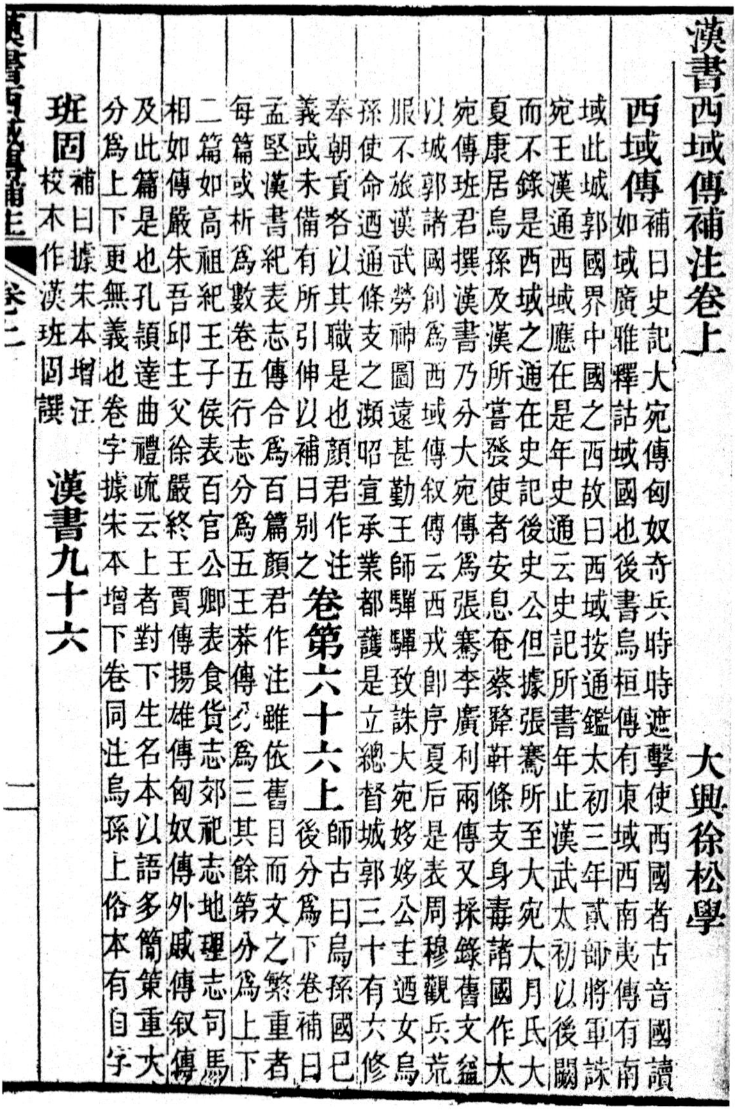

漢書西域傳補注卷上　　大興徐松學

西域傳 補曰史記大宛傳匈奴奇兵時時遮擊使西國者古音國讀如域廣雅釋詁域國也後書烏桓傳有東域西南夷傳有南域此城郭國界中國之西故曰西域按通鑑太初三年貳師將軍誅宛王漢通西域應在是年史通云史記所書年止漢武太初以後闕而不錄是西域之通在史記後史公但據張騫所至大宛大月氏大夏康居烏孫及漢所嘗發使者安息奄蔡犛軒條支身毒諸國作大宛傳班君撰漢書乃分大宛傳爲張騫李廣利兩傳又採錄舊文益以城郭諸國創爲西域傳叙傳云西戎卽序夏后是表周穆觀兵荒服不旅漢武勞神圖遠甚勤王師驒驒致誅大宛姼姼公主迺女烏孫使命迺通條支之瀕昭宣承業都護是立總督城郭三十有六修奉朝貢各以其職是也顏君作注義或未備有所引伸以補曰別之

卷第六十六上 師古曰烏孫國已後分爲下卷補曰孟堅漢書紀表志傳合爲百篇顏君作注雖依舊目而文之繁重者每篇或析爲數卷五行志分爲五王莽傳分爲三其餘第分爲上下二篇如高祖紀王子侯表百官公卿表食貨志郊祀志地理志司馬相如傳嚴朱吾邱主父徐嚴終王賈傳揚雄傳匈奴傳外戚傳叙傳及此篇是也孔穎達曲禮疏云上者對下生名本以語多簡策重大分爲上下更無義也卷字據宋本增下卷同注烏孫上俗本有自字

班固 補曰據宋本增注校本作漢班固譔　　漢書九十六

《漢書西域傳補注》刻本書影

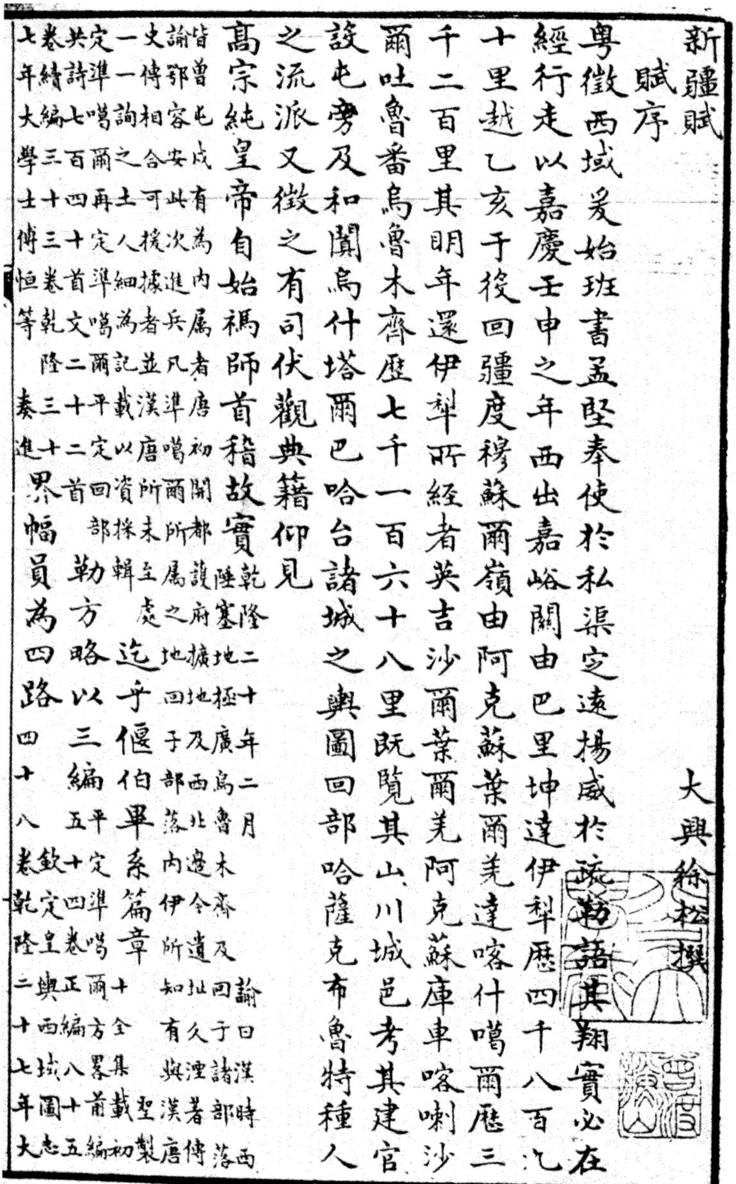
新疆賦

賦序　　大興徐松撰

粵徵西域爰始班書孟堅奉使於私渠定遠揚威於疏勒語其翔實必在經行走以嘉慶壬申之年西出嘉峪關由巴里坤達伊犁歷四千八百九十里越乙亥于役回疆度穆蘇爾嶺由阿克蘇葉爾羌達喀什噶爾歷三千二百里其明年還伊犁所經者英吉沙爾葉爾羌阿克蘇庫車喀喇沙爾吐魯番烏魯木齊歷七千一百六十八里既覽其山川城邑考其建官設屯旁及和闐烏什塔爾巴哈台諸城之輿圖回部哈薩克布魯特種人之流派又徵之有司伏觀典籍仰見

高宗純皇帝自始禡師首稽故實

乾隆二十年二月　諭曰漢時西陲塞地極廣烏魯木齊及回子諸部落皆曾屯戍有為內屬者唐初開都護府擴地及西北邊今遺址久湮著傳諭鄂容安此次進兵凡準噶爾所屬之地回子部落內伊所知有與漢唐史傳相合可採據者並漢唐所未至處一一詢之土人細為記載以資採輯

迄乎傴伯畢系篇章

聖製十全集載初定準噶爾再定準噶爾平定回部共詩七百四十首文二十二首

勒方略以三編

平定準噶爾方畧前編五十四卷正編八十五卷續編三十三卷乾隆三十七年大學士傅恒等　奏進

界幅員為四路

欽定皇輿西域圖志四十八卷乾隆二十七年大

《新疆賦》稿本書影

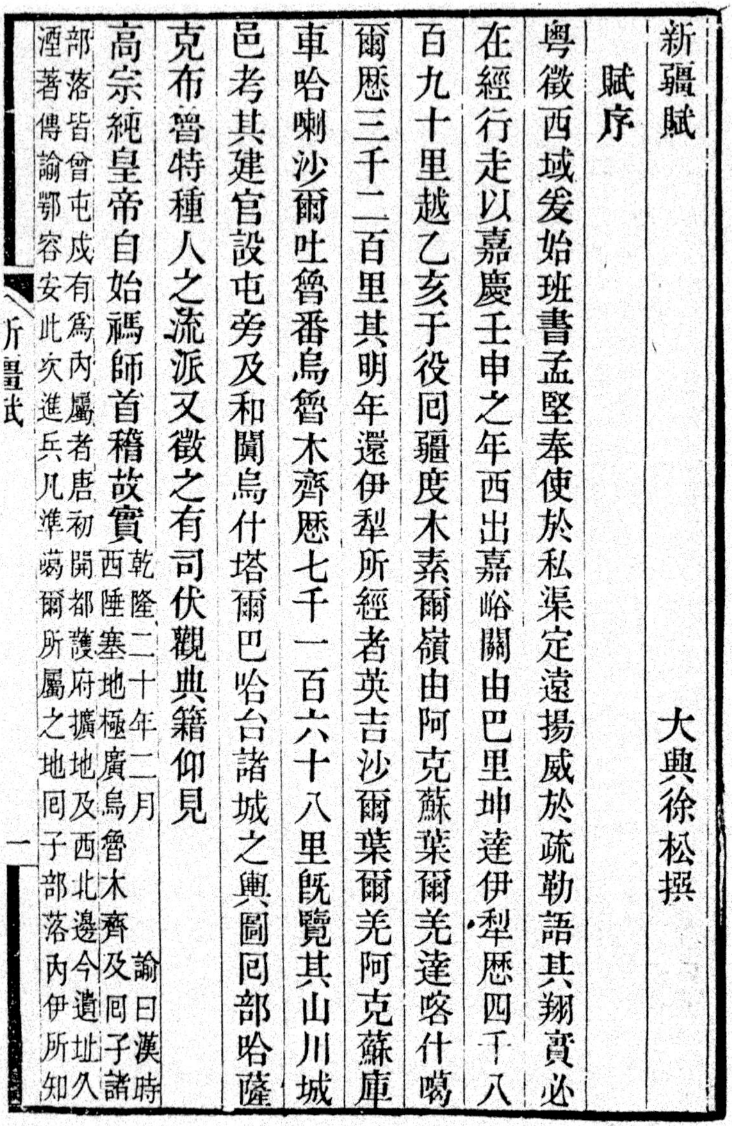
新疆賦

賦序　　大興徐松撰

粤徼西域爰始班書孟堅奉使於私渠定遠揚威於疏勒語其翔實必在經行走以嘉慶壬申之年西出嘉峪關由巴里坤達伊犂歷四千八百九十里越乙亥于役回疆度木素爾嶺由阿克蘇葉爾羌達喀什噶爾歷三千二百里其明年還伊犂所經者英吉沙爾葉爾羌阿克蘇庫車哈喇沙爾吐魯番烏魯木齊歷七千一百六十八里既覽其山川城邑考其建官設屯旁及和闐烏什塔爾巴哈台諸城之輿圖回部哈薩克布魯特種人之流派又徵之有司伏觀典籍仰見

高宗純皇帝自始禡師首稽故實乾隆二十年二月諭曰漢時西陲塞地極廣烏魯木齊及回子諸部落皆曾屯戍有爲內屬者唐初開都護府擴地及西北邊今遺址久湮著傳諭鄂容安此次進兵凡準噶爾所屬之地回子部落內伊所知

新疆賦　一

《新疆賦》刻本書影

目　錄

前　　言

作爲歷史地理學的一個重要概念，“西域”一詞有廣義和狹義之分。狹義的西域大致相當於今天新疆的南疆地區，廣義的西域則包含了中原王朝西部邊界以西的所有地域。但無論是廣義和狹義，在不同的歷史時期，其範圍也多有變化。東漢班固的《漢書·西域傳》記録了玉門關、陽關以外直至葱嶺以西的廣大中亞地區，超越了他自己所劃定的狹義西域的範圍；而乾隆四十七年（1782）編定的《欽定皇輿西域圖志》，則將嘉峪關以外直到巴爾喀什湖以東以南的地域分爲四區，代表了清代前期官方對西域的定義，將狹義的西域擴充到了歷史時期的最大範圍①。不過，清政府在這一廣闊地域内行之有效的領土主權也爲時不長，光緒十年（1884）新疆建省時，巴爾喀什湖以東以南四十四萬平方公里的西域土地早已淪爲外邦。

甚麽樣的著作能够站在一個前無古人的高度，將時空經緯中不斷變换着的西域面貌縱横有致、清晰全面地描述出來呢？歷史將這一機遇賦予了嘉道之際的學者徐松。作爲西北歷史地理學的開創者，他的《西域水道記》《漢書西域傳補注》《新疆賦》在道光以來以“大興徐氏三種”或“西域三種”、“徐星伯先生著書三種”等名稱流傳遐邇，成爲古代西域終結時期體大思精的重要典籍。

一

徐松(1781－1848),字星伯,又字孟品,原籍浙江上虞,因父輩官宦京師,幼年落籍順天府大興縣(今屬北京),遂爲大興人。徐松少時得桐城派傳人左眉教授,加之聰慧勤奮,弱冠即中舉人,二十五歲又以殿試二甲第一名、朝考一等二名的成績高中進士,改翰林庶吉士,不久授翰林編修,入直南書房。他的天賦很快得到朝廷的賞識,二十九歲即進入全唐文館,擔任提調兼總纂官,全面負責編修《全唐文》。他利用新出碑志和《永樂大典》等大内秘笈,以精深的史識和考據功力,輯錄了如《河南志》《宋會要》《中興禮書》等重要的唐宋典籍,並開始了他考据學的力作《登科記考》《唐兩京城坊考》的撰著。僅僅這些成果,就顯示了他非凡的才學與識力,奠定了他在乾嘉學派後期的中堅地位。

在弘揚文治的時代,徐松的貢獻得到了嘉慶的獎賞,而立之年又出任湖南學政。少年得志,平步青雲,他的一帆風順顯然給官場的同僚帶來了壓力,遭到嫉妒,上任不到一年,就被御史趙慎畛奏參其需索陋規及出題割裂聖經等九款罪狀,必欲置之死地而後快。雖然最後經過初彭齡等的查辦,真正成立的罪名主要是刻印《經文試帖新編》令生童購買而得利一事,但它卻使徐松的人生發生了轉折,由湖南直接遣戍伊犁[②]。

徐松在嘉慶十七年(1812)的年底到達伊犁戍所惠遠城,在這裏住到賜環歸京的嘉慶二十五年初春之後。始建於乾隆二十九年的惠遠老城,如今早已湮沒在北侵的伊犁河道中。從老城南面的宣闓門内西行,南牆下的第三舍被安排爲徐松的戍館,他稱其爲“老芙蓉菴”,在這裏一住八年。徐松五十六歲的時候,曾請人畫過一幅《夢遊圖》,記述其初到戍館、踏進門檻的一刹那,發現這一清幽的院落竟然與他十三歲時在京師曾經夢見過的景致完全一樣！這個夢中的地點斷送了徐松的官場前程，卻成就了一個經世學派地理學家的誕生。

清政府在乾隆年間平定準噶爾、回部的叛亂重新統一西域之後，設置了總統伊犁等處將軍（簡稱"伊犁將軍"），管轄天山南北的駐防和行政事務。徐松遣戍伊犁的嘉慶後期，正是伊犁將軍的管理走上正軌、西域相對穩定的時期，先後就任的大臣如晉昌、松筠、長齡等，都有意於當地的長治久安。尤其是松筠，作爲一個有遠見的封疆大吏，認識到文治對於鞏固邊陲的意義，便先後組織在戍伊犁的汪廷楷、祁韻士等遣戍文人編纂一部名爲《伊犁總統事略》的志書。但從嚴格意義上說，這衹是一部排次各地事宜而成的政書，與松筠最初的通志理想仍有很大的距離。嘉慶十八年松筠第二次擔任伊犁將軍時，徐松的到來幫助他了卻了這一心願。經過徐松第三次編定的通志，得到新即位的宣宗皇帝意外的青睞，於道光元年（1821）賜名《新疆識略》。宣宗皇帝並親自撰序，付武英殿刊行，"新疆"作爲一個省級行政區的專有地名首次被政府啓用③；而徐松也因此從一個賜環的流放人員起用爲內閣中書。這些自然都是徐松回京之後的事。對於當時正在遣戍的徐松而言，《新疆識略》的意義，是使他有機會開始了在夢中的土地上行程萬里的考察、並最終以西域研究的系列著作圓滿了自己的夢。而成就徐松西北歷史地理學開創者榮譽的，正是道光以來被稱爲"大興徐氏三種"的《西域水道記》《漢書西域傳補注》和《新疆賦》。

徐松在嘉慶二十五年回到京師，此後曾就任內閣中書、榆林知府等職。而將近三十年的時間，他成爲領袖羣倫的學壇宗師。龔自珍在《己亥雜詩》中，就曾稱道徐松說："夾袋搜羅海內空，人材畢竟恃宗工。笥河寂寂覃谿死,此席今時定屬公。”在龔自珍這位終日爲人才而焦慮的近代思想家眼中,徐松繼承了同是大興人的前輩朱筠(笥河)和翁方綱(覃谿)賞識與搜羅人才的宗匠地位,而成爲當時的伯樂。尤其是以他爲中心,出現了西北輿地和蒙元史研究的集體,董祐誠、程同文、張穆、沈垚、楊亮等地學名家,共同完成了乾嘉學術朝經世致用方向的轉型。《畿輔通志》有“(松)自塞外歸,文名益譟,其時海内通人游都下者,莫不相見恨晚”的記載,而《大清畿輔先哲傳》則稱“海内言地學者,羣推爲巨子”④。他在遣戍期間就已完成初稿的西域系列著作,在這一時期又通過互相的切磋與更多史料的增補而愈加完美。《西域水道記》是其中最晚刊刻的著作,但我們今天在日本早稻田大學收藏的徐松舊藏中,可以看到晚年的徐松在著作印行之後仍然孜孜不倦地修改、校補的手跡。

徐松的一生,以他等身的著作在許多學術領域裏奠定了至今仍不可替代的重要地位,他本人也成爲中國社會轉型時代反映學術史變遷的典型。風行於晚清的張之洞《書目答問》附錄有《國朝著述諸家姓名略總目》,可以看作是對清代學術的第一次總結。在其分列的十二門中,徐松同時被列入“史學門”和“經濟門”中。可見徐松在學術研究本身以及清末士人最爲看重的經世致用的雙重標準下,都有着崇高的聲譽。而有關他在西北歷史地理學方面的成就,尤其令人注目。以《西域水道記》等爲代表的著作對清代前期經營的廣大西北地區進行了歷史地理的總清理,不僅具有方法論的學術價值,至今對我們審視歷史時期西域人文地理和自然地理的面貌、合理利用西北水資源,仍具有着深遠的現實意義。民國時期影響時代學術潮流的梁啓超,在其《清代學術概論》中就曾評論說:“自乾隆後邊徼多事,嘉道間學者漸留意西北邊新疆、青海、西藏、蒙古諸地理,而徐松、張穆、何秋濤最名家。”在其另一部名著《中國近三百年學術史》中又説:“此類邊徼地理學,雖由考古引其端,而末流乃不專於考古,蓋緣古典中可憑藉之資料較少,而茲學首倡之人如祁鶴臯、徐星伯輩,所記載又往往得自親歷也。”以上的評論,成爲後來將徐松作爲嘉道之際西北歷史地理學創始人的經典依據。

二

徐松的西域研究著作一個突出的特點,是他在遣戍新疆期間,對天山南北進行了大量的實地調查,“(徐松)於南北兩路壯游殆遍,每所之適,攜開方小册,置指南鍼,記其山川曲折,下馬錄之。至郵舍則進僕夫、驛卒、臺弁、通事,一一與之講求。積之既久,繪爲全圖。乃徧稽舊史、《方略》及案牘之關地理者,筆之爲記。”(龍萬育《西域水道記》序)正是這樣一種寫作的態度與方法,使其著作具有了可以徵信的品質。

《西域水道記》是作者對《新疆識略》中有關新疆水道内容的進一步擴充,在《新疆識略》的“新疆水道表叙”中,作者説:“《水經注》以水出而流入海者,命曰經流,引他水入於大水及海者,命曰枝流。中國之海,新疆謂之淖爾,今以發源自注淖爾者,爲經流,附他水以入淖爾者爲枝流,至其餘細水,自行自止,則以地多沙磧,往往滲漏入沙,謹遵《欽定河源紀略》,概以伏流稱之。”他根據内陸河流歸宗於湖泊的現象,創造性地將西域水道歸爲十一個水系,並在體例上模仿《水經注》的寫作方式,自爲注記。其所包括的範圍,是乾隆《皇輿西域圖志》中天山南北路、安西南北路四個區域,即嘉峪關西直至巴爾喀什湖以東以南的廣大西北地區。在詳細記載各條河流情況的同時,對於流域内政區的建置沿革、重要史實、典章制度、民族變遷、城邑村莊、卡倫軍臺、廠礦牧場、屯田游牧、日晷經緯、名勝古跡等,都有豐富的考證。甚至在後來成爲國際顯學的敦煌學方面,如敦煌的歷史沿革和地理風貌、莫高窟碑刻和洞窟的考證與論述上,《西域水道記》都已著先鞭。在西域歷史地理方面,如龜兹千佛洞的揭示、北庭都護府的定位、漢唐西陲石刻的研究等,徐松無疑也都是傑出的開創者。正如王先謙稱道《水經注》所説的那樣,《西域水道記》做到了"因水以證地,而即地以存古"(《合校水經注序》)。書中的各個水系,都有詳細的開方地圖進行對照;所有的地名,都以《西域同文志》爲準進行了統一。尤其是關於乾嘉時期新疆開發的史實,有着詳細的描述,使得本書在地理沿革之外,又具有了當代史的意義。

《西域水道記》值得表彰的經世意識,還突出地表現在書中對於塞防意義的重視。如前所述,該書的重要寫作方式,是開創性地將西域水道歸爲十一個湖泊水系。其中,卷四的巴勒喀什淖爾(今巴爾喀什湖),卷五的特穆爾圖淖爾(今伊塞克湖)、阿拉克圖古勒淖爾(今阿拉湖)、宰桑淖爾(今齋桑泊),這四個湖均在今哈薩克斯坦和吉爾吉斯斯坦境内,而在《西域水道記》中,都可以看到作者對這些地域親自踏勘的踪跡。

以上這四大湖泊的考述,今天大都成爲中亞史研究中域外史地的範圍。我們雖不能因此而斷定徐松在思想認識上具有的中外塞防意識,但這種思想意識的確實存在,卻另有明證。如在《西域水道記》的"宰桑淖爾所受水"中,不厭其詳地描述了"北邊之大國"俄羅斯的歷史地理面貌。作者除了對齋桑泊水系流經俄羅斯沿途的地理風物有所描述外,還對俄羅斯自西向東擴張、元代以來中國與之交往、清初《尼布楚條約》的簽訂與邊界劃分作了記載。這些詳細的記錄雖然在今天看來有許多知識點上的欠缺,但其用意卻無疑體現出對於西北邊外强鄰壓境的危機感。

在史料的運用上,作者充分吸收了以《乾隆内府輿圖》爲代表、運用西方地圖投影與測繪技術獲得的西域地理經緯度。甚至在他晚年的校補中,還使用了道光十八年九月發行的一期《東西洋考每月統記傳》中的材料——這是由西方傳教士郭實臘(Karl Friedrich August Gützlaff)等編纂、在中國境内用中文出版最早的期刊。因此可以説,《西域水道記》是經世致用的社會風潮、乾嘉質實求證的考史風氣、西域開闢的政治環境和西學知識的引進因緣際會的時代産物,它達到了那一時期西北輿地學科學研究的最高水準。

附録在二至五卷之後的水系地圖,也是構成《西域水道記》非常重要的内容。這些水系圖,以傳統"計里畫方"的描繪式繪圖法繪製,它們並没有構成一幅完整的西域地圖,這是因爲本書的主旨是根據河流、湖泊的走向來表述西域輿地,有些没有進入到具體水域的地方被作者放棄了。這可能是一個遺憾,不過根據其描繪的精確性,相信作者在進行具體的水系圖繪製時,肯定是先繪有一幅完整的西域地圖作爲藍本的。作爲一個普遍的繪製方法,這些水系圖大都有這樣的特點:一、按照線裝書的翻葉方法,從右向左展開,多數是兩面構成一個水系圖,在所記的十一個水系中,有八個水系是這樣安排的,其中喀喇塔拉額西柯淖爾、賽喇木淖爾兩個水系甚至共用了兩面。二、圖面上多有方格,"每方百里",使得地點之間的方位、距離有比較直觀而確切的感受。三、普遍遵循"上南下北、左東右西"的地圖方位,這是傳統"圖幅方向,皆以南爲上,以敬協黼座向明之義"(《新疆識略·凡例》)的意識所致。但也有例外,如爲了顯示哈喇淖爾水系東面的重要水道，作者增加了額濟訥淖爾所受水圖；爲了強調宰桑淖爾水系下游俄羅斯大國的狀況，雖"不詳里數"，也繪製了不開方的示意圖，這些都超出了"西域"的範圍；爲了充分展示不同長短河流的描寫，羅布淖爾、巴勒喀什淖爾、宰桑淖爾的水道圖都超出了兩面的限止，而水流密集的巴爾庫勒淖爾水道圖則放大爲"每方五十里"；甚至爲了適應書卷的左向展開，宰桑淖爾的水道方向改作"上東下西"、巴勒喀什淖爾則"上北下南"……這些不受傳統約束的靈活處理方法，顯示了作者對於地圖可視性的強調。更需要指出的是，作者雖然没有使用康乾以來精確的經緯線座標的西法繪圖法，但是在具體的文字表達上，卻接受了經緯度定點的精確描述法，在書中多達六十多處的山川、聚落記載中，作者加入了經緯度的數據作爲定點，形成了鄧廷楨在《西域水道記》序言特別提及的"又況中西法備，分野不爽毫釐；水陸路通，記里先明丈尺"的特色。其所謂"西法"，主要指的就是這種拋棄中國傳統二十八宿粗疏對應法而以經緯度標識的科學性方法。

與《西域水道記》同時，徐松還完成了《漢書西域傳補注》。《漢書·西域傳》爲古來正史西域傳之濫觴，但因時年久遠而學者又難得親歷，歷來治《漢書》者，對《西域傳》中史實、地名多所闕疑，或者解析歧錯。徐松以周歷天山南北，並有編纂西域通志《伊犁總統事略》之重任，遂首先考訂《西域傳》中古代地名之沿革，以今證古，成《漢書西域傳補注》二卷。徐松的補注特別注重地理沿革的考訂，因此與《西域水道記》注重當代地理的撰述互有分工，二書在相關的内容下往往注有"互見"字樣，可見作者在撰述之際是别具匠心的。《清儒學案》稱："嘗以班固作《西域傳》顔師古注未能賅備，而後之考西域者，多未親歷其地，耳食相襲，訛誤滋多。如《傳》言西域三十六國，荀悦所紀與《漢書》異，則據班氏以駁荀之誤;《傳》言南北火山,顔氏不加詮釋,則據《通鑑注》以正顔注之疏;《傳》言河有兩源,則證以今地,知河有三源,出葱嶺者二,出于闐者一;《傳》言玉門、陽關出西域有兩道,則據《隋書・裴矩傳》知漢時兩道皆在山南,山北爲匈奴,故無道;至隋有山南兩道,又增北山一道,漢之北道、隋之中道,今亦謂之南道,往回疆者由之;隋之北道,今亦謂之北道,往烏魯木齊、伊犁者由之。諸若此類,皆詳爲考訂,撰《漢書西域傳補注》二卷。"[5]其言徐松考證成果,頗得其犖犖大者。此後如楊守敬、熊會貞《水經注疏》的河源考證,皆引徐松補注;沈師徐《唐書西域傳注》的旨趣、體例,也多仿徐松此作[6]。

遣戍期間,徐松還遠仿班固《兩都》、張衡《二京》之製,創作了昇平時代歌頌大一統的文學作品——《新疆賦》。該賦正文一卷,前有賦序,後分《新疆南路賦》《新疆北路賦》二章,以葱嶺大夫、烏孫使者相爲問答,分詠天山南北二路地理之形勢、乾隆以來平定西域之武功,論者以爲可與當時乾隆皇帝《盛京賦》、和寧《西藏賦》先後輝映、鼎足而三,成爲清代開闢疆土、統一國家的輝煌巨製(彭邦疇《新疆賦》跋)。與其他賦作的不同之處,是作者對新疆進行了全面考察後進行的創作,因此,對南北二路的山川形勢進行了提綱挈領的描述,是其特别重要的價值;正文之外,作者又句櫛字梳,自爲注解,從而豐富了賦體的叙事功能。

以《西域水道記》爲代表的徐松西域著作,自道光年間付梓以來,一直影響着後人對西域歷史地理的研究。如道光二十五年往南疆勘地的林則徐,行囊中便不離《西域水道記》作爲重要的圖經[7];咸豐元年(1851)出任葉爾羌幫辦大臣的倭仁,在沿途所作的《莎車行紀》中,處處是據引"徐星伯先輩《水道記》"進行實地驗證的文字[8]。而像官修的《新疆圖志》,雖然在一個簡單的

"引用書目"中沒有具列徐松的著作,但在其紛繁的卷帙中,無不可見對徐松《新疆識略》《西域水道記》等書的引證⑨。千年以來讀書人奉爲史學正宗的《漢書》,其《西域傳》在顔師古給予訓詁方面的注釋之後便再無通人給予疏解,而徐松的《漢書西域傳補注》填補了這一空白,光緒年間集大成的《漢書補注》在這方面完全襲用了徐松的成果⑩。

19 世紀末、20 世紀初,西方的中亞探險熱潮興起之際,《西域水道記》也成爲探險家和漢學家的必讀書,徐松的名字對於考察和研究中亞腹地的他們來說,並不陌生。如沙畹(E. Chavannes)的《西突厥史料》作爲西方漢學研究里程碑式的代表作,大量地吸取了《西域水道記》中的歷史地理考證內容⑪。就敦煌研究而言,他的《宋雲行紀箋注》便用《西域水道記》的注釋來説明敦煌的方位⑫;斯坦因(Stein)的《西域考古圖記》在介紹敦煌的碑刻時,也引用沙畹《伯寧先生所獲十件中亞漢文題銘》的研究,提到敦煌碑刻的"內容曾被《西域水道記》所錄文"⑬。可見在敦煌學的草創階段,《西域水道記》是最早對敦煌歷史地理進行過精審考證的著作。

此外,伯希和(P. Pelliot)在《俄國收藏之若干漢籍寫本》一文中,提及莫斯科魯緬采夫(Rumyancov)博物院斯卡奇科夫(K. I. Skackov)收藏本編五六五(五一)號內容爲《永樂大典》所收《經世大典》站赤門之抄本時,說:"我好像記得從《永樂大典》抄出此文的是徐松。"⑭徐松作爲《永樂大典》佚書輯存者的身份是伯希和所熟知的。但是伯希和的《乾隆西域武功圖考》一文卻過分相信《欽定皇輿西域圖志》,而沒有引用《西域水道記》,以至對十六幅平定西域武功圖的地名考證有未能盡善之處⑮,堪嗟功虧一簣。

正是沿着這樣的學術研究道路，當代西域研究的論著幾未有不以徐松的成果作爲其論述基礎的。這也是今天整理這三部著作的重要因由。

三

《西域水道記》正文五卷，前有鄧廷楨、龍萬育序和作者自序，以及英和、葉紹本、彭邦疇的題詞。根據龍萬育的序稱："嘉慶丁丑歲（二十二年），謫戍伊犁，與舊友太史徐星伯先生比屋居，見先生所撰《伊犁總統事略》及《新疆賦》《漢書西域傳補注》，歎其賅洽。先生又出其《西域水道記》草稿數卷。余方爲迻書，而先後賜環歸京師。"可見其書在伊犁期間即已完成初稿。今所見中國國家圖書館藏《西域水道記》四卷本，當係道光初年回到京師後的手定底稿本，並有謄寫後不斷加入之籤紙數十條[16]。其後經過十多年的修改，在道光十八年前後由鄧廷楨在兩廣總督任上刻印出版[17]。由於卷一"羅布淖爾所受水"內容較多，因此擴充爲兩卷，遂由四卷稿本成爲五卷刻本。

道光刻本有個別訛誤被挖補重刻，今流行者率多挖補本。其版曾歸京師本立堂，而有各種影印或翻刻本。以"大興徐氏三種"本合印者最多，如北平琉璃廠寶森堂本、北平隆福寺文奎堂本、光緒十九年上海寶善書局本、光緒二十九年金匱浦氏靜寄東軒《皇朝藩屬輿地叢書》本、上海鴻文書局本，後三種均爲石印袖珍本。王錫祺輯《小方壺齋輿地叢鈔》，亦排印該書（光緒十七年上海著易堂排印本，第四帙，不分卷），然多有删節。今之流行本則有《中國邊疆叢書》第二輯影印文奎堂三種本（臺北：文海出版社 1966 年，第 23 册），道光刻本則有北京中央民族學院編《西北開發史料叢編》第一輯影印本（約 1980 年）、揚州江蘇廣陵古籍刻印社影印本(1991年)。

在刻本印行之後,徐松又不斷進行修改,直至去世。修改本殘卷(缺卷三)在其身後爲錢振常所得,撮鈔其竄改内容爲《西域水道記校補》一卷,先後由姚覲元光緒二十八年《咫進齋叢書》四集、宣統元年(1909)沈宗畸《晨風閣叢書》、民國九年(1920)繆荃孫《烟畫東堂小品·星伯先生小集》予以刊刻,近年則有譚其驤主編《清人文集地理類彙編》第五册據《星伯先生小集》標點本(杭州:浙江古籍出版社1988年,456–469頁)、《叢書集成續編》第二二三册影印《晨風閣叢書》本(臺北:新文豐出版股份有限公司1989年)。其修改本原書則由錢振常子錢恂贈給日本早稻田大學圖書館,近年由周振鶴先生發現並錄文公布[18]。

《漢書西域傳補注》的版本情況,據上引龍萬育《西域水道記序》,可知徐松於嘉慶二十二年在伊犁亦已完成該書初稿,但根據今刻本所徵引典籍之繁富,可知於赦歸後又多所增訂。今中國國家圖書館藏有稿本二册,三十四葉,行欵、用紙、筆跡均同於北京大學圖書館藏《新疆賦》稿本,其中間有徐松親筆校勘字跡,當係歸京後謄清之手定底稿本,有"古潭州袁臥雪廬收藏"、"常熟翁同龢藏本"、"北京圖書館藏"印,可知由徐松身後散落之遞藏情況。該書署名作"大興徐松學",後來之刻本從之,是爲付梓之底本無疑。

其書最早由陽湖張琦道光九年(1829)序刻,其後之印本均據以影印、覆刻,所知有道光二十二年錢熙祚輯《指海》叢書本(民國二十四年上海大東書局影印)、光緒五年王灝輯《畿輔叢書》本、光緒六年章壽康輯《式訓堂叢書初集》本、光緒二十年廣雅書局輯《廣雅書局叢書》本、光緒三十年朱記榮輯《校經山房叢書》本,又有以"大興徐氏三種"等名印行者。今本有《叢書集成初編》本、《中國邊疆叢書》第二輯本、《叢書集成新編》本、《二十五史三編》本、《二十四史訂補》本、《續修四庫全書》本等行世[19]。

《新疆賦》初稿與《漢書西域傳補注》同樣,也成於嘉慶二十二年間。今天流傳的《新疆賦》注文中有"今嘉慶二十四年,聖壽六旬"之句,是最晚的確切紀年,可以看到初稿在後來又經增訂的痕跡。北京大學圖書館藏有《新疆賦》稿本一卷,二十五葉,四周單欄,無格,半葉十四行、行二十八字,小字雙行夾注,賦序鈐"曾渡淩山"朱文方印,爲徐松藏書印,卷前有孫馨祖序,卷後有彭邦疇道光四年冬日跋,與今傳刻本無異,係徐松底稿清寫本無疑。此外,稿本多處引用了《長春真人西遊記》的文字作爲注文,而後者是徐松在道光二年四月才得以寓目的[20],因此《新疆賦》稿本也當是在道光二年至四年間寫定的。稿本與刻本文字的不同主要在地名上,如稿本之"穆素爾嶺"、"喀喇沙爾",刻本作"木素爾嶺"、"哈喇沙爾"等,當係後來據《西域同文志》進行了規範。此外,稿本在彭邦疇跋後,又有道光五年八月至十二月陳嵩慶、陳裴之、張錫謙、張琦的讀後題識。以往對於刻本付梓的時間多以彭邦疇"道光甲申(四年,1824)冬日"題跋的時間爲準,這是比較容易出現意外的判斷,但現在有了稿本上道光五年的題識未能刻入書中的下限,則以彭跋時間作爲付梓的年代就有了比較可靠的旁證[21]。

徐松的西域三種著作,在今天除了有刻本的影印流傳外,整理點校的工作一直闕如,而該書刻本成書之前的稿本、成書之後的校補手跡,又散藏海內外,始終未能以一體的面貌呈現。特别是像《西域水道記》刻印之後徐松的親筆校補內容,對於認識這部著作的完整形態來説,是非常必要的。因此,本書以彙校的方式,對上述三書進行了整理。

本書的整理,是我從2000年7月進入北京大學歷史系博士後科研流動站以來從事"徐松與嘉道之際西北歷史地理學"研究的組成部分。這項研究得到中國博士後科學基金會的資助,同時也被列爲教育部人文社會科學重點研究基地北京大學中國古代史研究中心重大項目"中外關係史:新史料的調查整理與研究"之成果;後期的整理,則得到現在的工作單位新疆師範大學西域文史學科的支持。我在博士後工作期間的合作導師榮新江先生一直給予我切實的教益和幫助,並細心審閲整理稿;博士生期間的導師啓功先生也一直關注這項工作,惠賜所藏《西域水道記》清刻本作爲工作底本,並題籤鼓勵;日本學者池田溫先生和石見清裕先生也幫我取得了早稻田大學的《西域水道記》校補本複印件,使這一整理工作掌握了徐松最珍貴的遺稿。此外,鍾興麒、李雄飛、郝瑞平、張廷銀、倪培翔各位先生也在提供底本、審讀校記方面給予我切實的幫助,中華書局的徐俊、柴劍虹二位先生促成了本書列入"中外交通史籍叢刊",責編李晨光先生提供了許多校勘經驗,並幫助我避免多處錯誤。對以上給予我支持的諸位先生,謹在此一併致以衷心的謝意。整理過程中仍不免有各種失誤,誠懇地希望得到讀者的批評指正。

朱玉麒

2004年4月20日於烏魯木齊

① 相關論述,可參榮新江《西域史研究的回顧與展望》,載《歷史研究》1998年第2期,132–148頁。

② 徐松生平最詳細的記載,有繆荃孫輯《徐星伯先生事輯》,載其《藝風堂文集》(光緒二十七年印行)卷一。但其生平的許多環節已湮沒不聞或傳聞失實。關於其遣戍伊犁的原因,陳垣先生的《記徐

松遺成事》據軍機處檔案對以往的誤傳進行了辨正,載《國學季刊》第5卷3號(1936年9月)141-150頁,後收入《陳垣史學論著選》,上海:上海人民出版社1981年,371-381頁。

③ 參李之勤《新疆一名的由來》,載《中國歷史地理論叢》第一輯,西安:陝西人民出版社1981年,164-175頁。後收入作者著《西北史地研究》,鄭州:中州古籍出版社1994年,444-449頁。

④ 《畿輔通志》三〇〇卷,李鴻章等纂修,同治間刊刻,《徐松傳》載卷二二六"列傳三四"。《大清畿輔先哲傳》四〇卷,徐世昌輯,1917年天津徐氏刻本,《徐松傳》載卷二五"文學類"。

⑤ 《清儒學案》二〇八卷,徐世昌輯,1939年北京修綆堂本,《星伯學案》在卷一四一。按,《清儒學案》原文"漢之南道、隋之中道,今亦謂之南道,往回疆者由之;漢之北道,今亦謂之北道,往烏魯木齊、伊犁者由之"句有誤,據《漢書西域傳補注》訂正。

⑥ 長白世傑叙其《唐書西域傳注》云:"華亭沈師徐孝廉癖嗜邊陲輿地之學……沈子取徐星伯注《漢書西域傳》意,自號師徐。"見沈惟賢《唐書西域傳注》卷首,有《二十四史訂補》影印光緒二十四年刻本,北京:書目文獻出版社1996年,第9册,581頁。

⑦ 見林則徐道光二十五年六月二日致賽什雅勒泰信,載《林則徐全集》,福州:海峽文藝出版社2002年,第8册,30頁。此承周軒先生檢示。

⑧ 倭仁《莎車行紀》,有《倭文端公遺書》本、《小方壺齋輿地叢書》本。

⑨ 《新疆圖志》一一六卷,袁大化、王樹楠纂修,有1923年東方學會鉛印本。

⑩ 《漢書補注》一〇〇卷,王先謙補注,光緒二十六年虛受堂刊本。

⑪ 《西突厥史料》(Documents sur les Tou-kiue occidentaux),St. Petersbourg 1903,有馮承鈞中譯本,上海:商務印書館1934年。

⑫ 《宋雲行紀箋注》(Voyage de Song Yun dans l'Udyana et le Gandhara.),中譯本見馮承鈞《西域南海史地考證譯叢》第六輯,北京:商

務印書館1962年,1－68頁。

⑬ 參《西域考古圖記》第二十一章第二節《千佛洞的碑刻》,斯坦因著,中國社會科學院考古研究所主持翻譯,桂林:廣西師範大學出版社1998年,2册,453頁。不過中譯本將這裏的"reproductinn(複製、錄文)"譯作"摘抄",顯然有誤。

⑭ 《俄國收藏之若干漢籍寫本》中譯本,見馮承鈞《西域南海史地考證譯叢》第六輯,184－190頁。

⑮ 《乾隆西域武功圖考證》中譯本,見馮承鈞《西域南海史地考證譯叢》第六輯,69－183頁。

⑯ 稿本今有《續修四庫全書》影印本,上海:上海古籍出版社2002年,第728册,73－154頁,惜未印其中徐松籤注。參拙文《〈西域水道記〉稿本研究》,載《文獻》2004年第1期,172－194頁。

⑰ 《西域水道記》刻印的時間,以往的研究多據卷前龍萬育序文的寫作時間,定於道光三年,榎一雄最早糾正了這種錯誤,認爲鄧廷楨序文的署銜是判定其刊刻年代的標準,因而將該書的刻印推斷在鄧氏任兩廣總督的前期,即道光十五末年至十七年末之間,參榎一雄《徐松の西域調査につぃて》(《關於徐松的西域調查》),初刊之《近代中國》14卷(1983年12月)148頁,後收入《榎一雄著作集》第二卷"中央アヅア史Ⅱ",東京:汲古書院1992年,100頁。據筆者最新的研究,則認爲刻印時間當在道光十七年末至十九年末之間。參拙文《〈西域水道記〉:稿本、刻本、校補本》,載《中外關係史:新史料與新問題》,北京:科學出版社2004年,383－404頁。

⑱ 周振鶴《早稻田大學藏〈西域水道記〉修訂本》,載《中國典籍與文化》2001年第1期,86－95頁。有關校補本流傳的詳細情況,參拙文《〈西域水道記〉:稿本、刻本、校補本》,同上注。

⑲ 《叢書集成初編》,上海:商務印書館1935－1937年輯印,第3254册爲《漢書西域傳補注》,據《指海》本排印,北京:中華書局1985年重印;《西域三種》,《中國邊疆叢書》第二輯第23册,臺北:文海

出版社 1966 年影印文奎堂本;《叢書集成新編》,臺北:新文豐出版股份有限公司 1985 年,第 97 册影印道光本;《二十五史三編》,張舜徽主編,長沙:岳麓書社 1994 年,第三册 831 - 857 頁影印《叢書集成初編》本;《二十四史訂補》,徐蜀策劃、選編,北京:書目文獻出版社 1996 年,第三册 277 - 312 頁影印道光九年刊本;《續修四庫全書》,上海:上海古籍出版社 2002 年,第 270 册影印道光本。

⑳ 参同注⑯。

㉑ 周家楣、繆荃孫等纂《光緒順天府志》(光緒丙戌〈十二年〉刻印)卷一二六《徐松著述》以《新疆賦》爲道光二年刻本,誤。

《西域水道記》（外二種）點校凡例

一、徐松西域著作三種，即《西域水道記》《漢書西域傳補注》《新疆賦》，在道光年間陸續付梓印行後，曾以《大興徐氏三種》或《西域三種》《徐星伯先生著書三種》之名影印傳世。本書即以此三書之道光刻本爲底本，進行標點、校勘（校勘記中簡稱"底本"）。整理格式主要以中华书局《古籍校點釋例（初稿）》（《書品》1991年第4期）爲依據而略有變通。

二、《西域水道記》道光刻本有初刻本與挖補本之别，其間差異甚微，今所據"底本"爲通行之挖補本，與初刻本之差别均在校勘記中注明。此外，又以下列各本作校勘本：

稿本——徐氏手定底稿本（四卷，四册，中國國家圖書館藏，善本編號SB3869）

《方壺》本——《小方壺齋輿地叢鈔》本（［清］王錫祺輯，光緒十七年<1891>上海著易堂排印本，第四帙，作一卷）

《校補》本——《西域水道記校補》本（《校補》本有稿本、刻本多種，其間差異，另見附録《西域水道記校補》之彙校）

三、《漢書西域傳補注》在道光刻本之外，以下列各本作校勘本：

稿本——徐氏手定底稿本（二卷，二册，中國國家圖書館藏，善本編號3972）

初編本——《叢書集成初編》本(據《指海》叢書覆刻道光本排印)

四、《新疆賦》於道光刻本之外,以徐氏手定底稿本(二卷,二册,北京大學圖書館藏,善本編號□472)爲校勘本(簡稱"稿本")。

五、以上三書,又分別據所徵引之典籍参校。如《史記》正文及三家注、《漢書》正文與顏師古注,及《後漢書》《三國志》《魏書》《梁書》《資治通鑑》等,皆據北京中華書局標點本進行校對。

六、點校本正文按古籍定本格式處理:底本文字上的明顯訛誤,均在正文中徑作改定;《校補》本欲行删除的底本文字,用( )表示,增補的內容則用[ ]表示。以上改動均出校記說明。原文雙行夾注(注中注),改作單行小字注;其中又有夾注,則改作小括號〈〉表示;在校記中引用的正文夾注,則用( )表示。

七、在不影響原意的情況下,錄文一般使用規範字,如犁—犂、劫—刦/刼、秘—祕、回—囘、略—畧、羣—群、卻—却,並—并/幷/竝、蓋—葢,皆以連字符前爲準;武周新字、清代避諱字、对民族有侮辱性的生造字均作回改(如圀埊改國地、宏治改弘治、商邱成改商丘成、元霜改玄霜、狪改回等);刻本之"己"、"已"、"巳","毋"、"母","戌"、"戍",或偏旁如"卩"與"阝"、"扌"與"木"等,往往混淆,茲亦據其文意及所引原書糾正,以上改動一般不出校記。惟徐松著作行文有注重文字、修辭者,故其刻意之異體、通假字,以及專名用字如"燉煌"、"皁窪勒"等,亦視具體情況予以保留,不强求一律。

八、引文删改以省篇幅,係徐松著作之通例。點校本除對其引文據原書核對、舛誤處出校記説明，一般不作改動；但爲區分引用内容與作者考論文字之差别，對經其删改之引文亦多用引號標示；讀者二次引用，應據原書爲準。

九、尊稱均不另起或空格；稿本與底本原文在不易斷句之人名、地名末，有小字夾注"句"字，今既作標點，也概作省略。原文注解，均不分段，今據文意分段點校。年月等古代干支亦括號標注公曆等以便理解（相同之年號僅在同一綱目文字下第一次出現處標示公曆）。

十、《西域水道記》刻本二至五卷之後附録有水系地圖，按照線裝書的翻葉方法，右爲上而左爲下，左右照應，構成一個水系圖；現在的整理本因爲前後翻頁的方式改變，左右相乖。爲了翻檢的方便，以及圖與圖之間的照應，整理本將這些圖集中在第五卷之後，將圖與原順序顛倒安排。形成從左往右展開的水系圖。在這些分圖後面，還附録一張整理者根據這些水系圖描繪的西域水系全貌示意圖，以便讀者對照。圖上文字做植字處理。其中"羅布淖爾所受水弟四圖"之提吐薩拉堤莊，堤原作克；"弟五圖"之烏恰爾薩依河，恰原作怡；"弟七圖"之庫克雅爾，爾原作台；"巴勒喀什淖爾所受水弟二圖"之哈什柯楞水，哈原作塔，均據《西域水道記》原文改正。

西域水道記

鄧　序

賜進士出身、榮禄大夫、總督兩廣等處地方、前編修、國史館總纂鄧廷楨譔

夫圖經最古，尤誇鑿空之奇；地志良難，必舉導川爲重。顧職方外紀，語涉荒唐；雜著開陽，功疏原委。旁搜遠紹，罕能向若知津；染翰飛文，或竟自厓返顧。我國家純嘏億千，拓宇三萬，神禹之迹未遍，豎亥之步難周。輪臺、瀚海，盡入版圖；兜勒、蒙奇，視同戶闥。自昔恣爲誕幻，於今變其謬悠。凡名山巖業，及異産瑰琦，巢居谷飲之氓，卉服鳥言之俗，偶然書彼碎事，皆足擴兹愳聞，作子部之附庸，備庚郵之問訊而已。若夫先河後海，索隱鉤深，奉《禹貢》爲楷模，灋《水經》之流派。此則三都賦手，空負匠心；萬卷學人，有時閣筆。

予同年星伯先生，好古與稽，嗜奇成癖。西清東觀，早緬有用之書；北轍南轅，遠涉無雷之境。積殊方之駒隙，決亘古之狐疑，譔成《西域水道記》。名川三百，併爲一篇；分注十千，不煩兩手。緊源流甚遠，作者自言其三難；迨梨棗既成，蒙也欲稱以五善。何則？

大宛作傳，已有椎輪；西域入書，益詳蹊徑。然而天

山未得主名，河源安知正出。皮傅昆侖之虚，依稀星宿之海。先生大漠親經，前言互證。蘇勒本非疏勒，焉耆即是焉支。疊矩加以重規，百聞不如一見。是謂補闕，其善一也。

交河沙磧，雖有流傳；雪嶺冰梯，難知實際。嘉州熱海，徒傳如煮之詩；鹽澤迷塗，便作鬼方之想。今也田沿阿羯，考遺蹟於隋家；山表格登，紀豐功於偃伯。軍資嚮導，皆堪聚米量沙；驛當載馳，一任推車記鼓。是謂實用，其善二也。

或既決而復入，或同出而異歸，濫觴漸可方舟，斷港何由放海。爾乃渠開靖逆，灌田遠過千屯；橋是納林，游牧平分兩岸。掘井則汲用淺深，裁裳則事分砯揭。是謂利涉，其善三也。

山河本極雄奇，文章略如混沌。燕然可勒，弱水無書，相逢沒字之碑，難爲傳信之記。茲者目覩古文，手親摹本，或摩崖峭壁，或梵宇琳宫。紀事多有唐文，刊字半爲秦篆。詩筆成編於今日，金石著錄於異時。是謂多文，其善四也。

蠉蝡喘喙，瓠史嘗言；魑魅罔兩，《山經》可贊。然燭龍事誕，冰蠶論歧，一物不知，《三蒼》斯缺。此則席萁有草，溯雜俎於《酉陽》；橙槽爲門，證方言於薛《史》。鹿麌類合，通借則語採劉昭；鳥鼠穴同，考訂則注裨郭璞。是謂辨物，其善五也。

又況中西法備，分野不爽毫釐；水陸路通，記里先明丈尺。以至脣判重輕，音分清濁；諧聲有術，重譯無勞。旁行斜上，祇園貝葉之書；舉正歸餘，回部太陰之法。雖臭朽蟫斷，亦剔抉爬羅，可謂有志竟成，無遠弗屆者矣。

君之爲此，功似披榛，稾如束筍。問奇不遺一體，操觚已越十年。豈惟藏在名山，洵可懸之通國。遠承郵示，欣付梓人。

予於疇昔，自木天以載筆，喜訪輿圖；纂李唐之全文，勤搜志乘。雖功疲於掌錄，固願廑於胸羅。今者勞勞保赤，編籌海晏而不遑；匆匆汗青，燭炳公餘而姑待。寶書觀成於我友，珍帚頓觸乎初心。勉分校字之勞，重辱弁言之屬。

方今文獻大備，箸作如林，家擅隋珠，人懷趙璧。惟此一書，多識在中，實事求是。左圖右史，已兼賈耽之專長；小注大書，未改道元之凡例。分其一體，亦足美觀；合此多能，可知傳世。

而予尤有說焉。此記所記，匪今斯今。榛狉雜處，自甘鳥獸之同羣；林箐阻深，共哂倮蟲之專屬。草木不能啓其秀，山川無以發其奇。何由問正名於百物，詫箸書於滿家乎哉？幸逢鞮譯同風，埏紘如貫。九州果大，騶衍真可談天；萬里未遙，壺公何爲縮地。得樂土者，聆絕域而幸安居；在寰中者，飫異聞以消妄想。視彼《靈寶》在函，《諸皐》作記，俶詭雖古，彈壓非誇。至於車塵馬迹，有是功能；巷語街談，無非學問。擁劉更生之《七略》，何假百城；挾桓君山之一編，定踰千戶。此則風雨霜露，跬步皆沐君恩;史傳文編,入手即成才藻。又以見造物之不可測,而能事之靡有涯也。想所在披尋鴻筆,必景仰篇家之有神;儻後來傳播雞林,悉震讋蘿圖之無外。

龍　序

余既槧《方輿紀要》書成，伏念我國家發祥東土，北撫喀爾喀內外諸札薩克，南縣臺灣、寺衛藏，西開伊犁、定回疆，幅員之廣，千載一時，不可無書以紀盛美。竊擬考其地理，勒成一編，附景范先生書後。盛京、熱河、臺灣有通志，蒙古地理有程春廬先生書，衛藏地理有松湘浦先生書，獨西域未有志乘，無可依據。故積久未成。

嘉慶丁丑歲（二十二年，1817），謫戍伊犁，與舊友太史徐星伯先生比屋居，見先生所撰《伊犁總統事略》及《新疆賦》《漢書西域傳補注》，歎其賅洽。先生又出其《西域水道記》草稿數卷。余方爲迻書，而先後賜環歸京師。松湘浦先生奏進先生所撰《事略》，御製序文，付武英殿施行。好事者又爭爲刊《新疆賦》《漢書補注》，將以次開雕《水道記》。先生以此記定本余手寫也，因問叙於余。

余往來西域，固不得其要領。然先生緒論，竊嘗聞之矣。先生之言曰：志西域水道，難於中夏者三。一曰窮邊絕徼，舟車不通；二曰部落地殊，譯語難曉；三曰書缺有間，文獻無徵。如喀楚特西之雅布塔爾水歸於西海，宰桑淖爾溢出之額爾齊斯河入于北海,中外所限,固無論已。即近在邊内,天山、葱嶺,積太古之冰雪;瑪海、噶遜,亘千里之沙磧。雖在章亥,亦將裹足,所謂舟車不通也。新疆之界,回部、厄魯特、土爾扈特、和碩特、沙畢納爾諸種人處其内,扎哈沁、烏梁海、杜爾伯特、哈薩克、布魯特、霍罕、布哈爾諸種人環其外,或逐水艸,或居城郭,嗜欲不同,言語互異。國語謂山爲阿林,蒙古語則曰鄂拉,回語則曰塔克,西番語則曰里。國語謂水爲穆珂,蒙古語則曰烏蘇,回語則曰蘇,西番語則曰楚。復有重譯難通、象胥不能盡解者,懷鉛握槧,烏乎志之。所謂譯語難曉也。馬、班始立大宛、西域兩傳,灼然可見者,惟龜兹一河、葱嶺一山,而天山莫得其主名,大河不知其分合。自是以降,《水經注》最爲古籍,乃以南河、北河,分入於海。唐時又移置輪臺,改易玉門,至於車師六國、康居五城,其可知者大氐茫昧。所謂文獻無徵也。

於是有實非古地而附會者。巴里坤有烏爾圖布拉克,蒙古語謂長流泉也,諺謂爲烏圖水,或以音近,謂即漢之務塗谷。蘇勒河在安西州,或以音近,謂即漢之疏勒國。又有實見古籍而誤改者。如胡桐見《西域傳》,其叢生之地名胡桐窩,或疑爲鳥巢,改爲鵠鴟窠。又交河城亦見《西域傳》,或以回語音訛,誤交河爲招哈。復有以譯語致誤者。多歡,渡口也,而誤以爲水名。郭勒,謂河也,而誤作果爾。地名踵訛貤謬,不可勝言。

且新疆之水,有地異而名異者,如布勒干河之下游爲烏隆古河，額敏河之上游爲錫伯圖河。有地異而名同者，庫爾喀喇烏蘇境、寧遠城境、特克斯河境、特穆爾圖淖爾境，皆有濟爾噶朗河。古城境、哈什河境，皆有吉爾瑪台水。又有名異而實同者，洮賴河之作討來、洮賚、陶賴、桃來，木素爾嶺之作穆素爾、木色爾、穆舒爾。如斯之類，尤不易於決別。

先生於南北兩路壯游殆徧，每所之適，攜開方小册，置指南鍼，記其山川曲折，下馬錄之。至郵舍則進僕夫、驛卒、臺弁、通事，一一與之講求。積之既久，繪爲全圖。乃徧稽舊史、《方略》及案牘之關地理者，筆之爲記。記主於簡，所以擬《水經》也。又自爲釋，以比道元之注。即用酈氏注經之例。記則曰導、曰過、曰合、曰從、曰注；釋於經水曰出、曰逕、曰會、曰自、曰入，於枝水曰發、曰經、曰滙。又以圖籍所紀，異文踳駮，使夫攬者歎其混淆，一以《欽定西域同文志》寫之，而釋其可知者，斯誠有條不紊矣。每卷之後，各附以圖。蓋先生孜孜不倦，十載成書，吾知其必能信今傳後，豈獨資余續顧氏之書也哉！

道光三年(1823)錦里龍萬育叙。

自　序

敘曰①：廣谷大川異制，民生其間者異俗，況其在要荒之外哉！西域二萬里既隸版圖，耕牧所資，守捉所扼，襟帶形勢，厥賴導川。乃綜衆流，條而次之。

首曰昆侖，惟帝下都。渾渾泡泡②，暨於泑澤。潛行地下，化益所疏。記羅布淖爾所受水第一③。

漢表六通，至今利益。冥安籍端，中部舊迹。孔道所經，魅磧斯闢。記哈喇淖爾所受水第二。

白山之陰，曰蒲類海。我疆我理，原田每每。千耦其耘，歲獲則倍。記巴爾庫勒淖爾所受水第三。

何里移之湯湯，而白楊之淙淙。翳清軍之扼西，亦輪臺之表東。雖城郭之已改，考川流之實同。記額彬格遜淖爾所受水第四。

土扈之族，疇以蕃之。林丹之裔，疇使遷之。錫之土田，牧圉是扞。記喀喇塔拉額西柯淖爾所受水第五。

西域既平，則建之庭。滔滔伊列，環流鏡清。中函三島，取象蓬瀛。記巴勒喀什淖爾所受水第六。

有白斯海，在彼西方。處昏而曉，當暑而霜。惜矣天池，佳名不彰。記賽喇木淖爾所受水第七。

碎葉有二，清池居一。熱波未聞，而克淬鐵。不逢大同，斯疑胡質。記特穆爾圖淖爾所受水第八④。

元之叛王，阻彼金山。河名"平安"，莫捄其患。今斯畎澮，有恬其瀾。記阿拉克圖古勒淖爾所受水第九。

洋洋龍骨，其流不息。有碓可舂，有魚可食。種人居之,以康以殖。記噶勒札爾巴什淖爾所受水第十。

萬里輶軒,靡國不到。我窮崖涘⑤,奄蔡之徼。取殿兹篇,聿彰聲教。記宰桑淖爾所受水第十一。

凡十一篇,以圖系焉。列城相望,具言其地。其所不言,非水所經也。

道光初元日南至,郟徐松撰⑥。

【校記】

① 此自叙手稿散葉,見稿本卷二24下、25上之間;本文又見《星伯先生小集》,《清人文集地理類彙編》第五册454－455頁(以下簡稱"彙編本")亦據以標點録入。

② 泡泡,彙編本作"滄滄"。

③ 此處及以下"記……水第x",稿本均作"記弟x"。

④ 特穆,底本、《星伯先生小集》、彙編本作"穆默",據《校補》本改。

⑤ 涘,"氵"旁彙編本作"冫"。

⑥ 松,稿本作"厶"。

題　詞

吉林英和

酈注古稱瞭如掌，玄圃增城究憮倣。地志不經目覩來，長爪空搔隔韡癢。徐生夙擅著述才，天使投荒萬里往。伊江江水遙濯足，葱嶺嶺雲低覆顙。西域諸城恣壯觀，口講指畫胸朗朗。探源噴薄魚順流，作圖繚繞蟲綴網。準望高低辨分寸，積算迂邪析銖兩。日遊夜記無閒期，筆之於書自欣賞。我朝威德藉以彰，直補《河圖括地象》。十年心力誰鑒之？梨棗流傳賴吾黨。鄧嶰筠制軍爲鏤板於粵東。李唐炎漢溯當時，建府開屯非不廣。殘碑僅足誌歲月，西域漢《裴岑碑》、唐《姜行本碑》率多贋本，星伯皆手拓之；又於燉煌縣搜得唐索勳及李氏修功德兩碑，皆向來著錄家所無者。斷簡無稽歎疇曩。既賦新編賅見聞，星伯作《新疆南北路賦》二篇，頗爲賅洽。復成此卷振餘響。遠紹旁搜永不磨，比似黃《經》判霄壤。黃宗羲《今水經》，齊次風侍郎謂其南詳北略，作《水道提綱》補之。不若星伯之專究一方者爲足據也。

歸安葉紹本

水於天地間，脈絡罔不貫。兩山間有川，一氣通浩汗。遐哉《山海經》，荒陬闢崖岸。洎夫《禹貢》成，波流別枝幹。以水志輿地，萬古迹不換。是爲圖經祖，郡國掌上判。後人覽遺編，星斗識璨璨。惟茲西域地，自古樹防扞。崑崙書即敘，境已統蕃漢。厥後置都護，河源溯天半。匈奴斷右臂，元光功業爛。誰知千載後，天意掃諸叛。大石鎮河中，元祖滅汪罕。已萌內附機，猶未消戾悍。洪維羲軒朝，鴻規軼巍煥。冞入虎彪威，長驅犀兕散。天西二萬里，拓地盡震旦。我皇復嗣服，天戈削僭亂。遠徼照重光，捧海澆爝爟。遂令甌脱區，鼓腹樂燕衎。獨是窮荒境，幾人弄柔翰。縱有脞說存，蕪詞那足玩。昊蒼獨搜奇，巨手選鋃斷。遷客屬詞曹，邊籌幸襄贊。遂闡十年勤，居然一編粲。卡倫辨疆理，鄂博表邑閈。百川導其源，支流交浸灌。如循章亥步，摩醯協神算。如授庚辰策，支祁徵誕謾。田疇分屯戍，川岳嚴祭祼①。名王咸委贄，髦士樂集泮。聖人所經畫，一一志宵旰。更於紀述中，閒筆寫清晏。煙明林外騎，風輕柳下鍛。萬物盡熙熙，嬉游逮童冠。君本良史才，班馬共波瀾。承明事著作，大筆重三館。復此絕域經，異聞恣點竄。天山正名誤，泑澤黜語讕。唐文審簡錯，漢隸摹石矸。古今重譯壤，文獻儼可按。此功實不細，山川發異觀。天補不周缺，地竟恒河垾。聲名溢無外，共仰恩波渙。從此達梯航，不虞游汗漫。柳谷正贏糧，榆谿早脫釬。願以廣皇謨，歡聲臚頌讚。

【校記】

① 裸，底本誤作"粿"，據文意改。

南昌彭邦疇

才不爲世用，乃箸經世書。經世託空言，持論多迂疏。先生富實學，焉肯流虛無。投荒落萬里，足迹周寰區。天欲嗇其遇，翻以充所儲。已看賦六合，還欲追《河圖》。

《河圖》出荒邈，《禹貢》始造端。水於疆域中，貫串爲尤難。伏流成沮洳，直瀉奔激湍。陵谷變其勢，春夏揚其瀾。所以見大水，聖人有必觀。陸澄任昉外，齊梁間集地理書至二百四十四家。遐思酈道元。

粵稽桑氏《經》，班《志》曾未見。地著永安宫，定知生蜀漢。桑欽之名不見史傳，或以爲東漢時人。然《經》言"江水東逕永安宫南"，永安宫，昭烈托孤地也，是知生三國時。不有注者興，曷由析枝幹。咄哉"續鈔堂"，乃敢肆譏訕。黄宗羲《今水經》自序，頗詆道元。其書名"續鈔堂本"。文人動相輕，口實滋辨難。藉非膽力雄，繼起能無憚。

昔人遭喪亂，山川限戎虜。求之故紙中，鑿空乃齟齬。遭逢車書混，所在皆親覩。某水與某丘，屈指堪僂數。縱横步章亥，佤邪算勾股。想見跋涉時，重趼亦何苦。

《禮》言祖左海，水實生西方。河居四瀆一，其流阻且長。《紀略》仰成書，耳食嗤愚盲。重源判南北，厥論尤精詳。其餘諸穆珂，國語，水也。一一分巖疆。始信苞符秘，待人而後彰。

如與父老談，我生以前事。如居里閈間，忽聞方外異。後生互疑信，小儒更驚悸。豈知此老才，汪洋而恣肆。原湧萬斛泉，漏補千秋義。溯從太古初，今始見文字。

窮愁方箸書，其語殊齷齪。試看磊落人，下筆思濟物。茲編獲觀成，了然快心目。行程戈壁避，穹廬水草逐。上以昭幅員，下以安屯牧。世有蔡正甫，《補正》不須續。金禮部郎中蔡正甫箸《水經注補正》，歐陽圭齋序而刻之。書今不傳，序見《元文類》中。

西域水道記卷一

羅布淖爾所受水上[1]

羅布淖爾者，黃河初源所渟滀也[2]。

《爾雅》曰："河出崑崙虛，色白。"《河圖始開》曰："崑崙之墟，河水出四維。"崑崙者，岡底斯也[3]。凡山，國語曰阿林，蒙古語曰鄂拉，回語曰塔克，西番語曰里。又國語謂雪爲呢蟒依，西番語謂之岡，梵語謂之底斯，此合西番語、梵語以名之也。以下凡言山者皆質言山，不用方言。《一統志》："西藏有岡底斯山，在阿里藏地極西地名。之達克喇城東北三百十里，直陝西西寧府西南五千五百九十餘里。其山高五百五十餘丈，周一百四十餘里。四面峯巒陡絕，高出乎衆山者百餘丈，積雪如懸崖，皓然潔白，頂上百泉流注，至山麓，即伏流地下。前後環繞諸山，皆巉巖峭峻，奇峯拱列。"即阿耨達山也。按，辯機《西域記》云[4]："贍部洲之中地者，阿那婆荅多池也。在香山之南，大雪山之北，周八百里。"注云："阿那婆荅多池，唐言無熱惱，舊曰阿耨達池，訛。"然則阿耨達山，亦當曰阿那婆荅多山矣。惟慧苑《華嚴經音義》云[5]："準《經》，香山頂上有阿耨達池，四面各流出一河。"本《經》爲說，其義較長。是阿耨達山即香山，不當如辨機分爲二也。釋氏《西域記》《水經注》《括地志》咸言阿耨達即崑崙，蓋阿耨達之與崑崙，爲儒釋之異名，而崑崙之與岡底斯，又古今之易號矣。

【校記】

① 上，稿本、《方壺》本無此字，以與“羅布淖爾所受水下”未分卷故。

② 黄河，《方壺》本無此二字。

③ “斯”下稿本有“里”字。

④ 辯機，諸本均作“辨機”，據季羡林等《大唐西域記校注》（北京：中華書局 1985 年）改，下同。

⑤ 此句以下注文，稿本無。

其山當京師偏西三十七度五十分、極出地三十四度二十分①，别爲四幹。東出者，曰達木綽一作楚。克喀巴布山，西番語謂馬口。其水曰雀魯臧博楚，凡水②，國語曰穆珂，準語曰烏蘇，回語曰蘇，西番語曰楚，譯語有作兀孫、兀速者，皆烏蘇之轉音也。今各從其方言。南流入南海。即雅魯藏布江。《西域記》云：“池東面銀牛口，流出殑伽河，入東南海。”南出者，曰郎沁一作千。喀巴布山，西番語謂象口。其水曰狼楚。《西域記》云：“池南面金象口，流出信度河，入西南海。”西出者，曰瑪一作麻。布置一作佳。喀巴布山，西番語謂孔雀口。其水曰麻楚。《西域記》云：“池西面琉璃馬口，流出縛芻河，入西北海。”北出者，曰僧格喀巴布山，西番語謂師子口③。其水曰拉楚。《西域記》云：“池北面頗胝師子口，流出徙多河，入東北海。”三水合爲岡噶爾楚，即岡噶江④。東南流入南海。即佛書之恒河，又曰枝扈黎大江。按⑤，《華嚴經音義》以東面者私陀河，出金剛師子口；南面者恒伽河，出銀象口；西面者信度河，出金牛口，北面者縛芻河，出瑠璃馬口。與諸書互異。而僧格喀巴布山實西域諸山之宗，故《十三洲記》謂崑崙有四角大山，《淮南子》謂崑崙有四水也。

【校記】

① 此處經緯度，稿本作"偏西三十六度四分、極出地三十度五分"。

② 此段注文，稿本在下文"即岡噶江"注下，而無"譯語有作兀孫、兀速者，皆烏蘇之轉音也"。

③ 師，《方壺》本作"獅"，以下三處同。

④ 此句下稿本原有注，參②。

⑤ 此段按語，稿本無。

僧格喀巴布山，極三十四度五十五分、西三十七度三十分①，當和闐正南，過和闐，西北趨千六百餘里，發爲齊齊克里克嶺、齊齊克，準語花也；里克，回語多有也。凡嶺，國語曰達巴罕，蒙古語、回語曰達巴，西番語曰拉。以下皆質言嶺，不用方言。喀什塔什嶺。喀什見下；塔什，回語謂石。又西爲和什庫珠克嶺，舊作霍斯庫魯克嶺。聖製詩注："華言雙耳也。"即參贊明公瑞追大、小和卓木於嶺下鏖戰三時者也。又北折而東②，爲喀卜喀山。又北而東，爲喀克善山。自齊齊克里克至喀克善，環千八百餘里，包西域西以周其北，總曰葱嶺。外如半規，中爲虛地，是曰崑崙之虛。《山海經》："華山西七千七百六十七里，曰不周之山，東望泑澤，河水所潛也。"郭注："山形有缺、不周匝處，因名。"按，不周義近半規，疑即葱嶺。黄河初源於此出焉。

【校記】

① 此處經緯度,稿本作"偏西三十六度、極三十一度一分"。

② 此句至"爲喀克善山",稿本作:"又北折,爲吉布察克山。又折而東,爲阿喇古山。復東,爲喀克善山。"

初源三,一曰喀什噶爾河。

回語謂各色爲喀什,磚屋爲噶爾,地富庶、多磚屋也。(《元世祖紀》①:"至元二十五年〈1288〉十一月,以忽撒馬丁爲管領甘肅、陜西等處屯田等戶達魯花赤,督斡端、可失合兒工匠千五十戶屯田②。"《耶律希亮傳》:"中統四年〈1263〉,至可失哈里城。"《拜延八都魯傳》:"至元二十一年,諸王朮伯命兀渾察往乞失哈里之地爲遊擊。"是在元時已爲城號。《元史・地理志》作可失哈耳。《曷思麥里傳》又作可失哈兒。西方有墨克及墨德那墨,《明史・西域傳》作默。諸國,始汗曰青吉斯汗,其裔孫派噶木巴爾《明史・西域傳》:"其初國王謨罕驀德,生而神靈,西域諸國尊爲別諳拔爾,猶言天使。"按,別諳拔爾,即派噶木巴爾。倡回教,)[元《經世大典圖》作可失哈耳。《經世大典》久佚,其西北地圖一篇,載《永樂大典》"元字韻",《元史・地理志》"西北地附錄"即據此圖爲之。今所引皆稱《經世大典圖》,以從其朔。《元史・世祖紀》作可失合兒。《耶律希亮傳》作可失哈里,《拜延八都魯傳》作乞失哈里,《曷思麥里傳》作可失哈兒。遼金之際,地入西遼。乃滿國破,屈出律竄奪菊兒汗之位,遂有其地。成吉思皇帝庚辰年(1220)征西域,斬屈出律,可失哈兒、押兒牽、斡端始附於元。蓋今之西域,皆元時篤來帖木兒分地也。西印度有默德那國,其王馬哈墨《明史》作謨罕驀德,又作馬哈麻。生而神靈，西域諸國尊爲派噶木巴爾，《元史·賽典赤贍思丁傳》作别菴伯爾，《明史·西域傳》作别諳拔爾。猶言天使，是倡回教③，］爲第一世初祖。生四子，皆夭，以女妻同祖兄阿布塔拉布之子阿里，嗣教爲第二世。［阿里一作阿厘，其教自此而分。都魯機、阿丹諸國專宗派噶木巴爾，巴社國則宗阿里。各不同④。］傳至二十五世，曰瑪木特額敏，産四子。長曰哈色木，遷布哈爾國；仲曰木薩，遷拜勒哈國；叔曰墨敏，居故地；季曰瑪木特玉素布，遷喀什噶爾。喀什噶爾之有回教，自茲始也。

【校記】

① 此句至"《曷思麥里傳》又作可失哈兒"，稿本作："《元世祖本紀》：'至元十五年四月辛未，詔安慰鄂端（舊作斡端）、雅爾哈（舊作鴉兒看）、喀什噶爾（舊作合失合兒）等城。'是在元時已同今號。"

② 撒、斡，底本、《方壺》本作"撤"、"幹"，據中華本《元史》改。五十，《方壺》本作"五百"。

③ 此處據《校補》本增删。

④ 此處據《校補》本增補。

季之曾孫曰瑪罕木特，最得衆心。噶勒丹策凌策妄阿喇布坦之長子，綽羅斯第十七世汗。召囚之伊犁，並繫其二子，長曰波羅泥都，回人舊稱沖和卓木。和卓，有道者之稱；沖，大也。和卓木，猶言我和卓，親之之詞。次曰霍集占，回人舊稱奇齊克和卓木。奇齊克，謂小也。即所謂大、小和卓木者也。大軍定伊犁，瑪罕木特已死，定北將軍班公第釋二子囚，留霍集占於伊犁，使效力，送波羅泥都歸喀什噶爾，領舊部。時乾隆二十年（1755）也。阿睦爾撒納作亂，霍集占乘間歸葉爾羌，與波羅泥都各據城叛。二十三年，六師問罪。次年夏，定邊將軍兆公惠由阿克蘇取喀什噶爾。波羅泥都方援葉爾羌，聞之遁歸，掠人畜，踰山而西。阿琿回人之習經呪者。和濟默爾等六人以喀什噶爾城降。

其境東與南接葉爾羌，西接喀爾提錦部布魯特，布魯特之部曰鄂拓克①，今皆曰部以省文。北接沖巴噶什部布魯特，沖②，回語，已見；巴噶什，布魯特語，手腕也。河水自西出其東，故以名之。

【校記】

① 拓，稿本作“托”。

② 此段注文，稿本在下條。

其河二源，北源曰烏蘭烏蘇河①，

傳記言葱嶺者②，莫詳於魏宋雲。［魏神龜初，胡太后遣使者宋雲如西域求佛書，道由葱嶺③。］《洛陽伽藍記》載雲之言曰：“從捍麽城西行八百七十八里，至于闐。于闐境東西三千餘里。（神龜）二年（519）七月二十九日④，自于闐入朱駒波國。其國疆界可五日行徧。八月初，入漢盤陀國界。西行六日，登葱嶺山。自此以西，山路欹側，長坂千里，懸崖萬仞。極天之阻，實在於斯。太行、孟門，匹兹臣險，崤關、隴坂，方此則夷。自發葱嶺，步步漸高，如此四日，乃得至嶺，依約中下，實半天矣。漢盤陀國正在山頂。”按，（漢盤陀國，今之阿賴地也，）［魏之漢盤陀，唐謂之朅盤陀。《唐書・地理志》云：“自疏勒鎮西南入劍末谷、青山嶺、青嶺、不忍嶺，六百里至葱嶺守捉。故朅盤陀國，開元中置守捉。”蓋今阿賴地也[⑤]，］喀爾提錦部布魯特居之。《漢書》曰：“西上葱嶺，則休循是矣。”阿賴東南爲喀卜喀山，亦曰赫色勒嶺。四山注水，至嶺下，瀦爲小池。嶺赤而童，岸草枯短，時時寒風，令人慘沮。故宋雲言“葱嶺高峻，不生草木”也。

【校記】

① 此段綱目與注文，稿本在“雅瑞雅爾河”一段下。北，稿本作“東”。

② 此句至下段“是爲得爾必楚克河”，稿本作：“喀布喀山出水，東南流七百餘里，至伊爾奇（在喀浪圭卡倫西二百餘里，喀浪圭在喀什噶爾城西北百六十里），有托和卓嶺水（卡倫西九百餘里）、黑雅斯山水（卡倫西南八百餘里）、赫色勒山水（卡倫西八百里）、通布倫嶺水（卡倫西七百餘里）、科克蘇嶺水（卡倫西六百餘里）、訥奇克嶺水（卡倫北五百餘里）、玉曲塔什嶺水（卡倫西北五百餘里）來會，是曰得爾必楚克河。”

③ 此處據《校補》本增補。

④ “神龜”二字據《校補》本删。

⑤ 此處據《校補》本增删。

赫色勒嶺水東流百二十里，逕木克渾[①]。又百里，逕明提干[②]。又百二十里，逕愛依阿提嶺北。又百二十里，逕康什壩。又百里，逕別什托海，有通布倫嶺水自西北來會。水發通布倫嶺之東,東流五十里,經喀底布拉克,有一水自北來滙。通布倫嶺水又東南流四十里,經努拉。又五十里,經卡里他布拉克,有一水自北來滙。通布倫嶺水又東南流七十里,經伊亨。自伊亨西北行二百里,至沙里特嶺,又百里,至木爾達。又百二十里,至古里峽,又百里,至哈布朗庫依。又二十里,至亮噶爾。又八十里,至鄂什,有小城,入霍罕境。有一水曰阿克卜古拉爾。又五十里,至阿爾班。又百里,至明圖伯。又六十里,至扈巴。三地皆有小城。又百里,至瑪爾噶浪。又百里,至霍什圖古爾滿。又八十里,至霍罕城。又東南十五里,經喇哈喇喀喇。又東南十里,經喇哈喇口子,有一水自北來滙。又東南六十里,經稍里托海。又東南十里,經烏魯胡喀特,有一水自北來滙。通布倫嶺水又東南六十里,經葉斯克期克[③]。又東南六十里,經稍布拉克,有一水自北來滙。又東南五十里,經倭胡蘇魯。又東南四十里,經庫蘇胡。又東南七十里,經稍布拉克。又東南二十里,經坎鐵列克。又東南五十里,經怕哈布拉克。又東南四十里,經漢約換,南與赫色勒嶺水滙,是爲得爾必楚克河。

【校記】

① 逕,《方壺》本作"經"。

② 逕,《方壺》本作"經"。

③ 期,《方壺》本作"斯"。

源處極四十三度四十五分、西四十四度二十分[①]。河之北岸,沖巴噶什部布魯特牧地也[②]。大軍之追霍集占[3],涉其界,酋豪曰圖魯起拜者請内附。種人數十部,吉布察克爲之首。嘉慶二十年(1815),圖爾第邁瑪特伏誅,部落離散。今則沖巴噶什最强,所牧自鐵葉爾里葉克嶺北而東,盡圖舒克塔什卡倫在喀什噶爾城西北九十里。至哈朗歸卡倫一百四十里[4],東至伊斯里克卡倫六十里。卡倫[5],邊界戍守之所。北三日程地,又東盡伊蘭烏瓦斯卡倫蒙古語蛇曰伊蘭,回語曰伊拉。按:《元史》云:"伊蘭者,蛇之稱也。"是蒙古語所自出。卡倫在喀什噶爾城東北一百二十里,西至伊斯里克卡倫六十里。東北三日程地,又東盡巴爾昌卡倫在喀什噶爾城東北百六十里,西至伊蘭烏瓦斯卡倫七十里。東北二日程地。乾隆二十六年(1761)喀什噶爾辦事海明奏言:"官長保在沖巴噶什之扣喀爾嶺追及逃人烏朗噶。"即其境也。舊比布魯特頭人之稱[6]。阿瓦勒者,乾隆三十年,從討烏什[7],阿公桂賜之斗酒,阿瓦勒飲立盡,出被鎖子甲,横矛入賊陣[8]。中陣忽躍馬歸曰:"賊矛長於我,請易矛去[9]。"所向皆披。累官三品,戴孔雀翎。子曰博什輝,孫曰蘇蘭齊,皆嗣職。蘇蘭齊隨捕孜牙墩有功,嘉慶二十一年,長公齡奏加二品秩。得爾必楚克河東南流,逕哈朗歸回語哈朗歸,黑暗之謂。地居山陰,故名。卡倫南[10],地産文石[11],黑質白章。卡倫西有小水,南流入之,河色赤,蒙古語謂赤爲烏蘭,是曰烏蘭烏蘇河。回語謂赤爲赫色勒,故又曰赫色勒河矣。

【校記】

① 此處經緯度,稿本作:"源處偏西四十三度二分、極四十度八分。"

② 此句下稿本有注文:“沖,回語已見;巴噶什,布魯特語,手腕也。”底本移在上條。

③ 此句前稿本有:“布魯特有東西部,漢捐毒、休循國地。”

④ 哈朗歸,稿本作“喀浪圭”。

⑤ “卡倫”注文,稿本在“雅璊雅爾河”條“圖木舒克卡倫”下。

⑥ 稿本此注在“雅璊雅爾河”條“其比圖爾第邁瑪特”下。

⑦ 此句至“中陣忽躍馬歸曰”,稿本作“從阿公桂討烏什,賜卮酒,被鎖子甲,橫矛入陣。忽歸言曰”。

⑧ 賊,稿本無此字。

⑨ 此句稿本作“易矛復去”。

⑩ 逕,《方壺》本作“經”。哈朗歸,稿本作“喀浪圭”,且無小字注。

⑪ “地”前稿本有“其”字。

烏蘭烏蘇河又東南流五十里①,逕明瑤池②,有舊卡倫焉。又東南四十里,逕木什素魯克莊南③。木什莊與素魯克莊毗連④,故亦曰木什素魯克莊,在喀什噶爾城西北八十里。有木什水,回語木什,人名,爲汗掌書記,曾以河濱地賜之⑤。發木什莊西山,三泉同流,復分爲二,一東流溉木什莊田,一南流八十里來滙⑥。木什舊置卡倫,今裁。自其莊西北行,可達霍罕。乾隆四十九年,布魯特阿其睦通波羅泥都遺孽薩木薩克,捕繫,將詣闕,其子燕起遁霍罕,由此追緝焉。木什莊六十里,至汗玉罕。又六十里,至特爾勒克,地出鉛。又六十里,至庫舒烏珠黑。又三十里,至鄂克蘇魯爾,道踰小嶺一。又七十里,至峨斯克奇克。又三十里,至色爾里克野塞。又四十里,至納哈爾察勒迪。又二十里,至伊根。又五十里,至托海巴什。又十里,踰伊克依雜克嶺。又三十里,至伊克依雜克布拉克。又四十里,至庫庫蘇。又三十里,至鐵葉爾里葉克嶺下。自麓至巔,凡十里。過嶺七十里,至色里庫楚克。又六十里,至塔爾噶拉克。

又三十里,至圖巴爾拉克塔木,有敗城,周里許,爲額德格訥部布魯特地。又四十里,至古勒沙。又七十里,至圖古爾克托海,中踰嶺二。又九十里,至鄂什。自此以下與由伊亨往路同⑦。

【校記】

① 此句至"有木什水",稿本作:"烏蘭烏蘇河東南流,百數十里,有木什水。"

② 逕,《方壺》本作"經"。

③ 逕,《方壺》本作"經"。

④ 此段注文,稿本在下文"一南流八十里來滙"句下。

⑤ "之"下稿本有"也"字。

⑥ 滙,稿本作"會",下原有注文,底本在上句"逕木什素魯克莊南"下。

⑦ 此句稿本作:"有小城,入霍罕境,有一水曰阿克卜古拉爾。又五十里,至阿拉班。又四十里,至明圖伯。又六十里,至扈巴。三地皆有小城。又六十里,至瑪爾噶浪。又一百八十里,至霍罕城。"底本此數句則在前"經伊亨"句下。

烏蘭烏蘇河東南流,分爲渠。渠引東岸,東流經素魯克莊北,漸引而南,經霍爾干莊北,在喀什噶爾城東北三十里①。又東,經阿爾巴特莊北,在喀什噶爾城東三十里。又東,經伯什克勒木莊南,回語,五曰伯什,白菜曰克勒木,地舊有菜圃五②。在喀什噶爾城東北三十里。止不流。乾隆二十五年,伯什克勒木莊伯克呢雅斯附邁喇木,官兵剿捕,收其田園。二十九年,拔達克山素勒坦沙言:"霍爾干莊有呢雅斯索丕舊果園一所,今伊遷京師,其妻子在拔達克山,請以此園給之。"

蓋渠水流通，故饒園圃。烏蘭烏蘇河又東南流四十里，逕蘇瓏莊南③，分爲渠。渠引西岸，灌托古薩克莊，在喀什噶爾城西三十里。止不流。

【校記】

① 東北三十里，稿本作"北五里"。

② 以上注文，稿本在"雅瑞雅爾河"條"伯什克勒木"下。

③ 逕，《方壺》本作"經"；稿本無"四十里，逕蘇瓏莊南"數字。

烏蘭烏蘇河又東南流四十里，抵喀什噶爾城①。[《唐書·地理志》云："疏勒鎮南北西三面皆有山，城在水中。城東又有漢城，亦在灘上。赤河來自疏勒西葛羅嶺，至城西分流，合於城東。"疏勒鎮者，疏勒都督府治也。烏蘭烏蘇色赤，故有赤河之目。烏蘭烏蘇逕喀什噶爾城西②，]引東岸渠二。北渠經喀什噶爾城北③，復東至回城北，折由其東，入於河。南渠溉塞爾們莊，在喀什噶爾城西二里。經城西，南入於河。自城西門外並渠行，至塞爾們莊，帕爾西語塞爾謂首，們，自謂之詞；自稱首領也④。清流瀫瀫，交覆濃陰。余于役回城，暮春三月，新疇方罫，稊柳緣塍，柴扉映溪，紅杏成雨，每日與武進劉曙、休寧許心田聯轡縱游⑤。彼土耆老，來餉果餌⑥，枕流藉草，吟詠忘歸。長公齡或欸段來就，並坐小橋，使童子雜收花片⑦，自上游放之，爲御溝紅葉之戲。斯亦域外稀蹤、征人佳話矣。

【校記】

① 此句稿本省作“又東南流”。

② 此處據《校補》本增補。

③ “渠”下稿本有“東”字。

④ 以上注文,稿本在“雅瑞雅爾河”條“塞爾們”下。

⑤ 稿本“劉”、“許”二姓字下皆有“君”字。

⑥ “彼土耆老,來餉果餌”,稿本作“回人來歸,爭餉果餌”。

⑦ 雜收花片,稿本作“雜采花葉”。

南源曰雅瑞雅爾河①,

和什庫珠克嶺東有大池曰哈喇庫勒②,蒙古語謂黑曰哈喇,回語曰喀喇;蒙古語謂池曰淖爾,回語曰庫勒。周數百里③,極四十三度五十分至四十四度十分、西四十五度至四十六度。其地哈卜齊克部布魯特所牧也④。登阿賴山巔以望⑤,銀濤一片,上涵天光。池東出水東流,池西出水西流。[《水經注》引《涼土異物志》曰:“葱嶺之水分流東西,西入大海,東爲河源。”所謂入大海者,即新頭河之入雷翥海者也。池]水東出之岸曰勺布拉克⑥。由勺布拉克並庫勒之北而西百三十里曰乃仔塔什,又西百一十里曰且的爾塔什,又西百一十里曰蘇巴什,又西八十里曰庫仔爾袞拜,又西百二十里曰野溪里孔,又西六十里曰瑪爾札阿斯,又西沿水西出之岸百里曰布魯滿,又西一百三十里曰烏努土,又西百五十里曰喀喇拜,又西北百八十里乃西渡水,曰大河橋梁,又西百里曰烏爾塔斯渾,又西九十里爲什克南城。[《水經注》云:“河水一源西出捐毒之國、葱嶺之上，西去休循二百餘里。”又曰：“水西，逕休循國南，在葱嶺西。”是知阿賴山在庫勒北矣。昔］大和卓木既遁[7]，與小和卓木俱緣山行，由塞勒庫勒而北，兆公、明公督師追之。乾隆二十四年（1759）閏六月二十五日[8]，師次哈喇庫勒，登高瞭望，五、六十里外有飛塵起，選兵千三百人躡其後。二十八日，及賊於和什庫珠克嶺。賊六千人據嶺上施火器，且犯我左翼前隊。我兵迎擊，衝至嶺麓，向山爭進。戰三時，賊散，復合分隊立圍。日晡，伏發，賊大敗，越山跳而走。

【校記】

① 此段綱目與注文，稿本在“烏蘭烏蘇河”之前。南，稿本作“西”。

② 此句稿本作：“阿喇古山偏西四十二度四十一分、極三十九度五十二分，午正日景夏至長二尺九寸四分、冬至長一丈九尺九寸三分、春秋分長八尺三寸五分。乾隆二十四年，兆公惠奏言：‘六月十五日，布魯特百餘人在城西北之阿喇古（回語謂兩山夾溝。）搶掠，波羅泥都令鄂斯滿伯克、優鴑斯伯克等拒之於濟德朗塔拉，大爲所敗。’即此山也。地有阿喇古城，昔爲察拉瑪所治。（乾隆二十五年，伯克邁喇木滋事，阿喇古阿奇木伯克察拉瑪長子喀喇和卓聞伊弟摩羅和卓從賊，即行斥詈，釋放卡倫兵丁，□濟口糧。事聞，賞藍翎，護其家口移居京師。）水出其山，西南流四百里，有木吉水自西北三百六十里來會，合南流，逕和什庫珠克嶺東，凡數十里，瀦爲哈喇庫勒。”

③ 數百里，稿本作“百餘里”；以下經緯度，稿本無。

④ 其地，稿本無此二字。

⑤ 此句至“池西出水西流”，稿本無。

⑥ 此處據《校補》本增補。

⑦ 此處據《校補》本增補。

⑧ 乾隆,稿本無此二字。

《西域記》云①:“商彌國境東北,踰山越谷②,經危履險,行七百餘里,至波謎羅川。川東西千餘里,南北百餘里,狹隘之處,不踰十里,據兩雪山間,寒風淒勁,春夏飛雪,晝夜飄風。川中有大龍池,東西三百餘里,南北五十餘里,據大葱嶺内,當贍部洲中,其地最高也。水乃澄清皎鏡,莫測其深,色帶青黑,味甚甘美。潛居則鮫螭③、魚龍、黿鼉、鼅鼊,浮游乃鴛鴦、鴻雁、駕鵝、鸘鴇。諸鳥大卵,遺彀荒野,或草澤間,或沙渚上。池西派一大流,西至達摩悉鐵帝國在葱嶺西縛芻河南岸,大山之北。東界,與縛芻河合而西流。按,今西流者二支④。池東派一大流,東流。”陳玄奘還至于闐國,進表云:“今已從鉢羅耶伽國經迦畢試境,越葱嶺、渡波謎羅川歸還,達於于闐。爲所將大象溺死,經本衆多,未得鞍乘,以是少停。”即經此池也⑤。唐言龍池,夷言庫勒;色帶青黑,故曰哈喇。是即南源矣⑥。

【校記】

① 此段引文見《大唐西域記》卷一二,有删改,小字夾注係作者增。

② 谷,底本、《方壺》本作“國”,據稿本及《大唐西域記校注》改。

③ 鮫,稿本作“蛟”。

④ 稿本此句作“按,今無此水”。

⑤ 經,《方壺》本作“今”,誤。

⑥ 南，稿本作“西”。

水自庫勒出，東流百里①，逕察哈爾阿勒爾，[《水經注》云：“河逕岐沙谷，出谷分爲二水，一水東流，逕無雷國北。”蓋以庫勒之水與烏蘭烏蘇同源，斯爲謬矣。庫勒水]又東流百里②，逕哈喇塔什嶺北、烏魯噶喇特嶺南，回語烏魯，高大貌③。是曰圖巴里克河。《噶岱默特傳》云：凡言“傳”者皆《國史》。“乾隆二十八年，喀什噶爾辦事、左都御史永貴疏言：噶岱默特告：‘回部田畝，資溝渠利。’喀什噶爾河一曰赫色勒河，出喀什噶爾西喀卜喀山，溉東南托古斯恰特、回語九曰托古斯，村曰恰特。塞爾們④、喀什噶爾、哈喇刻爾、回語刻爾，瀦水堤，哈喇，狀其色。多羅特巴克、回語巴克，樹林。阿爾巴特、回語欣幸之詞。牌租阿巴特回語牌租，天賜也，阿巴特，猶阿爾巴特。諸邑，過巴爾楚克，回語巴爾，有也，楚克，言全有。滙羅布淖爾。一曰托庸河，出喀什噶爾西北托庸山，溉東南玉斯屯阿喇圖什、回語高處曰玉斯屯，下山出口曰阿喇，相對村莊曰圖什。阿爾琥莊、莊在喀什噶爾城東北一百里、伊蘭烏瓦斯河東岸。霍爾干、回語小城。阿斯騰阿喇圖什、回語低處曰阿斯騰。伯什克勒木諸邑⑤，與赫色勒河合流。一曰圖巴里克河，出喀什噶爾西南吉斯嶺及西界烏帕勒山，東流會於圖們。此河上流向東浚渠，溉汗阿里克、回語，謂渠曰阿里克，亦曰海里瑪，汗者，君也。言地有官渠。提斯袞、帕爾西語，提斯，速也，袞，會集之意。赫色勒布伊回語，布伊，邊界之地，其土色紅。三邑。下流向東北，與赫色勒河合流。一曰庫森提斯袞河，回語庫森，願欲之謂，一作庫森塔斯渾。出喀什噶爾西南、英吉沙爾舊作英噶薩爾。回語城曰沙爾，新曰英吉。城西羌琿山，溉東北英吉沙爾之各村地畝，散流入沙磧。惟赫色勒布伊、提斯袞、汗阿里克三邑，分引圖巴里克一河，水不給用。臣偕噶岱默特往視，自赫色勒河東南，濬渠四十餘里，引水入赫色勒布伊村。又托庸河水湍急，田畝多被衝刷，議建土石隄壩，並鑿山石以弱水勢。報聞。"

【校記】

① 此句至"又東流百里"，稿本作"東流二百里"。

② 此處據《校補》本增補。

③ 此句稿本作"逕烏魯噶喇特嶺南、(回語烏魯，高大貌。)哈喇哈什嶺北(解見下。)"。逕，《方壺》本作"經"。按，烏魯噶喇特嶺，諸本奪"特"字，據地圖標識補。

④ "塞爾們"下稿本原有注文，底本移在前"烏蘭烏蘇河"條"塞爾們莊"下。

⑤ "伯什克勒木"下稿本原有注文，底本移在前"烏蘭烏蘇河"條"伯什克勒木莊"下。

圖巴里克河又東流九十里①，逕格斯阿爾雅。又東流百里，逕庫依魯克。又東流百二十五里，逕僞塔克山北。又東流六十里，逕伊勒古楚卡倫北。又東流數里，逕塔什巴里克莊北，回語魚曰巴里克，近河，故有漁磯，一作塔什密里克②。是曰雅瑞雅爾諤斯騰③。回人謂厭棄曰雅瑞，坎曰雅爾，河深難越，以厭爲詞；濬成之河曰諤斯騰。斯河有引渠之跡，故別於達里雅矣。凡河，國語曰畢喇，蒙古語曰郭勒，回語謂自成之河曰達里雅，施人力者曰謂斯騰。以下皆質言河以省文。沿河土田肥腴，塔什巴里克莊阿琿孜牙墩，恃富④，萌異志，河之南即庫森河北岸，吉布察克部布魯特牧帳在焉。其比圖爾第邁瑪特亦桀驁⑤，託呼鷹胥盟於雅瑞雅爾之河干⑥，嘉慶二十年（1815）八月朏作亂。賈人高見洛聞其謀，先一日告城中爲備⑦。孜牙墩知事洩，殺伊勒古楚卡倫侍衛走出邊，匿於僞塔克山穴中，官兵禽斬之。伊犁將軍松公筠往定亂。冬，參贊長公齡繼往，余攝幕府行⑧。

【校記】

① 此句至"逕塔什巴里克莊北"，稿本作："河水逕嶺東流七八十里，逕塔什巴里克莊北"；其間"逕"字，《方壺》本均作"經"。

② 塔，《方壺》本作"喀"。

③ 是，稿本無此字。

④ "恃"下稿本有"其"字。

⑤ "比"下稿本有注文，底本移在前"烏蘭烏蘇河"條"舊比阿瓦勒"下。驁，《方壺》本作"鶩"。

⑥ 雅瑞雅爾之，稿本無此五字。

⑦ 此句至"官兵禽斬之"，稿本作："先一日告城中，要擊殲之。"禽，《方壺》本作"擒"。

⑧ "余"下稿本有"佐讞獄"三字。

雅瑞雅爾河又東流，有水自烏帕爾莊西莊在喀什噶爾城西南一百里。來滙。又東，爲台里布楚克河。又東，逕庫森提斯袞莊北①，莊在喀什噶爾城南百一十里。地有軍臺，自喀什噶爾南行第一頓宿也。余周覽其莊，清渠環帶，蔬稼芊蕁。霍集占之將遁也，六月十二日，遣阿卜都克勒木告知波羅泥都，將葉爾羌、喀什噶爾人衆移往拔達克山，約二十四日會於提斯衮，即此莊矣。台里布楚克河又東北流，與赫色勒河會。自疏渠以來，灌溉浸廣，水至雅普爾古莊東，莊在喀什噶爾城東南二百里，一作岳普爾瑚。涓流每斷，所謂水不給用也。

【校記】

① 逕，《方壺》本作"經"。

庫森河者，即庫森提斯衮河也，發羌琿山。霍集占西竄，由伯克和羅木渡口向羌琿一作羌呼勒。逃去。水發山東流，經僞塔克山南，山勢險峻，緣厓立牆，水周其阯①。水又東經圖木舒克卡倫北，在英吉沙爾城西北六十里，東南至特爾格奇克卡倫五十里②。爲圖木舒克河。又東南，經特爾格奇克卡倫東，在英吉沙爾城西北六十里，東南至特比斯卡倫八十里。與特爾格奇克河滙。

【校記】

① 此句下稿本有"官兵禽孜牙墩於此山穴也"。

② 此注下稿本復有"卡倫"注釋，底本移在前"烏蘭烏蘇河"條"圖舒克塔什卡倫"下。

特爾格奇克河發吉布察克部中，東南流經特爾格奇克卡倫南，又東經特比斯卡倫南，在英吉沙爾城西南三十里，東南至烏魯克卡倫九十里。與烏魯克河滙。烏魯克河亦發吉布察克部中，流經烏魯克卡倫北。在英吉沙爾城南一百里，東至鐵列克卡倫六十里。二水同流入圖木舒克河。

圖木舒克河東經英吉沙爾回城南。英吉沙爾城置領隊一人，轄回莊九，調烏魯木齊八旗兵、陝西綠旗兵駐之。舊城周二里八分，高一丈七尺，乾隆四十年，展築七分。南北二門，南墉即回城北墉。回城東西與鎮城等，南北視鎮城三分之一，東偏一門，出入鎮城者由之。置四品阿奇木伯克一人，轄其屬。回城南里許，地曰喀拉克，沙阜也，高數丈，横百里，圖木舒克挾諸水出其間。余子夜促騎，弦月將落，登降危橋，殷如震雷①。又東，入葉爾羌境，經庫爾塔里木莊北。在葉爾羌城北二百三十里。庫爾，準語積雪也。塔里木，解見下。又東，入沙而止。

【校記】

① "登降危橋，殷如震雷"，稿本作"僕從二人，兩岸登降，危橋撼浪，如震殷雷"。

過喀什噶爾城南而合，是爲葱嶺北河。

定邊將軍兆公惠既定喀什噶爾城，《方略》："乾隆二十四年(1759)閏六月①，兆惠等奏言：'臣等撫定喀什噶爾等城，宣布皇恩，凡棄賊來投者，俱行免罪。又查出各城遷來回衆二千五百餘戶、一萬二千二百餘人，俱送往阿克蘇以備屯田。現在喀什噶爾大小十城、七村莊回衆，各安生業。謹將各城及村莊繪圖呈覽，並將設官定職、徵糧鑄錢及駐兵分防事宜，列欵具奏。一，喀什噶爾地居西北，距肅州嘉峪關六千餘里，其城周圍十餘里，城内回人二千五百餘户。東界烏什、阿克蘇，有牌租阿巴特、赫色勒布伊、伊克阿喇圖什三城，伯什克勒木、阿爾巴特二大村，共六千餘户。西界安集延布魯特，内有巴哈阿喇圖什、鄂坡勒、塔什巴里克三城，塞爾們、托克庫爾薩克二大村，共二千二百餘户。南界葉爾羌，内有英吉沙爾、汗阿里克二城，提斯衮、哈喇刻爾二大村，共四千四百餘户。北界布魯特，内有阿喇古城、霍爾干村，共八百餘户。總計一萬六千餘户、數十萬餘口，具載圖册。一，各城、村辦事，應設官職。查回部頭目曰阿奇木，總理一城；曰伊沙噶，協辦阿奇木事；曰商伯克，管理租賦；曰哈子，管理刑名；曰密喇布，管理水利；曰訥克布，管理匠役；曰帕察沙布，查拏賊盜；曰茂特色布，承辦經教；曰木特窪里，管理田宅；曰都官，管理館驛；曰巴濟吉爾，管理稅課；曰阿爾巴布，派差催課；曰市琿，協辦都官事；曰巴克瑪塔爾，專管園林；曰明伯克，其職如千總。今喀什噶爾阿奇木一缺，請暫委吐魯番副台吉木薩署理。其餘各職，臣等查隨營效力之著姓回人及並未從逆之回人子孫等三十四人，揀選補授，謹列名具奏。一，每年貢賦數目，查回人一帕特瑪，準官石四石五斗，一噶爾布爾，準五斗，一察喇克，準官秤十觔，一騰格，準制錢五十文、值銀一兩。初，噶爾丹博碩克圖收降回衆，定額每年納錢二萬六千騰格。此内有種地之鄂爾托什人等，納糧四萬八百九十八帕特瑪、棉花一千四百六十三察喇克、紅花三百六十五察喇克，一帕特瑪折錢四騰格、一察喇克棉花折錢四十八文、紅花折錢三十二文，共錢二萬一千餘騰格。又克色克綽克巴什人等，納錢二萬六千騰格，商賈、牧養人等，納錢二萬騰格，俱以本色折納。又供給氊罽、喇嘛衣帽、商人金銅稅、園户果稅、邊界貿易回人，徵稅十分之一；外來貿易之人，徵二十分之一。俱未能如數全完。波羅泥都居住後，較前更少。臣等推廣皇仁，請將氊罽及零星雜稅，盡行蠲免，歲徵糧四千帕特瑪、棉花一千四百六十三察喇克、紅花三百六十五察喇克、錢六千騰格，俟將來駐兵與否，酌交糧石銀兩，金十兩、葡萄一千觔，解交内府。其貿易稅課，照舊辦理。一，大兵進剿應籌糧餉，除歸降回人照常納賦外，其隨同逆回逃竄之人所種田禾，均應入官充餉。臣等查各城鄉現種麥秫、綠豆，共籽種一千七百九十九石五斗有奇,豐年可獲七八倍,荒年可二三倍,但驚擾之餘,應行酌減。隨傳伯克等公議,今歲各城鄉共交糧二千帕特瑪,準內地九千石;其入官之地,三倍交納,共一千二百帕特瑪,準內地五千四百石。七月起至歲底交錢一萬三千餘騰格,俱折收糧石。舊果園七所,歲徵葡萄,俟藏貯成乾交納;波羅泥都新果園十五所,除還强奪回人二所外,其十三園所獲無多,請充官兵賞賚之用。一,回部錢文,應行改鑄。查回城錢文,俱紅銅鼓鑄,計重二錢,一面鑄準噶爾台吉之名,一面鑄回字,因所産銅少,每鑄新錢一萬騰格,以新錢一文易舊錢二文,銷燬更鑄,又行換易。今雖未便全收改鑄,現有鑄礮銅七千餘觔,請先鑄錢五十餘萬文,換回舊錢另鑄。一、二年間,可以盡改。或照內地制錢,每一文重一錢二分;或即照回錢體質,一面鑄"乾隆通寶"漢字,一面鑄"葉爾羌"清文及回字。謹呈樣請旨。一,現在分路進兵,追禽逆賊②,其喀什噶爾應酌量駐防。擬派西安滿兵三百名、阿拉善兵五十餘名,委散秩大臣伯永慶、阿拉善公袞楚克管理,仍留綠旗兵一千五百餘名,委提督閻相師酌量城鄉邊界駐防。臣一面前往葉爾羌查辦,於閏六月二十五日起程,其和闐、阿克蘇等處情形,頗有不同,已行文舒赫德辦理。'奏入,得旨,下部知之。"二十六年③,軍機大臣議:"回部設立阿奇木共三十一城,計其大小④,酌爲三等:葉爾羌、喀什噶爾、阿克蘇、和闐爲四大城,烏什、英吉沙爾、庫車、闢展爲四中城,沙雅爾、賽喇木、拜、庫爾勒、玉古爾、牌租阿巴特、塔什巴里克、哈喇哈什、克勒底雅、玉隴哈什、齊爾拉、塔克、阿斯騰阿喇圖什、阿爾瑚、玉斯屯阿喇圖什、英額齊盤、巴爾楚克、沙爾呼勒、魯克察克、托克三、喀喇和卓、洋赫、克勒品爲二十三小城,俱給阿奇木伯克圖記。其分寸,大城視內地佐領,中小城遞減。"置參贊、協辦各一人。其舊土城不成方圓,周三里七分餘,東面二門,西、南面各一門。二十七年,參贊永公貴於舊城西北波羅泥都之園塞爾們莊建鎮城,高一丈四尺,周二里五分,門四,東承恩、西撫羌、南彰化、北闢遠。三十年,移參贊于烏什,改設辦事、協辦各一人。三十六年,定城名曰徠寧。五十二年,移還參贊,改辦事於烏什。轄回莊十六，聖製詩注作"二十一"。駐烏魯木齊、伊犁八旗兵，陝西、甘肅及烏魯木齊綠旗兵，伊犁錫伯、索倫兵。地暖，多果木。余假館參贊衙齋，軒窗兩面，前有歐蒲、蘋婆，後有蒲萄、蓮芰⑤，杏實尤碩大甘美。

【校記】

① 此節引文，出自《平定準噶爾方略》（以下簡稱"《方略》"）正編卷七五"乾隆二十四年閏六月庚午"下，有删改。

② 禽，《方略》原本、《方壺》本作"擒"。

③ 此節引文，出自《方略》續編卷一三"乾隆二十六年八月戊寅"下。

④ 其，《方壺》本奪。

⑤ 蒲，各本均作"葡"，據《校補》本改。

烏蘭烏蘇河逕城南七里①，又名七里河。又東逕回城南②，即所謂舊土城，在鎮城東南里許，據高阜，城已惡，無樓櫓、俾倪③，遙望斷墉，破屋傾側。東北隅有碎木楂梧，故老傳聞以爲我軍薄城，爲礮所燬，回人脩治，尋復破壞。城外隔渠有土阜，對其城缺損處，謂是礮臺遺址。按，《方略》④："乾隆二十四年閏六月初三日，明公率前隊至伊克斯哈喇，得獻城者。十四日，兆公至，回人具鼓吹、進羊酒，迎以入城。"豈有傅堞環城之事？又按，《額敏和卓傳》云："夏，進兵喀什噶爾，諜波羅泥都、霍集占棄城遁。額敏和卓以喀什噶爾麥甫熟，遣子茂薩馳入城，收糧濟軍食。大軍至，兆公惠以茂薩理阿奇木伯克務。"可知軍未臨城，茂薩先已入之矣。考《額色尹傳》云："乾隆二十三年,大軍討霍集占,抵葉爾羌。額色尹聞之,偕圖爾都及布魯特之胡什齊長納喇巴圖,以兵攻喀什噶爾,襲英吉沙爾諸邑。"《圖爾都傳》亦云:"陰以布魯特兵從額色尹攻喀什噶爾,分賊勢。"蓋兵燹之迹,是布魯特助順之師⑤,而城外高阜,或明公初至,方竢兆公,曾此駐營,遂生附會之說。城內置三品阿奇木伯克一人,轄其屬。

【校記】

① 逕,《方壺》本作"經"。

② 逕,《方壺》本作"經"。

③ 俾,各本均作"頼",據《校補》本改。

④ 此節引文,出自《方略》正編卷七五"乾隆二十四年閏六月"下,有删改。

⑤ 助,《方壺》本作"阻"。

瑪木特玉素布之遷喀什噶爾也,土人龐雅瑪獻所居地爲寺,死即葬焉。墓在回城東北十里許。乾隆二十五年,參贊阿里袞奏言:"喀什噶爾和卓木墓,舊有三十帕特瑪地畝錢糧,看守回人十二戶。今仍令管理,以供祭祀、修葺,餘爲伊等養贍之資。"諭曰:"逆賊霍集占等,雖負恩肆惡,自取誅戮,至其先世,君長一方,尚無罪戾。今回部全定,喀什噶爾所有從前舊和卓木等墳墓,可派人看守,禁止樵採、污穢,以昭國家矜恤之仁。"回人即墓爲祠堂,曰瑪咱爾。周甃石欄,中列木格,標馬牛尾、鹿角於其端,謂薦牲祈福也。樹木陰翳,臺宇軒敞,外垣以藍色琉璃,鏤刻花卉。每日寅未申酉戌五時誦經呪，日入則鼓吹送之，曰送日鼓。七日爲市，曰巴咱爾。市前一日，男婦入祠堂膜拜，以求利市。門外刻石柱紀年，一年一畫，以派噶木巴爾初生爲元年。

派噶木巴爾於四月初十日成道，生六十三歲而卒。嘉慶二十四年(1819)六月初二日，爲彼中第一千二百三十三年之終。按，回回術有太陽年，彼中謂之宮分。有太陰年。彼中謂之月分。齋期以太陰年爲准，數至第十二月則齋，齋滿日，相慶爲正旦。齋月即彼中十二月。所謂月一日者，又不在朔，以見新月爲准。歷十二月爲一歲，有閏日，無閏月，故歲首無定月，大率每間二年遞早一月。如元年在十月，三年則在九月、五年則在八月之類。今以初二日爲歲除，是用太陰法，見新月爲歲首也。《明史》曰①："三百五十四日爲一周，周十二月，月有閏日，凡三十年閏十一日。"言太陰年也。准此論之，計三十年應有一萬六百三十一日②，則一千二百三十三年積四十三萬六千九百三十四日又十分日之一，以回回歲實三百六十五日一百二十八分之三十一，約之得一千一百九十六年又一百四日半弱。從嘉慶二十四年六月初二日逆數之③，當託始於唐高祖武德六年(623)三月初三日也。[《每月統紀傳》謂生于陳宣帝太建元年(569)④。西洋人尊耶穌之教，其言不足據。或曰佛、回作教，皆以滅度之歲紀元，梅氏文鼎推回回術，謂馬哈墨辭世在隋開皇十四年(594)甲寅，而《明史》言馬哈墨作回回曆用隋開皇十九年己未爲元，即以爲建國之年。其身不存，何能立教？正道陵遲，異端滋起，謬悠之論，固難折衷矣⑤。]

【校記】

① 此段引文,出自《明史》卷三七《曆七》"回回曆法一",原文云:"以三百五十四日爲一周,周十二月,月有閏日。凡三十年月閏十一日"。

② 此句至"當託始於唐高祖武德六年三月初三日也",稿本原作:"三十年應有一萬零六百五十一日,以三十年爲一率,一萬零六百五十一日爲二率,一千二百三十三年爲三率,求得四率四十三萬七千七百五十六日又十分日之一爲積日數,以歲實三六五二四二一八七五爲法除之,(歲實歷代有增減,此國朝康熙法歲實,回法正同,故用之。)得一千一百九十八年又一百九十六日微弱。從嘉慶二十四年六月初二日逆數之,得唐高祖武德三年十二月初三日爲其始日也。"旁有紅色籤云:"此注欠妥,以回回自有正術,且遠在康熙以前也。"並旁改其數字如底本,復有籤紙重寫此段文字與底本同。

③ 之,《方壺》本奪。

④ 《每月統紀傳》,即《東西洋每月統記傳》,此處所記係"戊戌九月"號《回回之教》一文。

⑤ 此處據《校補》本增補,凡二籤條,大、小字各爲一籤。

其字曰哈特,凡二十八頭,右行。有史曰《陀犁克》,字書曰《阿里卜》,醫書曰《惕普奇塔普》,農書曰《哩薩拉》,占候書曰《魯斯納默》,梵書曰《庫魯安》。《明史·西域傳》:"默德那國中有經三十本,凡三千六百餘段。"其寫經用克什米爾國紙。余出游回莊,每見跨驢偕行、據鞍授經者。亦立學舍,生徒十數人爲行,負牆跪書所業於版,方尺許,前列木格如馬櫪狀,倚版其上,讀竟削之。斯亦禮求諸野矣。

烏蘭烏蘇河逕回城南①,又分南引渠一,東流經赫色勒布伊莊北,在喀什噶爾城東南八十里。溉其田。又東流,溉牌租阿巴特莊而止。在喀什噶爾城東百六十里。渠即噶岱默特濬也。河水又東,與雅璊雅爾河會。《西域記》云:"大龍池東派一大流,東北至佉沙國西界,與徙多河合而東。"又云:"佉沙國舊名疏勒,徙多河即中國河。"徙多者,烏蘭烏蘇也,雅璊雅爾來自龍池,與之會。自此而東,爲葱嶺北河,故曰"即中國河矣"。葱嶺北河者,《水經》注文以河徑葱嶺中北道,是名北河,所謂"北河自疏勒逕流南河之北"也。

【校記】

① 逕,《方壺》本作"經"。

又東至噶巴克阿克集,與南河合。

北河自回城東,復東流,左會圖舒克塔什水。水發托庸山,滙空阿提山水、察克瑪克山水,爲特們河。準語特們,駝也。河水深,駝方能渡也。又東南流,經圖舒克塔什卡倫北,爲圖舒克塔什水。東流至玉斯屯阿喇圖什莊北,在喀什噶爾城北五十里,即巴哈阿喇圖什。有伊蘭烏瓦斯水自北來入之,地通邊外,《和什克傳》云"大兵由阿克蘇攻喀什噶爾,和什克繪圖告曰:'喀什噶爾西由鄂坡勒回語,鄂,有所指而言;坡勒,謂清能鑒物也①。地有池,水清可鑒,故名。達霍罕敏珠爾嶺,由玉斯屯阿喇圖什達安集延額德格訥諸部'"是也。

【校記】

① 謂,稿本無此字。

伊蘭烏瓦斯水三源,水以卡倫得名。一自札雅克則伊,在卡倫北二十餘里。一自蘇格特,在卡倫北十五里。一自圖古爾滿提,在卡倫北五十里。分南流至蘇克賽而會。南流十里,經伊蘭烏瓦斯卡倫東,又東南與圖舒克塔什水滙。二水同東流,經阿斯騰阿喇圖什莊西南,在喀什噶爾城東北七十里,即伊克阿喇圖什。是即托庸河也。受水多,故湍急矣。水折而南,經伯什克勒木莊東,又南流二十里,至布胡奇,在喀什噶爾城正東三十餘里。入北河。

河水自布胡奇東流百三十里,逕牌租阿巴特莊北。莊距河六十里。波羅泥都之敗也,掠喀什噶爾人百五十戶西逃。牌租阿巴特莊人十餘戶不從賊,因拒守。河流至斯,亦曰牌租阿巴特河。乾隆二十五年(1760),參贊阿公里袞奏言:六月初七日①,"據駐防玉斯屯阿喇圖什城把總報稱,回人搶掠牲隻,圍困城堡。又准提督董孟告稱,商伯克邁喇木妄造阿睦爾撒納越庫庫訥克嶺、已取阿克蘇之言,希圖扇惑人心。臣派兵查拏,行至伯什克勒木附近,賊衆千餘排列。臣率官兵八百餘名力戰,賊入城堅守。復以鎗礮攻圍,是夜四鼓,闔城就降。邁喇木於城北掘牆逃走,追至牌租阿巴特河。正在造筏欲渡,哨探官兵及赫色勒布伊之阿奇木伯克等告稱邁喇木會同呢雅斯逃走，隨追至薩林都，尋蹤入布魯特，至和羅木魯克，拏獲邁喇木、呢雅斯。”蓋自玉斯屯阿喇圖什南奔，故欲渡此河也。

【校記】

① 此節引文，見《方略》續編卷四“乾隆二十六年六月甲寅”下，有删改。

河水又東流百一十里[①]，至英阿瓦特莊北，莊距河岸五十里。出喀什噶爾境。唐景龍二年(708)，突騎施酋長娑葛入寇[②]，五千騎出安西，五千騎出撥换，五千騎出焉耆，五千騎出疏勒。郭元振在疏勒，柵於河口，不敢出，疑即斯河也。

【校記】

① 又，《方壺》本作“之”。

② 騎，底本、《方壺》本作“猗”，據稿本、《校補》本改。此句至“疑即斯河也”，稿本原無，籤條補入。

牌租阿巴特河又東一百里[①]，至托克察哈爾地。又東九十里，至伊米什地。又東八十里，至阿克察哈爾地。又東八十里，至沙瑚爾地。其南岸，伯斯罕沙磧也。元人謂沙磧爲沙陀，今蒙古語曰戈壁[②]。下皆質言沙磧。又東九十里，至瑪拉爾巴什莊北。莊在葉爾羌城東北六百里。折而東南流七十里，逕喀喇塔克軍臺北[3]。復折而東北六十五里，逕巴爾楚克軍臺北[4]。巴爾楚克西南距葉爾羌城七百四十里，地有回莊，故時設卡倫[5]，嘉慶四年（1799）裁，爲回疆四達之逵。故兆公惠之進兵葉爾羌也，奏曰："巴爾楚克爲葉爾羌、喀什噶爾要路也。"乾隆二十三年，參贊舒公赫德、定邊右副將軍富公德援黑水之圍，於此會師焉。河水經臺北，色仍濁，寬僅二丈，流不甚駛。分數支南行，瀦爲澤，水始清，有魚如鯉。余征鞍經此，俯可以鑒。薀藻交横[6]，網得巨魚。然夏時潦水盛漲，諸蕩泛溢，居民恒有昏墊之虞。自喀什噶爾城由軍臺道葉爾羌，至此凡千三百三十里，沿河行僅六百八十餘里。《漢書·西域傳》云："尉頭國西至捐毒千三百一十四里，徑道馬行二日。"殆其地矣。河南岸徧生胡桐，行其間者枝葉交格，諺曰"樹窩"；河北岸間道通烏什。兆公由阿克蘇定喀什噶爾，即取道烏什也。

【校記】

① 牌租阿巴特河，稿本原無，籤條補入。

② "沙磧"注文，稿本原作"蒙古語謂沙磧曰戈壁"，籤條補正同底本。

③ 逕，《方壺》本作"經"。

④ 逕，《方壺》本作"經"。

⑤ 時，《方壺》本作"特"。

⑥ "薀"字原作"蘊"，據《校補》本改。

河水又東北流八十里，逕庫庫車爾軍臺西[1]。又七十里,至衡阿喇克軍臺西。故老相傳,霍集占害副都統阿公敏道于斯。按,《方略》②:乾隆二十二年,定邊將軍成衮奏言:"詢問回人薩替阿克薩噶,言兩和卓木將副都統阿敏道一百餘人在庫車城看守,有庫車城伯克呼岱巴爾氏,聞兩和卓木欲害官兵,暗行通信。阿敏道遂步行脱出,殺回人三十餘。兩和卓木即遣三百人追及阿敏道等③,盡行殺害。"蓋自庫車追至衡阿喇克而戕之。杜欽之言曰:"德莫大於有國子民,罪莫大於執殺使者。"偝義干誅,其兩和卓木之謂矣。其地兩岸叢薄,泛濫爲藪,紆徐蕩漾,泥滓清澄,至衡阿喇克軍臺西,赤水盡爲清流。行程止息,散步暢懷,驛舍之旁,即爲河曲,鞾紋縐浪,夕陽在波,短樹離離,水禽翔下。晚飯柁樓,亂我心曲。

【校記】

① 逕,《方壺》本作"經"。

② 此節引文,出自《方略》正編卷三九"乾隆二十二年四月丁未"下,有删改。

③ 即,《方壺》本奪。

河水復東北流三十餘里,逕察特西林莊西①。在葉爾羌城東北九百三十五里。又二十餘里,逕烏圖斯克滿軍臺西②。又東北流五十里,逕伊勒都軍臺西③。又東北行四十里,出葉爾羌界,入阿克蘇界。葦蕩連延,凡百餘里。又東北二十里,水折而東。又二十里,出葦蕩,至都齊特軍臺之西南。折而東南行,車馬履橋以度。橋水幽深，游魚可數。又東流，至噶巴克阿克集[④]。其地極四十四度二十五分、西三十六度三十分[⑤]。《河源紀略》云[⑥]："河水至巴爾楚克，又八百里，至噶巴克阿克集境，與西南來之葉爾羌河會。"葉爾羌河發源葱嶺中南道，故曰南河矣。葉爾羌，古莎車境，北河經其北。《水經注》言"北河經莎車國南"，診其地勢，南當爲北。

【校記】

① 逕，《方壺》本作"經"。

② 逕，《方壺》本作"經"。

③ 逕，《方壺》本作"經"。

④ 巴，《方壺》本作"爾"。

⑤ 此處經緯度，稿本原無，籤條補入。

⑥ 紀，《方壺》本作"記"。

一曰葉爾羌河。

回語謂地曰葉爾，謂寬廣曰羌。明時爲葉爾欽，音轉爲葉爾奇木，《水道提綱》訛作也勒七母。今正爲葉爾羌。（《元世祖紀》[①]："至元十一年〈1274〉春正月，立于闐、鴉爾看兩城水驛十三，沙州北陸驛二。"《曷思麥里傳》："哲伯令曷思麥里持乃蠻主曲出律首往徇其地[②]。若可失哈兒、鴨兒牽、斡端諸城，皆望風降附。"鴉爾看、鴨兒牽，即葉爾羌音之轉也。）[《元史》作鴉爾看，又作押兒牽，皆音近之轉。《經世大典圖》不載，其時蓋附於于闐也[③]。]

【校記】

① 此句至“即葉爾羌音之轉也”，稿本原無，籤條補入。

② 曷思麥里，底本作“曷思麥思”，據稿本、《校補》本、《方壺》本改。

③ 《校補》本簽注云：“至元十一年立驛一條，已載沙州下，此處删。鴉爾看注於此處。”今據以增删。

《一統志》云：“葉爾羌，其地屬回回，康熙三十五年(1696)八月，國王阿布都里錫特青吉斯汗之裔，爲其國第十九世汗[①]。偕其妻子來朝。先是，康熙二十一年，阿布都里錫特爲噶勒丹綽羅斯第十五世汗，僧格之弟，襲僧格位。所執，拘留帳下，至是噶勒丹爲大兵所破，阿布都里錫特脱身來歸。丙辰，朝于太和殿。九月，遣官護送至哈密，返其國。至瑪罕木特時，霍集占主其地。乾隆二十年(1750)，霍集占自伊犁遁還，以葉爾羌叛。二十三年五月，霍集占拒大兵於庫車，師熸而歸。聞定邊將軍兆公惠自阿克蘇進，以步騎萬人嬰城守。波羅泥都自喀什噶爾以騎三千、步二千來會。刈田禾盡，驅民入城，近城東北五六里[②]，爲大坎，築高臺以守。十月六日，大軍至，兆公勒兵分爲三，令巴圖魯瑞綽爾圖、厄魯特散秩大臣達什策楞，領游兵皆陣城東。戰之日，左右軍與游兵先奪其臺。賊於東西門分出四五百騎對陣立，中軍前隊明公瑞、左軍前隊鄂木布等十人率師進。賊三戰皆北。北門又出騎來夾攻，爲右軍前隊由屯截殺，不得逞。自卯至申，賊敗入城。偵者言賊牲畜、輜重在城南英額齊盤山。原音英伊什齊盤。英伊什，回語下坡之謂；齊盤，帕爾西語，謂牧羊者。山坡之下多游牧處，故名。十三日，兆公徙營，轉城東，攻其南。賊阻澤普勒善河南岸，半濟，橋圮，賊左右角我師。總兵高天喜、副都統三格、前鋒領侍衛鄂實、侍衛特通額死之，師東北行至喀喇烏蘇南爲營守，所謂黑水之圍也。地曰通古思魯克，亦曰洗泊。明年正月，舒公赫德、富公德自巴爾楚克至，迎師還阿克蘇。越六月，富公既定和闐，復取葉爾羌。閏六月二日，霍集占棄城遁。其舊伯克以城降。七月，兆公自喀什噶爾來定之。"《方略》③："乾隆二十四年七月，兆惠等奏言：'臣等行抵葉爾羌，查所屬二十七城村，計三萬戶、十萬餘口，謹繪圖呈覽。其葉爾羌貢賦，從前噶勒丹策凌時每年交納十萬騰格，內計白米二百六十一帕特瑪有奇、米五千八百三十九帕特瑪、棉花一千七百十五察喇克、紅花四百二十八察喇克，共折錢二萬七千二百八十騰格有奇；各項匠役，納錢五萬四千七百八十騰格有奇；城村、酒肆、園林、碾磨、金銀稅，共一萬七千九百騰格有奇；此外有金稅、貿易、緞布、牲隻等稅④。喇嘛氊罽、果園葡萄，雖按則徵收，而全完者少。霍集占入城，雖止徵二萬四千騰格，雜糧二千一百九十帕特瑪，及折徵牛羊稅九百騰格，而額外科斂衣服、牲隻，不時擾累，供應稍遲，即行抄沒，以致回人日困。臣等查辦之際，有大小回人等跪呈亥年間，霍集占圍城三月餘，及此次逃竄，又行搶掠，生計甚屬艱難等語。臣等察看葉爾羌城村情形，與喀什噶爾不同。現在本年七月起，交雜糧一千四百帕特瑪，各項謀生人等，交一萬二千騰格，嗣後勉力耕作，次年加增一倍，外交黃金四十兩、葡萄一千觔，至辛巳年再行定議，餘照喀什噶爾之例。其隨賊逃竄人等地畝，計籽種五百二十七帕特瑪，除踐踏之處，計已種者一百九十帕特瑪，請與房屋、園林一併交收入官。至葉爾羌之大伯克等，多爲霍集占所殺，或挾之同竄，現在人等，惟授爲密喇布之托克托和卓，人尚奮勉，餘俱平常。霍什克伯克舊爲葉爾羌等城阿奇木，伊叔素賚瑺亦久爲商伯克。臣等將霍什克伯克署理葉爾羌之阿奇木事務，素賚瑺辦理商伯克事務。'得旨，如所請行。"其境東接阿克蘇，西北接英吉沙爾，西至塞勒庫勒莊，北至庫爾塔里木莊，河水自西南出其東，故以名之。

【校記】

① 《校補》本簽注云："青吉斯汗至十九世汗，擬删。"

② 近，《方壺》本作"進"。

③ 此節引文，出自《方略》正編卷七七"乾隆二十四年八月辛丑"下，有删改。

④ 緞，《方壺》本作"段"。

其河二源，西源曰澤普勒善河，

西源出喀楚特城南大山①，源處極四十一度五分、西四十三度三十分，東北流二百餘里，有齊齊克里克嶺水南流百二十里、經塞勒庫勒莊東來滙。塞勒庫勒在葉爾羌城西八百里，爲外藩總會之區。達外藩凡三道。自塞勒庫勒南十四日程，曰巴勒提，又東南一日程，至其屬邑曰哈普倫；哈普倫南十六日程，曰土伯特，即藏地也。巴勒提西南二十九日程，曰克什米爾，地出砑蠟紙。又西南四十三日程，曰痕都斯坦，善鏤玉。以上皆各自爲部，不相屬。自塞勒庫勒西五日程，曰黑斯圖濟。又西南三日程，曰乾竺特，歲貢金一兩五錢。又西四日程，曰博洛爾，其地南即巴勒提②，曾貢劍斧、匕首。乾竺特西北九日程，曰拔達克山，其汗素爾坦沙獻霍集占首，貢刀斧、八駿。又北五日程，曰塔木干。又北三日程，曰差雅普。又西南三日程，曰渾堵斯。又西北三日程，曰塔爾罕，與噶斯呢爲鄰。自黑斯圖濟至塔爾罕，皆噶勒察種也。博洛爾西二十日程，曰愛烏罕，亦曰喀布爾。乾隆二十七年（1762），其頭人愛哈默特沙攻痕都斯坦，殺其汗阿里雅木吉爾，其子阿里雅科瓦爾逃竄，愛哈默特沙立阿里雅木吉爾之孫，取扎納巴特城③，以伯克守之，自居拉固爾城。又統衆至固珠喇特，攻克什米爾，執其頭人塞克專。二十八年，貢刀及四駿。其屬邑曰拉虎爾，距葉爾羌六十二日程。自塞勒庫勒北三日程，曰滾；又西北二日程，曰斡罕；又西北二日程，曰差特拉勒。分二道，北一日程曰羅善，西一日程曰什克南。乾隆中，有與葉爾羌阿奇木伯克鄂對爲仇，肆凶暴，名曰沙闕機者，即什克南頭人也。又西北二日程，曰達爾瓦斯。自滾以下，亦噶勒察種。達爾瓦斯北，爲喀爾提錦部布魯特，羅善北，爲霍罕。霍罕城東南距塞勒庫勒十日程。其屬城曰瑪爾噶浪，在東北一日程；曰安集延，在東北三日程；曰窩什，在東南八日程；曰納木干，在西南二日程；曰塔什罕，在西北四日程；曰科拉普，在西北五日程；曰霍占，在西南五日程。其大伯克自稱曰汗，居霍罕城。其塔什罕城，舊爲舍氏和卓與摩羅沙木什二人分治，舍氏和卓漸强，摩羅沙木什被其侵奪，訴于霍罕額爾德呢伯克，乞師復還侵地。舍氏和卓又會西哈薩克及霍濟雅特之丕色勒伯克，攻殺摩羅沙木什二子。額爾德呢遂攻塔什罕，丕色勒來拔④，哈薩克後得之，終入霍罕。霍罕與回部分界處有二嶺，曰噶布蘭，曰蘇提布拉克，額德格訥部布魯特居之。嶺東爲回部，嶺西爲霍罕。霍罕西十五日程，曰布哈爾，亦大國，東南距塞勒庫勒三十二日程。其屬城曰鄂勒推帕，在東七日程；曰濟雜克，在東三日程；曰拜爾哈，在東北三日程；曰噶斯呢，在西南十日程；曰坎達哈爾，在西南二十日程。種人黄鬚繞頰如獅毛，不同諸回。置五品阿奇木伯克一人治之，歲貢金二十七兩七錢。

【校記】

① 此句至"東北流二百餘里"，稿本原作："西源出喀楚特城西大山，其隔山西，爲雅布塔（一作哈）爾水，西流數千里，入達里岡阿鄂謨。（《水經注》：'河水西經罽賓、月氏、安息，與霓羅跂禘水同注雷翥海。'所謂河水者，實非大河，即今之雅布塔爾水也；霓羅跂禘水，尚在雅布塔爾水南；達里岡阿鄂謨，即雷翥海。）《涼土異物志》云：'葱嶺之水，分流東西，西入大海，東爲河源。'是則喀楚特西大山，即葱嶺矣。源處偏西四十二度、極三十七度至三十八度。西源

東流百六十里，至羌琿山。"復有籤條省改同底本。

② 即，稿本作"接"。

③ 扎，《方壺》本作"札"。

④ 拔，稿本、《方壺》本作"援"。

西源折而東南流[1]，有水經羌琿山東來滙。又東，逕托里布隆之南[2]，是曰托里布隆河。托里布隆河東南流百餘里，折而東北，又折而西北，凡數百里，逕密爾岱山之北[3]。密爾岱舊作鬮勒。自葉爾羌城南七十里，至坡斯恰木；又西南五十里，至汗亮格爾；又西南百五十里，至英額莊；又西南三十里，至齊盤山；又西南五十里，至阿子汗薩爾；又西南六十里，至密爾岱山。山峻三十許里[4]，四時積雪，谷深六十餘里。山三成，下成者麓，上成者巔，皆石也；中一成則瓊瑤函之，彌望無際，故曰玉山。採者乘犛牛至其巘鑿之，墜而後取，往往重千萬觔。[《漢書·西域傳》："莎車國有鐵山，出青玉。"《穆天子傳》："天子西征，至剞閭氏。乃命剞閭氏供養六師之人于鐵山之下。"即此山矣[5]。]

【校記】

① 此句至"逕密爾岱山之北"，稿本原作："西源又東流，有特拉克嶺水南流百二十里來會，合以東流，是曰托克布隆河。又南流，折而北、而東五百餘里，逕密爾岱山北。"復有籤條改正同底本。

② 逕，《方壺》本作"經"。

③ 逕，《方壺》本作"經"。

④ 許里，《方壺》本乙作"里許"。

⑤ 此處據《校補》本增補。

山與瑪爾瑚魯克山峯巒相屬，玉色黝而質堅，聲清越以長。乾隆二十七年八月，葉爾羌辦事採進玉特磬料十一片，重千四百三十觔。姑洗磬二，林鍾磬三，南呂磬三，蕤賓磬、夷則磬、仲呂磬各一。十月，進玉特磬料十四片，重千五百九十觔。太蔟磬五、夷則磬一、大呂磬二、夾鍾磬二、仲呂磬二、林鍾磬一。是歲，又進玉特磬料十四片，重九百五十五觔。蕤賓磬三、夷則磬二、林鍾磬一、南呂磬五、應鍾磬三。重華宮半度玉特磬料十片，重八十觔。太蔟磬、姑洗磬、蕤賓磬、夷則磬、無射磬、大呂磬、仲呂磬、林鍾磬、南呂磬、應鍾磬各一①。備用半度磬料三片，重二十九觔六兩。二十八年三月，採進正項磬料十八片，備用磬料二十六片。六月，復進正項特磬料十一片，黃鍾磬二、太蔟磬一、大呂磬三、夾鍾磬五②。備用特磬料十一片。黃鍾磬六、太蔟磬二、姑洗磬二、大呂磬一。皆採自密爾岱山，以準噶爾鋸截之。《會典》③："磬大者爲特磬。乾隆二十六年，以和闐玉琢特磬十二，其制爲鈍角矩形，長股謂之鼓，短股謂之股，大小異制。黃鍾之磬鼓長二尺一寸八分七釐，廣七寸二分九釐，股長一尺四寸五分八釐，廣一尺九分三釐五毫，厚七分二釐九毫。大呂之磬鼓長二尺四分七釐八毫，廣六寸八分二釐六毫，股長一尺三寸六分五釐二毫，廣一尺二分三釐九毫，厚七分六釐八毫。太蔟之磬鼓長一尺九寸四分四釐，廣六寸四分八釐，股長一尺二寸九分六釐，廣九寸七分二釐，厚八分九毫。夾鍾之磬鼓長一尺八寸二分四毫，廣六寸六釐八毫，股長一尺二寸一分三釐六毫，廣九寸一分二毫，厚八分六釐四毫。姑洗之磬鼓長一尺七寸二分八釐，廣五寸七分六釐，股長一尺一寸五分二釐，廣八寸六分四釐，厚九分一釐二絲。仲呂之磬鼓長一尺六寸一分七釐九毫，廣五寸三分九釐三毫，股長一尺七分八釐六毫，廣八寸八釐九毫五絲，厚九分七釐二毫。蕤賓之磬鼓長一尺五寸三分六釐，廣五寸一分二釐，股長一尺二分四釐，廣七寸六分八釐，厚一寸二釐四毫。林鍾之磬鼓長一尺四寸五分八釐，廣四寸八分六釐，股長九寸七分二釐，廣七寸二分九釐，厚一寸六釐四毫。夷則之磬鼓長一尺三寸六分五釐三毫，廣四寸五分五釐一毫，股長九寸一分二毫，廣六寸八分二釐六毫五絲，厚一寸七釐八毫七絲。南呂之磬鼓長一尺二寸九分六釐，廣四寸三分二釐，股長八寸六分四釐，廣六寸四分八釐，厚一寸一分五釐二毫。無射之磬鼓長一尺二寸一分三釐五毫，廣四寸四釐五毫，股長八寸九釐，廣六寸六釐七毫五絲，厚一寸二分一釐三毫六絲。應鍾之磬鼓長一尺一寸五分二釐，廣三寸八分四釐，股長七寸六分八釐，廣五寸七分六釐，厚一寸二分九釐六毫。磬各一虡，用時惟設一磬，與鎛、鐘同。高宗純皇帝聖製銘曰：'子輿有言，金聲玉振，一虡無雙，九成遞進。準今酌古，既製鎛鐘，磬不可闕，條理始終。和闐我疆，玉山是矗，依度採取，以命磬叔。審音協律，咸備中和，泗濱同拊，其質則過。圖經所傳，浮嶽涇水，誰誠見之，鳴球允此。法天則地，股二鼓三，依我繹如，獸舞鸞鬖。考樂惟時，乾禧祖德，翼翼繩承，撫是萬國。益凜保泰，敢或伐功，敬識歲吉，辛巳乾隆。'小者爲編磬，亦用十二正律、四倍律磬，凡十六同虡，其制亦爲鈍角矩形，大小同制，皆鼓長一尺九分三釐五毫，廣三寸六分四釐五毫，股長七寸二分九釐，廣五寸四分六釐七毫五絲，厚薄各不同，倍夷則之磬，厚六分六毫八絲，倍南呂之磬，厚六分四釐八毫，倍無射之磬，厚六分八釐二毫六絲，倍應鍾之磬，厚七分一釐九毫一絲，黄鍾之磬厚七分二釐九毫，大呂之磬厚七分六釐八毫，太簇之磬厚八分九毫，夾鍾之磬厚八分六釐四毫，姑洗之磬厚九分一釐二絲，仲呂之磬厚九分七釐二毫，蕤賓之磬厚一寸二釐四毫，林鍾之磬厚一寸六釐四毫，夷則之磬厚一寸七釐八毫七絲，南呂之磬厚一寸一分五釐二毫，無射之磬厚一寸二分一釐三毫六絲，應鍾之磬厚一寸二分九釐六毫。"四十九年，葉爾羌辦事差主事協同内廷司庫恭陳，委領催七十三，玉匠永福、潤安，詣山採正用玉册五百片，玉寶五十方，備用玉册三百片，玉寶三十方，凡重四千七百五十二觔。五十五年，内廷果房災，火樂器，葉爾羌辦事採進磬料正玉六十四塊、副玉八塊,其瑪爾瑚魯克山所産,青質黑暈,若血沁然。回民自裕勒阿里克卡倫以裕勒阿里克山得名。回語裕勒,淨貌,山下有清水渠,故名。卡倫在葉爾羌城西南二百七十里。來城鬻之,因名其玉曰“裕勒阿里克”。備彝器於宫懸,發靈珍於滔土,表瑞呈英,故不脛而走矣。

【校記】

① 仲吕磬,《方壺》本奪。

② 太,底本作“大”,據稿本、《方壺》本改。

③ 以下《會典》引文,《方壺》本無。

《高斌傳》曰:“斌孫樸,乾隆四十一年往葉爾羌辦事,距葉爾羌城四百餘里,有密爾岱山,産玉,久經封禁。四十三年二月,高樸奏言回民往往私採①,防範維艱,莫若以官爲開採,間年一次,可杜懷竊營私之弊。如所請行。九月,阿奇木伯克色提巴勒底,以高樸勒派回民三千餘採玉,婪索金寶,並串商盜賣,首之。烏什辦事永貴遂革高樸職,鞫實論斬如律。自是設密爾岱卡倫禁採玉。”嘉慶四年(1799),弛禁,廢卡倫,凡葉爾羌、和闐産玉常貢外,聽民販鬻。其年有採進密爾岱山玉三,首者青,重萬觔,次者葱白,重八千觔,小者白,重三千觔。輦至哈喇沙爾,以其勞人,罷之。余經烏沙克塔勒軍臺,回語烏沙克,小也,塔勒,柳樹也。軍臺在哈喇沙爾城東北二百二十里。土人導余至驛舍東北觀之,半沒塵壤,出地者高二尺許。

【校記】

① 採，稿本作“探”。

托里布隆河又折而東北流①，逕英額齊盤山北②，爲澤普勒善河。又東北流百數十里，逕和什阿喇布莊北③，回語和什，雙歧之謂，阿喇布，帕爾西語，水也。莊在葉爾羌城西南二百六十里。是爲採玉第六營。營在南岸。又東北流四十里，逕喀崇莊南，是爲第五營。又東北流六十里，逕阿爾瑪斯莊南④，有密爾岱泉水自南來會，是爲第四營。二營在北岸。又東北流五十里，逕塔爾哈奇莊北，是爲第三營。又東北流三十里，逕烏魯克明莊北，是爲第二營。又東北流三十里，逕烏魯克圖必莊北，是爲第一營。三營在南岸。又東北七十里，逕葉爾羌城南。河水屆秋，澄清見底。協辦率主事一人，筆帖式、侍衛各二人，詣河干，祭以少牢。衆伯克以回夫五百人來會，十夫一溫巴什領之，執旗於岸，役夫杖策，泝流以採。比暮，伯克斂所得玉於辦事營帳，差其輕重，在二兩下者，不入數。三日一移營。復令二筆帖式率四品商伯克一人、六品伯克四人、回夫二百人，入喀崇山谷採足額。葉爾羌每年採貢玉一萬八千五六百觔。乃告謝河伯，宴伯克，獎夫役之勞者，還，納玉於糧餉局，俟和闐玉至，同入貢。乾隆四十二年，高樸疏言：“葉爾羌大河來自産磬片之鬫勒山，順流而下，至揚瓦里克，爲洗泊過渡之所。渡口上流三十里，即採玉之處。葉爾羌河向不産玉，自平定回疆以後，漸生玉石，經前任大臣奏明揀採。

然每年可貢者不過數十塊,質尚遜於和闐。續經前任大臣採獲白玉三塊,於乾隆四十年十二月致祭河神,近年得玉,頗有似和闐者。而水勢安瀾,分支灌溉村田,並糧艘挽運遄行,均屬有益。”

【校記】

① 此句稿本原作“托克布隆河又東流百餘里”,籤條改同底本。

② 逕,《方壺》本作“經”。

③ 逕,《方壺》本作“經”。

④ 逕,《方壺》本作“經”。

澤普勒善河又東北流,渟爲洗泊。在葉爾羌城東南七十里。水草之交,盧奴所瀦,是爲黑水,故回人稱曰喀喇烏蘇。兆公之被圍也,賊決喀喇烏蘇灌營,賴有壕得洩[①]。傍水有林木,賊施銃,銃著木,我師取其鉛丸以濟軍,三閱月,圍解。余往尋遺蹤,玉河清泚,岸沙如銀,隨波鯉鰷,沿溪豐草。渡河而南,四月沙棗作花,香中行二十里,至洗泊,旁建顯佑寺,北爲后土祠,中一枯樹,合十數人抱,枝柯朽禿,磚石甃之,即曾受鉛丸者。河水又東北流,至揚瓦里克莊,逕龍神祠南,在葉爾羌城東南五十里。祠爲乾隆四十二年建。又東北流百數十里,至莫克里特莊西,在葉爾羌城東二百里。與東源會。莫克里特亦曰邁格特也。

【校記】

① 賴,《方壺》本奪。

東源曰聽雜阿布河，

東源出庫克雅爾山，回語庫克，青色，山色青①，下臨坎，故名。在和闐西，與其南山屬。水自山出北流②，有一水自西來滙東源，又北流二百餘里，至沙圖城北，回語沙圖，梯也。分爲二行，百八十里復合，東行百里爲聽雜阿布河，帕爾西語，聽雜，平緩之意，阿布，水也，言河流平緩也。亦曰哈喇斯坦河。《唐書》："于闐西五十里有葦關，又西經渤當作瀚。海③，西北渡緊館河。"或即聽雜阿布歟？源處極四十度三十分、西三十九度五十分④。

【校記】

① 色，稿本原作"石"，籤條改正。

② 此句至"又北流二百餘里"，稿本原作："水二支同出，合流二百四十里"，籤條改同底本。

③ 渤海，中華本《新唐書》作"勃野"。

④ 此處經緯度，稿本原作："源處偏西三十九度、極三十六度六分。"籤條改同底本。

聽雜阿布河又東北流，逕裕勒阿里克卡倫東，乾隆二十四(1759)年閏六月，副將軍富德奏復葉爾羌言①："臣行至聽雜阿布河岸，據鄂博什等將檄傳之喀瑪勒和卓送到軍營。稱自將軍檄到，合城老幼無不踴躍，鳴金擊鼓三晝夜，共相慶賀。閏六月十八日黎明，我兵整飭旗纛，按隊渡河，入自南門，觀者塞道，爭獻果餌。"富公來自和闐，故渡聽雜阿布也。

【校記】

① 此節引文，出自《方略》正編卷七五"乾隆二十四年閏六月丁巳"下，有删改。

河水又東北流，逕哈爾噶里克莊南，回語地多林木，羣鴉所巢，故名。爲哈爾噶里克河。又東北，爲沁達勒河，富公之赴援也，奏言①："正月初六日，至呼拉瑪，回語召集居民之謂，舊作呼爾璊，皆戈壁，在葉爾羌城東。霍集占領騎賊五千餘迎戰。臣等從巳至申，與賊相持，合戰十餘次，賊始敗潰。追奔十五里，我兵多步行，馬僅存百餘，不能馳驟。是晚收兵，覓水安營②。次晨，領兵前進，途遇戈壁，賊又踞高阜迎戰，相持一晝夜。初八日，賊四面進攻，官兵奮勇迎敵，賊恃衆拒守③。臣等與官兵因駐兵沙磧，兩晝夜無水，吞咽冰塊，人馬俱乏。是夜布列方陣，覓有水之地安營，一面通信阿里衮。及我兵起行，賊復來挑戰。天曉，至沁達勒河，賊又奪我渡口，即整兵嚴守，相持一晝夜。選可用之馬五十餘匹，給與精壯兵丁乘騎。又派健步兵二百名，往襲賊營。初九日，夜月落後，行至卡倫，適臣阿里衮選送駝馬，與襲賊兵會。臣阿里衮、鄂博什分兩翼奮呼衝突。初十日，黎明，領兵回營。聞擊敗賊人尚有吹角招集逃衆者，臣努三、鄂博什等領兵居右，臣阿里衮、愛隆阿居左，臣富德居中，殺賊數百人。適兆惠營中聞臣等鎗礮聲，知援兵已集，遣人齎文知會。”“臣等乘賊敗潰，整兵往援。十二日，哨探人稱賊人卡倫火光甚大，不能前進。臣等於十三日整兵，二鼓起程，五鼓至葉爾羌河岸，偵探兆惠軍營，相距二十里，望見賊營煙火，即行駐兵。十四日黎明前進，約行六七里，左翼遇賊，直前攻擊④，賊不接戰，入賊人右隊去。時我右翼兵以鎗礮接戰，敗賊數次，餘賊仍依蘆葦放鎗。左翼兵急進，賊遂渡河逃。臣等一面追賊渡河，皆渡聽雜阿布河。一面令努三等迎接將軍兆惠。”蓋洗泊在兩河間，援兵自東來，沁達勒渡口爲賊所扼，故復泝流而南，濟自聽雜阿布也。沁達勒河又東北，至莫克里特莊，會西源。

【校記】

① 此處兩段引文，分見《方略》正編卷六八“乾隆二十四年二月”甲子、己巳日下，有删改。

② “覓”字底本作異體，《校補》本正之。

③ 拒，《方壺》本作“距”。

④ 直，《方壺》本奪。

過葉爾羌城東而合，是爲葱嶺南河。

葉爾羌城置辦事、協辦各一人，轄回莊六十一。聖製詩注作“三十九”。駐巴里坤、古城、吐魯番八旗兵二百六人，陝西、甘肅綠旗兵六百八十人。城高二丈三尺，周二千一百四十二丈。三品阿奇木伯克一人，轄其屬。鎮城在回城中西南隅。乾隆二十六年（1761），辦事新柱奏言①：

“葉爾羌辦事公署地面寬濶，可添建房舍，請於附近山林伐木造筏，由河水順流放至城下，以備物料。”從之。今廨署即霍集占所居，池臺開廣，古木千章，船步山橋，勾欄甚飭。征車稅止，八日遲遲[②]，徵酒尋詩，景在心目。城舊西門特堙塞之，以昔納公穆扎爾遇難支解於門闔也。納公與三公泰時自京來代將軍、參贊，十月十四日，將渡河詣兆公營，賊三千攻之。納公矢盡，三公墜馬，皆爲賊所得，死，是爲雙義。乾隆二十四年，於城東北五里建房祀，曰“顯忠祠”，立雙義碑。城内東南隅有古浮圖一，高三十餘丈，回人名曰“圖特”，謂是喀喇和台國人所造，惟以甎甃，不施欞檻。城之南有古冢，松柏數十株，石羊駝馬，又石人二，執笏佩劍，言是喀喇和台國人之墓[③]，欲剗之，則風雨作。彼土謂漢人爲和台也。

【校記】

① 此節引文，見《方略》續編卷一一“乾隆二十六年五月癸丑”下，有删改。

② 前“遲”字，稿本、底本、《方壺》本均作異體，據《校補》本改。

③ 墓，《方壺》本作“基”。

又東，與北河合。

葱嶺南河自始會，折而西北行，至愛濟特呼軍臺東北六十里，臺距葉爾羌城七十里。又折而東北流六十里，逕賴里克軍臺南。又東北九十里，逕邁那特軍臺南。又東北百里，逕阿朗格爾軍臺南。又東北八十里，逕阿克薩克瑪喇爾軍臺南，其軍臺有倉，諺曰倉臺。乾隆二十七年(1762)，葉爾羌辦事新柱奏言[①]："自愛濟特呼至阿克蘇，共設十四臺，官兵口糧、馬牛芻豆，設倉於第五臺，令索倫佐領蒙庫圖爾督率兵丁，將葉爾羌河所造運船四隻，轉運貯倉。"四十二年，葉爾羌辦事又疏言："距葉爾羌城五十餘里，地名揚瓦里克，玉河至此，葉爾羌河統名玉河。水寬溜平，請造糧船六隻，每年運糧至阿克薩克瑪喇爾軍臺貯倉。"然水多沙易淤，船運尋罷。玉河兩岸皆胡桐夾道數百里，無慮億萬計。說胡桐形狀，見余《漢書西域傳補注》[②]。回人操奇贏者，收其鹻淚，聚於斯臺逆旅之間，傾囊求售，率爲常焉。

【校記】

① 此節引文，見《方略》續編卷一八"乾隆二十七年十月甲午"下，有刪改。

② 此處注文，《方壺》本無。

南河自臺南折而東北七十里，逕畢薩克底舊軍臺南。又東北七十里，逕塞爾古努斯舊軍臺南。又東北八十里，逕哲克得里克托海回語哲克得，沙棗也，里克，有也，托海，水灣也。言水灣有沙棗也。舊軍臺南。嘉慶五年(1800)，河水盛漲，阻遏行李，北移軍臺，改設沙磧，復於阿克薩克瑪喇爾軍臺東濬一渠引河水。渠東流九十里，經闢展里克軍臺南，回語闢展，謂草積也。又東折而北七十五里，經海南木橋軍臺南,又東流七十里,經喀喇塔克軍臺南,又東數十里而止。海南木橋軍臺之西,復引分渠一,由臺北溉瑪拉爾巴什莊,第渠水有時贏縮,春夏之初,濟不濡軌,議者以爲瑪拉爾巴什莊北數里,即烏蘭烏蘇所經,若開新渠以達於莊,迭相灌輸,有事半功倍之利。

南河又東流,逕巴爾楚克軍臺南。臺南爲沙山,山外爲河,河之南岸即沙磧。乾隆二十三年,舒公率兵先赴援,奏言:"十二月十八日,臣至巴爾楚克,查兆惠進兵之路,水草原屬平常,又經踐踏及賊人燒燬,臣等詢問嚮導,於二十日渡葉爾羌河,二十一日至額爾吉斯,距軍營約八九日程。"蓋舒公即於巴爾楚克之南濟河,富公亦由此繼進也。

南河又東流,逕衡阿喇克軍臺南,軍臺傍烏蘭烏蘇東北趨,而南河正東下,故相去益遠。舒公之至巴爾楚克,奏言:"巴爾楚克歧途錯出①,此外若安設臺站,恐被賊搶奪。"因於相去九十里今實百五十里。之衡阿喇克,以五十人設一臺,有軍營要事,不過五六日可至,此設臺之始。

【校記】

① 歧,底本作"岐",據稿本、《方壺》本改,下同。

南河又東,會北河,《河源紀略》云:"西源與聽雜阿布河合,東北流四百餘里,至瑪咱爾塔克境,其南爲戈壁。又東行五百里,至噶巴克阿克集,與喀什噶爾河會。"

一曰和闐河，

漢、魏、晉皆曰于闐，唐《西域記》言："匈奴謂之于遁，諸胡謂之豁旦，印度謂之屈丹，俗謂之涣那。"梵書又謂之薩旦那，譯言地乳也。《元史》亦曰于闐①，又曰斡端。《暗伯傳》："嘗親迎於敦煌，阻兵不得歸，乃客居於于闐宗王阿魯忽之所。世祖遣薛徹干等使阿魯忽以通好，阿魯忽留使者數年不遣。暗伯悉以己馬駝厚賮之，令逃去。薛徹干等得脱歸，具以白世祖，世祖歎久之。既而命元帥不花帖木兒征于闐，暗伯乘間至行營，見薛徹干於帳中。薛徹干曰：'公之忠義，已上聞矣。'不花帖木兒遂承制命暗伯權充樞密院客省使。俄有旨護送暗伯妻子來京師。"按，阿魯忽者，察合台太子之孫、合剌旭烈大王之子、威遠王阿只吉之兄，太祖之曾孫也。阿魯忽稱于闐王，則于闐者，阿魯忽分地也。紀傳屢言征斡端，征阿魯忽耳。阿魯忽亦作兀盧。《旦只兒傳》："至元十九年(1282)，從諸王合班、元帥忙古帶軍至斡端，與叛王兀盧戰，勝之。"《拜延八都魯傳》："至元十六年，兀渾察從大軍征斡端。"《劉恩傳》："進兵斡端，海都將玉論亦撤率兵萬人迎戰，游騎先至，設伏以待，大敗之。"《世祖紀》："至元十六年九月，以忽必來别速台爲都元帥，將蒙古軍三千人、河西軍一千人，戍斡端城。十七年九月，也罕的斤進征斡端。二十年三月，遣阿塔海戍曲先，漢都魯迷失帥甘州新附軍往斡端。二十三年正月，立羅不、怯台、闍鄽、斡端等驛。二十四年正月，以鈔萬錠賑斡端貧民。二十五年七月,命斡端戍兵三百一十人屯田。二十六年九月,罷斡端宣慰司元帥府。"《仁宗紀》:"延祐六年(1319)三月,斡端地有叛者入寇,遣鎮西武靖王搠思班率兵討之。"是在元時,屹然重鎮。

【校記】

① 此句至本段末,稿本原作:"《元史》'西北地附錄'無于闐,有和坦。蓋和坦即和台之正字,而和闐又和坦之轉音。"籤條改正同底本。

地有六城,曰額里齊,回語居民環城之謂,舊對音作伊立齊。曰哈喇哈什,回語哈喇,黑色,哈什,玉也。曰玉隴哈什,回語玉隴,往取也,謂往取玉。曰克勒底雅,回語意其來而未定之詞,舊對音作克里雅。曰齊爾拉,回語引水入境也,舊對音作齊喇,又作策勒、作努喇。曰塔克。回語地在南山中,故以山名之。霍集占之叛,誘以從亂。乾隆二十三年(1758),兆公遣侍衛及回長鄂對降其人,鄂對守之。及黑水被圍,賊黨鄂斯瑺等分攻克勒底雅、齊爾拉、塔克,據之。明年三月,賊復取哈喇哈什。博羅齊之役,回語博羅,席也,齊,織席之人。地在哈喇哈什城西十里。悉復之。四月二十二日,副將軍富公抵額里齊城,六城之衆,攜壺漿跪迎,和闐乃定。《方略》載①:"參贊舒赫德奏言:'據總兵丑達將和闐六城回人應輸賦稅列欵呈報,臣等查核定議。一,六城所交糧,舊例十分取一,每年二千帕特瑪。因甫經撫定,酌量暫收九百九十五帕特瑪,準官石四千四百七十七石五斗,俟來年仍照舊例徵收。其塔里雅沁地畝所出,與佃人分半收取。一,所產玉石,視現年採取所得交納。一,採金三百戶,每年照例交金六十兩。一,交騰格錢文,六城生計未裕,暫定爲一萬二千騰格，俟三年後酌量加增，以四千充官兵三百員名鹽菜之需，以七千七百分贍各城伯克及諷經支用，餘三百流轉備用。一，貿易之伯德爾格等十戶，應交金十兩，請俟商人通行後再行交納。一，六城官果園七處，被賊踐踏，基址亦小，請賞給各城伯克。一，和闐難得銅鉛，向俱藉葉爾羌等處錢文行用，現在咨取內地匠役，在葉爾羌鼓鑄，俟鑄出時酌量撥解。'得旨，如所請行。"其境最廣，東至策爾滿，南至南山，西接葉爾羌，北接阿克蘇。河水自南達其北，故以名之。

【校記】

① 此節引文，見《方略》正編卷八三"乾隆二十四年十二月辛巳"下，有删改。

其河二源，西源曰哈喇哈什河，

額里齊城南五百八十里，有察克瑪克曲底雪山，所謂南山也。《漢書》曰："于闐在南山下。"《漢書》特言南山，以別葱嶺。《文獻通考》言"于闐都葱嶺北二百餘里"，誤以葱嶺爲南山。《通鑑》注："南山在于闐之南，東出金城，與漢南山接。"《西域記》謂之雪山。《西域記》言："縛喝國小王舍城，從城西南入雪山阿，南行百餘里，至揭職國，東南入大雪山，六百餘里至梵衍那國，在雪山中，又東南行二百餘里，度大雪山。"蓋以和闐南山爲雪山，而僧格喀巴布山爲大雪山。《水經注》謂之仇摩置。山有谷，一曰桑谷，在西。一曰樹雅。在東。二地東北距額里齊城四百二十里。出水分流。其源處極四十一度二分、西三十七度四十分①，出谷而會，東北流三百餘里，逕敖札特卡倫東。又東北流三十里，逕待達克卡倫西、阿哈薩爾卡倫東，二卡倫相距一里。又北流，分爲二，西支西北流七十里，逕哈喇哈什城西三十里皁窪勒軍臺東，回語皁窪勒爲消滅②，蓋詛呪之詞。爲皁窪勒河。

【校記】

① 此處經緯度，稿本原作："其源處偏西三十六度八分、極三十六度。"籤條改正同底本。

② 爲，稿本作"謂"。

［哈喇哈什城，元之哈刺合底城，司空、景義公撒亦的之先世所居。由此徙西洋，世爲賈販，以財雄海外矣①。］乾隆二十四年（1759）三月三日夜，賊取哈喇哈什城，副都統瑚爾起策應，初六日，至額里齊城，賊望風逃。尾追二十里，旋會伯克鄂對等。初九日黎明，至哈喇哈什，忽大霧彌漫，人不相見。賊在博羅齊駐營，乘霧出賊後，日午賊始覺，接戰，官兵奮擊，衆奔潰，追過皁窪勒河，即此河矣。回人名曰色勒克蘇，言黃水也。皁窪勒河復北流，至哈拉三，入沙磧。東支東北流，逕額里齊城西十八里，又西北流七十里，逕哈喇哈什城東，又東北四十餘里，逕瑪咱爾卡倫西，又北流，至額克里雅爾，回語額克里，不正也，地形不正，且臨坎，故名。與東源會。

【校記】

① 此處據《校補》本增補。

東源曰玉隴哈什河，

（玉隴哈什①，《元史》作玉龍傑赤，《太祖紀》“十六年〈1221〉，皇子朮赤、察合台、窩濶台分攻玉龍傑赤等城”是也。）其河亦二源，西源出哈朗歸山，東北距額里齊城二百八十里②。東源出雪山，源處極四十一度十分、西三十七度③。二源既會，東北流二百四十里，逕畢自雅卡倫西、伊里班奇卡倫東。二卡倫相距十里。又東北二十里，逕札木達爾卡倫東。又東北二十里，逕阿薩爾卡倫東、那哈拉齊卡倫西，分爲二。東支東北流，逕玉隴哈什村西北，西距額里齊城十里，今無城，故曰村。又西北流五里，逕紀雅卡倫西、賽巴克卡倫東，二卡倫相距五里。又西北流二十里，逕圖什罕里克卡倫西，而西支來會。西支自分處東北流十五里，逕額里齊城東，至賽巴克卡倫西、伊干奇卡倫東④，二卡倫相距五里。又西北流十五里，會東支，同北流八十餘里，逕瑪咱爾卡倫東。卡倫南距額里齊城百二十里⑤。又北流二百里，至額克里雅爾，與哈喇哈什河會。

【校記】

① 此句至“其河亦二源”，稿本原作“玉隴哈什河亦二源”，籤條改正同底本。又，此處據《校補》本删。

② 此句前稿本原有哈朗歸山注文云：“回語哈朗歸，黑暗之謂，地居山陰，故名。”以前“烏蘭烏蘇河”條“哈朗歸”下先已注釋故，復有删除號括之。

③ 此處經緯度，稿本原作“源處偏西三十五度、極三十六度”，籤條改正同底本。

④ 干，稿本、底本、《方壺》本均作“千”，據《校補》本改。

⑤ “百”上《方壺》本衍“一”字。

《後魏書》云:“于闐城東二十里,有大水北流,號樹枝水,《後周書》作樹拔水,《北史》作首拔河。即黃河也,一名計式水。城西五十五里,上五字衍文,《後周書》《北史》皆作城西十五里。亦有大水,名達利水,與樹枝水會,俱北流。”蓋樹枝即東源、達利爲西源矣。[唐《西域記》云:“瞿薩旦那城東南百餘里,有大河西北流,國人利之,以用溉田。其後斷流,王深怪異,於是命駕問羅漢僧曰:大河之水,國人取給,今忽斷流,其咎安在? 羅漢曰:龍所爲耳,宜速祠求,當復昔利。王因迴駕,祠祭河龍。忽有一女,淩波而至,曰:我夫早喪,主命無從,所以河水絕流,農人失利,王於國內選一貴臣配我爲夫,水流如昔。王曰:敬聞。於是舉國僚庶,鼓樂飲餞。其臣乃衣素服,乘白馬,與王辭訣,敬謝國人,驅馬入河,履水不溺,濟乎中流,麾鞭畫水,水爲中開,自茲沒矣。頃之白馬浮出,負一旃檀大鼓,封一函書,河水遂流,至今利用。”準其地望,或是樹枝,然語涉不稽,非可傳信[①]。]

【校記】

① 此處據《校補》本、由卷二“克勒底雅河”條下增補來。

河產玉,諺曰玉河。乾隆二十六年(1761),著令:東西兩河及哈朗歸山,每歲春秋二次採玉。四十八年,增採桑谷、樹雅。五十二年,停春採。嘉慶四年,葉爾羌辦事疏言：和闐採玉處五，惟玉隴哈什河產者良，其餘哈喇哈什、桑谷、樹雅、哈朗歸山四處應停。報可。每秋於玉隴哈什採十五日，附葉爾羌玉以貢。玉大者亦堪作磬材。乾隆二十七年，進重華宮半度特磬料二片，黃鍾磬一，重十四觔，夾鍾磬一，重九觔八兩①。備用玉四塊，重四十八觔六兩，又特磬料七片，重三百六十八觔。無射磬四，南呂磬二，應鍾磬一。按②，《漢書·西域傳》言于闐多玉，《梁書·西南夷傳》有于闐玉河，是其名稱，從來已久。高居誨《使于闐記》云："于闐河分爲三，東曰白玉河，西曰綠玉河，又西曰烏玉河。"張匡鄴《行程記》云："白玉河在城東三十里，綠玉河在城西二十里，烏玉河在綠玉河西七里。其源雖一，而其玉隨地而變，每歲七八月水退乃可取，謂之撈玉。"據斯以言，白者玉隴，綠者哈喇，烏者爲皇窪勒。惟今之皇窪勒未聞出玉，差爲異矣。《元世祖紀》③："至元十一年(1274)正月，免于闐采玉工差役。"

【校記】

① 此處注文，《方壺》本省作："黃鍾磬一，夾鍾磬一。"

② 按，底本作"接"，據稿本、《校補》本、《方壺》本改。

③ 世，《方壺》本作"始"。

過和闐城東西，至城北而合，是爲于闐河。

城即額里齊城也。高丈九尺，周三里三分，門四，三品阿奇木伯克一人治之。鎮城在其中。東南隅闢東門一,辦事、協辦各一人治之,隸葉爾羌。駐陝西、甘肅緑旗兵二百二十三人,轄回莊十一。聖製詩注作"三十二"。極四十一度、西三十六度五十五分①。哈喇哈什城在其西北七十里,極四十一度十五分、西三十七度十分②。

【校記】

① 此處經緯度,稿本原作"地偏西三十五度五十二分、極三十七度",籤條改正同底本。

② 此處經緯度,稿本原作"偏西三十六度十四分、極三十七度十分",籤條改正同底本。

又東北,與葱嶺河合。

哈喇哈什河、玉隴哈什河各東北流①,二百餘里而合。又東北,逕卡塔里齊山之東。又東北,逕塔克三克爾之東。又東北,逕巴什博克邑之東。地皆沙磧也。合流凡四百餘里,又東北,與西來之喀什噶爾河、葉爾羌河會。《漢書》曰:"河有二源,一出葱嶺,一出于闐。于闐在南山下,其河北流,與葱嶺河合。"以古證今,同條共貫矣。

【校記】

① 此句至"與西來之喀什噶爾河、葉爾羌河會",稿本原作:"《河源紀略》云:'哈喇哈什河長六百八十里,玉隴哈什河長四百四十里,合東北流,逕托克三刻爾(回語托克三,九十數也,九十戶居之,故名。轉音爲托克遜刻爾,見上。)之東,曲曲流四百餘里,至噶巴克阿克集境,與西來之喀什噶爾河、葉爾羌河會。'"籤條改正同底本。

西域水道記卷二[①]

羅布淖爾所受水下[②]

三源既合，阿克蘇河從北來注之。

阿克蘇近漢溫宿國地[③]，乾隆二十三年(1758)，參贊雅爾哈善奏言[④]："八月二十日，阿克蘇頭目摩羅等，遣圖拉克呈降文，並言'霍集占從庫車逃往阿克蘇時，將拜城回人移往和闐、烏什，復集葉爾羌回衆三千五百，阿克蘇、烏什之衆一千，起程再援庫車，望見大兵行塵，仍回阿克蘇，欲將阿克蘇人亦移往烏什，人皆閉城不從，霍集占攻之，城中拒守，霍集占乃往烏什'等語，臣給印文撫慰。"八月二十五日，定邊將軍兆惠至，領兵巡察，入其城。其境東接庫車，西接烏什，南接葉爾羌，北接伊犁。河水自其西北達其東南，故以名之。[城北作七堰，互相灌注，近於濁漳之十二墱流也[⑤]。]

【校記】

① 稿本該卷與底本卷一同爲一卷，裝訂在第一册，其下附圖則在稿本卷二前，與卷二裝訂爲第二册。

② 稿本、《方壺》本無此標題,以與底本卷一未分卷故。

③ 此句下稿本復有:"《元史·定宗紀》'帝以皇子從諸王巴圖(原作拔都。)西征,次阿克蘇(原作阿速。)境,攻圍木柵山寨,以三十餘人與戰'是也。"

④ 此節引文,參《方略》正編卷六一"乾隆二十三年八月丙申"下,有刪改。

⑤ 此處據《校補》本增補。

阿克蘇城西二百四十里爲烏什城,兆公之入阿克蘇城也,霍集斯以烏什降,置辦事一人治之。烏什西北有葱嶺支山,曰喀克善山,阿克蘇河西支發焉。源處極四十度五十分、西四十度五十分[1]。西支南流百里,至額爾濟巴什嶺北,一水自北來入之,同東流。經胡什齊部布魯特界,又經畢底爾卡倫南,在烏什城西九十里,一作博得爾。是爲畢底爾河。又東,有小石山高聳,曰瑚什山。賴黑木圖拉之亂,賊據此峯以拒官軍。畢底爾河經其北,分二支,並東流,經鷹落山北,又東,經烏什城北。

【校記】

① 此處經緯度,稿本作"源處偏西三十九度八分、極四十一度"。

城爲乾隆三十年重建。《素誠傳》曰:"乾隆二十七年,素誠赴烏什辦事[1],誠父子及辦事筆帖式姦宿回婦、伯克妻,阿奇木伯克阿卜都拉恣妄,爲回人側目。至三十年閏二月,派回人運送沙棗樹,誠令其子回京,而役回衆,負行李。小伯克賴黑木圖拉之妻曾爲素誠所淫,積怨,煽回衆作亂,夜焚劫倉庫。誠與阿卜都拉登城拒守,見賊勢衆,素誠自戕。"其後阿公桂與伊犁將軍明公瑞討平之,盡誅逆黨,徙喀什噶爾、英吉沙爾、阿克蘇諸城回民居焉。置五品阿奇木伯克一人,轄其屬,重立鎮城,周四百六十八丈有奇,高丈七尺,移喀什噶爾參贊駐之,名城曰永寧,門四。城據山之東南面②,其山孤立,四面距衆山皆七八里。《阿文成公年譜》載公奏烏什之亂云:"賊運糧於城內默爾徹爾山。"是其名矣。山勢險峻,回語謂山石突出爲烏赤,烏什即烏赤也。五十二年,仍改置辦事一人,駐巴里坤、古城、吐魯番八旗兵百四十人,陝西、甘肅綠旗兵百八十五人③,嘉慶二十一年(1816)撥出六十名移駐阿克蘇。屯田兵二百五十人。

【校記】

① 誠,底本作"城",據稿本、《校補》本、《方壺》本改。

② 此句至"四面距衆山皆六七里",稿本作"城四面據山"。

③ "百"上稿本有"五"字。

城西南至城東有屯田三:曰寶興,曰充裕,曰豐盈,凡五千畝①,皆引畢底爾河溉之。三十年之役,阿公桂奏:"賊投所積糧食於東門水磨。"又奏言:"焚西北門外所有水磨,棄其麥麫。"蓋西北東三面近水,據水爲碓也。河距城半里許,南岸林木蓊鬱,如列屏幛。圍賴黑木圖拉時[②]，大軍列營河北，城蔽於樹，礮攻不入，自閏二月至八月，孤城不下。忽一夕，賊盡伐木，石郭金城，豁然呈露。中秋之日，一鼓殲焉。河經城北，至城東八十里而滙。兩河間回人居之。烏什之未復也，明公瑞奏言[③]："五月十九日，有馬上賊人兩隊前來，我兵接戰即退。又有步下賊人五百餘，驅牛羊千餘，在兩河之間牧放，並刈取枯草。"今有礮臺遺跡。

【校記】

① 千，《方壺》本作"十"。

② 圍，《方壺》本作"圖"。

③ 此處引文，見《方略》續編卷三一"乾隆三十年六月丁巳"下，有删改。

河之北岸二百里，爲大山，自西而東，緜亘不絕，直畢底爾卡倫北，曰海奇山。又東，曰色勒克塔什山。又東，曰奇什罕布拉克山。蒙古語、回語謂泉曰布拉克。又東，曰英阿喇特山。又東，曰蒙科素山。又東，曰科克巴什山。又東，曰伊底克山。又東，曰臻丹山。又東，曰烏爾蓋列克山。又東，曰木資魯克山。又東，曰烏玉布拉克山。又東，曰烏魯呼雅依拉克山。又東，曰哈沙拉伊山[①]，與阿克蘇界。統名曰貢古魯克山，皆喀克善支峯也。貢古魯克山嵐嶂層複[②]，巖岫峻險，山間溪澗縱横，谷中尤隘，凡百餘里，劣容單騎。有地曰南、北郭羅，南郭羅通伊犁之伊克哈布哈克卡倫，北郭羅則布魯特所游牧。

【校記】

① 伊，稿本作“依”。

② 此句至段末，稿本補書於頁眉，而無“嵐嶂層複”、“山間”、“凡”諸字。

畢底爾河又東南流十餘里，至提吐薩拉堤莊北，西至烏什城九十里。出烏什境，入阿克蘇境，是爲托什干河。回語謂兔爲托什干，河濱多兔，故名。往來者津逮於斯，設二舟焉。托什干河東南流四十里，經帖列巴克莊南。回部輔國公色堤巴勒底者，係烏什人，舊居此莊，有園尚存，諺稱此莊曰色公園。又東流，至察哈喇克軍臺東軍臺東距阿克蘇八十里。哲爾格哲克得之地，回語哲爾格，林立之謂，言沙棗樹成林也。與東支滙。《霍集斯傳》云：“定邊將軍兆惠抵阿克蘇，偵霍集斯及子漠咱帕爾居烏什，馳檄招降，軍繼進，抵哲爾格哲克得。霍集斯遣次子呼岱巴爾氏獻書降。翌日，抵烏什，霍集斯迎謁。”即東西支交滙處也。

東支發楚克達爾山，爲瑚瑪喇克河，南流八十里，有湯那哈克河自阿克蘇城北六泉並發，同南流來滙。由阿克蘇西行者，亂兹二流以渡。瑚瑪喇克河具舟四，湯那哈克河具舟二，皆官給廩。瑚瑪喇克河復東流，至阿克蘇城西南，而與西支滙。源處極四十一度三十分、西三十九度①。

【校記】

① 此處經緯度，稿本作"源處偏西三十七度、極四十一度八分"。

阿克蘇舊屬烏什，嘉慶二年，分爲專城，（城）[地起高原①，]北至北山，南至哈喇塔勒莊②，東南至赫色勒軍臺東，在庫車西北二百一十里。廣七百五十餘里，輪二百餘里，立岸如削，高出地十許丈，其上平衍。阿克蘇回城據其麓，鎮城在其西北數十步，地勢益下，同於釜底。山泉泛溢，陡若建瓴。嘉慶十六年四月乙亥至五月朔己卯，雨不止。庚辰，山水大至，繞回城，入自鎮城東門，阿克蘇城偏，其東門實在東南，南門在西南，西門在北。城西北陷。伊犁將軍晉公昌、喀什噶爾參贊鐵公保重修治之。城周一百四丈，高丈二尺，門三，鎮城、回城間築堤洩水，注於城南。回語謂白爲阿克，言其地有白水，故名其城也。城南有稻田百五十畝，乾隆二十七年所開，歲收稻米五百二石三斗五升。置辦事一人，轄回莊二十二，聖製詩注作"三十一"③。駐烏魯木齊八旗兵六十人，陝西、甘肅綠旗兵六百九十八人，回城置三品阿奇木伯克一人，轄其衆八千四百二十四戶。

【校記】

① 此處據《校補》本增删。

② 此句下，稿本有夾注："回語，塔勒，柳林，謂黑柳林。"按，底本卷一"澤普勒善河"條"烏沙克塔勒"下已有塔勒注文，故此處删。

③ 三十一：稿本作"二十一"。

地産銅，設廠二，上銅廠曰雅哈阿里克廠，回語雅哈，邊界也，地臨邊界、有渠水，故名。銅産其西南六十里楚午哈山，俗曰滴水崖。亦曰察爾齊克廠。下銅廠曰溫巴什廠，回語十曰溫，頭曰巴什，謂十人之長。銅産其南四十里鹽池溝山，亦曰鄂依斯塔克齊克廠。置遊擊一人司之，立錢局焉。回語錢曰雅爾瑪克，一錢爲普爾，直銀一分，初以五十普爾爲一騰格，後定百普爾爲一騰格①，直銀一兩。謂一曰必爾，二曰伊奇，三曰裕赤，四曰托爾托，五曰伯什，六曰阿勒題，七曰葉題，八曰薩奇資，九曰托古斯，十曰溫，百曰玉資，千曰明，萬曰圖瑞。舊回普爾小於制錢，厚而無孔，一面帕爾西字，鑄葉爾羌地名，一面厄魯特之托特字，鑄準噶爾台吉名。乾隆二十五年九月，葉爾羌開局收回普爾，改鑄制錢，面文曰"乾隆通寶"，用漢字，幕文曰"葉爾奇木"，左國書，右回字，重二錢，以一制錢當二普爾，嗣改幕文曰"葉爾羌"，供喀什噶爾、葉爾羌、和闐三城用。三十三年，回普爾收盡，停葉爾羌局。阿克蘇局，平定初參贊舒赫德立之，賦回人銅鑄以供阿克蘇、烏什、庫車、哈喇沙爾、賽喇木、拜六城用②，重同葉爾羌。三十一年，尚書永貴移局於烏什。三十五年，定制重一錢五分，幕文曰"烏什"。嘉慶三年，參贊長麟復移局於阿克蘇，定制重一錢二分，幕文曰"阿克蘇"。五年，定制歲鑄"乾隆通寶"錢二成③，"嘉慶通寶"錢八成④，凡額銅，歲鑄錢二千六百餘千文，餘銅，歲鑄錢一百二十千文，統名曰普爾，一當制錢五，回城通用，至吐魯番托克三軍臺止⑤。

【校記】

① 百，《方壺》本奪。

② 賽喇木，稿本作"賽里木"。

③ 錢，稿本無此字。

④ 錢，稿本無此字。

⑤ "止"上稿本有"而"字。又此句下稿本復有注文："其錢價屢改，嘉

慶六年始定。凡大臣養廉、糧員公費、採買物料,以百文當銀一兩;各官鹽菜,以百六十文當銀一兩;官庫綢緞,變價以二百文當銀一兩;兵丁鹽菜,以二百二十文當銀一兩。"

東西支滙,東流六十里,復分爲東西二支。西支南流,經艾柯爾莊東,莊在阿克蘇城南百三十里,一作艾扈爾。爲艾柯爾河。艾柯爾莊者,郡王霍集斯故里也。霍集斯於乾隆二十五年三月移居京師,留其幼子托克托索丕守墳墓,今猶聚族居焉。艾柯爾河又南流,至渾巴什軍臺西南三十里,軍臺距阿克蘇城八十里。折而東南流,經伯什阿里克莊南,莊距阿克蘇城百六十里。復東南流,而與東支滙,凡行二百里。

東支東南流,經阿克蘇城南,距城四十餘里。又東南流,經渾巴什軍臺東三十餘里,是爲渾巴什河,水寬里許,有渡船二。余旋程五月,河流未盛,已有浩淼之思矣。《元史·耶律希亮傳》[1]:"中統四年(1263),至可失哈里城,四月,阿里不哥兵復至。希亮又從征至渾巴升城。"按:渾巴升城即今渾巴什莊矣。渾巴什河東南流[2],經渾巴什莊北,是爲楚克達爾河。又東南流,經伯什阿里克莊北,又東南流,至哈喇塔勒莊南,莊在阿克蘇城東南二百里。而與西支滙,是爲哈喇塔勒河,亦行二百里。哈喇塔勒莊在扎木軍臺南,蒙古語扎木,道路之謂。軍臺在阿克蘇城東八十里,地當孔道,故名。與和闐界。昔富公德援和闐,經行沙磧,置臺站六於斯[3]。今車騎不通,河流又萃,豐草長林,是多禽獸。

【校記】

① 此句至“渾巴升城即今渾巴什莊矣”，稿本無。

② 渾巴什河，稿本無此四字。

③ 此句稿本作：“置臺站六，即由斯往也。”又以下至段末，稿本無。

哈喇塔勒河南流，至噶巴克阿克集北境，與葱嶺、于闐河會。會處極四十度十五分、西三十六度四十分①。凡兹四河，葱嶺二源最長，喀什噶爾河二千七百餘里，葉爾羌河二千一百餘里，和闐河長一千一百里，阿克蘇河長九百餘里。交流奔赴，迸以東行。《河源紀略》云：“會處四水交貫，形如井欄。”《水經注》云：“北河逕溫宿國南，於此枝河右入北河。”枝河即阿克蘇河也。

【校記】

① 此處經緯度，稿本作“偏西三十五度五分、極四十度四分”，在下文“形如井欄”下。

《水經注》又云：“北河又東，逕姑墨國南，姑墨川水注之，水導姑墨西北赤沙山，東南流，逕姑墨國西。”姑墨川水，唐之撥換河，今之阿爾巴特河，亦曰阿察哈喇河，阿察，回語分支歧出之謂。河有分支，望之色黑也。出阿克蘇城北瑪咱爾溝山中，東南流經和約伙羅克軍臺南，軍臺在阿克蘇城東北二百四十五里。繞鹽山東。鹽山者，自麓至巔赤土壁立，草木不生，土中産冰鹽，小者如拳，大者如盤，光明似水晶，已目疾口病，故山有"赤沙"之號。漢時烏孫治赤谷城，疑在此山中也。水經山之東而南流，經哈喇裕勒袞軍臺西，回語裕勒袞，謂垂柳，柳陰深黑，故名。軍臺在阿克蘇城東一百六十里。其地古姑墨國也。又南，入沙而伏，長凡三百里①，不入北河，與酈君時異。哈喇裕勒袞之東百二十里爲滴水崖，皆沙磧。《唐書·西域傳》："自龜茲踰小沙磧。"謂此也。

【校記】

① 長凡，《方壺》本互乙。

又東，克勒底雅河從南來注之。

和闐額里齊城東十里爲玉隴哈什村，極三十六度五十二分、西三十六度二十分①。玉隴哈什之東南二百三十里，爲齊爾拉村，極三十六度四十七分、西三十五度四十分②。齊爾拉之東北百八十里，爲克勒底雅城，極三十六度五十八分、西三十四度三十分③。塔克村在克勒底雅南三百五十里，極三十六度十三分、西三十四度四十五分④。城據南山，曰克勒底雅山，有徑通藏地。康熙五十八年（1719）六月，四川總督年羹堯疏言："近者西藏諸部落，以貝勒達顏病故，藏、衛舊汗曰藏巴汗噶爾瑪丹坰旺博，有和碩特之顧實汗滅之，留主其地。達顏即顧實汗長子，嗣爲汗。人人有相吞併意。聞策零敦多布現令左哨頭目春丕勒率兵六百餘過喀喇烏蘇河，往青海。又聞發兵八千來藏，已至葉爾羌、克勒底雅。"雍正元年(1723)六月,青海羅布藏丹津顧實汗之孫達什巴圖爾之子,襲和碩親王,以叛削爵。將由克勒底雅入藏,松潘鎮總兵官周瑛選精騎三百,貝勒康濟鼐西番語作康臣鼐索特納木佳勒博,漢字從轉音,稱康濟鼐。初爲阿里噶爾本,封貝子,後辦噶卜倫事。帶番兵萬餘,由楊八景追至噶勒藏骨岔,阻雪乃止。《西藏志》曰"自衛藏招正北行二十四日,至納克産。又十五日,至書隆沙爾。又十八日,至克勒底雅城"是也。《西藏志》又云:"自阿里西北所屬之魯都克城,十五日至葉爾羌,蓋有兩路可達。克勒底雅在藏正北,葉爾羌在藏西北也。"

【校記】

① 此處經緯度,稿本作"偏西三十五度三十七分、極三十六度五十二分"。

② 此處經緯度,稿本作"偏西三十二度四十二分、極三十六度四十七分"。

③ 此處經緯度,稿本作"偏西三十三度二十五分、極三十七度"。

④ 此處經緯度,稿本作"偏西三十三度四十五分、極三十六度十三分"。

克勒底雅山千餘里,淤沙積雪,煙瘴逼人,冬夏不可行。水發山中,(北流經克勒底雅城東,唐《西域記》云:"瞿薩旦那城東南百餘里,有大河西北流,國人利之,以用溉田。其後斷流,王深怪異,於是命駕問羅漢僧曰:大河之水,國人取給,今忽斷流,其咎安在?羅漢曰:龍所爲耳,宜速祠求,當復昔利。王因迴駕,祠祭河龍。忽有一女，淩波而至，曰：我夫早喪，主命無從，所以河水絶流，農人失利，王於國内選一貴臣，配我爲夫，水流如昔。王曰：敬聞。於是舉國僚庶，鼓樂飲餞。其臣乃衣素服，乘白馬，與王辭訣，敬謝國人，驅馬入河，履水不溺，濟乎中流，麾鞭畫水，水爲中開，自茲沒矣。頃之白馬浮出，負一旃檀大鼓①，封一函書，河水遂流，至今利用。”即此河矣。《唐書》云：“于闐東三百里有建德力河，河東有建德力城，亦曰拘彌城，即寧彌故城。”今河在城東，城郭遷移，不足爲異。河北流三百里入大河。）［所謂阿耨達大水也。《水經注》云：“南河東逕于闐國北。又東北，逕扜彌國北。又東，逕精絶國北。又東，逕且末國北。又東，右會阿耨達大水。”《水經注》又引釋氏《西域記》曰：“阿耨達山西北有大水北流，注牢蘭海者也。其水北流，逕且末南山。又北，逕且末城西。”按，《水經注》先言南河逕且末國北，再言又東會大水，則河在城東矣。《西域記》“城西”字誤。《唐書》謂之且末河，河西爲播仙鎮，故且末城也。克勒底雅河北流三百餘里，滙大河②。］

【校記】

① 旃，《方壺》本作“栴”。

② 此處據《校補》本增删。其删除部分，《校補》本移入卷一“東源曰玉隴哈什河”條下。

又東，過布古斯孔郭爾郭境北，爲額爾勾河。

回語孔郭爾郭，野果名，布古斯，謂腹，借以喻果實之大也。地在額里齊城東北五百餘里，距噶巴克阿克集近百里，極四十度二十五分、西三十六度二十分[①]，午正日景夏至長三尺一分、冬至長二丈二寸六分、春秋分長八尺四寸七分。其境南皆沙磧，中有大山緜亘，沙圖圖嶺支峯也。沙圖見上。沙圖圖者，狀其層出。大河逕其北，爲額爾勾河。準語謂河流迴抱爲額爾勾也。（《唐書・地理志》云："姑墨州，南臨思渾河。"是其異名矣[②]。）布古斯孔郭爾郭東二百五十里，至葉伊勒干[③]。回語葉伊勒，開展之義。干，謂平也。言其地寬平。又東八十里，至葉勒阿里克。回語葉勒，風也。地有水渠，流急如風。又東北七十里，至沙雅爾城。回語沙，部長之謂，雅爾，軫䘏之詞。舊有伯克軫䘏其部也。

【校記】

① 此處經緯度，稿本作"偏西三十六度五十八分、極四十度十五分"。

② 此處據《校補》本删。

③ 此處及注文中"干"字，底本、《方壺》本作"于"，據稿本改。

又東，過沙雅爾城南。

沙雅爾者，庫車屬城也。帕爾西語庫謂此地，車謂智井，地舊有智井也。庫車爲漢龜茲國北境，《元史》"西北地附錄"作苦叉[①]。霍集占之倡亂也，大軍征之，自庫車始。乾隆二十三年（1758）五月入庫車境，六月十六日，薄其城。靖逆將軍雅爾哈善遣領隊大臣愛隆阿攻其南，副都統順德訥戰其西，皆敗賊。追至鄂根河，霍集占以兵三千渡河來援，左肩中矢，陣獲其纛。霍集占自西門入城守。二十三日夜半，復以四百人出西門，渡鄂根河去。八月五日，城中賊亦遁，舊伯克阿集等以庫車城降。沙雅爾伯克瑪哈默第亦遣子阿三和卓獻城。庫車城周四里六分六釐，門四。沙雅爾城周二里許，高丈四尺，南北門二。明年，西域平，於庫車置辦事一人，駐陝西、甘肅綠旗兵三百二名。兩城相去百八十里，沙雅爾城在庫車城正南。中以亮格爾爲界。回語謂憩息之所曰亮格爾，北距庫車城百里，南距渭干河七十里②。亮格爾以南，沙雅爾伯克主之，以北，庫車伯克主之。

【校記】

① 苦叉，各本均作"庫徹"，據《校補》本改。

② 渭干，底本作"渭于"，據稿本、《方壺》本改。

沙雅爾額徵糧八百七十二石六斗，紅銅三百五十八觔十兩五錢，火藥三百觔，硫磺一百觔，硝一百觔。城所在，極四十度五十五分、西三十四度十五分①，午正日景夏至長三尺一寸七分、冬至長二丈一尺二分、春秋分長八尺七寸二分。其境東至斯爾里克墨洗提三百二十五里，地有禮拜寺，已毀。東南至郎哈里三百里，城西六十餘里，爲賽拉里克卡倫。卡倫西三百二十里，地曰塔什根柯里，卡倫西南二百四十里，地曰巴什克雅克，皆與阿克蘇哈喇塔勒莊通，爲達喀什噶爾、葉爾羌間道。自斯爾里克墨洗提由南，迄於塔什根柯里，極目沮洳，不通人跡，額爾勾河之北岸也。城東北二百里，曰烏魯庫木，城西北二百四十里，曰洋塔克沙爾，皆界庫車。洋塔克沙爾有廢城，與裕勒都斯巴克在庫車城西南九十餘里。毗連。嘉慶十九年(1814),庫車辦事伍爾德尼疏言:裕勒都斯巴克在渭干河西岸②,濬渠引水,達其莊以墾種。報可。掘地獲銅磚三,二有"天下太平"字,特貯彼庫,用彰厥瑞。

【校記】

① 此處經緯度,稿本作"偏西三十三度二十一分、極四十一度五分"。

② 渭干,底本作"渭于",據稿本、《方壺》本改。

額爾勾河逕城南百餘里,即《魏書》所云"龜茲國南三百里,有大河東流,號計戍水"者也。《唐書》作"計舒"①,突騎施酋長娑葛之犯塞也,闕啜忠節送唐御史中丞馮嘉賓於計舒河口。龜茲國都在白山南百七十里。今白山南二百里,至渭干河;又南十里,至沙雅爾;又南百餘里,即至額爾勾河。計其道里,當是河流北徙矣。

【校記】

① 此句至"闕啜忠節送唐御史中丞馮嘉賓於計舒河口",稿本無。

河之南岸,爲大磧,磧中亂山糾紛,其大嶂凡三。沙圖圖嶺南北與哈喇沙爾城直,中隔千四百餘里,嶺北趨四百餘里,折而西北千二百餘里,至布古斯孔郭爾郭之南而止。次東者,硇什達爾烏蘭達布遜山,回語硇沙曰硇什達爾,鹽曰達布遜,山産硇沙、紅鹽。按①,明《華夷譯語》鹽曰荅不孫,即達布遜之異文。南北與羅布淖爾直,中隔千里,其山高峯崛起,西北行二百餘里,分二支,南支西行二百餘里,爲順托郭爾山而止,北支西北行千四百餘里,轉西至沙雅爾之南陲而止。又東者,錫津烏蘭山,南北與吐魯番城直,中隔千四百餘里,錫津烏蘭山復東北趨百餘里,爲巴顔哈喇得里奔巴山,準語巴顔,富厚之意。又東,爲諾木齊圖山,蒙古語諾木,謂佛經。齊,人衆也,圖,有也。山下居民多奉黄教者。爲巴顔哈喇西倫山,爲陰得爾圖錫勒圖山,蒙古語陰得爾,基之高者。爲奇爾薩托羅海山,蒙古語托羅海②,首也。凡六百餘里,以屬於巴顔哈喇嶺,即阿勒坦郭勒準語阿勒坦,黄金也。所自出也③。巴顔哈喇得里奔巴山之西二百里,分支西北行一千里,至羅布淖爾南八十里而止。支山之東爲瑪海沙磧,周二千餘里,當哈喇淖爾之西;又東北,爲噶順蒙古語噶順,味之苦者,言水味苦也。沙磧;又北,爲伊爾瑚瑪沙磧,當哈密城西南。

【校記】

① 此處按語,稿本原無。

② 海,底本、《方壺》本作"漠",據稿本、《校補》本改。

③ 即,稿本無此字。

蓋和闐東北,大漠無垠,辯機《西域記》云:"于闐東行,入流沙,沙礫流漫,聚散隨流,人行無跡,遂多迷路,四遠茫茫,莫知所指。""行四百餘里,至覩貨羅故國。國久空曠,城皆荒蕪。從此東行六百餘里,至折摩馱那故國,即沮末地也。城郭巋然,人煙斷絶。從此東行千餘里,至納縛波故國，即樓蘭。”是知沙磧計程二千里而遥。漢渠勒、精絕、戎盧、小宛諸國，淹没無蹤，意淪入瀚海，如曷勞落迦城之比矣。

又東，爲塔里木河。

河水汪洋東逝，兩岸曠邈，彌望菹澤，商販經行，所不能到。既逕沙雅爾城，又逕沙山南，折而北，地曰塔里木，西北距沙雅爾城二百許里。準語、回語謂可耕之地曰塔里木，言濱河居人以畊爲業也。河北岸置卡倫，築土爲臺，高二丈許，上設氊帳涼棚，作瞭望所。河逕卡倫東，復折而東趨，水寬五十餘丈，是河名所由來矣。一作塔里母河，又作特里木、鐵里木，皆音轉也。

又東，渭干河從北來注之。

阿克蘇城北四百四十五里，伊犁惠遠城南六百五十五里，中有大山曰木素爾嶺。回語木素爾，冰也，言爲冰結成。按①，明《華夷譯語》冰曰莫勒孫，即木素之轉音。《車登三丕勒傳》：附《車淩巴勒傳》。“乾隆二十年(1755)六月，霍集斯禽獻達瓦齊②，偕副都統額爾登額以兵五百，由木素爾嶺往取，械達瓦齊詣軍。”又曰造哈嶺。乾隆二十三年，兆公惠奏搜捕厄魯特，自巴爾呼特嶺過造哈嶺是也。山脈來自西三百里之薩瓦布齊山，亦喀克善山支峯，故《唐書》以爲葱嶺北原。嶺長百里，高百餘丈，堅冰結成，層巒疊巘，高下光瑩。冰有三色，一種淺綠，一種白如水晶，一種白如碑礫。

【校記】

① 此處按語,稿本原無,籤條補入。

② 禽,稿本作"擒"。

嘉慶二十一年(1816)正月五日黎明,自噶克察哈爾海軍臺在伊犁沙圖阿璊軍臺南百里。行二十里,至山麓,朝日始升。據鞍魚貫,如緣螺殼,天風横吹,飛沙擊面,寒砭肌骨,噤不出聲。冰每坼裂,寬或近尺,塞馬骨作橋。上嶺數里,渡雪海①,周三四里,一線危徑,界海正中,劣裁容馬。若逢巽二震怒,滕六肆虐,神鷹不飛,冰嶺遇風雪迷道,有一神鷹飛鳴,隨其所向覓路,乃得出。迷途坐困。杜環《經行記》云:見《文獻通考》。"從安西今庫車地,唐置安西都護府。西北千餘里,有勃達嶺。[《唐書·地理志》作拔達嶺②。]又北行數日,度雪海,海在山中,春夏常雨雪,故曰雪海。有細道,道傍往往有冰孔③,嵌空萬仞,轉墮者莫知數。"即其地矣。嶺中又有二池,周各十許丈,在冰不冰,淵然澄澈,其熱海之儔歟?杜環《經行記》云:"勃達嶺北行千餘里,至碎葉川,其川東頭有熱海,兹地寒而不凍,故曰熱海。"

【校記】

① 渡,《方壺》本作"度"。

② 此處據《校補》本增補。

③ 傍,《方壺》本作"旁"。

嶺端夏日消釋，氾濫四出，冬復增高。冰中時函馬骨，又含巨石如屋，及其融時，冰細若臂，銜石於顛，柱折則摧，當者糜碎。辯機《西域記》云："跋祿迦國西北行三百餘里，度石磧，至淩山，[《唐書·地理志》謂之凍淩山①。]《詩》：'納于凌陰。'《傳》曰：'凌陰，冰室也。'周官掌冰者曰凌人，是知凌即冰。《說文》作滕，引《詩》'納于滕陰'。此則葱嶺北原，水多東流矣。山谷積雪，春夏含凍，雖時消泮，尋復結冰。經途險阻，寒風慘烈，多暴龍，難陵犯。行人由此路者，不得赭衣持瓠，大聲叫，微有違犯，災禍目覩，暴風奮發，飛沙雨石，遇者喪沒，難以全生。"余按，辯機之言，斯爲不虛，惟衣赭持瓠之忌，今則不爾。

【校記】

① 此處據《校補》本增補。

行五十里許，展敬於回人瑪咱爾，乾隆二十五年四月，上諭①："舒赫德奏稱過'木素爾嶺，下至山麓，有澗名塞塞克愛噶爾雅勒，其險處約四十餘里，一值風雪，即難行走，必須往候晴霽。從前準噶爾於其地樹幡，誦經致祭，今四月初旬，遞送事件兵丁，有凍斃者，酌於附近之克斯地方，造屋以資避禦'等語。木素爾嶺爲往來要路，今山澗險阻，猝遇風雪，人力難施。蒙古風俗，俱誦經致祭，著傳諭舒赫德②，如回人內有善於禳禬者，令其虔誠將事，或無其人，即遣厄魯特人致祭。"乃下冰梯。梯寬二尺，冰之消長無定，梯亦因之增損。鑿梯者曰達巴齊，凡七十戶。乾隆二十五年五月，上諭③："舒赫德奏'由木素爾嶺行走四十餘里，地多冰石相雜，内有二里，全係冰山，滑不可行，每日派回人十名，鑿鑿磴道'等語。木素爾嶺係往來要路④，既係冰堅難鑿，十人之力，恐不敷用，舒赫德應多派回人前往，專責以脩治道途冰雪之役。行走人多，地氣漸就和暖，則凝冱自易消融。"又四十餘里，下嶺始盡。

【校記】

① 此節引文，見《方略》續編卷二"乾隆二十五年四月戊申"下，有删改。

② 舒，《方壺》本奪。

③ 此節引文，見《方略》續編卷二"乾隆二十五年五月壬申"下，有删改。

④ 嶺，底本作"領"，據稿本、《校補》本、《方壺》本改。

乾隆二十五年，秩於祀典，春秋祭之。乾隆二十五年十月，舒赫德奏言①："臣等於九月二十五日致祭木素爾嶺。先三日，天氣清和，本日風霧盡斂，日色昭朗，官兵、回人等俱驚異歡悦，臣察勘木素爾嶺形勢，由山陽之阿爾巴特阿璊入口，兩面俱是高峯，中滙大河。由山崖行百八十里，至塔木噶塔什軍臺，即山嶺之足。初入嶺口，繞行冰石相雜之地二十里，一山横亘，盡屬堅冰。臣即將派出修道路回人一百二十戶内，每日派二十人更番槌鑿。過此地，復冰石相雜，約六七十里，至噶克察哈爾海軍臺，山陰積雪，柴薪甚乏。"其祭文曰②："惟神德符艮止，位在兑維。秀甲羣峯，拔地倚天之勢；靈鍾絕徼，出雲降雨之功。匹葱嶺以稱尊，洵回中之巨鎮；臨于闐而作障，允塞外之奥區。朕紹服丕基，敉寧方夏。渠搜即敘，遂犁頡利之庭；蒲海載清，遠致防風之骨。踰二萬里而獻捷，不四五年而成功。惟兹木素爾之山，實鄰阿克蘇之域。曩者六師奏凱，式彰默祐之庥；今兹百部屯田，聿顯懷柔之應。是用登諸祀典，載在秩宗。諫吉日以薦馨，遣重臣而展告。庬縣庫舉，巍乎列嶽鎮之班；肹蠁丕昭，巋然作塞垣之固。介以繁祉，休有烈光，陳此苾芬，庶其歆格。”嘉慶七年定制：“凡新疆祭山川文，朕字皆敬謹改書高宗純皇帝尊號。”

【校記】

① 此節引文，見《方略》續編卷七“乾隆二十五年十月壬辰”下。

② 此句以下至段末，《方壺》本無。

嶺下洪流噴薄，厥聲殷雷，色如米汁，諺曰白龍口。又西行里許，爲塔木噶塔什軍臺。臺後山尤險惡，不通徑路。亘臺之右，於臺西五里許，湧泉如墨，諺曰黑龍口。二水交滙於軍臺南，是爲木素爾河。乾隆二十一年，定邊右副將軍兆公惠奏言①：“副都統阿敏道閏九月初五日帶兵將至庫車城，探知阿克蘇城之阿布塞塔爾率衆一千人②，住木素爾河。”即此河也。是爲渭干河西源，源處極四十二度二十分、西三十六度二十分至五十分③。白龍、黑龍兩山並趨而南，石壁渾成，文緻旋轉，絕無艸木，猨猱善援，所不能上。兩山相去數十丈，水流其中，滿谷浩汗④，行人跋涉，終日橫濿。凡西南流八十里，經瑚斯圖托海軍臺東，又南流五十里，經圖巴喇特軍臺東，乃折而東南行百餘里，經滴水崖沙磧北，又數十里，經諾依古特莊南、莊在阿克蘇城東偏北三百五十里。察爾齊克軍臺北，是爲木咱喇特河。諾依古特者，布魯特部也。乾隆二十三年，布魯特噶岱察爾雜內附，授牧地於斯。今四品比邁瑪第利，其曾孫也，轄布魯特人八十五戶。莊在木咱喇特河北岸十餘里。

【校記】

① 此節引文,見《方略》正編卷三三“乾隆二十一年十月戊寅”下,有删改。

② 千,底本作“干”,據稿本、《校補》本、《方壺》本改。

③ 此處經緯度,稿本作“源處偏西三十六度、極四十二度”。

④ 汗,《方壺》本作“瀚”。

木咱喇特河又東,八十里,經鄂依斯塔克齊克軍臺北,又折而南數里,經雅爾幹莊西,莊在阿克蘇城東四百餘里。是爲雅爾幹河。[河]經莊折而東①,有哈布薩朗河哈布薩朗,回人名,居於河濱,故名。自北來滙。哈布薩朗河發拜城城在鄂依斯塔克齊克軍臺東六十里。西北山,南流分三支。西二支南流入雅爾幹河,長八十里。東支流數里後,又分爲二,西引者南流,經拜城西,滙西二支,入雅爾幹河,東引者東南流,滙哈喇烏蘇,經拜城東,爲木札特河,南入雅爾幹河。哈喇烏蘇者,發拜城東北山,在哈布薩朗河源東近百里,南流十餘里,分二支,西支西南流,入哈布薩朗河,東支東南行,經賽喇木城東,城在拜城東一百里,舊作賽里木。回語賽喇木,安適也,拜,富厚也,二城皆阿克蘇屬城。止不流。

【校記】

① “河”字據《校補》本增。

雅爾幹河既滙木札特河,東流七十餘里,經賽喇木城南，有南湖水自西北來入之。霍集占之援庫車，挾賽喇木衆百人行，且將遷之阿克蘇，衆弗從，乃使逆黨阿里守之。既敗，賽喇木人阿瓜斯伯凱等夜殺阿里，以城降。置遊擊一人，轄綠旗兵，又以三品阿奇木一人，轄賽喇木回民一千四十九戶，四品阿奇木一人，轄拜城回民五百九十三戶。

雅爾幹河又東，二十餘里，與赫色勒河滙。赫色勒者，渭干河東源也[①]。源處極四十二度、西三十四度三十分至三十五度十分[②]，三支並發。西支自阿勒坦呼蘇山，準語呼蘇，樺樹也，言山多樺樹，秋深葉色如金。呼蘇，一作呼斯坦。東二支自額什克巴什山。回語額什克，小山羊也，巴什謂頭，言山形似之。額什克巴什者，所謂白山也。《隋書》曰"阿羯山"，《唐書》曰"阿羯田山"。定邊將軍兆公惠之自協理庫車赴阿克蘇也，奏言："臣與雅爾哈善進兵夾攻，行至阿勒坦呼蘇嶺，雪盛路險。臣與官兵等牽馬步行兩晝夜。"足知其形勢矣[③]。三水滙，南行八十里，什和坦爾山水自東北來、沙爾達朗水自東來，又滙，西南行七十餘里，經赫色勒軍臺西，爲赫色勒河。山勢蜿蜒，庫車、伊犁、喀喇沙爾三面銜界，每歲季春設卡倫二，季秋乃罷。一曰呢咱爾阿塔，在赫色勒軍臺東北山内百三十里。一曰阿爾通伙什，在呢咱爾阿塔卡倫東北三十里。皆在河源西岸。

【校記】

① 干，底本作"于"，據稿本、《校補》本、《方壺》本改。

② 此處經緯度，稿本作“源處偏西三十四度、極四十一度”。

③ 勢，《方壺》本作“勞”。

赫色勒河又南流三十餘里，經千佛洞西。緣山法像，尚存金碧。壁有題字曰“惠勤”①，蓋僧名也。河流經巖下，雅爾幹河來滙，是爲渭干河②。其西岸有古廢城，周二里許。兩河滙處，極四十一度二十五分、西三十五度十分③。渭干河東流④，折而南，凡四十餘里，經丁谷山西，山勢斗絕，上有石室五所，高丈餘，深二丈許，就壁鑿佛相數十鋪，瓔珞香花，丹青斑駁。洞門西南向，中有三石楹，方徑尺，隸書梵字，鏤刻回環，積久剝蝕，惟辯“建中二年(781)”字。又有一區⑤，是沙門題名。首行曰“沙門日”，二行曰“惠親惠”，三行存一字若磨改者，四行曰“法”。兩岸有故城。《水經注》引釋氏《西域記》曰：“龜茲國北四十里，山中有寺⑥，名雀離大清淨。”按⑦，《洛陽伽藍記》云：“乾陀羅城東南七里有雀離浮圖，是國王伽尼色迦所作，西域浮圖，此爲第一。”則龜茲此寺，蓋以塔爲名也。高齊亦寫築此寺於華林園，即劉桃枝拉殺趙郡王叡處。[乾陀羅城，疑即班超所居之它乾城⑧。]辯機《記》亦云：“屈支國城北四十餘里，接山阿，隔一河水，有二伽藍，同名昭怙釐，而東西隨稱。佛像莊飾，殆越人工，僧徒清肅，誠爲勤勵。”今溯遺蹤，差存髣髴。[龜茲嘗於此置關，即後漢敦煌太守張朗從北道先期至爵離關者也⑨。]

【校記】

① 勤，《方壺》本作“勒”。

② 干，底本作"于"，據稿本、《校補》本、《方壺》本改。

③ 此處經緯度，稿本作"源處偏西三十四度八分、極四十一度三十五分"。

④ 干，底本作"于"，據稿本、《校補》本、《方壺》本改。

⑤ 此處至下注文"四行曰法"，稿本無。

⑥ 中，稿本作"上"。

⑦ 此處按語，稿本無。

⑧ 此處據《校補》本增補。

⑨ 此處據《校補》本增補。

渭干河經洞前南流八里①，至山外，疏爲五渠。東引者二，北曰牌租阿巴特渠，東南溉其莊而止。牌租阿巴特莊在庫車城西四十里②。南曰渭干渠，東南流經胡木土喇莊、伯什克勒木莊、亮格爾莊北，三莊在庫車城西迤北六十里。又東南，經伊帕爾巴克莊北，庫車城西五十五里。又東南，經和土喇莊東、庫車城西六十里。喀喇蘇莊西，庫車城西五十五里。又東南，經音奇克愛里克莊北，庫車城西迤南五十五里。又東，經特忒爾齊莊北，庫車城西南七十里。又東，經羌格莊北，庫車城西南六十五里。又東，經霍爾納斯莊北，庫車城西南六十里。又東，經英格土喇莊北，庫車城西南五十里③。又東南，經伯什巴克莊西，庫車城西南三十里。又東南，經托古斯托滿莊南，庫車城南六十里。又東南，至亮格爾莊而止。庫車城南百里。西引渠三，北曰裕勒都斯巴克渠④，西南流，溉其莊而止。次南曰塔什里克渠，南流，溉其莊而止。塔什里克莊在庫車城西八十里。又南曰托克蘇渠，南流經札依莊西，庫車城西七十五里。

又西南，經伊奇愛里克莊北，庫車城西迤南八十里。又南流，至托克蘇莊而止。庫車城西南百里。

【校記】

① 干，底本作"于"，據稿本、《校補》本、《方壺》本改。

② 牌，底本、《方壺》本誤作"稗"，據稿本改。

③ 西，底本作"酉"，據稿本、《方壺》本改。

④ 巴克，《方壺》本互乙。

渭干河南流[1]，經胡木土喇莊西[2]，又南流，經札依莊東、和卓土拉斯莊西，庫車城西六十里。蓋唐之白馬渡也。《唐書·地理志》："安西西出柘厥關，渡白馬河，百八十里，西入俱毗羅磧，經苦井，百二十里，至俱毗羅城，又六十里，至阿悉言城。"俱毗羅磧，今之赫色勒沙磧；俱毗羅城，今賽喇木城；阿悉言城，今拜城。（《西域記》云："屈支國城西門外會場西北，渡河至阿奢理貳伽藍，原注：唐言奇特。庭宇顯敞，佛像工飾。僧徒肅穆，精勤匪怠。"當亦由斯渡矣[3]。）渭干河又南[4]，經提根莊東，庫車城西南百十里。又折而東南行，經喀喇沙爾莊南，庫車城西南八十里。又東南，經奇塔特莊南。庫車城西南八十里。乾隆二十四年，德文奏言："准舒赫德咨稱'沙雅爾河道通葉爾羌、喀什噶爾，可否造船試運及堆貯糧石之處'，查沙雅爾距庫車百四十餘里，今作百八十里。中有衛林河即渭干河。之奇塔特地方，可留貯糧石。"謂此莊也。

【校記】

① 干,底本作"于",據稿本、《校補》本、《方壺》本改。

② 土,底本、《方壺》本作"上",據稿本、《校補》本改。

③ 此處據《校補》本删。

④ 干,底本作"于",據稿本、《校補》本、《方壺》本改。

渭干河又東南,經洋得爾滿莊南、庫車城西南七十五里。科科布勻莊北,沙雅爾城西北四十里。又東南,經雅璊愛里克莊北,沙雅爾城西二十五里。又東南,經葉格爾齊莊北,沙雅爾城西二十里。又東,經賽里克塔爾莊北,沙雅爾城西十里。又東南,經沙雅爾城北、章格爾愛里克莊南,沙雅爾城北十里。是爲鄂根河。《鄂對傳》曰:"大軍抵庫車,鄂對以世居,悉形勝,告雅爾哈善曰:'庫車城西達沙雅爾,有鄂根河,水盛可行舟,請兵備。'霍集占果擕賊五千餘,自鄂根河抵庫車,爲我軍所敗。"《袞楚克傳》曰:附《玉木楚木傳》。"霍集占擕賊五千餘來援,麈擊之。賊黨跳走,追至鄂根河蘇巴什山,陣斬三百餘級。"回人謂之烏恰特河。回語烏指遠處而言,恰特,村莊也。濱河舊有村莊。

河又東南,經喀喇墩莊南,沙雅爾城東北五里。又東南,經察爾達克莊南,沙雅爾城東北十里。又東南,經朔爾塔木莊南、沙雅爾城東北十五里。塔什克塔木莊北,沙雅爾城東南十五里。又東,經楚爾和沙爾莊南、沙雅爾城東北四十里。克爾達什莊北,沙雅爾城東南五十里。又東,經克雅瑪塔莊北,沙雅爾城東六十里。又東,經三架爾帖密莊北,沙雅爾城東七十里。又東,經沙哈里克湖南,又東南五里許,折而東,至玉古爾莊南,回語玉古爾，臨陣奮勇前進之謂，回人曾於此禦敵，故名。舊作布古爾。入塔里木大河。《水經注》云"北河東逕龜茲國南，又東，左合龜茲川水"是也，渭干河即龜茲西川矣①。

【校記】

① 干，底本作"于"，據稿本、《校補》本、《方壺》本改。

庫車西北六百餘里，通伊犁路，有庫克訥克嶺，回語庫克訥克，青燕也。嶺下水三支，南流經庫克訥克卡倫西①，又西南流，經草嶺西，又西南，經石嶺西，又西南，至博勒齊爾山後，蒙古語博勒齊爾，謂會合之處。左右分注，一經其右，二經其左。二里許，滙爲一。西南流，經銅廠山西，庫車城東北六十里。至山外，經破城東，復分爲三。最西者曰密爾特彥河，南流經沙滿巴克莊、城北五里。科科弓把莊西。城東北三里。又南，經庫車東門，《水經注》所謂"枝水入龜茲城"也。又南，經稻田東、城南里餘。薩伊巴克莊西②，城東三里。又南，經喀喇愛里克莊西，城西南五里。又南，經達和賴莊東，城東南十里。折而東南流，凡百八十餘里，入沙哈里克湖。次東者曰烏恰爾薩伊河③，自分支後，東南經胡木里克莊西、城東北十五里。比架克莊東，城東北十里。又東南，經喀喇墩莊西、城東十五里。烏恰爾莊東，城東十里。又東南，經薩罕輝莊西，城東南二十里。又東，經阿克塔齊莊南，城東南二十里。又東，經魯楚爾莊南，城東南三十里。又東，經博斯騰莊南，城東南三十五里。又東④，經寅合莊南，城東南四十里。又東南，經扣庫什莊西，城東南五十里。亦百八十餘里，入沙哈里克湖。最東者曰葉斯巴什河，自分支東流，經瑪札普團莊北，城東北十五里。又東，經明邁里雅木阿塔莊北，城東北二十里。折而東南流，凡五十餘里，入阿提委訥克湖，諺曰頭道、二道、三道河，即龜茲東川也。

【校記】

① 訥，《方壺》本作"納"。

② 伊，稿本、地圖標識作"依"。

③ 伊，稿本、地圖標識作"依"。

④ "東"下《方壺》本衍"南"字。

《水經注》曰："龜茲川水有二源，西源按，西源當作西川水。出北大山南，其水南流，逕赤沙山，阿克蘇鹽山。又出山東南流，枝水左派焉。按，《說文》："派，別水也。"蓋謂別出之水。又東南，水流三分，右二水俱東南流，注北河。東川水出一作逕。龜茲東北，歷赤沙、積梨南流，庫車銅廠山①。枝水右出，東川分出一支。入龜茲城，其水又東南流，右會西川枝水，水入自城東，出自城南，與西川未入河之左一支會。下文云："水有二源，俱受西川東流，逕龜茲城南，合爲一水。"即申明此句之文。二源，東川之源，逕龜茲城南合爲一水者，即東川枝水右會西川枝水之事。其水東南注東川，兩枝水既合之水。又東南，注大河。"酈君作注時，西川分爲三，二支先入大河，一支逕城南會東川枝水，入東川，東川達於河。東川入河處在渠犁國西，《漢書》所謂"渠犂西有河,至龜茲五百八十里"者也。今則西川自入河,東川入湖後無復餘水,不與河通。

【校記】

① 敞,《方壺》本作"厥"。

又東,過庫爾勒莊南,

塔里木河自玉古爾莊東流,庫車城東北三百二十里,爲玉古爾軍臺,臺南十里爲玉古爾回莊。玉古爾者,漢輪臺地。《西域傳》云:"輪臺、渠犂,地相近也。"莊南四十里有故小城,又南二十里有故大城,又南百餘里,尤多舊時城郭。田疇阡陌,畎隴依然,直達河岸,疑田官所治矣。河水又東二百里,逕策特爾軍臺南。回語謂氊廬也。舊曾安營於此,故名。一作策達雅爾。又東一百六十里,逕車爾楚軍臺南,準語忌諱之詞,地多古墓,經者多病,故名。兩程之間,平原衍沃。南近河者,渠犂故地,北近山者,烏壘故地。漢於此置都護,以爲西域之中。

河水又東一百七十里,逕庫爾勒莊北①。回語觀望也,地形軒敞,可供眺覽,故名。一作庫隴勒。莊在庫爾勒軍臺南三里。庫爾勒之境,東接哈喇沙爾城,西接玉古爾,東南至羅布淖爾五百餘里,北至多羅嶺二百里。玉古爾之境,西接庫車,東接庫爾勒,南至塔里木河二百四十里,北至阿依庫穆什山回語庫穆什,銀也。七十里②。各置三品阿奇木伯克一人轄其屬。乾隆三十一年(1766),移庫爾勒人六百餘戶於噶札瑪，其伯克仍駐庫爾勒領之。兩莊皆哈喇沙爾屬邑，地肥饒，易樹䕺，《素賚瑺傳》云：附《額敏和卓傳》。“乾隆二十四年，徙多倫回衆於哈喇沙爾，素賚瑺赴玉古爾、庫爾勒，度引水漑田、分地定居諸務。”［《唐書·地理志》云：“自焉耆西五十里，過鐵門關。又二十里，至于術守捉城。又二百里，至榆林守捉。又五十里，至龍泉守捉。又六十里，至東夷僻守捉。又七十里，至西夷僻守捉。又六十里，至赤岸守捉。又百二十里，至安西都護府。”計其道里，西夷僻爲玉古爾莊，于術爲庫爾勒莊③。］附近兩莊平疇綺壤，青翠葱蘢，余以初夏經此，潤際麥天，雉雊相應，苦豆作花，白艸抽帶。仰懷鄭吉之風，俯念弘羊之策，流連緩轡，悵然情深。

【校記】

① 北，稿本作“南”。

② 二“穆”字，稿本作“木”。

③ 此處據《校補》本增補。

海都河從北來注之。

海都河者，哈喇沙爾境水也。哈喇沙爾於漢爲焉耆、危須二國地，後屬回部。準噶爾時，小策零敦多布據海都河西，別爲沙拉斯、瑪呼斯二鄂拓克，準噶爾有二十四鄂拓克。復掠庫爾勒地益之。庫爾勒伯克托克托挈弟阿卜都賚、子色提克，走吐魯番，其屬瑪木特托爾岱從之，皆内附。

雍正九年(1731),寧遠大將軍岳鍾琪奏言:"自賊營脱回兵丁藍生芝傳説噶勒丹策淩率部落家口,移住哈喇沙爾。"自是地入準部。乾隆二十二年(1757)十月,戶部侍郎阿公里袞剿沙拉斯、瑪呼斯,賊遁往庫車,伐樹舉火,繼塞山路。遂取間道,窮搜山僻,至塔本順和爾、納木噶,獲其衆二百餘。二十四年,置辦事一人,駐陝西、甘肅緑旗馬、步兵二百九十五人,屯田兵三百二人。

其西境直庫車城北之汗騰格里山①,山東百餘里有地曰阿喇爾,湧泉百餘,會以東流,即大裕勒都斯河。回語裕勒都斯,星也,源發泉如星。源處極四十二度四十五分、西三十四度三十分。其地土爾扈特卓哩克圖汗所牧也。土爾扈特於四衛拉特爲第三,乾隆三十六年,舊土爾扈特汗渥巴錫與新土爾扈特台吉舍稜,自俄羅斯國之額濟勒河來歸。賜舊土爾扈特曰烏訥恩蘇珠克圖盟②,設扎薩克十,分四路。南路曰扎薩克卓哩克圖汗一、扎薩克巴雅爾圖貝子一、扎薩克輔國公一、扎薩克一等台吉一,凡四旗,牧大裕勒都斯。北路曰扎薩克布延圖親王一、扎薩克公品級一等台吉一、扎薩克輔國公一,凡三旗,牧塔爾巴哈台之和博克薩里。東路曰扎薩克畢錫呼勒圖郡王一、扎薩克伊特格勒貝子一,凡二旗,牧庫爾喀喇烏蘇之濟爾噶朗。西路曰扎薩克濟爾哈朗貝勒一,一旗,牧晶河。新土爾扈特曰青色特啓勒圖盟,設扎薩克二,分二翼。左翼曰扎薩克弼哩克圖郡王一,右翼曰扎薩克烏察喇勒圖貝子一,凡二旗,牧科布多之阿勒坦山。

【校記】

① 此處至"西三十四度三十分",稿本作:"其西境有海都山,(回語海都,曲折之謂,或作開都、愷都、海多、海杜,皆非。山以水得名,在庫車北之汗騰格里山東九百里。)《山海經》之敦薨山也。山之西

南五百里，爲額什克巴什山，大裕勒都斯河（回語，裕勒都斯，星也，源發泉如星。）發其西麓，其地曰阿喇爾，湧泉百餘，滙以東流。源處偏西三十二度六分、極四十二度。”

② 訥，《方壺》本作“納”。

河東流①，特爾默哈達布拉克準語特爾默，蒙古包四圍木槅也。蒙古語謂之哈納。哈達，山峯也。自南來入之。又東②，布蘭布拉克準語布蘭，溫泉也。自南來入之。又東③，與小裕勒都斯河會。小裕勒都斯出自阿勒坦陰克遜之北，源處極四十三度十分、西三十一度三十分，和碩特牧地也。和碩特於四衛拉特爲第四，姓博爾濟吉特，元之後裔，始祖曰阿克薩噶勒代諾顏，其族有牧額濟勒河者，與土爾扈特同來歸，賜曰巴圖色特啓勒圖盟，設扎薩克四，曰扎薩克土謝圖貝勒一、扎薩克阿穆爾呤貴貝子一、扎薩克一等台吉二，凡四旗。嘉慶二年（1797），貝勒騰特克絕嗣，今惟三扎薩克。環繞沮洳，檻泉數十，涓涓細流，逕鄂蘭嶺北④，有四水自北來入之。又西流，逕額勒伯克山北，準語額勒伯克，豐裕之謂。山多生殖，故名。有烏里雅蘇台水準語烏里雅蘇，柳樹也。自北來入之。又西南，與大裕勒都斯河會。會處有二水，經烏什卡克山東西來滙，地當西域東西之中。東達阿拉癸山，準語阿拉癸，危險之意，舊作阿爾輝⑤。西接伊犁空格斯河源。回語空格斯，踏地有聲也。準部未靖時，自哈密至伊犁者，恒取道於茲。

【校記】

① 河東流，稿本作“泉流百二十里”。

② “東”下稿本有“七十里”三字。

③ 此句至“西三十一度三十分”，稿本作：“又東百二十里，哈爾噶納圖布拉克（準語，哈爾噶納，金桃也，皮可飾弓矢，濱河多此，故名。）自南來入之。又東二十里，至哈爾噶圖，與小裕勒都斯河滙。小裕勒都斯發自海都山東北十里，其處偏西二十九度、極四十三度。”

④ 此句至“地當西域東西之中”，稿本作：“西行四十里，布喇圖布喇克（回語布喇，劫奪之謂。）自東北行三十里來滙。又西流七十里，扎噶蘇台布拉克（準語扎噶蘇，魚也，泉多魚。）自北行四十里來滙。又西流四十里，格訥特布拉克（準語格訥特，驟至之謂，泉流迅急也。）自北行四十里來滙。又西流三十里，有小泉二，入沙磧，不滙於河。小裕勒都斯又西行二十里，烏里雅蘇圖布拉克（準語烏里雅蘇，柳樹也。）自北行三十里來滙，南流出額勒伯克山口，（準語額勒伯克，豐裕之謂，山多生殖，故名。）至哈爾噶圖，與大裕勒都斯河滙。兩河滙處，烏爾圖布拉克（準語烏爾圖，長也。）自額勒伯克山南流入焉。地當西域東西之間。”

⑤ 此句下稿本復有注文：“《元史・巴延（原作伯顔）傳》《約斡實（原作玉哇失）傳》有鄂勒歡（原作斡魯歡），疑即音之轉。”

《西陲紀略》載：“雍正中使臣《至準噶爾行程記》云：‘自察罕鄂博圖蒙古語鄂博，壘石也，地有壘石，色白，故名。住小裕勒都斯，九十里，途路平坦，水艸皆好。自小裕勒都斯，住大裕勒都斯，八十里，路平，水艸佳。兩裕勒都斯冬夏偕宜①，惟季春猶雪，飛霙無時，遇風即結成糝。自此路分兩歧。取其捷者，自大裕勒都斯六十里，住鄂敦庫爾蒙古語鄂敦，星也，準語庫爾，謂積雪。山口，又五十里，過鄂敦庫爾嶺。若取其坦者，自大裕勒都斯向西南行，過烏納罕達罕嶺，即空格斯河源。'"

【校記】

① 偕，《方壺》本作"皆"。

《和碩特總傳》云："諾爾布敦多克游牧額林哈畢爾噶，準語額林，謂間色，哈畢爾噶，謂旁肋。乾隆二十二年①，西師致討，祭額林哈畢爾噶山文曰："朕寅紹丕基，輯寧函夏。荷百靈之效順，美報必伸；當萬里之奏功，明禋咸秩。惟神遐荒迥峙，靈應夙昭，高埒天山，遠通月𩨨。屬當逆賊阿睦爾撒納負恩狡叛，竄迹僑棲，收拾殘黎，誘招諸部，復鴟張而起事，旋蠶食以逞謀，游牧至斯，披猖寖甚，鄰近皆潛。爲烏合逆酋，漸欲肆螳當。已而王旅驟加，賊軍輒駭，四山草木，盡助聲威，諸嶺風雲，俱增叱咤。奔鹿遂不遑擇蔭，窮魚乃自絕游魂。雖追躡逋逃，又閱時而竣事；而摧拉枯朽，實從此以振威。信乎奉天討以出師，明神咸祐；茲者蕆武功而底績，秩祀宜申。用昭右序之文，遣祠官而致享；永作西陲之鎮，鞏邊圉以敉寧。"二十七年，秩於祀典，每歲致祭。其文曰："惟神保障遐方，奠基西土。層巒內供，在漠南綏靖之前；協氣遙迎，溯閫外奮揚之日。逐飛廉於塞外，八公之草木皆兵；示象鼎於寰中，九牧之神姦悉化。輯寧有地，報享宜頒。朕底定荒陬，乂安絕域。懷柔所及，龍堆盡列於版圖；撫馭攸加，月窟咸通於聲教。叛酋潰竄，頭屢觸於不周；勝旅先登，尸遂陳夫貳負。稽膚功之迅奏，實靈劾之克彰。用奏明禋，永垂嘉典。峙金方而作鎮，著神功於華嶽以西；表翠嶂以爲屏，秩祀典於流沙之外。尚期出雲降雨，遠敷惠澤於邊疆；惟茲酌醴牽牲，敬念普存於民力。神其來格，鑒此苾芬。"中允饒學曙之詞也。在博克達山西八百里、哈屯博克達山西一百里②。博克達山尊如人首，額林哈畢爾噶如旁肋，居元首左右。天山最高峯爲博克達，則左右山皆可謂之額林哈畢爾噶。今據告祭所在，定爲哈屯博克達西百里之山。乾隆二十一年，將來歸，阿睦爾撒納以兵擊諸伊犁之諾羅斯哈濟拜甡，蒙古語拜甡,民居也。不勝,其族兄沙克都爾曼濟攜子圖捫及博爾和津等,博爾和津,諾爾布敦多克次子。由裕勒都斯至巴里坤。”又《貢格敦丹傳》云:附《阿哩雅傳》。“阿睦爾撒納叛,定西將軍策楞引大軍復赴伊犁,貢格敦丹由裕勒都斯間道至。”是其事矣。

【校記】

① 此句至“中允饒學曙之詞也”,稿本、《方壺》本無,稿本有籤條補入。

② “在”上稿本有“按,《西域圖志》云:額林哈畢爾噶山”。

二河自哈爾噶圖山溝逕烏博木①,萬壑爭流,百川迸集,奔騰激浪,有河經砥柱、江出巫峽之險。東南流②,有烏爾圖布拉克準語烏爾圖,長也。自北來入之。河自此分爲二,一支東行爲南支,無所渠並,一支東行爲北支,首受謨海沙喇布拉克,準語謨海,不堪之謂,沙喇,黄色。水黄濁不堪飲牧。次受什巴爾台布拉克,準語什巴爾台,有泥之謂。次受賽喇木布拉克,次受固爾班努庫爾布拉克,次受察罕烏蘇,準語白水。次受袞哈布齊勒布拉克,準語袞,深也,謂山峽深險。東至達蘭嶺之陰。準語達蘭,七十數也。二河會爲一,《唐書·突厥傳》:“永徽五年(654),前軍蘇定方擊賀魯別帳鼠尼施於鷹娑川。”《回鶻傳》言:“鷹娑川在焉耆西北。”是其焉耆之野歟?乾隆二十二年,都統滿福勦沙拉斯、瑪呼斯賊,行至哈喇和落,見山徑尤險,樹林甚密,下有深溝,滿福懷疑，急收前隊。忽賊衆千餘，自林内突出，截斷我兵。滿福大呼殺賊，中鎗墜溝。沙拉斯之得木齊敦多克哈什哈移戶口踰達蘭嶺[3]，毁海都河橋渡。佐領麻色等沿河覓路不得[4]，蓋水複山重，宜爲險地。

【校記】

① 逕，稿本作"經"。

② 此句至"二河會爲一"，稿本作："東南流五十里，復分南北支。北支東行二十里，左滙謨海沙喇布拉克。（準語，謨海，不堪之謂；沙喇，黄色。水黄濁，不堪飲牧。）又東二十里，左滙賽喇木布拉克。又東三十里，左滙雅瑪圖哈布齊勒布拉克。（準語雅瑪圖，有山羊處；哈布齊勒，險仄之謂。）又東三十里，左滙古爾班努庫爾布拉克。（準語古爾班，謂三；努庫爾，友也。）又東二十里，左滙察罕烏蘇。（準語白水。）又東二十里，與南支滙。其南支，亦右滙綽羅特克嶺水、揚和沙爾水、庫克訥克嶺水、厄西謨水、烏可克嶺水（蒙古語，烏可克，小櫃也，入崖逼仄，境若深藏。）以注之。"

③ 此句下稿本有小字注："準語達蘭，七十數也，山峯攢簇，約指其數之詞。"

④ "覓"字稿本、底本均作異體，《校補》本有訂正。

大、小裕勒都斯既會[1]，東南流，有烏蘭烏蘇經博爾圖山谷南流，與博爾圖河來滙。博爾圖河者，發自吐魯番托克遜軍臺之東南，北流經軍臺之北，折而西，經伊拉里克北，又西，入阿拉癸山口，《使準噶爾行程記》云："正月初九日，自伊拉里克一百四十里，住阿拉癸峪口，路途寬濶，有碎石。將近阿拉癸之地，東邊有小河，名特克河，向西南山峪流去。阿拉癸峪内河水清澈,樹木成林,但行人在兩邊崖坎,上下行走,駝馬甚苦。初十日,仍在阿拉癸峪内,六十里,住。過河七八次,樹木稠密,徑道險窄。十一日,仍在阿拉癸峪内,七十里,住。倚山口有土城,已壞,城内鑿山爲石磴跡。"《記》所言皆博爾圖河所經也。水西流經博爾圖山口,滙於烏蘭烏蘇。

【校記】

① 此段,稿本無。

又有哈布齊垓水①,發自哈布齊垓山,《行程記》云:"出阿拉癸山口,七十里至古爾班登努勒台,準語登努勒台,濱河土阜之帶草者。水艸俱美,周圍皆策妄阿喇布坦僧格之長子,綽羅斯第十六世汗。之屬達賴錫拉圖人居之。越二嶺,雖有石易行,前望西北,有三山,即古爾班哈布齊垓山,山三口俱流水,自登努勒台踰第一哈布齊垓小山梁,凡六十里,至中哈布齊垓山。山東爲額林哈畢爾噶山,言東者,蓋東北。自中哈布齊垓山經哈屯博克達山南峪外,準語哈屯,顯者妻也,博克達山爲最高峯,而此山配之,故名。路有石,渡河數次,峪内錫拉圖喇嘛之屬居之。凡七十里,至第三哈布齊垓。又自此越察罕鄂博圖嶺,凡百里,至察罕鄂博圖,途路平坦,水艸皆美。"所謂三山口流水②,即三哈布齊垓河也。曰巴倫哈布齊垓河、準語巴倫,西也。多木達哈布齊垓河、準語多木達,中也。準哈布齊垓河,準語,準,東也。向皆滙於烏蘭烏蘇，今泉勢微弱，出谷之水僅溉克札一區蒙古田，無滙烏蘭烏蘇者。

【校記】

① 此句至“《行程記》云”，稿本作：“河東趨，經三哈布齊垓谷口，（準語哈布齊垓，亦山硤之險者。）三谷向流水成河，目曰巴倫哈布齊垓河、（準語巴倫，西也。）多木達哈布齊垓河、（準語多木達，中也。）準哈布齊垓河，（準語，準，東也。）皆南流百里，或百餘里，入於海都。今泉勢微弱，出谷之水，僅溉克札一區蒙古田，無入河者。《使準噶爾行程記》云：”又該段之中“哈布齊垓”凡十一見，“垓”字底本於第一、二、八、九、十一凡五處，作“峐”，今據稿本、《方壺》本改正。

② 此句至本段末注，稿本在《行程記》引文前，而文字略有不一，參注①；又另有注於引文後云：“所謂渡河數次者，即出谷入河之水也。”

烏蘭烏蘇既與裕勒都斯滙①，乃東南流，是爲海都河。回語海都，曲折之謂。流近百里，平波息浪，王希賢《雜誌》云：隴西人，名尚志。“海都河環繞而來，漸近城邊，內無卵石，玉沙如綿，波濤不驚，瀠回綈碧。”斯得其狀矣。又東南，經哈喇沙爾城西門外五里，回語言其城久色黑。兩岸置軍臺。北岸曰河北臺，哈喇沙爾轄之；南岸曰河南臺，庫車轄之。河廣三里，澄平瀰漫，帆檣出沒，宛如澤國，諺曰通天河，極言河廣也。

【校記】

① 此句至夾注“曲折之謂”，稿本作“河又東，爲海都河，折而東南”。

哈喇沙爾城，乾隆二十三年建，高丈三尺，周二百五十四丈，東西門二。建城之歲正月，參贊雅爾哈善奏言[①]：“哈喇沙爾通庫車、阿克蘇孔道，地臨海都河，水泉疏衍，足資灌溉，請置屯田兵。”五月，辦理屯田侍郎永貴又奏言[②]：“哈喇沙爾地最廣，海都河水甚足，但河身低於渠道，須大加修築。”乃置屯三，共田六千四十畝，歲徵糧五千九百五十二石一斗七升。二十六年，辦事納世通奏言：“本年五月，哈喇沙爾河水忽長三尺，流至城下。臣防護屯田處所，築堤二千四百餘丈，幸保無虞。”即海都河所經也。

【校記】

① 此節引文，見《方略》正編卷四九“乾隆二十三年正月壬子”下，有删改。

② 此節引文，見《方略》正編卷五五“乾隆二十三年五月己酉”下。

河自城西繞至城南，折而東北流七十里，經第二工屯田南。又東北流數十里，經土爾扈特屯田南。又東，經和碩特屯田南。又東，瀦爲大澤，曰博斯騰淖爾。《水經注》曰：“敦薨之水，二源俱導。蓋以裕勒都斯爲西源，烏蘭烏蘇水爲東源[①]。西源東流，分爲二水，此大、小裕勒都斯既滙以後也。西南流，出於焉耆之西，西南當作東南，下文又言屈而東南，則西南似指小裕勒都斯源處言之。經流焉耆之野，屈而東南流，注於敦薨之渚。其時小裕勒都斯自入淖爾。右水東南流，又分爲二，此謂大裕勒都斯又分爲二。左右焉耆之國，南會兩水，同注敦薨之浦。南會兩水者，謂大裕勒都斯分流之兩水至焉耆國南，復會爲一也。東源東南流，分爲二水，俱逕焉耆之東，導于危須國西。又東南流，注于敦薨之藪。”其時烏蘭烏蘇水自入淖爾②。曰渚、曰浦、曰藪者，皆謂此淖爾也。

【校記】

① 此句稿本作：“哈布齊垓水爲東源，今東源已不入河。”

② 烏蘭烏蘇，稿本作“哈布齊垓”。

淖爾長二百四十里，廣四十里，極四十二度又八分、西自二十八度三十分至二十九度五十九分①。余自烏沙克塔勒軍臺東行，前望山口，如樹雙闕，落日西銜，右瞻海氣，蒼茫之色，與天相接。淖爾西岸有故城，雉堞猶存，周九里許。諺曰四十里城，言去鎮城四十里也。《漢書》“焉耆國治員渠城”，袁宏《紀》作河南城。《水經注》：“城居四水之中，在河水之洲。”是或員渠遺址歟？唐郭孝恪討焉耆②，焉耆城四面皆水，恃險不設備。孝恪命將士浮水而度，所謂四水之中矣。［孝恪既滅焉耆，即其國置焉耆都督府。《地理志》：“張三城守捉西南百四十五里，經新城館，渡淡河，至焉耆鎮城。”淡河即孝恪所浮之水歟？③］。今吐魯番廣安城西二十里雅兒湖爲古交河城，唐（之西州④，）貞觀時安西都護治。自雅兒湖西南行百里，爲布幹臺。又西南七十里，爲托克遜臺。又南而西，入山百里，爲蘇巴什山溝。又東南六十里，爲阿哈爾布拉克臺。又南，折而西，行庫穆什大山中一百五十里。庫穆什者，回語謂銀也，故唐人謂之銀山。郭孝恪帥步騎三千出銀山道是也。自此又西一百二十里，爲哈喇和色爾臺。又西一百八十里，爲烏沙克塔爾臺。自此而西，今則一百二十里，至特博爾古臺⑤。唐時則自烏沙克塔爾西南至員渠城不過百里。故太宗策孝恪以八月十一日行，二十日必至。屈利啜之追孝恪，自焉耆三日即至銀山也。

【校記】

① 此處經緯度，稿本作“偏西二十九度至二十七度六分、極四十一度八分”。

② 此句至段末，稿本無。

③ 此處據《校補》本增補。

④ 之西州，據《校補》本删。

⑤ 古，《方壺》本作“吉”。

淖爾南岸東出爲磧①，焉耆之入中國，初由磧路。隋末閉塞，道由高昌。唐時焉耆王突騎支復開磧路，故高昌恨之。淖爾之北數十里②，爲察罕通格山。準語通格，玉草也，色白。乾隆二十二年，駐劄巴里坤辦事阿公里袞奏言：“沙拉斯、瑪呼斯人衆復叛，由察罕通格領游牧過海都河，因水勢甚大，遂由喀喇呼珠至烏蘭和屯，會合昂吉岱等賊。”即此山也。其山直北山谷口，沙拉斯賊掠臺站，都統滿福奏言：臣到阿拉癸查看賊人蹤跡，進南山由北路言，故曰南山。谷口，與察罕通格相對。

【校記】

① 此句至“故高昌恨之”,稿本無。

② 之,稿本無此字。

南山者,博羅圖山。準語博羅,青色。《漢書》曰:“焉耆東北有大山,所謂焉耆山。”即天山矣。新疆北路之南面大山①,皆可謂之天山。而《漢書》屢言天山,則其時必舉一主峯名之。晉灼、顔師古不能實指其地,《唐書·地理志》亦兩歧其説。證以《漢書·匈奴傳》《西域傳》,蓋其時所謂天山,即今之博羅圖山,山在焉耆國之北,故又曰焉耆山。《太平御覽》引《西河舊事·匈奴歌》曰:“亡我祁連山,使我六畜不蕃息。失我焉支山,使我婦女無顔色。”焉支爲焉耆之通借,祁連與焉耆並舉,正以互文見義,非祁連山之外别有焉耆山也。蒙古語謂天爲騰格里,西域有騰格里山,今時指爲天山主峯,亦非《漢書》之天山也。説詳余《漢書西域傳補注》②。博羅圖一作博爾圖。乾隆二十六年③,遣官告祭文曰:“維神體結坤輿,靈昭兑位。連峯峻峙,拔萬仞以倚天;積雪高攢,歷四時而浮玉。作花門之巨鎮,永奠西遐;界葱嶺以中維,遥通南道。朕統臨縣寓,式廓輿圖。異域歸仁,列嶂暨于闐之外;殊方在宥,興屯踰烏壘而遥。乃諸部之往來,仰崇山之綿亘。雖幽遐不閉,久已荷乎天休;而梯棧無虞,實更資乎神應。用申秩祀,練時日以薦馨;敬遣專官,肇庪縣而展告。自此途開九折,共遵王路之蕩平;亦惟寒斂六花,長被春風之和煦④。丕彰肸蠁,來鑒苾芬。”是歲秩於祀典,又頒歲祭文曰:“維神鍾靈遐域,正宅西陲。險闢蠶叢,導我武維揚之路;高踰龍阜,界殊方内屬之區。作巨鎮于回中⑤,峯層嶂疊;通奥區於域外,棧接梯連。實惟名山,允宜嘉秩。朕八荒在闥,六合爲家,既耆定乎準夷,遂全收乎回部。興屯更戍,宜安枕席以過師;駐牧遊羣,當順涼暄而應候。爲神庥之是賴,仰靈貺之攸昭。爰申圭幣之儀,登諸祀典;更肅春秋之祭,載在秩宗。並協懷柔,宜隆肸蠁。長此冰消寒嶠,調燭被於光天;行看雪浹春膏,湛恩漸於紹徼。苾芬式薦,歆格斯承。”皆編修楊述曾之詞也。

【校記】

① 此句至“亦非《漢書》之天山也”，稿本原無，籤條補入，前並有“天山蜿蜒數千里，凡今”九字。

② 此句《方壺》本删。詳，稿本原作“見”，籤條改之。

③ 此句至段末，《方壺》本無。

④ 春，偏旁“日”底本誤作“目”，《校補》本正之。

⑤ 于，底本作“千”，據稿本、《校補》本改。

淖爾之側，産硝及鹽。水復自西南隅溢出，故《水經注》曰：“川流所積，潭水斯漲，溢流爲海也。”乃西南流數十里，經海都河之南。又西南行百里，折而南入山。復南折而西，經舊煤礦南。嘉慶十九年，辦事永公芹所開。又西半里許，經哈勒噶阿璊準語哈勒噶，謂道路，言地當山口。軍臺南。余嘗盛暑，藉艸水濱，崖壁險隘，危磯吞吐，駭浪㶍湃，聒耳眩目，凜乎可怖①。《晉書·西戎傳》：“次焉耆，進屯鐵門，未五十餘里，要之於遮留谷。”今自庫爾勒北二十里至巖口，所謂遮留谷。入山徑路，崎嶇三十里，越大石嶺，下逼海都河，地處要害，或置關也。唐岑參有《題鐵門關樓》及《宿鐵門關西館》詩②。下嶺十里，至哈勒噶阿璊軍臺。

【校記】

① 凜，《方壺》本作“懍”。

② 此句稿本原無，有籤條記其事而詳於底本：“唐人謂之鐵門關，亦曰鐵關。岑參《題鐵門關樓》詩云：‘鐵關天西涯，極目少行客。關

門一小吏,終日對石壁。橋跨千仞危,路盤兩崖窄。試登西樓望,一望頭欲白。'又《宿鐵關西館》詩云:'馬汗踏成泥,朝馳幾萬蹄。雪中行地角,火處宿天倪。塞迥心常怯,鄉遙夢亦迷。那知故園月,也到鐵關西。'蓋唐時置橋以度,今不知其迹。"

河水又西行三十餘里,出山。《水經注》曰:"又西出沙山,鐵關谷也。"水又南流二十餘里,經庫爾勒莊與軍臺之間[①]。莊在南岸,臺在北岸。又西南,漾爲葦蕩。凡七十里,經喀喇布拉克軍臺南。二十餘里,又西,經車爾楚軍臺南而西。凡三百里,仍曰海都河。乃折而南行三百里。《水經注》曰[②]:"其水屈而南[③],逕渠犁國西。"余證地形,渠犁爲尉犁之誤。龜兹東川入河故道在輪臺東,敦薨水不得越渠犁也。見《漢書西域傳補注》[④]。當其折處,水勢彎環。《漢書·鄭吉傳》:"吉發渠黎、龜兹諸國五萬人迎日逐王[⑤]。口萬二千人,小王將十二人,隨吉至河曲。"以其曲折,斯有河曲之名矣。水又折而東,入塔里木河。

【校記】

① 軍,稿本無此字。

② 《水經注》,底本作《水經》,據稿本改。

③ 南,底本無此字,據稿本補。

④ 此注《方壺》本删。

⑤ 黎,《方壺》本作"犁"。

又東,注羅布淖爾而伏,再出爲黃河。

塔里木河自庫爾勒莊東行二百里，逕哈喇沙爾城南。又東，二百餘里，逕博斯騰淖爾南。又東，入于羅布淖爾。回語羅布者，謂滙水之區。《吐魯番回部傳》云"羅布淖爾鄰吐魯番，爲巨澤。葉爾羌、喀什噶爾諸境水六十餘滙之"是也。《漢書·地理志》："敦煌郡，正西關外有蒲昌海。"《西域傳》："蒲昌海一名鹽澤。"《史記·大宛傳》："西至鹽水，往往有亭。"是鹽澤亦曰鹽水。《山海經》："不周之山，北望諸毗之山，臨彼岳崇之山，東望泑澤，河水之所潛也。其源渾渾泡泡。"《水經注》："泑澤水積鄯善之東北、龍城之西南。龍城，故姜賴之虚，胡之大國也。蒲昌海溢，盪覆其國，城基尚存而至大，晨發西門，暮達東門。澮其崖岸，餘溜風吹，稍成龍形，西面向海，因名龍城。地廣千里，皆爲鹽而剛堅也。行人所逕，畜産皆布氈臥之。掘發其下，有大鹽方如巨枕，以次相累，類霧起雲浮，寡見星日。少禽，多鬼怪。""泑澤廣袤三百里，其水澄渟，冬夏不減，其中洄湍雷轉，爲隱淪之脈，當其澴流之上，飛禽奮翮於霄中者，無不墜於淵波矣。"《史記正義》引《括地志》云："蒲昌海一名泑澤，一曰鹽澤，亦名輔日海，亦名牢蘭海，亦名臨海。"足證淖爾異名矣。

《河源紀略》云："羅布淖爾爲西域巨澤，其地在西域近東偏北，全受西偏衆山水，共六大支，綿地五千里，經流四千五百里，其餘沙磧限隔、潛伏不見者無算。以山勢揆之，迴環紆折，無不趨歸淖爾。淖爾東西二百餘里，南北百餘里，冬夏不盈不縮。"極四十度三十分至四十五分、西二十八度十分至二十九度十分①。其受水之口,今惟一處。《水經注》以爲南北二河各自注澤,余按,《漢書》分兩道,顯言南山、北山,不見分波南河、北河之文,知一川渠,並振古如茲,酈君所說,容有未審。大淖爾之旁有小淖爾環之,北則圓淖爾三,無名,南則方、橢淖爾四,一曰鄂爾溝海圖,一曰巴哈噶遜,一曰塔里木池,一無名。地當哈喇沙爾城東南五百里,吐魯番鎮城西南九百餘里②。

【校記】

① 此處經緯度,稿本作"偏西二十八度至二十七度、極四十度至五分"。

② 鎮,稿本原無此字,籤條補入。

吐魯番者①,(元時火州地。《元史·地理志》作合剌火者②,《阿朮傳》作哈剌霍州,他紀傳作合剌和州,亦作哈剌火州。《巴而朮阿而忒的斤傳》:"交州即火州也,統別失八里之地,北至阿朮河,東至元敦、甲石哈,巴而朮阿而忒的斤曾孫火赤哈兒的斤嗣爲亦都護。至元十二年〈1275〉,都哇、卜思巴等率兵十二萬圍火州,聲言曰:'阿只吉、奧魯只諸王以三十萬之衆猶不能抗我而自潰,爾敢以孤城當我鋒乎?'亦都護曰:'吾聞忠臣不事二主,吾生以此城爲家,死以此城爲墓,終不能從爾也。'受圍凡六月不解。都哇以書繫矢射城中曰:'我亦太祖皇帝諸孫,何以不附我？且爾祖嘗尚公主矣，爾能以女與我，則休兵。不然，則急攻爾。’其民相與言曰：‘城中食且盡，力已困，都哇攻不止，則相與俱亡矣。’亦都護曰：‘吾豈惜一女而不以救民命乎？然吾終不能與之相見。’以其女也立亦里迷失別吉厚載以茵，引繩墜城下而與之，都哇解去。其後入朝，還鎮火州，屯於州南哈密力之地，兵力尚寡。北方軍忽至其地，大戰力盡，遂死之。子紐林的斤遂留永昌。”按，回紇衙帳本在元之和林，唐末回紇衰弱，轉徙高昌，後役屬耶律大石，元太祖時最先納土，而猶君長其地，逮火赤哈兒的斤入朝，還屯哈密力。考至元二十年四月，立別十八里、和州等處宣慰司，則火赤哈兒之不還火州，殆以朝廷設宣慰司故也。既又爲叛王所殺，回紇于是遂亡。吐魯番鎮城曰廣安，唐之安樂城③。其東七十里爲元火州治，今曰喀喇和卓。又東五十里曰魯克沁，東漢之柳中城也。廣安城西二十里爲漢交河城。）［元時畏兀兒境，或作畏吾、畏兀、偉兀、衛兀。回鶻裔也，舊牙帳在和林，唐末衰弱，地爲黠戛斯所並，徙居火州。成吉斯初興，國主巴而朮阿而忒的斤首納土爲婚姻。傳至元孫紐林的斤，封高昌王。國有五城，見《元史·鐵哥朮傳》及元陸文圭《廣東道宣慰使都元帥墓誌》。今吐魯番鎮城曰廣安。其東七十里爲元火州，亦曰交州，畏吾兒國王治之，今曰哈喇和卓，《經世大典圖》作合剌火者，歐陽玄《高昌偰氏家傳》作哈剌和綽，《元史》作火州、霍州、和州。漢之高昌壁。又東百一十里，元之魯古塵，今曰魯克察克，又曰魯谷沁。後漢之柳中城，唐之柳中縣④。］準部之强，地爲所有。

【校記】

① 此句至段末，稿本原僅一句："舊爲準部地，荼毒其人"，籤條補同底本。

② 此句及以下"哈剌霍州"、"合剌和州"、"哈剌火州"四處"剌"字，底本均誤作"刺"，據稿本籤條改正。

③《校補》本有籤條云："唐之安樂城，五字删。"

④ 此處據《校補》本增删。

康熙六十一年(1722)，大兵赴吐魯番，築城墾地，羅布淖爾回人古爾班等率喀喇庫勒、薩達克圖、喀喇和卓等邑千餘衆内附。雍正元年(1723)將徙之内地，以其人素習水居，不便陸徙，乃止。乾隆初，定喀爾喀與噶勒丹策淩游牧界，準噶爾界自克木齊克汗騰格里此非庫車北之汗騰格里山。上阿勒坦山梁[1]，由索勒畢嶺下哈布山、回語哈布，囊也，山形似之。拜山之中，拜見上[2]。過烏蘭烏蘇、羅布淖爾，直抵噶斯口爲界。故淖爾衆仍爲準部屬，而被虐，多逃亡。向時口二千，存者僅六百餘。二十三年，阿果毅公剿沙拉斯、瑪呼斯，追禽巴雅爾[3]，道經淖爾，奏言[4]："臣於二月初九日，至羅布淖爾，地甚寬廣，林木深密。有回人頭目哈什哈等投見，據稱伊等現有六百餘人，以漁獵爲生，四十年前，大兵平定吐魯番時，將軍曾經招撫，賞給緞布、茶葉[5]，撤兵之後，爲準噶爾所據。近聞大兵平定準噶爾，前來進貢仙鶴[6]。臣等詢問羅布淖爾通達何處，哈什哈告稱此水甚大,周行須兩月餘,準噶爾之葉爾羌、喀什噶爾等處六十餘河皆滙於此。臣等沿途登高瞭望,不見崖岸。今大兵兩路進剿,恐將來有逋逃賊衆,隨查明戶口,歸併額敏和卓管轄。"

【校記】

① 此句下稿本有注文"舊作阿勒台、阿爾泰"。

② 《方壺》本無此注。

③ 禽,稿本、《方壺》本作"擒"。

④ 此節引文,出自《方略》正編卷五二"乾隆二十三年三月己亥"下,有删改。

⑤ 緞,《方壺》本作"段"。

⑥ 來,稿本、底本作"年",據《方略》及《方壺》本改。

二十六年,參贊舒文襄公以羅布淖爾凡兩部落,一爲喀喇庫勒,一爲喀喇和卓①,而喀喇和卓又區爲五,惟喀喇庫勒一伯克,約束難周,增置伯克三人,轄其衆,歲納哈什翎百枝、海倫皮九張。其人不食五穀,以魚爲糧,《西域聞見録》云:"羅布淖爾回人以魚爲生,時有至庫爾勒者,他處則不敢往②。"蓋庫爾勒之東境傍山③,六十里爲庫轍瑪,其南濱羅布淖爾,故得泝流而上。織野麻爲衣④,取雁毳爲裘,藉水禽翼爲臥具,言語與諸回不通。《西陲紀略》云:"澤中有山,回民居之,捕魚採蒲黄而食,人多壽百歲以外。"今其族凡二百八戶,男女千二百六十餘口,五品伯克三人、六品伯克七人領之。改制惟貢獺皮九張,每歲吐魯番郡王遣屬受其貢。路由吐魯番城南三十里哈喇二工屯田而南。又西南五百餘里,經庫穆什大澤東⑤。哈喇沙爾城東北五百二十里有庫穆什阿克瑪軍臺,澤在臺南二百四十里⑥,官牧場也。又南,出山,自吐魯番至出山處,凡六日行。山陽平沙無人。又三日,至小淖爾北岸,舉火爲候。淖爾中回人以木筏來迎。小淖爾寬數里,達其南岸,沙地曠遠,海氣鬱蒸,胡桐叢生,結成林箐,即羅布淖爾北岸也。郡王取其貢,達於吐魯番領隊。

【校記】

① 喀,底本作"哈",據稿本及上下文意改。

② 則,稿本無此字。

③ 之,稿本無此字。

④ 麻,底本偏旁"广"作"厂",《校補》本正之。

⑤ 此句及下文注中二"穆"字,稿本作"木"。

⑥ 澤,《方壺》本奪。

淖爾東通燉煌①,《肅州新志》云:"自沙州之哈喇淖爾正西,小徑達羅布淖爾,計程不及一月。"《水經注》引《漢書·西域傳》云:"蒲昌海去玉門、陽關千三百餘里也。"淖爾水伏流東南千五百餘里,涌出於巴顏哈喇山之麓,其地曰阿勒坦噶達素齊老,蒙古語噶達素,北極星也,齊老,石也。指石以標其地。極三十五度五分、西二十度三十五分②,崖土黃赤,飛流歕薄,色成黃金,是爲阿勒坦郭勒。乾隆四十七年(1782),侍衛阿彌達窮河源,奏言:"鄂敦塔拉蒙古語塔拉,平甸也,言平甸中泉如星。《元史》作火敦腦兒。數處溪流,其出從北面。及中間流出者,水皆綠色,從西南流出者,按,流出當作流入。水作黄色③。臣沿溪行四十餘里,水伏流入土,隨其痕跡,又行二十餘里,復見黄流湧出,又行三十里,至噶達素齊老地方,乃通藏大路也。西面一山,山根有二泉流出,其色黄,詢之蒙、番等,其水名阿勒坦郭勒,此蓋河源也。"

【校記】

① 燉,稿本作"敦"。

② 此處經緯度,稿本作"偏西二十度四分、極三十五度"。

③ 作,稿本作"則"。

五十六年,廓爾喀酋長侵犯藏界,大將軍嘉勇公福康安、參贊海公蘭察、惠公齡率兵討之,以光禄寺少卿方公維甸、兵部郎中長公齡、工部主事巴公哈布、内閣中書楊公揆隨行,取道甘肅、西寧,由青海進藏。隆冬寒冱,望雪山,踰星宿海①。嘉勇公於五十七年奏言②:"臣於上年十二月二十三四等日,經過鄂淩、扎林淖爾、星宿海、博勒齊爾喇嘛托羅海等處地方,係黄河發源之地,數百里内溪澗交錯,泉水甚多,冬令處處凝冰,遠近高下,竟無路徑。"後長公爲伊犁將軍③,每爲余言其時策騎以行,至鄂敦塔拉,則池冰如鏡,粲然遥列,不識其數。

【校記】

① 宿,稿本無此字。

② 此句至“竟無路徑”，稿本原無，籤條補入。

③ 此句至段末，稿本原作：“長公每爲余言鄂敦塔拉池冰如鏡，馬行隉兀，不識其數。”後籤條改作：“長公亦每爲余言其時策騎以行，至鄂敦塔拉，則池冰如鏡，粲然遙列，不識其數。”與底本略同。

鄂敦塔拉者，縱廣百里，南北長而東西狹，泉數百如星，故有星宿海之號。阿勒坦郭勒東北行三百里，入其中，會碧水，黄色稍淡。又東出鄂敦塔拉，東南流百三十里，瀦爲扎淩淖爾。一曰阿拉克淖爾。出淖爾東南流，折而南五十里，瀦爲鄂淩淖爾。一曰車克淖爾。自淖爾東北出，東流五十里，折而東南，百四十里，又南流二百六十里，折而東南，三百里，逕阿彌耶一作阿木奈①。瑪勒津津一作占。木遜山南麓，阿彌耶②，西番語祖也；瑪勒津，蒙古語老人頭童之謂；木遜，蒙古語冰也。又東流，折而北，又折而西北，凡千六百餘里③，逕山之東麓，迄于克儞渡口。山即古大積石，今曰大雪山，此即《漢志》“金城郡河關縣”下所云“積石山，在西南羌中”者也，自章懷太子注《後漢書》，誤認龍支縣之小積石爲《禹貢》之積石，杜佑踵其謬，至蔡《傳》沿以釋經，而大、小積石合而爲一矣。小積石山在今甘肅河州西北七十里，山之西北百二十里爲積石關。《禹貢》所由導河矣。

【校記】

① 奈，《方壺》本作“柰”，全書如此，不一一出校。

② 彌，《方壺》本作“勒”。

③ 此句至段末，稿本原作“凡千餘里，逕山之東麓，即古大積石，《禹貢》所由導河矣”，籤條補同底本。

夫自先秦古書言河出崑崙，而不言崑崙之所在，言河伏流，而不言伏流之所出。至《漢書》始有源出葱嶺、于闐，潛流地下，南出積石之文，是得河之初源，而失其重源。唐劉元鼎使吐蕃，誤指庫爾坤爲崑崙山，巴顏哈喇山、阿克塔沁山、巴爾布哈山三山並峙，總名庫爾坤山。而云河源出其間，是失河之初源、重源而並失崑崙。元潘昂霄撰《河源志》，以火敦腦兒爲河源，而誤指大積石山爲崑崙，小積石山爲《禹貢》積石，是失河之初源、重源，而並失崑崙與積石。凡此數書，歷代言河源者所共宗仰，而愈矯愈失，去古彌遠。其他附會，更何足云。自非八荒在宥，千載一時，淆亂之説，疇使辨哉！

西域水道記卷三①

哈喇淖爾所受水

哈喇淖爾二源，東源曰蘇勒河，在洮賴河西。

洮賴河出嘉峪關南山中，《禹貢錐指》云："嘉峪山一名鴻鷺山。"《穆天子傳》所謂"天子循黑水至於璧玉之山"者也，關在山之西麓。西流折而北。又東北，逕舊夷目巴喇牧地之西。又東北，逕牌樓山。山在肅州城西南一百里。又東北，逕舊黑番與喇嘛納添巴牧地。又東北，逕卯來泉堡北。堡在肅州城西南七十里。又東北，逕文殊山西，山在肅州城西南三十里。爲洮賴河。蒙古語謂兔曰洮賴，即《漢志》呼蠶水也。東北七十里，逕肅州城西北。又東北三十里，逕下古城南。有紅水河發南山，東北流經金佛寺堡西，又東北，經肅州城東，又東北，經臨水堡西來滙。堡在肅州城東北四十里。合流逕堡北而東北出邊牆②，爲天倉河。梁份《西陲今略》云"洮賴河因衆水會入，從下古城之左北流出邊，其水時消時溢，溢則潰決邊牆，消則河皆平地"是也。

【校記】

① 卷三，稿本作“卷二”。

② 逕，《方壺》本作“經”。

天倉河逕金塔寺西，又東北，逕鎮夷堡岔山界，有弱水並合黎山西流來滙。《説文》作溺水，爲正字，《禹貢》作弱水，爲假借字，今謂之黑河，又曰張掖河。後儒不知本爲一河，分張掖河當《禹貢》之弱水，黑河當《禹貢》之黑水，誤矣。《禹貢錐指》言弱水原委甚詳，且正程大昌以條支媯水爲弱水之訛，惟附會《後漢書·東夷傳》及《晉書》《唐書》之文，謂弱水自居延澤東北流，歷夫餘、挹婁而歸東海者，亦誤。又東北，入額齊訥海，額齊訥，即《元史》之亦集乃①，蒙古語，額齊訥，幽隱也②。《元史·地理志》：“亦集乃路，在甘州北一千五百里，城東北有大澤，乃漢之西海郡居延故城。”即古居延澤也。江氏永《羣經補義》以梁州黑水爲今金沙江，雍州黑水爲今肅州黑水，言其水自沙漠中南流，經黑山下，南合白水、紅水，又西南流，入臨羌，爲青海之上源。青海即西海，《禹貢》“導黑水至于三危，入于南海”，南爲西字之訛。松按，江氏所指，蓋謂今張掖河也，源出甘州府城西南，東北流至府城西二十里，折而西北流，復西北，經高臺縣鹽池驛北，與洮賴河滙，而入額齊訥。青海在甘州正南，豈能北流入之乎？又謂西海流至積石，入黄河，其謬尢不可枚舉③。殷化行《西征紀略》云：“康熙三十五年（1696）正月，議政大臣、大學士奏言：‘噶勒丹今在科布多，其勢未張，令陝西爲一路，期以三月中旬出肅州之鎮夷，順黑河、洮賴河合流處前往崑都倫合兵進剿。’”所謂合流處，即岔山矣。蘇勒河逕昌馬山西④，隔山即洮賴河源。

【校記】

① 此句稿本原作“《元史》舊作亦集乃，今改”，旁改同底本。

② 此句下稿本原有注“見《元史語解》”,有删除號。

③ 九,稿本、《方壺》本作“尢”。

④ 此句至段末,稿本作:“蘇勒河所逕之吉爾恭台山口東三十里,爲雅瑪圖山口(舊赤斤衛南八十里),雅瑪圖山東北八十里,爲雅爾河口(赤斤衛南四十里)。其地有城,城西通洮賴河源。”

蘇勒河之東有昌馬河,導源昌馬山[1],

昌馬山在玉門縣西南[2]。玉門縣舊靖逆、赤斤二衛地。赤斤立於明,《明太祖實錄》:“洪武十三年(1380)五月壬寅,都督濮英兵進至赤斤站。”即其地也。永樂二年(1404),設赤斤蒙古千戶所;按,《成祖實錄》,事在十月,《明史·西域傳》作九月,誤。八年,升爲衛。按,《實錄》,塔力尼獻賊在五月,升衛在八月。成化十九年(1483),爲鄰番所破。正德中,內徙肅州南山,衛城遂空。見《明史·西域傳》。靖逆衛立於康熙中,五十四年(1715),策妄阿喇布坦犯哈密,大軍西討,哈密伯克額貝都拉獻西吉木、達里圖、西喇河地。五十七年,於西吉木設赤斤衛、達里圖設靖逆衛,置靖逆同知,領二衛。西喇河設柳溝所[3],置柳溝通判。雍正三年(1725),裁同知,移柳溝通判爲靖逆通判。仍領二衛,次年,柳溝建衛,改隸安西同知。五年,改赤斤爲守禦千戶所。乾隆七年(1742),復赤斤衛。二十四年,裁二衛,改靖逆通判爲玉門縣。靖逆爲漢冥安縣地,唐因隋置玉門縣,《元和郡縣志》:“玉門縣東南一百八十里,有石脂水。”今水在縣東南二百六十里,是唐縣治在今縣東八十里。至冥安之名,因於冥水。《元和郡縣志》以唐之晉昌爲漢之冥安,且言冥水在界內。按,《元和志》既言於晉昌置瓜州,又言晉昌爲瓜州郭下縣，則去冥水甚遠，非漢之冥安縣明矣。縣城高三丈，周三里三分，南北門二。昌馬河出山之北，分二支，東支逕察罕那木哈之西④，西支出洞達口，各北流數十里而會。源處極三十八度五十分、西十九度三十四分。

【校記】

① 此段綱目文字，稿本作"西北流，有昌馬河注之"；以下數段文字，稿本與底本差別較大。

② 此段注文，稿本作：

昌馬河發玉門縣西南昌馬山中，《西域圖志》云："源處極三十九度、西十九度四十分。"二源並疏，北流滙爲素爾河。《和碩特親王察罕丹津傳》云："博碩克圖濟農（濟農，蒙古語，名號之稱。見《元史語解》。）有子四，長岱青巴圖爾，次墨爾根諾顔，次察罕丹津，次根特爾。博碩克圖濟農初以噶勒丹女布木爲子根特爾婦，屢使通問噶勒丹。康熙三十五年，征噶勒丹，獲其使羅壘額木齊及善巴。羈羅壘額木齊於宏仁寺，以善巴從我，使諭博碩克圖濟農等禽獻噶勒丹逆黨及根特爾妻。已而副都統阿南達設哨嘉峪關外，禽其使之自噶勒丹所歸者於素爾河，曰阿勒達爾宰桑。"即此河之側也。

昌馬山口内有昌馬城，河經其南，是爲昌馬河。又北流，距玉門縣城南一百六十里，瀦爲湖。又北流四十里，溉屯地，是曰昌馬屯。按，《青海厄魯特部傳》云："雍正二年，平定青海，王大臣善後事宜議云：肅州西洮賴河、昌馬爾、（原作常瑪爾。）鄂敦塔拉等處，應募民墾膏腴地，庶漸致富饒。"又《肅州新志》云："雍正十年，大學士經略鄂爾泰與寧遠大將軍查郎阿、總督劉於義勘安西、柳溝、靖逆、赤斤諸處地畝，凡二千一百六十二石零之地，官兵所種者三百四十五石零，令歸公，不給價；客民私墾者千八百一十七石零，每石上地給價一兩五錢、中地一兩二錢、下地一兩，歸作屯田。每歲籽種，踏實堡千石、布朗吉爾（蒙古語水濁也，見《元史語解》，今作布隆吉。）三百餘石、雙塔堡二百餘石、小灣堡六七百石、昌馬湖二千石，靖逆、赤斤皆數百石。”是昌馬河興屯事也。

昌馬河又北流二十里，至上龍王廟，（玉門縣南百里。）與蘇勒河滙。二河滙處，有故渠已涸，横聚沙礫，西北迤邐幾二百里，以達苦峪城。叢樹未僵，沿渠錯立。城壁仿彿，猶存佛像。城東半里，有故刹遺址，中有大浮圖一，高數丈，前列小浮圖五，亦三四丈。斷碑沒草，尋其殘字，曰“大興屯墾，水利疏通，荷鍤如雲，萬億京坻”，耆舊相傳，是張義潮歸唐部人所造以述功德，一面字勢不類唐人，殆曹義金時作也。城中荆榛充塞，僅有頽垣，目於智井，汲猶得水。按，苦峪城築於明成化中。（《明史·西域傳》不詳築城之年。考《本紀》：“成化十三年十月戊申，復立哈密衛於苦峪谷，則築城當在是年。”《成祖實錄》云：“永樂三年十二月，甘肅總兵官西寧侯宋晟言哈密歸附頭目買住察罕不花等二百七十八戶居苦峪里，告飢。”其時未築城，故謂之苦峪里。猶《本紀》言苦峪谷也。）弘治七年，朝命兵部右侍郎張海等又修濬之。苦峪者，夷言達里圖。達里圖有二，相去二百五十里。（布朗吉爾城西南九十里至黑水橋，橋南二十里爲苦峪城。）今於東達里圖建玉門縣治，故謂苦峪爲上達里圖也。

《河源紀略》云：“昌馬河北流，經小沙塔口之西、上達里圖之東，至都爾伯爾山口，滙東來之蘇勒河。”《漢書·地理志》：“敦煌郡冥安籍端水出南羌中，（今《漢書》作“南籍端水”，王懷祖先生曰：“南字涉下文南羌而衍，《太平御覽》引無南字。”）西北入冥澤，溉民田。”應劭曰：“冥水出，北入冥澤。”（兩“冥澤”，今《漢書》作“其澤”，懷祖先生曰：“因冥水所入之澤謂之冥澤，其字誤。”）冥水即昌馬，籍端水即蘇勒。玉門之北有布魯、（縣西北三十里。）青山、（縣西北七十里，又名撓斯圖湖。）花海子諸湖，通謂之冥澤。（《元和郡縣志》：“冥水自吐谷渾界流入大澤，東西二百六十里，南北六十里。”蓋連合諸湖，故寬廣若此。）兩河故道北流，各自入澤。今三道溝東里許，有枯河寬百許丈，兩岸有衝突之形，每昌馬河水盛時，渠不能容，則此河有水。河之下流，正直布魯、青山湖，是故迹之僅存者。

以上數段文字，皆見於“北流分爲二，東支注達布遜淖爾”、“北流過苦峪城東”、“又北，合於昌馬，是爲蘇勒河”諸綱目注文中，而詳略、順序有不同。

③ 此句《方壺》本有奪字，徑與下文合爲“西喇河設柳溝通判”。

④ 支，《方壺》本奪此字。

北流分爲二[1]，東支注達布遜淖爾，

昌馬河北流[2]，於玉門縣南渟滀爲湖，溉屯田，是曰昌馬屯。按，《青海厄魯特部傳》云：“雍正二年(1724)，平定青海，王大臣善後事宜議云：肅州西洮賴河、昌馬爾、原作常瑪爾。鄂敦塔拉等處，應募民墾膏腴地，庶漸致富饒。”又《肅州新志》云：“雍正十年，大學士經略鄂爾泰與寧遠大將軍查郎阿、總督劉於義勘安西、柳溝、靖逆、赤斤諸處地畝，凡二千一百六十二石零之地，官兵所種者三百四十五石零，令歸去[2]，不給價；客民私墾者千八百一十七石零，每石上地給價一兩五錢、中地一兩二錢、下地一兩，歸作屯田。每歲籽種，踏實堡千石、布朗吉爾蒙古語水濁也，見《元史語解》，今作布隆吉。三百餘石、雙塔堡二百餘石、小灣堡六七百石、昌馬湖二千石，靖逆、赤斤皆數百石。”是昌馬河興屯事也。

【校記】

① 此句稿本作“乃分二支”。

② 此段文字，稿本在上節綱目下，略有不一。

昌馬河又北流，分爲二支①。東支東北流，逕玉門縣東南腰井子、鹽池、黑沙窩諸地。又東北，逕玉門縣東塔兒灣堡西。堡在縣城東北三十里。又東北流，至哈沙圖境，入於達布遜淖爾。在赤斤堡東北一百七十里。達布遜者，回語謂鹽也，亦曰華海子②。華，蒙古語黄也。《李繩武傳》云："乾隆十一年(1746)閏三月，疏言商夷賫木瑚里等帶牲畜乞在哈密貿易，肅州鎮臣請於嘉峪關外華海子牧放。查華海子逼近赤、靖等處營汛，南通青海、北接北路卡倫，留牧未便。"蓋海濱廣斥，故饒水草。海子長一百六十里，北與湃帶湖相連，其西爲布魯湖。布魯湖自北出泉數道，東北流經鹽池，入華海子。自鹽池至華海子，路旁有廢城二，城旁列廢堠。《青海厄魯特部傳》云："雍正二年，奮威將軍岳鍾琪偵羅布藏丹津走烏蘭穆和爾，分兵馳擊，擒其母阿爾泰，俘戶、畜無算。羅布藏丹津偕賊黨分道竄，侍衛達鼐等擒丹津琿台吉於華海子。"

【校記】

① "昌馬河又北流，分爲二支"，稿本作"蘇勒河既會昌馬河，稍北流，分爲二支"。

② 華海子，"華"字稿本原作"花"，旁改爲"華"，此段中凡五處，均如此。

西支爲靖逆渠①，

昌馬河所分西支，於玉門縣之南，又疏爲靖逆東、西渠。所謂靖逆東、西渠者,在縣東曰大東渠,在縣西曰大西渠。大東渠經玉門城東十里,道左右數處發泉,滙於渠。渠東數十步置軍臺,渠經其西,又北流溉戶屯,經城北滙於西渠。玉門戶屯凡種地五百二十一頃二十畝九分,額徵糧二千八百八十九石五斗七升六合三勺。大西渠在縣城西一里,又北流三十里,有泉自縣城西五里來入之,是爲頭道溝河。又北流,有泉自頭道之西北二十五里來入之,是爲二道溝河。又北流,距縣城五十里,乃折而西,蘇勒河自南來入之。

【校記】

① 此處及以下共六段綱目,稿本合爲一段,作"西支爲蘇勒河",注文云:

蘇勒河北流,疏爲四道溝,又北流,疏爲靖逆東、西渠。四道溝者,亦昌馬故道。昌馬既入蘇勒,餘水仍自四道溝至橋灣城南而西。(熊懋奬《西行紀略》云:"昌馬河之水,從橋灣入蘇勒河。")康熙五十八年,建靖逆衛城。靖逆戶民堰昌馬河口,盡逼河水,分爲靖逆東西二渠,而四道溝之流絕。其後柳溝民無以播種,訴之有司。雍正七年,肅州分巡道齊式,令以五分之一歸柳溝民,仍以此一分之水附入靖逆大西渠,流至下龍王廟五里,開渠均分,流入四道溝。柳溝民導爲渠以溉田。而下游仍入蘇勒焉。

所謂靖逆東、西渠者,在縣東曰大東渠,在縣西曰大西渠。大東渠經玉門城東十里,道左右數處發泉,滙於渠。渠東數十步置軍臺,渠經其西。又北流,溉戶屯,經城北滙於西渠。玉門戶屯凡種地五百二十一頃二十畝九分,額徵糧二千八百八十九石五斗七升六合三勺。大西渠在縣城西一里,又北流三十里,有泉自縣城西五里來入之,是爲頭道溝河。又北流，有泉自頭道之西北二十五里來入之，是爲二道溝河。又北流，距縣城五十里，乃折而西，經昌馬故道北，有泉自昌馬故道西里許來入之，是爲三道溝河。（距二道溝二十里。）諸溝之水，裁濡軌焉。

三道之西半里，置柳溝驛，安西州與玉門縣分界於斯。河又西八里，逕柳溝堡北十餘里。康熙五十七年，初設柳溝所，建堡，周一里三分、高二丈，門二，兼設通判。雍正三年，移通判。五年，升所爲衛。次年，移治布朗吉爾，堡遂廢。河又西十二里，四道溝之水自南來入之。余歸程戾止，柳陰蔽日，紅杏正繁，流水潺湲，環繞村落。四道之西十里，有微泉北入於河，是爲五道溝。又西，逕橋灣城南五里。城建於雍正十年，周一百四十四丈、高九尺，門二。建城後二年，議轉軍餉，以橋灣地適中，建倉於城東南隅。明年兵罷，駐都司一人，馬、步戰兵三百人。五道之西五里爲六道，又西五里爲七道，又西十里爲八道，又西五里爲九道，又西三十三里爲十道。諸溝皆微泉，並溝盡良田。十溝既入，爲蘇勒河。

以上數段文字，亦見於"西支爲靖逆渠"、"又西流，與蘇勒河合"、"又北，合於昌馬，是爲蘇勒河"、"蘇勒河西過橋灣城南"諸綱目注文中，而詳略、順序有不同。

又西流，與蘇勒河合。

靖逆東、西渠既會而西流①，逕二道溝西北二十里，有泉自南來入之，是爲三道溝河。三道之西半里，置柳溝驛，安西州與玉門縣分界於斯，河又西八里，逕柳溝堡北十餘里。康熙五十七年（1718），初設柳溝所，建堡，周一里三分、高二丈，門二，兼設通判。雍正三年（1725），移通判。五年，升所爲衛。次年，移治布朗吉爾，堡遂廢。河又西十二里，爲四道溝，蘇勒河自南來入之。

【校記】

① 此段注文,稿本在“西支爲蘇勒河”綱目下,文字略有不同。參上“西支爲靖逆渠”條校記。

蘇勒河導源南山①,

昌馬山之西南有大山,蘇勒河出焉。當阿里哈里之東,五泉並湧。源處極三十七度五十八分、西二十度四十分。

【校記】

① 此段綱目與注文,稿本無。

北流過苦峪城東,

蘇勒河源出西北流①,有巴彥山水自西南來會。又北流,逕小沙塔口西、黑嶺東。又北流,逕景城西。又北流,逕苦峪城東。苦峪者,夷言達里圖。達里圖有二,相去二百五十里。布朗吉爾城西南九十里至黑水橋,橋南二十里爲苦峪城。今於東達里圖建玉門縣治,故謂苦峪爲上達里圖也。苦峪城築於明成化中。《明史·西域傳》不詳築城之年。考《本紀》:“成化十三年(1477)十月戊申,復立哈密衛於苦峪谷。”則築城當在是年。馬文升《興復哈密記》載成化九年事,但言苦峪,無城字,是也。而《西夷事跡記》成化九年事則有苦峪城之文,疑以後來地名追書之耳。《成祖實錄》云:“永樂三年(1405)十二月,甘肅總兵官西寧侯宋晟言哈密歸附頭目買住察罕不花等二百七十八戶居苦峪里,告飢。”其時未築城,故謂之苦峪里。猶《本紀》言苦峪谷也。弘治七年(1494),朝命兵部右侍郎張海等又修濬之。城中荆榛充塞，僅有頹垣，目於智井，汲猶得水。城東半里，有故刹遺址，中有大浮圖一，高數丈，前列小浮圖五，亦三四丈。斷碑沒草，尋其殘字，曰“大興屯墾，水利疏通，荷鍤如雲，萬億京坻”，耆舊相傳是張義潮歸唐部人所造以述功德，一面字勢不類唐人，殆曹義金時作也。

【校記】

① 此段注文，稿本在前“西北流，有昌馬河注之”綱目下，文字、順序有不同，參前“蘇勒河之東有昌馬河，導源昌馬山”條校記。

又北，合於昌馬，是爲蘇勒河。

蘇勒河由四道溝入昌馬河①，《漢書·地理志》：“敦煌郡冥安籍端水出南羌中，今《漢書》作“南籍端水”，王懷祖先生曰：“南字涉下文南羌而衍，《太平御覽》引無南字。”西北入冥澤，溉民田。”應劭曰：“冥水出，北入冥澤。”兩“冥澤”，今《漢書》作“其澤”，懷祖先生曰：“因冥水所入之澤謂之冥澤，其字誤。”冥水即蘇勒，籍端水即昌馬。玉門之北有布魯、縣西北三十里。青山、縣西北七十里，又名撓斯圖湖。華海子諸湖，通謂之冥澤。《元和郡縣志》：“冥水自吐谷渾界流入大澤，東西二百六十里，南北六十里。”蓋連合諸湖，故寬廣若此。古者二水各入其澤，布魯、青山則蘇勒尾閭。河流既改，遷徙靡常。今三道溝東里許有枯河寬百許丈，兩岸有衝突形，當亦蘇勒故道。

【校記】

① 此段注文,稿本在前“西北流,有昌馬河注之”綱目下,文字略有不同,參前“蘇勒河之東有昌馬河,導源昌馬山”條校記。

蘇勒亦曰素爾,《和碩特親王察罕丹津傳》云[①]:“博碩克圖濟農濟農,蒙古語名號之稱,見《元史語解》。有子四,長岱青巴圖爾,次墨爾根諾顔,次察罕丹津,次根特爾。博碩克圖濟農初以噶勒丹女布木爲子根特爾婦,屢使通問噶勒丹。康熙三十五年(1696),征噶勒丹,獲其使羅壘額木齊及善巴。羈羅壘額木齊於宏仁寺,以善巴從我,使諭博碩克圖濟農等禽獻噶勒丹逆黨及根特爾妻。已而副都統阿南達設哨嘉峪關外,禽其使之自噶勒丹所歸者於素爾河[②],曰阿勒達爾宰桑。”疑素爾爲舊稱,今沿訛爲蘇勒矣。余歸程至四道溝[③],柳陰蔽日,紅杏花繁,流水潺湲,環繞村落。蘇勒河自是西流十里,有微泉自南來入之,是爲五道溝。

【校記】

① 此段注文,稿本在前“西北流,有昌馬河注之”綱目下,文字略有不同,參前“蘇勒河之東有昌馬河,導源昌馬山”條校記。

② 禽,《方壺》本作“擒”。

③ 此句至段末,稿本在“西支爲蘇勒河”綱目下,文字略有不同。參上“西支爲靖逆渠”條校記。

蘇勒河西過橋灣城南。

蘇勒河自五道溝西流五里①,逕橋灣城南。城建於雍正十年(1732),周一百四十四丈、高九尺,門二。建城後二年,議轉軍饟,以橋灣地適中,建倉於城東南隅。明年兵罷,駐都司一人,馬、步戰兵三百人。五道之西五里爲六道,又西五里爲七道,又西十里爲八道,又西五里爲九道,又西三十三里,爲十道,其水皆入於蘇勒。諸溝皆微泉,並溝盡良田。

【校記】

① 此段注文,稿本在"西支爲蘇勒河"綱目下,文字略有不同。參上"西支爲靖逆渠"條校記。

又西,過布朗吉爾城北①,

《阿拉善厄魯特部傳》云:"台吉羅卜藏袞布阿喇布坦者,避噶勒丹亂,内徙,請居龍頭山地。康熙二十三年(1684),自龍頭山徙牧布朗吉爾,二十八年卒。以兄子噶勒丹多爾濟統其衆。未幾,棄游牧遁。三十五年,大軍敗噶勒丹於招摩多。蒙古語數盈至百謂之招摩多。謂樹也,言其地多樹。一作昭莫多。副都統阿南達設哨於布朗吉爾之博羅椿濟、蒙古語博羅,青色,椿濟,墩臺也。敖齊喀喇莽奈諸地,準語莽奈,額也②。遣其屬拜格招之。次年,噶勒丹多爾濟以兵百來歸,阿南達即令於布朗吉爾設哨。"是其地也。策妄阿拉布坦犯哈密之歲,侵吐魯番。大軍將進剿,西安將軍席柱請先屯兵巴里坤、布朗吉爾,並言布朗吉爾可屯種狀。

次年六月,尚書富寧安勘布朗吉爾及附近之上浦、下浦諸處,皆可耕,招徠客民一百六戶,戶授地二十畝。六十一年,復議設屯田兵數。

【校記】

① 此處綱目文字,稿本作"蘇勒河西過布朗吉爾城北"。
② 此處注文,稿本無。

雍正元年(1722),撫遠大將軍年羹堯征羅布藏丹津,冬十二月,賊兵三千餘人來侵布朗吉爾,參將孫繼宗、遊擊孫超節率兵迎戰。兵既交,副將潘至善以兵至,併力擊破之。是年,始置安西同知、安西衛、安西鎮於布朗吉爾。六年,皆移治大灣,而建柳溝衛。九年,建衛城。周六里三分、高二丈二尺,門四。乾隆二十五年(1760),裁衛,置都司二人①,馬、步戰兵五百人。近城多水泉,即漢敦煌郡之淵泉縣也。蘇勒河自十道溝西流二里,逕其城。河産無鱗魚,似鮎。熊懋獎《西行紀略》云:"黑水橋有一土房,內住一老翁,捕魚爲生。魚名鐵背魚,余買數尾。"蓋即無鱗魚之異名也。

【校記】

① 二,稿本作"一"。

布朗吉爾水注之。

布朗吉爾水源發布朗吉爾城西南三十餘里,平地七泉,羅列如星,漾爲苴澤,是生細柳,諺曰柳湖,又曰七星泉。柳湖水北流，分二支。一支西北流，經月牙湖東，入蘇勒河。一支東北流，至布朗吉爾城西。城之四圍，處處湧泉，鍾爲小澤，侵嚙城墉，僅存雉堞。柳湖水挾諸泉北流，經城北，分爲三，皆東北流，滙於蘇勒河。河南距布朗吉爾城十里。《明史·西域傳》："都督同知李文等檄都督罕慎及赤斤、罕東諸部進討，兵至卜隆吉兒川。"《青海厄魯特部傳》云："左翼境東北自永昌縣界，西南至布朗吉爾河界，三千餘里。"皆謂此水也。蘇勒河北岸三百餘里，有爛泉山，山下溫泉如湯，引以溉田，禾則盡稿。出山，南流而止。

又西，過月牙湖北。

月牙湖水發野馬溝，北流十餘里，瀦爲湖，萑葦所叢生也。湖之北數里，置月牙湖墩。蘇勒河自布朗吉爾城北西流四十里，傍月牙湖墩北而行。

又西，札噶爾烏珠水注之。

蘇勒河自月牙湖墩而西，北岸起小山，西行三十餘里而止。南岸起大山，童阜重疊，迤儷西馳，凡百餘里，至安西州城西南而止。南山之東嶂曰土葫蘆溝，有水自溝發，是爲札噶爾烏珠水，諺曰窟窿河。北流二十餘里，經雙塔堡東半里。堡爲雍正六年（1728）建，周一里一分，高一丈八尺，東面門一，置千總一人，馬、步戰兵百人。《肅州新志》言："窟窿河多大穴，上小下寬，盤渦湍急，深邃不測，牲畜誤入，即不得出。或墜石試之，莫竟其底。”引唐岑嘉州詩注爲證。《志》載岑嘉州《苜蓿烽寄家人詩》：“苜蓿烽邊逢立春，胡盧河上淚沾巾。”注云：“胡盧河上狹下廣，迴波甚急，深不可渡。”今詩無此注。雍正間沈青崖作詩又云：“河底有紅柳燒灰，故人馬易墮。”雍正十一年，西安糧鹽道沈青崖作詩云：“榛莽初披斥鹵區，朽材曾不中薪樗。忽看僵柳如人立，眢井灰深歷劫餘。”自注云：“塞外紅柳根蟠地最深，樵者引火焚之，數月不息。靖逆有窟窿河，地下潛燒，灰燼綿延數十里，人馬踐之，俱墮深塹。其小者，掘地亦可獲炭數窖。”余駐馬河干，溯洄半晌，河寬三丈，深碧無滓。詢之土人，言每夏溉田，河則盡涸，並無漩穴。惟濫觴處往往有潭，不盡如志乘所言矣。河又北流一里，入於蘇勒河。

又西，過雙塔北。

蘇勒河自月牙湖墩西流十里，逕雙塔堡北。又西流里許，南岸有二沙阜，相去半里，阜顛各有小白塔，是即堡所由命名也。《肅州新志》云：“雙塔不知創於何代。其地峯迴路轉，河水彎環，林木葱蒨，徘回瞻眺，頓滌塵襟。”余登降岡麓，危徑臨流，河曲平沙，差堪步馬。而山非蒼翠，樹乏青紅，滚滚渾波，殊非佳觀。

又西，過亂山墩北。

蘇勒河自雙塔而西，兩岸山促，河嚙南山之趾。山顛置汛，是爲亂山墩。墩東距雙塔堡三十里。

又西，隴爲渠。

安西州城西南八十里，有故瓜州城，唐以來所治也，春秋時尹姓、姜姓之戎所居①。《漢書・地理志》："敦煌郡，杜林以爲古瓜州地。"師古注曰："即允姓之戎居於瓜州者也。"錢氏大昕曰②："春秋世，戎由瓜州徙中國。有二種，一曰姜姓之戎，《左傳》'晉范宣子數戎子駒支稱秦人迫逐乃祖吾離於瓜州'者是也。其後自瓜州徙晉南鄙，爲晉之附庸。一曰允姓之戎，《左傳》'王使詹桓伯辭於晉曰：允姓之姦，居於瓜州，伯父惠公歸自秦，而誘以來。'所謂陸渾之戎。陸渾本瓜州地名。"按，允姓之戎，《元和姓纂》作尹姓之戎③，允、尹雙聲字④。元魏所立，後魏明帝罷敦煌鎮，立瓜州，尋改義州，莊帝又改爲瓜州。開皇所置，周武帝改爲永興郡，開皇三年(583)，罷郡置瓜州。武德二年(619)所建，隋大業三年(607)改瓜州爲敦煌郡，武德二年，復建瓜州。皆治今沙州。武德五年，析沙州東之常樂縣爲瓜州，始移治焉。既分瓜州，以舊治爲西沙州，言在瓜州之西也。大曆十一年(776)，陷於西蕃。陷後七十五年，張義潮以州歸唐。宋時入西夏，詳沙州下⑤。元復立州，明初廢。《元史・地理志》："瓜州，夏亡，州廢，元至元十四年(1277)復立，二十八年徙居民於肅州，但名存而已。"《明史・地理志》云："瓜州，洪武初廢。"又《西域傳》云："自赤斤蒙古西行二百里，曰苦峪，自苦峪南折而西百九十里，曰瓜州，自瓜州而西四百四十里，達沙州。"按，赤斤立於永樂間，其時瓜州已廢，蓋亦徒因舊名也。

【校記】

① 此句稿本作"前此尹戎所居"。

② 此句至"按，允姓之戎"，稿本無。

③ 此句下，稿本有"居瓜州"三字。

④ 此句稿本無。

⑤ 此注,《方壺》本删。

雍正十一年(1733),吐魯番輔國公額敏和卓等避準部之偪,率部内徙,於瓜州築五堡居之。頭堡在州城西南二十五里;又西南十里,爲二堡;二堡西北十里,爲三堡;又西北三里,爲四堡;四堡東北十里,爲五堡。兵備道王全臣爲開墾三千五百石地,東西二十餘里,南北四十五里,俾資耕作。自安家窩舖州城東五十里。起,至乾溝止,州城東三十里。鑿大渠五十里,長九千丈,引蘇勒河水,南流折而西,逕安西州城,散爲四支渠。一曰比櫛渠,溉四、五堡田;二曰崇墉渠,溉頭堡田;三曰千倉渠,溉二堡田;四曰萬箱渠,溉三堡田。是爲回民北渠。明年,又於瓜州南回民田二十里之外開墾一千石地,自安家窩舖渠口上七里許開渠一道,至瓜州止,長萬八千七百二十丈,一百零四里,是爲回民南渠。迨回民歸故地,安集客民隨時疏濬,支渠益多矣。

蘇勒河逕亂山墩,又西流五里,逕沙棗園北,又西流五里,逕渠口塘北,衆渠之首,故設汛焉。

又西,過安西州城北。

渠口塘西十里爲小灣莊,小灣西四十里爲乾溝。數十里間崇山障其南,長河帶其北,中錯畎澮,良田千頃,比次龍鱗,近舍陂塘,遠山林木,春陰秋霽,宛在畫圖。環州界居民二千七十七户,種田十萬一千二十畝三分六釐二毫,額徵糧六千二百五十九石二斗一升六合三勺。乾溝之西二十里曰石岡,又西十里曰大灣,即州治也。

大灣自雍正六年(1728)駐安西同知,乾隆二十五年(1760)改同知爲安西府,裁衛爲淵泉縣,三十九年,裁安西府,改淵泉縣爲安西直隸州,今城即雍正六年所建。周六里七分,高二丈六尺六寸,門四,東曰朝京、西曰綏遠、南曰永清、北曰威寧。乾隆三十三年,陝甘總督吳達善徙城於大灣西南二里許,曰"新城",城之南門屢燬於火。三十九年,總督勒爾錦復修舊城居之,新城惟垣墉存焉。

蘇勒河逕城北三里,往來西域,郵程是經,奔浪洪波,動爲阻絕,《河源紀略》云"蘇勒河逕薩拉胡魯蘇南、安西城北"是也。河北岸半里許,有龍神祠,紺宇宏麗,中殿塑龍神像,像側懸故提督永公常畫像,角犀美髯,頂領補服,咸言廟食於斯也。廟庭有乾隆間立碑。按,龍神之爲永公,不知其說所自。《國史》傳及廟碑皆不言之。碑爲乾隆二十五年聖製,其文曰①:"國家德被遐方,威宣絕漠,不惟師武臣力,亦實有神靈之助,用能厚集士衆,克成大勛。惟嘉峪關本酒泉故郡,素稱天險。關門外而戈壁地,沙磧彌望,澶漫逶迤,向因艱於水泉,行旅重困。朕蕩平西域,誅其一二苞孽之不順命者,爰整六師,罙入其阻。初慮士馬萬衆,綆汲或缺於供。及行其地,而甘泉隨地湧出,滃滃然,汩汩然,渟泓滲漉,不特荷殳之士,漱濯清流,而馬駝駱繹,赴飲不匱。按酒泉城下,舊有金泉,泉味如酒,漢氏遂以名郡。茲泉出自沙漠,瑞應尤異,守土之吏以告,朕惟祭法,德施於民則祀之,當疆事方殷,而泉流肆溢,天人協應,靈貺聿臻,其事非偶。爰封神爲'助順昭靈龍神',命守臣經營高敞,建立神廟,春秋祀事惟謹。繡棟雲楣,崇巖巨鎮,屹峙關外。廟既成,當建碑紀述神之功烈,守臣鍥石以請。稽諸古人君,爲政太平則醴泉湧。朕嗣守鴻業,圖大思艱,命將出師,龔行天罰,掃百年逋誅之寇,用以纘承先緒,式廓丕基。計自今邊圉靜謐,屯牧安恬,其所以荷天庥而迓神祜者,萬禩靡有紀極,爰系以銘。銘曰:嘉峪之山,巖關峨峨。六師于征,後舞前歌。宛宛流沙,迢迢遠道。天戈所臨,地不愛寶。連巖滋液,並醴疏甘。光澄冰鏡,潔比秋潭。汲之日新,挹之無竭。士飽馬騰,霜清月澈。迺營高敞,迺建甍標。春秋載薦,丹荔黃蕉。斟酌靈泉,惟神之庇。洗兵萬載,錫我繁祉。"

【校記】

① 此句至段末,《方壺》本刪。

又西流[①],與西源合。

安西州城西南百五十里[②],有百爾齊堡,堡西距敦煌縣城北黃墩堡七十里。堡周一里五分,雍正五年(1727)建。蘇勒河舊流至堡而止,岳公鍾琪鑿河西引,至砢砢砂石以會黨河。然水入漏沙,流漸微細矣。砢砢砂石即庫庫沙克沙也。

【校記】

① "西"下稿本有"南"字。

② 此段注文稿本差別略大,錄文如下:

安西州城西南百五十里,有百齊堡。(堡西距敦煌縣城北黃墩堡七十里。)蘇勒河舊流至堡而止,岳公鍾琪鑿河西引,至砢砢砂石,入於黨河之東支焉。《河源紀略》云:"蘇勒河自安西城北西流,又逕雙城北、庫庫沙克沙南,又逕額秋爾雅巴爾南、欣坎布城城北,計三百四十里,有黨河來會。"庫庫沙克沙者,即砢砢砂石;欣坎布城,今曰雙河岔。

西源曰黨河，二源並導[①]，

東源出窟窿山[②]，山在敦煌縣東南，與雪山相屬也。山北出細流五，並山麓西流七十里，逕五個山嘴北而會[③]。源處極三十六度五十八分、西二十度四十分。水又西百里，逕伊克錫爾哈晉南，是曰錫爾哈晉河。或作西勒哈金河，字之訛也。又西二十五里，逕邁蘇圖南。又西二十里，逕奎天峽口南，是曰奎天河，河南岸皆沙山也。河又西流二十里，逕紅石喇牌南。又西十里，逕頭道沙灘南，水色赤。又西二十里，逕二道沙灘南。西源出窟窿山西克博圖山，水西北流七十里，逕巴罕多爾蓋。又西北三十五里，逕大河口，爲大水河。源處極三十七度三十三分、西二十一度四十分。大水河又西北五十里，逕頭道沙灘南，水色亦赤。又二十里，逕二道沙灘南。兩河間沙山隔之，自大水河踰沙山，至奎天河五十里。舊《柳溝志》言黨河所出，四峯矗立，曰四蟒山。詢諸故老，莫識其名。自大水河至敦煌縣城，七百三十里。

【校記】

① 二源並導，稿本作“源導四蟒山”。

② 稿本此段注文與底本差別略大，錄文如下：

敦煌縣城東南七百九十里，有兩淖爾，（南北相去八十里。）南曰伊克錫爾哈晉，出水西流，爲大水河；北曰巴罕錫爾哈晉，出水西流，爲奎天河。兩河間雪山拱峙，矗立四峯，是曰四蟒山。（在布朗吉爾南三百四十里。）出水西流二十餘里，入沙。又出於泉溝腦，爲黨河源。《河源紀略》云：“黨河源處極三十八度、西十度五分。”黨河又西流，會大水河、奎天河水，逕釣魚溝，（熊懋獎《西行紀略》云："黨水源從東南雪山至釣魚溝，記程兩日。釣魚溝産金，至敦煌六站。"）傍庫庫爾圖，（俗曰磺山，去黨河三十里。）山谷有小水，曰坤都錫納圖，南流六七里，入沙，仍出，滙於黨河。

③ 嘴，《方壺》本作"觜"。

西過鳴沙山南。

二源至二道沙灘入沙①，皆伏流二十里復出於烏喇窑洞之北，會爲一河，色赤，黨河自頭道沙灘以下至雙河岔，色皆赤。是曰黨河。準望蓋在鳴沙山之東南也。山在敦煌縣城東南四十里。《新唐書·地理志》："鳴沙山一名沙角山，又名神沙山。"《肅州志》引《元和志》云："鳴沙山一名神沙山，其山積沙爲之，峯巒危峭，踰於山石，四面皆沙隴，背如刀刃，人登之即鳴，隨足頽落，經宿風吹，輒復還如舊。"今《元和郡縣志》無此語。山東麓有雷音寺，倚山爲宇。山錯沙石②，堅凝似鐵。高下鑿龕以千百計，年祀邈遠，經歷兵燹，沙壓傾圮，梯級多斷。而佛相莊嚴、斑斕金碧者，猶粲然盈目，故又曰千佛巖。

【校記】

① 此句至"準望蓋在鳴沙山之東南也"，稿本作"黨河自庫庫爾圖山南，復西流至鳴沙山"。

② 此句至段末，稿本作："石龕古佛，或塑或繪，不可悉數，故又曰千佛洞。寺經回人蹂躪，殘毁太半，龕亦爲沙所没，惟唐碑二通尚存。"

巖之莫高窟前①，側立周《李君重修莫高窟佛龕碑》。蓋碑刱於前秦，彼土耆士趙吉云：乾隆癸卯歲（四十八年，1783），巖畔沙中掘得斷碑，有文云"秦建元二年（366）沙門樂僔立"，旋爲沙所没。《李君碑》即修樂僔功德也。《莫高窟碑》兩面刻，度以建初尺，高五尺七寸六分、廣三尺二寸，前面二十八行、行五十字，後面三十行、行四十八字，碑首篆額"大周李君修功德記"八字，已剥落。第一行曰②："大〈缺八字〉上柱國李君莫高窟〈缺一字〉龕碑並序"。第二行曰："首望宿衛上柱國敦煌張大忠書、弟應制舉〈缺六字〉字"。其文曰："原夫容萬物者，天地也；容天地者，太虚焉。星辰日月，天之文；卉木山河，地之理。推之律吕，寒暑之節〈缺十字〉可〈缺一字〉。然而三家不定，四術猶迷。□申臆斷之辝，競起異端之論。矧乎正覺沖邃，法身常住，凝功窅冥，湛然無〈缺九字〉鶩一乘；絕有爲而□無爲，獨尊三界。若迺非相示相，揔權實以運慈悲；非身是身，苞真應而開方便。不言作言〈缺九字〉爲有象之宗，神儀廣現。至若吉祥菩薩，寶應真人，效靈於太古之□，啓聖於上皇之始。或練石而斷鼇足，立〈缺九字〉而察龜文，調五行而建八節。復有儒童歎鳳，生震旦而鬱玄雲；迦葉猶龍，下閻浮而騰紫氣。或因山起號，或〈缺九字〉風，删《詩》《書》而立訓。莫不分條共貫，異派同源；是知法有千門，咸歸一性。等碧空之含萬象，均滄海之納百川。其道〈缺七字〉能使三千國界，悉奉賝而輸琛；百億人天，並承風而偃化。拔衆生之毒箭，作羣品之良醫。恚龍屏氣於盂中，狂象亡〈缺七字〉感。灑法雨而隨根，無願不從；皦慈光而逐物，豐功厚利。誠無得而稱焉。我大周之馭宇也，轉金輪之千輻，運〈缺七字〉諦於心田，皎三伊於智藏。慈雲共舜雲交映，慧日與堯日分暉。德被四天，不言而自信；恩隆十地，不化而自行。蓂莢生〈缺五字〉物不召而自至，瑞無名而畢臻。川嶽精靈，列韜鈐而受職；風雲秀氣，儼槐棘以承榮。僸佅兜離，韻諧韶護；蠻夷戎狄，飾〈缺五字〉更紹真乘，載隆正法，《大雲》徧布，《寶雨》滂流。闡無内之至言，恢無外之宏唱，該空有而聞寂，括宇宙以通同。蕩蕩乎，巍巍〈缺五字〉名言者也。莫高窟者，厥初秦建元二年，有沙門樂僔，戒行清虚，執心恬静，嘗杖錫林野，行至此山，忽見金光，狀有千佛，〈缺五字〉造窟一龕。次有法良禪師，從東屆此，又於僔師窟側，更即營建。伽藍之起，濫觴於二僧。復有刺史建平公、東陽王〈缺七字〉後合州黎庶，造作相仍。實神秀之幽巖，靈奇之淨域也。西連九隴阪，鳴沙飛井擅其名；東接三危峯，泫露翔雲騰〈缺七字〉後顯敞，川原麗，物色新。仙禽瑞獸育其阿，斑羽毛而百綵；珍木嘉卉生其谷，絢花葉而千光。爾其鐫崿開基，植端〈缺七字〉塔，構層臺以篴天。刻石窮阿育之工，彫檀極優闐之妙。每至景臞丹陸，節啓朱明，四海士人，八方緇素，雲趨兮〈缺八字〉歸雞足之山，似赴鷲頭之嶺。陞其欄檻，疑絕累於人間；窺其宮闕，似游神乎天上。豈異夫龍王散馥，化作金臺；〈缺八字〉幢幡五色而煥爛，鍾磬八音而鏗鏘。香積之餅俱臻，純陁之供齊至。極於無極，共喜芬馨；人及非人，咸歆晟饌。遙〈缺七字〉大周聖曆之辰，樂僔、法良發其宗，建平、東陽弘其迹，推甲子四百他歲，計窟室一千餘龕。今見置僧徒，即爲〈缺九字〉讓，燉煌人也。高陽頊之裔，太尉頠之苗。李廣以猿臂標奇，李固以龜文表相。長源森森，既浴日而涵星；層構〈缺九字〉祖穆，周燉煌郡司馬、使持節張掖郡諸軍事、張掖太守兼河右道諸軍事、檢校永興酒泉二郡大中正、盪寇將軍，祖〈缺一字〉隨大黃府上大都督、車騎將軍，並多藝多能，謀身謀國，文由德進，武以功陞，爲將有禦遠之方，作牧得安邊之術。庭抽孝〈缺九字〉泉，竭誠而奉上。謙光下物，不自驕矜，流令譽於當年，鍾餘慶於身後。考達，左玉鈐衛效穀府旅帥、上護軍，〈缺十字〉倜儻之姿，夙負不羈之節。荆山虹玉，不能比其內潤；宋國驪珠，無以方其外朗。行能雙美，文武兼優，臨池擅〈缺九字〉之妙。嘗歎息而言曰：夫人生一代，難保百齡，倏短久定於遭隨，窮通已賦於冥兆。假令手能拉日，力可拔山，〈缺九字〉倏之露，何用區碌榮利棄擲光陰者哉！於是滌胸襟、疏耳目，坦心智之所滯，開視聽之所疑。遂諷誦金言，〈缺十字〉歸正捨邪；遇善恭虔，必能尊重讚歎。迺於斯勝岫，造窟一龕，藻飾圓周，莊嚴具備。妙宮建四廬之觀，寧〈缺廿三字〉下崢嶸，懸日〈缺四字〉吐風雲於澗曲。岧嶢而鬱律，杳窱而〈缺廿四字〉就窟設齋，燔香作禮。爰屆茲日，斯道載宏，接武歸依，信根踰固者矣。〈缺廿二字〉綺際，材稱刈楚，器是拔茅。澗松以磊落見尋，巖菊以芳菲入用。其〈缺廿三字〉論苦空之理，迺相謂曰：是身無常，生死不息，既如幻如化，亦隨起〈缺廿一字〉應諸風從，復於窟側更造佛刹。穿鑿向畢，而兄遂亡。公任左玉鈐衛效穀府旅帥、上護軍〈缺七字〉行紫金鎮將、上柱國。並奇才卓犖，逸調昂莊。泰初之曉月團團，玄度之清風肅肅。羽垂天〈缺十四字〉後必昌，象賢〈缺一字〉蹤無絕。迺召巧匠、選工師，窮天下之譎詭，盡人間之麗飾。馳心八解脱，締〈缺十三字〉槃之變。中浮寶刹，迎四面以環通；旁列金姿，儼千靈而侍衛。璿題留月，玉牖來風。露滴砌而〈缺十三字〉表，還同鹿苑之遊。粵以聖曆元年（698）五月十四日修葺功畢，設供塔前，陳桂饌以薰空，奠蘭羞而味野。〈缺十字〉無虞，萬邦〈缺一字〉僞末之萌，羣品沐淳源之始。拂輕衣而石盡，釋教長流；去纖芥而城空，法輪恒轉。且夫立功立〈缺三字〉揚於竹〈缺一字〉；何況大慈大悲，不宣暢於金册？輒課庸淺，敬勒豐碑，合掌曲躬，迺爲詞曰：法身常住，佛性難原。形包化應，迹顯真權。無爲卓爾，寂滅凝玄。乘機逐果，示變隨緣。大周廣運，普濟含靈。金輪啓聖，玉册延禎。長離入閣，屈軼抽庭。四夷偃化，重譯輸誠。爰有名窟，寔爲妙境。雁塔浮空，蜂臺架迥。珠箔星綴，璿題月鎣。自秦創興，于周轉晟。西連九隴，東接三危。川坻綺錯，物産瑰奇。花開德水，鳥哢禪枝。十方會合，四輩交馳。雕甍跂鳳，鏤檻盤龍。錦披石砌，繡點山窗。雲縈寶蓋，日灼金幢。芳羞味野，香氣浮空。粵惟信士，披誠迴向。脱屣塵勞，拂衣高尚。旁求巧妙，廣選名匠。陳彼鉤繩，鑿斯巖嶂。代脩七覺，門襲三歸。取與有信，仁義無違。彫鐫寶刹，絢飾金暉。真儀若在，靈衛如飛。營葺兮既終，丹青兮已畢。相好備兮圓滿，福祥臻兮貞吉。百劫千劫兮作年，青蓮赤蓮兮爲日。著如來之衣，入如來之室。佛道兮曠蕩，法源兮迆溢。勒豐碑兮塔前，庶後昆兮可悉。維大周聖曆元年歲次戊戌伍月庚申朔拾肆日癸酉敬造。”此下十二行低一字，文曰：“李氏之先，出自帝顓頊高陽氏之苗裔。其後名繇，身佐唐虞，代爲大理。既命爲理官，因而以錫其姓。洎殷之季年，有理徵，字德靈，得罪於紂，其子理貞違難，避地居殷，食李以全其壽，因改爲李。其後漢武開拓四郡，闢李翔持節爲破羌將軍、督西戎都護，建功狄道，名高四海，殞命寇場，追贈太尉，遂葬此縣，因而家焉。其後爲隴西之人，逯涼昭食邑燉煌，又爲燉煌人也。遠祖頠,漢太尉公,歷幽、豫二州刺史,食邑赤園宕〈缺一字〉。顯祖昭,魏使持節武張酒瓜等四州諸軍事、四州刺史、河右道大中正、輔國大將軍。曾祖穆,周燉煌郡司馬、使持節張掖郡諸軍事、張掖太守兼河右道諸軍事、檢校永興酒泉二郡大中正、盪寇將軍。〈缺二字〉隨大黃府上大都督、車騎將軍。考達,左玉鈐衛效穀府旅帥、上護軍、〈缺四字〉軍。亡兄盛,昭武校尉、甘州禾平鎮將、上柱國。弟懷節,上柱國。弟懷惠,騎都尉。弟懷恩,昭武校尉、行西州白水鎮將、上柱國。弟懷操,昭武校尉、行紫金鎮將、上柱國。姪奉基,翊麾副尉、行庭州鹽池戍主、上騎都尉。姪奉逸,翊衛、上柱國。男奉誠,翊衛。姪奉國,翊衛。孫令秀,翊衛。造碑僧寥廓。上柱國鐫字索洪亮。"

【校記】

① 稿本無此段。

② 此句至段末,《方壺》本删。

莫高窟又有元《至正造象記》①。度以建初尺,碑高三尺三寸,寬二尺八寸,上截作龕形,龕中作佛像,像之左右及上方各作二行,分用六體字書"唵嘛呢八𠯈吽"字②,額正書"莫高窟"三字,旁有小字正書"起初"二字。龕左曰"功德主　妃子　屈朮　速來蛮西寧王　太子養阿沙　速丹沙　阿速歹　結來歹　脱花赤大王"③,又左曰"卜魯合真　陳氏妙因龕";右曰"維大元至正八年(1348)歲次戊子五月十五日守朗立　長老婁耳立嵬　刘交㐲　張即立俺布　刘耳立嵬　弄卜仄令布　琓㐲藏布　□忍東　吳又賽　把里耳兒　弄卜耳者　翟忍布",又右曰"奢藍令旃刻"。龕下方曰"沙州路河渠司　提領威羅沙　哈只　大使遆流吉　大使興都　百戶宜吉　科忍布　善友脱呆　荅失蛮　楊若者　華嚴奴　吳脱延　劉拜延　解遆立嵬　解隨布　文殊奴　罕班　耳的剌　也先怗木　張宣　梁黑狗　玉立勾　李世榮　遆立嵬　劉三蛮　陳世昌　翟文通　李刘家狗　曾失罕　拜延　阿三布　僧令旃藍撈　令只合巴　公哥力加　張耳赤　弄卜忍勿

德沼　口惠　穌乙尼　迭立迷失　院主口革　叉東　叉立即　沒口子　律竜布　奐即　掠兀沙　哈剌陽　阿卜海牙　陳教化　吳教化　智寶　耳立嵬　口正布　閭乙尼　朶立只　波洛歹　昆都思　尼智成　夭的哥失”。

【校記】

① 稿本無此段。象,《方壺》本作“像”。

② 八,《方壺》本作“叭“。

③ 此句以下至段末,《方壺》本無。

千佛巖睡佛洞外有唐《李府君修功德碑》①,石質堅緻,文多完好。度以建初尺②,碑高八尺三寸,寬三尺三寸,篆額四行③,行三字,曰“大唐隴西李府君修功德碑記”。碑之可辨者二十五行,行五十二字,其前應有一行,全缺。今載其可辨者④:“飛閣,□□霞連。依□□居,□出人境。聖□時照,一川星懸。□鐘□□,□□雷□。靈仙鬼物,往往而在。屬以賊臣千□,□寇□□,□□地維,暴殄天物。東自隴坻,舊陌走狐兔之羣;西盡陽關,遺邑聚豺狼之窟。□木夜警,和門晝扃,塔中委塵,禪處生草。時有住信士、朝散大夫、鄭王府咨議隴西李大賓,其先指樹名氏,紫氣度流沙之西,刺山騰芳,□名感懸泉之下。時高射虎,人望登龍,開國西涼,稱藩東晉。咨議即興聖皇帝十三代孫。遠派天分,世濟其美;靈根地植,代不乏賢。六代祖寶,隨使持節侍中西陲諸軍事、鎮西大將軍、領護西戎校尉、開府儀同三司、沙州牧、燉煌公、玉門西封邑三千戶。曾祖達,皇燉煌司馬,其後因家焉。祖操,皇大黃府車騎將軍。考奉國,皇昭武校尉、甘州和平鎮將,早逢昌運,得展雄材。一命是淩雲之資,百齡懷捧日之慶,垂條布穎,業繼弓裘。築室連閎,里成冠蓋。難兄令弟,卓然履道之賢;翼子謀孫,宛爾保家之主。諮議天授淳粹,神假正直,交遊仰其信,鄉黨稱其仁。義泉深沉,酌而不竭;道氣虛遠,感而遂通。嘗以爲挹江海者,難測其深淺;望乾坤者,不究其方圓。況色空皆空,性相無相,豈可以名言悟,豈可以文字知。夫然,故方丈小室，默然入不二之妙；智度大道，法爾表無念之真。以其虚谷騰聲⑤，洪鐘應物，所以魔宫山坼，佛日天開，愛水朝清，昏衢夜曉。一音演法，四衆隨緣，直解髻珠，密傳心印。凡依有相，即是所依；若住無爲，還成有住。由是巡山作禮，歷險經行，盤迴未周，軒轞□斷。刻削有地，締構無人，遂千金貿工，百堵興役，奮鎚龍壑，橛石聒山。素涅盤像一鋪，如意輪菩薩、不空羂索菩薩各一鋪，畫報恩、天請問、普賢菩薩、文殊師利菩薩、東方藥師、西方淨土、千手千眼觀世音菩薩、彌勒上生下生、如意輪、不空羂索等變各一鋪，賢劫千佛一千軀。初坏土塗，旋布錯彩，豁開石壁，儼現金容。本自不生，示生於千界；今則無滅，示滅于雙林。考經尋源，備物象設，梵王奔世，佛母下天。如意聖輪，圓轉三有；不空妙索，維持四生。人其報恩，天則請問。六牙象寶，搖紫珮以棲真；五色獸王，載青蓮而捧聖。十二上願，列於淨刹；十六觀門，開其樂土。大悲來儀於鷲嶺，慈氏降跡於龍華。丕休哉！千佛分身，聚成沙界；八部敷衆，重圍鐵山。希夷無聲，悉窣欲動。爾其簷飛雁翅，砌盤龍鱗，雲霧生于戶牖，雷霆走於階陛。左豁平陸，目極遠山；前流長河，波映重閣。風鳴道樹，每韻苦空之聲；露滴禪池，更澄清淨之趣。時節度觀察處置使、開府儀同三司、御史大夫、蔡國公周公，道洽生知，才膺命世，清明内照，英華外敷，氣邁風雲，心懸日月。文物居執憲之重，武威當杖鉞之雄，括囊九流，住持十信。爰因蒐練之暇，以申禮敬之誠。揭竿操矛，闖戟以從；蓬頭胼脇，傍車而趨。熊羆啓行，鵷鷺陪乘，隱隱軫軫，蕩谷搖川而至於斯窟也。層軒九空，複道一帶，前引簫唱，上干雲霓。雖以身容身，投跡無地；而舉足□足，登天有階。目窮二儀，心出三界。有若僧政沙門釋靈悟法師，即諮議之愛弟也。戒珠圓明，心鏡朗徹，學探萬偈，辯折千人。出火宅於一乘，破空遣相；指化城於四坐，虚往實歸。於是引兄大賓，弟朝英，姪子良、子液、子望、子羽等，拜手於堦下。法師及姪僧志融斂袂於堂上，曰：主君恤人求瘼，戡難濟時，井税且均，家財自給。是得旁開虚洞，横敞危樓。將以翼大化，將以福先烈，休庇一郡，光昭六親。況祖孫五枝，圖素四殺⑥，堂構免墜，詒厥無慚。非石何以表其貞，非文何以紀其遠。且登高能賦，古或無遺；遇物斯銘，今豈遐棄。紛然遞進，來以求蒙。蔡公乃指精廬而謂愚曰：操斧伐柯，取則不遠；屬詞比事，固可當仁。仰恭指歸，俯就誠懇。敢□□其狂簡，庶髣髴於真宗。□大曆十一年(776)龍集景辰□□□有十五日辛未建，妹夫鄉貢明經攝燉煌州學博士陰庭誡。"

【校記】

① 此句至"文多完好"，稿本作"一曰《大唐隴西李府君修功德碑記》"。

② 建初尺，稿本作"慮俿尺"。

③ 篆額，稿本作"額篆書"。

④ 此句至段末，《方壺》本删。

⑤ 騰，底本作"勝"，據稿本改。

⑥ 殺，稿本作"刹"。

其碑陰爲唐《李氏再修功德碑》①。額篆書四行，行三字，曰"唐宗子隴西李氏再修功德記"，碑正書，可辨者二十八行，行六十三字，前後似各有一行，全缺，末行字不依格。今載其可辨者②："□□□□□□□府□籍廣廣乃□□□□□□□□振，字□□□□□□□□□王□系也③，增祖□□□□大□□□□司郎中④、賜緋魚袋□□□□□□□□□□□□□□暲，歸唐⑤，贈右散騎常侍。英髦驤驅，□□□靈。皆以稽古微言，留心儒素。或登華弟，更高拔□之名；文戰都堂，每中甲科之的。雖云流陷，居戎而不墜弓裘；暫冠□州⑥，猶次將軍之列。子既承恩鳳闕，父乃擢處貂蟬。朱門不媿於五侯，樹戟崇隆於貴族。至而源分特秀，門繼簪裾，家承九錫之枝，流派祥雲之胤。時遭西陲汨沒，□□至德年中，十郡土崩，殄絕玉關之路，凡二甲子，運偶大中之初，中興啓途，是金星耀芒之歲。皇化溥洽，通乎八宏；遐占雪山，綿邈萬里。府君春秋纔方弱冠，文藝卓犖，進止規常，迥然獨秀。時則妻父河西、隴右一十一州節度管内觀察處置押蕃落營田支度等使、金紫光禄大夫、特進、食邑二千戶、實封三百戶、賜紫金魚袋南陽張公諱義潮，慕公之高望，藉公之文武。於是乃爲秦晉，遂申伉儷之儀；將奉承祧，世祚潘陽之美。公其時也,始蒙表薦,因依獻捷,〈按,即捷字。〉親拜彤廷。宣宗臨軒,問□所以;公具家諜,面奏王階。上亦沖融破顔,羣公愕視。乃從別敕,授涼州司馬、檢校國子祭酒兼御史中丞、賜紫金魚袋,錫金銀寶貝,詔命陪臣,乃歸戎幕,□□餘載,河右麾戈,拔幟抉囊,龍韜盡展,克復神烏,而一戎衣。殄勍寇于河蘭,馘獯戎於澣〈按,即瀚字。〉海。加以隴頭霧卷,金河泯湍瀨之波;蒲海梟鯨,流沙弛列烽之患。復天寶之□孫,致唐堯之壽域,晏如也。百城無拜井之虞,十郡豐登,吏士賀來蘇之政。此乃三槐神異,百闢稀功,英雄半千,名流万古。公又累蒙朝奬,恩渥日深。方佩隼□⑦,用堅磐石,勳猷未萃,俄已云亡。享齡五十有二,終於燉煌之私弟。亡叔僧妙弁,在蕃以行高才峻,遠邇瞻依,名達戎王,贊普追召,特留在內,兼假臨壇供奉之號,□以擅持談柄,海辯吞流;恩洽燉煌,庇庥家井。高僧寶月,取以爲儔;僧叡餘蹤,扇於河隴。亡妣氾氏太夫人,龍沙鼎鼐,盛族孤標,庭訓而保子謀孫,軌範而清資不乏。承家建業,荐累代而揚名;閥閲聯綿,長緒帝王之室。今乃逝矣,佳譽存焉。故府君贈右散騎常侍,生前遇三邊無警,四人有暇於東臯。命駕傾誠,謁先人之寶刹;迴顧粉壁,念疇昔之遺蹤;瞻禮玉豪,歎紅樓之半側。豈使林風透闥,埃塵寶座之前;峗嶺陽烏,曝露荼毗之所。嶝道之南,復有當家三窟,今亦重修,泥金華石,篆籀存焉。於是乃慕良工,訪其杞梓,貿材運斧,百堵俄成。魯國班輸,親臨勝境,雲霞大豁,寶砌崇墉,未及星環,斯構矗立。雕簷化出,巍峩不讓于龍宫;懸閣重軒,曉方□於日際。其功大矣,筆何宣哉!亡兄河西節度衙推兼監察御史明達,天與孤貞,松筠比節。懷文挾武,有張賓之策謀;破虜擒姧,每得玉堂之術。曾朝絳闕,敷奏金鑾。指畫山川,盡蹤横于天險。兄明德,任沙州錄事參軍。操持吏理,六曹無阿黨之言;深避四知,切慕乘鷗之咏。兄明詮,燉煌處士。今古滿懷,灑落卿雲之彩;□先效義,光騰喬露之文;五栁〈按,即柳字。〉閑居,慕逍遙於莊老。夫人南陽郡君張氏,即河西萬戶侯太保張公弟十四之女。溫和雅暢,淑德令聞,深遵陶母之仁,至切齊眉之操。先君歸覲,不得同赴於京華;外族留連,各分飛於南北。於是兄亡弟喪,社稷傾淪。假手託孤,幾辛勤於苟免。所賴太保神靈,辛恩剿斃,重光嗣子,再整遺□。雖手栁大功,而心全棄致,見機取勝,不以爲懷。乃義立姪男,秉持旄鉞,總兵戎於舊府,樹勳績于新墀。内外肅清,秋豪屏迹。慶豐山湧,呈瑞色於朱軒;陳霸動容,歎高□壯室。四方嚮義,信結隣羌,運籌不媿於梓橦,貞烈豈慙於世婦。間生神異,成太保之徽猷;雖處閨門,寔謂丈夫之女。然心悟道,併棄樊籠,巡禮仙巖,彨〈按,即願字。〉圖鐐於喘□。于時頓捨青凫,市紫金于上國;解瓔珞,棄珠珍,銷金鈿於廊廡,運嘘橐於庭際。乃得玉豪朗耀,光衢有頂之峯;寶相發揮,直抵大羅之所。長男使持節沙州諸軍事□沙州刺史兼節度副使、檢校右散騎常侍、御史大夫、上柱國弘愿,輔唐憂國,政立祥風,忠孝頗懇于君親,禮讓靡忘於伯玉。六條布化,千里隨車,人謌來暮之謠,□頌龔黄之績。次男使持節瓜州刺史、墨離軍押蕃落等使兼御史大夫弘定,文武全材,英雄賈勇。晉昌要險,能布頗牧之威;巨野大荒,屏盪匈奴之迹。挾纊□□於士卒,泯燧不媿於襄陽。都河自注,神知有道之君;積貯萬厢,東郡著雕金之好。次男使持節甘州刺史兼御史中丞、上柱國弘諫,飛馳拔拒,唯慶忌而難儔,□□穿楊,非由基而莫比。洎分符於張掖,攺〈按,即政字。〉恤惸孤;布皇化於専城,懸魚發詠。次男朝議郎、前守左神武軍長史兼侍御史弘益,三端俱備,六藝精通,工書有顃〈按,即類字。〉□□繇,碎札連芳於射戟。□深特達⑧,文雅而德重王音。于時豐年大稔,星使西臨,親抵燉煌,頒宣聖旨。内常侍□□□□□□玉裕稱克珣,副倅師大夫稱齊珙,判□□大夫□思回,偕□□□□,樞密杞材,遐耀天威,呈祥塞表。因鑿樂石,共紀太平。余所不□,□然狂簡,□□□□□元年歲次甲寅拾月庚申朔伍日甲子〈缺〉宋國〈缺〉伊西等州節度使兼司徒張淮深,妻弟前沙瓜伊西□河□徒□檢校□□□□兼御史大夫〈缺〉史〈缺〉等州節度使兼御史大夫〈下缺〉”按,甲寅爲昭宗乾寧元年(894)。

【校記】

① 此句稿本作“一曰《唐宗子隴西李氏再修功德記》(度以漢慮俿尺,碑高八尺二寸五分、寬三尺一寸四分)”。

② 此句至段末,《方壺》本删。

③ 字,此字底本、稿本原作“□”,稿本後改爲“字”,並有簽注“‘振’

下是‘字’字”。

④ 增,此字底本、稿本原作“□”,稿本後改爲“增”,並有簽注“增祖”二字。

⑤ 暲,此字底本、稿本原作“□”,稿本後改爲“暲”,並有簽注“暲歸”二字。

⑥ 州,此字底本、稿本原作“□”,稿本後改爲“州”,並有簽注“州猶”二字。

⑦ 佩,此字稿本原作“□”,後改爲“佩”,並有簽注“方佩隼”三字。

⑧ □深特達,稿本簽云:“□深特達當是子雲特達。”

巖之文殊洞外,有元《皇慶寺碑》。雍正中,光禄少卿汪漋督修沙州城,有《遊千佛洞》詩。古郡敦煌遠①,幽崖佛洞傳。建垣新日月,訪勝舊山川。竇啓琳宫現,沙凝法象塡。神工勞劈劃,匠手巧雕鐫。排列雲迢遞,嵌空境接連。金身騰百丈,碧影肅諸天。貝葉雙林展,維摩一榻眠。威尊龍象伏,慧照寶珠懸。大地形容盛,靈光繪畫宣。莊嚴揮四壁,妙善寫重巓。門擁層層塔,岩盤朶朶蓮。恒河難指數,法界詎云千。側立衣冠偉,分行劍佩聯。炫奇疑異域,締造自何年。宗子唐家繼,西涼李氏延。但誇祇樹景,不惜水衡錢。霜雪時頻易,兵戈代屢遷。汙塵迷淨土,戰血染流泉。闃寂憑誰顧,摧頽實可憐。茲逢清塞暇,閒眺化城邊。色相嗟多毀,丹青訝尚鮮。問禪無釋侶,稽首冷香煙。字落殘碑在,叢深蔓草纏。徘回荒刹外,懷往意悠然。

【校記】

① 此句至段末,《方壺》本删。

山下月牙泉,漢興道姚培和搆亭泉上,常攜茶具,載筆來吟。訪古遐陬,斯爲故實。黨河逕山陽,《功德前碑》所謂"前引長河,波映重閣"也[1]。

【校記】

① 據原碑文,"引"字當作"流"。

又西,過三危山南。

三危山在鳴沙山北[1],《太平御覽》引《西河舊事》曰:"三危山有三峯,故曰三危,俗亦爲昇雨山。按,《史記正義》引《括地志》作卑羽山,昇、卑形近,雨、羽聲近,故訛。"《史記正義》引《括地志》曰:"三危山在沙州敦煌縣東南三十里。"《水經》釋《禹貢》"山水澤地"曰:"三危山在敦煌縣南。"酈氏注引《山海經》曰:"三危之山,三青鳥居之。是山也,廣圓百里,在鳥鼠山西,即《尚書》所謂竄三苗于三危也。"《太平御覽》引《河圖括地象》曰:"三危山在鳥鼠之西,南與汶山相接,上爲天苑星,黑水出其南。"按,今三危山大不至百里,且與甘州之黑河絕不相涉。魏中山公杜豐追吐谷渾慕璝之子被囊,度三危,至雪山,生擒之。蓋三危之南爲雪山,吐谷渾故地也。《元和郡縣志》:"雪山在晉昌縣南百六十里,南連吐谷渾界。"黨河自鳴沙山西流十里,逕三危山[2]。《方輿紀要》云:"鳴沙山東南十里爲三危山。"蓋沿高居誨《使于闐記》之誤。

【校記】

① 此句稿本在後"逕三危山"句下。

② 逕,稿本作"至"。此句下有注文云:"三危山在鳴沙山西。"

又西,過黨城西[1]。

黨河自烏喇窑洞西四十里②,逕泉溝腦兒北。又西四十里,逕長山子北。又西四十里,逕月牙湖北。又西六十里,逕鰲蓋山北。又西北二十里,至橋頭。自泉溝腦兒迤西,南山積雪,分流來注,北阻石山,底堅湍急,雖濁不淤。至橋頭而水勢益盛,水逕橋下③,湯湯流赭。西北二十里,逕黑嶺南。又西北三十里,逕黨城西。黨城在敦煌縣城西南百里,垣墉猶存,莫知所作年祺。其地極三十八度五十五分、西二十一度三十四分④,午正日景夏至長二尺八寸九分、冬至長一丈九尺六寸八分、春秋分長八尺二寸七分⑤。高居誨《使于闐記》曰:"三危山西渡都鄉河曰陽關。"陽關故址在縣城西南百五十里巴顏布喇地,是則都鄉即黨河矣。河南岸爲雪山,産金,元之曲先也⑥。

《元史·世祖紀》:"至元二十年(1283)三月,遣阿塔海戍曲先。"《成宗紀》:"元貞元年(1295)春正月,立北庭都元帥府,以平章政事合伯爲都元帥,江浙行省右丞撒里蠻爲副都元帥,皆佩虎符。立曲先塔林都元帥府,以釁都察爲都元帥,佩虎符。大德元年(1297)秋七月,罷蒙古軍萬戶府,入曲先塔林都元帥府。"《泰定紀》:"泰定三年(1326)五月,甘肅行省臣言:赤斤儲粟,軍士度川,遠給不便,請復徙於曲先之地。從之。"《拜延八都魯傳》:"孫兀渾察授蒙古萬戶,至元三十年卒,次子襲授曲先塔林左副元帥。"按,成宗立北庭及曲先塔林兩都元帥,猶至元之設兩宣慰司。蓋哈剌火州罷置司而改立都元帥於曲先塔林也。

【校記】

① 此處綱目,稿本作:"又西,過黨城南,爲黨河。"

② 此處至"逕黨城西",稿本無。

③ 水,《方壺》本奪。

④ 此處經緯度,稿本作“其地極三十九度三十五分、西二十度二十四分”。

⑤ 此句下,稿本有“河逕城南,折而北流”。

⑥ 此句稿本作“明故安定城曲先衛也”,並無以下夾注。

北流,釃爲渠。

黨河至黨城折而北①,故曰黨城灣。逕城西北流七十里,至戈壁沿子。又北流百六十里,至沙棗墩。兩岸叢薄,沙棗成林,舊有城,亦曰沙棗城。河逕其地,疏爲渠。一東大渠,分爲二,曰上永豐、下永豐,長三十二里,溉八百五十四戶田。雍正十一年(1732)六月十九夜,山水驟發,決永豐渠口,壞民廬舍,即此渠也。一西大渠,曰普利,長二十三里,溉五百十九戶田。一西小渠,在普利南,曰通裕,長三十里,溉百八十六戶田。一新中渠,在普利北,曰慶餘,長十七里,溉百九十戶田。一西中渠,在下永豐北,曰大有,長四十二里,溉六百五十戶田。皆雍正中漢興道尤炇所鑿。《漢書·地理志》云:“龍勒縣氐置水出南羌中,東北入澤,溉民田。”又《西域傳》云:“表穿卑鞮侯井以西,原作“面”,據宋祁校改②。欲通渠轉穀。”孟康注:“大井六,通渠也,下泉今本無泉字,據宋本補③。流湧,出在白龍堆東土山下。說詳余《西域傳補注》④。”元嘗置沙州路河渠司於斯⑤。《明史·金濂傳》言:“鳴沙州有七星、漢伯、石灰三渠。”是黨河之疏渠溉田,其來舊矣。

【校記】

① 此句至“河逕其地”，稿本作“河逕黨城，乃北流”。

② 此處夾注，《方壺》本删。

③ 此處夾注，《方壺》本删。

④ 此處夾注，《方壺》本删。

⑤ 此句至“石灰三渠”，稿本無。

又北流，過敦煌縣城西、舊沙州城東。

黨河自沙棗墩北流十里①，當沙州城東，有渡口，縛木爲橋，橋頻壞，行人病之。沙州之名，始於前涼張駿。唐初分瓜州置，唐武德五年(622)建西沙州，貞觀七年(633)仍曰沙州，天寶元年(742)改敦煌郡②，乾元元年(758)復爲沙州。建中二年(781)陷於西蕃。按，顔魯公《宋廣平神道碑側記》：“第六子衡，因謫居沙州，參佐戎幕。河隴失守，介於吐蕃，以功累拜工部郎中兼御史、河西節度行軍司馬，與節度周鼎保守敦煌。僅十餘載，遂有中丞、常侍之拜。恩命未達，而吐蕃圍城，兵盡矢窮，爲賊所陷。”是沙州陷蕃之事也。陷後七十年，沙州刺史張義潮遣兄義潭以瓜、沙等十一州歸唐。朝廷改沙州爲歸義軍，張氏、曹氏世鎮其地。張義潮於咸通八年(867)入朝，以張淮深爲留後。咸通十三年，淮深卒，〈此據《唐書·方鎮表》③，按，《李氏再修功德記碑》作於乾寧元年(894)，結銜尚有張淮深，恐《表》誤。〉曹義金爲留後，就拜節度使。周世宗顯德二年(955)，義金卒，子元忠嗣。宋太宗太平興國五年(980)，元忠卒，子延禄嗣。真宗咸平五年(1002)，延禄族子宗壽殺延禄，嗣爲節度使。大中祥符七年(1014)，宗壽卒，子賢順嗣。仁宗天聖九年(1031)以後不復見，蓋終於賢順矣。宋景祐初，没於西夏。李燾《通鑑長編》：“景祐二年(1035)十二月，元昊攻嘉勒斯賚，三年十二月，再舉兵攻回紇，陷瓜、沙、肅三州。”而《宋史·夏國傳》以爲陷於二年,《長編》辨正之,是也。惟《長編》載天聖四年十二月契丹遣沙州觀察使石宇來賀正旦,蓋未入西夏時,曹氏曾通於契丹,故契丹於其地置觀察使。至皇祐間,沙州入夏已久,而皇祐二年(1050)四月及四年十月,復有沙州來貢,其時夏已服於宋,或聽沙州之入貢亦未可知。《元史·地理志》云:"瓜州陷西夏,夏亡州廢。"言夏亡而州始廢,是在夏時猶立州,即瓜州可知沙州矣。元至元十四年(1277),復立州。十七年,升爲路,置總管府,明洪武初廢。永樂三年(1405),置衛,《明史·地理志》作元年,《西域傳》作二年,考《成祖實錄》:"三年十月癸酉,設沙州衛。"今從之。《地理志》又言:"西有瓜州。"《志》誤④。正統中内徙,即其城立罕東左衛。

【校記】

① 此句至"行人病之",稿本無。

② 天,《方壺》本及刻本影印本多種作"大"。

③ 此注中夾注,《方壺》本删。

④ 《志》,稿本作"亦"。

雍正元年(1722),置沙州所,黨河北衛,圮城東面。三年,升所爲衛,於故城東築衛城,周三里三分零,高丈九尺,東、西、南門三。九年,又於東、南、北三面接建郭城,周五里五分零,高二丈,立東、南、北及西南隅四門,以西面半里而近偪於黨河也。乾隆二十五年(1760),裁衛,因城置敦煌縣。縣治極三十九度三十分、西二十一度三十七分①,午正日景夏至長三尺、冬至長二丈零二寸二分、春秋分長八尺四寸五分。縣之黌舍櫺星門内②,土壁嵌唐《索勳紀德碑》高三尺二寸五分，廣二尺二寸五分，二十五行，行三十四字，正書，字徑五分。額高一尺，廣九寸，四行，行四字，正書題曰“大唐河西道歸義軍節度索公紀德之碑”。第一行“節度判官權掌書記〈下缺〉”③，弟二行以下爲碑正文：“□□□□□□□□安邦，柱石分憂。誕賢材而膺用，固有提綱罩俗；封長策而□□，□□□□□□。□□地中興聖運，彼有人焉。公王裕稱，諱勳，字封侯，燉煌人也。祖靖，仕魏晉，位登一品，才術三端，出入兩朝，功名俱遂。曾祖諱□□□□□□□□□鍾慶於兹。來慕之謠既著，捐駒之咏益深。乃保龍沙永固，城□□□竹□□□□。父琪，前任燉煌郡長史、贈御史中丞，早承高廕，皆顯才能，儒雅派衍，弓裘不□。宣宗啓運，乃睠西顧，太保東歸，□平□義。河西克復。昔年土宇，一旦光輝。沒□□□□□□。公則□河西節度張太保之子壻也。武冠當時，文兼識達，得探囊之上策，□□□□□，明主皇王之□□□韜鈐而五涼廓靖，布鸖列而生擒六戎□□□□□姑臧復擾□□□□□□□□□□上褒厥功，特授昭武校尉、持節瓜州諸□□□□□墨釐軍押蕃落□□□□□□□□繼先人之閥閲，不媿於荀彧。效忠烈於□□□□□□牢落□天□□□□□□□□□外乏金湯之險。旨從菭守，葺以貌全。築巍□□□□□□□ 壐布□彊□□□□□□□□以部厥田。唯上周迴萬頃，沃壤肥□溉用□□□□□□□□□□□積爲□□□□□□□□流頓絕。洎從分竹，乃運神機，土宇宏張，近堤□□□□□□□□□□騰飛□□□□□□□功俄就。布磐石□雲浮，川響波瀾，衆□輻凑□□□□□□□□□西成□□□咸感如神靈，蹤□應水流均布，人無荷鍤之勞，皷腹□□□□□□□□□□曰設法以濟人，摧圮樓臺，置功而再治。城內東北隅有古昔龍□□□□□□□□□ 木 壁猶存，模儀尚宛，重以風摧雨爛，尊象塵濛，棟宇疏廓，空餘基址。□□□□□□□□貿工，于時改作。四厢剏立，八壁重修，南建門樓，北安寶殿。徘徊聳仞□□□□□□□□□□□朧。階墀古樹，卻吐鮮芳；玉砌流泉，苺苔復點。城隅之下，別剏衙□□□□□□□□□□□□□儼尔光輝，于時景福元祀，白藏無射之末，公特奉絲綸，就加□□□□□□□□□□□□也。軍中投石，爭誇拔拒之能；幕下吏民，悉展接梟之勇。□性□□□□□□□□□□□□基之術，材兼文武，次亞夫以當年。幸遇昌時，繼□營之□□□□□□□□□□□□□□□□□□欽，崇於大漢；洋洋政聲，翔于闕下。□□□□□□□□□□□□□□□□□□□□□□□□□竟千古〈下缺〉。"索氏爲敦煌望族，晉有索靖，靖子綝，又有索襲、索紞；北魏有索敞。勳則張義潮之壻也，嗣爲節度使當在咸通十三年（872）張淮深遷伊西等州節度使之後，《唐方鎮表》失載。縣西四十里高原之上有古壘，如四城相聚，各離一二里。壘南有柳樹泉，發巴顏山梁，北流入黨河，即所謂巴顏布喇也。布喇即布拉克之轉。

【校記】

① 此處緯度，稿本原作"四十度十二分"，旁改同底本。

② 此句至"《唐方鎮表》失載"，稿本無。

③ 此句以下碑文，《方壺》本删。

又釃爲渠。

黨河逕縣城西，又東，疏爲渠，曰大有渠，曰窑溝渠，曰伏羌新渠，曰伏羌舊渠，曰莊浪渠，以次而北，大有渠最長，周城北迄東北而止。凡敦煌縣境種田千二百二十五頃，額徵糧五千六百四十二石七斗九升一合。

又北，分爲東西二支，

黨河自渡口北流九十里①，逕欣坎布城西，分爲二，是爲雙河岔。

【校記】

① 此段注文,稿本作:"黨河逕縣北,六十三里,至黄墩堡西。堡周二里四分,高丈八尺,東西門二,雍正五年建。河逕堡,又北流三十里,至庫庫沙克沙,分爲二支,東西流,是曰雙河岔。"

東支東合蘇勒河[①],

黨河東支東流[②],逕黄墩堡北。堡周二里四分,高丈八尺,東西門二,雍正五年(1727)建。河流凡三十里,至砢砢砂石,以濟蘇勒。然雙河之勢東流者十裁三四,昔岳公鍾琪欲通舟運,既鑿斯河,而蘇勒之水至庫庫沙克沙[③],入於漏沙,勢微不能通流,病一也;黨河之尾趨西支者多,趨東支者少,病二也。蘇勒與東支並盛時,兩水衝激,亦難行舟,病三也。故所造之舟,沈於雙塔河焉。其時沈青崖作詩紀事曰:"屈曲清漪自蜿蟺,西流直到黨河邊。因思王濬浮江梯,便向河湄試革船。"自注云:"黨河與蘇勒河俱流入砢砢砂石而沒。岳帥欲開通二河合流,造舟運糧而不果。余相度河流,用賀蘭牛羊皮混沌數十,鼓氣實糧其中,順流而下,達安西鎮城,凡二百餘里,可少節車馬之力。"④

【校記】

① 此句稿本作"蘇勒河從東來,合於東支,以達於西支"。

② 此句至"既鑿斯河",稿本作"蘇勒河之會黨河東支,岳公鍾琪欲通舟運而鑿也"。

③ 而,稿本作"既而"。

④ 稿本此段夾注後復有正文云:"至乾隆初,於蘑菇灘開渠,引靖逆東渠及歸布魯湖諸泉,合於西渠。而蘇勒之流,乃益暢焉。"

西支注於淖爾[①],

黨河西支西流一百二十里②，入哈喇淖爾。《太平廣記》云③："北庭西北沙州有黑河，深可駕舟。其水往往汎濫，蕩室廬，瀦原野。由是西北之禾稼盡去，地荒而不可治，居人亦遠徙，用逃墊溺之患。其吏於北庭、沙州者，皆先備牲酎，望祀於河滸，然後敢視政。否即淫雨連月，或大水激射，氾城邑，則里中民盡魚其族也。唐開元中，南陽張嵩奉詔都護于北庭，挈符印至境上，且召郊迎吏訊其事。或曰：黑河中有巨龍，嗜羔特犬彘，故往往漂浪騰水，以覬郡人望祀河滸，我知之久矣。即命致牢醴，布筵席，密召左右，執弓矢以俟於側。嵩率僚吏，班於河上，峨冠斂板，罄折肅躬。俄頃，有龍長百尺，自波中躍而出，俄然昇岸，目有火光射人，離人約有數十步。嵩即命彀矢引滿以伺焉。既而果及於几筵，身漸短而長數尺，方將食未及，而嵩發矢，一時衆矢共發，龍勢不能施而摧。龍既死，里中俱來觀之，讙然若市。嵩喜已除民害，遂以獻上。上壯其果斷，詔斷其舌，函以賜嵩，且子孫承襲在沙州爲刺史，至今號爲'龍舌張氏'。"余考黑河，即斯淖爾，遏在蠻中，宜藏龍怪。惟地當北庭東南。傳記之文，往往差誤。

【校記】

① 此句稿本作"同注於淖爾"。

② 此句稿本作"蘇勒河自黨河東支，泝流達西支，又西流九十里"。

③ 此處至段末，稿本無，而另作注云："《河源紀略》云：'黨河會蘇勒河，正西曲曲流，逕察罕托海南、呼魯蘇台北，又逕納林哈納南（準語，納林，細也），又逕伊克烏蘇台南，至巴罕鄂羅蘇台南，瀦爲哈

喇淖爾'。"

淖爾東西八十里，南北三十里，極三十九度四十六分、西自二十三度之三十五分至二十四度之三分[①]，去羅布淖爾八百里。《輔國公通謨克傳》云："雍正二年(1724)，青海逆賊羅布藏丹津叛，通謨克隨副將軍阿喇納駐布朗吉爾，偵賊黨阿喇布坦、蘇巴泰等據哈喇淖爾路肆掠，偕總兵孫繼宗往捕。"即淖爾側也。淖爾西通羅布淖爾，有二道。由淖爾南者，自巴顏布喇西二百里，至多布溝。又西南一百五里，至呼魯蘇台。又西七百三十里，至察罕齊老圖。又西三百餘里，至烏蘭托羅海。又西，至噶斯淖爾東。又北，至庫布。又北，至努奇圖嶺南。折而西，至努奇圖塞沁。國語謂水源曰塞沁，塞讀如色。又西，至努奇圖山口，凡三百餘里。又西，由羅布淖爾南岸至伊克噶順。又西，至巴罕噶順，爲塔里木河南岸。由淖爾北者，自庫庫沙克沙由蘇勒河北岸至巴罕鄂羅蘇台。又西，當淖爾北岸，曰蘇魯圖。回語茅棚也。東距庫庫沙克沙百餘里。又西，至鄂庫勒。又西，至伊克都爾伯勒津。又西，至瑪呢圖。又西，至鄂布倫。又西，至呼吐克烏蘇。又西，至綽呢呼吐克。又西，由努奇圖嶺北至訥勒烏格呼吐克。又西，至塔奈呼吐克。又西，至羅布淖爾南之特們噶順。又西，至巴罕噶順。

【校記】

① 此處經緯度，稿本作"極三十九度八分、西二十二度六分至二十三度"。

《漢書·西域傳》言："自敦煌西至鹽澤，往往起亭。"蓋昔時郵傳，斯成孔道。故唐玄奘歸自西域，太宗賜詔云："朕已敕于闐等道，使諸國送師，人力鞍乘，應不少乏。令敦煌官司於流沙迎接、鄯善於沮沫迎接。"又高居誨《使于闐記》云："沙州西曰仲雲族。自仲雲界始涉鹻磧。"皆由此以達于闐。或曰流沙，或曰鹻磧，即今噶順諸程。唐人謂之莫賀延磧，又謂之大患鬼魅磧。見王延德《使高昌記》。張燕公《裴行儉碑》云："公之送波斯也，入莫賀延磧中，遇風沙大起，天地瞑晦，引導皆迷。因命息徒，至誠虔禱。徇於衆曰：'井泉不遠。'須臾，風止氛開，有香泉豐艸，宛在營側。後來之人，莫知其處。"按《史記正義》引裴矩《西域記》云："鹽澤四面危道，路不可準記，行人惟以人畜骸骨及駝馬糞爲標驗。以其道路惡，人畜即不約行，曾有人於磧內時聞人喚聲，不見形，亦有歌哭聲，數失人，瞬息之間，不知所在。由此數有死亡，蓋魑魅罔兩也。"斯鬼魅磧所由命名歟？

與色爾騰海南北相望也。

色爾騰海在敦煌縣城西南，四周有山圍繞，水不長流。巴顏布喇之南，爲阿巴圖北口。又南百六十里，至南口。又七十里，至色爾騰海[①]。周三百里，極自三十八度五十分至三十九度五分、西二十三度一分至二十分②，在羅布淖爾東南九百里。《太平御覽》引《沙州記》曰③：“自龍涸至大浸川一千九百里，晝夜蕭蕭，常有風寒。七月雨便是雪，遙望四山，皓然皆白。”按龍涸疑即哈喇淖爾及色爾騰兩海，大浸川或即羅布淖爾兩岸也。《圖理琛傳》云：“初，土爾扈特汗阿玉奇從子阿喇布珠爾嘗假道準噶爾赴西藏謁達賴喇嘛。已而準噶爾台吉策妄阿喇布坦與阿玉奇搆怨，阿喇布珠爾不得歸，請内屬。封貝子，牧嘉峪關外黨色爾騰。”又《阿拉善厄魯特傳》云：“阿南達偵噶勒丹死，其從子丹濟拉竄瀚海，遣輝特台吉羅卜藏等馳赴噶斯，而自偕噶勒丹多爾濟以兵繼之，至色爾騰。”色爾騰海南六十里爲鄂羅嶺，通柴達木。《肅州新志》作柴旦。

【校記】

① 此句後稿本復有文云：“《河源紀略》云：‘色爾騰海有數源，一出巴罕哈爾當，一出和通之境，一出克都肯喀喇哈達，（國語、蒙古語、回語謂山峯皆曰哈達。）皆西北行數十里，隨山勢伏流來趨之。’”

② 此處經緯度，稿本作“極三十九度、西二十二度”。

③ 此段夾注，稿本無。

巴爾庫勒淖爾所受水

巴爾庫勒淖爾四源，東南源曰招摩多河，

烏魯木齊回語格門之謂，準、回二部格門於斯，故名。建治之地曰鞏寧城，城南阻阿拉癸山，東扼博克達山。準語博克達，神聖之謂,猶云聖山也。乾隆二十年(1755)西路進兵①,祭告山神。其文曰:"朕恭承鴻業,撫馭寰區,康乂柔懷,中外一視。準噶爾部落向遠王化,篡弑相仍,因而内亂,達瓦齊又復殘虐其屬,分崩離析,人不聊生。雖在殊荒,均之赤子,朕何忍不爲拯救,坐視阽危。爰整王師,分道並進。今西路大兵道出神境,惟神建標西域,聳峙萬山,形勢削成,光靈燀赫,尚其默相,翼我明威,期迅奏乎膚功,永敉寧夫遠服。虔申昭告,用布馨香,惟神鑒焉。"修撰莊培因之詞也。二十四年,平定西域,祭告山神。其文曰:"朕繼序丕基,輯寧函夏,遐方效順,諸部歸心。乃逆回霍集占、波羅泥都者,自我師定有伊犁,拔諸囚縶,既負孤恩之惡,尤干黨逆之誅。朕命將移兵,奉辭伐罪。每摧衆醜,六師皆破竹而前;屢克堅城,萬里如建瓴而下。逖聽者向風,納降者恐後,械貳負之尸,獻防風之骨。弟兄駢首,申國憲于藁街;遠近傾心,撫皇輿于絕漠。纘兩朝而蕆事,未五載而告功。仰賴洪庥,實資默贊。曩者大軍燮伐,宣威曾告山靈;今兹重譯歸懷,將醴用酬神貺。右享還齊于岳瀆,西陲永奠于遐荒。薦我馨香,尚其歆格。"又頒歲祭文曰:"惟神作鎮西陲,效靈中土。出雲降雨,暘陰肹蠁之功;切漢憑霄,龍虎縈回之勢。邁祁連而聳秀,嘉名並《王會圖》中;指懸圃以建標,顯位在《大荒經》外。式昭有赫,永奠無疆。朕繼序重熙,敉寧六合。日月照臨之地,盡入版圖;乾坤覆載之區,悉歸亭育。萬類登諸仁壽,百靈攝以懷柔。惟兹烏魯木齊,實當勝地;巴爾哈達,舊接神臯。山靈之保障斯存,境内之屏藩攸寄。幅員計里,不殊左右戶庭;屯牧如雲,遙接東西候尉。是宜登之祀典,載在禮官。爰卜日於春初,俾定期以時享。升香瘞玉,適均列嶽之班;宣氣調神,常峙塞垣之域。式扶鼇紀,丕鞏鴻圖,用薦苾芬,惟祈歆格。"皆編修蔣和寧之詞也。阿拉癸山南有徑路通伊犁②。自惠遠城百六十里,至塔勒奇山口。又四百七十里,至哈什河岸之都爾伯勒津回莊。又五十里,至察罕拜甡。又七十里,至空格斯河岸之烏圖嶺。又九十里,至圖爾根河。又七十里,至奈蘭郭勒。又二十里,至烏努古特嶺。又三十里,至昌曼。又三十里,至納喇特嶺。又三十里,至大裕勒都斯河。又四十里,至阿爾沙圖。又百九十里,至胡吉爾台。又五十里,至哈屯博克達山。又百五十里,至薩勒哈郭勒。又百五十里,至烏蘭布拉克。又六十里,至達爾達木圖。又七十里,至烏蘭拜。又三十里,出山至鞏寧城。

【校記】

① 此句以下至“皆編修蔣和寧之詞也”,《方壺》本删。

② 此句至段末,稿本無。

自鞏寧城北行六十里,至黑溝塘,乃折而東,至博克達山之陰,爲阜康縣。又東,並山行一百九十里①,爲唐沙鉢鎮,在今雙岔河堡西。即阿史那賀魯所處之莫賀城。《通鑑》:“庭州西延城西六十里,有沙鉢城守捉,蓋即莫賀城。”《元和郡縣志》:“沙鉢鎮在府西五十里。”今從之。又東五十里,爲濟木薩,西突厥之可汗浮圖城②,唐爲庭州金滿縣,又改後庭縣,北庭都護治也。元於别失八里立北庭都元帥府③,亦治於斯。《元史·憲宗紀》④:“元年(1251),以牙剌瓦赤、不只兒、斡魯不、覩荅兒等充燕京等處行尚書省事,賽典赤、匿昝馬丁佐之;訥懷、塔剌海、麻速忽等充别失八里等處行尚書省事,暗都剌兀尊、阿合馬、也的沙佐之;阿兒渾充阿母河等處行尚書省事,法合魯丁、匿只馬丁佐之。二年,分遷諸王合丹於别石八里地。”《地理志》:“至元十五年(1278),授八撒察里虎符,掌别失八里畏兀城子里軍站事。”《世祖紀》:“至元十五年冬十月,賑别十八里、日忽思等饑民。十七年春正月,命萬户綦公直戍别失八里。冬十二月,置鎮北庭都護府於畏吾兒境。十八年夏四月,自太和嶺〈按,在大同。〉至别失八里置新驛三十。其後綦公直立冶場,置市於别失八里。暨諸王叛,又屯田於别失八里。公直終以兵敗陷焉。”按,阿母河在鐵門關之南。憲宗三行省,西域居其二,别失八里行省控制西域左地,阿母河行省控制西域右地。世祖即位,西域諸王叛,但立兩宣慰司於别失八里及哈剌和州,分統南北道,而舊阿母河行省之地不立官司矣。《成宗紀》:“元貞元年(1295)春正月,立北庭都元帥府。”

【校記】

① 此句至“又東五十里”,稿本作“並山行二百四十里”。

② 此句至“又改後庭縣”,稿本無。

③ 此句以下至段末,稿本無。

④ 此句以下至段末,《方壺》本删。

故城在今保惠城北二十餘里,地曰護堡子破城①,有唐《金滿縣殘碑》,碑石裂爲二,俱高八寸,廣六寸。一石七行,第一行字不可辨②,二行曰“周仕珪等雲中輦路”,三行曰“行戶曹參軍、上柱國趙”,四行曰“〈缺一字〉惠敬泰攝金滿縣令”,五行曰“姑臧府果毅都尉”,六行曰“乘帝師之”,七行曰“補迦”;一石六行,第一行字不可辨③,二行曰“而爲〈缺二字〉承義郎”,三行曰“登仕郎攝錄事”,四行曰“昭武校尉、涼”,五行曰“ネ州退魏 頁”六行曰“有隼繩”。唐造像碣,石高一尺一寸,廣一尺三寸,存者十八行,第一行全泐④,二行曰“救沈溺於愛”,三行曰“功德,熟能預於此? 今有果毅”,四行曰“基等跋涉砂磧,爻 節邊垂”,五行曰“雲,積悲心於萬里;交河淚下,忽”,六行曰“思於百乘,遂鳩集合營,敬造”,七行曰“斤並尊像等剞劂彫衆”,八行全泐,九行曰“人〈缺九字〉藝”,十行曰“營主〈缺九字〉仵”,十一行曰“迁忠叶〈缺九字〉玄蓋”,十二行曰“立義叶〈缺九字〉明德”,十三行曰“司兵劉”,十四行曰“司由王”,十五行全泐,十六行曰“ㄒ”,十七行曰“衆〈缺八字〉覺道”,十八行曰“天〈缺五字〉日〈缺字〉”。元造像碣。石上截作番字,下截刻僧像,疑是元時所造。余歸程宿於保惠城,日已西銜,馳往護堡遊訪破城,孤魂壇有敗刹,懸鐵鐘厚寸許,剝蝕無文,形如覆釜。土人戒不得使有聲,誤觸而鳴,立致黑風。發地每有唐時銅佛。余收得二鋪,高踰四寸,背皆有直孔。保惠城南十五里,入南山,山麓有千佛洞,紺宇壯麗[⑤]。山南通吐魯番[⑥],宋王延德《使高昌記》云:"自前庭至後庭,經雪山龍堂。"殆由斯路[⑦]。

【校記】

① 此句以下至"背皆有直孔",稿本無。

② 此句以下至"七行曰'補迦'",《方壺》本删。

③ 此句以下至"六行曰'有隼繩'",《方壺》本删。

④ 此句以下夾注,《方壺》本删。

⑤ 稿本無此四字。

⑥ 山南,稿本作"路"。

⑦ "路"下稿本有"也"字。

保惠城東北九十里,爲古城。其南山曰松山[①],城距山百里。《元史·哈剌亦哈赤北魯傳》云[②]:"子亦朶失野訥從帝西征,至别失八里東獨山,見城空無人,帝問:'此何城也?'對曰:'獨山城,往歲大饑,民皆流移之他所。然此地當北來要衝,宜耕種以爲備。'"疑獨山城即古城矣。自古城東行五十餘里,折而南三十里,爲奇臺縣。縣南距山五十餘里,是皆葱嶺北幹,自伊犂南境東趨者也。自奇臺縣東南行三十餘里,入山。山中東行三百二十里,爲色畢溝。又東行六十餘里,爲噶順溝。又東行百五十餘里,爲肋巴泉,山勢乃開,南北分趨二百六十餘里而復合,迴抱周匝,如環城墉。中爲平川,廣輪八百餘里。其間諸水,瀦爲巴爾庫勒淖爾。回語謂有爲巴爾,謂池爲庫勒。始因水以名地，曰巴爾庫勒；今曰巴里坤，即音之轉。繼因地以命水，曰巴爾庫勒淖爾。

【校記】

① 曰，稿本作"爲"。

② 此句至"疑獨山城即古城矣"，稿本無。

淖爾當川西偏，其東南隅山曰庫舍圖嶺。蒙古語庫舍，碑也，以嶺有唐碑，故名。山脈自烏可克嶺蒙古語烏可克，小櫃也，下嶺入兩崖間，左右偪仄，境若深藏，故名。東行三百里至此，即巴爾庫勒南山，山巔有關壯繆祠，祠東三十餘步，有石室，庋唐《姜行本碑》。其人言碑至神異，相戒不得搨，搨即致大風雪①，斷行人。余庚辰（嘉慶二十五年，1820）二月經祠下，親搨一通。以慮傂尺度之，碑高七尺五寸，寬二尺七寸一分，厚七寸，十八行，行四十七字，正書。額五行，行三字，亦正書。額曰"大唐左屯衛將軍姜行本勒石□□文"。碑曰②："昔凶奴不滅，竇將軍勒燕山之功；閩越未清，馬伏波樹銅柱之迹。然則振英風於絕域，申壯節於異方，莫不騰茂實於千秋，播芳猷於万古者矣。大唐德合二儀，道高五帝，握金鏡以朝萬國，調玉燭以馭兆民，濟濟衣冠，煌煌禮樂。車書順軌，扶桑之表甚□；治化所沾，濛汜之鄉咸暨。莼天山而池瀚海，内北戶以靜幽都，莫不解辮髮於藁街，改左衽於夷邸。高昌國者，乃是兩漢屯田之壁，遺兵之所居。麴文泰即其苗家也。往因晉室多難，羣雄競馳，中原乏主，邊隅遂隔。聞□□□□□□□□□□□□□□□□□□。自皇威遠被，稽顙來庭，雖沐仁風，情懷首鼠，杜遠方之職貢，阻重譯之□□，肆豺狼之心，起蜂蠆之□。發徒聚衆，賊殺無已。聖上愍彼蒼生，申茲弔伐，乃詔使持節光祿大夫、吏部尚書、上柱國、陳國公侯君集，交河道行軍大揔管；□揔管左屯衛大將軍、上柱國、永安郡開國公薛萬鈞;副揔管、左屯衛將軍、上柱國、通川縣開國男姜行本等;爰整三軍,龔行天罰。但妖氛未殄,將軍逞七縱之威;百雉作固,英奇申九攻之略。以通川公深謀間出,妙思縱横,命□前軍,營造攻具,乃統沙州刺史、上柱國、望都縣開國侯劉德敏,右監門中郎將、上柱國、淮安縣開國公衡智錫,左屯衛中郎將、上柱國、富陽縣開國伯屈昉,左武候郎將李海岸,前開州刺史時德衡,右監門府長王進威等,並率驍雄,鼓行而進。以貞觀十四年(640)五月十日,師次伊吾時羅漫山北,登黑紺所,未盈旬月,剋成奇功。伐木則山林殫盡,叱咤則川谷蕩薄。衝梯暫□,百櫓冰碎,機檜一發,千石雲飛。墨翟之拒無施,公輸之妙詎比。大揔管運籌帷幄,繼以中軍。鐵騎亘原野,金鼓動天地,高旗蔽日月,長戟彗雲。自秦漢出師,未有如斯之盛也。班定遠之通西域,故迹罕存;鄭都護之滅車師,空聞前史。雄圖世著,彼獨何人。乃勒石紀功,傳諸不朽。其詞曰:於赫大唐,受天明命。化齊得一③,功無與競。荒服猶阻,夷君不定。乃拜將軍,殄茲梟鏡。〈其一〉六奇□思,羣雄逞力。陣開龍滕,營□□□。□麗星光,旗明日色。楊旌塞表,振威西極。〈其二〉峩峩峻嶺,渺渺平原。塞雲暝結,胡風晝昏。□□□□,高樹吟猨。銘功讚德,□□□□。〈其三〉大唐貞觀十四年歲次庚子□□六月丁卯朔廿五日辛卯立。瓜州司法參軍河內司馬〈下缺〉。”碑左側題名兩行,曰“交河道行軍揔管、右驍衛將軍、上柱國□□□□□□□薩孤吳仁④,領右軍十五萬,交河道行軍揔管、左武衛將軍、上柱國、□□縣開國公牛進達領兵十五萬。”右側題名三行,惟辨“集□十柱國”字,疑是侯君集率十柱國也。《唐書·姜行本傳》:“其處有《班超紀功碑》,行本磨去其文,更刻頌。”今碑之左側,猶存隸跡。牛進達名秀⑤,以字行,有碑在醴泉縣。

【校記】

① “拓”上稿本有“云”字。

② 此句至段末,《方壺》本删。

③ 齊得一,稿本作空格。

④ 薩,稿本作“薛”。

⑤ 此句至段末,稿本無。

祠東二里,爲菩薩溝。又東南十三里,爲羊圈溝,其地置營塘。自此層折而下,東南行三十五里①,爲焕彩溝。按,舊名棺材溝,岳威信公改今名,見熊懋奬《西行紀略》。"焕彩溝"三字②,立石路側,理藩院筆帖式正書,填以朱,其石亦漢碑。石之陰隸書四行,首行曰"惟漢永和五年(140)六月十五日下缺。",二行曰"臣雲中沙南侯",餘皆不可辨識。焕彩溝又五里③,爲南山口營塘。自羊圈溝以東,水南流成河,由焕彩溝經營塘之西出山;又南行二十餘里,遇沙而伏。自羊圈溝以西④,衆山出泉,會而成河,北流逕庫舍圖嶺下⑤,由栅門之東出山,是爲招摩多河。栅門者,斥堠所也。自松樹塘並山東南行十四里,南入山口一里,有木城,中置門如關⑥,幾察非常,謂之栅門。元耶律楚材以丁亥(太祖二十二年,1227)九月《過夏國新安縣》詩云"昔年今日渡松關",注:"西域陰山有松關。"見《湛然居士集》。疑即此栅門也。入栅門東行,渡招摩多河,乃層折而上,五里至二層臺。又旋折歷磴道二十四級,雍正十一年(1733),大將軍查郎阿命兵部員外郎阿炳安所鑿。衛以朱欄,映帶流水,青松白雪,自然明麗。磴道盡,乃至關壯繆祠旁。祠當栅門正南,舉目可見。盤折而上十有五里,在暑亦雪,尤艱行旅。

【校記】

① 行,《方壺》本奪。

② 此句至"餘皆不可辨識",稿本原無,籤條補入。

③ 煥彩溝,稿本原無此三字,籤條補入。

④ 自,稿本無此字。

⑤ 逕,《方壺》本作"經"。

⑥ 闕,稿本作"闕"。

招摩多河既穿柵門東墉出,西北流十餘里[①],逕石佛寺南。石佛者,掘地所得,於此置寺,土人以爲唐時造像。河又西流數里[②],逕沙山南,有松樹塘水入之。松樹塘即庫舍圖嶺口之山,萬松叢立,四時鬱青,熊懋獎《西行紀略》云:"松有二種,一種紅松,一種白松。白松四季長青,紅松換葉,至五月初始發新枝。"於此置營塘。洪先輩亮吉經此,作《萬松歌》[③]。松皮可煎爲膏。山中雪深處,生花曰雪蓮。又産草曰一枝蒿。營塘南半里有泉,發山半亂石中,鶩坡下,經塘西數十步。塘之東二里,亦有泉發山半。又東六里,有水發山澗。皆北流,滙爲松樹塘水。又西北流,入於招摩多河。河又西流,入淖爾。

【校記】

① 餘,《方壺》本作"五"。

② 數里,《方壺》本作"十五里"。

③ 《萬松歌》,稿本此下夾注引詩歌全篇云:

千峯萬峯同一峯,峯盡削立無蒙茸。千松萬松同一松,幹悉直上無回容。一峯雲青一峯白,青尚籠煙白凝雪。一松梢紅一梢墨,墨欲成霖赤迎日。無峯無松松必奇,無松無云云必飛。峯勢南北松東西,松影向背雲高低。有時一峯承一屋，屋下一松仍覆谷。天光雲影四時綠，風聲泉聲一隅足。我疑黄河瀚海地脈通，何以戈壁千里非青葱。不爾地脈貢潤合作天山松，松幹怪底一一直透星辰宫。好奇狂客忽至此，大笑一聲忘九死。看峯前行馬蹄跛，欲到青松盡頭止。

南源爲奎蘇水，

松樹塘西八十里，曰奎蘇，置營塘。《李繩武傳》云："乾隆二十一年(1756)，繩武與參贊大臣雅爾哈善調滿洲、綠旗兵，分二隊抵巴里坤，斬和碩特汗沙克都爾曼濟。復分兵殲剿南山、奎蘇博爾和津之厄魯特四千餘人。"蒙古語謂腹臍爲奎蘇，言其居中也。營塘之北十餘里，數泉迸出，會爲河，是爲奎蘇水，北流會葫蘆溝水。葫蘆溝在奎蘇營塘南二十餘里山中，溝有徑路，通哈密頭堡。水自溝發，北流經奎蘇營塘西里許，時或乾涸，惟餘沙礫，故又曰石河。奎蘇水會以西北流。《方略》云："陝甘總督黄廷桂奏言：'查雍正年間巴里坤駐劄大臣時，奎蘇、石人子、巴里坤以至尖山一帶地畝，俱經開墾。臣委總兵丑達勘得尖山子起、至奎蘇一帶百餘里間，從前地畝舊迹俱存，係取南山之水，共有正渠九道，自山口以外，多滲入沙磧，須木槽接引，方可暢流。其三道河以北，自鏡兒泉、三墩起，至奎蘇止，亦有開墾地畝、正渠三道及支渠形迹。請於甘、涼、肅三處先派種地官兵一千名，於來年正月疏濬水泉，開引渠道，二、三月間土膏萌動，即翻犁試種。'從之。"

東源爲三道河，

招摩多河所逕之沙山，迤邐與東北諸山接，最東者曰大柳溝，次小柳溝，次廟兒溝，次板廠溝，次樓房溝。以次而西，相去或五六里，或至二十里。各溝出水，會而成河，流逕沙山北。沙山長十許里①，牧馬者入山深處，夜聞鈴鐸音，相傳昔覆軍於此。《後漢書·西域傳》："呼衍王將三千餘騎寇伊吾。伊吾司馬毛愷遣吏兵五百人於蒲類海東與呼衍王戰，悉爲所沒。"沙山正蒲類東也。其水西流，逕龍神祠南，疏渠溉天時莊田。又西流，逕第二龍神祠南，疏渠溉人和莊田。又西流，至破城南，疏渠逕地利莊南、大有莊北，溉兩莊田。又西流，分爲三，是爲三道河。南支西流入招摩多河，中支、北支西流而會，雙溪縈繞，左右環村。宜禾縣田凡五萬五百二十一畝八分，額徵糧二千三百二十七石二斗一升五合九勺八抄六撮五圭，草折糧一千五百十五石六斗五升四合。乾隆中②，烏魯木齊、巴里坤議加兵屯，都統常青疏言："巴里坤之沙山子、奎蘇、石人子諸處隙地，均零星不成片數，且現已安插戶民，恐渠水不足，反致周章，毋庸加兵屯種。"報可。故皆爲戶田也。

【校記】

① 沙，《方壺》本奪此字。

② 中，《方壺》本作"年間"。

西南源爲西黑溝水，

鎮西府城東三十里，有東黑溝水，發山溉石人子莊田而止。石人子者，地在府城東五十里，鑿片石爲人狀，立於道左。驅車過之，必以脂膏其脗。府城西二十里，有西黑溝水，深谷茂林，恒障天日，踞石藉草，泉壑幽美。水出溝東北流，至府城西半里許，爲沙河。又西北，入淖爾。

分注於淖爾。

招摩多河、奎蘇水、三道河逕鎮西府城北入淖爾，西黑溝水逕鎮西府城西入淖爾。鎮西府治極四十三度三十九分、西二十三度三十六分①，午正日景夏至長三尺六寸七分、冬至長二丈三尺七寸一分、春秋分長九尺五寸四分。城即雍正七年(1729)岳威信公所築兵城也，周千四百八十二丈，凡八里二分四釐有奇，高丈九尺，門四。征準部時，兩駐大軍。軍罷，置廳，駐同知。乾隆三十八年(1773)，升爲府，改城爲鎮西府城，增門名，東承恩、西得勝、南沛澤、北拱極，領宜禾、奇臺二縣。奇臺縣，乾隆四十年置。城駐鎮西府、宜禾縣各一人，總兵一人，綠旗馬、步兵三千六百七十八人。城東南半里，乾隆三十七年建會寧城，周六里三分，高丈六尺，門四，東宣澤、西導豐、南光被、北威暢，駐領隊一人，滿營兵九百一十二人。

【校記】

① 三十六分，稿本無。

淖爾在府城西北四十餘里，古之蒲類海。《漢書》應劭注曰："蒲類，匈奴中海名。"故後漢《裴岑碑》有"海祠"之文也。雍正七年，岳威信公於石人子獲漢碑，度之幕府。十三年撤兵，移置鎮西府城北二百餘步關壯繆祠西堵下。余度以慮俿尺，碑高四尺三寸，寬一尺八寸，六行，行十字，隸書。其詞曰："惟漢永和二年(137)八月，敦煌太守雲中裴岑將郡兵三千人，誅呼衍王等，斬馘部衆，克敵全師。除西域之疢，蠲四郡之害，邊竟艾安①，振威到此。立海祠以表萬世。"

【校記】

① 艾，《方壺》本作"乂"。

其南有山，漢謂之白山。《班超傳》："命將帥擊右地，破白山，臨蒲類。"章懷注引《西河舊事》曰①："白山之中有好木，匈奴謂之天山，按，此非天山正峯，見余《西域傳補注》。去蒲類海百里。按，言去海百里，故知非庫舍圖嶺。"又引郭義恭《廣志》曰："西域有白山，通歲有雪，亦名雪山。"蓋今烏可克嶺。其北亦有山，曰察罕哈瑪爾山。蒙古語哈瑪爾，鼻也，俗語以山梁爲山鼻。土人以山名海，又曰哈木哈瑪爾淖爾矣。淖爾正南隔山爲哈密界②，漢之伊吾也。《通鑑》："魏永平元年(508)，高車王彌俄突與柔然佗汗可汗戰於蒲類海，不勝，西走三百餘里。佗汗軍於伊吾山北。"按，高車所遁，蓋今色畢、噶順兩溝之間。其中有白山子徑道，南通陶賴軍臺，即伊吾山北。

【校記】

① 河,諸本作"域",據中華本《後漢書》改。

② 此句至段末,稿本原無,籤條補入。

淖爾北三百餘里曰阿貴圖,諺曰羊圈灣。又北六十餘里,爲都蘭哈喇山。山有舊鉛礦,扎哈沁公牧地也。初,準噶爾謂司礮卒曰包沁,守汛卒曰扎哈沁,各領以宰桑。有扎哈沁宰桑禡木特者,游牧額爾齊斯河南準語額爾齊斯,遒緊之謂,河流湍急,故名。之布拉干準語布拉干,謂貂也。河濱産此,故名。一作布拉罕①。察罕托海地。回語托海,水灣也。一作托輝。乾隆十九年被擒而降,授内大臣職,領其部,參贊阿睦爾撒納軍。尋包沁宰桑阿克珠勒亦降,禡木特兼領之,授三等信勇公。阿逆叛,執之,不屈死。二十一年二月,以其孫札木禪嗣。九月,札木禪請内徙,移牧哲爾格西喇呼魯蘇,仍其舊衆曰扎哈沁部。其境南界巴里坤,西界阿勒坦準語謂金山爲阿勒坦山,舊對音爲阿爾泰,又作阿爾台。烏梁海,北界喀爾喀屯田官廠,東界喀爾喀,在科布多城南。嘉慶二十年(1815),松公筠議於都蘭哈喇山採鉛,嗣信勇公托克札巴圖札木禪曾孫。獻其産鉛地,長三百餘里②,廣六七十里,自都蘭哈喇東北至庫隴溫德里托羅海七十里,東至大哈布山四十里,東南至庫庫托羅海百三十里,西至札海圖六十里。西南至小哈布山百七十里③。明年,長公齡、高公杞疏罷之。牧地復畀扎哈沁公。

【校記】

① 罕,《方壺》本作"千"。

② 三,《方壺》本作"二"。

③ 百,《方壺》本奪此字。

額彬格遜淖爾所受水

額彬格遜淖爾三源,東源爲羅克倫河、

烏可克嶺西南四十里有孟克圖嶺,準語孟克,經久之意,山雪經年不消,故名。昌吉河發其北麓。準語昌吉,場圃也。河濱築此,故名。後遂因水以名縣。乾隆二十三年(1758),參贊永貴奏侍衛圖倫楚冒雪踰孟克圖嶺搜捕逸賊。二十七年,辦事大臣旌額理奏昌吉河源産鐵。或言嶺,或言河源,實則一也。河四源並發,滙而北流,至山外分爲渠,經昌吉縣治。其城曰寧邊,在鞏寧城西北九十里。乾隆二十七年建,周三里五分,高丈五尺,門四,東文同、西武定、南諧邇、北燮遐。初設寧邊州同,三十八年改爲縣。縣治極四十三度四十五分、西二十九度二十六分①,午正日景夏至長一尺八寸一分、冬至長一丈五尺五寸四分、春秋分長六尺六寸八分。其地疑元之彰八里也②。《元史·地理志》"畏兀兒地第三十六"曰:"彰八里,至元十五年(1278)授朶魯知金符,掌彰八里軍站事。"按,彰八里亦作昌八里,亦作摻八里。《耶律希亮傳》:"中統二年(1261),至昌八里城。夏,踰馬納思河。"是昌八里在馬納思河之東也。《李進傳》:"至元十九年,命屯田西域別石八里。二十三年秋,海都及篤娃等領軍至洪水山,進軍潰,被擒,從至摻八里。"是摻八里在別石八里之西也。

【校記】

① 九,稿本原作“八”,旁改同底本。

② 此句至段末,稿本原無,籤條補入。

河經縣城東八里[①],溉戶屯、兵屯田。昌吉戶三千四百八十一,屯田十六萬五千五百六十七畝,額徵糧萬三千七十石六斗五升四合六勺。又荒地三萬七百三十八畝,新招戶四百四十四,減半升科,額徵糧千四百八十石三升四合七勺。兵屯凡兵五百名,屯田萬八百畝,爲烏魯木齊左營也。河又北,瀦爲葦澤而止。諺曰頭屯河,因頭屯所以名之。迪化州置所三,曰頭屯,在頭屯河東二十二里,戶二百五十一,屯田七千五百七十五畝,歲額徵糧七百二十八石七斗五升二勺。曰塔西河,在胡圖克拜河西,戶千三百零四,屯田一萬二千二百三十六畝五分,歲額徵糧一千一百七十二石七斗六升五合五勺。曰蘆草溝,在昌吉縣城西四十里,戶一百八十五,屯田五千五百七十二畝,歲額徵糧五百三十五石五斗二升四合三勺。皆乾隆四十二年建,各駐千總一人。

【校記】

① 縣,稿本原無此字,籤條補入。

頭屯河西十餘里,爲羅克倫河。羅克倫者,準部時額林哈畢爾噶鄂拓克地,其宰桑噶爾藏多爾濟居之。噶爾藏多爾濟卓帳處,在今孤穆第西十五里,見國梁《澄悅堂詩集》注:“孤穆第,在鞏寧城東偏北四十里也。”乾隆二十年三月,定邊右副將軍薩喇爾以大兵西下,遣侍衛瑚集圖等諭之來降,薩喇爾因駐羅克倫,俟定西將軍永常兵。回語謂涌出爲羅克倫,言其地有瀑泉上涌也。其河二源,亦出孟克圖嶺之麓。乾隆四十七年,於其地置金廠,金夫二十三人,人月納課金三分。河流逕雅瑪拉克山西而會,出山口,諺曰天河。北流引東西渠各一,東渠經縣西門北流,西渠經圓城西蘆草溝堡東而北流,皆溉戶屯。

天河又北流,西引渠一。又北流,分爲二支,東支曰三屯河,西支曰御塘河,各北流,逕羅克倫軍臺東、軍臺距縣城十里。昌吉縣治西。昌吉兵屯分地四,縣治東北五十里,爲寶昌堡屯,又三里,爲樂全堡屯,各種田二千二百畝。皆在頭屯河東。治南三十里,爲二工屯,治北二十五里,爲三工屯,各種田三千二百畝。皆在三屯河東。乾隆戊子(三十三年,1768)八月十五夜,屯官犒諸流人,置酒山坡,男女雜坐。屯官醉,逼諸流婦使謳。流人怒,殺屯官,劫庫兵爲亂,即三屯河側也。河又北流,與御塘河會,是爲羅克倫河。又西北流百餘里,與胡圖克拜河會。《灤陽續錄》云:“由烏魯木齊至昌吉,南界天山,無路可上,北界葦湖,連天無際,淤泥深丈許,入者輒滅頂。”蓋羅克倫河、頭屯河下游所鍾也。

胡圖克拜河,

準語胡圖克拜者,吉祥也。今彼中之諺,易曰呼圖壁，譯爲有鬼。地理之義，名從主人，而民入山林，不逢不若，吉祥之稱，固爲允矣。乾隆二十九年(1764)，於其地築城曰景化。昌吉縣城西一百一十里。城周三里五分，高丈六尺，門四，東熙景、西寶成、南阜薰、北溥信。三十八年，移寧邊巡檢駐之。

胡圖克拜河出城南八十里之松山，五源並出。源處亦置金廠，如羅克倫河例。河北流出山，逕瑪納斯營卡倫西、獨山子沙磧東，沙磧距景化城七十里。凡北流二十五里，爲渠口，疏東流渠六、西流渠五。又北流五十五里，逕景化城西，引西流支渠五。諸渠間爲景化城戶屯，與烏魯木齊右營兵屯田，凡戶千三百一，屯田五萬一千四百七十七畝八分，額徵糧四千三百五十八石二斗三升九合五勺。又荒地萬四千五百六十畝，新招戶百八十五，減半升科，額徵糧七百一石六升四合。兵屯視左營之額。景化城東北四里爲頭工，城南十五里爲四工，皆在胡圖克拜河東。城西南二十五里爲二工，城西二十五里爲三工，皆在胡圖克拜河西。四工各種田二千七百畝。但地當孔道，溝瀆縱橫，載馳載驅，憎於跋涉。河逕景化城北流百餘里，與羅克倫河會。

西源爲瑪納斯河、

胡圖克拜河西六十里，爲圖古里克河。準語圖古里克，物之圓者，因地名以命河。河發南山，北流經圖古里克軍臺西數十步。軍臺在呼圖壁臺西六十里。又北流，瀦葦澤而止。乾隆二十年(1755)十月,參贊策楞奏"賊黨阿巴噶斯於圖古里克拒守"是也。圖古里克河西六十里爲塔西河,河三源,發南山,北流經塔西河所堡西。又北,分爲二,瀦葦澤而止。

塔西河西四十許里,爲瑪納斯河,五源分出哈屯博克達山之衛和勒晶嶺。乾隆二十二年,參贊雅爾哈善奏言:"端濟布等至克伯訥克圖嶺捉生詢問,知巴哈曼集等在瑪納斯河源之小衛和勒晶嶺居住,隨帶兵追入。巴哈曼集帶百餘戶,越大衛和勒晶嶺逃遁。過嶺即裕勒都斯地方,馬乏不能窮追。"即瑪納斯河源處矣。水清産玉,故又曰清水河。玉色黝碧,有文采,璞大者重數十觔。清水河北流,古爾班多邦水自東來入之,古爾班沙扎海水自西來入之①,出山爲瑪納斯河。準語瑪納,巡邏也,斯謂其人;濱河有巡邏者,是以名焉。

【校記】

① 此句《方壺》本奪。

河東岸里許,有城墉舊基,曰陽巴勒噶遜。陽,漢人語,巴勒噶遜,準語城也。地向陽,有城基,故名。乾隆四十二年(1777),於其東建南北二城,北曰康吉城,周三里七分六釐有奇,高丈六尺,門四,東迎曦、西兆成、南來薰、北慶豐。初駐縣丞,建城之年,改爲綏來縣。縣治極高四十四度二十分、西三十度二十五分①,午正日景夏至長三尺八寸一分、冬至長二丈四尺五寸二分、春秋分長九尺七寸七分。其南城曰綏寧城,周三里五分八釐有奇,高與康吉同,四門[②],東延旭、西鞏遐、南麗端、北寧漠,駐瑪納斯營兵。兩城間築牆六十五丈九尺,中置門曰靖遠關。南城之南、北城之北,皆築邊牆,通長四千四百二十三丈,高二丈三尺。瑪納斯河出山北流百一十里,爲渠口。疏東流渠三,皆東入綏寧城南邊牆。

【校記】

① 西三十度二十五分,稿本作"西二十九度四十八分"。

② 四門,稿本互乙。

河又北流,疏爲磨河渠,經靖遠關下,入康吉城北邊牆,溉其屯田。綏來縣戶二千八百三十二,屯田九萬五千一百四十三畝三分,額徵糧八千八百三十三石七斗五升七合九勺。又荒地三萬八千一百六畝,新招戶五百零五,減半升科,額徵糧千八百三十四石五斗一升五合。其兵屯,舊爲左右營,左營屯卒六百一十六人,種田萬二千九百三十六畝。右營屯卒六百二十人,種田萬三千二十畝。乾隆五十年罷。靖遠關牆西三里,有地廣畝許,湧泉瀦爲池,諺曰泉溝。好事者往垂綸焉。瑪納斯河逕泉溝西七里,北流至縣北。沿河左右[①],悉爲民田。又西北流百五十里,與烏蘭烏蘇河會。水草所交,莫測遠近,羣雁止宿,恒億萬計。《元史·耶律希亮傳》[②]:"中統二年(1261),

踰馬納思河，抵葉密里城。”余數渡斯河，冬則盡涸，入夏盛漲，急流洶湧，每聞旅人有滅頂之虞。

【校記】

① 此句至“恒億萬計”，稿本原作“又西北流百五十里，與烏蘭烏蘇河會”，籤條補入。

② 此句至“抵葉密里城”，稿本原作：“《元史·耶律希亮傳》：‘中統二年，至昌八爾（原作昌八里。）城，踰瑪納思（原作馬納思。）河，抵葉美里（原作葉密里。）城，乃定宗潛邸湯沐邑。’是在元時爲諸王分地。”籤條改同底本。

烏蘭烏蘇河，

瑪納斯河西七十餘里，爲烏蘭烏蘇河，源出綏來縣南古爾班多博克山，亦曰烏蘭烏蘇山。阿睦爾撒納既叛，潛匿博羅塔拉，博羅，舊作波羅。其黨納木奇住烏蘭烏蘇納林。乾隆二十二年（1757），察哈爾總管端濟布搜捕瑪哈沁，時扎哈沁之得木齊哈勒拜與達爾扎藏匿烏蘭烏蘇山內沙扎海地，乃率兵渡瑪納斯河，至美羅托山掩襲，爲賊所覺，遁，追擊之，殺賊百餘。沙扎海者，即沙扎海水所發入瑪納斯河者也。烏蘭烏蘇山出水二支，東曰庫克河，西曰錫博圖烏蘭烏蘇，北流而會，出山，又北流數十里，逕烏蘭烏蘇軍臺西。軍臺距縣城八十里。又西北流百餘里，與瑪納斯河會。《新唐書·地理志》：“輪臺縣又百五十里，唐輪臺縣治當在今迪化州治稍東。《志》言瀚海軍西七百里有清海軍。按瀚海軍在北庭都護府城內，清海軍即渡白楊河七十里之清鎮軍城也。以道里計之，百五十疑當作二百五十。有張堡城守捉，又渡里移得建河七十里，有烏宰守捉。又渡白楊河七十里，有清鎮軍城。”以今證之，里移得建疑於瑪納斯，白楊河近於烏蘭烏蘇矣。

北源爲木丹莫霍爾岱河，

河在塔爾巴哈台南境，準語塔爾巴哈，獺也，地多獺，故名。舊作塔爾巴噶台。當蘇海圖河之南、準語蘇海圖，有檉柳處。達爾達木圖河之東①。準語達爾達木圖，枯木重疊之謂。達爾達木圖河一曰布克圖河，塔爾巴哈台金廠所在。蘇海圖河即與納木河會流者也②。準語納木，水流平緩無聲之謂。

【校記】

① 蘇海圖，稿本原作“蘇哈圖”，而無小字夾注，籤條補正之。

② 蘇海圖，諸本皆作“蘇哈圖”，據上文改，參校記①。

注於淖爾。

羅克倫、胡圖克拜二河既會，西北流二百餘里，逕清水峽南，入自淖爾之東南。瑪納斯、烏蘭烏蘇二河既會，西北流百里，入自淖爾之南。木丹莫霍爾岱河流百餘里，入自淖爾之西北。是爲額彬格遜淖爾，準語謂老婦爲額彬，謂腹爲格遜，沿其舊名也。今又曰阿雅爾淖爾。淖爾當紅柳峽、清水峽之中，安濟哈雅軍臺正北二百餘里。準語安濟，藥草名，哈雅，採取也。濱河多産此草，居人往取，故名。軍臺在烏蘭烏蘇軍臺西百一十里。圓橢形，東西斜長百數十里，南北廣數十里,東南距巴爾庫勒淖爾千八百餘里。淖爾南有地曰魚窩鋪,可耕。嘉慶十九年(1814),松公筠欲開渠引葦蕩水溉之。時報墾者已三萬餘畝,渠成,水不流,罷。

喀喇塔拉額西柯淖爾所受水①

喀喇塔拉額西柯淖爾三源,東源爲庫爾喀喇烏蘇河,

烏蘭烏蘇河西三十餘里爲和爾郭斯河,和爾郭斯,準語謂畜牧地也,舊作和洛霍澌,今又作霍爾果斯②。發源額林哈畢爾噶山和爾郭斯嶺,滙阿什木水、伊孫康圖爾水、烏里雅蘇圖水、柯木訥克圖水、察罕河、車集河,準語車集,當胸之謂,河在兩山環抱之間,故名。爲和爾郭斯河,諺曰博羅通古河。乾隆二十一年(1756),定西將軍策楞奏:參贊哈薩克錫喇等領兵至和爾郭斯河,原作和洛霍澌河。擒獲阿睦爾撒納信用之宰桑察哀並伊子巴朗。其明年,參贊永貴奏:副都統額爾登額將博羅通古之賊衆剿殺。又明年,超勇郡王策布登扎布擒準噶爾宰桑渥赭特,皆在斯河也。河北流,越山口,山口在綏來縣治西南二百里。分爲三,以西爲上。諺曰三道河。又北,經五科樹西十餘里。又北,入葦澤而止。和爾郭斯頭道河當安濟哈雅軍臺之東。

【校記】

① 塔拉,《方壺》本作"喀拉"。

② 又,《方壺》本奪此字。

其臺西二十里爲安濟哈雅河，河亦發源額林哈畢爾噶山，大小二河匯流，經特圖山西，越山口，山口在綏來縣治西南三百六十里。北流入葦澤而止。乾隆二十二年，扎納噶爾布叛，殺噶勒丹多爾濟於此也。安濟哈雅地極四十四度十三分、西三十一度十二分①，午正日景夏至長三尺七寸九分、冬至長二丈四尺三寸八分、春秋分長九尺七寸三分。安濟哈雅河西百一十里爲奎屯河，準語奎屯謂冷，猶言冷水河。源出額林哈畢爾噶山。山産金，乾隆三十六年置廠。其年，土爾扈特歸順，置東路二旗千二百二十戶於奎屯河西岸。明年，伊犁將軍舒公赫德以土爾扈特郡王巴木巴爾游牧，與淘洗金沙之河相距三十餘里，罷兵丁之洗金者。四十七年，都統明亮仍置廠，金夫二百一十人，納課如羅克倫河例。

【校記】

① 稿本"極"下有"高"字。西三十一度十二分，稿本原作"西三十度五十四分"，旁改同底本。

奎屯河北流出山，疏西流渠一，曰樹窩子商戶渠。又北流，逕庫爾喀喇烏蘇城東四十里。城曰慶綏，乾隆四十八年建，周三里一分，高丈六尺，門四，東撫仁、西向義、南溥澤、北奉恩，極四十四度二十四分、西三十一度四十四分①，午正日景夏至長三尺八寸三分，冬至長二丈四尺六寸一分，春秋分長九尺七寸九分。乾隆三十七年始建舊城，四十八年，於其東北二里築今城，駐領隊及糧員，綠旗馬、步兵各三百人，遊擊統之。余自奎屯軍臺西行，煙草接天，青痕無際，平碾雙輪，蚰蜒一線。四十里亂流奎屯，河水湯湯，障泥半沒。又十餘里，碎石確犖，細馬胡兒，遠來叢莽，即土爾扈特卓帳所矣。河干人語余云："昔準噶爾虐回部，囚瑪罕木特及二和卓木於此河側。"耆舊相傳，是知其處。

【校記】

① 西三十一度四十四分，稿本原作"西三十度四十四分"，"一"字旁添。

河又北流，東西各引渠一，東曰河沿子商戶渠，西曰民戶渠。慶綏城民戶八十四，種田二千五百二十畝，額徵糧百四十二石六斗七升六合。戶屯之北爲兵屯，田數如戶屯兵，凡百二十人。河逕兵屯東，折而西北流，逕軍臺西，庫爾河軍臺，東南距奎屯軍臺九十里。爲庫爾喀喇烏蘇河。又西北九十里，逕沙喇烏蘇軍臺南，有阿爾沙圖布拉克水自東南來入之。其水發源慶綏城東，西北流經兩城間，至新城北，爲五道橋，有蓮花池水自東南來滙。舊城西門外二里許，土阜如甑①，周近三里，中有碧池，水深數丈，四時不耗。白蘋蔓生，亭亭池面，塞人謂之野蓮，因以名池。池水西流，至五道橋北，與阿爾沙圖布拉克水滙。又西北流，瀦爲水磨。水之東，皆商戶莊也。又西北流，入於庫爾喀喇烏蘇河。

【校記】

① 土,《方壺》本作"上"。

慶綏城西南九十里山中,有雅將軍營焉。謹按,《方略》[①]:雅爾哈善以乾隆二十二年三月任參贊,五月駐濟爾噶朗準語濟爾噶朗,謂安居之地。總辦軍務。斯其舊壘,今尚巋然。有水發於壘北,流經鄂壘扎拉圖,準語鄂壘,高聳之象;扎拉,冠上纓也。相傳準夷擊服回人於此,加服冠纓,故名。爲鄂壘扎拉圖水。雅公駐兵前一歲,定邊右副將軍兆公惠實駐之。當是時[②],西路降夷巴雅爾、呢瑪、噶爾藏多爾濟、哈薩克錫拉等,聞青滾雜卜之變,羣起叛亂。天大風雪,聲息不相聞,侍衛圖倫楚間道往迎。十一月二十五日,兆公以兵千五百轉戰而東,明日,次鄂壘扎拉圖。賊人突至,戰交綏。十二月朔,賊數千來攻,我師拒守。越三日,五更時[②],乘賊不備,奮擊,敗之。斬馘千餘,官兵陣亡者三十四人,得傷者一百四人。其水故道北滙庫爾喀喇烏蘇河,今北流經城西二十餘里,又稍西北流而止,故稱乾河,蒙古語謂之敦都爾沙喇河[④],譯言半黄也。

【校記】

① 此節引文,參《方略》正編卷三八、四〇下相關記載。

② 是,《方壺》本作"其"。

③ 更,《方壺》本作"鼓"。

④ 沙,《方壺》本作"火"。

庫爾喀喇烏蘇河西北流七十餘里,濟爾噶朗河入之。濟爾噶朗河三源發南山,名古爾班恰克圖水。山中產金,置濟爾噶朗廠。金夫二百九名,納課如奎屯廠例。恰克圖水北流,經土爾扈特喇嘛寺東。又西北流,經布爾哈齊準語謂伏流之水旋出地上,滙成大澤也。軍臺西十許里,軍臺東距城七十里。爲濟爾噶朗河。又曰多木達喀喇烏蘇,河西五十餘里置多木達喀喇烏蘇軍臺。言於三喀喇烏蘇居中也。布爾哈齊莊南五里許,軍臺在莊中。沙阜湧泉,流如畎澮,勢甚湍急,北經莊東二十許步,爲布爾哈齊水,西北流入於濟爾噶朗河。濟爾噶朗河又西北流,入於庫爾喀喇烏蘇河。

濟爾噶朗廠西南有山曰額布圖嶺,準語額布圖,順適之謂。發泉東北流爲額布圖河。乾隆二十三年三月,兆公惠奏擒扎哈沁之得木齊哈勒拜。其游牧在額布圖河原作額卜推河。是也。又曰固爾圖喀喇烏蘇。其水自東北折而西北流①,凡數十里,別爲支流,經軍臺固爾圖喀喇烏蘇軍臺東距布爾哈齊軍臺百三十里。東五十許步。余庚辰(嘉慶二十五年,1820)正月二十日,路出斯程。憩馬水側,晨旭熹微,冰澌初泮②,雉飛鳥浴,琴筑琮琤。水經軍臺,遇沙而伏。其正流經軍臺東二十五里,河流散漫,蕩石成灘,寬二里許。又西北流百餘里,入於庫爾喀喇烏蘇河。《新唐書·地理志》云③:"渡葉葉河七十里,有葉河守捉。又渡黑水七十里,有黑水守捉。"黑水者,即三喀喇烏蘇之謂歟？庫爾喀喇烏蘇河又西三十餘里，入於淖爾。

【校記】

① 流，稿本無此字。

② 冰，《方壺》本作“水”。

③ 云，稿本無此字。

南源爲晶河，

固爾圖喀喇烏蘇西二百五十餘里，爲晶河。河出安阜城南山，其山即伊犁哈什河北岸山陰也。山有峽口，曰登努勒台。安阜城東五十里，地曰沙泉子，沙泉子正南，與登努勒台山口相直。兆公惠曾由此進兵，故安阜城南十里有兆將軍廢壘。《新唐書・地理志》云[1]：“黑水守捉，又七十里，有東林守捉。又七十里，有西林守捉。又經黄草泊、大漠、小磧，渡石漆河，踰車嶺，至弓月城，過思渾川、蟄失蜜城[2]，渡伊麗河。”蓋即由登努勒台至伊犁矣。自固爾圖喀喇烏蘇軍臺西北，經托多克軍臺，路行叢葦中，草高於人，又西北，皆沙阜難行，所謂草泊、小磧也。石漆河或晶河之舊稱。河三源並出，爲古爾班晶河。準語晶謂蒸籠也，河濱沙土濕暖如蒸，故名。西北流出山，逕西路一旗土爾扈特游牧一百科樹之西。北距安阜城九十里。又西北流，導西流渠一，溉戶屯田。又西北流，導東流渠一，溉兵屯田。安阜城管戶四十二，屯兵六十人，戶屯、兵屯各種田千二百六十畝[3]。又有園戶[4]，種田千二百四十三畝。

【校記】

① 云,稿本無此字。

② 蜜,《方壺》本作"密"。

③ 戶屯、兵屯,稿本無此四字。

④ 此句至段末,稿本無。

晶河又西北流,逕晶河舊城西半里。晶河始建城,置典史一人,乾隆四十八年(1783),於舊城東半里築安阜城,周二里二分,高丈六尺,極四十四度三十三分、西三十三度十分①,午正日景夏至長三尺八寸五分、冬至長二丈四尺七寸九分、春秋分長九尺八寸四分,門四,東登春、西永豐、南輯和、北保康,改典史爲糧員,又置綠旗馬、步兵各二百,都司統之,皆隸慶綏城領隊轄。河逕舊城西,又北流百餘里,入淖爾。安阜城西二百里,至托霍木圖軍臺,在伊犁惠遠城東北四百五十里。南盡哈什圍場山陰,北盡淖爾,皆土爾扈特錯處。自城以南則河東者游牧,河西者屋居;自城以北則河東者屋居,河西者游牧。

【校記】

① 西三十三度十分,稿本原作"西三十二度三十分",旁改同底本。

西源爲薩爾巴克圖河,

薩爾巴克圖河出伊犁和爾郭斯境北山陰,三源並出,爲古爾班拜雜爾河。東北流數十里,有四水自南來入之,有三水自北來入之。東流,逕雅瑪圖小卡倫北。又東北流，有察罕烏蘇河自北來，經察罕烏蘇小卡倫東入之，卡倫東南距雅瑪圖小卡倫八十里。是爲薩爾巴克圖河。河東北流數十里，有庫克托木水自西北來入之。水發自庫克托木嶺，乾隆二十六年(1761)，參贊阿公桂奏言："哈薩克越界游牧，派伊勒圖、豐訥亨領兵三百餘名，踰庫克托木嶺，將潛來巴柴勒卜什之哈薩克拏獲三四人，收其馬羣。"即此水所源也。薩爾巴克圖河又東北流，有卓諾布拉克自西北來入之。又東北流數十里，有鄂拓克賽里河準語鄂拓克，部落也，賽里，後胯也。河有分流如胯，故名。自西南來入之。鄂拓克賽里河出賽喇木淖爾西北博羅和洛山，準語山峯蒼翠，回抱如牆，故名。東流經喀喇河北岸。又東北，經熱水泉南。又東北，經鄂拓克賽里卡倫南。西距雅瑪圖卡倫一百四十里。乾隆二十三年，定邊將軍兆公惠等奏言："臣策布登扎布過甘楚罕，今作干珠罕，有卡倫，在賽喇木淖爾東岸。直尋布庫察罕游牧。臣富德紆道一日，前往鄂拓克賽里堵截。約於塔勒奇相會。"是其地矣。鄂拓克賽里河又東北流，至察哈爾左翼倉南，入於薩爾巴克圖河。

薩爾巴克圖河又東流，有水自北山南流來入，在阿爾蘇圖哈瑪爾卡倫東。是爲博羅塔拉河。博羅塔拉河東流，逕察哈爾左翼廟南。又東，逕左翼田南。又東，有莎嶺水準語莎，臂胯也，嶺形如之，故名。出莎嶺，南流來入之。又東，逕察哈爾右翼廟北。又東，逕右翼倉南。又東，逕右翼田南。凡博羅塔拉河所逕，皆察哈爾游牧也。察哈爾爲元小王子苗裔，先與毛里孩居河套[①]。明嘉靖十一年(1532)，打來孫徙幕東方，稱察罕土門汗，土門汗訛爲土蠻，察罕又訛爲插漢兒，插漢兒即察哈爾之轉也。是爲駐牧察哈爾之祖。萬曆末有虎墩兔者，自稱林丹汗，虐其部人，天聰六年(1632)，征之。林丹汗渡黃河西奔，死於錫喇偉古爾之大草灘。八年，其宰桑及其妃墨爾根降。九年，其妻蘇泰福晉及其子額哲內附，於張家口外設都統轄之。其游牧在京師西北四百三十里，當直隸、山西邊外，左右翼各四旗。其界北至內蒙古之阿巴哈納爾右翼旗、阿巴噶右翼旗、蘇尼特左右翼旗、四子部落旗，西至內蒙古之喀爾喀右翼旗、茂明安旗，東北至內蒙古之克什克騰旗，南至直隸口北三廳、山西大同府、朔平府、歸化城。乾隆二十九年，自其游牧移官兵千八百三十七人駐牧賽喇木淖爾、博羅塔拉河②，分左右翼，置領隊一人。

【校記】

① 此句至"歸化城"，稿本原作："察哈爾爲蒙古强部，天聰二年征察哈爾，九年，其汗林丹死，汗妻囊囊太后及瑣諾木台吉舉部內附，於張家口外設都統轄之。"復有籤條二紙改作：

察哈爾爲蒙古强部，或謂是元之苗裔。按，《元史・忙哥撒爾傳》云："忙哥撒爾，察哈札剌兒氏。曾祖赤老溫愷赤，祖搠阿，父那海，並事烈祖。"是察哈爾之有部落，在有元建國之先矣。其汗曰林丹，虐其部人，天聰六年征之。林丹汗渡黃河西奔，死於錫喇偉古爾之大草灘。八年，其宰桑及其妃墨爾根降。九年，其妻蘇泰福晉及其子額哲內附，於張家口外設都統轄之。其游牧在京師西北四百三十里，當直隸、山西邊外，左右翼各四旗。其界北至內蒙古之阿巴哈納爾右翼旗、阿巴噶右翼旗、蘇尼特左右翼旗、四子部落旗，西至內蒙古之喀爾喀右翼旗、茂明安旗，東北至內蒙古之克什克騰旗，南至直隸口北三廳、山西大同府、朔平府、歸化城。

② 自其游牧，稿本作“自張家口”，籤條改同底本。

博羅塔拉河自達爾達木圖小卡倫以西、鄂拓克賽里卡倫以東，長二百餘里，夾河葱翠，短草長林，襟帶衍沃，牛羊散布。《通謨克傳》云：“康熙五十六年（1717），大軍進剿準噶爾，時策妄阿喇布坦游牧博羅塔拉，以額林哈畢爾噶爲要隘。”是策妄建庭於斯也。考《土爾扈特總傳》云①：“噶勒丹之妻阿努按，梁份《西陲今略》載《噶勒丹傳》，阿努乃僧格之妻，噶勒丹之嫂，僧格爲七清所殺，阿努乃歸噶勒丹。有女弟曰阿海，噶勒丹兄子策妄阿喇布坦將以爲妻，噶勒丹奪取之。策妄阿喇布坦怒，徙博羅塔拉。”蓋五雲表異，七友來歸，開釁析居，因爲宗會。迨阿逆之叛，亦居其地。《方略》云“乾隆二十年十二月丙辰，駐劄巴里坤辦事大臣和起奏：副將軍薩喇爾遣伊兄布林等來告，阿睦爾撒納同台吉額林沁、舍楞在博羅塔拉道都托羅海地方居住”是也②。二十二年，阿逆自哈薩克潛歸伊犁，又會諸賊，坐牀於此，欲自爲汗。故《和碩特總傳》云：“阿睦爾撒納據伊犁，副將軍薩喇爾約諾爾布敦多克及沙克都爾曼濟子圖們，以兵至博羅塔拉。”兼綜諸傳，足知形勢。

【校記】

① 總，《方壺》本奪此字。

② 此節引文，出自《方略》正編卷二三“乾隆二十年十二月丙辰”條

下，有删改。

博羅塔拉河東流，逕達爾達木圖小卡倫南，庫森木什克河庫森，準語，與回語同。自南來入之。其水發源哈什河北岸山陰，庫森木什克河源東距安阜城三百二十里。二源並湧，爲瑚素圖布拉克水。其地置軍臺，即瑚素圖布拉克臺。水傍南山，東流百二十里，經托霍木圖軍臺南。又東流，折而北，經小山嘴東①，西距托霍木圖軍臺二十里。土爾扈特之西界也。丙子（嘉慶二十一年，1816）初秋，旋程行邁，西山銜日，林莽阻深，促騎叢薄，澗流幽咽，揞梧危橋，著鞭以度。乾隆二十七年，伊犁辦事大臣阿公桂疏言："前者臣等奏明今秋添設額林哈畢爾噶路軍臺，自晶河、博羅布爾噶蘇、準語地多青柳，故名。登努勒台一帶至伊犁安設。適今年二月晶河運送籽種，以登努勒台雪大難行，訪之厄魯特，乃由塔勒奇嶺、賽喇木淖爾、庫森木什克等處而來。塔勒奇嶺山路較博羅布爾噶蘇嶺爲平正，秋雪亦與登努勒台較少，惟水大之時略有未便。而彼處有噶勒丹策凌時舊橋數處，修其損壞，可免病涉。所有軍臺，改由塔勒奇至托里準語托里，鏡也。六處安設。"從之。舊橋即今所行橋也。庫森木什克河經橋下，北流百二三十里，入於博羅塔拉河。博羅塔拉河又東流數十里，入於淖爾。庫森木什克河東十里，有水北流，水東有村落，諺曰大河沿。又東三十餘里，有水北流。又東五十餘里，有托里水，於托里軍臺西畔瀦爲小澤，皆不與淖爾會。托里東三十餘里，有葦蕩，周數十里，諺曰折腰湖，多細魚。又東五十餘里，有水北流。又東十餘里，即晶河。

【校記】

① 嘴,《方壺》本作“觜”。

皆注於淖爾。

喀喇塔拉額西柯淖爾亦曰布爾哈齊淖爾,《水道提綱》做博羅塔拉鄂模。在安阜城北一百三十里,極四十四度三十五分至四十六分、西三十二度四十一分至三十三度二十五分[1],東西百五十里,南北八十里,周四百餘里,冬夏不盈虧。厗水於岸,自然成鹽,商賈運販,一升數錢。伊犁之境,是焉仰給,故又曰鹽海。庫爾喀喇烏蘇河入自淖爾之東,晶河入自西南,薩爾巴克圖河入自正西。其北岸即塔爾巴哈台境也,東距額彬格遜淖爾四百里。

【校記】

① 此處經緯度,稿本原作“極四十五度八分至四十六度、西三十度四分至九分”,旁改同底本。

西域水道記卷四[1]

巴勒喀什淖爾所受水

巴勒喀什淖爾者，伊犁河所瀦也。伊犁河二源，西南源爲特克斯河，

特克斯河出汗騰格里山，準語謂君爲汗，謂天爲騰格里，猶言天山也。在納喇特嶺西五百里。山脈來自木素爾嶺，山勢尊嚴，羣峯環拱，爲天山之主峯。特克斯河出其北麓，《水道提綱》云："特克斯河出根克多貝格根地之大山東麓，西三十四度，極四十三度六分。"準語謂野山羊爲特克，謂衆多爲斯，言濱河多此也。河三支並出，會流逕特克斯塞沁小卡倫西。卡倫西北距沙喇雅斯卡倫六十里。又北折而東，逕垓爾汗山南五十里，多木達都多木達都與多木達同，多木達見前。哈布哈克水入之。多木達都哈布哈克水二源，並發南山，北流經多木達都哈布哈克小卡倫東。又北流，滙特克斯河。特克斯河東流五十里，伊克蒙古語伊克，大也，見《元史語解》。哈布哈克水入之。伊克哈布哈克水發南山，伊克哈布哈克水一源，多木達都哈布哈克水二源，故又統名古爾班哈布哈克水。北流經伊克哈布哈克小卡倫西。又北流，滙特克斯河。

【校記】

① 卷四,稿本作"卷三"。

特克斯河又東流二十里,烏爾克沁布拉克水入之。烏爾克沁,小泉也,東北流滙於河。特克斯河又東流五十里,喀喇河入之。喀喇河發南山,西北流,經納林哈勒哈蒙古語納林,細流也。小卡倫北。又西北流四十里,經察察準語察察,小廟也,以貯殘廢佛像者。小卡倫東。西距伊克哈布哈克小卡倫五十里。東北流,一水自東南來,共滙於河。特克斯河又東流,阿爾雜木素爾水入之。阿爾雜木素爾水發南山,冰嶺之陰也,北流滙於河。特克斯河又東流,格登水格登本山名,準語格登,腦後骨高之象,山形拱起如腦骨然,故名。水復以山爲號也。自北來入之。格登水二源,西源發達布遜淖爾南岸山,曰阿爾班水,蒙古語謂十數爲阿爾班,特克斯河北岸入河之水凡十,自東數至西,終於是水,故以爲第十水也。南流數十里,經上三旗厄魯特之喇嘛寺西。厄魯特者,準噶爾種人也,其左翼爲上三旗。初,準部台吉達什達瓦小策零敦多布之子。爲其汗喇嘛達爾扎所殺,喇嘛達爾扎者,策妄多爾濟那木扎勒庶兄也,弑策妄多爾濟那木扎勒而自立。其屬來歸,編置熱河。乾隆二十九年(1764),遷伊犁,是爲左翼厄魯特,牧於特克斯河及察林河岸。其喇嘛寺在格登山北麓,阿爾班水經寺西。又東南流,滙於格登水。格登水西距阿爾班水五里,源發格登山,即水之東源也。格登山在惠遠城西南五百餘里,北距格根河源八十餘里。

昔大軍之追擒達瓦齊也，達瓦齊自特克斯河竄據格登山。二十年五月丙午，定邊左副將軍阿睦爾撒納奏言[①]："臣等於五月五日渡伊犁河，據散秩大臣阿巴噶斯等言，伊於達瓦齊未到之前，先赴華諾輝今作霍諾海。保護游牧，達瓦齊遂自格登移駐尚圖斯。臣等領兵於初十日至華諾輝圖西里，準語西里，山間平甸也。見有賊人蹤跡，隨兩路進兵。追至哈新烏蘇，身親察勘，則達瓦齊擁衆將及萬人，後負格登山崖，前臨泥淖，駐營固守。正在相度間，有自達瓦齊營來投誠者二人，曰莽漢，曰們都，自言係明阿特鄂拓克之人，在特穆爾圖淖爾蒙古語特穆爾，謂鐵也。游牧，近爲達瓦齊所脅。達瓦齊自特穆爾圖淖爾帶兵來此住歇，未必即有歸降之意，然衆心離散，別無可調之兵。臣等竊思達瓦齊氣衰力竭，斷難持久，若竟領兵掩殺，既非仰體拯救準噶爾衆生塗炭至意，即投誠人等，亦不無因此遲疑卻顧。臣等詳察地利，於十四日兩軍各據形勝，整陣以待，並示欲掠游牧之勢以誘達瓦齊。是夜，派翼領喀喇巴圖魯阿玉錫、厄魯特章京巴圖濟爾噶爾並新降宰桑察哈什，帶兵二十二人往探。而阿玉錫等突入賊營，出其不意，放鎗納喊。賊衆驚潰，達瓦齊率二千餘人竄去[②]。比黎明，獲其台吉二十人，宰桑四人，宰桑之子弟二十五人，及達瓦齊親隨兵五百餘人，又所調兵四千餘人。收達瓦齊妻孥及所居大蒙古包一、礮六，仍令參贊大臣公達爾黨阿追躡。"六月丙寅，定北將軍班公第奏言："達爾黨阿至庫魯克嶺，達瓦齊已入布魯特境，嶺外有通回城及布魯特路，令侍衛、台吉等曉諭之。”越二日戊辰，又奏言：“是月八日，達瓦齊行至喀什噶爾界，圖爾瑞阿奇木伯克霍集斯遣其弟攜酒馬迎勞，伏兵林內擒之，並獲其子羅卜托、宰桑愛爾齊等七十人③。令副都統額爾登額等以索倫兵三百人、喀爾喀兵二百人於十四日往木素爾受其獻。”

【校記】

① 此節引文，參《方略》正編卷一三“乾隆二十年五月丙午”下。

② 千，底本作“十”，據《方略》原書、稿本改。

③ 托，稿本作“扎”。

迨定伊犁，立方碑格登山巔，四面分勒滿漢書、回部書、唐古忒書以銘功焉。《高宗純皇帝聖製勒銘格登山碑》曰①：“格登之崔嵬，賊固其壘，我師堂堂，其固自摧。格登之巀嶭，賊營其穴，我師洸洸，其營若綴。師行如流，度伊犁川，粤有前導，爲我具船。渡河八日，遂抵格登，面淖背巖，藉一昏冥。曰擣厥虛，曰殲厥旅，豈不易易，將韜我武。將韜我武，詎曰養寇，曰有後謀，大功近就。彼衆我臣，已有成辭，火炎崑岡，懼乖皇慈。三巴圖魯，二十二卒，夜斫賊營，萬衆股栗。人各一心，孰爲汝守，汝頑不靈，尚竄以走。汝竄以走，誰其納之，縛獻軍門，追悔其遲。於恒有言，曰殺寧宥，受俘赦之，光我擴度。漢置都護，唐拜將軍，費賂勞衆，弗服弗臣。既臣斯恩，既服斯義，勒銘格登，永詔億世。”二十五年，伊犁辦事大臣阿公桂疏以格登爲伊犁鎮山，歲祀，著爲令。文曰②：“惟神位正金方，勢崇西極。鎮準噶爾之全部，夙著靈奇；導岡底斯之羣峯，丕宣氣化。職方未載，乃應運而服懷柔；王會成圖，早報功而行刊旅。嵸巃在望，報饗宜虔。朕綏定遐荒，削平大漠。負陰抱陽之類，莫不尊親；出雲降雨之司,咸同覆載。惟格登山之雄峙,環伊犁河以高騫。地險爰標,神功攸懋。在奪壘擒生之日,助王旅以宣威;值摩崖紀績之辰,翼天庥而效順。作屏遠服,載揚赫濯聲靈;考制名山,用展庪縣典物。謹先期而諏吉,俾時享而薦馨。康我邊陲,永秩春秋之祀;表茲絕域,式垂山海之經。雉譯咸通,鴻圖常固,聿將芬苾,庶克歆承。"編修朱筠之詞也。格登水並山流,所謂"前臨泥淖"者也。又東南,與阿爾班水滙。復東南,滙於河。

【校記】

① 此處碑文,《方壺》本删。

② 此處祀文,《方壺》本删。

特克斯河又東,噶克察哈爾海水入之。水發冰嶺之陰,懸流噴激,並山東流,至噶克察哈爾海軍臺西南,瀦爲池。北經軍臺,曲折流山中,九十里,至天橋,山徑中斷,下臨不測,編木爲棧,伊犁與阿克蘇所分界也,水經其下。又十里,至沙圖阿璊軍臺西。余乙亥(嘉慶二十年,1815)歲除,宿於茲臺。臺倚水側,隔岸葱鬱,谷口東眺,遠見格登。雪氣不寒,榠樺萌茁,氊廬燭炧,殘杯不乾。澗聲淙淙,胡歌四面,歲暮崢嶸,泣數行下。異鄉之悲,至斯已極。水流經沙圖阿璊軍臺北數十步,達山外。又北流七十里,滙於河。

特克斯河又東二十里,逕特克斯軍臺北,河寬數里,奔溜湍急,渚漵彌漫,駕鵝鶬鴰,於焉卵育。(乾隆二十八年,參贊大臣伊公勒圖始置巴圖蒙柯至沙圖阿璊七軍臺，以特克斯河水深濶，造威呼二，刳木爲舟狀，濟人，國語名曰威呼。令索倫部人善操舟者二人教習之，即此臺渡口也。）［津渡所屆，泛以威呼，刳木爲舟形，國語曰威呼。《易》曰：“利涉大川，乘木舟虚。”鄭氏注：“如今自空大木爲之，曰虚。”即威呼是矣。乾隆二十八年，參贊大臣伊公勒圖始置巴圖蒙柯至沙圖阿璊七軍臺，以特克斯河水深濶，造威呼二，令索倫部人善操舟者二人教習之，謂此臺渡口也①。］特克斯河又東數里，喀喇烏蘇自北來入之。喀喇烏蘇者，努爾圖水、琫博圖水、哈爾罕圖阿璊水、圖爾衮布拉克水四流所滙也。渡格登水五里，得努爾圖水。又東二十里，得琫博圖水。琫博圖水西數里，有小水發北山，東南匯琫博圖水。又東三十里，得哈爾罕圖阿璊水。又東八里，得圖爾衮布拉克水。水皆發自伊犁河南岸山，東南流，努爾圖水、琫博圖水皆滙於哈爾罕圖阿璊水，三水鍾爲葦蕩，又東南，滙於圖爾衮布拉克水。復南流，達山外，是爲喀喇烏蘇。復東南流，滙於河。

【校記】

① 此處據《校補》本增删。

特克斯河又東十里，哈升水自北來入之。哈升水發於哈升嶺，在惠遠城西南二百里。重岡複嶂，高六十餘里，水發其陽，南流經博羅哈瑪爾山，諺曰青石梁。又東南，滙於河。特克斯河又東二十里，沙喇諾海水蒙古語諾海，犬也。自北來入之。哈升水東十里，得烏蘭布拉克水。又東十里，得沙喇諾海水。沙喇諾海水發自沙喇諾海嶺，南流至博羅哈瑪爾北，烏蘭布拉克水自西北來滙，同流經博羅哈瑪爾東，又東南，入特克斯河。特克斯河又東五里，月爾圖水自北來入之。又東五里，巴噶準語巴噶，小也。哈爾罕圖水自北來入之。又東三里，伊克哈爾罕圖水自北來入之。皆發自沙喇諾海嶺迤東山。伊克哈爾罕圖水經舊銅廠東，南流。嘉慶十四年，將軍松公筠誘誅寧陜叛兵王文龍百數十人於伊克哈爾罕圖，即此水所經也。伊克哈爾罕圖水東三里，爲塔塔爾虎布拉克水。又東八里，爲巴拜布拉克水，亦發自沙喇諾海嶺迤東山。塔塔爾虎布拉克水東南流，滙於巴拜布拉克水。巴拜布拉克水同南流，入於河。

特克斯河又東北二十里，伊克華諾輝水入之。巴拜布拉克水東二十里，爲伊克華諾輝水。又東五里，爲巴噶華諾輝水。二水皆發自華諾輝嶺，［按，華諾輝，甘肅亦有此地名，《通鑑》："突厥寇蘭州，隋涼州總管賀婁子幹敗之於可洛峐。"可洛峐即華諾輝之轉音，胡身之注謂山無草木曰峐，望文生義，不知譯音無定字也①。］山與和濟格爾相直。乾隆二十三年，定邊將軍兆公惠奏言於華諾輝山口對面之和濟格爾收取杜爾把集賽得木齊伊什博什等六十八口是也。伊克華諾輝水南流，經銅廠西。伊犁銅廠創立於乾隆四十一年，先是，四十年，將軍伊公勒圖建言於伊犁置寶伊局，鼓鑄制錢，每文重一錢二分，幕文曰"寶伊"，用銅八分四釐，鉛三分四釐八毫,錫一釐二毫,歲鑄錢千一百餘貫,自烏什、喀什噶爾、哈喇沙爾每城運所産銅。次年,於哈爾罕圖山諺曰鳳皇山,在惠遠城南四百五十里。置廠,歲採銅六千觔,所謂舊銅廠也。五十六年,將軍保公寧以礦竭,移廠哈什,歲增採銅千觔,益鑄錢六百貫。嘉慶六年,又自哈什移於巴彦岱呼巴海,蒙古語巴彦岱,謂富者,呼巴海,山無草木也。諺名曰三道溝。即伊克華諾輝水所經也。華諾輝水又西南流,由華諾輝谷中行。谷長五六里,怪石對峙,杉松蒼翠②,嚴寒行役,乘馬踏冰,水流冰下,聲益瀰湃。有小鳥如燕,翱翔冰上,名曰冰雀,亦曰雪燕,觳乳冰窟,亦雪蛆冰蠶之儔矣。水至谷外,西南流二十餘里,經華諾輝軍臺西,距特克斯軍臺一百里。巴噶華諾輝水自東來滙,共南流至胡都爾海,入特克斯河。

【校記】

① 此處據《校補》本增補。

② 杉松,稿本互乙。

特克斯河又東北流,華托羅海水入之,華托羅海者,泉水也。經阿勒坦和碩山西,又南,入於河。特克斯河又東北流,察罕烏蘇入之。察罕烏蘇發自冰嶺東山,北流滙於河。特克斯河又東北流,阿圭雅斯水入之。阿圭雅斯水發自阿圭雅斯山。乾隆二十二年,定邊將軍成袞扎布奏言①:"臣等自裕勒都斯起程,策應明瑞。七月初二日,明瑞越高嶺數處,行兩晝夜,至布昆哈瑪爾,問知綽和爾等渡庫克烏蘇，糾合昂吉岱等盤踞阿圭雅斯山中，伏賊於密林以待。因遣兵截去路。賊見兵勢，即跳，追至葉克特里克嶺，賊依山結寨，石峯林立，冰雪堆積，馬乏難行，不能奪取，暫於明布拉克回語明，千數名也。地泉多，故名。駐劄。”是知阿圭雅斯所源，故林箐阻深矣。水東北流，滙於河。

【校記】

① 此節引文，見《方略》正編卷四三“乾隆二十二年八月己卯”下，有删改。

特克斯河又東北流，古爾班吉里木台水入之。又東北流，古爾班莫列台水入之。又東北流，古爾班特勒克水入之。乾隆二十五年，副都統豐訥亨追瑪哈沁往圖爾根河，準語圖爾根，迅急之謂。遇賊，擊敗，窮追兩晝夜，知賊在伊克特勒克河源藏匿，往阿圭雅斯打牲，因分三路往迎。即三特勒克之一也。諸水皆發自阿勒坦和碩嶺，北流入於河。乾隆二十四年，護軍統領努三奏云“阿勒坦和碩嶺在木素爾、額林哈畢爾噶兩山梁之間，夏令尚有積雪”是也。

特克斯河又東北流，溫都布拉克水入之。蒙古語溫都，直也。溫都布拉克水在巴噶華諾輝水東三十許里。又東流三十餘里，雪爾圖水自北來滙。又東三十餘里，塔爾巴札圖水自北來滙。又東四十里，經博爾軍臺南，距華諾輝軍臺一百里。博爾水自北來滙。博爾水發自博爾山，伊克博爾、巴噶博爾兩山相比，地有回民屯田，引博爾水溉之。溫都布拉克水又東五十里，莎水發自莎嶺來滙。嶺在惠遠城東南二百十五里。嶺産鐵，乾隆三十八年，將軍舒公赫德疏言："伊犁種田回民銷買舊鐵，製作耕具，數年以來，收買殆盡。於伊犁河南莎嶺開礦，調阿克蘇城回民三十戶試採。"迄今山陰置廠焉。廠北二十里爲莎郭勒軍臺，距博爾軍臺八十里。自軍臺南行二十許里，踰嶺，嶺高二十許里。余曾登陟，崟峩有馬瘏之歎。水至山陽，南流，滙溫都布拉克水。

溫都布拉克水又東八十里，玉季坤水自北來滙。玉季坤水發自莎嶺迤東山，南流經沙畢納爾之喇嘛寺西。沙畢納爾部舊與土爾扈特同牧俄羅斯之額濟勒河。乾隆三十六年，以八百六十七人隨土爾扈特來歸，編附厄魯特下五旗。其人惟習黄教，徭役不及也。水經其寺，復南流，滙溫都布拉克水。溫都布拉克水又東三十里①，巴哈拉克水自北來滙。巴哈拉克水亦發自莎嶺迤東山，南流經厄魯特下五旗之喇嘛寺西。下五旗者，右翼也，準部遺衆之就撫者，編置華諾輝、空格斯河、哈什河岸游牧，因建寺於此。水經其寺，復南流，滙溫都布拉克水。溫都布拉克水折而南，傍阿勒坦和碩山東，入特克斯河。

【校記】

① 溫都布拉克，底本、《方壺》本作"溫克布拉克"，據稿本、《校補》本改。

特克斯河又東北，逕特里莫圖嶺南。又東北流，庫克烏蘇入之。庫克烏蘇發自南山陰，北流，古爾班吉爾瑪台水蒙古語吉爾瑪，小魚也。自東來滙。吉爾瑪台水發自南山陰，西北流，一水自南來滙。又西北流，一水亦自南來滙。三水皆曰吉爾瑪台，故有古爾班之目。庫克烏蘇又東北流，哈畢斯朗水自東來滙。吉爾瑪台與哈畢斯朗皆流經達哈岱烏拉山西南，以滙庫克烏蘇。乾隆二十三年，追瑪里格爾巴朗，副都統由屯與奎蘇德在格登托羅海追拏。三月二十七日，參領都倫保與錐寬等從特克斯河下游至庫克烏蘇哈喇博和齊嶺，追及賊人。三十日，莫托和爾等從特克斯河上游追賊，見二十餘人從華諾輝嶺旁行，盡剿殺之。是其地也。庫克烏蘇北流，入特克斯河。

特克斯河逕達哈岱烏拉山北，有莫霍爾濟爾噶朗水國語謂盡頭處爲莫霍爾。發自南山陰，西北流，西滙哈爾罕圖水來入。特克斯河又東北流，伊克濟爾噶朗水自東來入。伊克濟爾噶朗水發自東南境山，西北流，多木達濟爾噶朗水自南來滙。乾隆二十五年，侍衛碩通等至多木達濟爾噶朗搜剿賊衆，收獲馬匹，即此水也。伊克濟爾噶朗又西北流，察罕布拉克水自東來滙。又西北流，入於特克斯河。昔雅爾哈善之縱賊庫車也，兆公惠實代之。奏言："臣於古爾班濟爾噶朗途次得信，九月九日起程。"即此三濟爾噶朗矣。凡山中斥堠所，曰塔布圖。在莫霍爾濟爾噶朗源者，曰博托木塔布圖。其東北十里，曰垓拉巴特塔布圖，爲多木達濟爾噶朗源。又東十里，曰拜布拉克塔布圖，爲伊克濟爾噶朗源。又東十里，曰綽羅圖塔布圖，爲察罕布拉克源。又東北七十里，則昌曼河北岸，有昌曼卡倫焉。濟爾噶朗河干置船廠，每歲伐南山木修作糧艘，沿於濟爾噶朗，達於特克斯河。河逕莫紐庫尊嶺東、烏蘭布罕西里山西，凡六十餘里，至河口，空格斯河自東南來滙。特克斯河凡行九百餘里。

東南源爲空格斯河，

空格斯［舊爲準噶爾烏魯特、霍爾博斯鄂拓克地①。］河，源出哈喇沙爾西北境鄂敦庫爾嶺一作額通古里，即音之轉。西麓，其東麓有溫泉，石甃尚存，故老言是準部遺跡。《使準噶爾行程記》云："自阿拉癸山口至空格斯河源，凡九日程。阿拉癸山口西行四百七十里，至大裕勒都斯。又六十里，至鄂敦庫爾山口。正月二十日，自鄂敦庫爾山東口起程，踰鄂敦庫爾嶺，五十里，入西邊山口。兩岸松林稠密，中間流水潺湲，瘴氣漸清，山水秀麗如畫。惟遇雨雪，坡滑難行。二十一日，順空格斯河，在岡口內行六十里。岫頂松林，澤湄柳樹，時聞鶯聲。二十二日，八十里，宿鄂敦庫爾山西口。二十四日，六十里，宿空格斯河。"是河行百餘里，出鄂敦庫爾山也。源處極四十三度三十一分、西三十二度五十八分强②。

【校記】

① 此處據《校補》本增補。

② 此處經緯度，稿本作“源處極四十三度八分、西三十一度五分强”。

空格斯河西流，霍爾海河自東北來入。霍爾海河發自鄂敦庫爾嶺北山，西流百餘里，察罕烏蘇來滙。察罕烏蘇發自阿爾察圖山。蒙古語謂有松柏枝，見《元史語解》。乾隆二十二年（1757），副都統由屯擒扎那噶爾布，七月初一日，行至哈什河，河出玉，故與和闐玉河同名。獲尼瑪屬人，俾爲嚮導。次日黎明，到哈什河之阿爾察圖山口，分兩翼，圍游牧，賊潰。蓋山之北即哈什河也。察罕烏蘇西流，滙古爾班伯爾克河，以滙霍爾海河。擒扎那噶爾布之歲，吞圖布及鄂哲特竄在古爾班伯爾克河，額駙色布騰巴爾珠爾襲之，獲鄂哲特之妻。霍爾海河折而西南，入空格斯河。空格斯河又西北流，逕伯爾克阿瑞小卡倫南。又西北流五十里，逕納喇特卡倫北。又西北流四十里，逕烏努古特卡倫北，有烏里雅蘇水自北來入之。

空格斯河又西北流，博克什罕河自北來入之。博克什罕河東有納林河，西南流，滙博克什罕河。又西北流，札那斯台水自北來入之。又西北流，圖爾根河自北來入之。阿爾察圖之役，克勒特人聞大兵踰納喇特嶺，遁至哈什。八月初八日，由屯追至圖爾根河，遇賊，力戰。謂此河也。空格斯河又西北流，逕察爾圖嶺南，其嶺有泉自北來入之。又西北流，拜牲圖水自南來入之。又西北，逕哲克圖嶺南，其嶺水自北來入之。又西北流，昌曼河自南來會。昌曼河發自納喇特嶺，數泉噴湧，聚而成川。其地多鹿，諺名鹿圈[1]。《後漢書·郡國志》"廣陵郡·東陽",劉昭云:"縣多麋。"引《博物志》云:"十百爲羣,掘食艸根,其處成泥,名曰麋畯。"斯之鹿圈,蓋其儔歟?昌曼河西北流,經昌曼卡倫南。又西北流,經達哈特嶺北,滙其嶺水。又西北流,經喀喇淖爾嶺北,滙其嶺水。又西北流,經烏蘭嶺北,滙其嶺水。又西北流,達山外,入於空格斯河。

【校記】

① "圈"下稿本有"也"字;其下"《後漢書·郡國志》"至"蓋其儔歟"數句,稿本原亦無,籤條補入。儔,籤條作"疇"。

空格斯河又西流,逕特穆爾里克嶺南,其嶺水自北來入之。特穆爾里克嶺亘空格斯、哈什兩河間,段氏若膺說"陘"字義云:"兩川之間必有山焉,是爲坎象。坎者,陷也。高在下間爲陷,故一山在兩川間者曰山絕坎,又謂之陘。"特穆爾里克嶺正陘之謂矣。嶺陽之水入空格斯,嶺陰水入哈什。兩河自原及委,山徑可通。《車布登札布傳》云:"阿睦爾撒納竄死,逸賊阿巴噶斯等未就獲。車布登札布奏遣兵赴哈什、空格斯搜逸賊。"蓋林莽重複,足爲逋逃淵藪。

空格斯河又西北流,逕衮佐特哈北。伊犁之再定也,定邊將軍成衮扎布領兵由裕勒都斯駐衮佐特哈辦理克勒特與烏魯特游牧事,即其地。衮佐特哈水溉厄魯特田,北流遇沙而伏。空格斯河又西北流,逕胡吉爾台北,胡吉爾,蒙古語謂硝也。地有三泉，皆北流，遇沙而伏。嘉慶十七年(1812)正月二十有五日，時加戌亥，伊犁地震，衮佐特哈、胡吉爾台山裂四處，長二十里至六十里，寬五六釐，深十餘丈至二十丈。又於平地湧出高阜，其土虛浮，踐之即陷，臨風搖動，數十日乃止，死者厄魯特人四十七、流人十一，官牧牲畜二千五百九十五隻、厄魯特牲畜千七百餘隻。即空格斯河南岸也。

空格斯河又西北流，至烏蘭庫圖勒嶺南，與特克斯河會。凡行六百餘里，伊犁鎮川也。乾隆二十八年入祀典，春秋祀之。文曰①："惟神洪源遠布，遐澤旁敷。潤西域之神臯，灌輸攸賴；隸北庭之都護，耕牧稱繁。巨嶺東來，東岡巒之蜿蜒；大河西折，作襟帶於伊犁。環沙漠以揚流，效地靈而播德。含滋有應，令典聿昭。朕撫卹羣藩，削平諸部。百靈效順，張雷動之六師；庶彙咸昌，興雲屯之千耦。惟茲巨川之利濟，實爲神爽所式憑。在昔飲馬長流，澄波既慶；即今洗兵濛汜，渥澤均沾。特詔祠官，載隆望祀。屆春秋而將享，丕昭漸被之庥；練時日以潔蠲，克集懷柔之福。承茲永秩，式此居歆。"

【校記】

① 此處祀文，《方壺》本删。

二水合流，是爲伊犁河。

二水會處①，極四十三度四十五分、西三十四度二十分②。河亘伊犁南北之中，伊犁北境，漢匈奴地，南境，烏孫地。《漢書·西域傳》："烏孫國治赤谷城，東至都護治所千七百二十一里。地莽平，多雨寒，山多松樠，不田作種樹，隨畜逐水草，與匈奴同俗。東與匈奴、西北與康居、西與大宛、南與城郭諸國相接。本塞種也。”又曰：“溫宿國北至烏孫赤谷六百一十里。”按，今阿克蘇爲古溫宿，自阿克蘇城北至伊犁沙圖山口，已六百六十五里，可知烏孫北境不踰特克斯河矣。漢烏孫境全在天山之陽，自捐毒之北，迄於焉耆之北，而溫宿、焉耆北山之陰，當仍有屬烏孫者。《陳湯傳》云：“郅支侵陵烏孫、大宛，如得此二國，北擊伊列，西取安息。”謂得烏孫乃可擊伊列，是又伊列自爲一國、在烏孫北之證。《舊唐書·突厥傳》或作“伊列”，或作“伊麗”，列、麗之與犁，蓋音轉輕重，故大學士傅公恒《進西域圖志表》云“伊犁實伊麗之流”是也。

【校記】

① 水，稿本作“河”。

② 三十四，《方壺》本作“四十四”。此處經緯度，稿本作“極四十四度四分、西三十三度六分”。

西突厥咄陸可汗立，與咥利失可汗大戰，因中分，自伊列已西屬咄陸①，已東屬咥利失。咥利失死，其弟伽那之子沙鉢羅葉護可汗建庭睢《新書》作雖。合水北，東以伊列河爲界。顯慶二年(657)閏正月庚戌，以左屯衛將軍蘇定方爲伊麗道行軍總管，帥燕然都護任雅相、副都護蕭嗣業，發回紇等兵，自北道討西突厥沙鉢羅可汗賀魯。又詔阿史那彌射及族兄步真爲流沙安撫大使，分出金山道。

十二月，定方至金山北，擊處木昆部，大破之。進至曳咥河西，賀魯帥十姓兵拒戰。定方擊之，大潰，追奔三十里。明日整兵復進，賀魯與處木昆屈律啜數百騎西走。時阿史那步真出南道，五咄陸部皆詣步真降。定方命蕭嗣業、回紇婆閏將胡兵趨邪羅斯川，定方與任雅相繼之。復大戰伊麗水上，賀魯輕騎奔竄，渡伊麗河，兵馬溺死者甚衆②。[賀魯既滅，地爲突騎施所有，分大小牙突騎施。烏質勒建小牙於伊麗水，]《(新)唐書·地理志》云③："伊麗河一名帝帝河。"是又方言所傳，足廣異聞矣。

【校記】

① 此及下句"已"字，《方壺》本作"以"。

② 衆，《方壺》本作"多"。

③ 此處據《校補》本增删。烏質勒，《校補》本原作"烏勒質"，據《舊唐書》卷一九四、《新唐書》卷二一五改。

乾隆二十年(1755)，始定伊犁。《方略》載①：是年五月壬辰，"定邊左副將軍阿睦爾撒納等奏言：'臣等帶兵自入準噶爾邊境以來，遠近皆望風歸附。迨至伊犁，沿途厄魯特、回子、喇嘛等，有牽羊攜酒、迎叩馬前者，有率其妻子、額手道旁者。臣等恭奉聖主恩旨，宣布曉諭。所在人衆，咸稱準噶爾地方數十年來兵革相尋②，羣遭塗炭，達瓦齊自爲台吉，荼毒所屬，毁殘黄教，衆人不但無以爲生，將立見骨肉離散。今大皇帝撫育羣生，遣兵拯救，我等得以瞻仰天日，出於水火，不勝歡抃。臣等見道旁居人並未遷徙，耕牧如常，且老幼婦女，毫無驚懼，前後隨行，踴躍鼓舞。伏思皇上籌畫萬全，一一洞鑒於事幾之先，臣等仰承指授，得以迅速奏功，實千古未有之事。現今即渡伊犁河，務擒達瓦齊俘獻。'"二十五年，是年③，先告祭伊犁河文曰："朕受命承家，化綏億域，懷神秩禮，馨格一心，爰從乙亥之春，王師申討，始達伊犁之境。時雨效靈，準人既即叙以敉寧，回部更偕來而式廓。波恬兩岸，屢憑舟騎之通；派合千山，早受昄章之隸④。惟神嘉貺，翊我大勳。萬里而遙，久繪圖以攬勝；五年而近，常掞藻以抒忱。特崇齎帛之文，肇舉祭川之典。瑞升雲物，自今加澤邊氓；功溉土田，以歲長歆國祀。浩浩崑墟之北，比於瀆尊；洋洋蒲海之東，昭茲坎德。醴牲用潔，遣告維虔。"秩祀伊犁河。文曰⑤："惟神洪源遠濬，沛澤旁敷。作襟帶於兑方，朝宗有本；協盈虚於坎德，用涉咸昭。境過渠搜，遐控流沙而外；地連越匿，舊傳伊列之名。環絕域以含滋，亘平原而布潤，效靈不爽，錫典宜優。朕撫馭寰輿，敉寧荒徼。定準噶爾之全部，刳木遙通；俘厄魯特之名王，恬波共慶。惟茲巨川之利濟，實當大漠之奥區，聲教所宣，懷柔悉協。在昔六師飛渡⑥，既彰孚佑之庥；於今千耦興屯，益普灌輸之利。爰隆秩祀，特詔祠官，頒制帛以孔虔，練吉辰而肇舉。春秋將事，萬里宏漸被之規；牲醴薦馨，諸蕃享澄清之福。尚希昭格，來享苾芬。"侍讀錢大昕之詞也。

【校記】

① 此節引文，出自《方略》正編卷一二"乾隆二十年五月壬辰"下。

② 咸，《方略》原本作"或"。

③ 此句以下祀文，《方壺》本删。

④ 昄，稿本作"版"。

⑤ 此句至段末，《方壺》本删。

⑥ 渡，稿本作"度"。

河水西北流，過雅瑪圖嶺北。

伊犁河西北流，逕特里穆圖嶺北，特里穆圖泉自嶺陰北流，遇沙而伏。河水又西北流，逕沙喇博霍齊嶺北，蒙古語博霍齊，牤牛也，謂山形如黄牤牛。嶺有水北流，溉回莊而止。

河水又西北流，逕雅瑪圖嶺北，嶺有水北流，遇沙而伏。自二河會流水口，至雅瑪圖嶺九十里。乾隆二十一年(1756)，定西將軍策楞奏"侍衛福昭等訛言台吉諾爾布於正月二十一日在雅瑪圖嶺擒阿逆"，即其處也。

又西，哈什河從北來注之。

哈什河發哈喇古顏山南麓，準語古顏，謂股也，山腰以下石色深黑，故名。源處極四十四度八分、西三十二度四十五分[1]，湧泉成池，菹澤星布。蕩而西流數里，賽里克察罕烏蘇自北來滙。乾隆二十二年(1757)，定邊將軍成衮扎布奏："侍衛烏爾登於六月初九日追賊尼瑪等，由博羅和羅山口往哈什河源，一路山險雪融，泥淖難行。"是其地矣。沿哈什河北岸，皆伊犁圍場，一水所滙爲一圍，凡十圍，以次而西，賽里克察罕烏蘇之東，即第十圍也。哈什河又西流六里，布爾哈斯台水自南來滙，圖爾根察罕烏蘇自北來滙。乾隆二十三年，參贊大臣巴祿奏言"搜勦瑪哈沁至扎木巴拉布拉克之源，喀喇沁參領賽圖於圖爾根察罕烏蘇勦賊四十餘人"是也。哈什河又西流十里，阿布達爾摩多水自北來滙。又西流五里，哲里摩多水自北來滙。又西流五里，阿爾斯朗圖布董水蒙古語阿爾斯朗，獅子也，布董，謂物之麤大者。言其地之山麤大，又如獅子形。自北來滙。又西流十五里，哲庫布董水自北來滙。哲庫布董水西有無名水一，亦南流滙哈什河。哲庫布董水西十里，哈布齊克布董水南流滙哈什河。又西十里，烏里雅蘇台水南流滙哈什河。乾隆二十二年,成袞扎布奏言:"六月初九日,明瑞在額布圖一作額卜推。嶺口遇賊千餘,擊之,奪其寨。追至額林哈畢爾噶之烏里雅蘇台河,賊人占據山崖,排列鎗礮。"在此水之側也。

【校記】

① 西三十二度四十五分,稿本作"西三十一度七分"。

哈什河又西五里,喀喇河南流滙哈什河。喀喇河東有無名水一,其西有無名水四,皆南流滙哈什河。喀喇河西二十里,巴爾加圖水南流滙哈什河。巴爾加圖水東有無名水二,亦南流滙哈什河。諸水皆發自北山,山無林木,惟水道所行,喬柯交蔭。登高遙矚,若蒼龍十餘,蜿蜒南走,奔赴巨壑。空山豐草,自成周阹。每歲官兵行圍以習馳逐。己卯(嘉慶二十四年,1819)之秋,余隨將軍晉公昌字晉齋。校獵於此,營合圍會,離散別追,徑峻赴險,越壑厲水,箭不苟害,弓不虛發,長楊羽獵,未足爲侈。迨乎弭節,返次旃廬,和門所嚮,臨乎哈什。巴爾加圖南直特穆爾里克嶺。嶺陰之水,北流來滙。哈什河又西,傍北山流二十里,經齊齊爾哈納托海營南,有泉發自營西半里,流經營南,滙於哈什河。齊齊爾哈納者,彼土之樹,細葉如柳,結子小於櫻桃,而色淡黃,味酸微澀,野雉食之,叢生水灣中,高皆丈餘。[博明《鳳城瑣錄》云:"灌莽中生小果如椹,下有葉承之,仲夏色正紅,微酸,季夏則深紅，味甚甘，名依爾哈木克，國語也。"按，齊齊爾哈納爲蒙古語，又曰普盤果，即斯樹矣①。]營南隔岸爲呼賴特穆爾里克嶺，嶺趨而北，河流漸隘。哈什河經營西一里，沙喇布拉克水自北來滙。哈什河西流入峽，又西流十里，經胡吉爾台嶺南，哈克布阻水自北來滙。南北山勢復開。

【校記】

① 此處據《校補》本增補。

哈什河又西，傍北山流十里，呼濟爾吉爾瑪台水蒙古語呼濟爾，鹻也，言鹻地而水有小魚。自北來滙。又西，傍北山流十里，察察吉爾瑪台水自北來滙。哈什河又西，傍北山流二十里，稍折而南，摩多圖吉爾瑪台水自北來滙。三吉爾瑪台水，獨此有林木。其山四面高阜，中平曠，周十餘里，將軍頓宿於兹。水來自山東北隅峽中，澄清無滓。余與領隊大臣布君彥泰策馬峽中，溯流十里，孱顔積黛，蒙籠撥雲，幽討造深，賞心斯契，垂綸投餌，白小盈筐。水自峽出南流，經將軍營東，自山東南隅峽出。峽長里許，怪石猙獰，累累塞路，激湍環曲，琴筑齊鳴。層嶂銜日，晚照薄林，余復與布君褰衣躡磴，徙倚山腹。晉齋將軍籃輿相就，料數茶鎗，指揮談麈，清言畢景，無負溪山矣。水達山外，南流數里，滙哈什。河傍南山流，其南山曰烏圖嶺。又西七十里，經都爾伯勒津回莊南。自寧遠城以東三百里，皆回民田，迄此莊而止。乾隆二十年，參贊大臣策楞奏言:"諾爾布林沁擊敗阿巴噶斯等,欲整兵進剿,而塔本集賽黨惡據險,恐爲夾攻,已移游牧於都爾伯勒津之地。"謂此也。《使準噶爾行程記》云:"自空格斯河六十里,至都爾伯勒津。又一百二十里,至策妄阿喇布坦游牧。"今自空格斯行者,空格斯河岸十里,至烏圖嶺。越嶺西北行二十里,渡哈什河,河北岸渡口曰察罕拜甡。自此西北行五十里,至都爾伯勒津莊。其西百二十里,在蘇布台蒙古語,凡有穴者曰蘇布台。以東,山勢平敞,宜爲準部駐牧之所。

哈什河又西流二十里,呢勒哈蒙古語謂幼孩曰呢勒哈。水自北來滙。呢勒哈水發自呢勒哈山,其山東西兩阜張股如箕,水傍西阜之左,南流達山外,溉回民田,豬爲水磨,經回莊,滙於河。乾隆二十三年,定邊將軍兆公惠奏言:"博羅布爾噶蘇嶺内呢勒哈,有布魯古特之琿齊二百餘戶居住,臣派瑚爾起以兵四百人往,至呢勒哈河,適遇遷移游牧,即行圍剿,殺賊四五十人。琿齊等登山乞降。"即登此東西阜矣。回莊東一里,有三泉並發,共流經將軍營南,西流至回莊南,亦滙於河。哈什河自巴爾加圖以西,渠並漸多,波瀾增遠。南岸峭壁,卓立水次,石罅松林,重掩蒼翠,閒花野蔓,雜綴青紅。北岸石磯,與水吞吐。余偕布君,每向日晡,河干促坐,借彼濤聲,滌兹塵耳。澄泫深碧,似鏡通明,俯拾文石,盈於懷袖。

哈什河又西,傍北山流,經都圖嶺北。又西,經阿布喇勒山北。阿布喇勒者,在惠寧城正東,一作阿布蘭山,蓋音之轉。自城闉東眺，孤嶂高聳，衆峯皆斷，故諺曰獨山焉。乾隆二十八年，始祀之。文曰①："惟神秀甲金方，勝標玉塞。崇岡起伏，從葱嶺以分支；疊嶂崚嶒，界烏孫而作鎮。近通哈什，遠控伊犁。納喇特峙其陽，翠屏儼對；空格斯繞其左，碧水如環。緬靈異之夙傳，宜馨香之式薦。朕丕昭武略，龕定遐荒。昧谷之西，遣亥章以測日；輪臺以外，駐戊己而開屯。乃眷名山，實稱福地。犁庭露布，久徵默祐之功②；觸石雲興，允著懷柔之效。緬畈章之式廓，庶沙磧之永寧。嘉貺聿臻，明禋肇舉。刊旅未詳於《禹貢》，始知際會有期；秩縣載考夫周官，益信報功不爽。春秋望秩，瞻峻極於北庭；風雨和甘，垂祐庥於西海。自今以始，申錫無疆。"哈什河又西，經烏蘭庫圖勒嶺北。謹按，《方略》③：乾隆二十年九月④，參贊大臣策楞奏："拏獲叛賊納旺，據稱，八月二十三日，宰桑克什木搶掠臺站。二十四日，將軍、大臣等帶兵沿河向空格斯行走。二十九日，宰桑克什木、敦多克曼集、烏克圖、圖布慎、巴朗，及喇嘛、回人等，率衆前至烏蘭庫圖勒，圍守將軍、大臣，正在搶掠，班將軍、鄂參贊俱行自盡，薩將軍由小路帶達什瓦兵百人脱出。"又按，《班第傳》："班第與鄂容安陷賊中，由固勒札赴空格斯。轉戰至烏蘭庫圖勒，賊蜂集，力不支，遂各自盡。"是二公殉節之地，載在册書。變亂之後，傳聞失實，以爲在渾都賴山，故樹碑於彼，而烏蘭庫圖勒反爲射雉場，無茅蕝以棲忠魂。策馬留連，愴焉悲楚。(余復爲詩以正之曰)[乃爲詩曰]⑤："世俗徒耳食，故府誰研搜。況在草昧初，遺事成繆悠。伊犁有雙烈，照耀天西陬。當其效命時，咤叱風雲愁。英姿碎趙璧，生氣輕吳鉤。碧血沾草盡，黄衫無人收。崒峩烏蘭嶺，悽愴長千秋。傳聞胡失實，表路芰松楸。豐碑相對立，轉在危谿頭。肅然下馬拜，不見靈之斿。目驗尚如此，考古將安求。盛名豈泯沒，荒落慙前修。"[亦欲詮次舊聞，庶幾翔實⑥。]

【校記】

① 此處祀文，《方壺》本删。

② 祐，稿本作"佑"。

③ 此節引文，出自《方略》正編卷二〇"乾隆二十年十月甲子"下，有删改。

④ 九月，據《方略》原書，當作"十月"，参前注。

⑤ 此處至段末引文，《方壺》本删。

⑥ 此詩前後文句，據《校補》本增删。

哈什河又西，經烏蘭嶺北，《車布登傳》云：附《錫布推哈坦巴圖爾傳》。"和託輝特逆賊青滚雜卜叛，車布登將以兵會參贊塔爾瑪善，赴烏蘭嶺追剿阿睦爾撒納。"謂此嶺矣。哈什河又西，經吉勒蘇胡嶺南，蒙古語吉勒蘇胡，謂日光晃眼也。額林摩多水自嶺東來滙。嶺高數里①，懸崖聳峭，危石倚空，哈什洪濤，衝齧其趾。攀援如蟻，臻其絕頂，路轉山回，劣容馬足。山中石璞，往往鐫科木什木博第薩都佛呪、即華言觀音呪"唵瑪呢叭嘧吽"六字。綽克圖贊丹經，大旨言瞻拜如來三十五尊佛，得解罪孽，往生極樂。又有求福於松喀巴喇嘛，華言達摩也。發願之詞曰米克哲木，皆蒙古書或唐古忒書。厄魯特人云：昔準部時，山水暴溢，數致災害，勒石此山，患遂止絕。相傳是五百年物。余與從者就馬上攜數石歸。番僧見之，輒先頂禮。哈什河又西流，胡吉爾台水自北來滙。又西流三十餘里，烏里雅蘇圖水自北來滙。胡吉爾台西迄於烏里雅蘇圖，連岡疊巘，土皆赤緹，山巔崩拆，溜痕宛然。麓有碎石，摶結堅實②，正圓如甕，各有嵌石，石鑿番字，與吉勒蘇胡嶺石相同。考驗厥狀，蓋怒濤挾沙，團積成阜，禳災之說，或不誣矣。

【校記】

① 高，底本、《方壺》本作“南”，據稿本改。

② 摶，底本、《方壺》本作“搏”，據稿本改。

哈什河又西流二十餘里，摩多圖蘇布台水自北來滙。又西，莫霍爾蘇布台水自北來滙。又西，胡爾圖布拉克水自北來滙。三水相去一里而近。哈什河又西流二十餘里，沙喇蘇台水自北來滙。沙喇蘇台三支並發自北山，西南流而滙，折而東南，滙於哈什河。其東有無名泉二，俱發自北山，南流滙於河。哈什河又西南流三十里，經渾都賴山南。山麓有溫泉，以木爲檻，行役往來，於斯澡浴。山陰即博羅布爾噶蘇[舊爲輝特台吉唐古忒游牧地①。]之營也。博羅布爾噶蘇山自營北周其西，以屬於渾都賴，其西南有谷口，博羅布爾噶蘇水由此達山外。哈什河北岸大山緜亘數百里，以此爲門戶。《扎拉豐阿傳》云：“乾隆二十年四月，偵達瓦齊居察卜齊雅勒，扎拉豐阿偕薩喇勒由博羅塔拉馳赴博羅布爾噶蘇，奪隘口，抵登努勒台。”《沙喇扣肯傳》云：“阿睦爾撒納爲大軍所迫，竄哈薩克巴圖爾烏巴什，覬據伊犁，轄四衛拉特。聞我師有備，竄察罕烏蘇、博羅布爾噶蘇、阿勒坦特卜什、勒卜什沙爾海諸境。"是知爲伊犁東境要害矣。渾都賴山與南山相逼,東河如堵牆。

【校記】

① 此處據《校補》本增補。

哈什河西流五里,淵深渟滀,北出其隘,復西流,其北岸即俗傳雙烈效命處。乾隆四十三年,班公之子福祿戍伊犁,公之孫慶麟亦來爲厄魯特營領隊,未稽《國史》,遂於其地建立方碑,並立鄂公碑一通。余展拜碑下,陰崖慘淡,幽不見日,水流烏咽,似有餘憤,神所憑依,或在是焉。河經班義烈公碑南,又西數十步,經鄂剛烈公碑南,又北流,折而西南十餘里,渾都賴山勢向盡,博羅布爾噶蘇水自東北來滙。博羅布爾噶蘇水發自博羅布爾噶蘇山,南流折而東,經將軍營東,復西南流。有泉發自營西,復南流來滙,共西南,達谷外,疏爲渠,溉回民田。回民居水涯耕作者千一百戶。水復西南,滙於哈什。哈什河達山外,西南流十數里,疏爲渠。導以西北流三十里,經鄂什塔斯坦回莊東二十里,清流奔瀉①,水上駢架三橋,以濟往來。嘉慶二十一年,松公筠疏言:"阿奇木伯克霍什納扎特於哈什河舊渠展鑿二十餘里,長一百七十餘里,西北接濟爾噶朗水。"即此渠也。

【校記】

① 瀉,稿本作"寫"。

哈什河又西南流①,經雅瑪圖嶺北。嶺西十餘里有舊鉛廠,哈什河直鉛廠之北,滙伊犁河。滙處極四十三度四十一分、西三十四度二十分②。兩河間皆沃壤,回民耕之。乾隆二十八年始秩祀。文曰③:"惟神澤沛金方,靈昭坎德。滙特克斯而共注,衆派同歸;經固勒扎以分流,平原獨沃。淵澄方折,記玉水之潆洄;績著安瀾,靜銀波之浩淼。效靈不爽,錫典宜隆。朕撫定遐陬,敉寧荒服。塞煙隴月,駐細柳以開營;雪浪風濤,挾飛艎而競渡。惟念斯河之天險,益慶今日之波恬。粵稽嘔鹿名州,益增式廓;爰布沈貍令典,用妥神明。康我邊陲,永秩春秋之祀;綏爾蕃部,共歌清晏之庥。肅此苾芬,尚其昭格。"

【校記】

① 流,《方壺》本奪此字。

② 此處經緯度,稿本無。

③ 此處祀文,《方壺》本删。

河水又西北,過察布察爾山。

察布察爾山口東距雅瑪圖嶺七十里,察布察爾水發焉。乾隆二十三年(1758),副都統由屯追鄂哲特,帶兵二百餘名,晝夜兼行,三月二十一日,追及賊衆於察布察爾河口之蘇瑪爾罕,令薩壘爲左翼,奎蘇德爲右翼,由屯與侍衛拉瑪錫居中,奪賊所據山谷。追至特克斯河,殺賊二百餘人。察布察爾水北流,經洋薩爾回莊東,溉其田,止不流。

又釃爲錫伯渠。

乾隆三十年(1765),自盛京移錫伯部官兵千一十八人,駐伊犁河南岸。去河數里,舊有一渠,東西長二百餘里,渠北地隘,慮在無田,渠南阻崖,患在無水。嘉慶初,有部人圖默特創議於察布察爾山口引水,自崖上鑿渠,亦東西長二百餘里。功費繁鉅,部人嗟怨。圖默特卒排衆議,數年乃成。既濬新渠,闢田千頃,遂大豐殖,雄視諸部,鄭白之沃,不足云也。圖默特後以塔爾巴哈台領隊致仕,部人頂而戴之,同於父兄。新渠東北有積水潭,廣數里,環潭皆回民田。松公筠因新渠成,以潭西、南二面田二千畝界錫伯,錫伯之界遂東移。新渠自察布察爾山口經回人館北,入新界,經積水潭南,二十餘里,又經塔什布拉克南,溉錫伯正黄旗田。又西六十里,經察罕拜甡南,溉錫伯鑲紅旗田。又西五十餘里,經巴圖蒙柯北,溉錫伯正紅旗田。又西十餘里,至豁吉格爾北,溉錫伯鑲黄、正白二旗田而止。

舊渠引水十餘里,至大橋,入新界。又西二十里,經錫伯館南,其地與河北寧遠城相直也。又西三十里,經錫伯正藍旗地南,溉其田,其地與河北惠寧城相直也。又西三十餘里,經錫伯鑲白旗地,溉其田。田之東有枝渠,分舊渠水滙於河。又西三十餘里,經巴圖蒙柯軍臺南,其地與河北惠遠城相直也。軍臺西數里,又經錫伯鑲藍旗地,溉其田而止。兩渠相去十餘里。新渠高於舊渠六七丈①。新渠之南，並南山下，皆回民田。

【校記】

① 稿本無此句。

又西，過寧遠城南。

伊犁河北岸緜亘諸山，距河或百里，或百餘里。博羅布爾噶蘇山西曰登努斯台山，有水西南流，爲呼魯蘇台水。又西曰明瑪魯山，有水南流，爲畢立海水；又西十餘里山，亦有水南流，爲渠立海水。二水皆滙於呼魯蘇台水，溉回莊田。渠立海水西有薩薩布拉克水。又西，有哈尊齊水，溉其莊田而止。又西，爲濟爾噶朗河。河發自北山，南流，東距博羅布爾噶蘇谷百四十餘里。呼魯蘇台水經鄂什塔斯坦回莊北，而西流六十餘里，與濟爾噶朗河滙。復西南流，溉濟爾噶朗回莊田而止。準噶爾時，阿勒闥沁鄂拓克宰桑塔爾巴住濟爾噶朗河，其水舊達伊犁河，今溉田無餘水。

濟爾噶朗河西十里，至固勒札渡口。乾隆二十年(1755)，定邊右副將軍薩喇爾奏言："臣等於四月二十七日，領兵至登努勒台，班第、阿睦爾撒納於二十八日領兵至尼楚袞。兩路大兵駐劄相距二十里。臣等議一同進發，北路兵由伊犁河之固勒札渡口越特穆爾里克嶺前進，西路兵由喀塔克渡口越扣們嶺前進。由此直抵達瓦齊所居格登地方也。"渡口置倉,額貯回屯糧三萬七千一百九十餘石[①],伊犁凡五倉,貯糧各有額。惠遠城倉貯十一萬九千七百二十餘石,惠寧城倉貯八萬九千四百一十餘石,綏定城倉貯二萬二千四十餘石,塔勒奇倉貯一萬七千三百五十餘石,併固勒札而五。倉員一人駐之。倉臨大河,灘聲聒耳,荒沙童阜,四無居人。乾隆三十二年,將軍阿公桂疏言:"回民所納糧貯固勒札倉,距惠遠城九十里,難於車運。令每旗造船二隻,是年試運。"至三十七年,船成,每年始季春,終季秋,由倉運糧四萬石,輸惠遠城倉以供兵食。

【校記】

① "回"下《方壺》本衍"莊"字。

伊犁河逕倉南,又西八里,逕寧遠城南。寧遠城即固勒札也。準噶爾曾徙庫車回族鄂對於此地,與河南之海努克相望。《西藏總傳》云:"初,厄魯特崇黄教,噶勒丹策淩建都綱於伊犁河濱,北曰固勒札,南曰海努克。設西勒圖四,集喇嘛千餘,以塔本集賽輪值贍之。每歲首及孟夏,台吉、宰桑等咸往瞻禮。"都綱者,大寺也。諺稱固勒札曰金頂寺,海努克曰銀頂寺。固勒札都綱爲阿睦爾撒納所燬。余宿海努克軍臺,臺西距巴圖蒙柯軍臺九十里。搜訪遺蹤,臺南半里許,小阜隆起,殘刹數椽,頹垣斷壁,丹青藻井,黯淡猶存。《朋素克傳》云:"乾隆二十五年,副都統伊柱視伊犁屯田至海努克,獲虎紐銅章一,文曰'管轄厄魯特後旗札薩克印驛封至’,蓋雍正四年(1726)頒給茂海物也。茂海事見特穆爾圖淖爾條下①。茂海叛,挈往準噶爾獻噶勒丹策淩。至是得之,所謂‘海努銅印’也。”得印之歲,伊犁辦事大臣阿公桂疏言:“伊犁名勝之地,河北無過固勒札,河南無過海努克。海努克現有回民三百人,即令安居,不使移徙,並於其地建一小城,駐兵數百人,以遏哈薩克、布魯特等所通之路。”至來年,陸續移來七百戶回民,均令駐劄固勒札,建一大城,所有大臣衙署、倉廒,俱修於此。尋停海努克建城議。

【校記】

① 此句《方壺》本删。

二十七年,於固勒札建寧遠城,高一丈六尺,周四里七分,門四,東景旭、西環瀛、南嘉會、北歸極。城外東北隅半里許沙阜上,恭建《平定準噶爾勒銘伊犁前後碑》二通。碑爲乾隆中聖製,前碑曰①:“惟天盡所覆,俾我皇清,罔不在宥。惟清奉昊天,撫薄海兆,庶悉主悉臣。太祖、太宗、世祖,肇基宅中,皇耆其武。聖祖、世宗,覲光揚烈,克臻郅隆。逮予藐躬,思日孜孜,期四海同風。咨汝準噶爾,亦蒙古同類,何自外攜。數世梗化,篡奪相仍,碩仇其下。厥達瓦齊,甚毒於酲,衆心痻痻。如苗斯蟊,如虺斯螯,衆口嗷嗷。視爾嗷止,予焦勞止,期救不崇朝止。視爾痻止,予噫嘻止,亟出汝塗泥止。乃命新附,爾爲先鋒,熟悉其路。乃命勁旅,攜數月糧,毋或掠擄。師行時雨,王旅嘽嘽,亦無潦阻。左旋右抽,王旅渾渾,既暇以休。烏魯木齊,及五集賽,度之折折。台吉、宰桑,迎降恐後,奚事斧吭。波羅塔拉,闥爾奇嶺,險如關闔。倒戈反攻，達瓦齊走，旦夕塗窮。回部遮獲，彼鼠斯喙，地入無隙。露布飛至，受俘午門，爰貸其罪。自今伊始，四部我臣，伊犁我宇。曰綽羅斯，及都爾伯特、和碩特、輝特，封四可汗。衆建王公，游牧各安。宰桑公臣，屬我旗籍，誰汝苦辛。爾恭爾長，爾孳爾幼，徐以教養。爾駝爾牛，爾羊爾馬，畜牧優游。分疆各守，毋相侵陵，以干大咎。齊禦外域，曰布魯特，越哈薩克。醉飲飽食，敬興黃教，福自天錫。伊犁平矣，勒貞珉矣，於斯萬年矣②。"後碑曰："天之所培者，人雖傾之，不可殛也；天之所覆者，人雖栽之，不可殖也。嗟汝準噶爾，何狙詐相延，以世而爲賊也。强食弱，衆淩寡，血人於牙，而蔑知悛易也。云興黃教，敬佛菩薩，其心乃如夜叉、羅刹之以人爲食也。故罪深惡極，自作之孽，難逭活也。先是，分封四部，衆建宰桑，四圖什墨，廿一昂吉，蓋欲繼絕舉廢，以休以息也。而何煽亂不已，焦爛爲期，終於淪亡胥盡。伊犁延袤萬里，寂如無人之域也。是非我佳兵不戢、以殺爲德也，有弗得已耳。西師之什，實紀其詳悉也。以其反覆無常，遲益久而害益深。則其叛亂之速，未嘗非因禍而致福也。是蓋天祐我皇清③，究非人力也。伊犁既歸版章，久安善後之圖，要焉已定者詎宜復失也。然屯種萬里之外，又未可謂計之得也。其潛移默運，惟上蒼鑒之，予惟奉時相機。今日之下，亦不敢料以逆也。是平定準噶爾後，勒銘伊犁之碑所由作也。"

【校記】

① 此句至段末，《方壺》本删。

② 於斯萬年，稿本作"於萬斯年"。

③ 祐，稿本作"佑"。

城中置第三品阿奇木伯克一人，轄回民六千三百八十三戶，除服役、採鐵，凡田者六千戶。乾隆三十八年，將軍伊公勒圖分六千戶爲九屯，戶納糧十六石，歲以九萬六千石爲額。五十九年，將軍保公寧以回民墾田日增，歲加納糧四千石,每戶額徵糧十六石六斗六升六合六勺有奇。嘉慶九年(1804),將軍松公筠撥遣屯田給回民,歲加納小麥二千石。所屯田自寧遠城北迤東至都爾伯勒津莊。又河南傍南山陰,皆回屯也。

又西,過熙春城南。

熙春城者,地曰哈喇布拉克,乾隆四十五年(1780),將軍伊公勒圖建。城高一丈,周二里二分,門三,東覲恩、西凝爽、南歸極,屯鎮都司駐之。東南距寧遠城十里。寧遠城北百餘里,有闢里沁山,闢里沁水發焉,東距濟爾噶朗河五十餘里。水南流,經闢里沁卡倫北,折而流經其西,卡倫在惠寧城東北三十餘里。西南流,經舊渠口。舊渠者,闢里沁水故道,至此分爲渠,東南接濟爾噶朗水以溉其莊田。自霍什納札特引哈什河水,西北接濟爾噶朗渠以灌闢里沁之百五十戶回民田,而斷闢里沁渠口,使其水惟西南流,專達惠遠、惠寧二城旗屯焉。闢里沁水西南流,分二支。一支南流,爲沙河,經惠遠城旗屯二工田東。又南流,經寧遠城西里許,由大馬廠地名。滙大河。一支西南流,爲正渠,至惠寧城東北,分二渠。北渠經惠寧城旗屯北,溉其田而止。南渠經惠寧城旗屯南,復自城北入其城而止。正渠又南,經惠寧城東,分一渠南流,溉熙春城綠營頭屯田而止。正渠又折而西,經惠寧城南。又西,經阿奇烏蘇堡北,達通惠渠。熙春城西北十里,至惠寧城。

又西，過惠寧城南。

惠寧城者，地曰巴彥岱，乾隆三十一年(1766)，將軍明公瑞建。城高一丈四尺，周六里三分，門四，東昌彙、西兆豐、南遵軌、北承樞。其東墉下有水泉，城屢圮。嘉慶十年(1805)，松公筠向西移築，南、北各接築百九十五丈。新築西面三百丈，凡城周千三百六十四丈，南、北偏西增城門二，西北曰綏成，西南曰協阜，在惠遠城東北七十里。乾隆三十五年，移駐西安滿洲官兵二千二百有四人，置領隊、倉員各一人。明年，將軍舒公赫德復移綏定城巡檢駐惠寧城。城南距河三十里，城北爲阿里瑪圖山，準語阿里瑪，謂果樹，地有果樹。阿里瑪圖水發焉，是爲東阿里瑪圖水。曩者水達伊犁河，今引溉惠寧城西旗堡田，無餘水。乾隆二十八年，秩祀阿里瑪圖河。文曰①："惟神德洽盈虛，功資灌溉。屬塔勒奇之左幹，帶水分流；環海努克之西偏，平沙交錯。涵濡嘉植，千林呈離實之英；迴抱長川，萬井沐滋培之益。地靈克效，祀事孔將。朕既顯武功，用敷文命。東風受吏，聿彰柔遠之謨；溟海來王，共葉安瀾之慶。緬神功之布潤，蔚物産之含滋。秋實春華，平衍溥自然之利；濟川作楫，利涉占攸往之宜。特詔祠官，祗申歲祀。錫鴻儀於望秩，肅薦馨香；荅靈貺於玄冥，永光俎豆。春秋勿替，昭鑒在茲。"阿里瑪圖水東、闢里沁水西，曰毛海圖山，亦有水南流而止。毛海圖山北數十里，爲庫克哈瑪爾將軍牧場也，庫克哈瑪爾水流不出山而止。又北八十里，至畢齊克圖，其水亦不出山而止。又北，爲卻羅嶺，嶺北與瑚素圖布拉克軍臺相望也。

【校記】

① 此句以下祀文,《方壺》本删。

又西,過黄草湖南,釃爲惠遠城旗屯渠。

黄草湖在惠寧城西十里,湖周五六里。旗屯渠者,一曰大渠,一曰通惠渠。嘉慶七年(1802),將軍松公筠以惠遠城八旗生齒繁富,須議恒産,而經費有定,非廣闢屯田不可。遂於黄草湖鑿渠,引伊犁河水北流,折而東,又折而西,凡二十五里,經滂壩灣,又西數里,至爬梁,爲大渠。經鑲白旗地界,北溉其田。又西,經稻田北,溉數萬畝。又西,至雙橋莊,惠遠城東十里。分爲二支渠。一引餘水,自惠遠城東滙於河。一引水至惠遠城北,入城而止。稻田之南爲民渠,於惠遠城東十餘里河岸,引水疏爲渠,渠南爲民稻田,其渠餘水與大渠餘水同滙於河。民稻田者,乾隆二十八年(1763),商民張尚義等二百户,報墾蔬地稻田萬六百六十八畝,每畝徵課銀一錢。余嘗夏秋之間,往來惠寧,路經渠畔。左右水田,新禾穲稏,賓鴻白鷺,遠近翱翔,宛成江鄉風景矣。

鑿大渠之明年,松公筠復以地勢北高南下,大渠之北水利難資,因令總兵納爾松阿於爬梁分水北流,至皇渠橋。距滂壩灣十里。又北而東,至紅柳灣。距皇渠橋八里。折而西,至小地窩舖,距紅柳灣十里。溉大渠以北之田,是曰通惠渠。土人謂大渠爲將軍渠,通惠渠爲鎮臺渠云。通惠渠又西,至惠遠城北,與烏哈爾里克河渠滙。

又西，過阿奇烏蘇堡南。

黃草湖水流十里，經阿奇烏蘇堡南。阿奇烏蘇者，惠遠城旗屯公田也。嘉慶二十年(1815)，松公筠所建。築堡牆周千一百二十四丈，共三里一分有奇。堡中廬舍百所，移八旗壯丁居之，每夫授田百畝，仿古井田制也。堡南距河十里。

又西，過烘郭爾鄂博山南。

準語謂黃曰烘郭爾，言壘石處黃色也。山東與阿里瑪圖山接，西至惠遠城北十五里而止。乾隆二十三年(1758)，定邊將軍兆公惠奏：捉生詢問，言特古斯孟克與昂吉岱屬人齊默特等同行，至烘郭爾鄂博，遇哈薩克哨探兵五十餘人，掄特古斯孟克去①。蓋昂吉岱先由阿圭雅斯遁於沙喇伯勒，又由沙喇伯勒渡伊犁河至濟爾噶朗，故經烘郭爾鄂博矣。山產煤，今存礦三十四所，恒充伊犁九城用，山之西麓曰紅山嘴②，在惠遠城東北二十里。每冬習礮所也。乾隆二十八年，始秩祀。文曰③："惟神鍾靈地絡，分脈天山。南眺伊犁，與塔勒奇以並峙；西通葱嶺，鎮衛拉特以稱雄。符艮德以安敦，助宣元化；臨兑方而聳拔，夙著神威。沙暖草肥，洵真靈之秘宅；巒環谷抱，實絕域之奥區。朕拓地烏孫，洗兵魚海。單于繫頸，三捷成掃穴之勳；貳負陳尸，列戍息傳烽之警。選重臣以留鎮，度沃壤以興屯。益恢一統之模，爰秩百神之祀。曩者籌邊五夜，曾識聚米之形；今茲刊旅九山，長作維屏之固。迺咨祠部，載練吉辰。典禮肇稱，薦馨香以昭格；懷柔式應，配嶽鎮以尊崇。補山海之圖經，傳於奕祺；表渠支之疆域，綏我邊黎。用奠清尊，永垂鴻祐。"山南距河四十餘里。

【校記】

① 捡,稿本、《方壺》本作“擒”。

② 嘴,《方壺》本作“觜”。

③ 此句以下衵文,《方壺》本删。

又西,過惠遠城南。

伊犁河逕阿奇烏蘇堡,西流四十二里,逕普化寺南。寺爲喇嘛住持之所。乾隆二十七年(1762),初建於綏定城東北五里,曰興教寺。越五年,阿公桂移建於河北岸,寺即臨大河也。每歲十二月二十九日①,喇嘛跳布扎㖓護法經,如中正殿之儀。余偕戍侶聯騎往觀,舞態低昂,恣爲歡笑。跳布扎,俗謂之打鬼。徐蘭芬若作《塞上集唐六歌》,其《打鬼歌序》云:“番僧最尊者呼畢勒罕,能悟前身,人稱之曰呼圖克圖,華言再來人也。次朝爾吉,次扎薩,次喇木占巴,次噶卜處,次溫則忒,次德木齊,次格隆,次格思規,次格素勒②,次班第,次格由巴,次綽由巴,次骨捻爾,次顫馬。女僧爲尺巴甘赤,有室家者,男爲吳巴什,女爲吳巴三氣,總名之曰喇嘛。打鬼者,梵言布扎。”是日佛殿上燃燈千盞③,建大旗於殿四隅,繪四天王像。綽由巴鳴金傳執事者齊集,設呼圖克圖座於殿之東,朝爾吉以下俱列坐。一僧名茶勃勒氣,散淨水於衆僧掌中,無常職,班第爲之。几上陳胡朗叭令,〈以醍醐拌麨,作人獸形,爲鬼食④。〉二甲士左右立,以帛束口,恐人氣觸之,鬼不食也。班第扮二小鬼對舞,一夜叉睨其旁,向內一呼,即潛入人叢中,撒麨以眯人目。殿內吹剛凍,〈西番樂器,骭骨爲之。〉諸樂隨之以奏。格素勒十二人戴假面,扮馬哈喇佛,備極殊怪,雙雙跳舞而出。其一曰厄利汗,文殊化身;二曰作嘛知,文殊之護法神;三曰嘛哈噶喇,四曰喇嘛,皆觀音化身;五曰戚叉叭喇,六曰滋那𠴰喳,七曰嘛基阿拉喳,八曰冬琨著薩,九曰生合冬東，十曰出孫冬東，十一曰薩拉瓦，十二曰摸黑，皆觀音之護法神。惟厄利汗、薩拉瓦爲牛鹿假面，餘皆不可辨。格隆十人，扮十地菩薩，錦衣花帽，繼之而出，手執腦骨碗、枯髏棒、叉杵、綵縷等物。旁立番僧數百人，人持鼓與鈸，鼓鈸之徐疾，隨其跳舞之節奏。尺巴甘赤、吳巴什夫婦執香環遶。溫則忒宣開經偈，衆僧朗誦秘密神咒，吽聲如雷，鈴聲如雨。喇木占巴以胡朗叭令擲於地，於是牛鹿二假面持刀斫地，作殺鬼狀。復有一僧曰乃沖，戎裝執戟，吐火吞刀，云神附於身。觀者皆膜拜奉界單〈紬巾。〉於神以問休咎。跳舞畢，格由巴以糖一鉢候於戶，抹衆僧之口，而佛事終焉。余詢之譯者，云烏斯藏有碉房，爲邪祟所據，白晝攫人飲食，喇嘛乃扮假鬼飲食於房中以誘真鬼⑤，因扮諸佛排闥以入而打之，故名之曰打鬼。今京師番僧寺上元、除夕，亦爲之，蓋猶《周禮》“帥百隸，以時儺”之意也。

【校記】

① 此句以下至段末，稿本無。

② 素，《方壺》本作“索”。

③ 燃，《方壺》本作“然”。

④ 此處及以下凡三處小字夾注，《方壺》本統一括注在段末。

⑤ 乃，《方壺》本作“有”。

河逕寺八里①，爲惠遠城，極四十三度五十分、西三十五度强②。乾隆二十八年，將軍明公瑞奏言：“烏哈爾里克新城僅敷現在官兵駐劄，惟近城三四十里，伊犁河岸高阜之上，可築大城，所用木植，有阿布喇勒山松杉甚多，預行斫伐，從哈什、空格斯等河造筏直至城工對岸。且在新城及固勒札回城之間，糧運亦便。地既產煤③，又採柳條、蘆葦，柴薪不乏。”踰年，城成，高一丈四尺，周一千六百七十四丈，共九里三分，門四，東景仁、西說澤、南宣闓、北來安。五十八年，將軍保公寧於城東展築二百四十丈，共一里三分三釐有奇，新舊城共十里六分三釐。自乾隆二十七年始置將軍、參贊各一人。二十九年，置領隊四人。三十一年，移熱河、涼州、莊浪滿洲、蒙古官兵四千三百七十人。又迭置理事、撫民、同知、倉員、巡檢，新疆之都會也。

【校記】

① 河，稿本無此字。

② 此處經緯度，稿本無。

③ 既，《方壺》本奪此字。

城南距河二三里，積年河徙，侵刷北岸，率以柳圈絡石禦之。水長則壞河，距城僅半里許。嘉慶十二年(1807)，松公筠命故河道總督李亨特相度形勢，創築挑水土壩，長六十餘丈，底寬七丈，頂寬四丈，迎溜築埽鑲護，水至挂淤，土人命爲“李公隄”。閲十年，河流愈北，侵齧堤根。而城東二里，有地名磚瓦窑者，河於其處沖岸成灣，水勢趨城東南隅。二十二年，盛漲驟至，李公隄全淪於河。臨河有高樓，紅欄碧瓦，俯瞰洪濤，糧艘帆檣，出沒其下。南山雨霽，沙市雲開，酒榼茶鎗，賦詩遣悶，蒼茫獨立，興往悲來。乾隆中，惠遠城駐防鳴鐸見樓岸下有穴，發之，得銅佛八九枚，瓦佛數千。或以爲阿睦爾撒納擾伊犁時，喇嘛所藏，未知其審。入宣闓門西走，南墉第三舍爲余老芙蓉庵戍館。讀書擊劍，對酒狂吟，因作《新疆賦》也。昔紀文達公云："伊犁無井，皆出汲於河。一佐領曰：'城中多老樹，苟其下無水，樹安得活？'乃拔木，就根下鑿井，果得泉。"今城中處處鑿井，與草昧時異。

又西，烏哈爾里克河注之。

烘郭爾鄂博山層疊而北，迄於卻羅嶺，凡百二三十里。卻羅嶺西接塔勒奇嶺，乾隆二十年（1755），定邊左副將軍阿睦爾撒納疏報："有額林哈畢爾噶宰桑阿巴噶斯等來降，詢知去年十月，巴特瑪車淩、額林沁、阿布賚，領厄魯特、哈薩克兵萬餘，將博羅塔拉等處游牧人衆，盡行搶掠。阿布賚於塔勒奇嶺東將虜掠人帶回①。巴特瑪車淩、額林沁帶兵四千餘入伊犁，達瓦齊拒之。"所謂塔勒奇嶺東，即接卻羅嶺處也。塔勒奇嶺爲伊犁北境門戶，乾隆二十八年始秩祀。文曰②："惟神保障金方，安敦兑域。南屏拱抱，沿山之鄂博星聯；北渚迴環，傍水之摩多錦簇。源泉有本，開一鑑於峯頭；煙火相望，聳孤城於遙岸。形勢冠諸絕域，典物錫以隆文。朕遠服咸賓，西戎即叙。壺漿載道，受蕃長之來降；旗鼓分馳，揜叛臣之往竄③。默孚神貺，迅奏膚功。設百雉之雄關，弓懸新月；導雙流之谷口，馬飲清泉。爰錫庡縣，用申望秩。屆春秋而頒帛，慶雉譯之咸通。諏辛甲以薦馨，保鴻圖之常固。尚其昭鑒，永克歆承。"

【校記】

① 虜，底本、稿本、《方壺》本均作"擄"，據《校補》本改。

② 此句以下衵文,《方壺》本删。

③ 捡,稿本作“擒”。

山有谷十餘,東南向,皆有水南流。最東谷曰石門溝。在綏定縣城東北百一十里。次西二十里,曰香房溝,其谷民田二十餘戶。又西十五里,曰燒房溝,其谷民田五十餘戶。又西二十里,曰白楊溝,其谷民田八戶。又西八里,曰新溝,其谷民田六戶。各以溝水溉之,餘水皆南匯石門溝水。石門溝水又南流,經中營二屯地,沙喇布拉克水自西北來滙。其水五泉並發,同南流五里,經沙喇布拉克卡倫東、沙喇布拉克軍臺西。又東南流,經席其臺南,《酉陽雜俎》云:“席其一名塞蘆。”引《古詩》“千里席其草”,又元稹《代書詩》自注云:“予以席其草籌嘗在書囊①,以佐飲備。”按,席其即《漢書·西域傳》之白草,西域處處有之,今人猶或用以爲箸,俗呼爲集吉草,又曰芨芨草,(皆席其字誤也。)[皆席其字訛。元《草堂寺碑》云:“皇太子於西涼府西北約一百里習吉灘下窩魯朶。”習吉亦席其之誤,蒙古語謂芨芨草爲得勒蘇,見劉文正公《西域考驗集》②。]其叢生根蟠大處曰臺。

【校記】

① 予,《方壺》本作“余”。

② 此處據《校補》本增删。

凡二十餘里,滙石門溝水。水又南流,至綏定城東北,右分爲渠,渠西南流,分爲二支。一支經其城北,繞城西南,溉營屯田。一支經城東,分水入城,復南流,經演武場而止。綏定城者，乾隆二十七年，參贊阿公桂所建，地曰烏哈爾里克，準語烏哈爾，鷺鷥也，東南距惠遠城三十里。城高一丈七尺，周四里三分，門三，東仁熙、西義集、南利渠，北故有寧漠門，今已塞。伊犂自乾隆二十五年置屯鎮總兵官，轄緑旗兵，以綏定城爲中營。四十五年，增置綏定城巡檢一人。越三年，置倉員一人。石門溝水經綏定城東，是爲烏哈爾里克河。乾隆二十一年，定西將軍策楞奏："臣領兵至博羅布爾噶蘇，今聞阿逆自烘郭爾鄂博帶兵往烏哈爾里克，擊諾爾布，臣等若由博羅布爾噶蘇大路前進，恐賊易於知覺，是以仍從山内間道行向烏哈爾里克往襲。"即河所經也。

河自綏定城東，乃左分爲渠。渠東南流十餘里，至紅山嘴礮廠溝①，分爲二支。一支東南流，溉旗屯田，餘水滙通惠渠。一支溉莊世福四十八戶田，分餘水，達惠遠城。伊犂旗屯、營屯、回屯之外②，有客民報墾者曰戶屯，始自莊世福。乾隆三十七年，莊世福等四十八戶墾田千四百四十畝。三十九年，張成印等二十三戶墾田六百九十畝。四十六年，王巳興等三十戶墾田九百畝③。每畝皆徵課銀五分。自惠遠城至綏定城甬道三十里，榆柳交陰。甬道之東，紅山之西，即四十八戶田，一望平疇，隱藏村落，熙熙皞皞，太古成風。渠近城北，十里清流，千章古木，芳園桃杏，丙舍松楸。黄葉尋詩，倉庚送酒④，春秋佳日，聊以寫憂。烏哈爾里克河由綏定城東，復南流八里，經將軍橋下，東西流二十餘里，於惠遠城西里許，滙伊犂河。

【校記】

① 嘴,《方壺》本作"觜"。

② 回,底本、《方壺》本作"四",據稿本、《校補》本改。

③ 巳,稿本作"已"。

④ 倉,底本、稿本、《方壺》本均作"蒼",據《校補》本改。

又西,過塔勒奇城南,烏里雅蘇圖水注之。

塔勒奇城者,以山名之也,城在山南百里,乾隆二十六年(1761),阿公桂所建。高一丈,周一里五分六釐,門三,無名。嘉慶七年(1802),北面展築四十丈,二十一年,東面展築三十丈,共三里八分。東距綏定城十里,北距廣仁城五十里,屯鎮守備駐之。四十八年(1783)①,置倉員一人。新溝之西二十餘里,曰果子溝。谷長七十里,北有峻嶺扼之,嶺上多松,名曰松樹頭嶺。嶺東有泉,曰察察布拉克,西流至谷中。有紅水泉,發自松樹頭嶺下來滙。谷西山亦有水,曰烏蘭烏蘇,東南流來滙。同南流,經鄂博勒齊爾軍臺西,軍臺距松樹頭三十里②。有烏庫爾齊布拉克水由東來滙。又南流,有烏博勒齊爾水由西來滙。凡三十五里,經塔勒奇卡倫西。又南流三里,有將軍布拉克水由東來滙。又南流二里,經塔勒奇阿瑪軍臺東。又南流里許,達谷外,奔湍迅急,聲聞數里。

【校記】

① 此處承上當爲嘉慶紀年，而嘉慶僅二十五年，故應冠“乾隆”年號。

② 距，《方壺》本作“在”。

谷中跨水架橋四十有二，峭壁夾路，蒼松據崖，山鳥飛鳴，林木陰翳。入伊犂者，驛程經此，塞沙眯目，頓覺清涼。迨乎初冬，雨雪填谷，行蹤斷絶，又以是爲險隘也。元《長春丘真人西遊記》云：“沿天池南下，左右峯巒峭拔，松樺陰森，高踰百尺，自巔及麓，何啻萬株。衆流入峽，奔騰洶湧，曲折灣環，可六七十里。二太子扈從西征，始鑿石理道，刊木爲四十八橋，橋可並車。薄暮宿峽中，翌日方出。入東西大川，水艸盈秀，天氣似春，稍有桑棗。按，今伊犂絶無棗樹。”蓋四十八橋其來已舊，今因其遺址爲四十二橋，彼土不知，遂謂前將軍保文端公所剏，懵於訪古矣。

水於谷外南流，經左營四屯地，溉其田，凡四十里。經廣仁城東。廣仁城者，地曰烏克爾博羅素克，乾隆四十五年將軍伊公勒圖建。城高一丈三尺，周三里六分，門三，東朗輝、西迎灝、南溥惠，南距綏定城六十里，屯鎮左營駐之。城南爲沙梁，果子溝水經沙梁東，至東山灣，有中營頭屯泉由西來滙。又南流，達於磨河。磨河者①，烏里雅蘇圖水也，當廣仁城西，三泉並發，南流經沙梁西，由其南分爲二支。東支東南流，經中營頭屯地南、塔勒奇頭屯地北，果子溝水來滙，是爲磨河。《天山客話》云②：“綏定河出墨花魚。”余訪土人，蓋磨河所產，是曰磨河魚，音訛墨花也。磨河又南流③，經破城東。破城在塔勒奇城正北五里許，垣墉之跡，已不可辨，而劚地者多得明珠、瑟瑟之屬。余特往游，見荷鍤者踵趾相接，殘瓷斷瓦、五色瑠璃，布散徑路。有得碎瑪瑙者，上縷細字，近於回部書，文獻無徵，莫知其由。

【校記】

① 《方壺》本奪"磨河"二字。

② 此句至"音訛墨花也"，稿本無。

③ 磨河，稿本無此二字。

磨河折而西，經塔勒奇城西北，瀦水爲水磨。又南流，經皇渠西，斷坡曲岸，細柳新蒲，小溆瀠回，自成幽境。又南三里許，積爲小湖，周可里許。臨湖西岸，故江南鹽巡道朱爾賡額字白泉，詩人朱孝純之子。築戍館於此，名曰"且園"。園中有樓，曰"面面山樓"。余集陶淵明、庾子山句爲樓楹聯曰："方宅十餘畝，草屋八九間；榆柳兩三行，梨桃百餘樹。"果樹榆柳，可百餘株。圃中裂畦，布種鶯粟，繁如雲錦。余嘗信宿茲園，壺觴負日，夕陽西下，散步水濱。鳧雁鴛鴦，銜煙拍水①，有細魚四腮如鱸，溯流舉網，藉艸以觀。磨河又南流，溉戶民田，餘水滙伊犁河。

【校記】

① 拍，稿本重衍。

烏里雅蘇圖西支水南流，經東十戶地之東。又南流，經塔勒奇草湖西，溉塔勒奇頭屯田。又南流，爲頭道河，滙於伊犁河。頭道河東去塔勒奇城十里。塔勒奇城西北五里有草湖，周十餘里，諺曰亂泉子，當破城之西、烏里雅蘇圖西支水之東。湖中湧泉，引以南流，爲皇渠，亦溉塔勒奇頭屯田。又南，午貫磨河。蓋刳木爲長槽，架於磨河水上，南北接渠口，使水由槽中行，不與磨河亂，土人謂之"橙槽"。余檢薛居正《舊五代史》，有"橙槽門"，是知其法舊矣。渠水南流二十餘里，經大榆樹莊東。又南流，阻沙山，折而東流，疏爲支渠，西溉惠遠城正紅旗屯、東溉鑲紅旗屯而止。

又西，莫霍圖河注之。

果子溝西十五里，曰大東溝。又西十里，曰小東溝。又西二十里，曰小西溝。又西五里，曰苜蓿溝。又西五里，曰大西溝。小東、苜蓿二谷中，各有客民一戶田。諸溝水皆南流，惟小東溝水達山外，溉戶屯而止。四谷之水各南流，溉左營三屯田而滙，是爲莫霍圖河。凡塞水濫觴谷中，大氐雪汁也。魏崔浩之駁李順曰："雪之消釋，僅能斂塵，不得通渠溉灌。"浩之耳聞，固不如目見矣。莫霍圖河南流，復分爲三支。西支經右營二屯地而南。中支經右營頭屯地，又南，經西十戶地之西，又南，左右各滙一泉，又南流，與西支滙。東支南至瞻德城東門外，有泉來滙。

瞻德城者，地曰察罕烏蘇，乾隆二十五年(1760)，阿公桂疏《定伊犁建置事宜》云"伊犁田地肥沃，無過察罕烏蘇，可建一小城，以遏哈薩克、布魯特由伊犁河北來往之路"是也。築城議久寢。至四十五年，伊公勒圖始建，城高一丈三尺，周三里六分，門三，東升瀛、西履平、南延景。屯鎮右營駐之，東距廣仁城二十里，西南距拱宸城七十里。

大東溝水既滙其城東泉，南溉右營頭屯田，凡十餘里而與中、西二支滙。三水既同，是爲二道河，東距頭道河十里。黏天白草，環帶叢薄，雉兔之所潛匿。每歲孟冬，將軍校獵，自頭道河至三道河止，爲之小圍。甲戌之歲(嘉慶十九年，1814)，稷雪初飛，木葉盡脱，朱白泉邀余射獵。嗾犬呼鷹，豪氣百倍。二道河又南流，入於伊犁河。

又西，察罕烏蘇河注之。

大西溝之西二十餘里，曰察罕烏蘇溝，塔勒奇山至察罕烏蘇溝而盡。察罕烏蘇水自溝南流，分爲東西二支，每支又各分爲二。四水南流，復滙爲二，惟東第一支有泉，自西滙之。東支南流，是爲三道河，西支南流，是爲花牆爾水，皆入伊犁河。花牆爾水東距三道河十餘里，三道河東距二道河二十里。東支所經者，右營二屯地，西支所經者，右營三屯地。兩支之間，右營四屯地。乾隆二十年(1755)，定邊左副將軍阿睦爾撒納奏言："傳聞哈薩克至伊犁,將回衆所種穀麥搶去。現在察罕烏蘇之伯勒齊爾蒙古語伯勒齊爾,水合流處也。居住。"即此水匯流處也。亦曰古爾班察罕烏蘇。二十八年,入秩祀。文曰①:"惟神敷澤遐方,分流絕徼。波心澄澈,鋪一片之白銀;天色空明,映千層之素練。沃野則霍集格爾繡壤毗連,遠峯則哈喇古顏翠屏環抱。溯源有自,利涉攸資。朕統馭八紘,宣昭七德。設堠流沙以外,載拓堯封;洗兵瀚海之西,遠恢周索。神效靈以徯應,天助順而成功。惟茲察罕之川,近在伊犁之域。當王師之度漠,相予宏勳;洎都護之屯田,溥茲美利。土膏滋液,應坎德以濟生民;水氣和甘,偏兌方而宣渥惠。爰稽故典,載肅常禋,奠玉幣以孔虔,秩春秋以致告。吉蠲將事,列四瀆之崇班;肸蠁丕昭,錫千秋之繁祉。庶希鑒格,永祚塞垣。"

【校記】

① 此句以下祀文,《方壺》本刪。

又西,過拱宸城南,和爾郭斯河注之。

察罕烏蘇溝西三十里,爲阿里瑪圖溝,山皆平阜,與塔勒奇嶺相屬。水達谷外,南流溉回屯田。又南,經正白旗達呼爾營東。又南,至一間房地而止。是爲西阿里瑪圖。《元史》載畏兀兒地第二十九阿力麻里①,即阿里瑪圖之異文也。(阿力麻里亦曰葉密里,《耶律希亮傳》作葉密里,《憲宗紀》作葉密立,《脫力世官傳》作渴密里。初爲定宗潛邸湯沐邑,後爲定宗子宗王火忽分地,見《耶律希亮傳》。元太祖先定東土,故太祖諸弟多封於東,今内扎薩克中之四十五旗是也。至太宗以下子孫則多封於西,故阿力麻里爲定宗子分地,海都、篤娃得分據金山南北也。《元史》謂之東諸侯、西諸侯。或以爲諸王海都分地,非也。

阿力麻里爲海都分地，見《地理志》。然考之《月赤察兒傳》，海都分地近金山。《地理志》疑誤。《地理志》又言阿力麻里在北庭之西北四五千里，《世祖紀》復言阿力麻里地在和林北。按，元之和林在今喀爾喀三音諾顔之東界，阿力麻里當和林之西南，其去北庭亦僅三千餘里。蓋作史者不審地里[2]，語出臆度，不足爲據。至元五年〈1268〉，海都叛，舉兵南來，世祖逆敗之於北庭，又追至阿力麻里[3]，則又遠遁二千餘里。上令勿追，以皇子北平王南木合建幕庭於阿力麻里鎮之[4]。十四年八月[5]，諸王昔里吉與脫脫木兒、簒木忽兒、撒里蠻等，劫北平王、械繫右丞相安童以叛[6]，使通好於海都。海都弗納，撒里蠻亦悔過，執昔里吉等。北平王遣札剌忽以聞。二十一年三月，北平王歸自阿力麻里，安童繼至。蓋海都分地在金山西南，當阿力麻里之北，《昔班傳》云："海都叛，世祖命昔班諭之。海都聽命，退軍置驛。而丞相安童軍先已克火和大王部曲，盡獲其輜重。海都懼。"火和大王即宗王火忽，海都地鄰火和，懼安童乘破竹之勢，侵軼彼疆，激而作亂。西北諸王自此不靖，垂五十年。是則安童實爲戎首。《元史》無海都諸王傳，《安童傳》復深爲之諱。訪古料今，足明始末。）[《世祖紀》言地在和林北，《地理志》又言在北庭西北四五千里。按，阿力麻里距北庭三千里而遥，當和林西南。準今審古，即實爲非。《地理志》又謂是海都分地，證以《月赤察兒傳》，亦爲舛也[7]。]

【校記】

① 此句以下至夾注"語出臆度，不足爲據"，稿本作："《元史·地理

志》云：'諸王海都行營於阿里瑪圖。'"

② 里，《方壺》本作"理"。

③ 阿力麻里，稿本作"阿里瑪圖"。

④ 此句稿本作"以皇子北平王統諸軍於阿里瑪圖鎮之，即斯地也"。

⑤ 此句以下至"足明始末"，稿本無。

⑥ 劫，底本作"刼"，《校補》本正之。

⑦ 此處據《校補》本增删。

地舊有城，城北有關①，元劉郁《西使記》云："西南行二十里，有關曰鐵木兒懺察，守關者皆漢民。關徑崎嶇，似棧道。出關至阿里麻里城，市井皆流水交貫，有諸果，惟瓜、蒲萄、石榴最佳。回紇與漢民雜居，其俗漸染，頗似中國。"又《長春真人西遊記》云："辛巳（元太祖十六年，1221）九月二十七日，至阿里馬城，鋪速滿國王暨蒙古塔剌忽只按，即達魯花赤。領諸部人來迎，宿於西果園。土人呼果爲阿里馬，蓋多果實，以是名其城。其地出帛，曰禿鹿麻，所謂種羊毛織成者。"長春之歸自行在也，於壬午（元太祖十七年，1222）四月五日至阿里馬城之東園。二太子之大匠張公請渡河，不果。蓋地多果樹，故有東西兩園。陵谷變遷，不知其處。阿里瑪圖水故道入伊犁河，今溉田，無餘水。

【校記】

① "地舊有城，城北有關"，稿本作"亦曰阿里馬城，或曰阿里麻里城，城之北有關"。

阿里瑪圖溝西十五里，爲滚壩溝，科河發焉。河自山南流五里，右疏渠一，溉營屯頭工田，左疏渠一，回民瀦爲水磨。又南半里，經故回部王吐呼魯克吐木勒罕墓西。回人《庫魯安書》云："其部初有女子曰阿郎固庫勒魯者，天帝使一丈夫向女吹噓白氣，感而有身，生子曰麻木哈伊項，爲回部王。傳至三世，習蒙古法。又傳十四世，爲吐呼魯克吐木勒罕，年二十二，嗣爲國主。後二歲，獵於阿克蘇，遇回人，授派噶木巴爾法；返伊犁。又有回民七人者來教，其部衆遂盡返舊俗。在位十年卒。有滿克國回部長，以橐馳四十①，負滿克國土，爲建此塚。覆以碧琉璃，刻墓門，識營造之年。"至今嘉慶二十五年(1820)，凡四百七十四年，推以彼術，三十年積一萬六百三十一日②，則四百七十四年當積一十六萬七千九百六十九日又十分日之八。以歲實約之，得四百五十九年又三百二十三日太半日。從今庚辰逆數之，蓋建於元順帝至正二十年庚子歲(1360)也。墓旁土中多金銀銅三種錢，皆無輪廓，肉好面幕有字，不可識。銅錢至薄，大如宋當百錢。銀錢至小，如王莽直一，而稍厚。金錢薄如銅錢，大如開通元寶錢。

【校記】

① 馳，《方壺》本作"駝"。

② 此句至"蓋建於元順帝至正二十年庚子歲也"，稿本作："蓋建於元順帝至正十八年戊戌歲也。以三十年一率，一萬零六百五十一日

爲二率，四百七十四年爲三率，求得四率積日數十六萬八千二百八十五日又十分日之八，爲積日。以歲實爲法除之，得四百六十年又二百七十四日强，是得其歲數矣。"

科河經墓西，西南距拱宸城二十餘里。分二支，左支經鑲白旗達呼爾營東，東距阿里瑪圖河二十里，右支經鑲白旗達呼爾營西。達呼爾者，索倫部之右翼也。謹按，《一統志》云："索倫、達呼爾二部，居額爾古納河及淨溪里江之地，與羅刹接境。自順治五年（1648）其佐領阿濟布入貢，始内屬，駐牧黑龍江。乾隆二十九年（1764），移其部官兵千十八人駐伊犁，置領隊一人轄之。左翼四旗，逐水草，爲索倫，在奎屯河、撒瑪勒河岸。右翼四旗，廬舍居，爲達呼爾，在和爾郭斯河、科河岸。"科河左支經達呼爾營而止。右支經達呼爾營，至拱宸城東二十里，其處架橋，往來所渡也。又南流，溉戶田而止。

拱宸城者，即和爾郭斯城也，乾隆四十五年，將軍伊公勒圖建，在塔勒奇城西八十里。城高一丈七尺，周三里七分，門三，東寅暉、西遵樂、南綏定，屯鎮參將駐之。是年，置巡檢一人。城西二十餘里，爲和爾郭斯河。發自北境松山，南流，左疏渠一，溉營屯二工田，瀦爲水磨。右疏渠一，溉營屯三工、四工田。和爾郭斯河又南流，左疏渠一，渠東南流，經拱宸城西，分爲二支。東支經正藍旗達呼爾營東，西支經鑲黄旗達呼爾營西。兩營之北沙山中，湧泉滙爲淖爾，周十餘里，萑葦叢生，豪豬所聚也。在拱宸城西南五十里。西支渠經淖爾而止。東支渠經淖爾，又南，分爲二支。左支溉正藍旗達呼爾田，右支溉鑲黄旗達呼爾田，至沙山而伏。乾隆二十一年，定西將軍策淩奏言：“扎薩克鄂諾錫告稱阿睦爾撒納掠伊游牧，伊即至和爾郭斯，正值哨探。大兵遂與諾爾布等會合，占據津梁。阿睦爾撒納不能渡河，依沙岡自守。”即此沙山也。

和爾郭斯河又南流，經拱宸城西和爾郭斯安達拉卡倫東，是爲渡口。乾隆二十三年，大兵剿厄魯特餘黨，布庫察罕聞大兵至，越塔勒奇，與哈薩克錫喇會。策布登扎布追至和爾郭斯河，即奪渡過河。賊已遷移，游牧山上，餘衆不多。官兵四百餘名前進，忽伏賊千餘突出。官軍分爲三，奮力迎射，格鬥良久，賊始奔潰。和爾郭斯河又南流，右溉鑲黄、正藍二旗達呼爾田。又南流，入伊犁河。乾隆二十八年，入秩祀。文曰①：“維神德配玄冥，位居兑澤。播土膏之沃衍，利濟咸昭；潤絶域之奥區，盈科有漸。達洪波而遠邁，直接伊犁；滙衆派以支分，近聯車集。溯靈源之溥博，錫祀典以輝煌。朕康乂西陲，蕩平朔漠。翦準噶爾之餘孽，勢失負嵎；俘渥赭特於重圍，計窮飛渡。惟神功之設險，乃小醜之削平。穹廬傳鶴唳而先驚，逆酋亡命；士馬挾風濤而俱迅，王旅奮威。久修典禮於祠官，用薦馨香於望秩。尚其昭鑒，將以苾芬。”

【校記】

① 此處以下祀文，《方壺》本删。

又西，都爾伯勒津喀喇烏蘇注之。

和爾郭斯河西六十里，爲車集河源。源發自北山，南流經正黄旗索倫界東而伏，河之委東距和爾郭斯八十里，與和爾郭斯河同入秩祀。文曰①："惟神導源西極，疏派北庭。抱巖谷以奔趨，莫禦激湍之勢；溉土田而衍沃，聿宏潤物之施。細浪翻銀，脈絡遙連乎察罕；長虹飲練，尾閭下注乎伊犁。禹迹未通，靈境軼《大荒經》外；堯封新拓，嘉名補《王會圖》中。朕撫育寰區，敉寧邊徼。武功丕振，全收葱嶺之河；屯政肇修，遠引蒲昌之海。惟名川之用涉，宜昭報之有功。承坤德以流甘，位兌維而布潤。往歲六軍飲馬，式彰呵護之靈；今兹重譯欵關，胥受懷柔之化。爰崇明祀，特敕所司，陳璋邸以升馨，潔彝尊以致告。澄波淼淼，永環都護之城；流水泱泱，遙繞祁連之嶂。益甄靈貺，尚鑒精誠。"

【校記】

① 此處以下祀文，《方壺》本删。

車集河西四十里，爲齊齊罕河源。源發自北山，南流，東疏渠一。又南流，東西各疏渠一。東渠南經齊齊罕安達拉卡倫西，止不流。西渠南經正紅旗索倫界西，止不流。乾隆二十三年(1758)，定邊將軍兆公惠奏言："策布登扎布在和爾郭斯擊敗賊衆，臣即晝夜前追。賊人蹤跡四散，侍衛老格在齊齊罕河剿賊百餘人。"河又南流而伏，河之委東距車集河二十里。

齊齊罕河西三十里爲撤瑪勒河源，源亦發自北山，谷長百里①，流泚涓涓，當暑清涼，草深沒馬。水出谷南流，經鑲紅旗索倫界東，東距齊齊罕河十五里。乾隆二十三年，參贊富公德敗哈薩克錫喇於博羅呼濟爾嶺，哈薩克錫喇自撤瑪勒河向伊犁逃去。河又南流，達葦蕩。撤瑪勒河西十里，爲奎屯河，自北山南流，入夏暴漲，涉者往往滅頂。南流達葦蕩。葦蕩者，即撒瑪勒、奎屯所鍾之澤，東西百八十餘里，南北八十餘里，是曰都爾伯勒津喀喇烏蘇。澤中洲方四五十里，有隴畝遺跡。澤南薄沙山，山外即伊犁大河。都爾伯勒津喀喇烏蘇於南面溢水，穿沙山斷處，入伊犁河。乾隆二十八年，秩祀撒瑪勒、奎屯二河。祭撒瑪勒河文曰②："惟神靈源夙著，渥澤常濡。居額蘇克之上游，衍伊犁河之別派。遙岑北拱，萬疊雲連；大水南環，千條練瀉。亘神皋而利濟，滋絕域以含膏。奠彼迴瀾，昭茲秩祀。朕誕敷文德，式廓輿圖。輯部落於荒陬，功惟作潤；軫羣黎之日用，期以飲河。惟坎功之用涉咸昭，斯戍校之開屯有藉。遣專官以致享，典肅春秋；酬靈貺而告虔，吉諏辛甲。奎屯上下，益恢聲教之隆；車集東西，共受明禋之賜。神其昭鑒，薦此椒馨。"祭奎屯河文曰："惟神衍派天山，導源月窟。湛然無滓，性殊湯谷之溫；注焉不盈，德比寒泉之食。波成紋而曲折，下注伊犁；水如鏡以澄明，近鄰車集。功惟潤下，勢欲朝宗。洵神應之聿昭，宜吉蠲之罔替③。朕並包九宇，戡定二庭。路踰弱水之西，壬鈐遠授；地盡河源之外，戊校新屯。乃咨都護之臣，肇舉名川之祀。穿渠引水，灌溉之利攸資；刳木乘桴，濟涉之功尤遠。自古眅章未闢，不登裴矩之圖；於今中外爲家，合補酈元之注。清醪載酌，制帛爰陳。康我塞垣，永作渠搜之襟帶；昭茲功德，長歆嗣歲之馨香。式薦苾芬，庶希鑒格。"

【校記】

① 此句至"草深沒馬。水出谷"凡十九字，稿本原無，籤條補入。

② 此句至段末祭文，《方壺》本删。

③ 替，稿本作"替"。

奎屯河西三十里爲圖爾根河源，源發自都蘭哈喇山，東流折而南，達山外。南流二十餘里，經齊齊罕卡倫西。

又南二十里，經和爾郭斯卡倫西。又南，經鑲藍旗索倫界西。其流處東距奎屯河二十里。又南，達小葦蕩。小葦蕩東西七八里，南北十許里，在都爾伯勒津喀喇烏蘇西北二十餘里。

又西，喀喇河注之。

自齊齊罕卡倫傍圖爾根河北行，踰河東岸小山梁，凡三十里，至奎屯卡倫。乃西北行，經圖爾根河源北岸山陰。凡三十里，至博羅呼濟爾卡倫。又西南行，經都蘭哈喇山陰，一百二十里，至山之西麓，爲崆郭羅鄂倫卡倫。卡倫南距伊犁河八十里。索倫界至此止，卡倫外則哈薩克境也。崆郭羅鄂倫卡倫西北四十里，有洮賴圖水發自北山，南流。又西五十里，有喀喇河發自庫隴奎山準語庫隴奎，寒也，山徑多寒，故名。舊作庫隴癸，聖製有《庫隴癸之戰》詩。東麓。乾隆二十三年(1758)，定邊將軍兆公惠奏言："臣等於三月十五日據侍衛占不納報稱行至哈套，蒙古語哈套，堅也，山多堅石，故名。晚見煙火移入庫隴奎山口，隨捉生詢問，知布庫察罕敗逃後，有喀喇沁宰桑恩克圖、多果魯特宰桑布圖庫、噶勒雜特宰桑特克勒德克、阿勒塔沁宰桑塔爾巴特等，領二百餘戶，欲渡伊犁。有伊等游騎探知大兵已至，遂移往庫隴奎山險藏匿。臣兆惠、巴祿、色布騰巴爾珠爾、溫布領兵一百人入庫隴奎山口，策布登扎布領兵一百名過阿勒坦額墨勒①，與富德、羅卜藏多爾濟、鄂博什從後掩擊。臣兆惠伏兵山背，於五鼓，直前掩襲，行未二里，抵賊游牧,我兵即呼噪叢射,賊衆驚竄。值大霧迷漫,賊棄其帳房器物,赤身乘馬②,逃據山嶺,放鎗滚石相拒③。我兵奮前攻擊,侍讀學士職銜温福、副將高天喜,各攜一礮,奔赴高山,擊殺山上賊衆。色布騰巴爾珠爾得鳥鎗傷,鉛子從腋透出,因達什策凌應援得脱。藍翎侍衛伍岱射恩克圖,直貫其項,獲之。"阿勒坦額墨勒者,即阿勒坦額墨勒都圖山也。

【校記】

① 過,初刻底本作"遇",據稿本、《校補》本、《方壺》本改。按刻本有徑作"過"者,係後來挖補本。

② 乘,《方壺》本作"棄"。

③ 拒,《方壺》本作"距"。

喀喇河南流,左滙洮賴圖水,西南流五十里,有塔齊爾罕布拉克水由北來滙。又西南六十里,經阿勒坦額墨勒都圖山陽,其山水由北來滙。乾隆二十八年,祀阿勒坦額墨勒都圖山。文曰①:"惟神鎮定邊隅,奠寧朔漠。東接格登之險,疊嶂岧嶢;南通莎嶺之雄,堆雲峭崿。坤元叶吉,色偏應乎乾金;艮止常安,位乃居於坎水。洵伊犁之保鄣,宜禋祀之優崇。朕撫衈準夷,綏來蕃部。自古職方有典,未服懷柔;於今王會新圖,如親刊旅。惟兹山之雄峙,爲絶域之殊觀。襟帶環流,東銀濤於車集;屏藩拱列,連碧巘之和羅。特詔祠官,用頒制帛。牲牢具備,遙申徧望之誠;俎豆維馨,永著庪縣之典。神其來格,鑒此明禋。"喀喇河滙阿勒坦額墨勒都圖山水,復西南流二三十里,經薩爾塔罕山東,折而東南流數十里,入於河。

【校記】

① 此句以下祀文,《方壺》本删。

又西,察林河從南來注之。

格登山北八十里之達布遜淖爾,周數十里。淖爾南曰畢爾巴什山,其東曰伊什噶爾迪山,其西曰巴彥聚爾坤山,環淖爾三面。淖爾之東北曰珠爾根察奇爾,有泉發焉。西流經淖爾北,是爲鹽池口水。又西流,經鉛廠南。乾隆三十一年(1766),將軍明公瑞始置鉛廠於雅瑪圖嶺,歲採鉛六七千觔至萬餘觔,運寶伊局之餘,爲軍火鉛丸。六十年,將軍保公寧以出鉛漸少,移廠於厄魯特游牧察奇爾山陽,即今廠也。山之北麓有城寺遺址。鉛廠南行五十里,至鹽池口水北岸。鹽池口水又西流數十里,沙喇雅斯水由南來滙,水發自沙喇雅斯嶺。《納木扎勒齊素嚨傳》云:附《袞布傳》。"乾隆二十年,納木扎勒齊素嚨偕同部貝子車布登扎布等追達瓦齊至沙喇雅斯嶺"是也。嶺在冰嶺西,與特克斯河源相近。水達山外,北流經沙喇雅斯卡倫東。卡倫東南至特克斯塞沁卡倫七十里。又北流,經鄂爾果珠勒山東,山有水來滙。山之西置卡倫,鄂爾果珠勒卡倫東南距沙喇雅斯卡倫六十里。通善塔斯嶺也。

鄂爾果珠勒水東流,滙沙喇雅斯。沙喇雅斯挾以北流,達鹽池口水。鹽池口水西流四五十里,經格根卡倫北,格根,明也,見《元史語解》。格根卡倫東南距鄂爾果珠勒卡倫七十里。是爲格根河。又西流四十餘里,哈爾奇喇水來滙。水發自鄂爾果珠勒山南五十餘里，西北流，經哈爾奇喇卡倫北。卡倫東距沙喇雅斯卡倫七十里。又西北流，南匯尼楚袞哈爾奇喇水，折而北流，經齊齊罕圖小卡倫東，東距格根卡倫六十里。滙於格根河。格根及哈爾奇喇水側嚮爲東布魯特牧地，準噶爾侵軼，故西遷焉。格根河西北流四十里，經哈爾罕圖小卡倫東，東南距齊齊罕圖小卡倫五十里。有古爾班伯爾克水由西南來滙。格根河又西北流，經扎拉圖卡倫西。南至哈爾罕圖小卡倫六十里①。又西北流五十里，經額爾格圖卡倫西。折而東北流四十里，經鄂博圖卡倫西。又折而東流五十里，經雅巴鄂爾圖卡倫北，有雅巴爾布拉克水經卡倫東來滙。

【校記】

① 哈，底本作“㕉”，據稿本、《校補》本改。

格根河又東流六十里，有特穆爾里克河由南來滙①。特穆爾里克河發自察奇爾山陰，西北流，經特穆爾里克卡倫北，折而北流九十里，滙於格根河。二河滙處，置渡口、卡倫焉。惟格根時涸無水②。河經卡倫，復東北流，是爲察林河。凡四十里，至察林渡口。乾隆二十三年，定邊將軍兆公惠奏言：“昂吉岱自去年從阿圭雅斯逃至沙喇伯勒，哈薩克錫喇、鄂哲特等以昂吉岱係噶勒丹策淩近族，議立爲大台吉。布庫察罕與舍楞不從，舍楞欲入俄羅斯，布庫察罕拒守伊遜薩們之源，昂吉岱遣鄂哲特攻之，爲所敗。時又有哈薩克哈布哈之子圖古占領兵二千，掠沙喇伯勒，昂吉岱於察林之橋渡連兵拒戰。”即此渡口也。渡口東北五十里，爲特勒克卡倫。察林河至卡倫南，分爲二，東支爲伊克喀喇烏蘇，西支爲察林，經卡倫左右，入伊犁河。《長春真人西遊記》云：“自阿里馬城西行四日，至荅剌速沒輦③，水勢深濶，抵西北流，從東來截斷陰山，河南復是雪山。十月二日，乘舟以濟。”元時譯語謂河爲沒輦，荅剌速沒輦即伊犁河也④。長春真人之歸也，於阿里馬城西百餘里濟大河。往時所濟在察林渡西，歸時則在察林渡東。

【校記】

① 里，《方壺》本奪。

② 此句稿本無。

③ 剌，《方壺》本作“喇”。

④ 剌，《方壺》本作“喇”。

伊犁河自惠遠城南西流九十里，逕古爾班托海北。又西七十里，逕安達拉卡倫北。又西六十里，逕察罕托海北。又西七十里，逕洮賴圖卡倫北。又西八十里，逕沙喇托羅海卡倫北。又西八十里，逕額林摩多卡倫北。又西六十里，至特勒克卡倫北。蓋察林、伊犁交流處距惠遠城五百一十里。

又西北，車里克河注之。

伊犁河既會察林，西北流百里而近，逕托博羅爾山南。又西北流，逕布喀嶺北。凡百餘里，車里克河自南來入之。河發自特穆爾圖淖爾北境山，東流，南匯六水。凡二百里，將折而北，有圖爾愛科爾山水由東南來滙。又北流二十餘里，至察里克巴克圖托海之西，有庫克里克山水流百四十里，由正西來滙。又北流二十餘里，有阿蘇嶺水流百里，由正西來滙，是爲車里克河。又北流百八十餘里，經布喀嶺西，入伊犁河。

又西北，古爾班奇布達爾水注之。

車里克河西三十餘里，有塔拉圖布拉克水，又西四十餘里，有古爾班沙扎海水，皆北流數十里而止。又西十餘里，爲古爾班奇布達爾水，源當阿蘇嶺之北，凡北流百七十餘里，入伊犁河。伊犁河自車里克河口，逕沙喇伯勒境北，凡西流百一十里，與古爾班奇布達爾水會。沙喇伯勒者，舊杜爾伯特地，《杜爾伯特部傳》云："有伯什阿噶什者，伊斯扎布之曾孫也，祖扎勒，父車淩多爾濟。伯什阿噶什兄曰布達扎卜，曰達瓦克什克，弟曰達瓦濟特，曰格咱巴克，聚牧伊犁河西沙喇伯勒境，鄰哈薩克牧。達瓦齊虐其衆，伯什阿噶什將棄之，懼襲而寢。大軍征達瓦齊，抵伊犁，班第遣使招，因獻籍三千餘戶降。"是其事也。《額敏和卓傳》云："先是，議以額敏和卓從定邊將軍兆惠赴沙喇伯勒勦厄魯特逸賊，次及回逆。尋議分道進兵，額敏和卓奏：'自沙喇伯勒取道巴達勒至喀什噶爾，取道木素爾嶺至阿克蘇，徑皆險。別有間道，臣遣使赴兆惠軍爲導。’”蓋沙喇伯勒之南通特穆爾圖淖爾，傍淖爾南行，越巴爾琿嶺，渡納林河，可至喀什噶爾。

又西北，圖爾根水注之。

圖爾根［舊準噶爾多果魯特鄂拓克地①。］水凡北流二百里，入伊犁河。源處東距古爾班奇布達爾水五十里，入河處相距二十餘里。

【校記】

① 此處據《校補》本增補。

又西北，塔爾噶爾水注之。

塔爾噶爾水發源東北流百六十餘里，有伊西克圖水由南來滙。同北流百三十里，入伊犁河。東距圖爾根水二十餘里。

又西北，古爾班阿里瑪圖水注之。

阿里瑪圖三源並發，流五十里而滙。又東北流八十里，又北流百四十餘里，入伊犁河。入河處東距塔爾噶爾水二十餘里。《方略》載：“噶勒丹策淩令其妹夫羅卜藏車淩率兵一萬，駐阿里瑪圖、沙喇伯勒以防哈薩克。”又云①：“乾隆二十八年（1763），伊犁辦事伊公勒圖奏查哈薩克，兩路分巡，南路自特穆爾圖淖爾之南，由巴爾琿嶺至塔拉斯、吹地方，北路沿伊犁河，由古爾班阿里瑪圖［舊準噶爾庫本諾雅特部鄂齊爾烏巴什之昂吉②。］至沙喇伯勒地方，方能周徧。”是其地矣。

【校記】

① 此節引文，出自《方略》續編卷二三“乾隆二十八年十月乙酉”下，有删改。

② 此處據《校補》本增補。

又西北，哈什柯楞水注之。

哈什柯楞水二源並發而滙，東北流七十餘里。又北流百六十里，入伊犁河。入河處東距阿里瑪圖水二十餘里。

又西北，庫魯圖水注之。

庫魯圖［舊準噶爾布庫斯鄂拓克地①。］水發源東流七十餘里，有奎屯水由西南來滙之。又東流二十里，有察拉爾罕水由西南來滙之。庫魯圖水折而東北流五十餘里，又北流一百二十里，入伊犁河。入河處東距哈什柯楞水二十餘里。［自庫魯圖東南至沙圖，沙圖西南至古爾班薩里，皆在巴勒喀什西南岸。唐之潔山都督府地，突騎施阿利施部也②。］

【校記】

① 此處據《校補》本增補。

② 此處據《校補》本增補。

又西北，哈什塔克水注之。

哈什塔克水發源東北流百五十里，又北流百六十里①，入伊犁河。入河處東距庫魯圖水四十餘里。伊犁河自車里克河至哈什塔克水凡三百里。河之北岸，皆沙磧也。

【校記】

① 百，《方壺》本奪。

又西北，注巴勒喀什淖爾。

伊犁河自哈什塔克河口北流百里，入於淖爾。《西域圖志》云："淖爾爲西北境最大澤，左右支河水淺可渡處有五，曰額蘇斯德、曰喀喇塔拉、曰輝邁拉圖、曰溫托爾格、曰塔爾輝塔，統名曰多歡。"多歡者，渡口也。國語謂渡口曰多歡，蒙古語則曰鄂羅木，見《元史語解》。

淖爾一源爲庫克烏蘇河，

庫克烏蘇河源出博羅呼濟爾嶺，流峽中，逕其卡倫。一水西流，自卡倫北來會，是爲博羅呼濟爾水。《車布登扎布傳》云："乾隆二十四年（1759），車布登扎布赴特穆爾圖淖爾，協剿霍集占。會將軍兆惠已率兵進葉爾羌，車布登扎布由博羅呼濟爾還駐伊犁。"即其境也。博羅呼濟爾水西北流八十餘里，有小水亦曰庫克烏蘇，由北來滙之。又西北流六十里，有庫克鄂羅木水由北來滙之。其水盛於庫克烏蘇，故博羅呼濟爾受之。其流益大，是爲納林河。納林河西北流八十里，有噶克察摩多水自北來入之。又西北流六十里，有喀喇塔拉水自北來入之。[喀喇塔拉者，西與托博隴相接，舊爲準噶爾額爾克騰鄂拓克地[①]，]南北山勢，至斯而隘，納林河逕峽中，東急而怒，流如竹箭。西北流數十里出峽，南山漸舒，河傍北山流，逕喀喇塔拉山口之南，是爲庫克烏蘇河，勢猶洶湧，未就安流。乾隆二十三年，定邊將軍兆公惠奏言："富德聞哈薩克錫喇晝夜逃奔之信，領兵二百，越博羅呼濟爾嶺，分爲兩隊，追及於哈魯勒托羅海，獲卓托魯克得木齊車隆。旋遣參領納旺等持托忒字印文往招布庫察罕，令捡哈薩克錫喇自效[②]。行至庫克烏蘇，納旺布庫察罕之喇嘛來見。"

【校記】

① 此處據《校補》本增補。

② 捡，稿本、《方壺》本作"擒"。

庫克烏蘇河又西北流三四十里，逕察罕博胡圖境北。又西北十餘里，逕莫爾霍必濟境北。又西北流三十餘里，逕莫軌圖境東，有碩津烏蘇河自南來入之。碩津烏蘇發源伊犁河北岸山，北流經阿勒坦額墨勒都圖山西，東滙古爾班胡蘇圖水。又北流，經塔蘭胡圖克境東，與庫克烏蘇河滙。庫克烏蘇河又北流百五十餘里，逕察陳喀喇境西，而入淖爾。西距伊犁河入淖爾處三百八十餘里。

一源爲勒布什河，

自庫克烏蘇河所逕之喀喇塔拉山北行五十餘里，爲扣肯布拉克山。其山北向，如張兩股，正中一泉，滃然有女陰之象，故謂之扣肯。蒙古語謂女子謂扣肯。登山梁西北望，蒼茫鬱蒸，銀濤一線，即巴勒喀什淖爾也。伊犁河北岸之山，層岡疊阜，至此始出。北山東西數百里，山皆截然而止。山下北眺，平沙浩渺，不知其極，遠樹成林，則會勒布什諸水所經之地。

扣肯布拉克水北流數十里而伏。扣肯布拉克東五十里，爲喀喇哲克德水，水發自雅瑪圖之北，達山外，北流瀠洄，爲葦蕩，中多豪豬。喀喇哲克德水東五十里，爲哈畢爾罕布拉克水。涓涓北流，遇沙而伏。哈畢爾罕布拉克之東，亂流五水，三百一十里，至勒布什河。河出薩爾巴克圖河北岸、庫克托木嶺之陰，其陽即庫克托木水所發也。勒布什河西北流百三十餘里，有巴什罕河由南來滙。勒布什河西六十里，有莫霍圖水北流而止，不與河通。莫霍圖西六十里，爲巴什罕河。又西六十里，爲薩爾罕河。又西三十里，爲博木察罕烏蘇河。又西四十里，爲察罕烏蘇河。皆北流入於勒布什河。察罕烏蘇河之西六十里，即哈畢爾罕布拉克水也。

勒布什西北流，既會諸水，又西北流二百五十餘里，逕阿爾噶淩圖境西、察陳喀喇境東，入淖爾。西距庫克烏蘇入淖爾處一百里。《沙喇扣肯傳》云："乾隆二十一年(1756)，阿睦爾撒納竄哈薩克巴圖爾烏巴什，覬據伊犁。聞我師有備，竄察罕烏蘇、博羅布爾噶蘇、阿勒坦特卜什、勒布什薩爾罕諸境。"即此諸水所經也。伊犁與塔爾巴哈台每秋各以領隊一人巡哈薩克境，以勒布什河爲界。河東爲塔爾巴哈台境，西爲伊犁境。

一源爲愛唐蘇河，

愛唐蘇河源出塔爾巴哈台庫圖爾嶺西，西流二百里，有愛古斯河自北來入之。愛古斯河發自朱爾庫朱山，準語朱爾，母狍也，庫朱，頸也，山形似之，故名。西流一百五十餘里，有博羅額布克特水、烏蘭額布克特水同西南流百餘里來滙。愛古斯河又挾以西南流五十里，入愛唐蘇河。愛古斯河東距塔爾巴哈台城四百餘里，與哈薩克以此河爲界也。愛唐蘇河西流三十餘里，有水發自哈薩克界阿爾會西里山東，凡南流二百里，經庫克薩爾境東來滙。愛唐蘇河又西流四十餘里，有水發自阿爾會西里山西，亦南流二百里，經庫克薩爾境西來滙。愛唐蘇河又西北流五十餘里，入淖爾。傍愛唐蘇河皆哈薩克游牧，其地爲漢康居國，逐水草，冬夏徙居，而以塔什罕城爲宗國，是即《漢書》所謂"康居隨畜移徙，其王冬治樂越匿地[①]，夏居蕃內"也。塔什罕城在哈薩克西，乾隆初，霍罕伯克額爾德呢取塔什罕城，哈薩克左部汗阿布賚與右部王阿布勒必斯攻霍罕，復塔什罕城。三十二年(1767),阿布賚遣都拉特柯勒奉表至伊犁乞師二萬人②,並假大礮,將大舉伐霍罕。將軍不許③,其後霍罕仍取塔什罕城焉④。

【校記】

① 匿,底本、稿本作"慝",據中華本《漢書》及《方壺》本改。

② 奉表,稿本原無此二字,籤條補入。

③ 將軍,稿本原無此二字,籤條補入。

④ 稿本原無此句,籤條補入。

《元史》每言阿速與欽察爲鄰①,疑阿速即哈薩克。《元史》言欽察、阿速諸國,《速不台傳》與《曷思麥里傳》互異。《速不台傳》云:"收欽察境,又至阿里吉河,與斡羅斯部大、小密赤思老遇,一戰降之。略阿速部而還。"是先欽察而斡羅斯而阿速也。《曷思麥里傳》云:"太祖命曷思麥里從哲伯爲先鋒,攻乃蠻,克之,斬其主曲出律。帝親征至薛迷思干,追其主札剌丁至憨顏城西塞,札剌丁逃入於海,取玉兒谷、德痕兩城,繼而憨顏城亦下。帝遣使趣哲伯疾馳以討欽察,命曷思麥里招諭曲兒忒、失兒灣沙等城②,悉降。至谷兒只部及阿速部,以兵拒敵,皆戰敗之。招降黑林城,進擊斡羅斯於鐵兒山,克之,獲其國主密只思臘。哲伯命曷思麥里獻諸尤赤太子,誅之。尋征康里,至孛子八里城,與其主霍脱思罕戰③,又敗其軍。進至欽察,亦平之。"是曷思麥里由西域轉戰而北,先阿速而斡羅斯而康里,而後欽察也。然《曷思麥里傳》先言帝趣哲伯疾馳以討欽察,則征欽察究在先,曷思麥里徇西域諸城而北④,先至阿速,則阿速在欽察之南,阿速與哈薩克音亦相近也。

【校記】

① 此段文字,稿本無。

② 曷思麥里，底本乙作“曷思麥思”，據《校補》本改。失兒灣沙，底本乙作“失灣兒沙”，據中華本《元史》改。

③ 思，底本作“恩”，據中華本《元史》改。

④ 徇，《方壺》本作“傍”。

哈薩克部凡三[1]，曰左部、亦曰東部。曰右部、亦曰中部。曰西部。左部置汗一，今曰斡里，始歸順之汗阿布賚子也，乾隆四十七年嗣。其所轄衛遜諸鄂拓克附崆郭羅鄂倫及鄂爾果珠勒卡倫，在伊犁西，素宛鄂拓克附沁達蘭卡倫，在伊犁北，爲最近，阿塔海、瑚蘭素諸鄂拓克去伊犁爲遠。右部置汗一，今曰托霍木，始歸順之汗阿布勒班畢特孫也，嘉慶十四年（1809）嗣。又置王一，今曰江霍卓，阿布勒班畢特曾孫，阿布勒班畢特之長子曰博羅特，嗣爲汗。其次子曰阿布勒必斯，別爵爲王。有西部台吉巴喇克者，生子杭霍卓而卒，巴喇克之妻改適阿布勒必斯，因以杭霍卓爲養子，朝廷命之嗣王爵。江霍卓則杭霍卓子也。嘉慶五年嗣。所轄色密斯奈曼及斯班奈曼諸鄂拓克，皆附塔爾巴哈台北。西部處極西，按，《土爾扈特部傳》云：“土爾扈特屯牧額濟勒河，所居地曰瑪努托海，北界俄羅斯，南界哈薩克，東界哈喇哈爾榜，西界圖里雅斯科。”是哈薩克已近西海，蓋即西部也。無汗王，惟置二品以下台吉。其台吉托克托庫楚克所轄者曰喀喇拜吉格特鄂拓克，佳拜所轄者曰克勒拜吉格特鄂拓克。乾隆三十七年，伊犁將軍舒公赫德疏言：“哈薩克内有伊克準、多木達準、巴罕準蒙古語巴罕，略小之謂。三部。伊克準即衛遜鄂拓克，向無頭人，阿布賚博羅特、阿布勒必斯兼轄之；多木達準即奈曼、色密斯奈曼、斯班奈曼總名曰奈曼鄂拓克。阿爾呼勒兩鄂拓克；巴罕準即阿勒沁鄂拓克。”考疏所言，伊克爲左部，多木達爲右部，巴罕爲西部矣。

【校記】

① 此句以下至段末，稿本原文與底本差別較大，籤條二紙，改同底本。其原文作：

其部有三，曰左部、（亦曰東部。）曰右部、（亦曰中部。）曰西部。乾隆三十七年，伊犁將軍舒公赫德疏言：“哈薩克內有伊克準、多木達準、巴罕準（蒙古語，巴罕，略小之謂。）三部，伊克準即衛遜鄂拓克，向無頭人，阿布賚博羅特、阿布勒必斯兼轄之；多木達準即奈曼、（色密斯奈曼、斯班奈曼總名曰奈曼鄂拓克。）阿爾呼勒兩鄂拓克；巴罕準即阿勒沁鄂拓克。”考疏所言，伊克爲左部，多木達爲右部，巴罕爲西部矣。左部置汗一，今曰斡里，乾隆四十七年嗣，始歸順之汗阿布賚子也。其所轄衛遜諸鄂拓克附崆郭羅鄂倫及鄂爾果珠勒卡倫，在伊犁西，素宛鄂拓克附沁達蘭卡倫，在伊犁北，爲最近，阿塔海、瑚蘭素諸鄂拓克去伊犁爲遠。右部置汗一，今曰托霍木，嘉慶十四年嗣，始歸順之汗阿布勒班畢特孫也。又置王一，今曰江霍卓，嘉慶五年嗣，阿布勒班畢特曾孫。所轄奈曼諸鄂拓克，附塔爾巴哈台北。西部處極西，未置爵。

愛唐蘇河所逕爲右部地，《羅卜藏多爾濟傳》云：“乾隆二十二年，羅卜藏多爾濟偵阿睦爾撒納由博羅塔拉走阿卜克特，偕副都統愛隆阿等分道馳擊。抵塔爾巴哈台，諜輝特，逆賊巴雅爾伏嶺險，捕之。賊遁，尾六日，次愛唐蘇，哈薩克兵二百餘遮道，羅卜藏多爾濟僅數騎，鏖擊之，哈薩克懼，乞降。”即此河之側也。入淖爾處西南距勒布什河六十餘里。

皆注於淖爾。

巴勒喀什淖爾東西長八百餘里,南北廣處二百餘里、狹處百餘里,極四十五度五分至八分、西三十六度五分至三十七度四分。蒙古語巴勒喀什,寬廣之意,言其能納衆流也。淖爾中有三島,在東者曰瑪呢圖噶圖爾罕,在西者曰察罕托海噶圖爾罕,中曰阿拉克罕。伊犁河入處當察罕托海噶圖爾罕之南,庫克烏蘇、勒布什河入處當瑪呢圖噶圖爾罕東南,愛唐蘇河入處當瑪呢圖噶圖爾罕之東。

《元史・速不台傳》①:"乙未(元太宗七年,1235),太宗命諸王拔都西征八赤蠻,速不台爲先鋒,虜八赤蠻妻子於寬田吉思海,八赤蠻逃入海中。"《地理志》:"歲丁酉(元太宗九年,1237),師至寬田吉思海旁,欽叉酋長八赤蠻逃避海島中。"或以寬田吉思海中有山,疑即巴勒喀什。按,西北邊淖爾中有島者非一,塔爾巴哈台之西巴爾噶什淖爾,巴爾噶什之東北千餘里有慈謨斯夸淖爾,慈謨斯夸之西北九千里有額納噶淖爾②,其中皆有島。《速不台傳》云:"討欽察,引兵繞寬定吉思海,展轉至太和嶺。"元之太和嶺有二,一在欽察境,一在大同。《土土哈傳》云:"欽察去中國三萬餘里,夏夜極短,日暫沒即出。"《地理志》"西北地附錄":"欽察屬月祖伯分地。"《朮赤傳》:"朮赤者,太祖長子也,國初以親王分封西北。其地極遠,去京師數萬里,驛騎急行,二百餘日方達京師。朮赤薨,子拔都嗣。拔都薨,弟撒里荅嗣。撒里荅薨④,弟忙哥帖木兒嗣。忙哥帖木兒薨,弟脱脱忙哥嗣。脱脱忙哥薨,弟脱脱嗣。脱脱薨,弟伯忽嗣。伯忽薨,弟月即别嗣。”蓋自後部落遂以月即別爲號,月即別即月祖伯也⑤。以道里計之,額納噶足當寬田吉思之目,於巴勒喀什無所致疑。

【校記】

① 此段文字,稿本無。

② 千,《方壺》本作“十”。

③ 展,《方壺》本作“屈”。

④ 撤,《方壺》本作“撒”。

⑤ 此處《校補》本有簽注云:“此段言月祖伯,應酌删”。

沿淖爾皆沙磧,《西域聞見録》紀土爾扈特歸順事略曰:“乾隆三十五年(1770)十月二十三日,土爾扈特汗渥巴錫自俄羅斯之額濟勒河起程,既入中國,乃由巴勒喀什淖爾進。其間經過之戈壁五日,雖有水泉,寸草不生。行至慶吉斯察罕,在奈曼鄂拓克江霍卓及阿布勒必斯之子卓勒齊等牧地。哈薩克汗原書作王,誤。阿布賚及阿布勒必斯、阿布勒班畢特與之戰。又有台吉額勒里納拉里要劫之,相持二十餘日,向沙喇伯勒而進。至沙喇伯勒南界,布魯特聚集十餘萬騎,星飛雲湧,渥巴錫避入沙喇伯勒北界,而千餘里戈壁無滴水寸草,時際三月,天氣溫暖,人皆取馬牛之血而飲,瘟疫大作,死者三十萬人,牲畜十存三四,經十餘日,狼狽逃出。”足明淖爾岸大磧矣。

西域水道記卷五①

賽喇木淖爾所受水

伊犁東北境有喀喇河，

喀喇河出薩爾巴克圖河東岸山，東流逕察哈爾右翼廟北。右翼察哈爾夏秋游牧於河側，其北岸即鄂拓克賽里河所逕也。喀喇河凡東流百里而近，入淖爾。

【校記】

① 卷五，稿本作“卷四”。

有布哈布拉克水，

布哈布拉克平地湧泉，在淖爾西南五十步，流入淖爾。布哈布拉克水西，有無名泉二，亦流數十步，入淖爾。

有碩博圖水，

賽喇木淖爾東北岸有卡倫曰碩博圖，西距鄂拓克賽里卡倫四十里，有小水出淖爾北岸山，南流逕碩博圖卡倫西，入淖爾。碩博圖卡倫東迄干珠罕布拉克安達拉卡倫[1],北山出水七道,皆南流而伏。

【校記】

① “干”,底本、《方壺》本作“千”,據稿本改。

注于賽喇木淖爾。

昂吉岱等之遁也,布庫察罕以二百餘戶住賽喇木淖爾。乾隆二十三年(1758)三月,布庫察罕告昂吉岱云:“於托里北之托和木圖探知大兵行走蹤跡,我等宜將游牧移往伊犁河。”又言:“差往偵探人等歸告,在賽喇木淖爾東之察罕布木遇大兵前哨,拒戰敗回。”昂吉岱尋爲布庫察罕屬人所殺。淖爾當惠遠城正北二百里,在松樹頭嶺下,形南鋭北豐,南北百二三十里,東西五六十里,又曰察罕賽喇木。其水陽焊不耗,陰霖不濫。池中曾無片艸及其風撵,鯤鰤孑孓,皆所不生。每日水潮,若應子午。嘗有閩粤流人善泅者,欲探其淵,入水數十武即返。言下有氣呼吸,人不得住,竟無能測其深也。松樹頭嶺東一里,建靖海寺,寺極壯麗,中祠龍神[1]。自寺東北行四十里,至淖爾。淖爾東南隅有三石島相接,近南者最大,廣近百步。冬月海冰,島乃可陟。東岸數百步,爲鄂勒著依圖博木軍臺,與干珠罕卡倫相去半里[2],出入伊犁境者,於此驗過所。余頓宿之暇,步至海側。沿波碎石,不見纖草。臺兵言:夜氣澄明時,天半嘗懸一紅燈,正臨海心,疑爲神龍所宅矣。

【校記】

① 此句下稿本有“當淖爾南數百步”七字。

② “干”,底本、《方壺》本作“千”,據稿本改。

傍淖爾東北隅,有二小池,居人謂之“海耳”。海側多獺,發其穴,則中通數窟,每窟土基如牀,牝牡偶居,乳雛積穀,別有異窟。兼有鼠能拱立,所謂禮鼠也。又有鳥鼠同穴者,鼠如常鼠,鳥長尾綠身,如鵲而小。黎明,鳥先出翱翔,鼠蹲穴口顧望,漸走平地,鳥來集鼠背,張翼以噪,鼠往返馳而鳥不墜,良久乃已。是即《爾雅》“鵌鼵”。郭景純言:“鳥鼠同穴山,在隴西首陽縣。”以今驗之,不僅渭源有此矣。《長春真人西遊記》云:“晨起西南行約二十里,忽有大池,方圓幾二百里,雪峯環之,倒影池中,真人名之曰天池。”於其歸也,又云:“度四十八橋,緣溪上五十里,至天池海。”即此淖爾也。勝境鍾靈,淪於荒塞,佳名淹沒,搜討無人。

嘉慶四年(1899),洪先輩亮吉戍伊犁,往返經此,作《淨海贊》。序曰①:“未至三臺,有水焉,廣濶可五百步,深至無底。有島嶼,無委輸,不生一物,不染一塵,投以巨細,頃刻必漂流上岸。土人稱爲西方淨海,譯言賽喇木淖爾是也。余自烏魯木齊以來,盥沐久廢,又欲休馬力,日步行半程,足亦繭栗。驟聆此名,媿我塵垢。爰稅駕路側,餐白雪以洗心,藉行潦而盥手,然後進焉。則見百樹之葉,隨雲外馳,四山之禽,擘霰東邁,若有所避,不容稍遲,心始異之。及抵其境,則西南北三面,盡皆雪山,中波外沙,儼欲分界,流既百折,綠若再染,怪石林立,頹峯歛容。晷刻已移,心形並澈。歸途則又值仲夏上旬，涼風肅肅，弦月欲落。攜此枕簟，坐臥岸側，不復就舍館矣。山寡別木，惟松之聳而上者；岸乏雜草，惟芝之翠而圓者。塊坐無事，因歷數宇內靈川秀壑、笠屐所至者，或同玆幽奇，實遜此邃潔。誠西來之異境，世外之靈壤矣。是爲之贊曰：雲分電擘，山空月華。中有綠海，旁周素沙。奇峯倒影，幽草舒芽。時飄遠馨，時墮空花。百步之外，靈禽不棲。十里以內，驚塵詎飛。赤日縱炙，玄霜不墮。庶幾成連，抱琴來過。"按，三臺即鄂勒著依圖博木軍臺。

【校記】

① 曰，《方壺》本作"云"。

淖爾東北距喀喇塔拉額西柯淖爾三百里，乾隆二十八年入秩祀。文曰①："惟神坎德宣昭，蒙泉濬發。自塔勒奇之峻嶺，靈派遙分；爲厄魯特之名川，羣流交滙。晴波朗徹，作襟帶於烏孫；巨浪安恬，慶澄清於蒲海。佐坤元而布化，亘沙磧以含滋。允協懷柔，宜崇昭報。朕撫綏遐徼，耆定豐功。績紀犁庭，勒石格登之嶂；威行破竹，洗兵伊麗之河。惟式廓之丕增，實有神之默相。當秣馬龍堆之日，效順而助皇威；洎屯田雁塞之年，流潤以滋土脈。用展浮沈之典②，庶期肸蠁之通。玉帛載陳，春秋勿替。興雲有渰，萬頃溥灌溉之功；鼓枻遄行，諸蕃效朝宗之願。有感而必應，用康靖乎塞垣；源遠則流長，永馨香於奕世。式惟國典，時乃神庥。"

【校記】

① 此句以下祀文，《方壺》本刪。

② 沈，稿本作"沉"。

特穆爾圖淖爾所受水

伊犁西南境有土布河，

自伊犁格根卡倫東南行七十里，至鄂爾果珠勒卡倫，爲伊犁西南邊境。出卡倫西南行五十里，渡哈爾奇喇河。又西南行五十里，至土布河。河東有胡爾哈圖淖爾，周數十步。其南有碎石成堆，高二丈許。布魯特言其部昔與外道戰，閲兵於此，令人各投一石，石聚爲阜。然計其石，可百萬數，勃律小部，何得授兵之多也？

土布河源出塔爾巴胡嶺，嶺南接善塔斯嶺，多生野葱，亦葱嶺也。初定伊犁時，置善塔斯卡倫以遏布魯特，將軍阿公桂罷之。《漢書》云："葱嶺以外，水皆西流。"土布故西流矣。河西流五十里，逕博勒哈勒塔爾海南。又西七十里，逕台畢爾哈圖山口南。又西南，折而北，復西流凡百里，而入淖爾。有畢齊罕布拉克水、蒙古語畢齊罕，謂極小也。摩多圖布拉克水北來入之。淖爾正東，扼土布山，水環山之前後，成南北二小澤，土布河入其澤。

有濟爾噶朗河，有喀喇河，有古爾班哲爾吉斯河，

北澤南爲土布山，自土布博勒齊爾南行，渡濟爾噶朗河、喀喇河，凡三十里，至喀喇河南岸。兩河於南澤東出泉成河，西流入南澤。又二十餘里，渡古爾班哲爾吉斯河。

有葉提古烏斯河，

葉提古烏斯河在喀喇河西七十里，源出招罕嶺，向西北流入淖爾東南。

有音圖庫斯水，有烏蘭烏蘇河①，

葉提古烏斯河西經音圖庫斯水五十里，爲烏蘭烏蘇河，自南山北流，入淖爾東南。

【校記】

① 烏蘭烏蘇，《方壺》本奪作“烏蘭蘇”。

有雅爾哈齊克水，

烏蘭烏蘇河西八十里，爲雅爾哈齊克水，北流入淖爾南。

有納林布魯克河，

雅爾哈齊克水西八十里，爲納林布魯克河，河出巴爾琿嶺陰，北流峽中數十里，逕巴爾琿博勒齊爾。又北流七十里，出巴爾琿山口，入淖爾南。河以東爲薩爾巴噶什部落布魯特牧地，乾隆二十三年(1758)，定邊將軍兆公惠奏言：“臣於四月十三日渡伊犁河，已抵格根、哈爾奇喇，詢問嚮導人等，由特穆爾圖淖爾過巴爾琿嶺，穿行布魯特境内，計一月可至葉爾羌、喀什噶爾。”是經此境也。薩爾巴噶什部落即於是年内附。兆公尋奏言：“臣等領兵至善塔斯嶺，令巴圖濟爾噶爾等帶兵哨探至特穆爾圖淖爾之岸，見有百餘騎，遂收其馬羣。衆中一人，告稱我等是薩伊克及薩爾巴噶什兩鄂拓克布魯特，願投順。”所謂薩伊克者，即喀什噶爾西南邊外之薩爾特部落也。薩爾巴噶什部落又曰布庫部落，其比曰奇一作車。里克齊，投誠之年，授三品秩，五十年卒。長子曰薩里木伯特①，以秩讓其弟，因使鄂霍拉克襲三品秩，而授薩里木伯特五品秩以旌之。

【校記】

① 里，各本均作“果”，據下文改正。

巴爾琿嶺幽險怪異，盛夏殷雷，飛雪如掌，嶺陰之雪恒十餘丈，終古不消。南踰嶺三十餘里，曰素玉克，人畜之骨，縱横於路。昔有布魯特徙牧經此，一夜風雪，全部皆沒，至今種人無敢宿者。瘴氣昏蔽，常如陰晦，南行四十里，至雅滿伊什克，乃見晴朗。又西南行六十里，爲塔爾海嶺，喀喇河發焉。西流三百餘里，爲納林河。乾隆二十五年，參贊阿公桂奏言：“侍衛鐵柱八月二十七日由巴爾琿嶺行八百里，至納林河，河兩岸俱有布魯特游牧、耕種。”即此河側。其河洪流飛駛，深不見底，每歲兵行，度以浮橋。乾隆五十年，有蒙額勒多爾部落布魯特游牧在喀什噶爾東北，與布庫部落相連。玉托依瑪斯者，以納林河造橋功，授七品秩。即治此浮橋也。渡納林西南四百五十里，爲葱嶺北河烏蘭烏蘇之北岸矣。

納林河西流，北滙霍爾屯沙里水、霍爾海圖水、鄂托普水、瑚素圖水、哈濟爾圖水、烏納哈阿拉克水、霍羅特哈水、古爾班哈音圖水，凡四百餘里。折而西南流，有博什博勒齊爾水自南三百餘里來滙，有喀喇河自北二百餘里來滙[①]。凡西南流四五十里，折而西北流，四百餘里，出徼外，莫竟其委。（皆葱嶺西流之水也。）［爰考納林之流，元劉郁《西使記》謂之忽章河，其言曰："過忽章河，渡船如弓鞋然。土人云河源出南大山，地多産玉。"《長春西遊記》則曰："有河爲霍闡沒輦，由浮橋渡。其河源出東南二大雪山間，色渾而流急，深數丈，勢傾西北，不知其幾千里。"蓋夷語無定字，霍闡即忽章之轉語，而渡船、浮橋，自昔有之。河之東北四日程，爲賽藍城，河西南五日程，爲邪迷思干城，即西遼之河中府矣。元時往來西域，皆取道於斯[②]。］

【校記】

① 以上兩句"滙"字，稿本作"會"。

② 此處據《校補》本增删。

有托素爾水，

托素爾水在古爾班塔木哈水西二十餘里，北流八十餘里，入淖爾南。

有滿吉爾阿塔爾水，

滿吉爾阿塔爾水在托素爾水西三十餘里，東北流八十餘里，入淖爾南。

有圖旺水，

圖旺水在滿吉爾阿塔爾水西四十餘里，東北流八十餘里，入淖爾西南。

有阿克沙依水，

阿克沙依水在圖旺水西七十餘里，東北流七十餘里，入淖爾西南。［自阿克沙依水以東至音圖庫斯水四百里間，舊和碩特部沙克都爾曼濟之昂吉也①。］

【校記】

① 此處據《校補》本增補。

有烏拉巴什布拉克水，

烏拉巴什布拉克水在圖旺水北七十餘里，東流八十餘里，入淖爾正西。

有齊齊爾哈納河，

齊齊爾哈納河在烏拉巴什布拉克水北六十餘里，水側生此樹，同於哈什河焉。東南流五六十里，入淖爾西北隅，亦曰霍什霍爾河，（直霍什霍爾河西北爲吹河。）［霍什霍爾河西北隔山即吹河源。吹河西北流千餘里，瀦爲和什庫勒。《元秘史》云："太祖命速別額台追蔑兒乞主脱黑脱阿子忽禿、赤老溫等，至垂河。"即此河也。《元史·巴而朮阿而忒的斤傳》作"戰於襜河"，《雪不台傳》以襜爲蟾,《聖武親征錄》又作“嶄河”,皆垂河異文矣。長春之自賽藍東行,“宣差阿狗追餞師於吹沒輦之南岸”是也。吹河西南三百餘里爲塔拉斯河,劉郁《記》所謂“二月二十八日過塔剌寺,三月一日過賽藍城”者也①。]

【校記】

① 此處據《校補》本增删。

有畢齊罕布拉克水,有海畢爾罕布拉克水,有都勒爾水,

自齊齊爾哈納河東二三十里,得畢齊罕布拉克水、海畢爾罕布拉克水,又東七十里,爲都勒爾水,入淖爾西北。

有霍依綽羅水,有輝烏蘇,

自都勒爾水東,經霍依綽羅水,凡百二十里,爲輝烏蘇,入淖爾北。

有齊齊爾罕水,有烏蘭庫圖勒水,

自輝烏蘇東,經齊齊爾罕,踰烏蘭嶺,凡百三十里,爲烏蘭庫圖勒水,入淖爾北。

有察罕烏蘇,有畢齊罕察罕烏蘇,

自烏蘭庫圖勒水東經察罕烏蘇,凡九十里,爲畢齊罕察罕烏蘇,入淖爾北。北岸西至烏蘭庫圖勒,皆巴雅什部落布魯特牧地也。

有呼魯克圖水，

自畢齊罕察罕烏蘇東行①，經額爾格圖，又東，經呼圖爾哈，凡百二十里，至呼魯克圖水，入淖爾北。

【校記】

① 行，《方壺》本奪。

有扣肯巴克水，

自呼魯克圖水東南經沙塔圖，凡八十里，爲扣肯巴克水，入淖爾東北。扣肯巴克水東近淖爾岸，有城堡遺址，石翁仲一，偃仆艸中，著巾佩劍，右手撫劍，左手當胸，若捧物狀。石已殘泐，莫知年祀。

有土布博勒齊爾水，

扣肯巴克水東經布爾噶斯台之南，凡五十里，至土布博勒齊爾。其水入淖爾東北。

有喀喇布拉克水，

土布博勒齊爾東南行，經布魯克南，凡五十里，至喀喇布拉克。其水入北澤之北。又東七十里，即土布河所逕台畢爾哈圖山口也。自山口遙望，海氣接天，不知所極。西行四十餘里，乃海北岸。其處翁仲無慮數十。嘉慶十七年（1812），索倫營領隊福勒洪阿字樂齋。行邊至此，作詩。詩曰："久戍邊城客似家，而今雁爪更天涯。殷勤說與殘翁仲，不是前朝舊鼓笳。"語余此翁仲古疑兵之遺。余謂兵行神速，拔幟揚塵，豈容礱石？蓋古勃律君長葬地，或有陪葬如唐昭陵制歟？

皆注於特穆爾圖淖爾。

特穆爾圖淖爾亦曰圖斯庫爾河，東西長四百餘里，南北廣處百二十餘里，狹處八十餘里，當巴勒喀什淖爾正南千五百餘里，沿岸之沙可煎鐵，故有特穆爾之目也。準部時，喀爾喀台吉巴克蘇木牧於此。《普爾普車淩傳》云："普爾普車淩祖巴克蘇木當噶勒丹掠所部時，避居特穆爾圖淖爾，鄰伊犁。以力弱不獲歸，子孫遂爲準噶爾部人。"其後厄魯特輔國公巴濟駐牧，推河之厄魯特輔國公茂海、台吉車淩等，亦於海岸游牧。《噶勒丹達爾扎傳》云："巴濟襲輔國公爵，雍正九年（1731），叛附準噶爾。時準噶爾台吉噶勒丹策淩謀煽內附，諸厄魯特遣將大策零敦多布踰阿濟嶺，至伯格爾察罕額爾克，地名。誘巴濟、茂海、車淩等往會。及額駙策淩大敗準噶爾賊於額爾德尼昭，巴濟偕茂海、車淩等各以其族游牧特穆爾圖淖爾，爲準噶爾屬。"茂海者，即所得海努克銅印者也。

地當葱嶺北道衝，故《剛多爾濟傳》云："阿睦爾撒納詭稱葉爾羌、喀什噶爾諸回衆將襲伊犁，請勿遣剛多爾濟歸，令護視特穆爾圖淖爾降衆。"《車布登扎布傳》云："乾隆二十四年（1759）夏，由塔爾巴哈台赴特穆爾圖淖爾協剿霍集占。”蓋自北路邊境赴回疆者，必取徑於斯矣。辨機《西域記》云：“自淩山行四百餘里，至大清池。原注：或名熱海，又謂鹹海。周千餘里，東西長，南北狹，四面負山，衆流交湊，色帶青黑，味兼鹹苦。洪濤浩汗，驚波汨濦，龍魚雜處，靈怪間起，所以往來行旅，禱以祈福。水族雖多，莫敢漁捕。”是清池、熱海，皆斯水舊名。其産魚似鯉，今西域競網取之，無復向時祈禱之異。岑嘉州《熱海行》詩云：“側聞陰山胡兒語，西頭熱海水如煮。海上衆鳥不敢飛，中有鯉魚長且肥。原注：海中有赤鯉。”今海水亦不聞似煮也。（元長春真人之朝成吉思皇帝，按其程途，往返皆經淖爾。往時自淖爾東南以達霍闌沒輦，歸時自淖爾西以至吹沒輦。吹沒輦者，今吹河；霍闌沒輦者，今納林河。伊犁領隊每歲一人，送換防兵於喀什噶爾，仍由玆路①。）

【校記】

① 此處據《校補》本删。

淖爾南岸山中，有舊碑，松公筠之初帥伊犁，遣協領德厶訪之。其人摹其可辨者數字，曰“進鴻鈞於七五，遠華西以八千。南接火藏，北抵大宛。”土人名之曰《張騫碑》，而搨本不可得見。德厶今八十餘，多遺忘，不能舉其地。余三度尋覓，終莫能得。

阿拉克圖古勒淖爾所受水

阿拉克圖古勒淖爾四源，東北源爲額敏河，

漠北大山曰阿勒坦山①，［舊作阿爾泰山，《元史·武宗紀》作按台山，即阿勒坦之轉音。］譯言金山（也）。山頂極四十八度七分、西二十二度二分，其尾極四十六度五分、西二十度四分。（元時太宗之孫昔里吉、脱忽、海都分地多在金山。《元史·土土哈傳》："至元十五年〈1278〉，大軍北征，率欽察驍騎千人以從，追失烈吉，踰金山，擒札忽台等以獻。二十九年，略地至金山，獲海都之戶三千餘。"《劉哈剌八都魯傳》②："昔里吉叛，宗王别里鐵木而奉命往征，帝諭哈剌八都魯從行。師次金山，有使者云自脱忽王所來，願得一見。王以爲信，左右曰：詐也！脱忽所居要害，殆與昔里吉爲耳目，願勿聽。遣兵窺之，脱忽方飲酣，進擊，大敗之。因獲昔里吉所遣使，知其不爲備，乘勢進擊，大破，擒之。"《玉哇失傳》："成宗在潛邸，帝以海都連年犯邊，命出鎮金山。"《月赤察兒傳》："金山南北，叛王海都、篤娃據之，不歸正朔垂五十年，時入爲寇。大德十年〈1306〉，叛王滅里鐵木兒等屯金山。武宗帥師，出其不意，先踰金山，月赤察兒以諸軍繼往。月赤察兒奏曰：'諸王秃苦滅本懷攜貳，而察八兒遊兵近境，叛黨素無悛心。臣以爲昔者篤娃先衆請和，雖死，宜安撫其子欵徹。又諸部既已歸順，宜處諸降人於金山之陽，吾軍屯田金山之北。'"按，昔里吉者，憲宗子，脱忽者，滅里大王之子，海都者，合失之子，皆太宗孫。脱忽分地在金山，而爲昔里吉耳目。是昔里吉分地在金山西也。《宗室世系表》無篤娃之名，而海都、篤娃分據金山南北，疑篤娃即脱忽，特《宗室表》脱忽子無欵徹耳。海都子察八兒遊兵金山近境，則海都分地亦近金山矣。）［北魏蠕蠕始出金山而立國，隋爲西突厥地，唐時葛邏祿、胡屋、鼠尼施三姓内附，居之。回鶻之建牙和林也，地亦屬焉。遼金之際，乃蠻國據山北，成吉思滅之以封諸王。其後叛王因其險阻，日尋干戈，垂五十年，不奉正朔，禁暴戢兵，乃置重戍。《元史》載叛王事多牴牾，今補海都諸王傳以證地理。《海都傳》。《土哇傳》。迄其亡也，故太子愛猷識理達臘遁和林，爲明兵所破，太子死，丞相納哈出擁衆二十萬，據金山。洪武二十年(1387)，師踰金山，納哈出降④。]

【校記】

① 此句至"則海都分地亦近金山矣"，稿本原文與底本差別較大，籤條改同底本。原文作：

漠北大山曰阿勒坦，其頂極四十八度七分、西二十二度二分，其尾極四十六度五分、西二十度四分。《元史·武宗紀》："大德四年，軍至阿勒坦山（原作按台山），奈曼岱（原作乃蠻帶）部降。十年，自托果斯圈（原作脱忽思圈）踰阿勒坦山，追叛王烏魯思（原作斡羅思）。"譯言金山。《元史·博羅罕（原作博爾忽）傳》云："金山南北，叛王海都、都勒斡（原作海都、篤娃）據之，不奉正朔，垂五十年。"又云："大德十年，叛王穆爾特穆爾（原作滅里鐵木兒）等屯於金山。武宗帥師，出其不意，先踰金山，部人驚潰。"《托克托呼（原作土土哈）傳》云："至元十五年，以驍騎千人追錫里濟（原作失烈吉），踰金山。"又云："海都兵犯金山，詔與大將托多爾海（原作朶兒朶懷）共禦之。"其地蓋元諸王所居也。

② 剌，《方壺》本作"喇"。

③ 剌，《方壺》本作"喇"。

④ 此段據《校補》本增删，其中增補之"《海都傳》"、"《土哇傳》"有目無文。

［元時自金山至上都皆置馹，《經世大典》“站赤”不詳，以《元史》明宗、文宗兩紀考之，自金山至和林北潔堅察罕，即揭揭察哈澤，迦堅茶寒殿所在也，在和林北七十餘里。以次東行，朶里伯真、斡耳罕木東、必忒怯禿、探禿兒海、禿忽剌即土拉、禿忽剌河東即土拉河、斡羅斡禿、不魯通、忽剌火失溫、坤都也不剌、撒里、兀納八、潤朶、撒里怯兒、哈里溫、潤朶傑阿剌倫、哈兒哈納禿、忽禿、孛羅火你、不羅察罕、小只、王忽察都、上都六十里店、上都三十里店。按，“站赤”云鐵里干站自潤斡禿至小只凡十馹，疑潤斡禿即潤朶①。］

【校記】

① 此段據《校補》本增補。

山頂西南八百餘里曰賽爾山，山北百數十里，爲額敏河，源出塔爾巴哈台城東二百七十餘里之鄂爾和楚克山。準語山峯高聳之謂，一作鄂勒霍楚爾。（塔爾巴哈台城者，名以山也。山在城北百里。乾隆二十二年〈1757〉），官兵追巴雅爾。）［山陰皆準部舊牧地，曰烏蘭呼濟爾，昔之布庫努特鄂拓克也。其西曰綽爾郭，阿睦爾撒納之昂吉也。又西曰察罕呼濟爾，達瓦齊之昂吉也。塔爾巴哈台城者，名以山也。山在城北百里。乾隆二十年，封巴雅爾爲輝特汗，駐牧茲地。後從叛亂，二十二年，官兵討之①。］五月二十四日，至塔爾巴哈台山後極險處，奇徹布截賊去路，羅卜藏多爾濟等從東攻入，奪險五處。夜半，巴雅爾遁，官兵追之，至愛古斯，兩路搜尋。六月初二日，海蘭察追及之。巴雅爾引弓欲射，海蘭察射中其肘，占頗圖射中其頸，乃被擒。凡十有餘日，巴雅爾繞行塔爾巴哈台山三次，（蓋比之三周華不注矣。）［蓋比之帖木真繞不兒罕山三遭矣②。］

【校記】

① 此處據《校補》本增補，《校補》本並有小字注云："查巴雅爾從逆事。"係尚待增補語。

② 此處據《校補》本增删。

西域初定，雅爾與塔爾巴哈台兩處同駐兵。乾隆三十一年，參贊阿公桂奏言："雅爾之地，向來雪大，而牧場遙遠，近城所有地畝，不敷五百兵丁畊種。悉心查勘，得塔爾巴哈台山陽鄂畢特之舊游牧地曰楚呼楚，田土膏腴，水亦充足，牧馬之處既不甚遠，毋庸動移卡座，地方形勢，亦頗佳勝。請將雅爾城移於楚呼楚。"於是建綏靖城，周二里七分，高一丈八尺，門三，東翔和、西布悅、南遂亨。駐參贊一人，領隊二人，同知一人，滿洲、錫伯、索倫、察哈爾、厄魯特換防兵千三百二十二人，綠旗換防兵千二十四人。極四十七度五分、西三十四度三分，午正日景夏至長四尺三寸七分、冬至長二丈八尺三寸四分、春秋分長一丈零七寸六分。既建城，乃告祭塔爾巴哈台山。文曰①："惟神鍾靈西徼，環鎮北庭，作屏障於龍堆，抱峯巒於烏壘。前者天兵薄伐，既梯棧之無虞；今茲土宇宏恢，宜懷柔之徧及。則途開九折，殊方永荷靈庥；而秩亞三公，展告聿隆祀典。式彰肸蠁，歆格非遙。"中允畢沅之詞。秩於祀典。文曰②："惟神衍脈天山，效靈中土，表崇高於北徼，標形勝於西陲。夙稱邊塞之屏翰，聳重巒而特出；永作鴻圖之拱衛，環疊嶂以相維。瑞靄祥氛，龕四時之靈貺；升香薦幣，昭萬載之懷柔。秩祀休隆，洪庥丕著。"編修曹文埴之詞。

【校記】

① 此句以下祭文，《方壺》本删。

② 此句以下祀文，《方壺》本删。

鄂爾和楚克山出水西流，右會三水。又西，逕朱爾庫朱舊卡倫南，右會卡倫西水。又西，逕博勒齊爾卡倫南，右會烏什嶺水。又西，逕色德爾摩多軍臺南十里，西北距城一百十里。沿河植柳，臨水依依，往來綏靖城者，咸問津焉。又西，逕錫伯圖卡倫南，在城東百里。是爲錫伯圖河。乾隆四十六年，參贊惠公齡奏於其處立屯田，以兵三十一人屯耕田三百六十畝，引錫伯圖河水溉之。河又西流，右會阿布達爾摩多水。水二源，分流經阿布達爾摩多舊卡倫東西而滙，西南流五十餘里，經城東，滙於錫伯圖河。河又西流，當城東南，左會固爾圖河。固爾圖河發自城東南二百餘里之郭哲爾德山，諺曰高吉登山。西北流經沙喇呼魯蘇軍臺北，又西北，經固爾圖地，爲固爾圖河。又西北，入於錫伯圖河。

河又西流，逕城南百里，是爲額敏河。額敏者，回語清淨平安之謂，音之轉，爲額密爾。《阿卜達什傳》云“大軍征達瓦齊，次察罕呼濟爾，阿卜達什以兵三百馳赴額密爾”是也。額敏河又西南流，楚呼楚水發自楚呼楚山，在塔爾巴哈台山東南一百里。南流經城西來滙。乾隆二十二年，定邊右副將軍兆公惠奏言：“臣於五月十九日自濟爾噶朗起程，六月初二日至額敏河西岸。”蓋水西南流，得有西岸矣。額敏河又西南流百三十里，逕瑪尼圖卡倫南，巴克圖水自北來入之。

巴克圖水二支，東支發自巴克圖山，山在塔爾巴哈台城西七十里，其祭告文曰①：“惟神幹連北戒，位宅西陲。秀甲羣峯，表切漢淩霄之勢；靈鍾遠徼，著出雲降雨之功。枕雅爾之提封，巨防是奠；匹祁連之形勝，雄鎮爲昭。朕撫御寰瀛，輯寧函夏。殊荒在宥，興屯踰紫塞而遙；絕域歸懷，列障訖金山之外。仰名山之緜亘，臨要地之往來。壤闢膏腴，萬頃之鱗原廣布；城環險阻，千層之雉堞匀排。當土宇之遐恢，實神庥之攸賴。爰行秩祀，用展明禋。肸蠁遙通，長峙邊庭之固；庡縣肇舉，進依岳鎮之班。行看雪嶠冰厓，同被天光之照耀；庶幾梯山棧谷，共歸王路之蕩平。薦此馨香，尚其歆格。”其歲祭文曰：“惟神挺秀坤輿，建標兑位。嵯峩設險，奠崇基於月窟以西；磅礴鍾靈，分大幹於天山之北。通往來於諸部，棧接梯連；壯形勢於殊方，峯層嶂疊。朕八紘在闥，六宇爲家。開荒裔之土田，皆成沃壤；起大蒙之亭障，不限提封。仰承靈貺之攸昭，正值耕屯之廣布。亘千盤而積雪，暗浹溫膏；摩萬仞以干霄，同瞻巨鎮。用是登諸祀典，載在禮官。俾旅祭之以時，庶明禋之有秩。自此興雲布雨，長資亭育之功；惟兹薦醴升香，益廣懷柔之化。”皆編修曹仁虎之詞。西支發自烏蘭嶺，南流數十里，右滙哈屯河。又折而東南流六十餘里，至巴克圖卡倫南，東支水自卡倫東來滙，同西南流六十里，經瑪尼圖卡倫西，入額敏河。乾隆三十年(1765),參贊綽克托奏言:"正月初六日起程,十五日至瑪尼圖住宿,水草甚好,休息馬力。十八日,至額敏河,馬皆浮渡,又縛木爲筏,以渡行李什物。"足明道里之近也。

【校記】

① 此句以下至"皆編修曹仁虎之詞",《方壺》本删。

額敏河又西南流,自巴爾魯克山北逕其西。準語巴爾魯克①,樹木叢密之謂。巴爾魯克亦鎮山也,在城南二百里,乾隆三十一年告祭,始祀之。告祭文曰②:"惟神德符寧靜,休著崇高。壯西極之觀瞻,路通月窟;鎮北庭之遼濶,脈接天山。昔效順於皇旅經臨,護營陣而比安磐石;今隸籍於職方紀載,奠疆圉而益固金湯。擬諸戴斗崆峒,聿昭拱衛;永藉作屏戎索,宜沛懷柔。用舉明禋,尚歆靈貺。"編修趙翼之詞。歲祭文曰:"惟神列方兌位,合鎮坤維。疊蒼翠於層巒,蔭鬱葱之嘉木。虬枝吐秀,靈蹤標太華而遙;雲葉交陰,勝蹟紀流沙之外。奠新疆而永固,保障斯存;護邊塞以垂庥,馨香特薦。尚希來格,永享明禋。"編修曹文埴之詞也。額敏河又西南流,逕察罕托海卡倫西。在瑪尼圖卡倫西南一百八十里。卡倫西六十許里有溫泉,浴之已疾,每際夏初,游者絡繹。有一青蛇時浮水面,見者禮拜,號曰神蛇。泉旁達摩寺中青石一方,上有足跡,長尺餘,深寸許,縷紋悉備,不類雕刻,故老相傳,達摩浴此,留跡而去。是猶阿育王太子見行七步,足跡文理見存也。

【校記】

① 此處小字注，稿本無。

② 此句以下至"編修曹文埴之詞也"，《方壺》本删。

額敏河又西南流五六十里，左會溫都克台水。又西南流五十餘里，入於淖爾。濱河之地，準部舊牧也。《鄂木布濟傳》云：附《哈瑪爾岱青傳》。"康熙五十九年(1720)，大軍勦準噶爾，鄂木布濟率兵二百，至察罕呼濟爾偵賊蹤。由額敏河沙喇呼魯蘇擒厄魯特逃衆。"《方略》載[①]："協理台吉達什領兵至集賽，其宰桑齊巴漢迎於途，言我五集賽[按，五集賽，一曰阿克巴，二曰拉布里木，三曰杜爾巴，四曰雅素隆，五曰伊克呼拉爾，皆於阿拉克圖古勒淖爾西南齋爾游牧，乾隆二十年內附[②]。]共六宰桑。曰達瓦，曰僧克爾，曰杜爾把齊巴漢，俱爲達瓦齊拘禁在伊犁；曰策伯克，曰達什策淩，在游牧。五集賽今餘七八千戶，皆游牧額敏河。"是知旃裘之族，麇萃於斯[③]。與塔爾巴哈台諸山同入秩祀。文曰："惟神績奏安瀾，祥符泰運。地雖臨乎遠塞，派原共此朝宗。一水淵渟，流未同夫竹箭；千層瀲灩，風自息乎鯨波。入我版章，共九河而貢順；溉兹禾黍，普百室以胥盈。是用嘉彼靈長，登之秩祀。爰荅神貺，永固鴻基。"

【校記】

① 此處引文，出自《方略》正編卷一一"乾隆二十年四月壬申"下，有删改。

② 此處據《校補》本增補。

③ 麇，《方壺》本作"麐"。

北源爲雅爾河，

雅爾地在楚呼楚山西二百里①，土爾扈特部舊居其額什爾努拉地。明崇禎時，土爾扈特和鄂拉勒克汗與綽羅斯交惡，越哈薩克，投俄羅斯，於喀山額濟勒河之南、圖理雅斯科之東馬努託哈居焉。後爲準噶爾伊克明阿特游牧車淩班珠爾之昂吉②。極四十七度五分、西三十四度四十分③，午正日景夏至長四尺三寸七分、冬至長二丈八尺三寸四分、春秋分長一丈零七寸六分。乾隆三十年(1765)，參贊綽克托由烏魯木齊移兵駐雅爾，會同愛隆阿築肇豐城，周二里四分，高一丈五尺，門四，東翔和、南乘離、西布說、北暨朔。其地夏生白蠅，遺蛆人目，冬則大雪，不堪其寒。三十一年，移城於楚呼楚，今存故城焉。

【校記】

① 此句至"馬努託哈居焉"，稿本原無，旁用朱筆補入，又有籤條補之。

② 後，稿本原作"舊"，旁改同底本。"爲"字底本重衍，據《校補》本删。

③ 西三十度四十分，稿本原作"西三十度二十分"，旁改同底本。

雅爾河二支，東支出故城東北那拉特嶺，西支亦出塔爾巴哈台山，皆西南流。塔爾巴哈台水逕故城西，右會一水，南至故城南，東支水逕故城東來會，是爲雅爾河，亦曰裕勒雅爾河。建城時祭告、秩祀之。祭告文曰①："惟神坤區宅奧，兌位流盈。地脈遙著夫符祥，金方亦資其靈潤。溯長流於星海，永昭作帶之功；分近派於玉河，早協洗兵之慶。久已人欣利濟，藉灌溉以開疆；自今瑞紀安瀾，並朝宗而會極。爰修祀事，用報神庥。”中允畢沅之詞。歲祀文曰：“惟神德毓靈源，符標上善。妙柔明而不滓，抱清靜以無塵。遠浦渟涵，勢縈回而似帶；晴瀾皎晶，光瀲灩以如銀。值衆部之輸誠，知百靈之效順。禾麻長養，咸資布潤之功；黍稷馨香，宜有明禋之報。用昭靈貺，庶荅神庥。”編修卜祚光之詞。

【校記】

① 此句至段末，《方壺》本删。

官兵之追巴雅爾也，侍衛奇徹布設伏於險，驍騎校訥門德勒伏雅爾河渡口。夜半，巴雅爾以其妻子及所屬逸出，遇訥門德勒，殺四人，擒一人。奇徹布追之至雅爾河下流窄河山巖內，賊方造食，奇徹布繞巖進，侍衛努三又自下流衝擊，斬二十人，獲宰桑一。其年七月，兆公惠又奏言：“有兵二百餘，從愛古斯、雅爾河前來，馬跡甚大，似哈薩克人衆。臣遣侍衛達禮善帶兵往探。初七日，帶領哈薩克霍集伯爾根之子拜達里克到營投誠，並擒巴雅爾屬人尼瑪爲贄以求賞賜。”是此雅爾河也。河南流百二十餘里，入淖爾。水産蛇，飲者人多病。

西北源爲喀喇河，

河出塔爾巴哈台庫圖爾嶺南，當愛唐蘇河之東，南流百二十餘里，左會扎哈蘇台水。又西南流八十里，入淖爾。

南源爲安吉里克河，

河當博羅塔拉河之北，出安吉里克嶺東麓，北流六十餘里，有胡克多賴山西水西北流來滙，北入淖爾。

注於淖爾。

淖爾圓橢形，自東南至西北長二百餘里，南北縱東岸百二十餘里，西岸五十餘里，曰阿拉克圖古勒淖爾。準語阿拉克者，水紋青碧歷碌然也，圖古勒謂小犁牛，猶古白狼河之比矣。亦曰古爾格淖爾，又曰愛古斯淖爾。極四十七度又六分、西三十五度又九分①。額敏河入自東北；雅爾河入自北近東，去額敏河入處三十餘里；喀喇河入自西北，距雅爾河入處一百里。安吉里克河入自正南，在巴勒喀什淖爾東南三百八十餘里。塔爾巴哈台城西南三百餘里、淖爾之南，即沁達蘭、烏可克諸山。嘉慶十年(1805)，哈薩克台吉伊巴克訴言屬下人戶夏秋游牧於阿拉克圖古勒淖爾南岸，冬春風雪極大，乞賜附近卡倫地游牧，將軍松公筠爲之疏，請以阿魯沁達蘭卡倫及烏可克小卡倫以外地界之。伊巴克者，角羅巴斯之子，左部汗阿布賚族子也。每秋，塔爾巴哈台領隊一人，幾察哈薩克，巡淖爾一周焉。與額敏河同祭告，入秩祀。祭告文曰②：“惟神衍派北庭，濬源西極。澤分膏雨，徧敷疏勒之田；波靜中流，近繞烏孫之壘。茲當新疆載闢，邊徼式清，爰舉庫禋，用酬利濟。庶幾朝宗有慶，永資沾潤之功；從此祈報常新，益享靈長之福。”編修沈士駿之詞。歲祀文曰：“惟神協靈浩澤，潛潤遐荒，標名勝於月窟以西，作襟帶於天山之北。王師飛渡，瑞同疏勒之名泉；大漠永清，廓比蒲昌之靈海。將屯衛資水泉之美，普沃新疆；而邊庭仰雲雨之司，用昭明德。爰修祀典，遙薦馨芬。"中允畢沅之詞。淖爾東南里許，有小淖爾，曰額貝淖爾，周百里。雅爾蓋圖河流二十餘里，入自西南。巴爾魯克山南水流七十餘里，入自東北，在巴爾魯克卡倫西南。

【校記】

① 此處經緯度，稿本原作"極四十六度六分、西二十三度九分"，旁改同底本。

② 此處祭祀文二篇，《方壺》本删。

噶勒札爾巴什淖爾所受水①

噶勒札爾巴什淖爾爲布拉干河所注。布拉干河源導布延圖河南，

科布多城《元史·武宗紀》②："大德四年（1300）八月，與海都軍戰於濶別列之地，敗之。"姚燧撰《乞台普濟先德碑》："成宗詔皇上撫軍漠北，以撫導扈從③，壹是軍務，悉聽於公。寇出金山南濶別列，子也兒吉尼將左衛射士居顔行，當寇驍將，手搏，斬其首。"（按，濶別列之地在金山之南，即今之科布多也。濶科、别布皆雙聲，列、多音亦相近。）［按，濶別列，《牀兀兒傳》作"濶客"，地在金山南，當即今之科布多也，濶科、別布皆雙聲，列、多音亦相近④。］西南二百餘里，有海喇圖嶺出水，西南距華額爾齊斯河源數十里。東流八十餘里，爲德倫河。又北，折而東南，爲布延圖河。《成衮扎布傳》云："乾隆二十三年（1758），土爾扈特台吉舍稜遁俄羅斯，成衮扎布領兵三百，赴布延圖。"謂此河也。其下游東北流，逕科布多城西北。復流百里，至城東北，瀦爲額克阿喇勒淖爾，噶勒丹所欲捕魚者也[⑤]。淖爾北岸爲明阿特部游牧。昔青滚雜卜以撤軍臺誅，别其部人爲明阿特，乾隆三十年，移駐於此，凡佐領二。布延圖河南岸爲和通鄂博山，是爲阿勒坦山之尾。西南麓，其山之陽，布拉干河出焉。乾隆三十六年，舍棱復來歸，宥其罪，仍封弼里克圖郡王，謂之新土爾扈特，授牧地布拉干河。五十七年，舍棱病罷，子策伯克扎布嗣。其界南接古城，東接和碩特，西與北接阿勒坦烏梁海。布拉干河源爲其避夏處。

【校記】

① 所受水，稿本、底本均無此三字，據目録、《方壺》本補。

② 此處小字注，稿本原無，籤條補入。

③ 撫，稿本作"輔"。"導"下稿本有"之"字。

④ 此處據《校補》本增删。

⑤ "噶"上稿本有"即"字。

東南流，喀喇淖爾水注之。

布拉干河東南流百里[①]，右會喀喇淖爾水。喀喇淖爾周數里，在布拉干河源南十餘里，亦東南流百里，入布拉干河。

【校記】

① 干，底本作"于"，據稿本、《方壺》本、《校補》本改。

又東南流，索勒畢河注之。

布拉干河東南流二十里，左會索勒畢河。河發自索勒畢嶺。《特默齊傳》云："乾隆十九年(1754)，特默齊由索勒畢嶺馳赴布拉干察罕托海①，擒準噶爾宰桑庫克辛瑪木特、通瑪木特及扎哈沁、包沁、噶勒雜特兵百五十餘。"《方略》又載②：其時班公第奏云："此次收獲烏梁海之後，即欲前進擒兩瑪木特，緣附近庫列圖嶺雪大難行，惟索勒畢嶺一帶路徑尚無大雪，可以行走。而瑪木特適移住索勒畢嶺附近布拉干察罕托海地方。即行進兵，如履無人之地。兩瑪木特並行擒獲③。"即河所濫觴也。索勒畢河西南流六十餘里，入布拉干河。

【校記】

① 干，底本作"于"，據稿本、《方壺》本、《校補》本改。

② 此處引文，出自《方略》正編卷四"乾隆十九年十月癸酉"下，有删改。

③ 兩，初刻底本作"爾"，據《校補》本、《方略》原本改；按，刻本有徑作"兩"者，係後來挖補本。

又南，岳羅圖河注之。

布拉干河南流，折而西南，凡十餘里，左會岳羅圖河。岳羅圖河自東來，長六十餘里。

又西南，托賴圖河注之。

布拉干河又西南流二十餘里，右會托賴圖河。托賴圖河在喀喇淖爾水南二十餘里，東南流六十餘里，入布拉干河。

又東南，噶爾古嶺水注之。

布拉干河東南流七十餘里，右會噶爾古嶺水。水發自噶爾古嶺，東南流八十餘里，入布拉干河。

又東南，特穆爾圖河注之。

布拉干河又東南流十餘里，右會特穆爾圖河。河在噶爾古嶺水南，亦東南流八十餘里，入布拉干河。

又西南流，爲布拉干河。

布拉干河既受特穆爾圖河，東南流，折而南，凡二十餘里，逕察罕鄂博西。乾隆二十一年(1756)，參贊富公德奏言："臣由烏隆古河前往堵截唐古忒，至察罕鄂博，忽遇哈薩克兵一千，與唐古忒合隊。大兵擊之，斬首百餘級，擒賊黨二人。"河自察罕鄂博西，復折而西南流八十餘里，是爲布拉干河。《垂濟恭蘇嚨傳》云：附《騰機思傳》。"康熙五十九年(1720)，垂濟恭蘇嚨越額爾齊斯河，由布拉干、布魯勒即布魯勒河。至和博克薩里界擊準噶爾賊。"又《巴雅爾什第傳》云：附《納木札勒傳》。"乾隆二十年，阿睦爾撒納叛，包沁總管阿克珠勒等踰阿勒坦[1]，掠守汛侍衛齊徹布、台吉達瑪璘等牧産。巴雅爾什第偕達爾濟雅馳赴布拉干，路擊之。"

【校記】

① 包,《方壺》本作"色"。

又西南流,察罕河注之。

布拉干河又西南流三十里,折而西北流三十餘里,又西南流四十餘里,又東南流二十餘里,又西南流三十餘里,而右會察罕河。河發自博羅鄂博,(在喀喇淖爾水南七十餘里。三源並發,南流百里而滙。又南流三四十里,右滙昌吉爾河。昌吉爾河發自博羅鄂博,西源爲小淖爾,北去華額爾齊斯源六十餘里。淖爾溢水南流百里,左滙三水。又東南流百里,爲昌吉爾河。又東流五十餘里,滙於察罕河。察罕河又南流五十里,復東南十餘里,入於布拉干河。)[在喀喇圖淖爾水西南七十餘里。源處爲喀喇淖爾,南流數十里,左滙布拉青吉勒河。又南流數十里,左滙哈達青吉勒河,是爲青吉勒河。又南流近百里,有哈弼察克河自東來滙,是爲察罕河。察罕河東南流五十餘里,入於布拉干河①。]《琳丕勒多爾濟傳》云:附《巴朗傳》。"乾隆二十年(1755),阿睦爾撒納行至烏隆古,親王額琳沁多爾濟遣琳丕勒多爾濟送阿睦爾撒納歸牧治裝,從騎二十餘。至察罕河,阿睦爾撒納麾所部兵三百還攻,琳丕勒多爾濟等被圍,拔矢環射,奮勇鬬,賊不敢逼,奪路歸。遇其後隊,邀擊之,獲阿睦爾撒納所用旗纛、甲胄。"又《車木楚克札布傳》云:"乾隆二十二年,車木楚克札布偕參贊唐喀祿率兵八百，赴阿勒坦緝逃賊。哈薩克錫喇以察罕河爲要隘，馳赴偵禦。”即此河也。

【校記】

① 此處據《校補》本增刪。

又西流，過瑚圖斯拉境北。

布拉干河既會察罕河水，復東南流三十餘里，乃折而西流四五十里，逕阿爾噶靈圖境南、瑚圖斯拉境北。瑚圖斯拉地産金，《舍稜傳》云：“乾隆四十九年（1784），有内地奸民劉通等，集衆千餘，赴瑚圖斯拉私開金礦，且賂舍稜屬額爾齊斯、雅拉拜等給駝馬爲助，烏魯木齊都統海禄聞之，以兵往檄，所部助弋奸民，悉就擒。以瑚圖斯拉逼舍稜牧，封禁永爲令。”瑚圖斯拉東南接古城界。

又西流，爲烏隆古河，

布拉干河逕瑚圖斯拉境，又西流百里，至烏蘭博木之南①，爲烏隆古河。烏蘭博木以西北，爲阿勒坦烏梁海境；烏蘭博木以東南，爲新土爾扈特境。烏隆古河正南二百餘里，爲濟木薩城。故元劉郁《西使記》云：“過龍骨河，復西北行，與別失八里南北相直，近五百里。”（別失八里者②，古北庭都護之所治，詳見巴爾庫勒淖爾條下③。今爲濟木薩。）龍骨則烏隆古之轉語矣。［又曰兀瀧古河，《元秘史》云：“成吉思與客列亦種人王罕征乃蠻種的古出古敦不亦魯黑,《親征録》作盃祿可汗,按,即太陽罕之兄。不亦魯黑不能對陣,起過阿勒台山去。追至忽木升吉兒地面兀瀧古河行,成吉思獲不亦魯黑的官人也迪土卜魯黑。又追至乞濕泐巴失海子行,不亦魯黑遂窮促了。"故《長春游記》載鎮海之言曰:"白骨甸,古之戰場,頃者乃滿大勢亦敗于是。"蓋地鮮水草,兼饒鬼魅,所由氏爲白骨甸矣④。]烏隆古河北距額爾齊斯河源亦二百里。阿睦爾撒納之叛也,由茲以遁。《武功紀盛》云:"阿睦爾撒納八月十九日行至烏隆古,距其舊游牧僅一日程,詭稱歸辦裝,以副將軍印付額璘沁多爾濟,使先行。約一二日,即追及,遂率所屬逃去。"[額璘沁尋以附逆革職解京,道死,戮屍。見《西域考驗集》⑤。]是其事也。《成袞扎布傳》云:"乾隆二十年(1755)十月,包沁賊肯哲、顔達什、巴雅爾圖等竄伏烏隆古,成袞扎布擊斬之。"《車淩烏巴什傳》云:"乾隆二十二年,副都統唐喀祿赴西路軍,車淩烏巴什遣護衛巴顔及卒三十從之。"且稱額爾齊斯及烏隆古地值盛夏,多蚊蛇,道不可行。蓋亦南北之隘矣。

【校記】

① 至,《方壺》本作"自"。

② 此句下稿本有"巴實伯里也"。

③ 此處小字注,稿本無。

④ 此處據《校補》本增删。

⑤ 此處據《校補》本增補;《校補》本並有小字注云"俟考",係尚待核查《西域考驗集》而增補語。

過哈喇莽奈山北，

準語謂額曰莽奈，言山之似額而色黑也。[《唐書·沙陀傳》："處月居金娑山之陽。"準以地望，疑此爲金娑山矣[①]。]《特默齊傳》云："乾隆十九年(1754)，特默齊從參贊努三剿烏梁海，抵哈喇莽奈，偵宰桑赤倫及四得木齊屬居吹地，往擒之。"烏隆古河逕山北百餘里。

【校記】

① 此處據《校補》本增補。

又西北，注噶勒札爾巴什淖爾。

淖爾二，小者曰巴噶淖爾，周二百餘里，圓橢形，在東南。大者曰噶勒札爾巴什淖爾，周五百餘里，形狹而長，在西北。大小相聯，正如葫蘆，而近上爲細腰。酈元言[①]："汝水枝別左出，又會汝，形如垂瓠。"殆亦此類。烏隆古河逕哈喇莽奈山，西北流二百餘里，入自巴噶淖爾之東南，復似其蔓。(也，極自四十六度三十分至四十七度二十分、西二十八度至二十九度二十分[②]。)[所謂乞濕泐巴失海子，][③]又曰赫色勒巴什淖爾。《巴木丕勒多爾濟傳》附《車淩巴勒傳》。"康熙五十六年(1717)，隨額駙巴林郡王烏爾袞由阿勒坦進剿準噶爾於赫色勒巴什淖爾"是也。又曰奇薩勒比斯淖爾。《方略》載[④]：乾隆二十三年(1758)，副都統順德訥奏言："正月初一日，在烏隆古擒獲厄魯特巴圖,詢知奇薩勒比斯淖爾相近之博洛爾托海⑤,有哈薩克錫喇之得木齊達什扎卜等藏匿。其水多魚,結寨住守。"在元時[又]名曰乞則里八寺海⑥,亦曰乞則里八海。《元史·郭德海傳》云:"從先鋒柘柏西渡乞則里八海,攻鐵山。"劉郁《西使記》云:"龍骨河西注,瀦爲海,約千餘里,曰乞則里八寺。多魚,可食,有碾磑,亦以水激之。"皆謂此淖爾也。淖爾西南距阿雅爾淖爾四百餘里。阿雅爾正北百餘里,有那木河東流,又有色伯斯台山水東南流滙之。又東南流,當噶勒札爾巴什淖爾之西南,瀦爲特里淖爾,形正圓,在沙磧中。

【校記】

① 酈元,《方壺》本作"酈道元"。

② 此處經緯度,稿本原作"極四十六度、西二十一度五分",旁改同底本。

③ 此處據《校補》本增删。

④ 此處引文,出自《方略》正編卷五一"乾隆二十三年二月甲申"下。

⑤ 海,《方略》原本作"輝"。

⑥ 又,各本無此字,據《校補》本增補。

宰桑淖爾所受水

宰桑淖爾者,額爾齊斯河所瀦也。一源爲華額爾齊斯河,

烏梁海種人有三部,曰阿勒坦[山]烏梁海①,曰阿勒坦淖爾烏梁海,爲科布多屬,曰唐努烏梁海,唐努,山名。

爲烏里雅蘇台屬。阿勒坦烏梁海散秩大臣二,莫羅木達爾札所駐去科布多五百餘里,布彦得勒克所駐去科布多七百餘里;副都統一,沙津巴圖所駐去科布多四百餘里;總管二,泰拉克貢楚克扎布所駐去科布多七百餘里,普爾普策淩所駐去科布多四百餘里,故總管那遜圖古斯所駐去科布多五百餘里。皆在科布多西境,阿勒坦山在其境内西南偏,華額爾齊斯河出焉。《丹津多爾濟傳》云:附《西第什哩傳》。"雍正九年(1731),準噶爾賊由華額爾齊斯至索勒畢烏拉克沁,謀掠喀爾喀。"謂此河也。

【校記】

① 山,各本無此字,據《校補》本增補。

一源爲喀喇額爾齊斯河,

河出庫爾圖嶺,南流百里,左會一水。復西南流五十餘里,與華額爾齊斯會。二水以黄黑異稱,未審所由。《水道提綱》云"華額爾齊斯河原作阿額勒濟思河,今正①。西南流百里,折西北百餘里,喀喇額爾齊斯河自東北來會"是也。《阿喇布坦傳》云:"康熙三十六年(1697),噶勒丹自哈薩克圖哈喇阿濟爾罕遣使土克齊色楞達什召阿喇布坦,不赴,且奪召者騎,自布延圖河徙阿勒坦之喀喇額爾齊斯、呼里木圖等處。噶勒丹欲踰阿勒坦至額克阿喇勒淖爾名,在科布多城東。捕魚食,慮阿喇布坦襲己,不果。尋自殺。"《武功紀盛》云:"傅爾丹出師敗績於和通淖爾,即和通呼爾哈淖爾。敵既得志，益猖獗。大策零敦多布駐華額爾齊斯，小策零敦多布駐喀喇額爾齊斯，日伺釁擾邊。”按，《杜爾伯特部傳》云：“準噶爾台吉舊有策零敦多布二，大策零敦多布善謀，小策零敦多布以勇聞。策妄阿喇布坦及子噶勒丹策零倚任之。”蓋大、小策零猶西燕之有大、小逸豆歸矣②。

【校記】

① 今正，《方壺》本無此二字。

② 此句稿本原作“是知二策零所駐扼河源爲便利矣”，旁改同底本。

二河合爲額爾齊斯河。

華額爾齊斯河西南流百里，折而西流五十餘里，與喀喇額爾齊斯會，是爲額爾齊斯河，（極四十六度十分、西二十八度二十分①。河之側，元時置馹②，謂之大河驛。）［元之額兒的失水也。成吉思甲子年（1204）追襲篾兒乞脫黑脫阿，到金山，住過冬。明年春，踰阿來嶺，適乃蠻古出魯克與脫黑脫阿相合於額兒的失不黑都兒麻地面根源行，整治軍馬。成吉思至其地，脫黑脫阿中亂箭死。其尸不能將去，其子割其頭，渡額兒的失水，溺死者過半。河側置馹，謂之大河馹③。］《長春真人西遊記》云：“辛巳（元太祖十六年，1221）中秋日，抵金山東北，少駐，復南行。其山高大，深谷長坂，車不可行。三太子出軍，始闢其路。乃命百騎挽繩，縣轅以上④，縛輪以下，約行四程，連度五嶺，南出山前，臨河止泊。從官連幕爲營，因水草以待舖牛驛騎。有詩三絕，其二云：'金山南面大河流，河曲盤桓賞素秋。秋水暮天山月上，清吟獨嘯夜光毬。'"即紀斯河之勝。［其時成吉思西征回回，比其歸也，於斯過夏。《元史·太祖紀》於庚辰歲（1220）書駐蹕也石的石河，時方克尋思干，何得數千里旋師縱敵？作史者不諳地理，致有此失[⑤]。］

【校記】

① 此處經緯度，稿本原作"極四十五度五十分、西二十四度十分"，旁改同底本。

② 駟，《方壺》本作"驛"。

③ 此處據《校補》本增删。

④ 縣，《方壺》本作"懸"。

⑤ 此處據《校補》本增補。

西北流，蘇布圖河注之。

額爾齊斯河西北流三十餘里，蘇布圖河自北來入之。蘇布圖河長百二十餘里。

又西北流，罕達海圖河注之。

額爾齊斯河又西北流三十里，罕達海圖河自北來入之。罕達海圖河源處爲庫魯圖河，西南流百里，爲罕達海圖河。又西南，入額爾齊斯。

又西北流，奇喇河與克木齊克河注之。

奇喇一作奇蘭，音之轉也。河在罕達海圖河西三十餘里，源發自納林奇喇境，西南流百里，一水西流五十餘里來滙。準語奇喇，謂山梁也。納林奇喇西北四十餘里，有孫都魯克嶺，克木齊克河源發焉。西南流百五十里，至額爾齊斯河北岸而滙，同入於河。《水道提綱》云："額爾齊斯既會，又西折，而西北百八十里，奇喇河自東南來滙。"蓋不數克木齊克河也。《策淩傳》云："雍正十年(1732)，小策零敦多布復糾衆三萬，由奇喇至額爾德河源。策淩偕將軍塔爾岱禦之於本博圖山。"

又西北流，固爾圖河注之。

額爾齊斯河西北，逕齊爾袞特依山北凡四十餘里，北會固爾圖河。河長百二十餘里。齊爾袞特依山南即噶勒札爾巴什淖爾也。

又西北流，過納林喀喇山北，博喇濟河注之。

納林喀喇亦噶勒札爾巴什淖爾北岸山。《車布登傳》云：附《錫布推哈坦巴圖爾傳》①。"乾隆二十一年(1756)，和託輝特逆賊青袞咱卜叛，車布登將以兵，會參贊塔爾瑪善赴烏蘭嶺追剿阿睦爾撒納未至，遽由納林喀喇歸牧。"即其山也②。山之東爲阿勒坦烏梁海種人，山之西爲和博克薩里土爾扈特種人③。按，和博克薩里相承，爲一處地名。考之準語，和博克，汲水器也，以皮爲之。其地有井，居人往汲，故以名地。薩里謂馬股，言地形似之。蓋和博克自爲一地，故有納林和博克、克特和博克也。《策淩傳》載："喀爾喀與厄魯特分界[4]，議云：策妄阿喇布坦存日，游牧和博克薩里、察罕呼濟爾迤西，數年來漸越額爾齊斯。"推是言之，和博克薩里初亦準部地。既入版圖[5]，乾隆三十六年，始畀北三旗土爾扈特布延圖親王駐之。額爾齊斯自固爾圖河西北流百二十餘里，北會博喇濟河。博喇濟者，準人名也，舊居於此，因以名河。河二源，東源爲霍木河，發自阿勒坦山梁而西流，西源爲哈那斯河，西南流，各七十餘里而滙。又西南流百餘里，爲博喇濟河，入於額爾齊斯。《車布登傳》云："罕篤叛，由博喇濟遁俄儂河。"《禡木特傳》云："乾隆十八年，杜爾伯特台吉車淩等棄準噶爾來降，達瓦齊遣禡木特追之。由博喇濟河入喀爾喀汛。"

【校記】

① 巴，《方壺》本作"布"。

② 即其山也，稿本作"即其地"。

③ 以上二句"種人"及以下小字夾注，稿本無。

④ 與，稿本無此字。

⑤ 既入版圖，稿本無此四字。

又西北，過庫克辛山北[1]，哈布河注之。

額爾齊斯自博喇濟西北流八十里，右會哈布河。阿睦爾撒納之來降也，達瓦齊遣策淩及巴雅爾等追之，阿睦爾撒納敗其衆於哈布河。庫克辛山者[2]，禡木特之所游牧，因以名其部。故《禡木特傳》云：“禡木特厄魯特人號庫克辛[3]，蓋猶塔爾巴哈台之厄魯特牧於巴爾魯克山，謂爲巴爾魯克部矣。”或曰庫克辛者[4]，老也，故以别宰桑禡木特。

【校記】

① 辛，稿本作“新”字。

② 辛，稿本作“新”字。

③ 辛，稿本作“新”字，小字注：“今作辛。”

④ 此句以下至段末，稿本作：“《元史・耶律希亮傳》云：‘世祖召希亮赴闕，希亮由苦先城至哈剌火州，出伊州，涉沙漠以還。’苦先即庫克新。《語解》云：‘庫克新者，老也。’”

又西北，過卑爾素克托羅海境北，喀喇哈布河注之。

卑爾素克托羅海者，科布多與塔爾巴哈台分界地也。額爾齊斯自哈布河西北流五十里，右會喀喇哈布河。河三源並發，爲古爾班柯爾河。南流二十餘里，經塔布博勒齊爾卡倫東。又南流八十餘里，爲喀喇哈布河，入於額爾齊斯。《車布登傳》云：“乾隆二十年（1755），定北將軍班第由北路進剿達瓦齊於伊犁，道出阿勒坦，以烏梁海衆潛附準噶爾，遣車布登沿途剿捕。至古爾班鼐塔克及烏蘭布拉克、喀喇哈布地，遇烏梁海副都統察達克屬得木齊綽罕、宰桑圖布慎屬得木齊喀喇曼濟等衆[1]，盡降之。”

【校記】

① 遇,《方壺》本作"過"。

又西北流,訥恰庫河注之。

額爾齊斯河西北流六十里,訥恰庫河發源烏爾魯嶺,南流經噶爾札爾巴什卡倫東,凡二百里來滙。

又西北流,塔爾巴哈台河注之。

額爾齊斯河西北流八十餘里,塔爾巴哈台河西南流,折而東南,又南,經瑪呢圖噶圖勒卡倫東,入額爾齊斯河。每歲冬,科布多置瑪呢圖噶圖勒卡倫於河北,塔爾巴哈台置瑪呢圖噶圖勒罕卡倫於河南,交守望焉。

又西北,瀦爲宰桑淖爾。

額爾齊斯河逕瑪呢圖噶圖勒罕卡倫北,又西北流百三十餘里,瀦爲宰桑淖爾,亦曰鴻和圖淖爾。鴻和,蒙古語鈴也,見《元史語解》。[《唐書》言葛邏祿部跨僕固振水,當即此淖爾也[①]。]淖爾圓橢形,周四百餘里,《水道提綱》作"池周百里"。極自四十七度之五十九分至四十八度之三十一分、西自三十度之四十五分至三十一度之五十八分[②]。在阿勒坦山頂之西南百六十里。準噶爾時,有二十四鄂拓克,各置宰桑領其衆,凡六十二宰桑。宰桑者,其大臣也,西域山有稱汗者,《哈瑪爾岱青傳》有汗阿林。國語謂天子曰汗,阿林即山也。淖爾得蒙重臣之目矣。

【校記】

① 此處據《校補》本增補。

② 此處經緯度，稿本原作“極四十八度五分、西二十三度”，旁改同底本。

俄儂河、果莫孫河注其東南。

俄儂河發自薩里山陰，在鏗額爾河西。鏗額爾河即征西將軍祁里德剿厄魯特地也，事見《朋素克喇布坦傳》。俄儂河達山外，北流五十餘里，經俄儂郭勒卡倫東。又北流六十里，經烏里雅蘇圖卡倫西。又西北流二百餘里，入淖爾東南隅。河之東岸，哈薩克公庫庫岱度冬處。俄儂河源西南百里，爲果莫孫河。河發自察罕鄂博舊卡倫東，西流百里，南匯齊巴克達孫河。折而北，經輝巴朗山西，凡百五十餘里，亦入淖爾東南隅，去俄儂河入處三十許里。果莫孫河西岸，哈薩克台吉罕巴爾度冬處。《車木楚克扎布傳》云：附《托多額爾德尼傳》。“乾隆二十二年(1757)，車木楚克扎布偕參贊唐喀祿奏言：杜爾伯特貝勒巴圖博羅特、公舍稜、台吉阿喇善等通阿逆，走額爾齊斯，臣等偵得狀，偕副都統瑚爾起馳赴輝巴朗山後，擒巴圖博羅特等，並剿烏梁海賊五十戶。旋兵赴塔爾巴哈台，緝哈薩克錫喇。”即果莫孫河所經山也。

納林河、哈流圖河注其東北。

納林河發自阿斯哈圖嶺，西南流百八十餘里，入淖爾東北。《水道提綱》云:"此水出沙地,不知名。在阿勒坦頂北百餘里,西南流三百里入池。"南去額爾齊斯河口五十餘里。哈流圖河發自庫克烏嚕木嶺,西南流百三十餘里,入淖爾北,東去納林河五十餘里。

阿布達爾摩多河注其西,

楚呼楚河北爲喀拉瑪嶺,嶺北有濟莫爾色克河。河之西北六七十里,有水發自哈爾巴哈卡倫西,東流經卡倫北,德布色格爾河自南經卡倫東來滙,是爲哈爾巴哈河。哈爾巴哈河西北五十餘里,有巴雅爾河。又西北四十餘里,有布古什河二源並發,東流而滙,經布古什山南。又東,經布古什卡倫南。諸河皆東北流,或百里,或數十里而止。

布古什河亦曰布固圖河。乾隆二十三年(1758),副都統唐公喀祿偕厄魯特散秩大臣和碩齊率兵追捕土爾扈特台吉舍稜至布固圖河。四月十七日,獲舍稜弟勞章扎卜。勞章扎卜言舍稜願降狀,釋之歸。舍稜又使請定地,徙游牧。唐公疑其詐,和碩齊固請公莅其營。二十日,唐公與侍衛富錫爾、佛爾慶額往。和碩齊又言恐舍稜疑懼,令官兵下馬,舍稜遣人送酒,和碩齊飲之。俄頃變作,唐公與佛爾慶額俱死,富錫爾射殺一賊,賊競前害之。賊衆大譟,我兵猝起迎敵。至額卜克特山,和碩齊更衣降舍稜,官兵多戰沒。參贊阿公桂追賊至索勒畢布拉干之博勒齊爾,賊踰喀拉瑪嶺,走俄羅斯。

布固圖河東北百二十餘里，爲楚克里克河，二源分東流百餘里而滙，是爲阿布達爾摩多河。二支滙處，置阿布達爾摩多卡倫於南岸。河東流七十餘里，入淖爾西。

復從淖爾西北溢爲額爾齊斯河，

濱河衍沃，利耕牧，杜爾伯特及烏梁海人皆曾牧於斯①。《杜爾伯特部總傳》云②："車淩及車淩蒙克遣宰桑以善耕卒百，赴額爾齊斯。"《成衮札布傳》云：附《策淩傳》。"乾隆十九年（1754），赴額爾齊斯督屯田。"

【校記】

① 人，稿本無此字。

② "云"上稿本有"又"字。

科爾沁河注之。

額爾齊斯自淖爾西北流十餘里，科爾沁河自東來入之。科爾沁河發自莫根西里地，西南流，經烏哈爾卡倫南。又西南，經愛圖拜山西北，入於額爾齊斯，東南距哈流圖河百餘里。

又西北流，布崑河注之。

額爾齊斯河西北流七十餘里，西會布崑河，河在阿布達爾摩多河之北百餘里。源發自喀拉瑪山，東南流經博羅鼐山南，凡百里，爲布崑河。又東流五十餘里，經畢陵圖淖爾南、和通卡倫北。又五十餘里,入於河。嘉慶十九年(1814),將軍松公筠與塔爾巴哈台參贊愛公星阿會,疏言:“塔爾巴哈台西北一帶,卡倫綿亘千數百里,夏展冬撤。其内第三、四、五卡倫,一曰哈爾巴哈,一曰布古什,一曰阿布達爾摩多,近臨大河,河名布崑。哈薩克、回語,布崑爲蚊蠓總名。每年五六月間,山雪消融,衆水匯流入河,沿岸衝刷,水勢散漫,蕩漾滿灘,徧生蘆草,聚育蚊蠓。巡查官兵,胼胝沙水;應差馬匹,圈在木栅。每日黎明,稍得牧放,日出之際,馬皆自歸。周圍常用糞火煙薰,略能住足,故多倒斃。請移哈爾巴哈於大烏里雅蘇圖,移布古什於特穆爾綽爾霍,移阿布達爾摩多於阿拉善布拉克,並移和通霍爾海於哈喇布雅。”從之。哈爾巴哈河西,罕巴爾度夏處;布崑河西,庫庫岱度夏處。庫庫岱者,右部哈薩克王阿布勒必斯第六子,乾隆五十五年(1790),授公爵。罕巴爾者,西部哈薩克台吉薩呢雅斯第四子,嘉慶五年,以捕賊功,授第五品秩。二人不相能,故時有控訴。

又北,烏柯爾烏蘇注之。

額爾齊斯既會布崑,北流逕札哈蘇淖爾東。淖爾在布崑河北岸百里。札哈蘇二淖爾,皆周數十里,南北相去里許。兩淖爾間置卡倫。淖爾東北八十里,爲輝邁拉呼卡倫,卡倫臨河西岸,其東岸爲那瑪嶺,嶺道崎嶇,攀援乃能上。每歲夏,塔爾巴哈台置輝邁拉呼卡倫於河西,科布多置霍尼邁拉呼卡倫於嶺間，臨河以幾禁俄羅斯之通商者。《理藩院事例》云："俄羅斯等，除在恰克圖交易外，霍尼邁拉呼卡倫不准通商。"額爾齊斯河出卡倫，乃東北流百八十餘里，烏柯爾烏蘇由東南流百里來滙。

又東北流，納林河注之。

額爾齊斯東北流五十里，納林河由東南來滙。河發自巴爾哈斯淖爾在阿勒坦烏梁海西界。北岸奇車爾庫嶺，其水西北流八十餘里，至博恩濟海。折而西流四十餘里，有托和喇爾圖河南流百餘里、溫都里烏里雅蘇河北流百餘里，皆來滙。又西流五十餘里，有烏魯爾河南流百餘里來滙。又西流十餘里，有庫蘭阿濟爾罕河北流百餘里來滙。又折而西北六七十里，入於額爾齊斯河。

又北，莫依璘河注之。

額爾齊斯河東北流，折而北，凡百里，莫依璘河由西流百里來滙。額爾齊斯河之西岸，皆哈薩克境，自此而北，出其界。《納噶察傳》云："納噶察從阿睦爾撒納、班珠爾竄牧額爾齊斯，誘哈薩克兵掠準噶爾境。"是其地相接矣。

又東北流①，布克圖爾瑪河注之。

額爾齊斯河東北流五十里②，東會布克圖爾瑪河。河二源，東源發自阿勒坦山梁，西源發自和托霍爾嶺，分西流百里[3]，滙爲海爾庫門河。又西北流五十里，爲布克圖爾瑪河。又西北流百五十里，有布魯勒河西南流七十餘里來滙。《格埒克延丕勒傳》云：附《朋素克喇布坦傳》。“康熙五十六年（1717），大軍由布魯勒擒厄魯特羅卜藏錫喇布等。”又《諾爾布班第傳》云：附《卓特巴傳》。“康熙五十九年，隨振武將軍傅爾丹由布魯勒進剿準噶爾。”即此河也。布克圖爾瑪河既會布魯勒，又西流百里，入於額爾齊斯河。

【校記】

① 東，稿本原作“西”，旁改同底本。

② 東，稿本原作“西”，旁改同底本。

③ 西流，稿本作“西南流”。

又東北流，達俄羅斯國界。

俄羅斯者，北邊之大國。《一統志》云：“俄羅斯地在極北，秦漢之間，服屬匈奴，漢有堅昆、丁令，唐時有黠戛斯、骨利幹等國[1]。元時有斡羅思及吉利吉思、撼合納、謙州、益蘭州等處，皆其地也。”《元史·速不台傳》云：“至阿里吉河，與斡羅思大、小密赤思老遇，一戰降之。”又云：“辛丑（太宗十三年，1241），太宗命諸王拔都等討兀魯思部主也烈班，爲其所敗。圍秃里思哥城不克，拔都等奏遣速不台督戰。速不台選哈必赤軍怯憐口等五十人赴之，一戰獲也烈班。進攻秃里思哥城，三日克之，盡取兀魯思所部而還。”

順治初，其國所屬羅刹竊據黑龍江雅克薩之地。康熙二十一年（1682），副都統郎談、公彭春等率兵進討。二十四年，黑龍江將軍薩布素等復以兵圍之。次年，其國察罕汗上疏謝罪，且請定邊界。《張文貞公集》云：“俄羅斯部落在西北，其地最遠，行三年而後達京師。順治十二、十三年（1655、1656），兩有使至，俱以不知拜跪遣還。十七年復至，表文稱一千一百六十三年，朝議應仍逐其使，上寬貸之，命禮部諭以不遜之罪。其部衆每從邊外渡黑龍江來侵我老察地方。老察距寧古塔相近，我國貂皮等物多取給於此。順治間，因其來寇，曾欲加兵，會廷議令朝鮮供芻糗，上憐朝鮮國小，不能給大師之費，遂罷。康熙八年秋，復來寇，廷議乘江凍時，彼不能返，可襲擊之。朝廷以路遠勞民而止。九年四月，俄羅斯遣使奉表投誠，表文字畫不可識，字體自下而上，類道家符篆，因召其來使譯文以進。十五年來貢，黑狐、紫貂皮，哆囉呢，玻璃鏡，魚牙。魚牙大與象牙等。其國人面白微紅，高準，類西洋人，紅氊帽、油靴，有髮有髭。”按，文貞公名玉書。

二十八年，內大臣索額圖等與其使臣費要多羅等會議於尼布潮之地，立界碑於格爾必齊河，勒滿、漢及俄羅斯、喇第納、蒙古字於上。《親王策淩傳》云：“雍正五年（1727），策淩偕內大臣四格等赴楚庫河，與俄羅斯使薩瓦立石定界。”楚庫者，即庫倫所屬之恰克圖也。《理藩院事例》載恰克圖、格爾必齊河兩處交界云：“恰克圖之小河溝地方有俄羅斯卡倫房間，鄂爾輝圖山上有中國卡倫鄂博，於此卡倫房間、鄂博之中間，分中設立鄂博，爲南北通商之地。由此地起，分兩邊邊界之處迤東，循布爾固特依山梁至奇喇卡倫，自奇喇卡倫至齊克泰、阿嚕奇都呼、阿嚕哈當蘇，此四卡倫鄂博之基，以此一路之楚庫河爲邊界，自阿嚕哈當蘇至額伯爾哈當蘇卡倫鄂博，自額伯爾哈當蘇至察罕敖拉蒙古卡倫，乃係俄羅斯屬下所佔之地與中國、蒙古卡倫之鄂博，將此兩間之空地照恰克圖地方分中劃界。近俄羅斯屬下人所佔之地，如有山河臺噶，以山河臺噶爲界；近蒙古卡倫鄂博，如有山河臺噶，以山河臺噶爲界。如無山河之平明地面，自正中分中設立鄂博爲界。自察罕敖拉卡倫鄂博至額爾固訥河堤蒙古卡倫鄂博之外，另立鄂博爲界。自恰克圖、鄂爾輝圖兩間爲界所立之鄂博迤西，鄂爾輝圖山、特們庫珠渾之弼齊克圖、霍碩果、貝勒蘇圖山、庫克齊老圖、華郭勒鄂博、庸科爾山、博斯口、棍砮山、呼他海圖山、科山梁、布呼圖嶺、額古登昭山梁、多什圖嶺、克色訥克圖嶺、固爾弼嶺、努克圖嶺、額爾吉克塔喇噶克台噶、托羅斯嶺、肯哲瑪達、霍尼音嶺、克木克木齊克之博木、沙弼奈嶺，循此山梁，由正中分中劃界。此間如有横出之山河，將山河横斷分中爲界。自沙弼奈嶺至額爾固訥河堤，以山之陽爲中國，山之陰爲俄羅斯。”又云：“黑龍江與俄羅斯地方相近，以格爾必齊河爲界，自大興安嶺至海山之陽，爲內地地界，山之陰爲俄羅斯地界。”

迨平西域，塔爾巴哈台所屬哈薩克之北境、科布多所屬阿勒坦淖爾烏梁海之西北境，皆與其國毘連。水入彼界，難知翔實。康熙五十一年，職方司郎中圖公理琛奉使詣土爾扈特阿玉奇汗所牧之額濟勒河，假道俄羅斯。往返郵程，經歷額爾齊斯，撰爲《異域錄》。今採其書，粗備條貫。按，《異域錄》云：“俄羅斯國地方分爲八道，俱設立噶噶林馬提飛費多爾魚赤等總管八員，分轄每道，所管城堡十餘處或二十餘處。其八道，一曰莫斯科，窪斯科國主所都也，一曰西畢爾斯科，與中國分界處也。餘者六道，曰喀山斯科，曰佛羅尼使斯科，曰計由斯科，曰司馬連斯科，曰三皮提里普爾斯科，曰郭羅多阿爾哈連斯科。按，《元史·憲宗紀》：“征俄羅斯部至額里齊城。”未知今屬何道。地寒而濕，多陰少晴，幅員遠濶，林木蕃多，人煙稀少。其國向無汗號，原僻處於西北近海之計由地方。傳至依番瓦什里魚赤，當元至正十餘年間，其族內亂，依番瓦什里魚赤力微弱，求助於西費耶一作雅。斯科國。其王許助兵八千並糧餉，而取俄羅斯之那爾瓦城。依番瓦什里魚赤假此兵力，征其族類，自號爲汗焉。

傳至十三代汗，爲明嘉靖三十四年(1555)，又征獲喀山、托波兒、伊聶謝、厄爾庫、泥布楚、阿爾塔斯汗等處，國勢愈大②。又一百六十載，當康熙五十三年，爲察罕汗之二十八年也。察罕汗名曰票多爾厄里克謝耶費赤，距依番瓦什里魚赤凡二十三代，察罕汗遣使索取那爾瓦城，西費耶斯科國王喀魯祿什不許，遂成仇敵。喀魯祿什所居城曰四條科爾那。初戰，敗俄羅斯兵，大加殺獲。察罕汗之二十年，大敗西費耶斯科國，取其數城，喀魯祿什逃往圖里耶一作雅。斯科國拱喀爾汗所屬鄂車科付之小城。察罕汗遂移駐於西費耶斯科國之三皮提里普兒城。喀魯祿什又攻俄羅斯之達出斯科，中礮而死。康熙六十年，俄羅斯又大敗西費耶斯科國。”

【校記】

① 幹，諸本均作“斡”，據《大清一統志》卷五五四原文改。

② 此句下稿本有籤條云：

又一百三十二載，當康熙二十五年，爲察罕汗之末年。察罕汗名曰厄里克謝靡汗羅費赤。察罕汗死，無子，有一女曰票多爾厄里克謝耶費赤，素梟雄，習戰鬥，嗣父位，是爲察罕三皮提里普爾汗。亦曰叩肯汗，其國言男曰叩，女曰叩肯也。上距依番瓦什里魚赤，凡二十四代，（按，自是其國世傳於女，至乾隆五十六年爲第七傳扣肯汗。嘉慶十年，遣使來邊，其時復爲男汗。）扣肯汗遣使索取云云。（此條據余理初所輯，存以俟考。）

過托穆斯科，

《異域錄》云："哈薩克國、哈拉恰兒叭國、《土爾扈特部總傳》作"哈喇哈爾榜國"。策妄阿喇布坦與俄羅斯四國分界之處曰托穆斯科，俄羅斯設管轄柏興《一統志》："俄羅斯各處有城堡，名曰柏興。"按，柏興疑拜牲之訛①。頭目一員，駐兵五百名。"

【校記】

① 此處稿本原與底本同，又有籤條云：

注"名曰柏興"："按，斯科者，若中國省治府城，柏興若縣治。""按，柏興爲拜牲之訛"句，删。

又東北流，過鏗格爾圖喇①。

額爾齊斯河既會布克圖爾瑪河，北流，有胡蘇圖水自東來入之。又東北，有烏蘭齋水自東來入之，圖魯台水自西來入之。又東北，有一水自東來入之，烏達圖水自西來入之。又東北，有烏里雅蘇圖水自東來入之，額貝圖水自西來入之。又東北，有坤達圖水自東來入之，阿海圖水自西來入之。又東北，有一水自東來入之，烏里雅台水自西來入之。又東北，有布爾噶蘇台水自東來入之，塔里袞水自西來入之。諸水皆細流也。額爾齊斯河又東北，逕鏗格爾圖喇之東。鏗格爾圖喇，俄羅斯小城也。極五十一度二十分、西三十度四十五分②。

【校記】

① 此及以下二段,稿本原並爲一段,復有删除號,並有籤條補同底本。稿本原文云:

又西北流,過鹽池。

康熙五十九年,俄羅斯使臣伊思邁羅付言:"我國之人今於鹽池以南宰桑淖爾之處修房屋居住。"其明年,伊思邁羅付又言得其國移文云:"去年拏獲策妄阿喇布坦屬下幾人,我兵現在宰桑淖爾駐札。"是托穆斯科之北有鹽池也。乾隆二十年,參贊富公德奏言:"額爾齊斯之北有達布遜圖喇地方,其地産鹽,輿圖所載'額爾齊斯之北有鹽池',即其地也。距塔爾巴哈台千里。阿睦爾撒納勢力窮蹙,或由此路逃往俄羅斯亦未可定。"後二年,阿睦爾撒納實由此以竄。其時定邊右副將軍兆公惠奏言:"委署參領額林策等,至俄羅斯森博羅特圖喇,向瑪玉爾查問阿睦爾撒納蹤跡。瑪玉爾言:'適據齊倫圖喇報稱,有步行二人向刈草之人告云:我係阿睦爾撒納,可報知爾頭目前來渡我。其人即告知喀丕坦,遣人操舟前往,久未回報。'復遣人往看,並無蹤跡。惟於額爾齊斯河曲尋獲渡口小舟。蓋由此渡河以西矣。"

② 三十度,稿本籤條作"三十三度"。

又東北流,過森博羅特城。

額爾齊斯河自鏗格爾圖喇東北流,有額布根水自西來滙。又東北,有圖倫亢寄淖爾水自東經哈里爾之北來滙。又東北,有一水自東來滙,阿布水自西來滙。又東北,有烏蘭布拉克自西來滙。又東北,逕布里爾之東,有一水自東北來滙。又東北,有烏孫楚謙水自西來滙。又東北，有察罕鄂爾博水自東來滙。又東北，有察爾河自西南來滙。又東北，逕森博羅特城東，森博羅特城極五十三度三十分、西三十二度二十分，地距中國界已千餘里。阿睦爾撒納之竄也，實由斯以遁。定邊右副將軍兆公惠奏言："委署參領額林策等，至俄羅斯森博羅特圖喇，向瑪玉爾查問阿睦爾撒納蹤跡，瑪玉爾言：'適據齊倫圖喇報稱有步行二人向刈草之人告云：我係阿睦爾撒納，可報知爾頭目前來渡我。其人即告知喀丕坦，遣人操舟前往，久未回報。'復遣人往看，並無蹤跡，惟於額爾齊斯河曲尋獲渡口小舟，蓋由此渡河以東矣。"

又東北流，過達布遜淖爾。

額爾齊斯河自森博羅特城東北流，有一水自東來滙，折而西流數十里，包達布遜淖爾之北以至其東。淖爾極自五十四度二十五分至五十五度八分、西三十二度三十分。達布遜淖爾者，鹽池也。康熙五十九年（1720），俄羅斯使臣伊思邁羅付言："我國之人今於鹽池以南宰桑淖爾之處修建房屋居住。"乾隆二十年（1755），參贊富公德奏言："額爾齊斯之北有達布遜圖喇地方，其地產鹽。"

又東北，折而西北流，塔喇河注之。

托穆斯科西北二千五百餘里，爲塔喇斯科。《元史·曷思麥里傳》："進擊斡羅思於鐵兒山，克之。"鐵兒即塔喇之轉也。《異域錄》云："塔喇斯科，額爾齊斯河來自東南，向西北而流；塔喇河來自東南，於塔喇斯科相對地方歸入額爾齊斯河。沿途地平坦，俱林藪，有杉松、馬尾松、楊、樺、榆、叢柳、櫻薁。沿額爾齊斯河岸，皆塔塔拉人居住，間有田畝。塔塔拉者，原係庫程汗之人，又名貨通，自俄羅斯取托波兒等處，將其人散處於阿勒坦山後沿額爾齊斯河一帶，及托波兒並喀山等地方。額爾齊斯河之南岸，有廬舍，居千餘戶，俄羅斯與塔塔拉雜處。天主堂六座，設管轄柏興頭目一員，駐兵五百名。”按，俄羅斯俗以十六寸爲一尺，舊以千步爲一里，又改五百步爲一里，以此積算，其地故爲遼遠。

又西北流，托波兒河注之。

額爾齊斯河自塔喇斯科西北流一千二百餘里，至托波兒，而會托波兒河。《異域錄》云：“費耶爾和土爾斯科城之西北二百餘里，有費耶爾和土爾斯科佛落克嶺，山不甚大，沿途皆林藪，有馬尾松、果松、杉松、楊、樺、櫻薁、刺玫。山巔嶺上，隨處流泉，地甚泥濘。上嶺五里許，下嶺十里許。自嶺西流出者，謂之托波兒河，自嶺東流出者，謂之土拉河，俱向東南流，經圖敏地方，土拉河歸入托波兒河。”又云：“自圖敏，由土拉河溯流，西北舟行五百餘里，至鴉班沁，沿河兩岸有杉松、楊、樺、叢柳甚稀。有小柏興二十餘處，柏興附近俱種田畝，俄羅斯與塔塔拉雜處。土拉河之西岸，有柏興、廬舍。居人二百餘戶，俱俄羅斯人，有天主堂三座。設管轄柏興頭目一員，無兵。鴉班沁西北四百餘里，爲費耶爾和土爾斯科城，沿途皆山岡，多林藪，惟有杉松、馬尾松、楊、樺，地甚泥濘，有小柏興四五處。土拉河來自西北，流經費耶爾和土爾斯科城之西面，向東南而流。河之東岸石山上下，及河之兩岸，有柏興、廬舍。居人七百餘戶，俱俄羅斯人。天主堂五座，有市廛，設管轄柏興頭目一員，駐兵三百名，此處一帶山色奇秀，室宇清潔，土拉河環抱，舟楫往來，宛如江南，應接不暇，忘異鄉行路之崎嶇也。又二百餘里，經費耶爾和土爾斯科佛落克嶺。其嶺峯巒競秀，泉脈爭流，夾路野花，若張錦綺，雖極高之處，亦泥濘有水。斯即土拉河、托波兒河所由發源。蓋二河並東南流千一百餘里而滙，又東北千餘里而至托波兒也。托波兒在狄穆演斯科西南六百餘里，額爾齊斯河來自東南，繞逕托波兒，向東北而流。托波兒河來自西南，於托波兒相對地方歸入額爾齊斯河。”

又東北流，過狄穆演斯科。

額爾齊斯河自托波兒受托波兒河水，東北流六百餘里，至狄穆演斯科。《異域錄》云：“托波兒河歸入額爾齊斯河，沿河兩岸地勢平坦，有杉松、楊、樺、櫻薁、叢柳，小柏興五十餘處，左近皆田畝。托波兒以北二十餘里，河東岸之上，有小土山，極平坦，無城郭。居人千餘戶，其廬舍皆大木營治，有磚造廟宇二所，理事公署木房數間。其山麓及河岸一帶居人二千餘戶，其廬舍亦皆大木營治，有市廛，天主堂二十餘座。駐兵二千餘名，有頭目十數員。額爾齊斯河自西南向東北而流，至狄穆演斯科，水濁溜急。”

又東北流，過薩馬爾斯科[1]。

額爾齊斯河自狄穆演斯科東北流六百餘里，至薩馬爾斯科。《異域録》云：“自薩馬爾斯科至狄穆演斯科，沿河一帶東岸之上皆土山，平坂有杉松、楊、樺、櫻薁等樹甚密，河邊皆叢柳，兩岸有小柏興十餘處，間有田畝。俄羅斯與鄂斯提牙斯科並塔塔拉人雜處。其河東岸土山之上有廬舍百餘間，居人五十餘户，皆俄羅斯人。柏興之四面，皆田畝。有天主堂一座，無兵。一種草果，俄羅斯名之曰馬里那，蒙古人名之曰和厄柏兒濟爾根，形似桑椹，色赤，味甘酸，幹不盈尺。額爾齊斯河岸山内甚多，柏興各處小兒鬻賣。”

【校記】

① 科，《方壺》本作“河”。

又東北流，與鄂布河合。

《異域録》云：“鄂布河自托穆斯科二百里外，來自東南，向西北而流，俄羅斯呼爲鄂布河，其巴爾巴忒人呼爲牙巴里河。有托穆河來自東南，由西面繞經柏興，向西北而流。至百里外，歸入鄂布河。鄂布河西北流千餘里，有楚里穆河自麻科佛斯科山内發源，向西南歸入鄂布河。楚里穆河岸林藪内，皆塔塔拉人散處，甚稀，捕灰鼠、銀鼠、狐狸納貢。鄂布河又北流數百里，有揭的河來入之。揭的河自麻科佛斯科佛落克嶺發源，環流麻科斯科，向西北而流。河寬六七丈不等，多灣曲，水色赤，蚊虻甚多，沿河有小柏興四五處，俱俄羅斯居住。其地平坦，水窪處甚多，皆林藪，有馬尾松、果松、杉松、楊、樺、柳、櫻薁、刺玫，河岸下多土燕巢穴，産熊、貂鼠、狐狸、銀鼠、灰鼠。有一種人，類索倫，名曰鄂斯提牙斯科，在揭的河兩岸林木内散處，捕貂作貢。一種魚，形類鱘魚，口似鯝，無鱗，脊上並兩肋有骨，三條連生，肉味同於鯝魚，大者不過三尺，俄羅斯名之曰四帖里烈貼，蒙古人名之曰舒里，於未凍河之前，自北海由鄂布河溯流而來甚多。人皆漁捕，曝乾爲食，亦貨賣。

由揭的河順流，無晝夜行十一日，河面遂寬，林木漸稀，河水漸白，蚊虻亦多。經羅新訥雅爾及茄斯科村落，凡水程二千五百里，至那里穆柏興。鄂布河自南流來，經柏興向西北而流。揭的河來自東南，至柏興附近，歸入鄂布河。由鄂布河順流而下，水面多白蛾，或飛樹上，或浮水面，似柳絮乘風，楊花鋪地。水程西北一千四百餘里，經蘇爾呼忒柏興，河濁溜緩，水漲四溢，洲渚甚多。沿河兩岸，地勢平坦，皆林木，有杉松、楊、樺、櫻薁，河邊多叢柳，鄂斯提牙斯科人在林内散處。河之北岸，向有柏興、廬舍，居人二百餘戶，天主堂三座，因失火燒毁。少半新結廬舍，餘皆穴處，俱俄羅斯人。設管轄柏興頭目一員，駐兵百名。又順流乘風，揚帆而行，西南六百餘里，至薩馬爾斯科河，東岸有土山，不甚大，有杉松、楊樹，河邊有叢柳，山麓一帶有廬舍百餘間，居人五十餘户，皆俄羅斯人。有天主堂一座，設管理驛站船隻頭目一員，無兵。額爾齊斯河自南流來，逕薩馬爾斯科柏興，向西北流二十餘里，會鄂布河。”

又東北流，注北海。

額爾齊斯河既會鄂布河，復東北流，逕郭特斯科東。又東北，逕巴拉索瓦城東。又東北，逕惹薩克古城西，凡千餘里。又東北百餘里，至阿布定噶珊之東，入北海。《漢書·西域傳》云：“北道西踰葱嶺，出大宛、康居、奄蔡。奄蔡國控弦者十餘萬人，臨大澤，無崖。”蓋北海云。《唐書》有流鬼國，去京師萬五千里，濱北海。《元史·天文志》載“四海測驗”：“北海，北極出地六十五度，夏至晷景長六尺七寸八分，晝八十二刻，夜一十八刻。”故《異域錄》云：“伊聶謝去北海大洋一月程。時夏至前後，夜不甚暗，日落夜深，猶可博奕。不數刻，東方日出也。”《水道提綱》云：“色楞格河北瀦爲巨澤，曰白哈爾湖，亦曰小海。水自湖西北角流出，曰昂噶喇河。西北流百五十餘里，受西南來之厄爾庫河。又西北流二千九百餘里，受東北來之伊里穆河。又北數百里，會西來之伊聶謝河，轉東北流，入北海。”考之《元史·地理志》：“乞里吉思之境長一千四百里，廣半之。謙河經其中，西北流。又西南有水曰阿浦，東北有水曰玉須，皆會於謙，而注於昂可剌河，北入於海。”證以今名，謙即昂噶喇河，阿浦爲厄爾庫，玉須爲伊里穆，昂可剌爲伊聶謝[①]。蓋羅刹之有色楞格與額爾齊斯，譬中國之有江、河矣。

【校記】

① 剌，《方壺》本作“喇”。

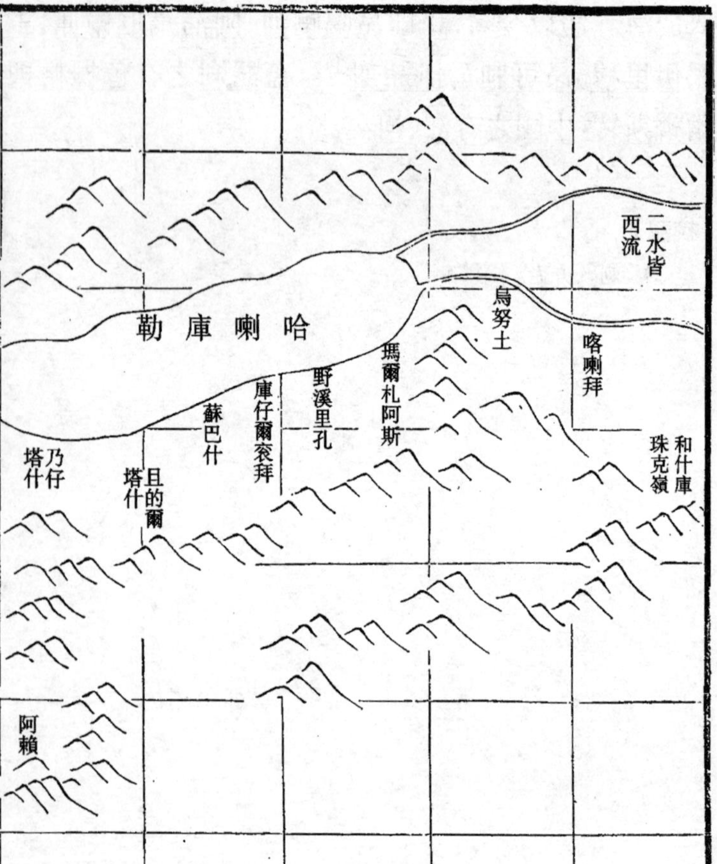
二水皆西流
哈喇庫勒
烏努土
喀喇拜
瑪爾札阿斯
野溪里孔
庫仔爾袞拜
蘇巴什
且的爾塔什
乃仔塔什
和什庫珠克嶺
阿賴

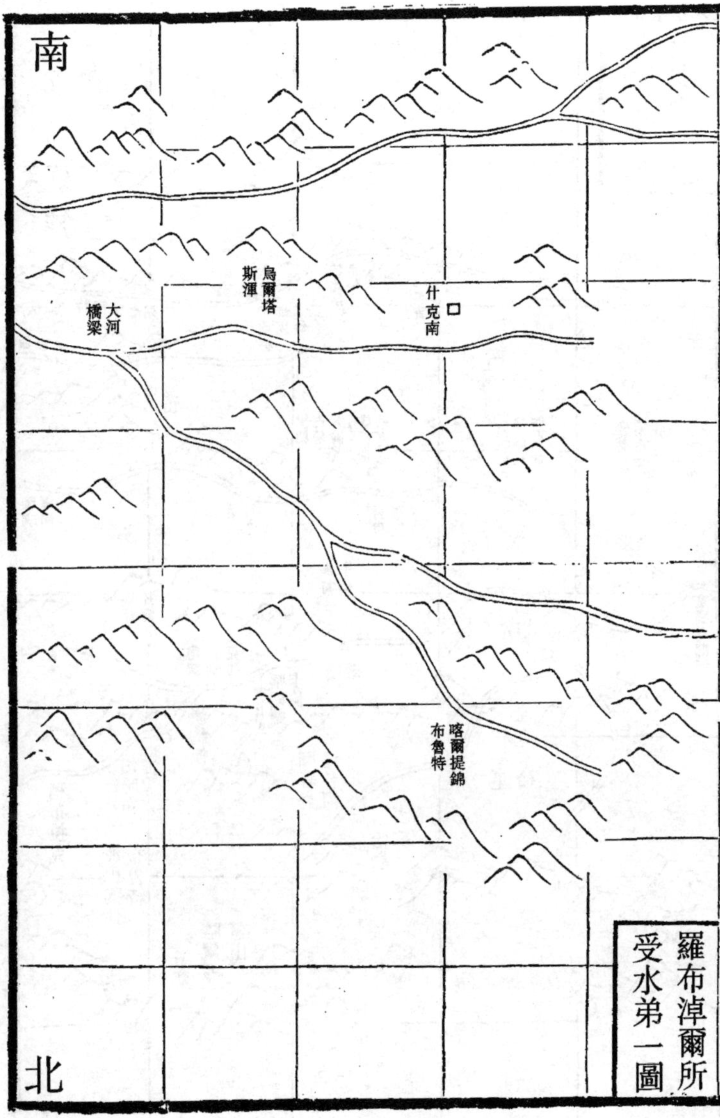
南
烏爾塔斯渾
大河橋梁
什克南
口
喀爾提錦布魯特
北

羅布淖爾所受水弟一圖

羅布淖爾所受水弟二圖

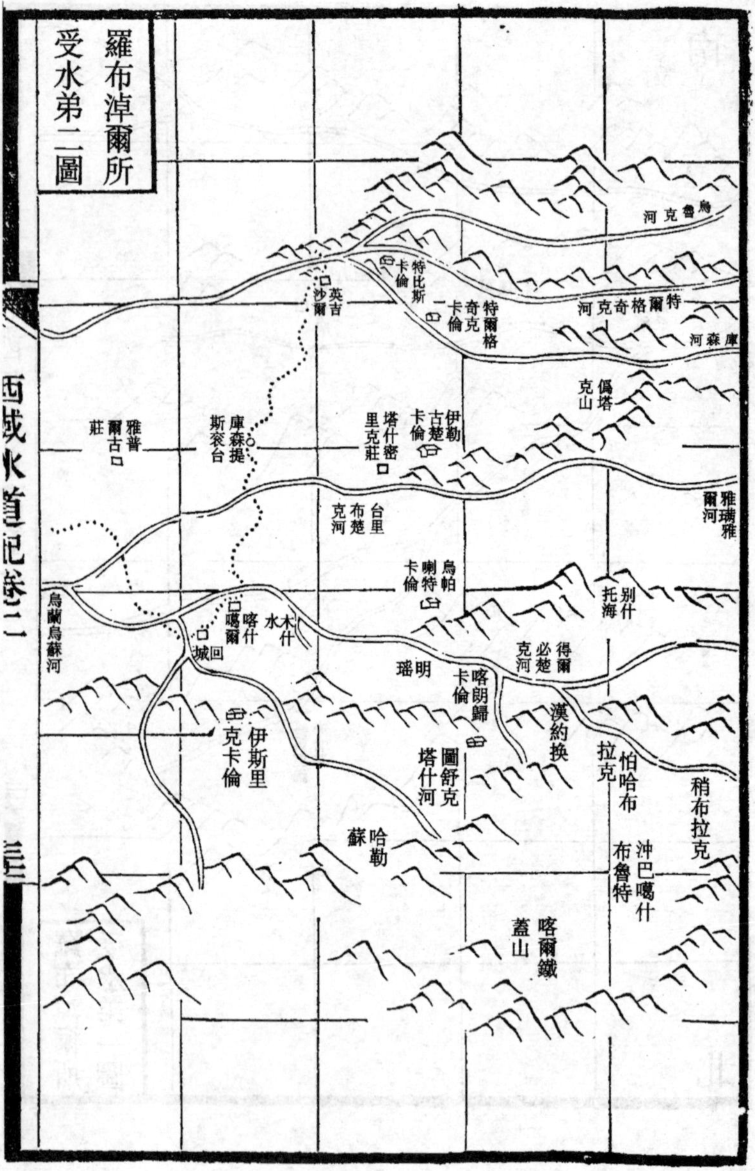
烏魯克河
特爾格奇克河
庫森河
特比斯卡倫
英吉沙爾
特爾格奇克卡倫
偏塔克山
伊勒古楚卡倫
塔什密里克莊
雅普爾古莊
庫森提斯衮台
雅瑪雅爾河
台里布楚克河
烏帕喇特卡倫
別什托海
烏蘭烏蘇河
喀什噶爾
木什水
回城
明瑶
喀朗歸卡倫
得爾必楚克河
漢約換
伊斯里克卡倫
圖舒克塔什河
帕哈布拉克
稍布拉克
哈勒蘇
沖巴噶什布魯特
喀爾鐵蓋山

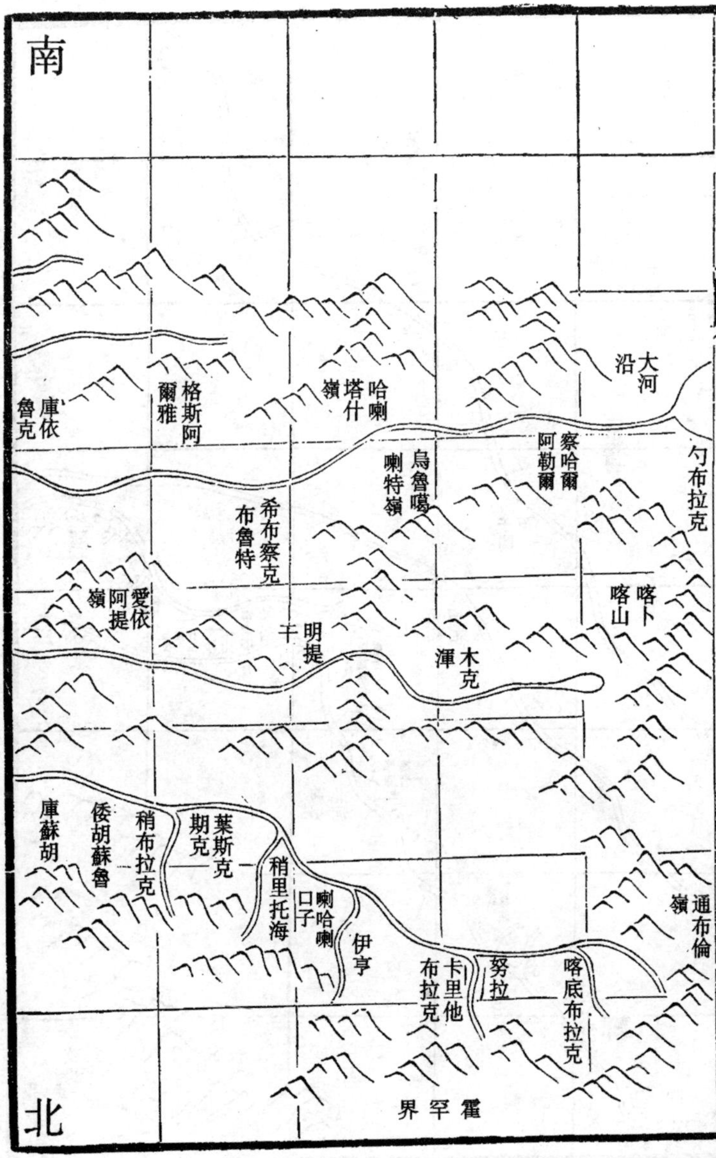
南
大河沿
哈喇塔什嶺
格斯阿爾雅
庫依魯克
察哈爾阿勒爾
勺布拉克
烏魯噶喇特嶺
希布察克布魯特
愛依阿提嶺
喀卜喀山
明提干
木克渾
庫蘇胡
倭胡蘇魯
稍布拉克
葉斯克期克
稍里托海
喇哈喇口子
伊亨
卡里他布拉克
努拉
喀底布拉克
通布倫嶺
霍罕界
北

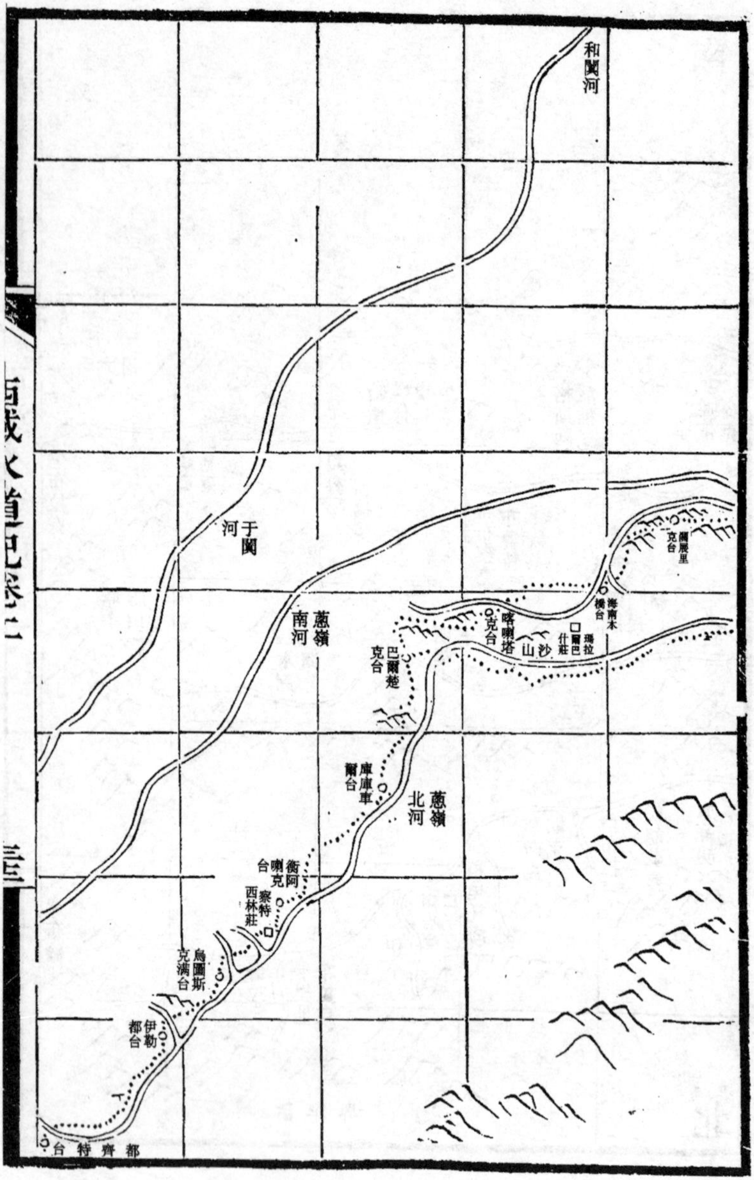
和闐河
于闐河
葱嶺南河
葱嶺北河
闊展里克台
海南木樓台
喀喇塔克台
瑪拉爾巴什莊
沙山
巴爾楚克台
庫庫車爾台
衝阿喇克台
察特西林莊
烏圖斯克滿台
伊勒都台
都齊特台

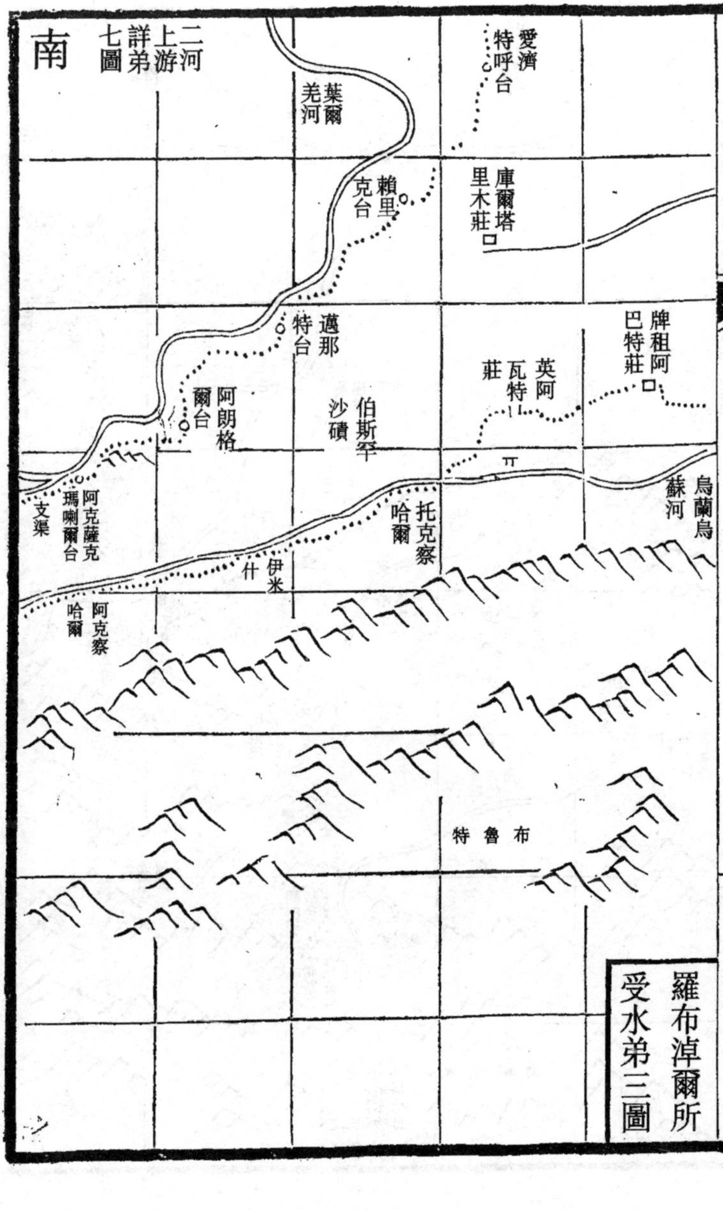
南
二河上游詳弟七圖
葉爾羌河
愛濟特呼台
賴里克台
庫爾塔里木莊
邁那特台
阿朗格爾台
伯斯罕沙磧
英阿瓦特莊
牌租阿巴特莊
烏蘭烏蘇河
托克察哈爾
阿克薩克瑪喇爾台
支渠
伊米什
阿克察哈爾
布魯特

羅布淖爾所受水弟三圖

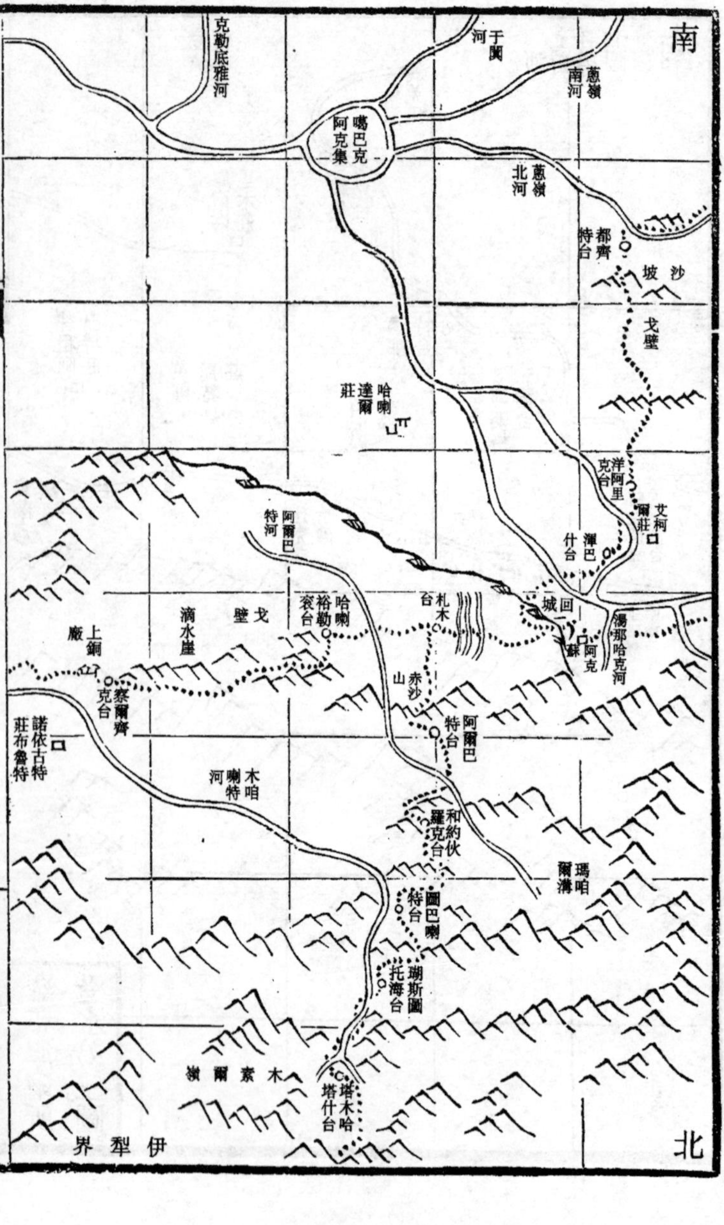
南
于闐河
克勒底雅河
葱嶺南河
噶巴克阿克集
葱嶺北河
都齊特台
沙坡
戈壁
哈喇達爾莊
洋阿里克台
艾柯爾莊
渾巴什台
阿爾巴特河
札木台
回城
阿克蘇
湯那哈克河
哈喇裕勒袞台
戈壁
滴水崖
上銅廠
察爾齊克台
赤沙山
阿爾巴特台
諾依古特布魯特莊
木咱喇特河
和約伙羅克台
瑪咱爾溝
圖巴喇特台
瑚斯圖托海台
木素爾嶺
塔木哈塔什台
伊犁界
北

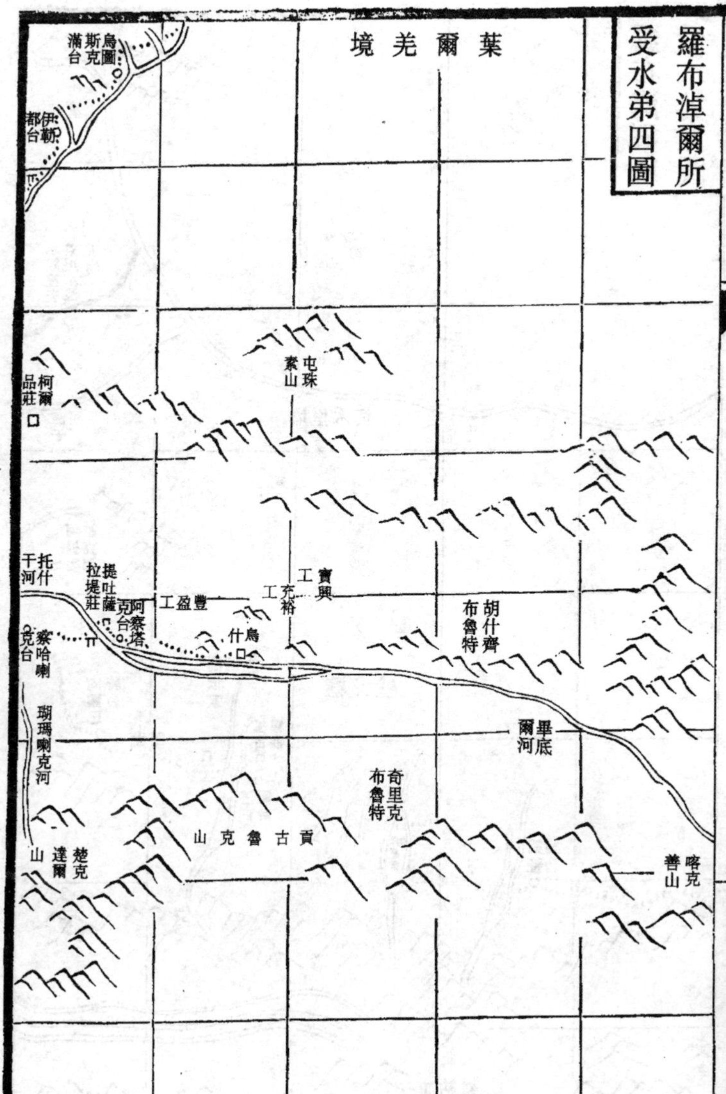
羅布淖爾所受水弟四圖
葉爾羌境
烏圖斯克滿台
伊勒都台
屯珠素山
柯爾品莊
托什干河
提吐薩拉堤莊
阿察塔克台
豐盈工
充裕工
實興工
烏什
察哈喇克台
瑚瑪喇克河
胡什齊布魯特
畢底爾河
奇里克布魯特
貢古魯克山
楚克達爾山
喀克善山

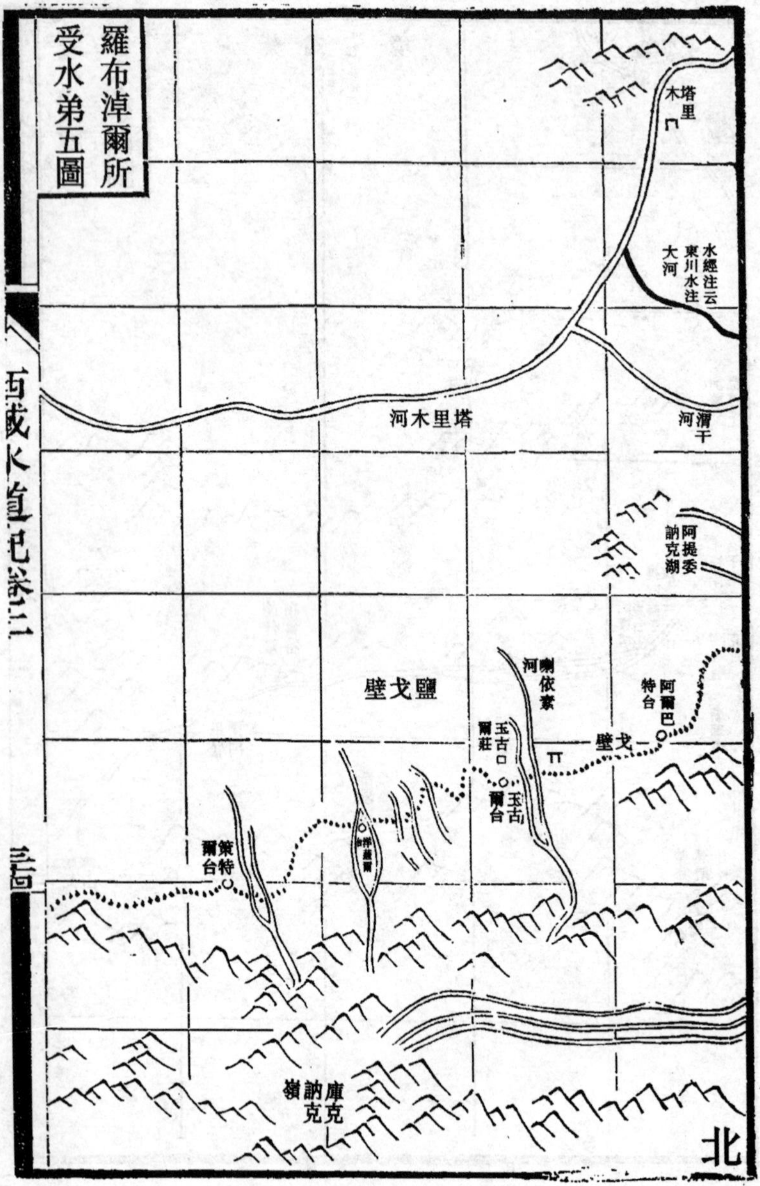
羅布淖爾所受水弟五圖
塔里木
水經注云東川水注大河
塔里木河
渭干河
阿提委訥克湖
鹽戈壁
喇依家河
阿爾巴特台
戈壁
玉古爾莊
玉古爾台
策特爾台
庫克訥克嶺
北

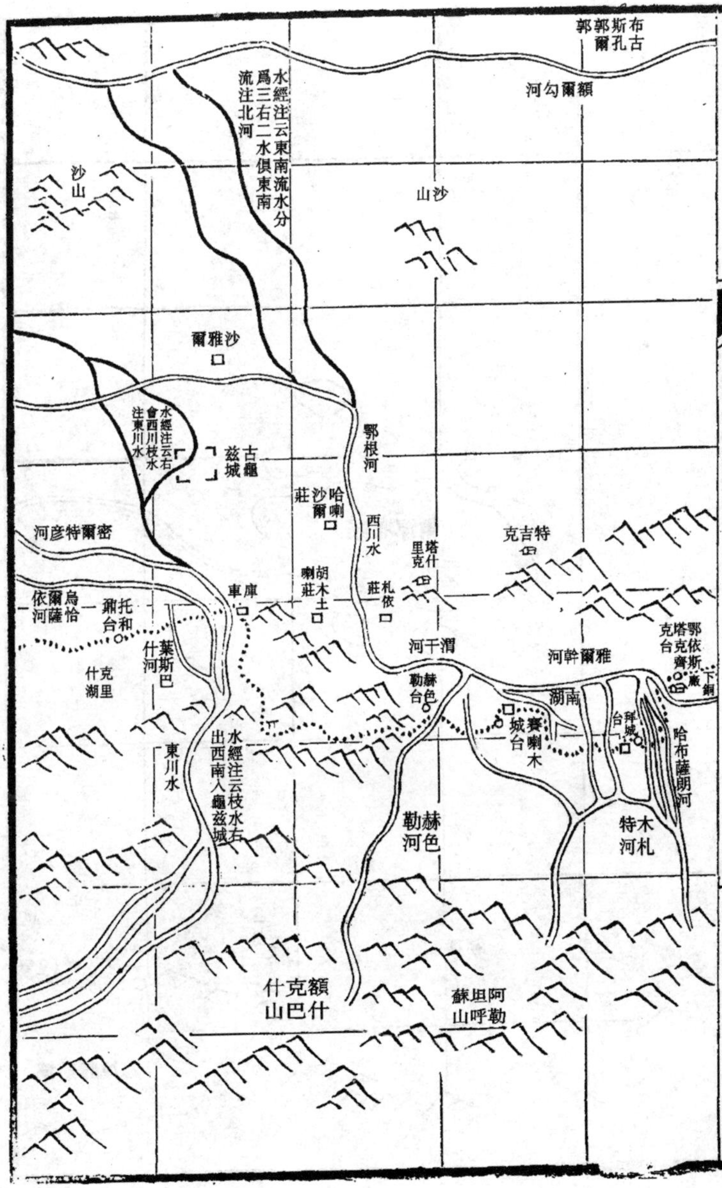

布古斯孔郭爾郭
額爾勾河
水經注云東南流水分爲三右二水俱東南流注北河
沙山
沙山
沙雅爾
水經注云右會西川枝水注東川水
古龜茲城
哈喇沙爾莊
鄂根河
西川水
密爾特彥河
特吉克
塔什里克
烏恰爾薩依河
托和鼐台
庫車
胡木土喇莊
札依莊
渭干河
雅爾幹河
鄂依斯塔克齊克台
下銅廠
葉斯巴什河
克里什湖
赫色勒台
南湖
賽喇木城台
拜城台
哈布薩朗河
東川水
水經注云枝水右出西南入龜茲城
赫色勒河
木札特河
額什克巴什山
阿勒坦呼蘇山

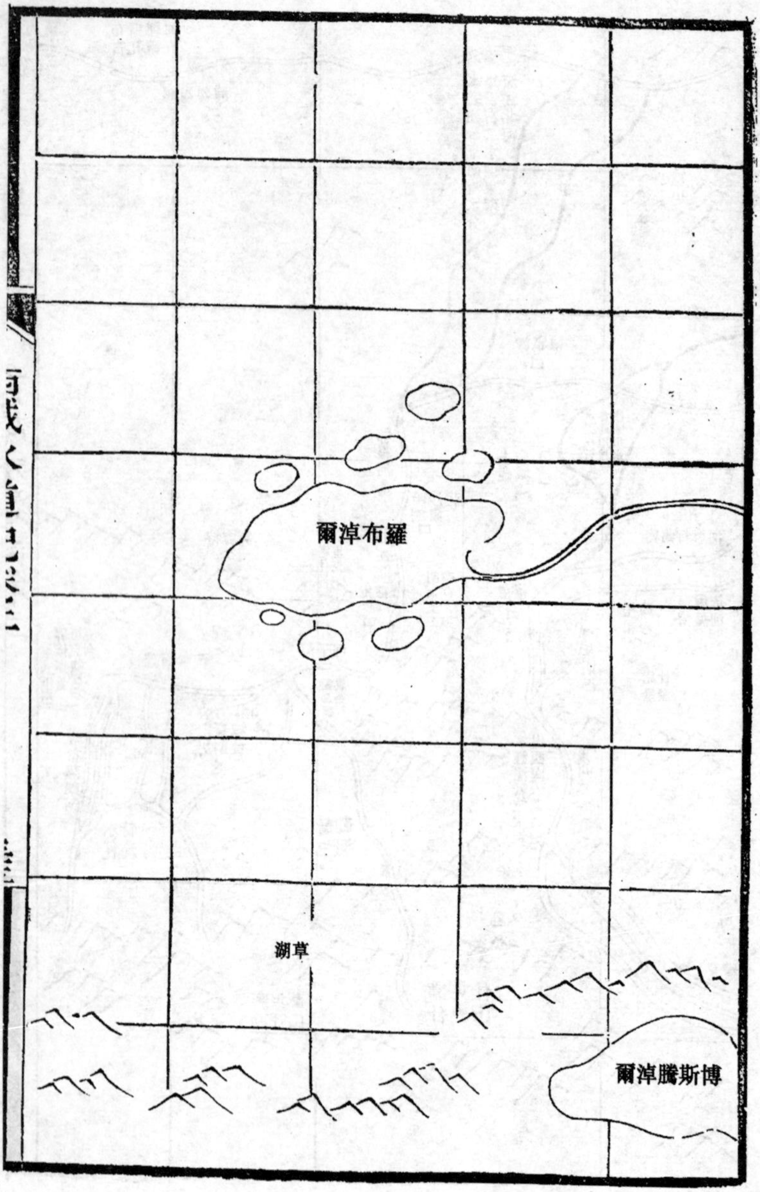
羅布淖爾
草湖
博斯騰淖爾

羅布淖爾所受水弟六圖

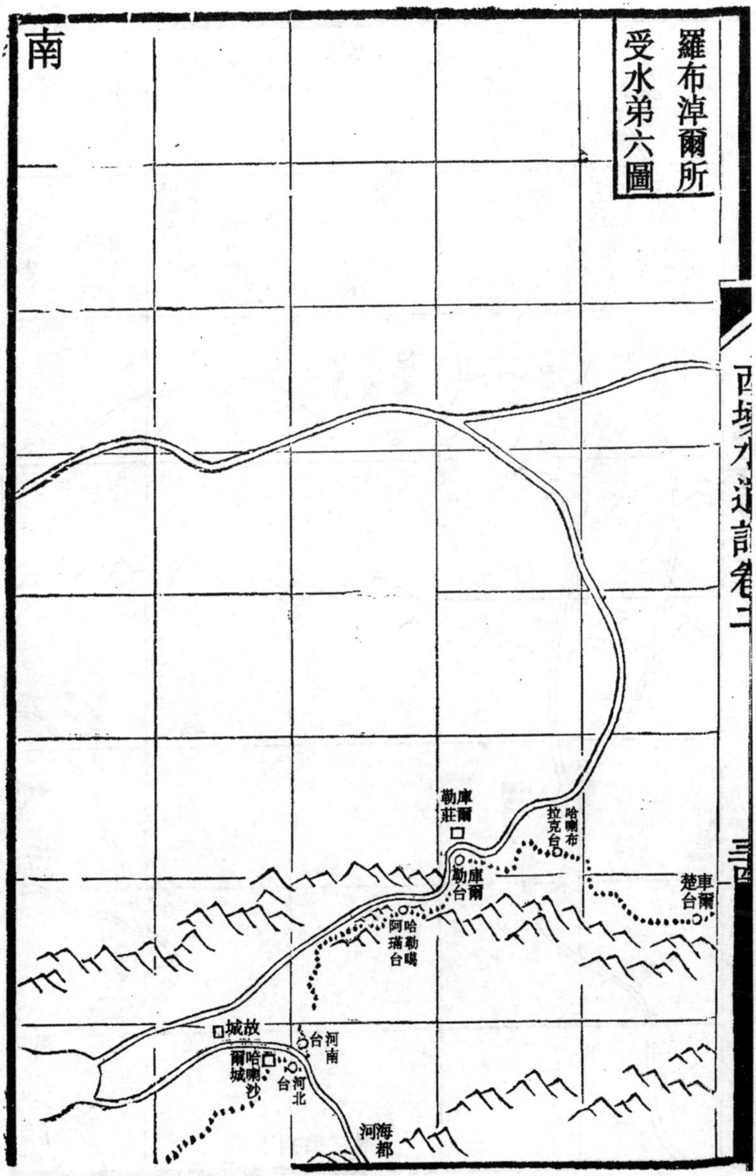

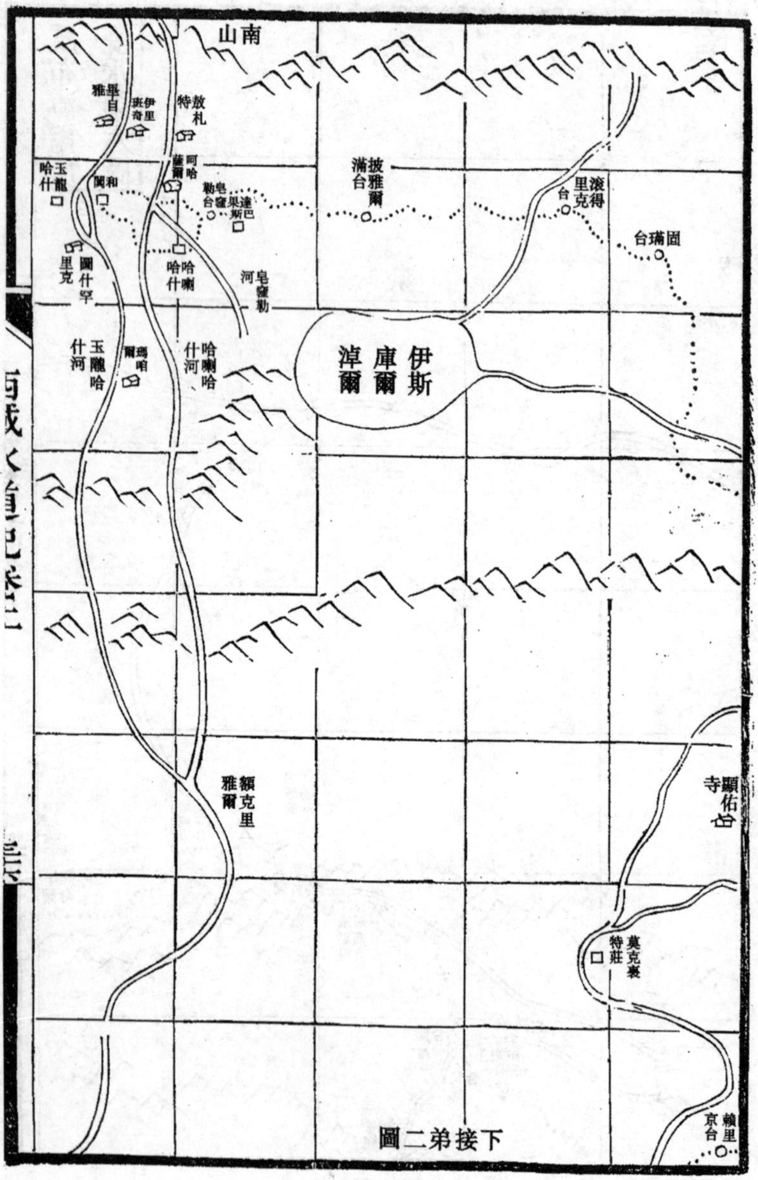
南山
畢自雅
伊里班奇
敖札特
呵哈薩爾
玉龍哈什
和闐
皂窪勒台
達巴果斯
哈喇哈什
皂窪勒河
圖什罕里克
玉隴哈什河
瑪咱爾
哈喇哈什河
披雅爾滿台
滾得里克台
固璊台
伊斯庫爾淖爾
額克里雅爾
顯佑寺
莫克裏特莊
賴里京台
下接弟二圖

羅布淖爾所受水第七圖　葉爾羌河　和闐河

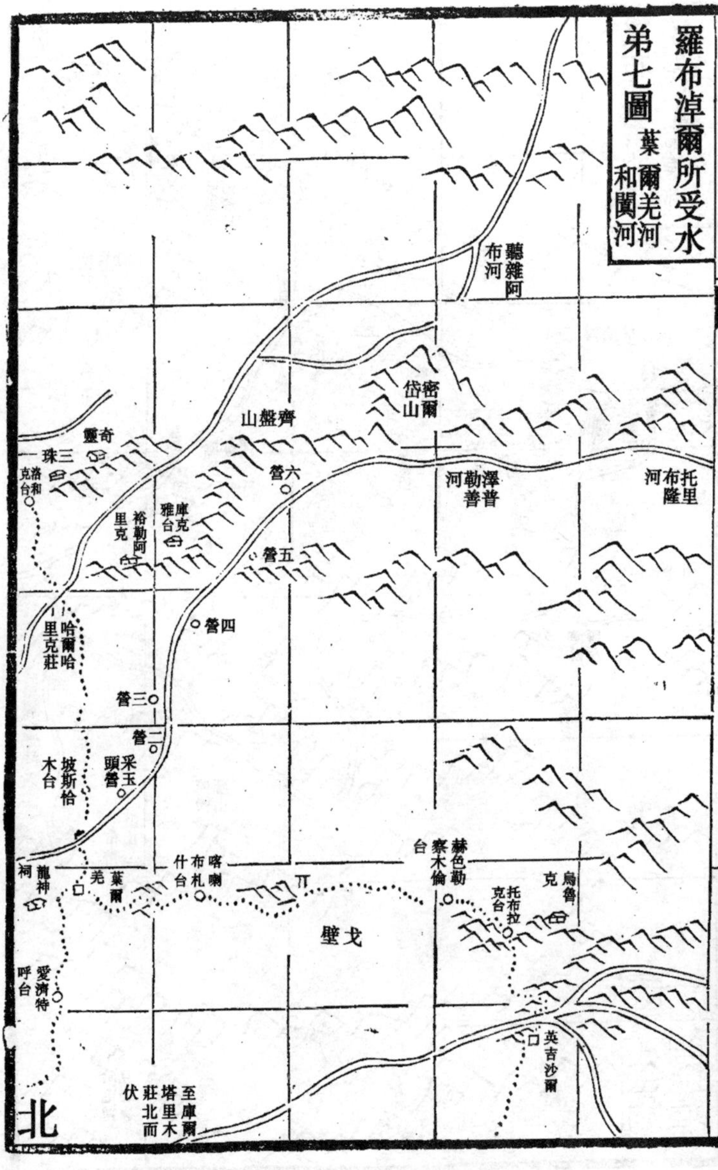

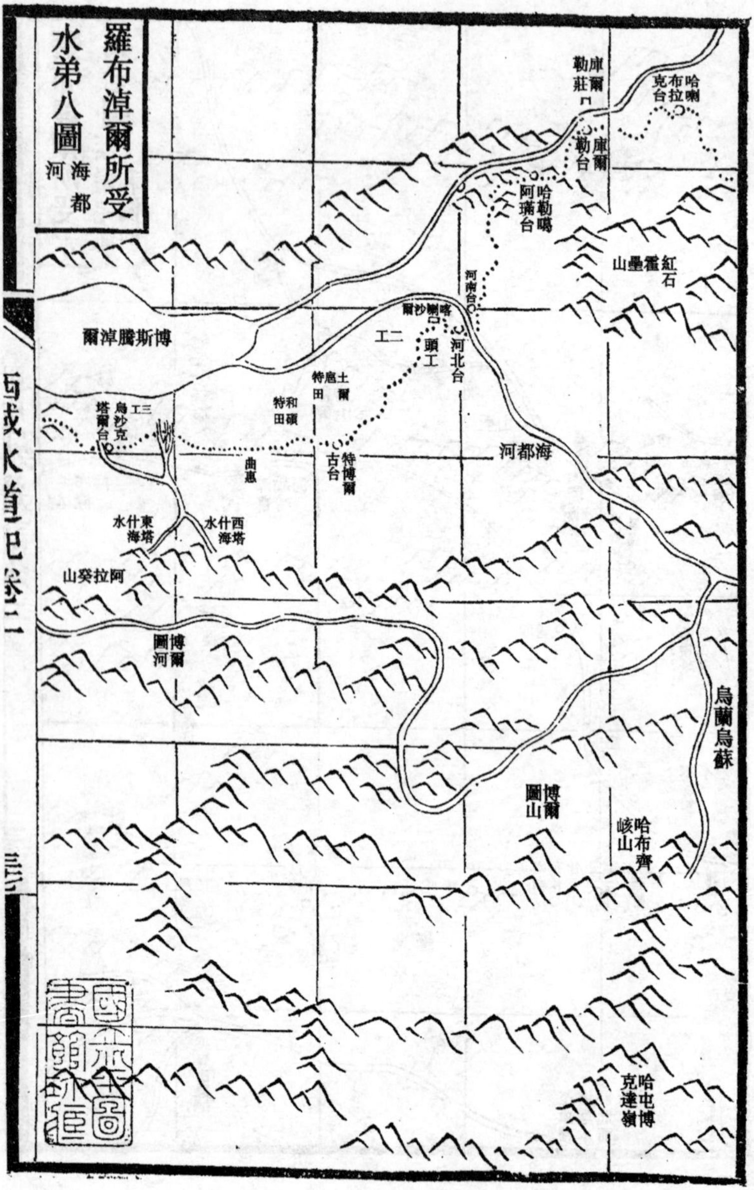

羅布淖爾所受水弟八圖
海都河
哈喇布拉克台
庫爾勒莊
庫爾勒台
哈勒噶阿璊台
紅石霍壘山
河南台
喀喇沙爾
河北台
頭工
二工
博斯騰淖爾
土爾扈特田
和碩特田
三工
烏沙克塔爾台
曲惠
特博爾古台
海都河
東塔什海水
西塔什海水
阿拉癸山
博爾圖河
烏蘭烏蘇
博爾圖山
哈布齊垓山
哈屯博克達嶺

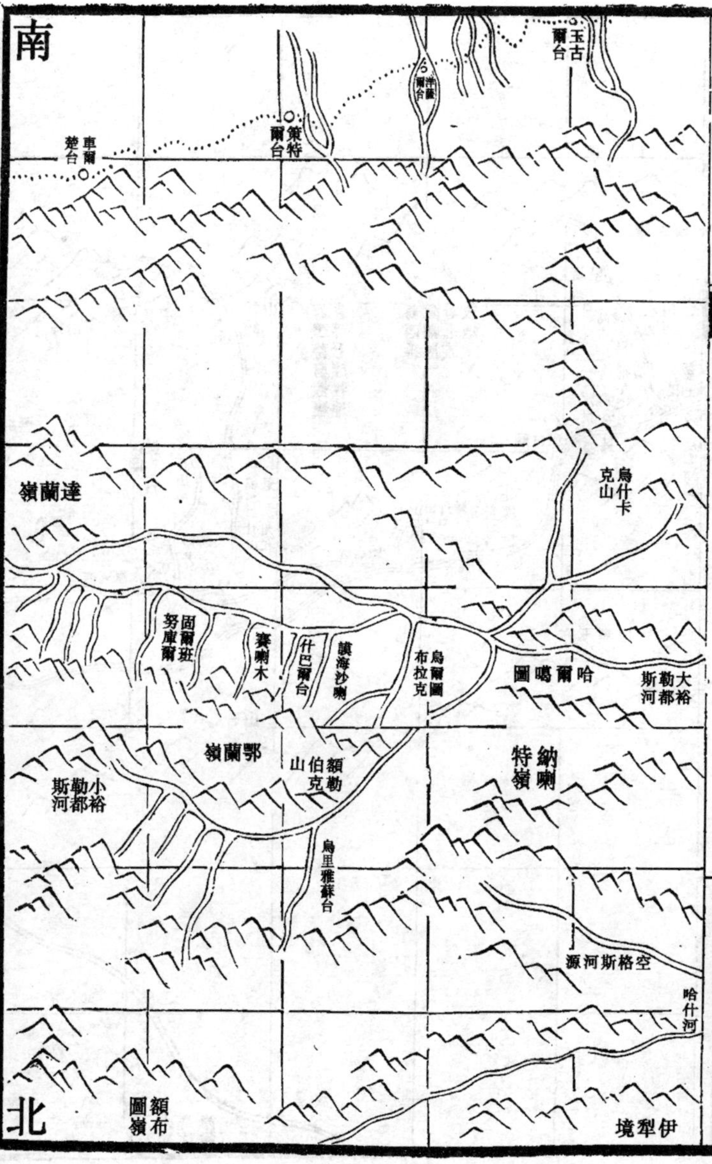

南
玉古爾台
洋薩爾台
策特爾台
車爾楚台
烏什卡克山
達蘭嶺
讀海沙喇
什巴爾台
賽喇木
固爾班努庫爾
烏爾圖布拉克
哈爾噶圖
大裕勒都斯河
鄂蘭嶺
額勒伯克山
納喇特嶺
小裕勒都斯河
烏里雅蘇台
空格斯河源
哈什河
額布圖嶺
伊犁境
北

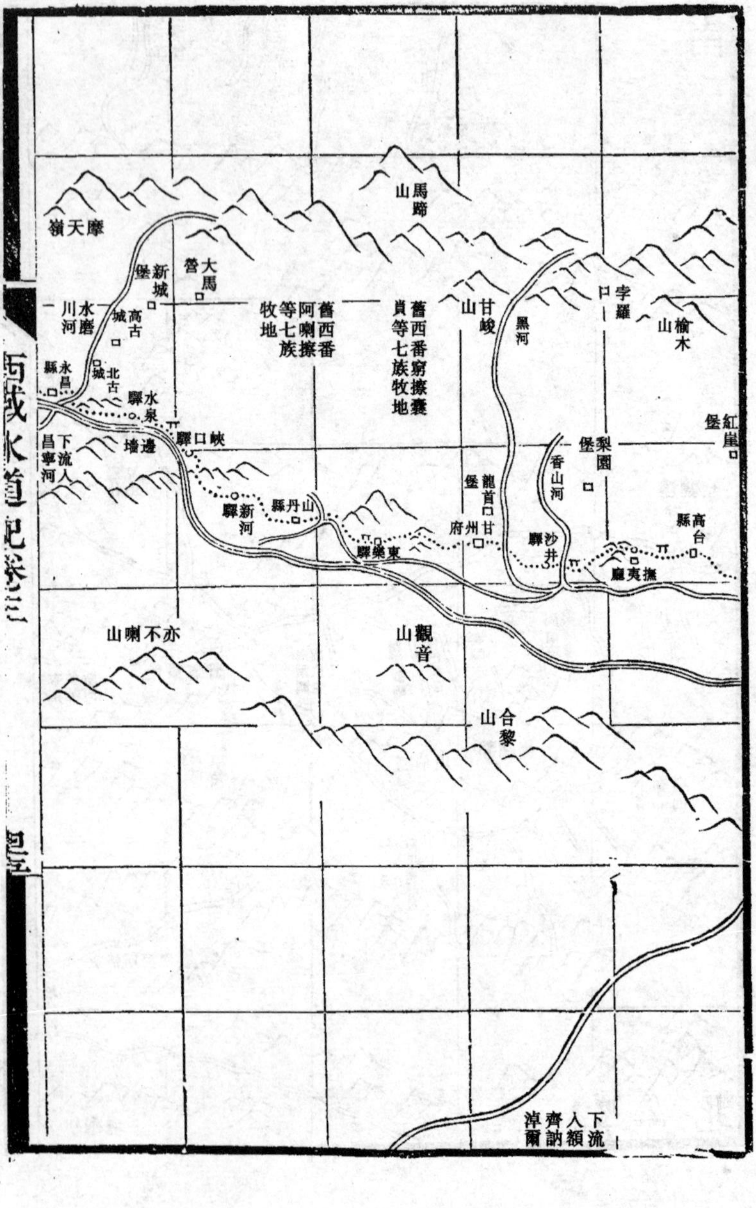
馬蹄山
摩天嶺
大馬營
新城堡
水磨川河
高古城
北古城
永昌縣
水泉驛
峽口驛
邊墻
下流入昌寧河
舊西番阿喇擦等七族牧地
舊西番窮擦囊貝等七族牧地
甘峻山
黑河
孛羅口
榆木山
紅崖堡
梨園堡
香山河
龍首堡
山丹縣
新河驛
東樂驛
甘州府
沙井驛
高台縣
撫夷廳
亦不喇山
觀音山
合黎山
下流入額齊訥淖爾

額濟納淖爾所受水圖附 每方百里

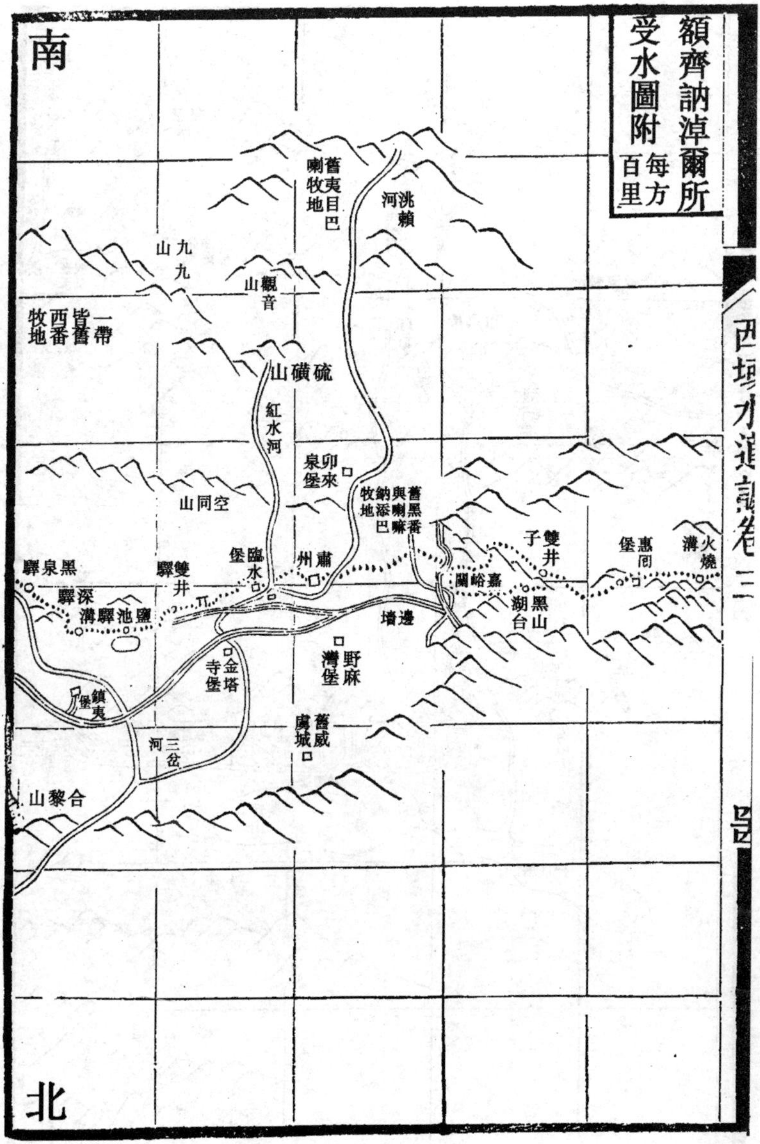

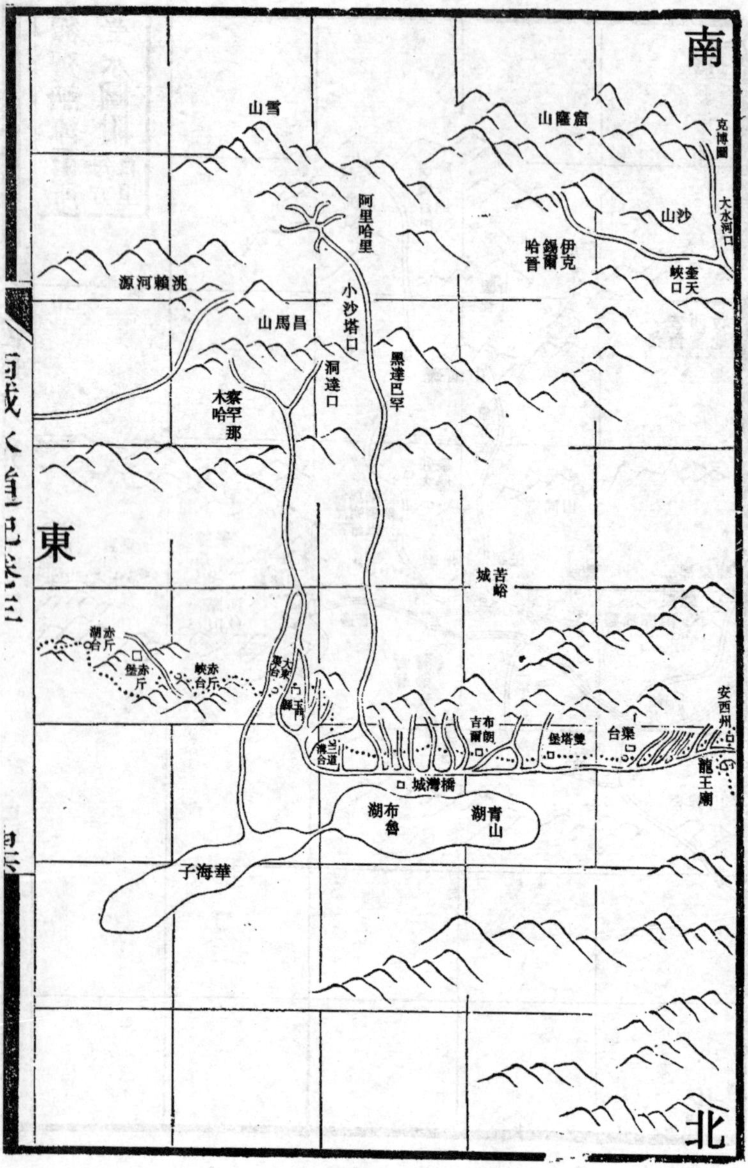

南
雪山
窟隴山
克博圖
大水河口
沙山
伊克錫爾哈晉
奎天峽口
阿里哈里
洮賴河源
昌馬山
小沙塔口
洞達口
黑達巴罕
察罕那木哈
東
苦峪城
赤斤湖台
赤斤堡
赤斤峽台
玉門縣
三道溝合
布朗吉爾
雙塔堡
渠台
安西州
龍王廟
橋灣城
布魯湖
青山湖
華海子
北

哈喇淖爾所受水圖

每方百里

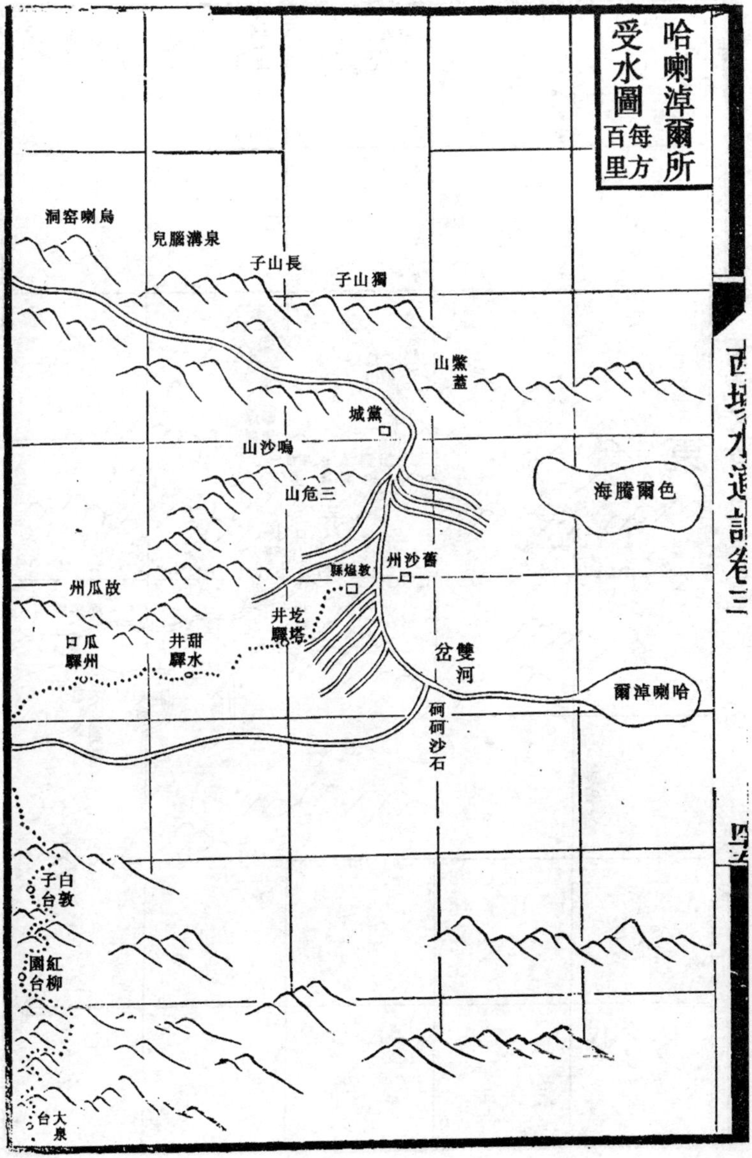

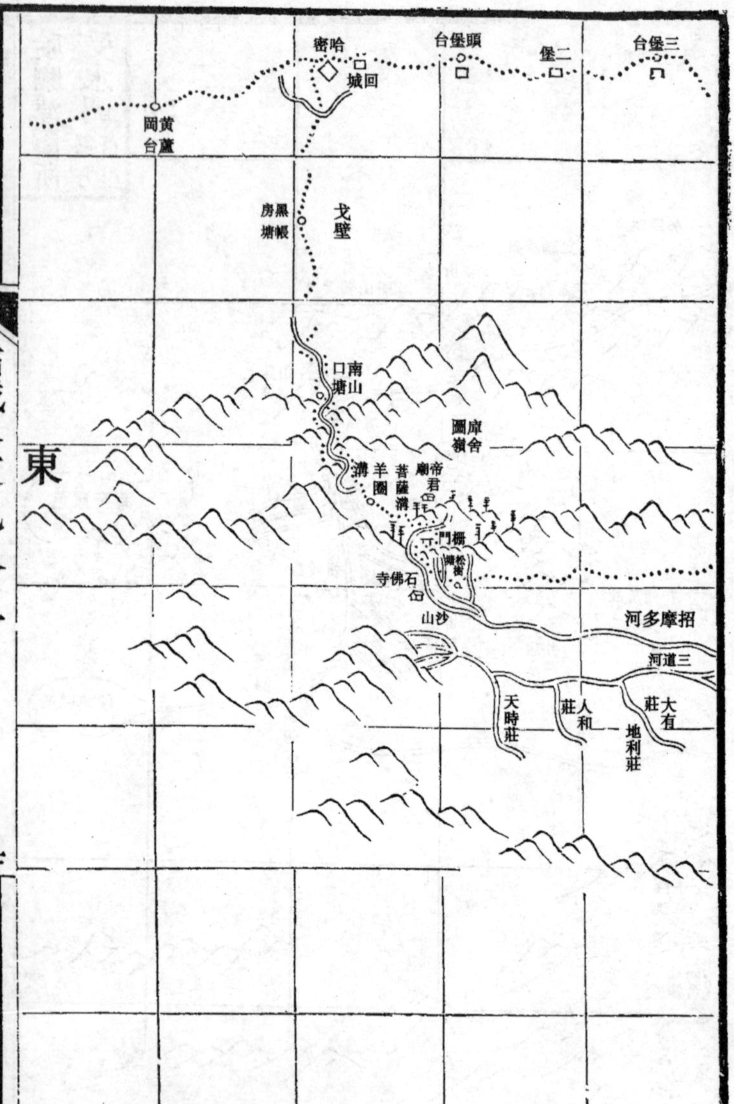
哈密
回城
頭堡台
二堡
三堡台
黃蘆岡台
黑帳房塘
戈壁
南山口塘
庫舍圖嶺
帝君廟
菩薩溝
羊圈溝
柵門
松樹塘
石佛寺
沙山
招摩多河
三道河
天時莊
人和莊
大有莊
地利莊
東

巴爾庫勒淖爾所受水圖 每方五十里

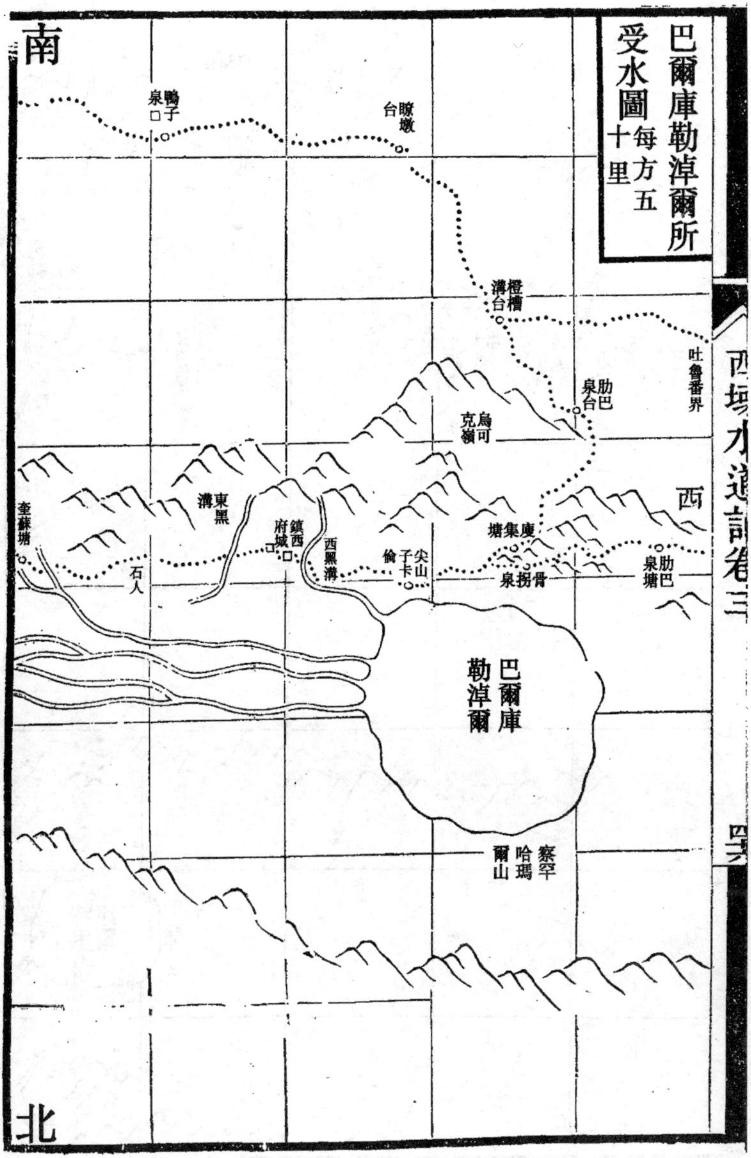

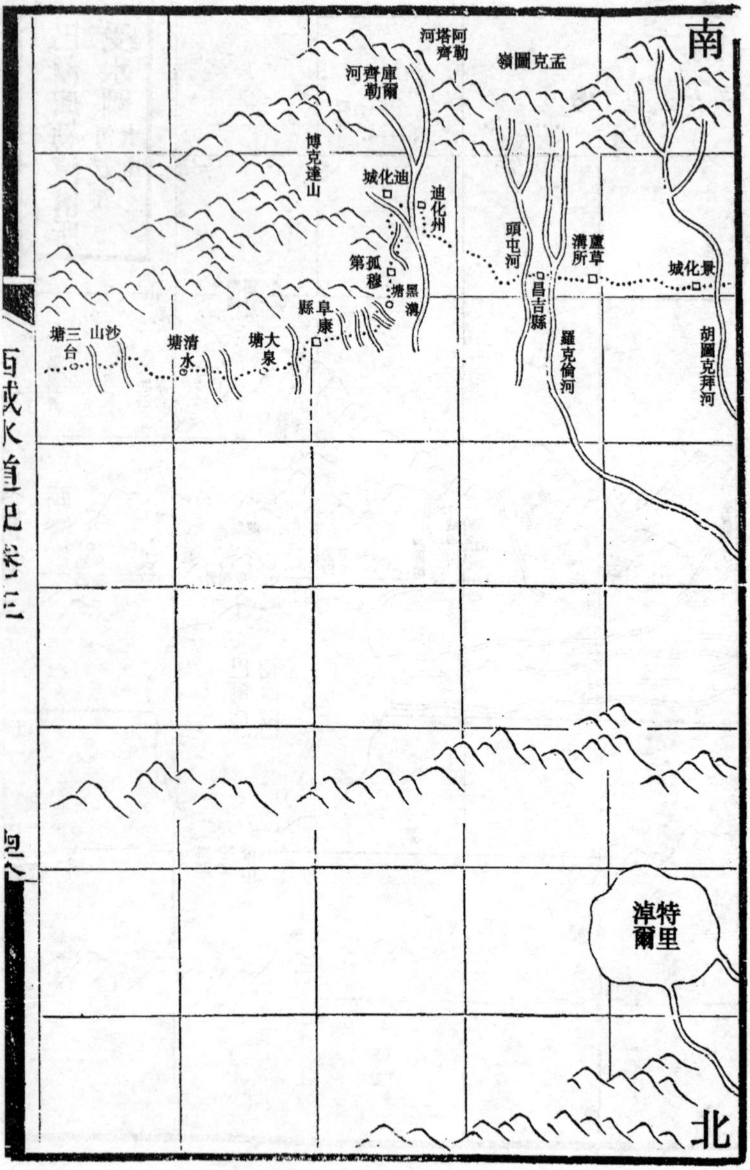

南
阿勒塔齊河
庫爾齊勒河
孟克圖嶺
博克達山
迪化城
迪化州
頭屯河
蘆草溝所
景化城
孤穆第塘
黑溝
昌吉縣
羅克倫河
胡圖克拜河
阜康縣
大泉塘
清水塘
沙山
三台塘
特里淖爾
北

西域水道記卷三

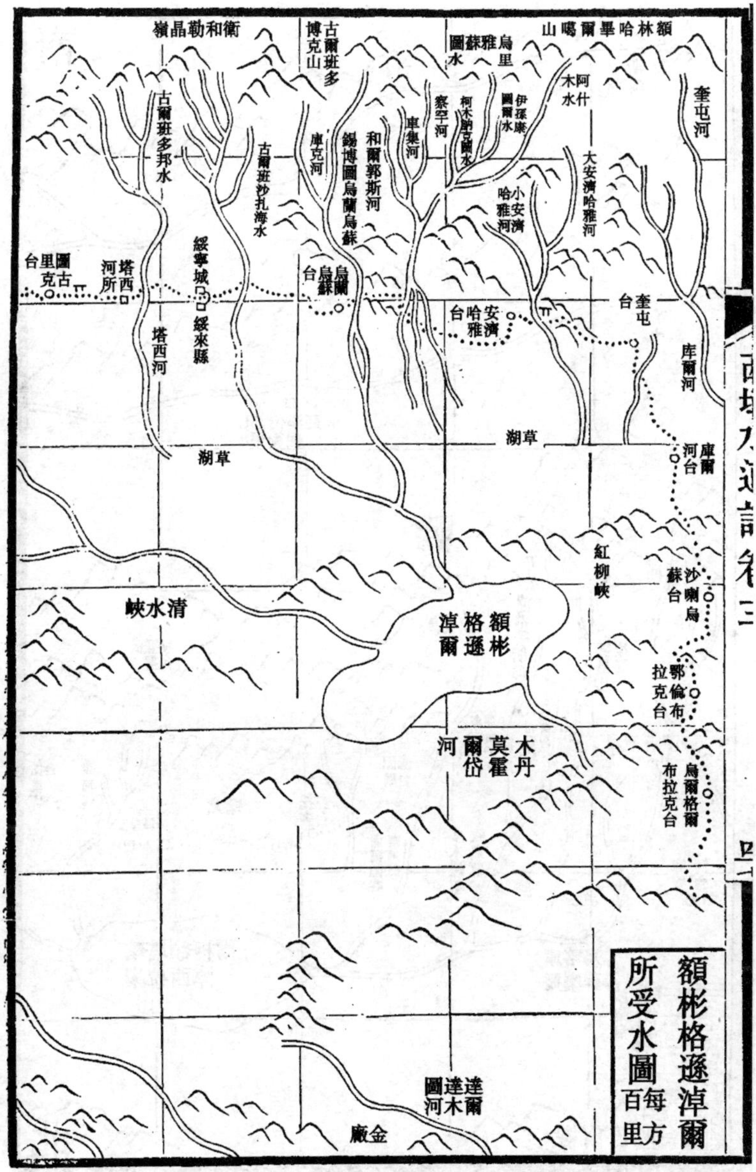

額彬格遜淖爾所受水圖 每方百里

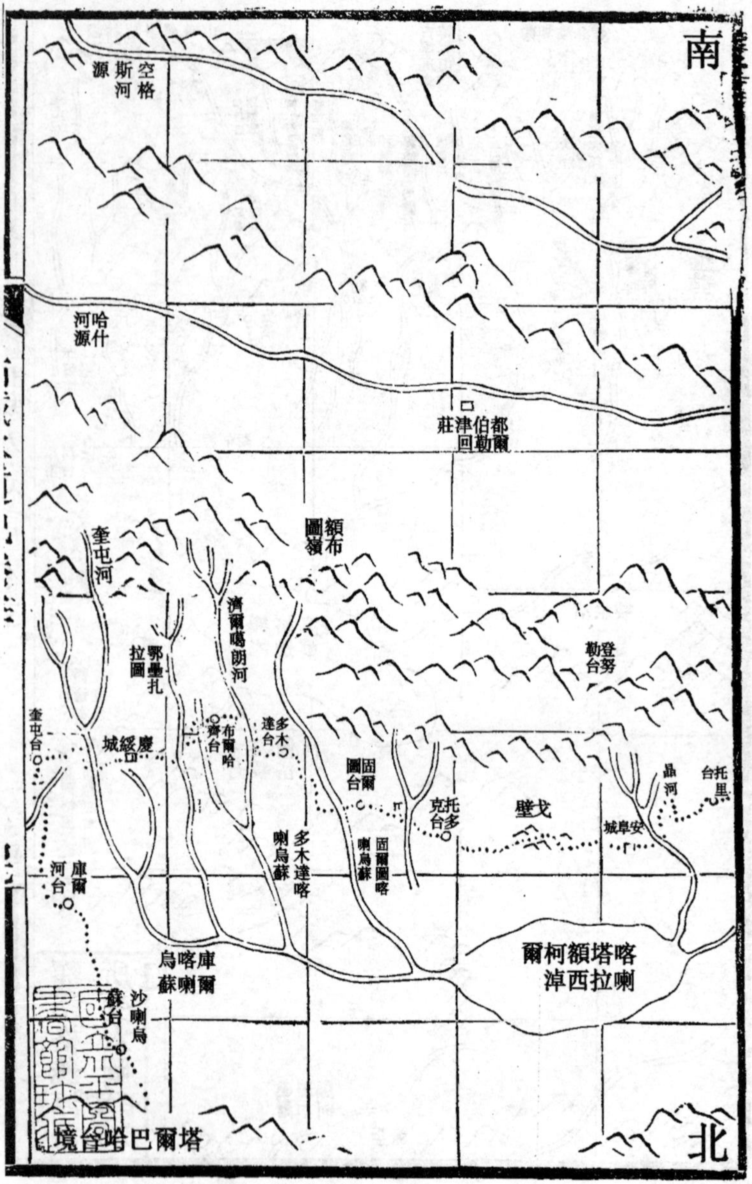

南
空格斯河源
哈什河源
都爾伯勒津回莊
額布圖嶺
奎屯河
濟爾噶朗河
鄂壘扎拉圖
登努勒台
奎屯台
慶綏城
布爾哈齊台
多木達台
固爾圖台
托多克台
戈壁
晶河
托里台
安阜城
庫爾河台
多木達喀喇烏蘇
固爾圖喀喇烏蘇
庫爾喀喇烏蘇
喀喇塔拉額西柯淖爾
沙喇烏蘇台
塔爾巴哈台境
北

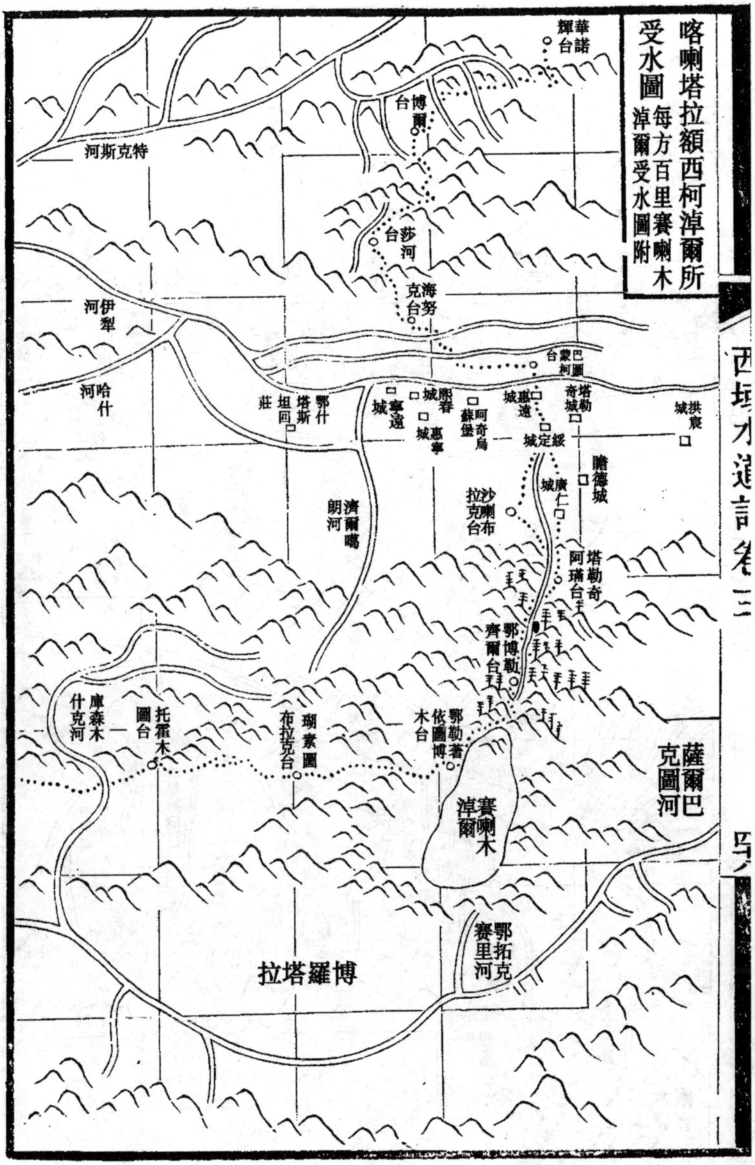
喀喇塔拉額西柯淖爾所受水圖
每方百里賽喇木淖爾受水圖附
華諾輝台
博爾台
特克斯河
莎河台
海努克台
伊犂河
哈什河
巴圖蒙柯台
塔勒奇城
惠遠城
熙春城
寧遠城
鄂什塔斯坦回莊
阿奇烏蘇堡
惠寧城
綏定城
拱宸城
瞻德城
廣仁城
濟爾噶朗河
沙喇布拉克台
塔勒奇阿璊台
鄂博勒齊爾台
鄂勒著依圖博木台
瑚素圖布拉克台
托霍木圖台
庫森木什克河
薩爾巴克圖河
賽喇木淖爾
鄂拓克賽里河
博羅塔拉

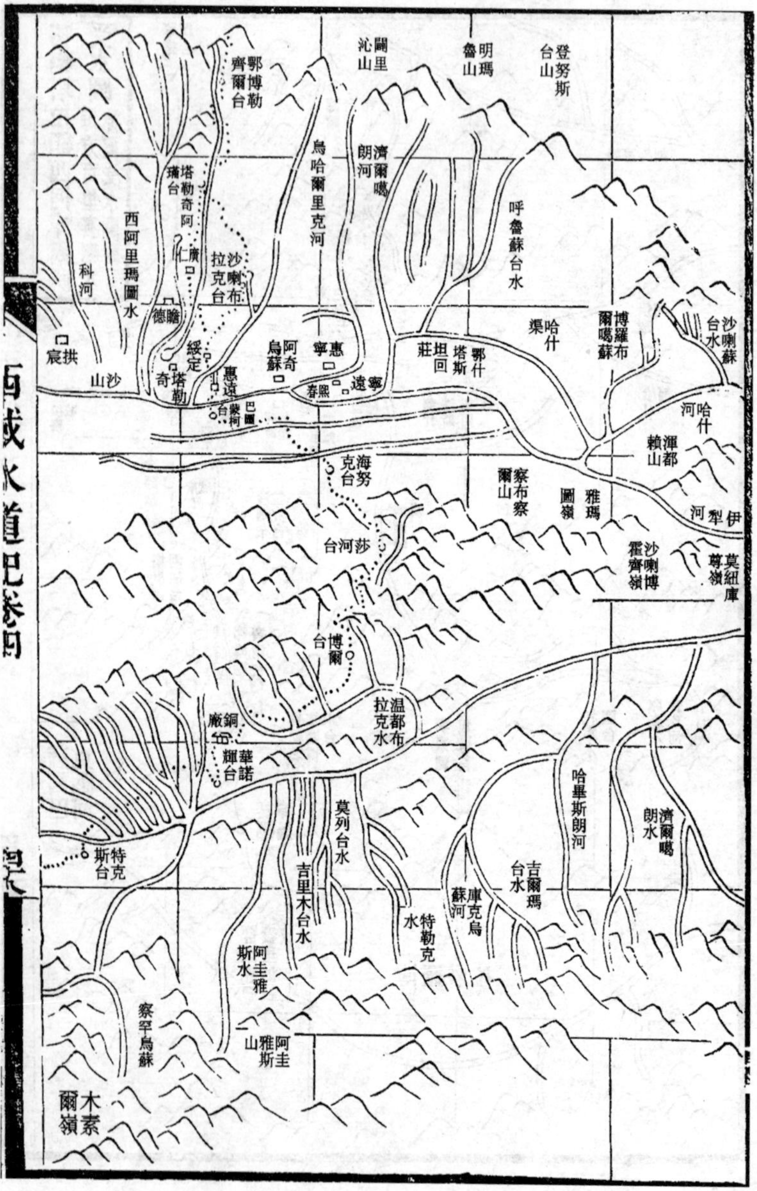
鄂博勒齊爾台
圖里沁山
明瑪魯山
登努斯台山
烏哈爾里克河
濟爾噶朗河
呼魯蘇台水
塔勒奇阿璊台
西阿里瑪圖水
科河
沙喇布拉克台
廣仁
瞻德
綏定
拱宸
沙山
塔勒奇
惠遠
阿奇烏蘇
惠寧
寧遠
熙春
巴圖蒙柯台
鄂什塔斯坦回莊
哈什渠
博羅布爾噶蘇
沙喇蘇台水
哈什河
渾都賴山
海努克台
察布察爾山
雅瑪圖嶺
伊犁河
莎河台
沙喇博霍齊嶺
莫紐庫尊嶺
博爾台
温都布拉克水
銅廠台
華諾輝台
特克斯台
莫列台水
吉里木台水
哈畢斯朗河
濟爾噶朗水
吉爾瑪台水
庫克烏蘇河
特勒克水
阿圭雅斯水
阿圭雅斯山
察罕烏蘇
木素爾嶺

巴勒喀什淖爾所受水第一圖 每方百里

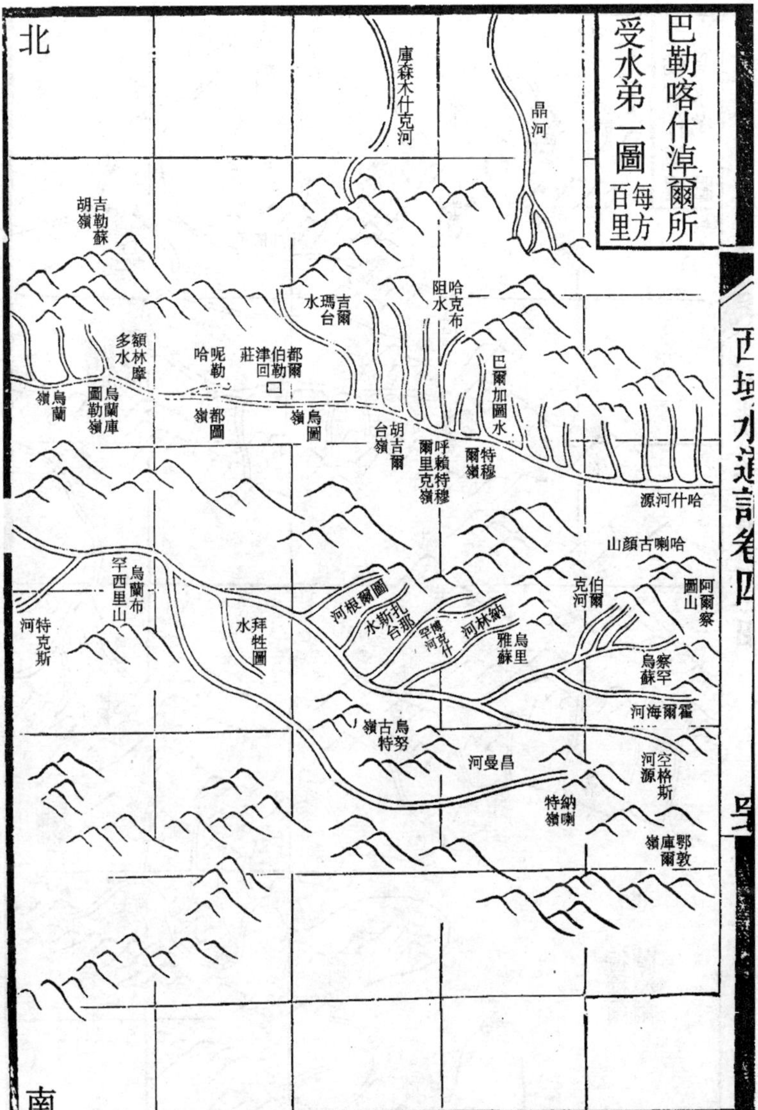

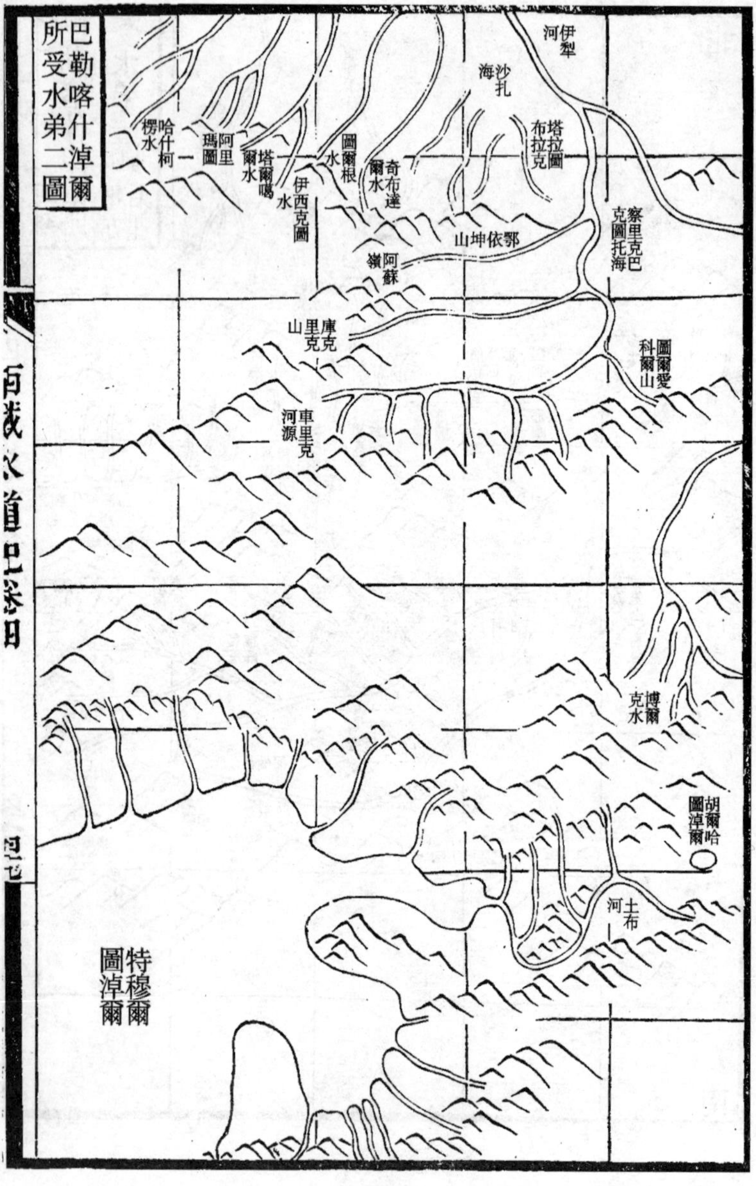

巴勒喀什淖爾所受水弟二圖

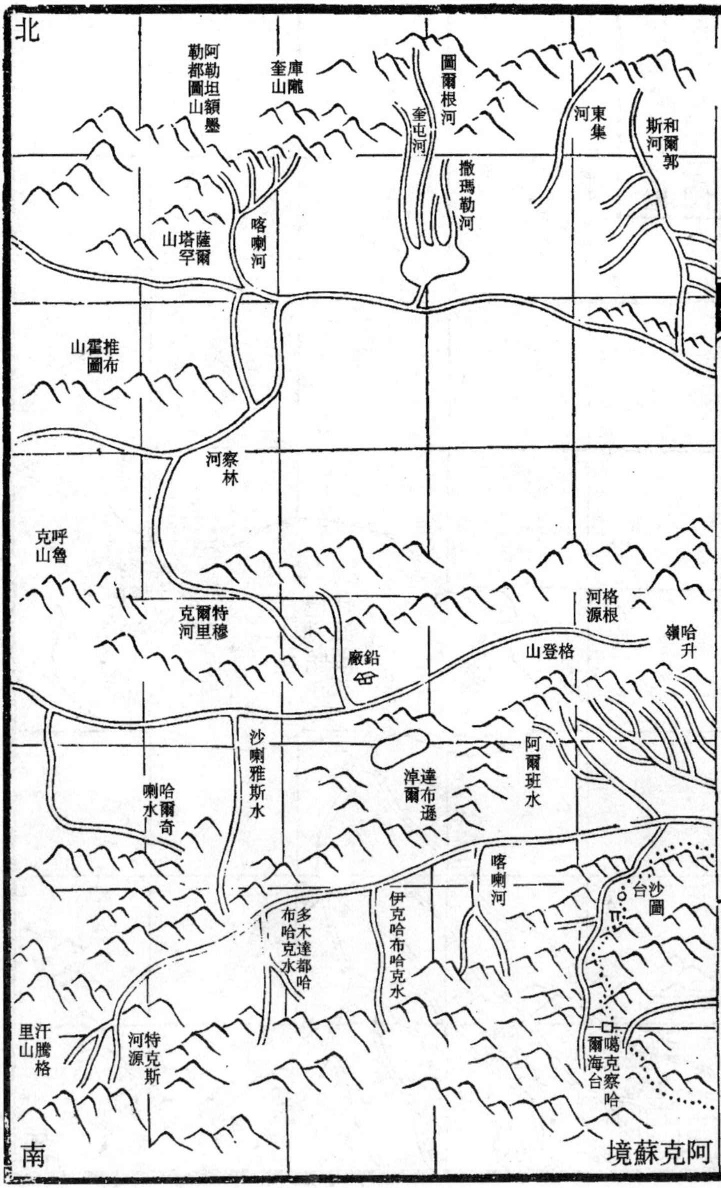
北
阿勒坦額墨勒都圖山
庫隴奎山
圖爾根河
奎屯河
撒瑪勒河
東集河
和爾郭斯河
喀喇河
薩爾塔罕山
推布霍圖山
察林河
呼魯克山
特穆爾里克河
格根河源
哈升嶺
格登山
鉛廠
沙喇雅斯水
哈爾奇喇水
達布遜淖爾
阿爾班水
喀喇河
沙圖台
多木達都哈布哈克水
伊克哈布哈克水
汗騰格里山
特克斯河源
噶克察哈爾海台
阿克蘇境
南

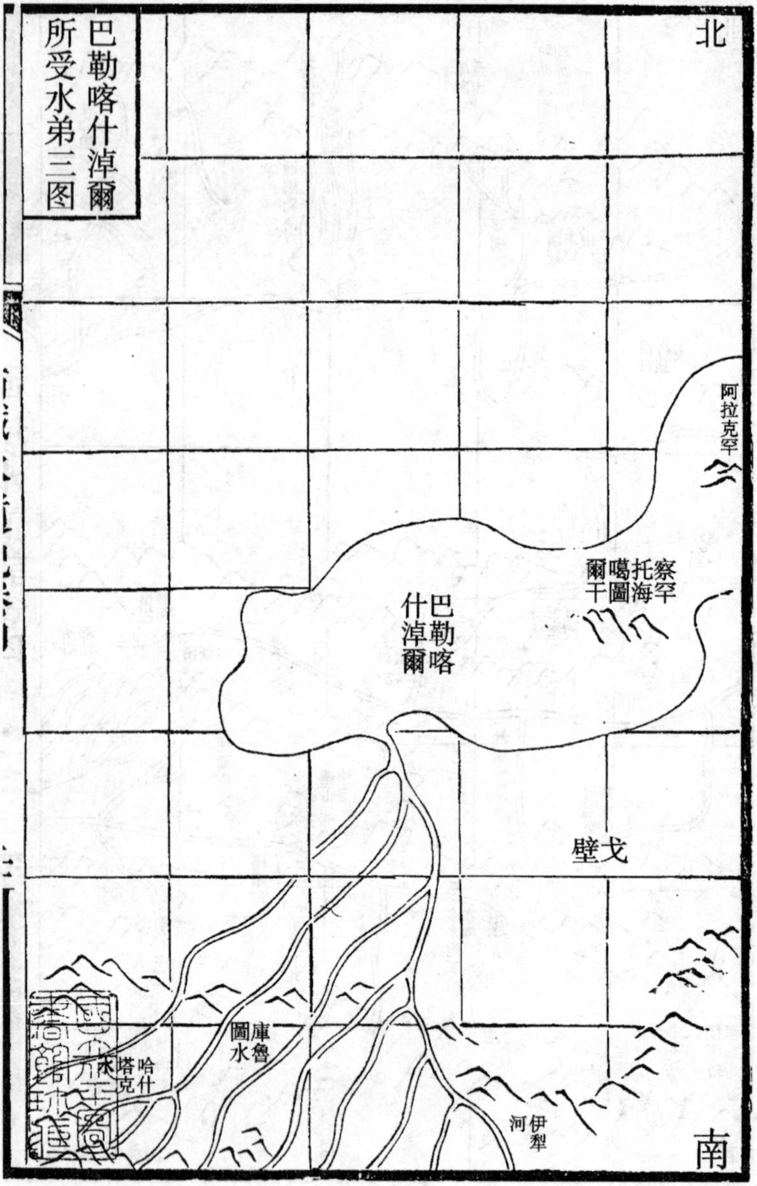
巴勒喀什淖爾
所受水弟三图
北
阿拉克罕
察罕托海
噶圖爾干
巴勒喀什淖爾
戈壁
庫魯圖水
哈什塔克水
伊犁河
南

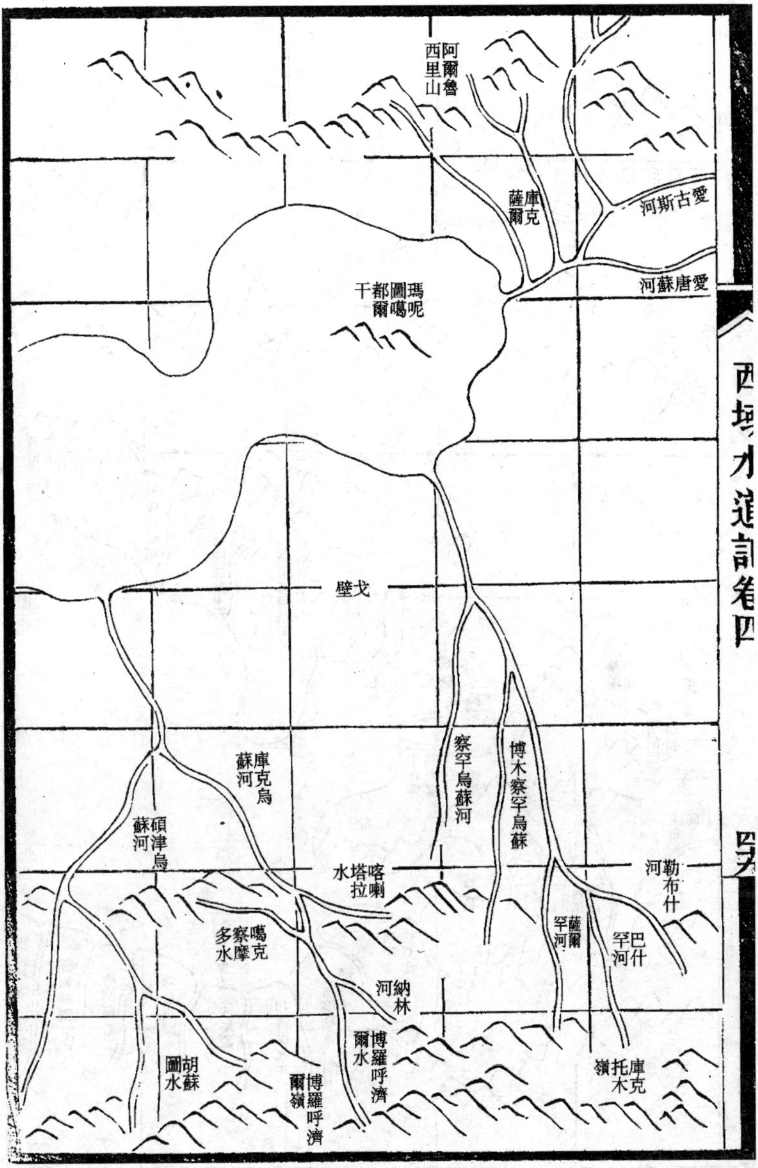
阿爾魯西里山
庫克薩爾
愛古斯河
愛唐蘇河
瑪呢圖噶都爾干
戈壁
庫克烏蘇河
察罕烏蘇河
博木察罕烏蘇
碩津烏蘇河
喀喇塔拉水
勒布什河
噶克察摩多水
薩爾罕河
巴什罕河
納林河
博羅呼濟爾水
博羅呼濟爾嶺
胡蘇圖水
庫克托木嶺

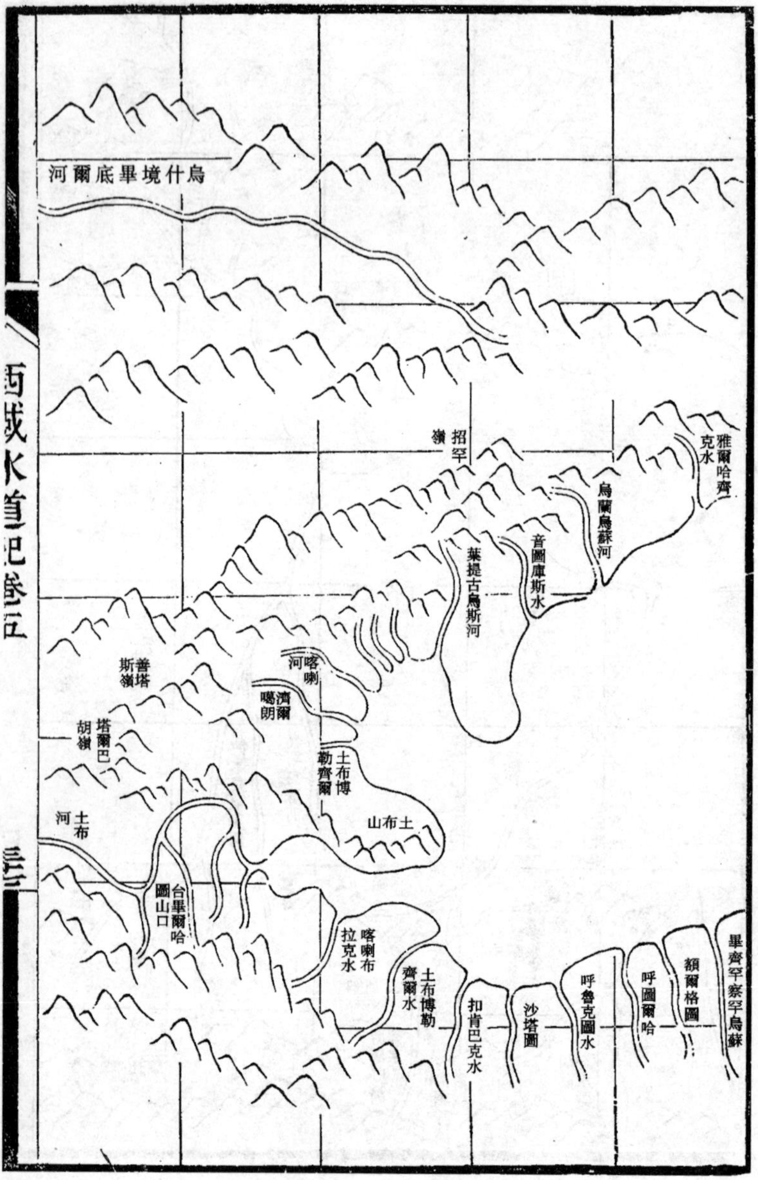
烏什境畢底爾河
招罕嶺
雅爾哈齊克水
烏蘭烏蘇河
音圖庫斯水
葉提古烏斯河
喀喇河
濟爾噶朗
善塔斯嶺
塔爾巴胡嶺
土布博勒齊爾
土布山
土布河
台畢爾哈圖山口
喀喇布拉克水
土布博勒齊爾水
扣肯巴克水
沙塔圖
呼魯克圖水
呼圖爾哈
額爾格圖
畢齊罕察罕烏蘇

特穆爾圖淖爾所受水圖 每方百里

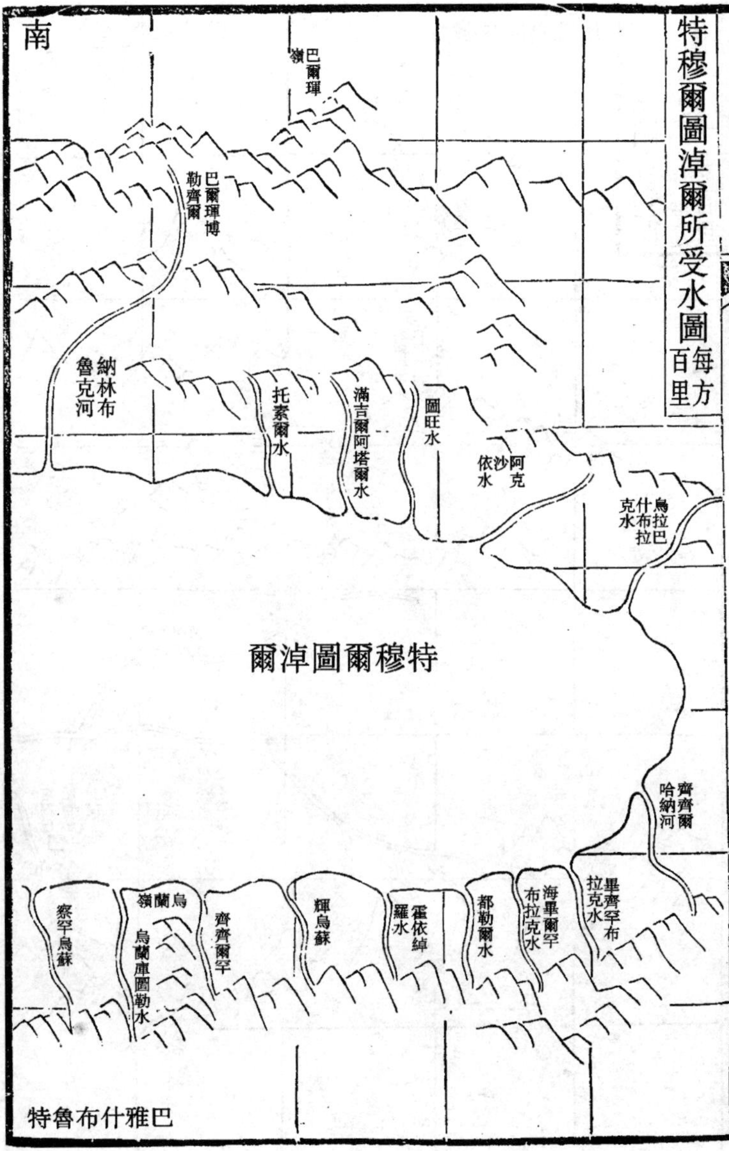

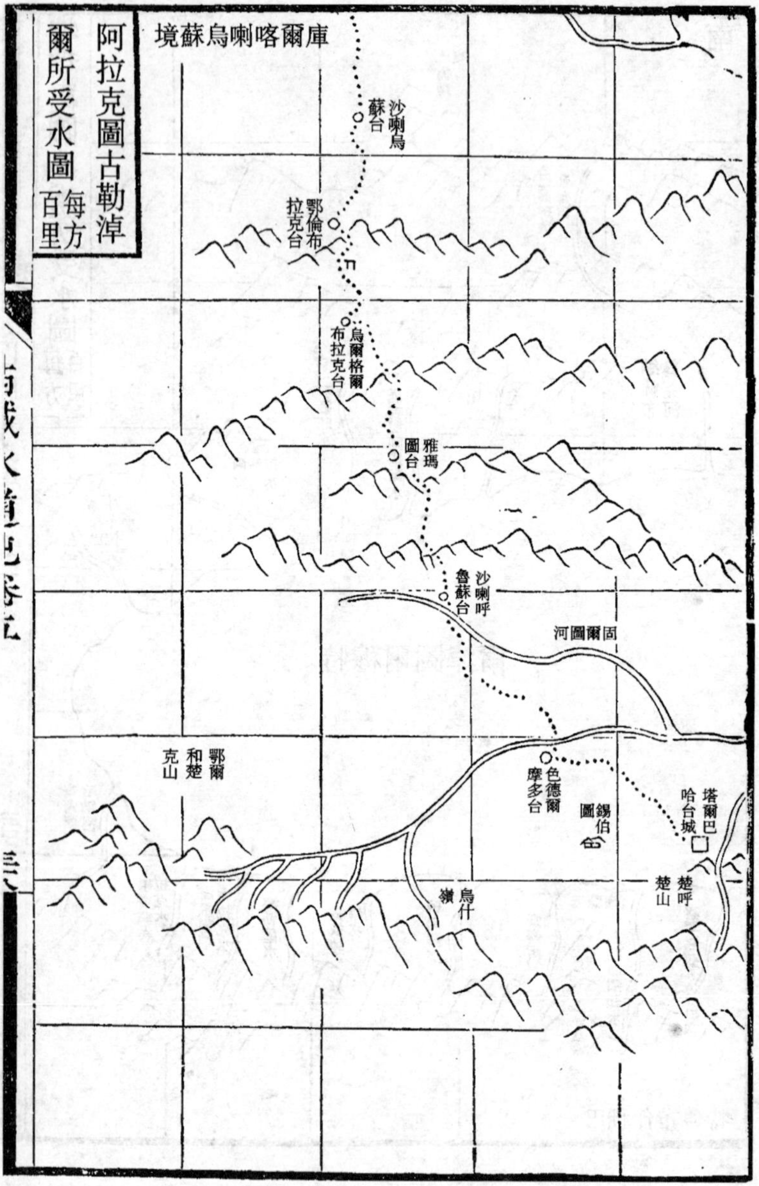
阿拉克圖古勒淖爾所受水圖
每方百里
庫爾喀喇烏蘇境
沙喇烏蘇台
鄂倫布拉克台
烏爾格爾布拉克台
雅瑪圖台
沙喇呼魯蘇台
固爾圖河
鄂爾和楚克山
色德爾摩多台
錫伯圖台
塔爾巴哈台城
楚呼楚山
烏什嶺

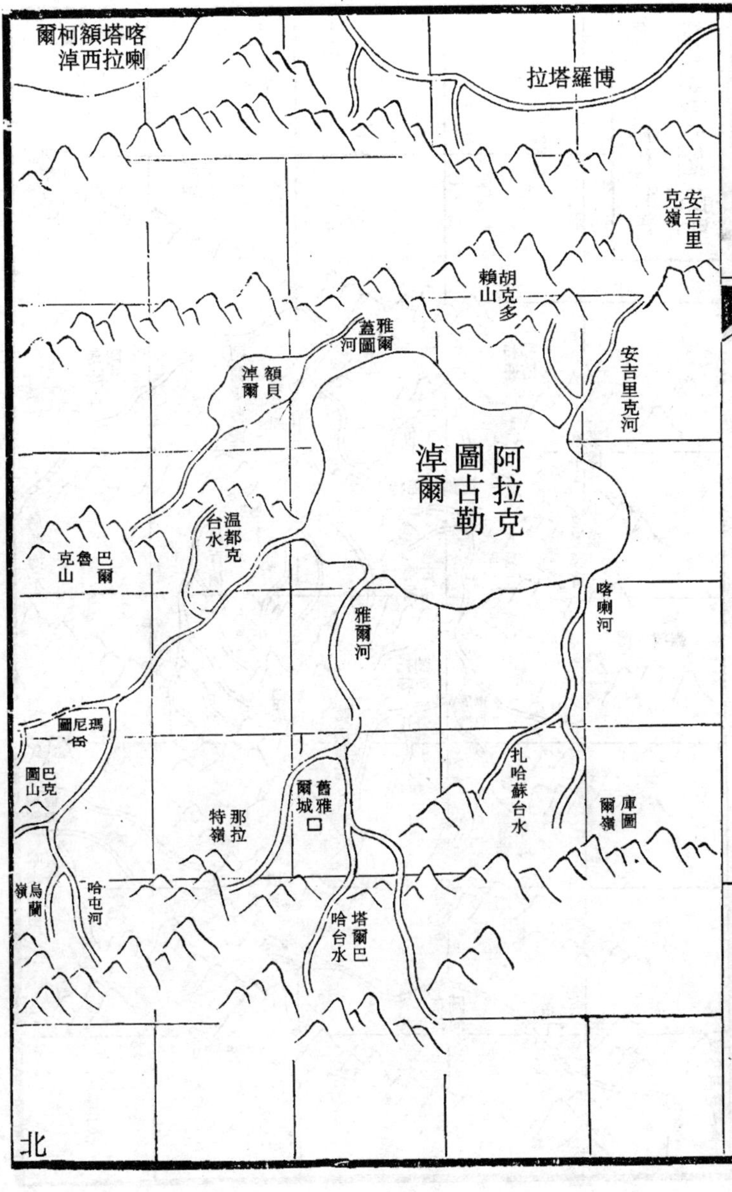
喀喇塔拉額西柯淖爾
博羅塔拉
安吉里克嶺
胡克多賴山
雅爾蓋圖河
額貝淖爾
阿拉克圖古勒淖爾
安吉里克河
溫都克台水
巴爾魯克山
喀喇河
雅爾河
瑪尼圖嶺
巴克圖山
舊雅爾城
那拉特嶺
扎哈蘇台水
庫圖爾嶺
哈屯河
烏蘭嶺
塔爾巴哈台水
北

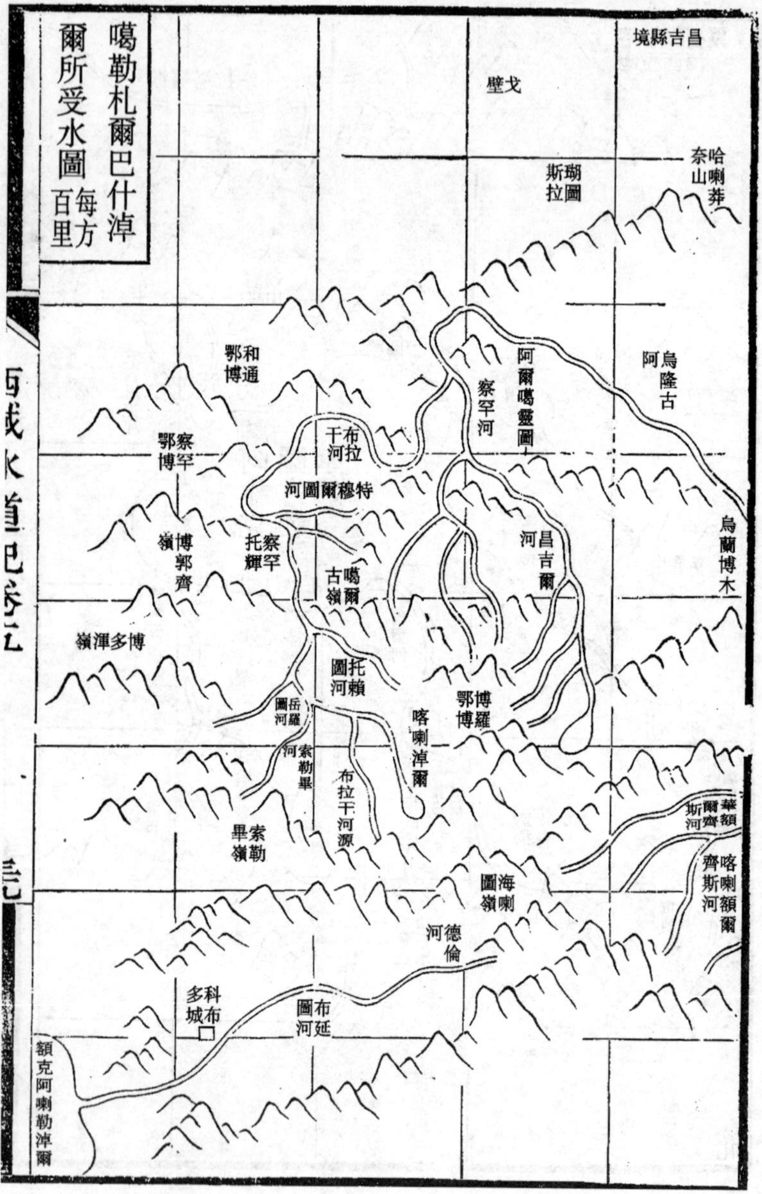

噶勒札爾巴什淖爾所受水圖 每方百里

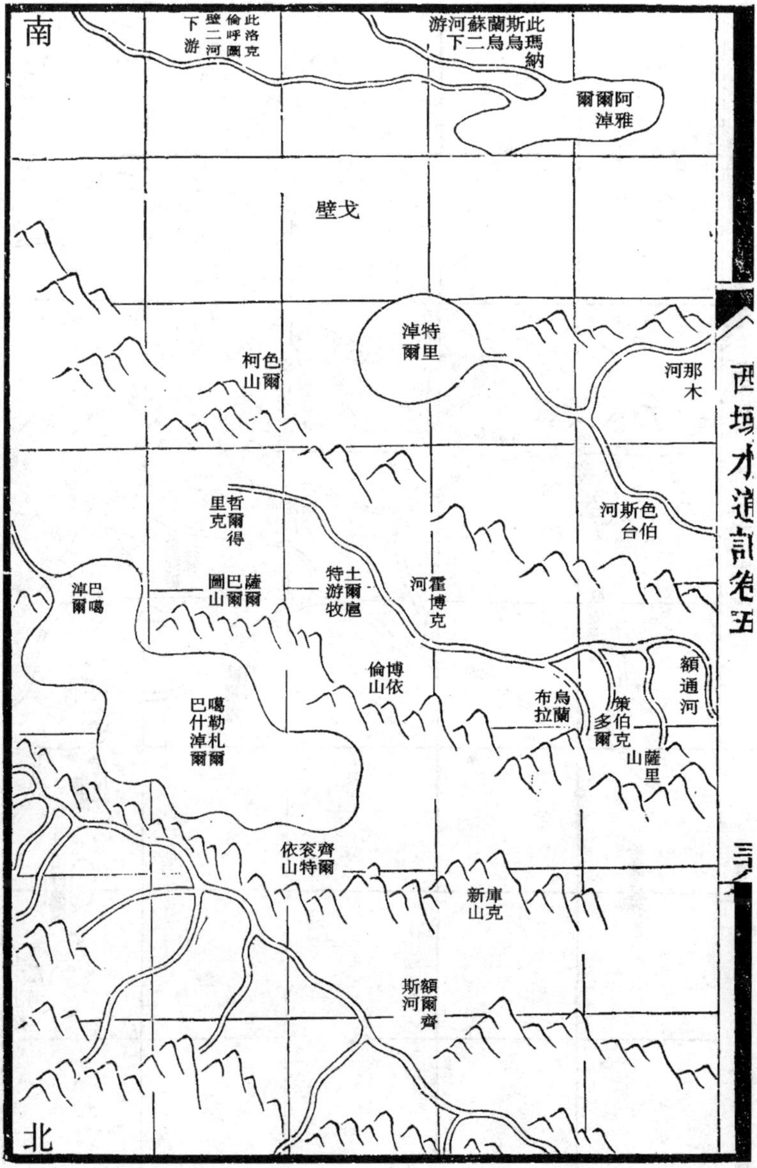
南
此洛克倫呼圖壁二河下游
此瑪納斯烏蘭烏蘇二河下游
阿雅爾淖爾
戈壁
特里淖爾
色爾柯山
那木河
色伯斯台河
哲爾得里克
巴噶淖爾
薩爾巴爾圖山
土爾扈特游牧
霍博克河
博依倫山
烏蘭布拉
額通河
策伯克多爾
薩里山
噶勒札爾巴什淖爾
齊爾衮特依山
庫克新山
額爾齊斯河
北

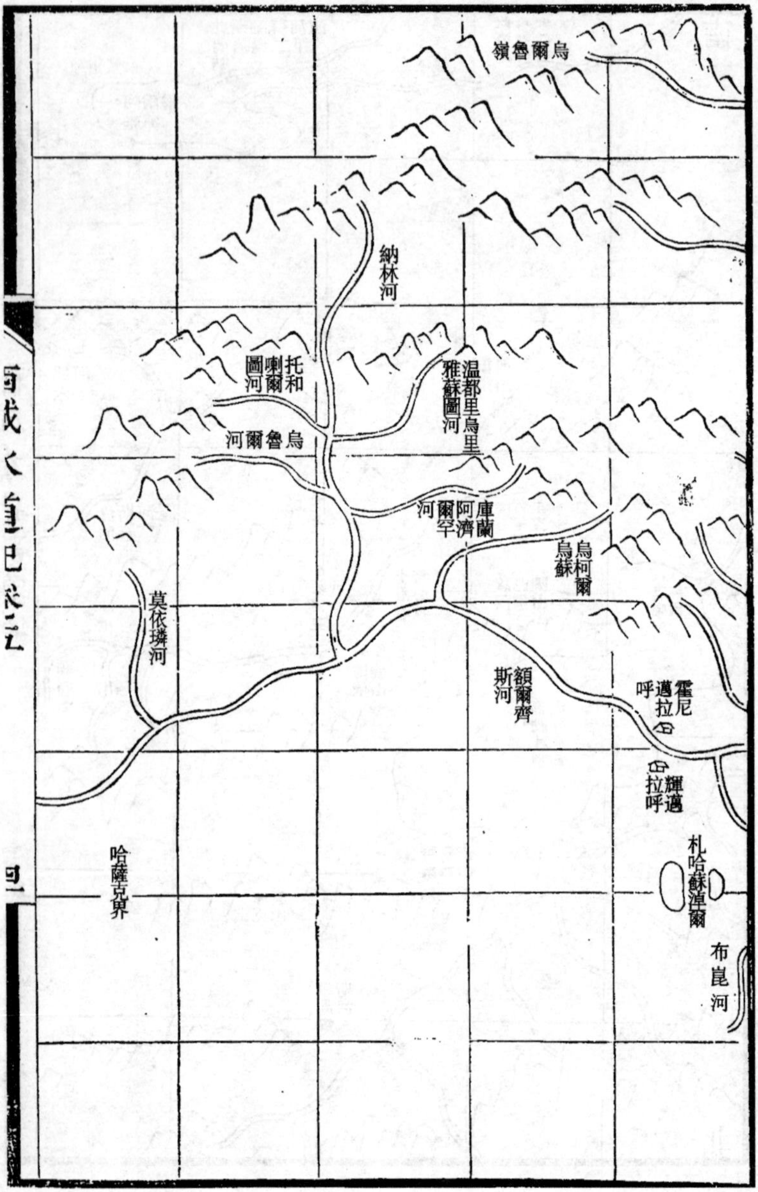
烏爾魯嶺
納林河
托和喇爾圖河
温都里烏里雅蘇圖河
烏魯爾河
庫蘭阿濟爾罕河
烏柯爾烏蘇
莫依璘河
額爾齊斯河
霍尼邁拉呼
輝邁拉呼
札哈蘇淖爾
布昆河
哈薩克界

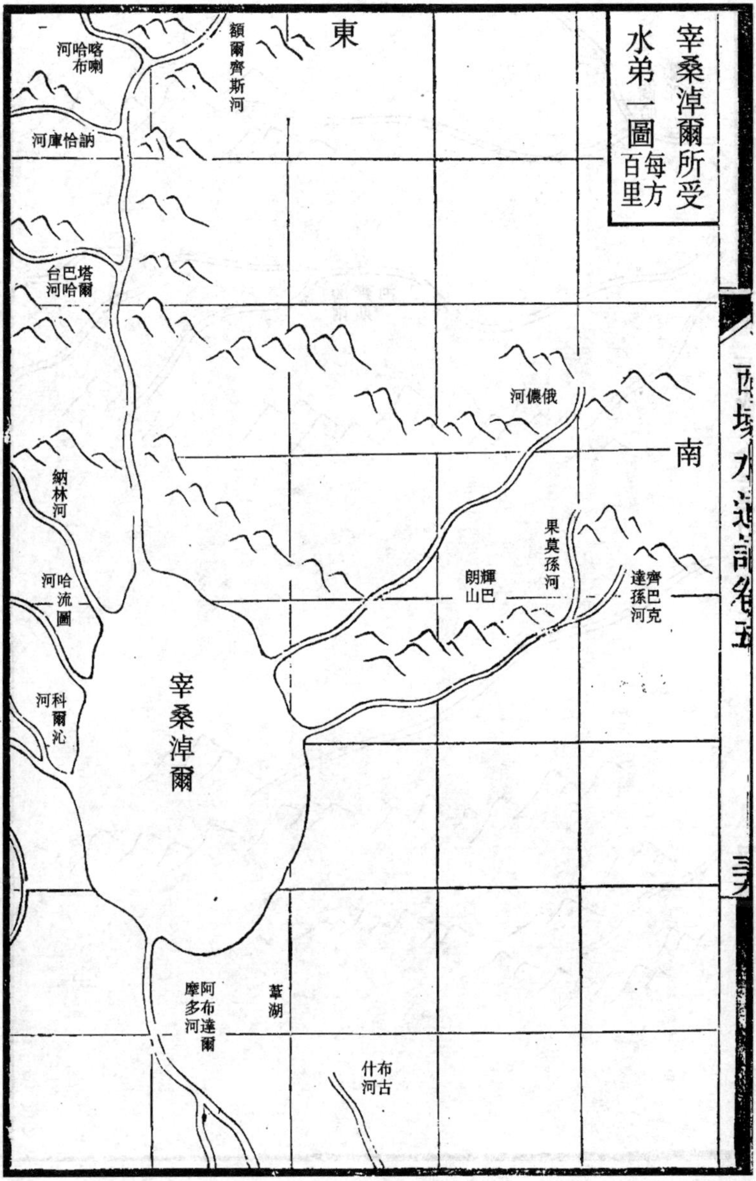

辛桑淖爾所受水第一圖 每方百里

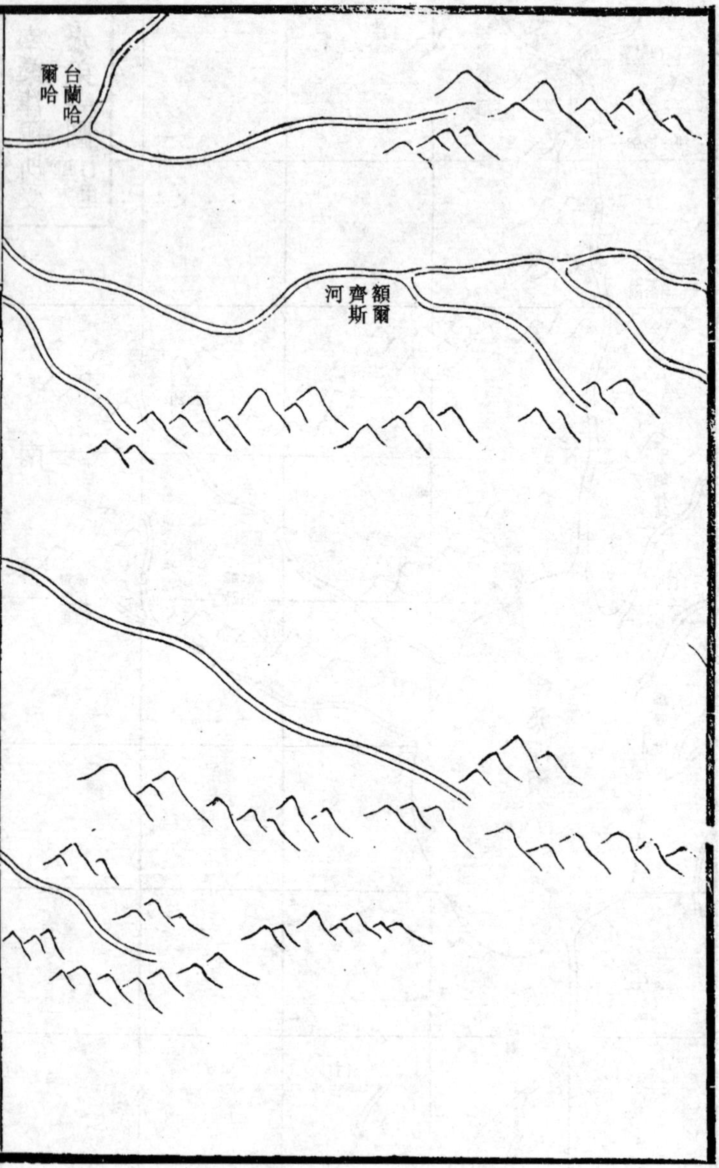
台蘭哈爾哈
額爾齊斯河

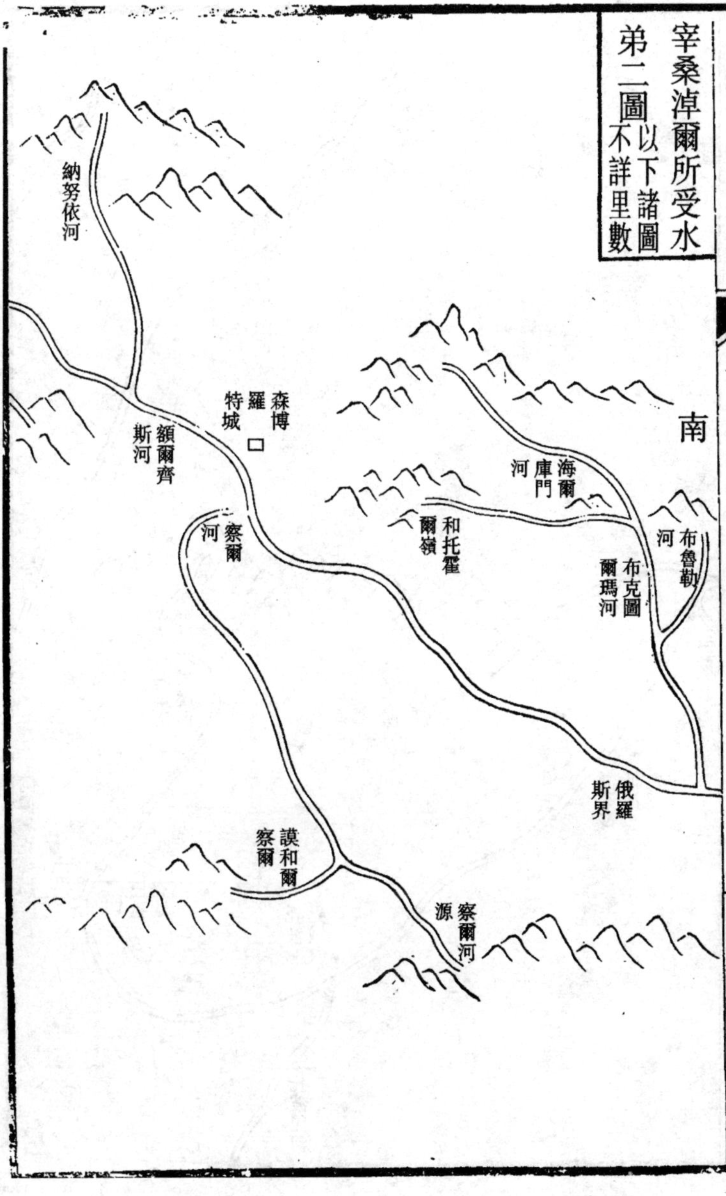

辛桑淖爾所受水第二圖 以下諸圖不詳里數

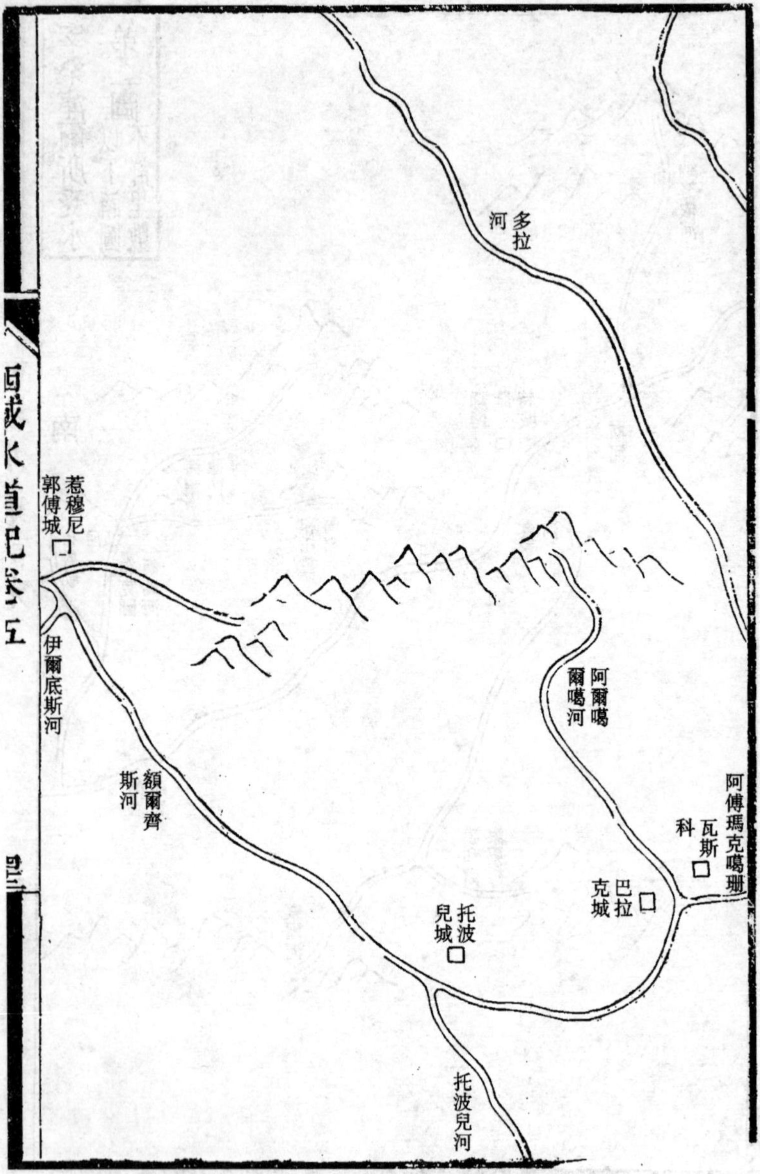
多拉河
惹穆尼郭傅城
伊爾底斯河
額爾齊斯河
阿爾噶爾噶河
阿傅瑪克噶珊
瓦斯科
巴拉克城
托波兒城
托波兒河

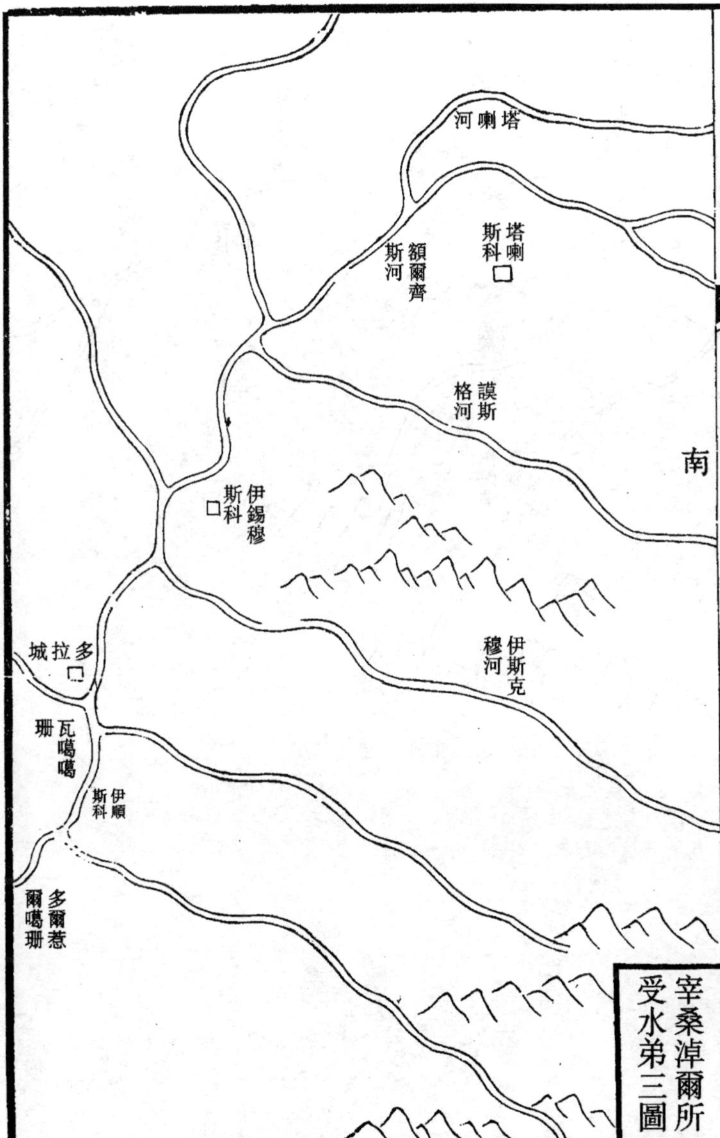
塔喇河
塔喇斯科
額爾齊斯河
謨斯格河
南
伊錫穆斯科
伊斯克穆河
多拉城
瓦噶噶珊
伊順斯科
多爾惹爾噶珊

宰桑淖爾所受水弟三圖

伯蘇噶珊
郭特斯科口
額爾齊斯河
格里穆噶穆噶珊
薩林噶珊
蘇爾口
呼式柏興
瑪齊穆噶珊
鄂布河
薩馬爾科斯口
惹底噶珊
索羅瓦河
作爾納雅河

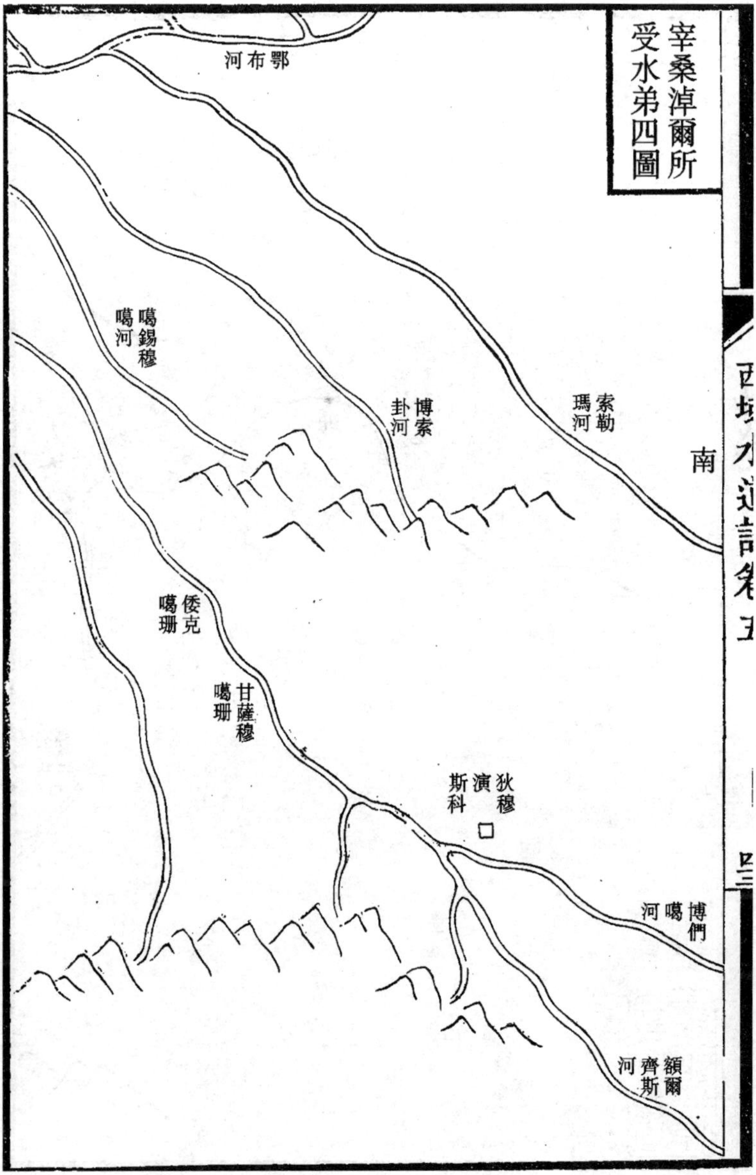
宰桑淖爾所受水弟四圖
鄂布河
噶錫穆噶河
博索卦河
索勒瑪河
南
倭克噶珊
甘薩穆噶珊
狄穆演斯科
博們噶河
額爾齊斯河

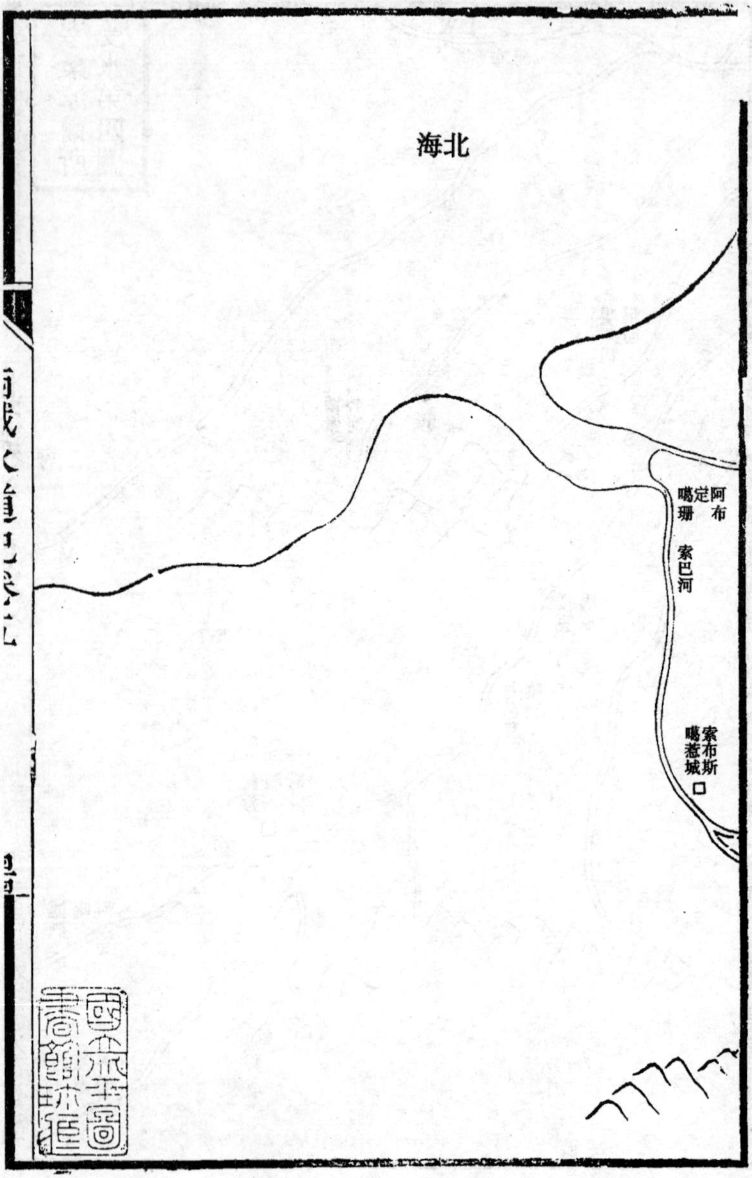
北海
阿布定噶珊
索巴河
索布斯噶慈城

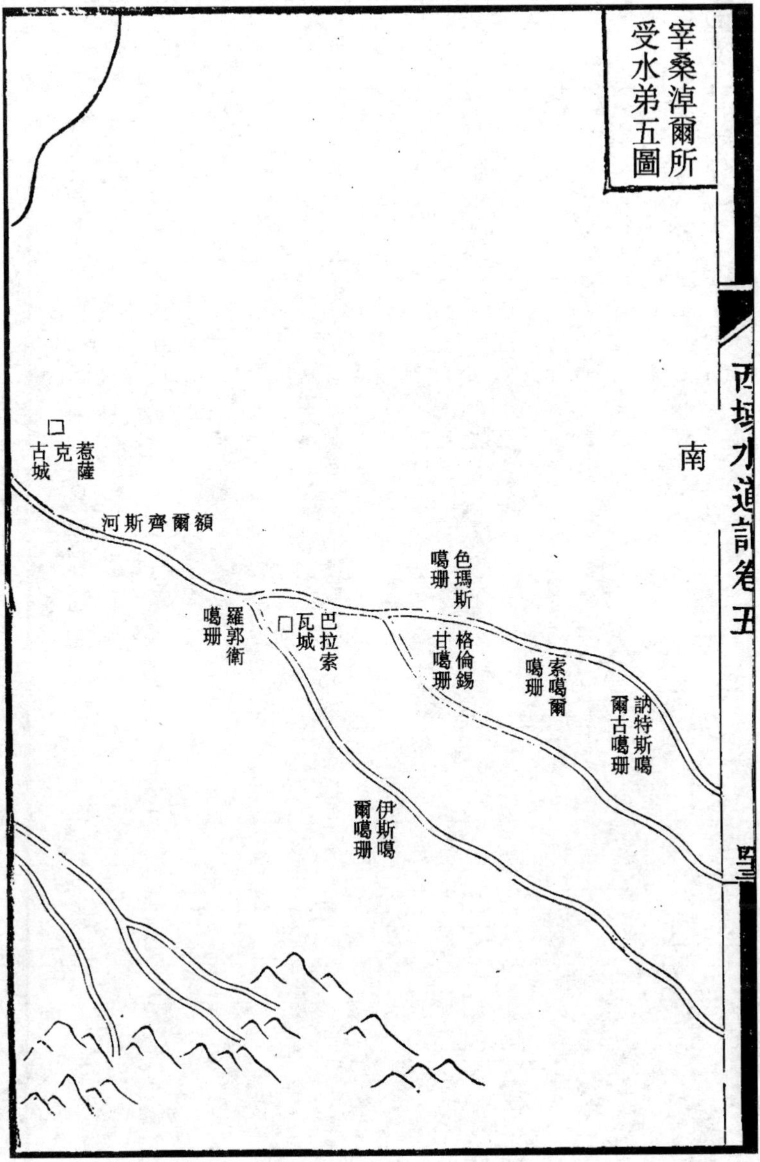
南
惹薩克古城
額爾齊斯河
色瑪斯噶珊
羅郭衛噶珊
巴拉索瓦城
格倫錫甘噶珊
索噶爾噶珊
訥特斯噶爾古噶珊
伊斯噶爾噶珊

辛桑淖爾所受水弟五圖

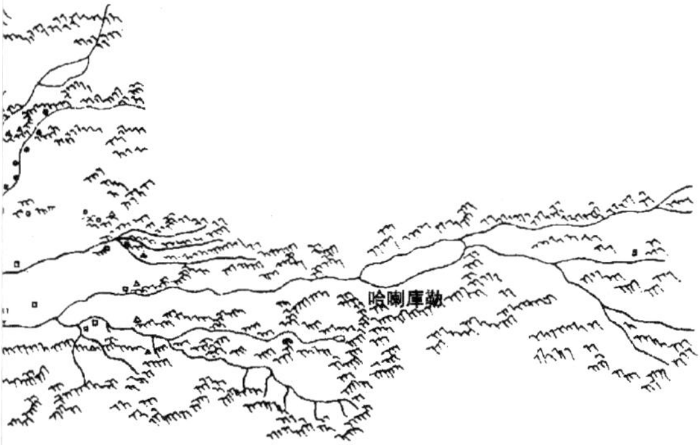

額爾齊斯河流經俄羅斯境圖

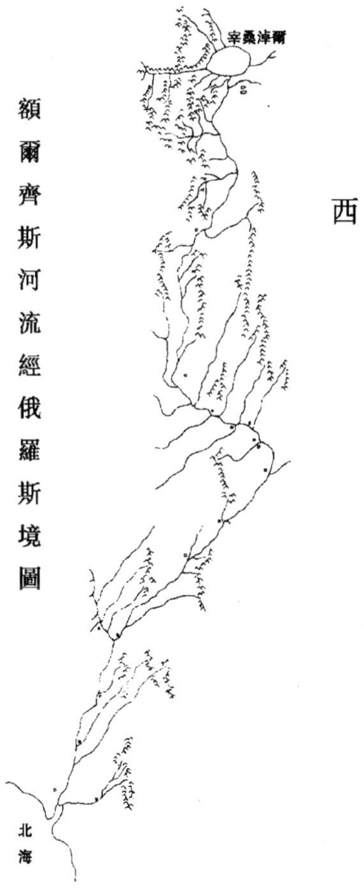

漢書西域傳補注

張　序

《漢書西域傳補注》二卷,内閣中書徐松星伯所作也。指綜事類,切直形勢,萬里之廣,二千餘年之久,如輻湊轂,如指植掌。昔范蔚宗自贊其書,體大思精,爲天下之奇作。星伯此注,不其然歟?星伯前以翰林謫戍伊犁六年,撰《新疆志略》若干卷,既歸,奏上之,於是即所經覽,證引往説,而爲此注。夫讀《漢書》者,不必至西域;至西域者,不必能著書。而星伯非親歷新疆南北路,悉其山川、道里、風土,亦不能考證今古,卓然成一家言。然則星伯之謫戍,乃星伯之厚幸,抑亦天下後世讀《漢書》者之厚幸也。爰索其本,序而刻之。道光九年(1829)十一月,陽湖張琦。

漢書西域傳補注卷上

《西域傳》補曰:《史記·大宛傳》:"匈奴奇兵時時遮擊使西國者。"古音國讀如域。《廣雅·釋詁》:"域,國也。"《後書·烏桓傳》有東域,《西南夷傳》有南域。此城郭國,界中國之西,故曰西域。按《通鑑》:"太初三年(前102),貳師將軍誅宛王。"漢通西域應在是年。《史通》云:"《史記》所書,年止漢武,太初以後,闕而不錄。"是西域之通在《史記》後,史公但據張騫所至大宛、大月氏、大夏、康居、烏孫,及漢所嘗發使者安息、奄蔡、犛靬、條支、身毒諸國,作《大宛傳》。班君撰《漢書》,迺分《大宛傳》爲張騫、李廣利兩傳,又採錄舊文,益以城郭諸國,創爲《西域傳》。《叙傳》云①"西戎即序,夏后是表。周穆觀兵,荒服不旅。漢武勞神,圖遠甚勤。王師驒驒,致誅大宛。姼姼公主,迺女烏孫,使命迺通,條支之瀕。昭、宣承業,都護是立,總督城郭,三十有六,修奉朝貢,各以其職"是也。顔君作注,義或未備,有所引伸,以"補曰"別之。卷第六十六上師古曰:"烏孫國已後,分爲下卷。"補曰:孟堅《漢書》紀、表、志、傳,合爲百篇,顔君作注,雖依舊目,而文之繁重者,每篇或析爲數卷,《五行志》分爲五,《王莽傳》分爲三,其餘第分爲上下二篇,如《高祖紀》《王子侯表》《百官公卿表》《食貨志》《郊祀志》《地理志》《司馬相如傳》《嚴朱吾丘主父徐嚴終王賈傳》《揚雄傳》《匈奴傳》《外戚傳》《叙傳》及此篇是也。孔穎達《曲禮疏》:"云'上'者,對下生名,本以語多,簡策重大,分爲上下,更無義也。""卷"字,據宋本增,下卷同。注"烏孫"上,俗本有"自"字。班固補曰:據宋本增。汪校本作"漢班固譔"。

《漢書》九十六

【校記】

① 叙,初編本作"序"。

秘書監上護軍琅邪縣開國子顔師古注補曰:汲古閣本題作"正議大夫行秘書少監琅邪縣開國子顔師古注"。按,《舊書》本傳:"貞觀七年(633),拜秘書少監,出爲郴州刺史①。未行,太宗復以爲秘書少監,奉詔與博士等撰定《五禮》。十一年,《禮》成,進爵爲子。時承乾在東宮,命師古注班固《漢書》,承乾表上之。十五年,太宗下詔,將有事於泰山,所司與公卿並諸儒、博士詳定儀注,多從師古之説。俄遷秘書監。"是表上《漢書》時,正當作少監也。

【校記】

① "刺"字,底本均作"剌",據稿本、初編本改。下同。

西域以孝武時始通,補曰:《山海經·海内東經》:"國在流沙外者,大夏、月支之國。"《逸周書·王會解》載伊尹獻令,正北大夏、莎車。是西域建國,昉乎夏殷。《史記·大宛傳》:"張騫所遣使通大夏之屬者,皆頗與其人俱來,於是西北國始通於漢。"本三十六國,補曰:此本其初言之。《匈奴傳》:"樓蘭、烏孫、呼揭及其旁二十六國皆已爲匈奴。"其時蓋已有三十六國,歸匈奴者,樓蘭之外,惟二十六國也。荀悦《漢紀》載西域三十六國云:"婼羌國、沮沫國、精絕國、戎盧國、渠勒國、皮山國、烏秅國①、西夜國、蒲犁國、依耐國、無雷國、捐毒國、桃槐國、休循國、疏勒國、尉頭國、烏貪國、卑陵國、渠類谷國、隋立師國、單桓國、蒲類國、西沮彌國、劫國、狐胡國、山國、車師國,凡二十七國,小國也,小者七百戶,大者千戶。扜彌國、于闐國、難完國、莎車國、溫宿國、龜兹國、尉犁國、危須國、焉耆國,凡此九國,次大國,小者千餘戶,大者六七千戶。"今按,荀氏所説國名,與《漢書》異,卑陵即卑陸，渠類谷即卑陸國所治之番渠類谷，誤數爲國。考此傳所載，凡國五十二，附見之國如條支、奄蔡、黎軒、天篤不與焉。《傳》言三十六國在烏孫之南，則烏孫不在數中；又言宣帝時破姑師，分以爲車師前、後王及山北六國，則孝武時有姑師國，而無車師前、後國及山北六國；車師都尉國、車師後城長國、烏貪訾離，亦建國元帝時；罽賓、烏弋山離、安息、大月氏、康居五國不屬都護；捷枝、輪臺皆漢所滅；小金附國，漢不禁車師之伐，不屬漢可知，皆所不數。蓋三十六國者，婼羌國、樓蘭國、且末國、小宛國、精絕國、戎盧國、扜彌國、渠勒國、于闐國、皮山國、烏秅國②、西夜國、子合國、蒲犁國、依耐國、無雷國、難兜國、大宛國、桃槐國、休循國、捐毒國、莎車國、疏勒國、尉頭國、姑墨國、溫宿國、龜茲國、尉犁國、危須國、焉耆國、姑師國、墨山國、劫國、狐胡國、渠犁國、烏壘國也。王氏應麟不數難兜，以爲屬罽賓。《傳》明言屬都護，知其說非。**其後稍分至五十餘，**師古曰："司馬彪《續漢書》云：'至於哀、平，有五十五國也。'"補曰：分者，如姑師分爲車師及山北六國，車師分爲前後國，車師後國又分爲烏貪訾離國，且彌國分爲東西，蒲類分爲蒲類後國，卑陸分爲卑陸後國之類。**皆在匈奴之西，烏孫之南。**補曰：孝武時，匈奴東境有河西四郡，南境至南山下。《張騫傳》"並南山，欲從羌中歸，爲匈奴所得"是也。故三十六國在其右部西，其後漢置四郡，取姑師，樓蘭界於漢、匈奴絕漠，則三十六國在匈奴之南矣。三十六國，今回疆地；匈奴右部，今外喀爾喀部落及科布多城、塔爾巴哈台城地。烏孫國在西域北山之陽。**南北有大山，**補曰：《通鑑》注："南山在于闐之南，東出金城，與漢南山接；北山在車師之北，即《唐志》所謂西州交河縣北柳谷、金沙嶺等是。"以今地理證之，西藏部阿里屬之達克喇城東北三百十里有岡底斯里，即古崑崙，釋氏謂之阿耨達。其山分四幹，向北者曰僧格喀巴布，譯言獅子口，當和闐正南。僧格喀巴布分二支，一支東趨，爲《張騫傳》及此傳所稱南山，以在西域之南也。一支過和闐西北，趨千六百餘里，發爲齊齊克里克嶺、喀什塔什嶺，又西爲和什庫珠克嶺，而北折爲吉布察克山，又折而東，爲阿喇占山，復東爲喀克善山，環千八百餘里，統名葱嶺。葱嶺又東趨，爲天山，過回疆，北至巴里坤東北而止，是爲西域之北山。蓋西域三面皆山，惟東面缺。西域南面大山，今葉爾羌南之密爾岱山、英額齊盤山、庫克雅爾山，和闐南之哈朗歸山、克勒底雅山是。北面大山，今烏什北之貢古魯克山，阿克蘇北之木素爾嶺，庫車北之汗騰格里山，哈喇沙爾北之博羅圖山、察罕通格山、裕勒都斯山，吐魯番北之博克達山，巴里坤南之庫舍圖嶺是。中央有河，補曰：即塔里木河，河東流，亘西域中。《說文》曰："河水出焞煌塞外崑崙山。"東西六千餘里，南北千餘里。補曰：今回疆輿地以鳥道法計之，南北兩山間千二百餘里，西自和什庫珠克嶺，東至黨河五千餘里。《漢書》據步測言也。東則接漢，補曰：此據置敦煌郡後言之，始則限匈奴。阸以玉門、陽關，孟康曰："二關皆在敦煌西界。"師古曰："阸，塞也。"補曰：敦煌者，敦煌郡也。郡有敦煌縣、龍勒縣，今之敦煌縣治以北，爲漢敦煌縣地，縣治以南，爲漢龍勒縣地。《漢書·地理志》云：龍勒縣有玉門、陽關。後魏改龍勒爲壽昌。《史記正義》引《括地志》云："陽關在壽昌縣西六里，玉門關在縣西北百一十八里。"是二關皆在今敦煌縣治之西南。《肅州志》云"敦煌縣西南一百五十餘里有廢陽關"是也。玉門關唐時移於晉昌縣，《元和郡縣志》："玉門關在晉昌縣東二十步。"晉昌與瓜州同治，在今安西州城西南，故高居誨《使于闐記》云："肅州渡金河百里，出天門關，又西百里，出玉門關，又西，至瓜州、沙州，又西，渡都鄉河，出陽關。"二關，汲古閣本作"陽關"，今據宋本改。西則限以葱嶺。師古曰："《西河舊事》云：'葱嶺，其山高大，上悉生葱，故以名焉。'"補曰：今伊犁西南境善塔斯嶺即葱嶺之一山，山上悉生野葱。其南山，東出金城，與漢南山屬焉。師古曰："屬，聯也，音之欲反。"補曰：葉爾羌、和闐境南諸山，自和闐南復東出，經羅布淖爾南，又東經安西州南，又東經青海、甘州、涼州、蘭州南，又東經渭水之南③，爲武功、太乙諸山，又東至西安府長安縣南五十里，爲終南山，言西域南山至此而終也。《初學記》引《五經要義》云："終南山，長安南山也，一名太乙。"又引《福地記》曰："終南太一山④，在長安西南五十里。"金城郡，《漢書·地理志》："昭帝始元六年（前81）置。"今甘肅蘭州府西界。其河有兩原：一出葱嶺山，一出于闐。師古曰："闐字與寘同，音徒賢反，又徒見反⑤”。補曰:《後書》作“于寘”，顏君故據以生義。“河有兩原”者，特據兩地言之，其實河有三源也。河出葱嶺者二:一曰葱嶺南河，其河東源爲聽雜阿布河，西源爲澤普勒善河，合爲葉爾羌河;一曰葱嶺北河，其河西源爲雅瑞雅爾河，東源爲烏蘭烏蘇河，合爲喀什噶爾河。河出于闐者一，于闐，即今和闐。其河東源爲玉隴哈什河，西源爲哈喇哈什河，合流爲和闐河。于闐在南山下，補曰:南山者，今諺稱密克瑪克曲底雪山，在和闐額里齊城南五百八十里。《水經注》謂之仇摩置，其南通衛藏。其河北流，與葱嶺河合，補曰:和闐河二源，自南山出，東北流，玉隴哈什河經額里齊城東，哈喇哈什河經額里齊城西，又各北流三百餘里而合爲和闐河。又東北流四百餘里，至噶巴克阿克集之地，葱嶺北河、葱嶺南河皆自西來會。東注蒲昌海。補曰:和闐河與葱嶺南、北河既合，經阿克蘇城南，有阿克蘇河自北來會，乃合而東流，是爲塔里木河。又東，克勒底雅河自南來會。又東，至庫車城東南，有庫車河自北來會。又東，至哈喇沙爾城西南，有博斯騰淖爾水自東北來會。又東，至哈喇沙爾城東南，入於羅布淖爾，即蒲昌海也。自和闐河、葱嶺河合流之地至蒲昌海，千四百餘里。蒲昌海，一名鹽澤者也，補曰:《水經注》曰:“河水又東，注於泑澤。即《經》所謂蒲昌海也。水積鄯善之東北、龍城之西南。龍城地廣千里，皆爲鹽而剛堅，行人所經，畜産皆布氈臥之，掘發其下，大鹽方如巨枕，以次相累類。霧起雲浮，寡見星日，少禽，多鬼，西接鄯善，東連三沙，爲海之北隘矣。故蒲昌亦有鹽澤之稱也。”《史記索隱》曰:“鹽澤，鹽水也。”《史記正義》引《括地志》云:“蒲昌海一名泑澤，一名鹽澤，一名輔日海，亦名牢蘭，亦名臨海，在沙州西南。”《說文》曰:“泑澤在昆侖下。”今回部語謂之羅布淖爾。去玉門、陽關三百餘里，補曰:玉門、陽關在今色爾騰海之東，羅布淖爾在今吐魯番城西南。自色爾騰海西北至羅布淖爾，相去千餘里，不得云“三百餘里”。按，《水經注》云:“東望泑澤，河水之所潛也。其源渾渾泡泡，東去玉門、陽關千三百餘里。”是《漢書》傳寫，奪“千”字。王懷祖先生曰:“《漢紀・孝武紀》作‘去陽關三千餘里’，即‘千三百餘里’之誤。郭璞

《西山經注》及《爾雅音義》引《漢書》，皆無'千'字，蓋後人據《漢書》删之也。"**廣袤三百里。**師古曰："袤，長也，音茂。"補曰：《尚書正義》引此傳文作"廣袤三四百里"，郭璞《山海經注》同。今測淖爾東西二百餘里，北有圓池三，南有方橢池四。懷祖先生曰："本作'廣袤三四百里'，謂澤之廣袤不能知其確數，大約在三四百里之間也。《水經注》無'四'字，亦後人據《漢書》删之。《御覽》引《水經注》作'廣輪四百里'，又脱去'三'字。然據此知《水經注》原有'四'字也。《漢紀》作'廣長三四百里'，《西山經注》及《通典》並作'廣袤三四百里'，郭璞《爾雅音義》引《漢書》作'廣輪三四百里'，《禹貢正義》及《史記·大宛傳》正義、《爾雅·釋水》疏並引作'廣袤三四百里'，則今本脱去'四'字明矣。"**其水亭居，冬夏不增減，**補曰：郭璞《山海經注》曰："其水停，冬夏不增減。"《水經注》曰："其水澂渟，冬夏不減。"《初學記》引此傳，作："其水渟，冬夏不減。"《文選》李善注引《倉頡篇》曰："亭，定也。"又曰："停與亭同，古字通。"《説文》有亭字，無停、渟字。**皆以爲潛行地下，南出於積石，爲中國河云。**補曰：羅布淖爾水潛於地下，東南行千五百餘里，至今敦煌縣西南六百餘里之巴顏哈喇山麓，伏流始出，山麓有巨石，高數丈，山崖土壁皆黄赤色。蒙古語謂石爲齊老，謂北極星爲噶達素，謂黄金爲阿勒坦，山麓之石遠望如北極星，故蒙古名其地曰阿勒坦噶達素齊老。伏流自壁上天池湧出，歕爲百道，皆黄金色，東南流爲阿勒坦河。又東北流三百里，入鄂敦塔拉中。其泉數百泓，即《元史》所謂火敦腦兒、譯言星宿海者也。又東南流百三十里，潴爲札淩淖爾。又出淖爾東南流，折而南五十里，潴爲鄂淩淖爾。又自淖爾東北出，東流五十里，折而東南百四十里，又南流二百六十里，折而東南三百里，又東北二百四十里，經阿木奈瑪勒占木遜山南麓，即大積石山，《漢書·地理志》"金城郡河關縣"："積石山，在西南羌中。"今在西寧府西南邊外五百三十餘里，即《禹貢》導河之地。自古言河源者，多不了，獨此傳綜括詳盡。蓋孟堅迎北單于，親至私渠海，定遠道長西域，本其家乘以爲國史，故所言地形與今若合符節。惟謂重源出於積石，仍因《山海經》之訛，而後儒異議，有指河州之小積石爲

《禹貢》之積石，轉以班君所言積石爲妄。又謂孟堅載張騫窮河源事乃意度之，非實見，蒲昌海與積石通流，繆悠之論，不足依據。唐辯機《西域記》云："阿那婆答多池北面頗胝師子口，流出徙多河，繞池一匝，入東北海。或曰潛流地下，出積石山，即徙多河之流爲中國之河源云。"蓋初唐人猶祖孟堅之説也。

【校記】

① 秏，當作"耗"，《漢紀》原文如此。

② 秏，初編本誤作"耗"。

③ 經，稿本、底本皆作"涇"，據初編本改。

④ 一，初編本作"乙"。

⑤ "徒"字前中華本《漢書》有"音"字。

自玉門、陽關出西域有兩道。補曰：《隋書·裴矩傳》："自敦煌至於西海，凡爲三道。北道從伊吾，經蒲類海鐵勒部、突厥可汗庭，度北流河，至拂菻國，達於西海。其中道從高昌、焉耆、龜茲、疏勒，度葱嶺，又經鏺汗①，蘇對沙那國，康國，曹國，何國，大、小安國，穆國，至波斯，達於西海。其南道從鄯善、于闐、朱俱波、喝槃陀，度葱嶺，又經護密、吐火羅、挹怛、帆延、漕國，至北婆羅門，達於西海。"與此兩道異者，漢時兩道皆在天山南，山北爲匈奴，故無道也。隋既有山南之兩道，又增山北一道。漢、隋之南道，今不置驛，漢之北道、隋之中道，今謂之南道，往回疆者由之。隋之北道，今亦謂之北道，往烏魯木齊、伊犁者由之。《後魏書·西域傳》又言："出西域本有二道，後更爲四出。自玉門渡流沙，西行二千里至鄯善爲一道；自玉門渡流沙，北行二千二百里至車師爲一道；從莎車西行二百里至葱嶺，葱嶺西一千三百里至伽倍爲一道；自莎車西南五百里、葱嶺西南一千三百里至波路爲一道。"按，至鄯善、至車師，特入西域者徑行之處②，《漢書》所不數。其餘二道皆經莎車，即漢之南道。是言四出者，實惟一道而已。兩道分自敦煌，

《李廣利傳》:"起敦煌西,爲人多,道上國不能食,分爲數軍,從南北道。"從鄯善傍南山北,波河西行至莎車③,爲南道;師古曰:"波河,循河也。鄯音上扇反,傍音步浪反,波音彼義反,此下皆同也。"補曰:南山北者,密爾岱山、英額齊盤山、庫克雅爾山及和闐諸山之北,《張騫傳》"並南山"謂此也。《史記·秦始皇本紀》④:"並勃海以東。"《正義》曰:"並,白浪反。"並、傍,皆徬之假借字,波義亦近傍。《後書·班超傳》注:"波,傍也,音詖。"段先生以波爲陂之假借字。《李廣利傳》:"從泝河山。"顏君彼注云:"泝,逆流而上。"則此云循河者,亦沿泝之意。河水東注西行者,泝塔里木河、葉爾羌河之南岸以達葉爾羌境。《後漢紀》作"渡",則謂渡葱嶺南河,義亦通。南道西踰葱嶺則出大月氏、安息。師古曰:"氏音支。"補曰:《山海經》作"月支",支、氏通。南踰葱嶺,則罽賓。自車師前王廷隨北山,波河西行至疏勒,爲北道;補曰:隨北山者,烏什、阿克蘇、庫車、哈喇沙爾諸境之北山,路出山之南也。波河西行至疏勒者,沿塔里木河北岸,過阿克蘇則沿烏蘭烏蘇河以至今喀什噶爾境。按,葱嶺南北二河至阿克蘇⑤,合爲塔里木河,以注蒲昌海,故此傳有傍南山、北山之别,於河則但曰波河,不分南北,明西域中央只一大河。《水經注》以爲南河、北河各自注海,則中央有二河,據此傳文,足明其誤。北道西踰葱嶺則出大宛、康居、奄蔡、焉耆。補曰:大宛、康居亦可從南道。康居之境,南北長,卑闐城近北,出北道,蘇𩜷、奧鞬諸城極南,則從南道,故《康居國》言南道八國也。《陳湯傳》云:"從南道,踰葱嶺,徑大宛。"是大宛亦從南道之證。奄蔡,《通鑑》注引杜佑曰:"奄蔡後爲粛特國。"焉耆在西域東,不得敘於奄蔡之下,耆字衍文,流俗因焉字妄增。懷祖先生曰:"景祐本無'耆'字。《通鑑》與景祐本同,則北宋本尚未誤。《漢紀·孝武紀》《後漢書·西域傳》《通典》'焉'下皆有'耆'字,後人依誤本《漢書》加之耳。"

【校記】

① 經,諸本做"徑",據中華本《隋書》改;汗,初編本作"污"。

② 徑,初編本作"經"。

③ 莎,初編本誤作"沙"。

④ 紀,底本作"記",據稿本、初編本及中華本《史記》改。

⑤ 阿,稿本作"河",誤。

西域諸國大率土著,師古曰:"言著土地而有常居,不隨畜牧移徙也。著音直略反。"補曰:大率者,不盡之詞,以有休循、捐毒諸塞種,故不盡爲土著。《一切經音義》引《字書》:"著,相附著也,馳略反。"有城郭、田畜,與匈奴、烏孫異俗,故皆役屬匈奴。師古曰:"服屬於匈奴,爲其所役使也。"補曰:有城郭,故謂之城郭國。《匈奴傳》注:"城郭謂諸國爲城居者。"今天山南回部皆有城郭、田畜,同漢時西域國;天山北蒙古部落事游牧,同漢時匈奴、烏孫俗,故謂舊時,見下文顏君注。匈奴西邊日逐王補曰:《匈奴傳》言置左右賢王、左右谷蠡王、左右大將、左右大都尉、左右大當戶、左右骨都侯,無日逐王之名。至狐鹿姑單于,始以左賢王子先賢撣爲日逐王,蓋置在太始時。此傳本孝武時言,當云右谷蠡或右大將也。西邊者,匈奴右部,界西域。置僮僕都尉,使領西域,補曰:匈奴左右大都尉在二十四長之列,二十四長又各置相、都尉。《通鑑》注:"匈奴蓋以僮僕視西域也。"《禮記·樂記》注:"領,猶治理也。"常居焉耆、危須、尉黎間①,賦稅諸國,取富給焉。師古曰:"給,足也。"補曰:三國在西域北道,而東西適中,故僮僕都尉治之。《趙充國傳》:"間者匈奴困於西方,聞烏桓來保塞,恐兵復從東方起,數使使尉黎、危須諸國。"

【校記】

① 間,初編本誤作"問"。

自周衰,戎狄錯居涇、渭之北。師古曰:"錯,雜也。"補曰:

《匈奴傳》:"武王伐紂,放逐戎夷涇、洛之北。後二百餘年,周道衰,穆王伐畎戎。至穆王之孫懿王時,王室遂衰,戎狄交侵,暴虐中國。至於幽王,用寵姬褒姒之故,與申侯有隙①。申侯怒,而與畎戎共攻殺幽王於麗山之下,遂取周地,鹵獲而居於涇、渭之間,侵暴中國。"涇、渭,水名,《漢志》"安定涇陽"下云:"幵頭山②,《禹貢》涇水所出,東南至陽陵入渭,過郡三,行千六百里。""隴西首陽"下云:"《禹貢》鳥鼠同穴山在西南,渭水所出,東至船司空入河,過郡四,行千八百七十里。"涇陽故城在今平涼府西南;幵頭山在府西百四十里;陽陵故城在今西安府高陵縣西南三十里;過郡三,安定、扶風、馮翊也。首陽即今渭源縣;鳥鼠山在縣西二十里;船司空城在今華陰縣北五十里;過郡四,隴西、天水、扶風、京兆也。今涇水自甘肅平涼府西幵頭山之涇谷東流,經平涼府城北③,又東經涇州城北,又經陝西之長武、邠州,東南經淳化、永壽、醴泉、咸陽、涇陽、高陵,而入渭。渭水自甘肅蘭州府渭源縣鳥鼠山東流,經鞏昌府北寧遠、伏羌、通渭④、秦州、清水,又經陝西之隴州、寶雞、岐山⑤、扶風、郿縣、乾州、武功、盩厔、興平、鄠縣、咸陽、西安府北臨潼、高陵、華州、華陰,而入大河。涇水北今慶陽府、延安府、鄜州地,渭水北今鞏昌府、平涼府、邠州地,在周時爲西戎、白翟、義渠所居。**及秦始皇攘卻戎狄,築長城,界中國,**師古曰:"爲中國之境界也。"補曰:《通鑑》:"蒙恬斥逐匈奴,收河南地爲四十四縣,築長城,因地形,用制險塞,起臨洮,至遼東,延袤萬餘里,於是渡河,據陽山,逶迤而北。"《史記正義》曰:"從河傍陰山,東至遼東,築長城,爲北界。""戎狄",汪校本作"夷狄"。**然西不過臨洮。**師古曰:"洮音土高反。"補曰:《地理志》隴西郡有臨洮縣故城,在今臨洮府西南二百二十里。《史記·秦始皇本紀》:"西至臨洮、羌中。"《正義》引《括地志》:"臨洮即今洮州,在京西千五百五十一里。從臨洮西南芳州扶松府以西,並古諸羌地。"

【校記】

① 侯,諸本及汲古閣本《漢書》作"后",據中華本《漢書》改。

② 幵,諸本作"开",據《漢書·地理志》改,下同。

③ 經,初編本誤作"徑"。

④ 渭,初編本誤作"滑"。

⑤ 岐,底本作"歧",據稿本、初編本改。

漢興至于孝武,事征四夷,補曰:謂以征伐爲事①。廣威德,而張騫始開西域之迹。補曰:《史記》:"大宛之迹,見自張騫。"其後驃騎將軍擊破匈奴右地,降渾邪、休屠王,師古曰:"屠音除。"補曰:《匈奴傳》:元狩二年(前121)春,"漢使驃騎將軍去病將萬騎出隴西,過焉耆山千餘里②,得胡首虜八千餘級,得休屠王祭天金人。其秋,單于怒昆邪王、休屠王居西方爲漢所殺虜數萬人,欲召誅之。昆邪、休屠王恐,謀降漢,漢使驃騎將軍迎之。昆邪王殺休屠王,並將其衆降漢,凡四萬餘人,號十萬。"按,《霍去病傳》以此爲元狩三年事。去病於三年春爲驃騎將軍,則《去病傳》是。渾邪,《匈奴傳》《功臣表》作"昆邪"。顏君《去病傳》注:"渾,下昆反。"蓋音同假借字。遂空其地,補曰:《史記·大宛傳》:"渾邪王率其民降漢,而金城、河西西並南山至鹽澤,空無匈奴。"始築令居以西,師古曰:"令音鈴。"補曰:《地理志》,令居在金城郡。孟康注:"令音連。"按,鈴、連雙聲字。《匈奴傳》:"漢度河自朔方以西,至令居。"《水經注》:"湟水逕允吾縣北③,爲鄭伯津,與澗水合。水出令居縣西北塞外。"初置酒泉郡,補曰:《地理志》:"酒泉郡,武帝太初元年(前104)開。"應劭曰:"其水若酒,故曰酒泉。"《匈奴傳》:"漢置酒泉郡以隔絕胡與羌通之路。"今肅州地。後稍發徙民充實之,分置武威、張掖、敦煌,師古曰:"敦音徒門反。"補曰:《地理志》:"張掖郡,故匈奴昆邪王地,武帝太初元年開。""武威郡,故匈奴休屠王地,武帝太初四年開。""敦煌郡,武帝後元元年(前88)分酒泉置。"④應劭注:"敦,大也,煌,盛也。"張掖言張國臂掖以威羌、狄。按,武威,今涼州府;張掖,今甘州府;敦煌,今肅州敦煌縣。列四郡，據兩關焉。補曰：陽關在南，玉門在北，大率出南北道者分由之。《傳》言“出陽關自近者始，曰婼羌”，婼羌在南道也。武帝時圍車師，出玉門迎軍；元始中，車師後王國開新道通玉門；《李廣利傳》：伐大宛，天子使使遮玉門。車師、大宛在北道也。而去胡來王亦守玉門關。《傳》又言“自玉門、陽關出南道，歷鄯善”，是兩關仍得相通。自貳師將軍伐大宛之後，西域震懼，多遣使來貢獻。補曰：貳師破大宛，在太初三年（前102），至天漢二年（前99），渠黎六國使使來獻，是因伐宛而震懼。《李廣利傳》：“貳師將軍之東，諸所過小國聞宛破，皆使其子弟從入貢獻。”漢使西域者益得職。師古曰：“賞其勤勞，皆得拜職也。”補曰：《通鑑》作“漢使入西域者”，胡三省曰：“顏說非也。此言漢使入西域，諸國不敢輕辱，爲得其職耳。得職者，不失其職也。”懷祖先生曰：“胡解職字，亦未了，職非職事之職，職猶所也。言自大宛王以殺漢使見誅，西域國皆不敢輕忽漢使，故漢之使西域者⑤，皆得其所也。《哀十六年・左傳》：‘克則爲卿，不克則烹，固其所也。’《史記・伍子胥傳》作‘固其職也’，是‘職’與‘所’同義。《景紀》曰：‘令亡罪者失職。’《武紀》曰：‘有冤失職，使者以聞。’《宣紀》曰：‘其加賜鰥寡孤獨高年帛，毋令失職。’《管子・明法解篇》曰：‘孤寡老弱，不失其職。’失職，皆謂‘失所’也，故‘得所’亦謂之‘得職’。《趙廣漢傳》曰：‘廣漢爲京兆尹廉明，威制豪彊⑥，小民得職。’師古彼注曰：‘得職，各得其常所也。’是其證。”於是自敦煌西至鹽澤，往往起亭，補曰：今自哈喇淖爾至羅布淖爾有二道：一由哈喇淖爾北，一由哈喇淖爾南，皆經羅布淖爾南至塔里木河之南岸巴罕噶順，凡千八百餘里，地皆沙漠。亭，謂如下傳“至校尉府，胥諸亭”之亭，非秦法“十里一亭”也。而輪臺、渠犁皆有田卒數百人，補曰：此據昭帝時言之。輪臺，《史記》作“侖頭”，錢氏大昕曰：“臺、頭聲相近。”顏君《李廣利傳》注：“輪臺，國名。”渠犁，《武帝紀》臣瓚注：“西域胡國名。”蓋西域小國，漢滅之以置田卒，渠犁田士千五百人，今分田輪臺，故各數百人。置使者校尉領護，師古曰：“統領保護營田之事也。”補曰：西域屯田之官皆爲校尉，此秩尊，加使者以別之，亦稱使者，《史記》“置使者護田、積粟”是也。鄭吉以後，改爲都護，遂無使者校尉之名，而其副猶稱副校尉。《後書》云：“武帝置校尉，領護西域。宣帝改曰都護。”即謂此使者校尉也。《通鑑》注引此注，“營田”作“屯田”。以給使外國者。師古曰：“收其所種五穀以供之。”⑦補曰：據《傳》言⑧：“樓蘭負水儋糧，送迎漢使。”又曰：“驢畜負糧，須諸國稟食。”又曰：“南道八國給使者往來人、馬、驢、橐駝食。”又曰：“漢使至，非以幣物不得食。”皆漢使因糧外國之證⑨，所以省齎糧之勞費，得積穀以威西國也。“使外國者”，《通考》引作“外國使者”，或西域貢獻之使，漢以此爲廩給，義亦通。

【校記】

① 謂，初編本誤作“渭”。

② 焉，底本誤作“馬”，據稿本、初編本及中華本《漢書》改。

③ 允，初編本誤作“九”。

④ 後元元年，中華本《漢書》作“後元年”。

⑤ 者，底本作“言”，據《讀書雜志》、稿本及初編本改。

⑥ 彊，底本、初編本作“疆”，據《讀書雜志》、稿本改。

⑦ 收，底本作“牧”，據稿本、初編本及中華本《漢書》改。

⑧ 言，底本、初編本作“有”，據稿本改。

⑨ 因，初編本誤作“囚”。

至宣帝時，遣衛司馬，補曰：《百官公卿表》，衛尉屬有諸屯衛候司馬二十二官。顏君《元帝紀》注云：“衛司馬，即衛尉八屯之衛司馬。”《鄭吉傳》：“以侍郎遷衛司馬。”使護鄯善以西數國。補曰：《鄭吉傳》：“使護鄯善以西南道。”及破姑師，未盡殄，師古曰：“雖破其國，未能滅之。”補曰：《史記正義》：“姑師，國名。”裴駰《集解》引徐廣注曰：“姑師即車師。”錢氏大昕曰：“車、姑聲相近。”《宣帝紀》：神爵二年（前60）秋，使都護西域騎都尉鄭吉破車師。分以爲車師前、後王及山北六國。補曰：山，天山也，今博羅圖山，姑師地，正今吐魯番及奇臺縣、阜康縣境。分姑師爲車師前、後國，且彌東、西國，卑陸前、後國，蒲類前、後國，共八國。《後書》以前、後部及東且彌、卑陸、蒲類、移支爲車師六國，不數西且彌與卑陸後國者，或已爲他國所並。時漢獨護南道，未能盡並北道也。然匈奴不自安矣。補曰：《史記・樂毅傳》："並護趙、楚、韓、魏、燕之兵以伐齊。"《索隱》："護，謂總領之也。"《匈奴傳》："單于病歐血，罷兵，使題王都犁胡次等入漢，請和親。"其後日逐王畔單于，將衆來降，補曰：《匈奴傳》：神爵二年，握衍朐鞮單于初立，凶惡，日逐王先賢撣素與單于有隙，即率其衆數萬騎歸漢。護鄯善以西使者鄭吉迎之。既至，漢封日逐王爲歸德侯，吉爲安遠侯。補曰：《鄭吉傳》：神爵中，匈奴乖亂，日逐王先賢撣欲降漢，使人與吉相聞。吉發渠犁、龜茲諸國五萬人迎日逐王。口萬二千人、小王將十二人隨吉至河曲，頗有亡者，吉追斬之，遂將詣京師。漢封日逐王爲歸德侯。宣帝詔曰："都護西域騎都尉鄭吉，拊循外蠻，宣明威信，功效茂著。其封吉爲安遠侯，食邑千戶。"《功臣表》作"安德侯"，誤。是歲，神爵三年也。補曰：按，《功臣表》，鄭吉以三年四月壬戌封，先賢撣以三年四月戊戌封，而《宣帝紀》言："神爵二年秋，匈奴日逐王先賢撣將人衆萬餘來降，使都護西域騎都尉鄭吉迎日逐，破車師，皆封列侯。"蓋迎日逐、破車師爲二年事，封侯爲三年事。《紀》特終言之，當以此傳爲正。乃因使吉並護北道，《御覽》引《會稽典錄》云："鄭吉既破車師，降日逐，威鎮西域，日逐並護車師以西北道。"①故號曰都護。都護之起，自吉置矣。師古曰："都猶總也，言總護南北之道。"補曰：顏君《鄭吉傳》注："都，猶大也，總也。揚雄言置城郭都護三十六國，謂置都護於城郭國也。"按，鄭吉既破車師，即並護北道，故封侯之詔已稱都護，是都護之置在二年秋。《百官表》作地節二年（前68）初置，誤以神爵爲地節。此傳作神爵三年，亦誤。僮僕都尉由此罷，補曰：《通鑑》注："日逐王既降，西域諸國咸屬於漢，故僮僕都尉罷。"匈奴益弱，不得近西域。補曰：是時匈奴內亂，五單于爭立，是益弱。於是徙屯田，田於北胥鞬，師古曰："胥鞬，地名也。胥音先餘反，鞬音居言反。"補曰：下言"披莎車"，是地近莎車，故《水經注》以爲自輪臺徙莎車。第通檢《漢書》，絕不見莎車屯田之事。且遠于烏壘千餘里，非都護與田官相近之意，疑"莎車"爲"車師"之訛。"田北胥鞬"即下傳"別田車師"，特《水經注》已然，是酈氏所見《漢書》已同今本。披莎車之地，師古曰："披，分也。"補曰：《左傳》"披其地以塞夷庚"，杜注云："披，猶分也。"屯田校尉始屬都護。補曰：即下傳三校尉。都護督察烏孫、康居諸外國師古曰："督，視也。"補曰：兼護北道，故特言北道國。動靜，補曰："動靜"二字當屬上"諸外國"爲句。有變以聞。可安輯，安輯之；可擊，擊之。師古曰："輯與集同。"補曰：謂得便宜行事。都護治烏壘城，補曰：今庫車城屬策特爾軍臺及其東車爾楚軍臺，皆烏壘城地。宋祁曰："烏壘下監本有'孫'字。"松按，蓋因烏孫致誤。去陽關二千七百三十八里，補曰：舉陽關以該玉門，《水經注》引作玉門、陽關。與渠犁田官相近，土地肥饒，補曰：渠犁西濱龜茲東川，東濱敦薨溢出之河，南濱塔里木大河北岸，故土地肥饒。自車爾楚南至河岸二百里。於西域爲中，故都護治焉。補曰：《鄭吉傳》："中西域而立莫府，治烏壘城。"顏君注："中西域者，言最處諸國之中，近遠均也。"

【校記】

① "日逐"二字，初編本標點屬上讀，亦不通。按，《漢書·鄭吉傳》云："吉既破車師，降日逐，威鎮西域，遂並護車師以西北道。"據此知《太平御覽》卷二〇〇引《會稽典錄》之"日逐"迺涉上誤書，"日"字衍而"逐"當作"遂"。

至元帝時，復置戊己校尉，補曰：《百官公卿表》："戊己校尉，元帝初元元年（前48）置，有丞、司馬各一人，候五人，秩比六百石。"《後書·西域傳序》："元帝置戊、己二校尉。"① 據《傳序》言，校尉有二人，據《表》言，校尉似衹一人。徧檢前書，如徐普、刁護、郭欽，皆稱戊己，無言戊校尉、己校尉者，獨《烏孫傳》有己校，吳氏仁傑謂特兵有戊校、己校之分，尉則兼戊己爲稱。吳氏又言：兩都設官之制不同。先漢有戊校、己校兵，而尉之官稱則兼戊己，後漢有戊己校尉、戊校尉，各以校兵爲名。顏君於《表》下注云："有戊校尉、己校尉。"亦誤。至戊己之名，顏君說有二義，一說戊己校尉鎮安西域，無常治處，猶甲乙等各有方位，而戊與己四季寄王，故以名官；一說戊己位在中央，今所置校尉，處三十六國之中。胡三省以爲車師不當三十六國之中，顏君前說爲是。吳氏仁傑又引《馬融傳》注，謂戊己居中，爲中堅，二校之說，取其居屯田之中。又引王氏彥賓說：戊己，土也；屯田以耕土爲事，故取爲名。松按，諸說皆非。校尉屯田車師，亦非無常治者，顏君前說亦不爲得。唯《漢官儀》厭勝之說爲近。蓋屯田校尉所以攘匈奴而安西域。西域在西，爲金，匈奴在北，爲水，戊己生金而制水耳。屯田車師前王廷②。補曰：後王廷，近匈奴，故不可田。考漢時屯田常在渠犂，昭帝時分置輪臺，宣帝時別田車師，皆不久即罷。至元帝時，屯田車師前王廷，方罷渠犂之屯，故《陳湯傳》言"發車師戊己校尉、屯田吏士"，不言渠犂。是時，匈奴東蒲類王茲力支將人衆千七百餘人降都護，補曰：《匈奴傳》："擊匈奴蒲類澤，得單于使者蒲陰王。"蒲陰謂在蒲類之陰，即蒲類王也。茲力支，不見《功臣表》，蓋未侯。都護分車師後王之西爲烏貪訾離地以處之。補曰：蒲類王舊在車師後國東，今移於西，蓋界烏孫，都護得兼護之。

【校記】

① 二，初編本誤作"三"。

② 廷，中華本《漢書》作"庭"，下注同。

自宣、元後，單于稱藩臣，補曰：《匈奴傳》，呼韓邪單于、郅支單于皆遣子入侍，事在甘露元年（前53）。《帝紀》作五鳳四年（前54），匈奴單于稱臣，遣弟入侍。西域服從。其土地山川、王侯戶數、道里遠近翔實矣。師古曰："翔與詳同，假借用耳。"補曰：漢《吳仲山碑》"出入敖詳"，亦借詳爲翔。

出陽關，自近者始，補曰：《傳》叙諸國以南道始、北道終，自鄯善至烏弋山離，南道也，以次而西南。其道經葱嶺東南以至嶺之西南，由烏弋山離轉北，而東至葱嶺西，得安息四國，東入葱嶺，經嶺中休循、捐毒二國。莎車徬葱嶺西山之東，不當烏弋山離道，故下葱嶺，經其國，自南道北行至北道，得疏勒。以次東北，至焉耆，焉耆之北，即天山車師地，於此終焉。曰婼羌。孟康曰："婼音兒。"師古曰："音而遮反。"補曰：《御覽》引《說文》曰："羌，西婼羌戎牧羊人，從人牧羊。"孟以兒音婼，兒、婼雙聲也。顏君音用蘇林說，見《趙充國傳》注。婼羌，或單言婼，《充國傳》："奉世將婼、月氏共四千人。"①《論衡》："方今哀牢、鄯善、婼降附歸德。"婼羌國王號去胡來王。師古曰："言去離胡戎來附漢也。"補曰：顏君《匈奴傳》注云："爲其去胡而來降漢，故以爲王號。"去陽關千八百里，補曰：《傳》言"去陽關"者十四，婼羌爲最近，鄯善爲西域門戶，烏壘爲建治之所，縣度爲極險之地，五翎侯、五小王所處不一，皆特言陽關，記其道里，其餘往來孔道，兩關得通②，故所不言。按，宋祁校言："越本八作六。"今校以樓蘭去陽關、長安里數，作"八"者是。去長安六千三百里，補曰：長安，漢京兆尹縣，今西安府長安、咸寧兩縣地。《傳》特於婼羌、樓蘭兩國標去陽關、去長安，知陽關之去長安四千五百里。辟在西南，不當孔道。師古曰："辟讀曰僻。孔道者，穿山險而爲道，猶今言穴徑耳。"補曰：《趙充國傳》："狼何，小月氏種，在陽關西南。"蓋與婼羌雜處者。孔道，《張騫傳》作"空道”，顔君注“鑿空”云：“空，孔也。猶言始鑿其孔穴，故《西域傳》謂之‘孔道’。”懷祖先生曰：“孔道猶言大道，謂其國僻在西南，不當大道也。老子《道經》‘孔德之容’，河上公注曰：‘孔，大也。’《太玄》羡·次五曰：‘孔道夷如，蹊路微如。’《説文》云：‘孔，通也。’大道亦謂之通道，今俗語猶云通衢大道矣。”戶四百五十，口千七百五十，勝兵者五百人。補曰：勝音升，《通鑑》注曰：“勝，任也。勝兵者，謂能操五兵而戰也。”《傳》惟《罽賓》《安息》《烏弋山離》三國不言戶口、兵數。西與且末接。師古曰：“且音子餘反。”補曰：《舊唐書·吐谷渾傳》作“且沫”③。《傳》或言接，或言通，或言至。按④，《于闐》言北與姑墨接，而《姑墨》言南至于闐，《龜茲》言西與姑墨接，而《姑墨》言東通龜茲，是因地爲文，非有異義。隨畜逐水草，不田作，補曰：《後漢書·西羌傳》：“南接蜀、漢徼外蠻夷，西北鄯善、車師諸國。所居無常，依隨水草。地少五穀，以産牧爲業。”仰鄯善、且末穀。師古曰：“賴以自給也。仰音牛向反。”補曰：鄯善亦仰穀旁國，此蓋由鄯善以資且末。山有鐵，自作兵，兵有弓、矛、服刀、劍、甲。劉德曰：“服刀，拍髀也。”師古曰：“拍音貊，髀音俾，又音陛。”補曰：《御覽》引作：“自作兵甲，有弓、矛、服刀、劍。”汪校本“弓”下無“矛”字，《釋名》曰：“短刀曰拍髀，帶時拍髀旁也。”西北至鄯善，乃當道云。補曰：婼羌種與西域別，班君不立《西羌傳》，故因西域道里所經併言之。

【校記】

① “氐”下初編本及中華本《漢書》有“兵”字。

② 兩，初編本誤作“爾”。

③ 沫，底本作“沬”，據稿本、初編本及中華本《舊唐書》改。

④ 按，初編本誤作“接”。

鄯善國，本名樓蘭，補曰：《水經注》：“澤在樓蘭國北扜泥城，故彼俗謂是海爲牢蘭海。"蓋海因國得名。牢、樓一聲之轉。《匈奴傳》單于遺漢書曰樓蘭、烏孫,是未改國名之證。王治扜泥城,師古曰:"扜音一胡反。"補曰:《御覽》注云:"扜音烏。"汪校本"泥"作"尼"。按,《水經注》:"扜泥城,其俗謂之東故城。"蓋以伊循爲新城也。《魏書》曰:"所都城方一里。"去陽關千六百里,補曰:《魏書》:"自玉門渡流沙西行二千里,至鄯善。"去長安六千一百里。補曰:《傳》凡言"去長安"者四十九。戶千五百七十,口萬四千一百,勝兵二千九百十二人。輔國侯、補曰:西域置輔國侯者二十二國,凡二十三人。卻胡侯、師古曰:"卻音丘略反,其字從卩,卩音節,下皆類此。"補曰:凡言"卻胡"、"擊胡"者,皆近匈奴之國。焉耆與鄯善有卻胡侯,疏勒、龜茲有擊胡侯,龜茲有卻胡都尉、卻胡君,危須、焉耆有擊胡都尉,危須又有擊胡君。鄯善都尉、補曰:西域置都尉者三十一國,惟此與精絕繫國名爲官。擊車師都尉、補曰:西域凡置二人,一在龜茲。左右且渠、補曰:此因匈奴官名,顏君《匈奴傳》注:"且音子餘反,分左右爲二人。"擊車師君補曰:西域凡置二人,一在焉耆,蓋鄯善、龜茲、焉耆皆近車師。各一人,譯長二人。補曰:西域凡置三十九人,猶今之通事。凡"譯長二人"者,蓋亦分左右。按,諸國官皆用其國人爲之,而佩漢印綬,猶今之回部伯克,第官制亦非定於一時。鄯善之名定於元鳳間,其前不得有鄯善都尉;車師破於宣帝時,其後不得有擊車師之稱。西北去都護治所千七百八十五里,補曰:即烏壘城也。凡《傳》言"去都護治"者五十一國。至山國千三百六十五里,師古曰:"此國山居,故名山國也。"補曰:下云山國"東南與鄯善、且末接",是在鄯善西北。按,《水經注》:"河水又東,逕墨山國南。"《傳》奪"墨"字,顏君因爲山居之說,非也。西北至車師千八百九十里。補曰:其地相接,故漢每使樓蘭擊車師。地沙鹵,少田,補曰:《佛國記》:"鄯善國,其地崎嶇、薄瘠。"寄田仰穀旁國。師古曰:"寄於它國種田,又糴旁國之轂也。仰音牛向反。”補曰：蓋寄田且末①。國出玉，補曰：今未聞。多葭葦、檉柳、胡桐、白草。孟康曰：“白草，草之白者。胡桐似桑而多曲。”師古曰：“檉柳，河柳也，今謂之赤檉。白草似莠而細。無芒。其乾熟時正白色，牛馬所嗜也。胡桐亦似桐，不類桑也，蟲食其樹而沬出下流者②，俗名爲胡桐淚，言似眼淚也，可以汗金銀也，今工匠皆用之。流俗語訛呼淚爲律。檉音丑成反。”補曰：此數種徧西域有之，不獨鄯善。說胡桐形狀，孟說爲近，淚者，樹之汁，非必蟲食，其性大寒，治口齒，可已馬疾。白草，顏君說是，春發新苗，與諸草無異，冬枯而不萎，高三四尺，性至堅韌，以之織物，其用如竹，惟哈喇沙爾城東特伯勒古地産者最堅實，心可爲箸。宋祁曰：“注文‘工’字，别本作‘匠’。”汪校本“銀”下無“也”字、“今”字。民隨畜牧逐水草，補曰：《魏書》曰：“地多沙鹵，少水草。”有驢馬，多橐它。師古曰：“它，古他字也，音徒何反。”補曰：《一切經音義》：“橐駞又作馲同③，他各反，又音託，知水泉所出。”《御覽》引“它”作“佗”。能作兵，與婼羌同。

【校記】

① 末，初編本誤作“未”。
② 沬，底本作“沫”，據稿本、初編本改。
③ 駞，稿本作“駝”；馲，稿本作“駞”。

初，武帝感張騫之言，甘心欲通大宛諸國，補曰：《張騫傳》：“天子既聞大宛及大夏、安息之屬皆大國，多奇物，土著，頗與中國同俗，而兵弱，貴漢財物；其北則大月氏、康居之屬，兵彊①，可以賂遺設利朝也。誠得而以義屬之，則廣地萬里，重九譯，致殊俗，威德徧於四海。天子欣欣以騫言爲然。迺令因蜀犍爲發閒使，數道並出：出駹②，出莋，出徙、邛，出僰，皆各行一二千里。”使者相望於道，一歲中多至十餘輩。

補曰:《史記·大宛傳》:"自博望侯開外國道以尊貴,其後從吏卒皆爭上書言外國奇怪利害,求使。"《張騫傳》:"漢使數百人爲輩,大者數百人,少者百餘人。"樓蘭、姑師當道,苦之,師古曰:"每供給使者受其勞費,故厭苦也。"③補曰:《通鑑》注:"漢出西域有兩道:南道從樓蘭,北道從車師,故二國當漢使空道。"攻劫漢使王恢等,補曰:按,《大宛傳》:"漢使乏絕積怨,至相攻擊。而樓蘭、姑師小國耳,當空道,攻擊漢使王恢等尤甚。"是攻劫之端,起於漢使,外國因以發難。《史記集解》引徐廣曰:"恢亦作怪。"又數爲匈奴耳目,令其兵遮漢使。補曰:《大宛傳》:"匈奴奇兵時時遮擊使西國者。"按,《百官公卿表》,張騫拜大行令在元鼎二年(前115),《史記》以西域、匈奴攻漢使在張騫尊貴之後,蓋元鼎三年至元封初事。漢使多言其國有城邑,兵弱易擊。補曰:如《張騫傳》言"諸嘗使宛姚定漢等言宛兵弱,漢兵不過三千人④,强弩射之,即破"之類。於是武帝遣從票侯趙破奴將屬國騎師古曰:"屬國謂諸外國屬漢也。"補曰:元狩二年(前121),置五屬國以處昆邪、休屠降衆。及郡兵數萬擊姑師。補曰:《大宛傳》:"破奴將屬國騎及郡兵數萬至匈河水,欲以擊胡,胡皆去。其明年,擊姑師。"按,《功臣表》,從票侯趙破奴元封三年(前108)以匈奴河將軍擊樓蘭,封浞野侯,《趙破奴傳》亦云封浞野侯在爲匈河將軍後一歲,是先於元封二年將屬國騎及郡兵擊胡,三年乃擊姑師。王恢數爲樓蘭所苦,補曰:《史記集解》引徐廣曰:"恢爲中郎將。"上令恢佐破奴將兵。破奴與輕騎七百人補曰:《大宛傳》作"七百餘"。先至,虜樓蘭王,遂破姑師,補曰:按,《功臣表》王恢以捕得車師王侯,是樓蘭、姑師二王皆被虜。因暴兵威以動烏孫、大宛之屬。師古曰:"暴謂顯揚也。"補曰:《史記》"暴"作"舉"、"動"作"困"。按,是時惟大宛未通,烏孫已與漢和親,不得言"舉兵困之",《漢書》義長。還,封破奴爲浞野侯,恢爲浩侯。蘇林曰:"浩音昊。"補曰:浞野侯封於元封三年，浩侯封於四年。於是漢列亭障至玉門矣。補曰：《史記》作"酒泉列亭障至玉門"，言自酒泉郡列亭障至敦煌之玉門關也。亭障者，猶貔道有密艾亭、廣至有昆侖障之類。

【校記】

① 彊，底本、初編本作"疆"字，據稿本及中華本《漢書》改。

② 駹，諸本作"驪"，據中華本《漢書》改。

③ 也，中華本《漢書》作"之"。

④ "漢兵"前中華本《漢書》有"誠以"二字。

樓蘭既降服貢獻，匈奴聞，發兵擊之。補曰：《匈奴傳》："匈奴數使奇兵侵犯漢邊，漢拜郭昌爲拔胡將軍①，及浞野侯屯朔方。"考之《武帝紀》及郭昌附傳，事當在元封四年（前107）。於是樓蘭遣一子質匈奴，一子質漢。後貳師軍擊大宛，補曰：《武帝紀》：太初元年（前104）秋，"遣貳師將軍李廣利發天下讁民西征大宛。"匈奴欲遮之，補曰：太初元年，李廣利引兵至郁成即還。是年，匈奴左大都尉欲殺單于以降漢，未必欲遮漢使。且廣利士財數千，皆饑罷，不得言兵盛。按，《廣利傳》：廣利引還，往來二歲，歲餘，出敦煌。蓋再出兵在太初三年。《匈奴傳》云："其秋，匈奴大入雲中、定襄、五原、朔方，殺略數千人，敗數二千石而去。"②"又使右賢王入酒泉、張掖，略數千人。"聞貳師將軍破大宛，斬其王還，單于欲遮之，不敢。"即三年秋也。貳師兵盛不敢當，補曰：《李廣利傳》："出敦煌六萬人，負私從者不與。牛十萬，馬三萬匹，驢、橐駞以萬數齎糧，兵弩甚設。五十餘校尉。"是兵盛也。即遣騎因樓蘭候漢使後過者，欲絶勿通。補曰：因樓蘭者，使漢不覺。時漢軍正任文將兵屯玉門關，補曰：任文見《匈奴傳》，是年擊右賢王救酒泉、張掖者。爲貳師後距，師古曰："後距者，居後以距敵。"補曰：距，抵拒也，《説文》

無拒字,依許義,距當作歫。捕得生口,知狀以聞。上詔文便道引兵捕樓蘭王。補曰:太初二年,漢以貳師將軍伐大宛,使李陵將五校兵隨後,見《李廣傳》。任文之後距,蓋亦隨貳師軍後,故便道至樓蘭。將指闕,簿責王,師古曰:"以文簿一一責之,簿音步戶反。"補曰:《匈奴傳》:"呼韓邪單于使來,漢輒簿責之。"對曰:"小國在大國間,不兩屬無以自安。願徙國入居漢地。"上直其言,遣歸國,師古曰:"以其言爲直。"亦因使候伺匈奴。補曰:《通鑑》"伺"作"司",注云:"司讀曰伺。"汪校本作司。匈奴自是不甚親信樓蘭。

【校記】

① "拜"上中華本《漢書》有"迺"字。

② 二,初編本誤作"三"。

征和元年(前92),樓蘭王死,補曰:樓蘭既虜,復歸國,自元封三年(前108)至此,凡十六年。國人來請質子在漢者,欲立之。質子常坐漢法,下蠶室宮刑,補曰:《三輔黃圖》:"蠶室,行腐刑之所也。"顔君"蠶室"注見《張安世傳》注。故不遣。報曰:"侍子,天子愛之,不能遣。其更立其次當立者。"樓蘭更立王,補曰:即《傳》所謂"後王",《水經注》以爲傅介子刺殺樓蘭王,更立後王,誤。漢復責其質子,補曰:據下傳文,"立王弟尉屠耆在漢者",《傅介子傳》作"前太子質在漢者",是質漢者即尉屠耆。亦遣一子質匈奴。補曰:即安歸也。後王又死,匈奴先聞之,遣質子歸,得立爲王。師古曰:"匈奴在漢前聞樓蘭王死,故即遣質子還也。"漢遣使詔新王,令入朝,天子將加厚賞。樓蘭王後妻,故繼母也,補曰:樓蘭用匈奴俗。謂王曰:“先王遣兩子質漢,皆不還,補曰:據此則安歸、尉屠耆於後王爲昆弟,故《水經注》亦稱尉屠耆爲前王質子。奈何欲往朝乎?”王用其計,謝使曰:“新立,國未定,願待後年入見天子。”然樓蘭國最在東垂,補曰:《史記索隱》引樂彦曰:“垂,邊也。”近漢,當白龍堆,乏水草,補曰:《匈奴傳》注:“孟康曰:龍堆形如土龍身,無頭有尾,高大者二三丈,埤者丈餘,皆東北向,相似也,在西域中。”《魏書》:“鄯善北即白龍堆。”按,即今噶順沙磧①,千餘里無水草。常主發導,補曰:《大宛傳》“爲發導譯抵康居”②,《索隱》曰:“發導,謂發驛令人導引。”負水儋糧,送迎漢使,補曰:今經沙漠者皆預儲糧水。韋昭《齊語》注:“背曰負,肩曰儋。”送迎,汪校本作“迎送”。又數爲吏卒所寇,懲艾不便與漢通。師古曰:“艾讀曰乂。”補曰:《淮揚憲王欽傳》:“懲艾霍氏。”顔君注:“艾,創也。”《匈奴傳》:“匈奴亦創艾。”後復爲匈奴反間,師古曰:“間音居莧反。”補曰:安歸,故匈奴所立。數遮殺漢使。補曰:按,《傅介子傳》:“樓蘭王殺漢使者衛司馬安樂、光禄大夫忠、期門郎遂成三輩。”其弟尉屠耆降漢,具言狀。補曰:匈奴謂賢曰屠耆,蓋以匈奴語爲名;久在漢,故曰降。

【校記】

① 磧,初編本誤作“積”。

② 譯,中華本《史記》作“繹”。

元鳳四年(前77),大將軍霍光白遣平樂監傅介子往刺其王。補曰:《傅介子傳》:“傅介子謂大將軍霍光曰:‘樓蘭、龜茲數反覆而不誅,無所懲艾。介子過龜茲時,其王近就人,易得也,願往刺之,以威示諸國。’大將軍曰:‘龜茲道遠,且驗之於樓蘭。’於是白遣之。”平樂監,《功臣表》作"平樂廄監";《張安世傳》:"放爲侍中、中郎將,監平樂屯兵。"蓋平樂觀也。介子輕將勇敢士,齎金幣,揚言以賜外國爲名。既至樓蘭,詐其王欲賜之,補曰:《傅介子傳》:"至樓蘭,樓蘭王意不親介子,陽引去,至其西界,使譯謂曰:'漢使者持黄金、錦繡行賜諸國,王不來受,我去之西國矣。'即出金幣以示譯。譯還報王,王貪漢物,來見使者。"王喜,與介子飲,醉,將其王屏語,補曰:《傅介子傳》:"飲酒皆醉,介子謂王曰:'天子使我私報王。'王起隨介子入帳中,屏語。"壯士二人從後刺殺之,補曰:《傅介子傳》:"刃交匈,立死。"貴人左右皆散走。介子告諭①以"王負漢罪,天子遣我誅王,當更立王弟尉屠耆在漢者。漢兵方至,毋敢動,自令滅國矣!"介子遂斬王嘗歸首,師古曰:"嘗歸者,其王名也。《昭紀》言安歸,今此作嘗歸,《紀》《傳》不同,當有誤者。"補曰:《傅介子傳》兩見,皆作安歸,或因詔有"安歸嘗爲匈奴間候"之語,連文致誤。馳傳詣闕,師古曰:"傳音張戀反。"補曰:《漢官儀》:"奉璽書使者乘馳傳,其驛騎也,三騎行晝夜千里爲程。"縣首北闕下。補曰:北闕,未央宫之北門,在北司馬門之北,《長安志》引顔君注曰:"未央雖南嚮,而上書奏事謁見之徒,皆詣北闕,是則以北闕爲正門。"又引《關中記》曰:"未央宫北有玄武闕,所謂北闕。"按,《蘇武傳》:"宛王殺漢使者,頭懸北闕。"《匈奴傳》:"南越王頭已懸於漢北闕下。"而《陳湯傳》言斬郅支首,"懸頭藁街蠻夷邸間"。《三輔黄圖》以蠻夷邸在長安城内,或藁街即北闕下之街。封介子爲義陽侯。補曰:《功臣表》以元鳳四年七月己巳封。乃立尉屠耆爲王,更名其國爲鄯善,補曰:《説文》:"鄯善,西胡國也。"段氏曰:"此時初製鄯字。"爲刻印章,補曰:衛宏《漢舊儀》:"匈奴單于黄金印、槖駞紐,文曰章。"此蓋寵異之,比于單于。賜以宫女爲夫人,補曰:《漢舊儀》:"宫人,擇宫婢年八歲以上侍皇后以下,年三十五出嫁。"備車騎輜重,師古曰:"重音直用反。"補曰:李善《二京賦》注引張揖云:“輜重,有衣車也。”段氏云:“《説文》意以前有衣爲軿車,後有衣爲輜車。”丞相、將軍率百官送至横門外,孟康曰:“横音光。”補曰:《三輔黄圖》:“長安城北出西頭第一門曰横門,其外郭有都門,有棘門,門外有横橋。”古韻横、光同部,《水經注》“睢水逕横城”,酈氏曰:“世謂之光城,蓋光、横聲相近。”宋祁曰:“淳化本作‘丞相、將軍、百官’,景德監本及浙本作‘丞相率百官’,無‘將軍’字,越本作‘丞相、將軍率百官’。”今汪校同淳化本。祖而遣之。師古曰:“爲設祖道之禮也。”補曰:顔君《劉屈氂傳》注:“祖者,送行之祭,因設宴飲焉。”王自請天子曰:“身在漢久,今歸,單弱,而前王有子在,恐爲所殺。補曰:《通考》引“殺”作“拒”。國中有伊循城,補曰:《馮奉世傳》:使大宛,經鄯善伊脩城。按,《淮南·俶真訓》“處士脩其道”,《御覽》引“脩”作“循”。《後書·獻帝紀》“吴脩”,《袁紹傳》作“吴循”,循、脩雙聲字。《水經注》:“河水逕伊循城北,又東注澤,澤在扜泥城。”是伊循在樓蘭國西界。其地肥美,補曰:伊循城爲注賓河所經,故地肥美。願漢遣一將屯田積穀,令臣得依其威重。”於是漢遣司馬一人、補曰:蓋亦八屯之司馬。吏士四十人,田伊循以填撫之。師古曰:“填音竹刃反。”補曰:《水經注》云:“敦煌索勱,字彦義,有才略,刺史毛奕表行貳師將軍,將酒泉、敦煌兵千人至樓蘭屯田。起白屋,召鄯善、焉耆、龜兹三國兵各千横斷注賓河。河斷之日,水奮勢激,波淩冒隄,勱厲聲曰:‘王尊建節,河隄不溢。王霸精誠,呼沱不流。水德神明,古今一也。’勱躬禱祀,水猶未減,乃列陣被杖,鼓噪讙叫,且刺且射,大戰三日,水乃迴減,灌浸沃衍,胡人稱神。大田三年,積粟百萬,威服外國。”是伊循屯田之事也。其後更置都尉。補曰:都尉秩尊於司馬,此漢官,與鄯善都尉異。伊循官置始此矣。補曰:《水經注》言鄯善國“治伊循城”,蓋以地肥美徙都之。

【校記】

① 諭,初編本誤作"論"。

鄯善當漢道衝,補曰:《説文》作"衝,通道也"。西通且末七百二十里。自且末以往補曰:且末以西,入今和闐境。皆種五穀,土地草木,畜産作兵,略與漢同,有異乃記云。

且末國,王治且末城,補曰:按,《水經注》:"南河又東,逕且末國北,又東,右會阿耨達大水。其水北流,逕且末南山,又北,逕且末城西。且末河東北流,逕且末北,又流而左會南河。"且末河蓋今之克勒底雅河①,是且末在今和闐東境。去長安六千八百二十里。補曰:且末至鄯善七百二十里,鄯善至長安六千一百里,故且末去長安六千八百二十里,其去陽關當二千三百二十里。戶二百三十,口千六百一十,勝兵三百二十人。補曰:《漢紀》以爲小國。輔國侯、左右將、補曰:西域置左右將者十九國,凡四十人。譯長各一人。西北至都護治所二千二百五十八里,北接尉犁,補曰:且末北界且末河,蓋與尉犁以河爲界。《尉犁》云南接鄯善、且末,是尉犁在且末東北界。南至小宛可三日行。補曰:顔君《張騫傳》注云:"不知其道里多少,故以日數言之。"按,《傳》有言馬行若干日者,此當爲步行。據小宛去長安里數,則且末至小宛三百九十里,是步行可三日也。有蒲陶諸果。補曰:《一切經音義》引《通俗文》曰:"西域出蒲萄,荆州出竿蔗。"西通精絕二千里。補曰:俗本作"三千",今從宋本改。按,下《精絕國》言"去長安八千八百二十里",則且末通精絕正二千里也。《魏書》云:"且末西北方,流沙數百里,夏日有熱風,爲行旅之患。風之所至,唯老駝豫知之②,即鳴而聚立,埋其口鼻於沙中,人每以爲候,亦即將氈擁蔽鼻口。其風迅駛,斯須過盡。若不防者,必至危斃。"是即通精絕之路也。

【校記】

① 底,初編本誤作"低"。

② 豫,初編本作"預"。

小宛國,王治扜零城,師古曰:"扜音烏。"去長安七千二百一十里。補曰:去陽關當二千七百一十里。戶百五十,口千五十,勝兵二百人。補曰:尤小于且末。輔國侯、左右都尉各一人。補曰:西域置左右都尉者十九國,凡四十人。西北至都護治所二千五百五十八里,補曰:以在且末南,故遠三百里。東與婼羌接,辟南不當道。師古曰:"辟讀曰僻,下皆類此。"補曰:《戎盧》《于闐》《難兜》三國皆云南接婼羌,而此與《渠勒》獨言東西者,蓋小宛、渠勒二國所據之山谷近於南,其實羌包有南山,此亦當云南也。

精絕國,王治精絕城,去長安八千八百二十里。補曰:去陽關當四千三百二十里。戶四百八十,口三千三百六十,勝兵五百人。補曰:《漢紀》以爲小國。精絕都尉、左右將、譯長各一人。北至都護治所二千七百二十三里,補曰:《水經注》:"南河又東,逕精絕國北。"《傳》又言渠犁南接精絕,是精絕北境以河爲界,過河即渠犁與都護治。南至戎盧國四日行,地阸陿,補曰:《說文》:"阸,塞也。""陜,隘也。"段氏曰:"阸之言扼也。""陜,俗作陿。"此《漢書》相沿用俗字。又按,《說文》陋字下云:"阸,陜也。"是漢時有此語。西通扜彌四百六十里。師古曰:"扜音烏。"補曰:不言東者,與且末互文見義。按,《龜茲》云東南接且末,南接精絕;《渠犁》亦曰東南接且末,南接精絕。渠犁西至龜茲五百八十里,是知精絕國境東西長也。

戎盧國，王治卑品城，去長安八千三百里。補曰：去陽關當三千八百里。戶二百四十，口千六百一十，勝兵三百人。補曰：《漢紀》以爲小國。《傳》凡無官之國十三，僻遠、國小，故不具。車師都尉及後城長不爲國，故亦無官。東北至都護治所二千八百五十八里，東與小宛、南與婼羌、西與渠勒接，辟南不當道。補曰：《傳》言"不當道"之國三，皆與婼羌相屬。

扜彌國，補曰：《史記》作"扜罙"①，《索隱》曰："扜罙，國名也。"按，"扞"即"扜"字之訛，"彌"、"罙"音同。王治扜彌城，補曰：《漢紀》作"拘彌"。去長安九千二百八十里。補曰：扜彌至精絕四百六十里，精絕至長安八千八百二十里，故扜彌去長安九千二百八十里也。去陽關當四千七百八十里。戶三千三百四十，口二萬四十，勝兵三千五百四十人。補曰：《漢紀》以爲次大國。輔國侯、左右將、左右都尉、左右騎君各一人，補曰：西域置騎君者十一國，凡二十一人。譯長二人。東北至都護治所三千五百五十三里，南與渠勒、東北與龜茲、西北與姑墨接，師古曰："龜音丘，茲音慈。"正言屈支也，屈音居勿反。補曰：與龜茲接壤，故賴丹質於龜茲。西通于闐三百九十里。補曰：《史記集解》引徐廣曰："《漢紀》云：拘彌去于寘三百里。"按，《後漢書》："永建四年(129)，于寘王放前殺拘彌王興，自立其子爲拘彌王。"是知接壤也。今名寧彌。補曰：今謂孟堅作書時也。扜彌爲寧彌，亦猶樓蘭爲鄯善。"今名"俗本作"今曰"。

【校記】

① 扜，初編本誤作"扞"，下同。

渠勒國，王治鞬都城①，師古曰："鞬音居言反。"去長安九千九百五十里。補曰：去陽關當五千四百五十里。戶三百一十，口二千一百七十，勝兵三百人。補曰：《漢紀》以爲小國。東北至都護治所三千八百五十二里，東與戎盧、西與婼羌、北與扜彌接。補曰：不言南者，戎盧在東，于闐在西，皆南接婼羌。此南亦婼羌可知。

【校記】

① 鞬，初編本誤作"韃"。

于闐國，補曰：《史記》作于寘，《索隱》曰："寘音田，又音殿。"唐《西域記》作瞿薩旦那國，注云："俗謂之渙那。匈奴謂之于遁，諸胡謂之豁旦，印度謂之屈丹。舊曰于闐，訛也。"《一切經音義》："梵言薩旦那，此譯云地乳國，其地忽然隆起，其狀如乳，神童飲吮，因以名焉。"按，爲今和闐地。王治西城，補曰：《後魏書》云："其地方亘千里，連山相次。所都城方八九里。"《新唐書》："其居曰西山城。"去長安九千六百七十里。補曰：于闐去扜彌三百九十里，扜彌去長安九千二百八十里，故于闐去長安九千六百七十里也，去陽關當五千一百七十里。戶三千三百，口萬九千三百，勝兵二千四百人。補曰：《漢紀》以爲次大國。按，《新唐書》言"勝兵四千人"，蓋其時並有戎盧、扜彌、渠勒、皮山五國地，故兵强也。輔國侯、補曰：《後書·西域傳》有輔國侯仁。左右將、左右騎君、東西城長、補曰：《後魏書》于闐"部內有大城五"，又云城東有大水，城西亦有大水。然則于闐所治之西城爲今額里齊城，其東城或玉隴哈什城歟？東西城長，蓋分治之。譯長各一人。東北至都護治所三千九百四十七里，補曰：《後魏書》："東去鄯善千五百里。"南與婼羌接，補曰:《後魏書》:于闐在"葱嶺之北二百餘里",今之雪山,婼羌蓋在南山中也。北與姑墨接。補曰:今南北二河皆逕和闐北界,姑墨在北河之北也。《後魏書》:"北去龜兹千四百里。"于闐之西,補曰:《水經注》引作"以西"。水皆西流,補曰:《西域記》言:"覩貨邏國南北千餘里,東西三千餘里。東扼葱嶺,西接波剌斯,南大雪山,北據鐵門,縛芻大河中境西流。"按,大雪山在于闐南山之南;又東阨葱嶺,是覩貨邏地在葱嶺西南,縛芻在其中境,正當葱嶺西矣。注西海;補曰:《水經注》引作"注于西海",酈氏言:"其水至安息,注雷翥海。"其東,水東流,補曰:《後魏書》:于闐城東有大水北流,號樹枝水,即黄河也,一名計式水。城西亦有大水,名達利水,與樹枝水會,俱北流。按,此二水即于闐河,合以東流。注鹽澤,河原出焉。蘇林曰:"即中國河也。"補曰:《水經注》引《涼土異物志》曰:"葱嶺之水,分流東西,西入大海,東爲河源。"蓋葱嶺在于闐西也①。多玉石。師古曰:"玉石,玉之璞也,一曰石之似玉也。"補曰:《後魏書》言:城東三十里有苜拔河②,出玉石。又曰:"山多美玉。"唐《西域記》言"産白玉、黳玉"。今和闐采玉皆于水,所采皆璞,顔君前説是。注中"玉石"二字,據宋本增。西通皮山三百八十里。補曰:唐《西域記》:斫句迦國東八百餘里,爲于闐。《後魏書》:蒲山國"在于闐南",疑"南"爲"西"之訛。

【校記】

① 在,初編本誤作"注"。

② 苜,中華本《魏書》作"首"。

皮山國,王治皮山城,補曰:《後魏書》:"蒲山國,故皮山國也,居皮城。"是皮山城亦曰皮城。去長安萬五十里。補曰:于闐去長安九千六百七十里,皮山去于闐三百八十里,故去長安一萬零五十里也,去陽闕當五千五百五十里。戶五百，口三千五百，勝兵五百人。補曰：《漢紀》以爲小國。左右將、左右都尉、騎君、譯長各一人。東北至都護治所四千二百九十二里，西南至烏秅國千三百四十里，鄭氏曰："烏秅音鷃拏。"師古曰："烏音一加反，秅音直加反，急言之聲如鷃拏耳，非正音也。"補曰：顔君讀烏爲鴉，鴉與鷃雙聲字。按，皮山去都護四千二百九十二里，烏秅去都護四千八百九十二里，是烏秅遠于皮山僅六百里。此言兩國相去千三百四十里，疑有誤。南與天篤接，補曰：《張騫傳》"吾賈人往市之身毒國"注引鄧展曰："毒音篤。"又引李奇曰："一名天篤，浮屠胡是也。"①《後漢書·杜篤傳》又作"天督"。《一切經音義》云："天竺今作篤，天竺或言身毒，或言賢豆，皆訛也。正言印度，印度名月，月有千名，斯一稱也。良以彼土賢聖相繼，開悟羣生，照臨如月，因以名也。"《後書》云："從月氏、高附國以西，南至西海，東至磐起國，皆身毒之地。"北至姑墨千四百五十里，補曰：《水經注》：河水自蒲犂國"東逕皮山國北"，亦與姑墨以河分界也。西南當罽賓、烏弋山離道，補曰：《後魏書》：蒲山國"西南三里有凍凌山"。按，《子合》云東接皮山，西南接烏秅②；《罽賓》云東至烏秅、西南接烏弋山離。是由皮山至罽賓，必先經子合與烏秅，不言者，略也。西北通莎車三百八十里。補曰：《子合》云北接莎車。子合在皮山之西，故皮山西北通莎車。

【校記】

① "浮"上中華本《漢書》有"則"字。

② 南，底本、初編本誤作"西"，據稿本及中華本《漢書》改。

烏秅國，王治烏秅城，補曰：《後魏書》："權於摩國，故烏秅國①。其王居烏秅城。"去長安九千九百五十里。補曰：皮山之去長安已萬五十里，烏秅遠於皮山，不容去長安反近，疑有誤。戶四百九十,口二千七百三十三,勝兵七百四十人。補曰:《漢紀》以爲小國。東北至都護治所四千八百九十二里,北與子合、蒲犁,補曰:《蒲犁》云南接子合,是蒲犁又在子合北。西與難兜接。補曰:縣度亦在國西,或與難兜爲界歟? 山居,田石間。補曰:《水經注》作"佃于石壁間",唐《西域記》:"達摩悉鐵帝國在兩山間,堆阜高下,沙石流漫,寒風淒烈。雖植麥豆,少樹林,乏花果。"有白草。補曰:《後書》云:西夜國"生白草,有毒②,國人煎以爲藥,傅箭鏃,所中即死。"按,此非鄯善之白草,故別言之。累石爲室。民接手飲。師古曰:"自高山下谿澗中飲水,故接連其手,如蝯之爲。"出小步馬,孟康曰:"種小能步也。"師古曰:"此說非也。小,細也,細步言其能蹀足,即今所謂百步千跡者也。豈謂其小種乎?"補曰:依顔君所說,今俗謂之碎走。但馬之能步能驟,各各不同,豈一國所出,盡能如一? 按,唐《西域記》言此"多出善馬,馬形雖小,而耐馳涉",則孟氏之說不爲非也。有驢無牛。其西則有縣度,師古曰:"縣繩而度也。縣,古懸字耳。"補曰:《水經注》引郭義恭曰:"烏秅之西,有縣度之國,山谿不通,引繩而度,故國得其名也。"去陽關五千八百八十八里,補曰:陽關之與都護相去二千餘里,而此縣度去陽關、都護道里差相似者,蓋縣度與陽關皆偏南,故雖遠而路徑直也。去長安當一萬三百八十八里。去都護治所五千二十里。補曰:據此文,是烏秅城至縣度山一百二十八里。縣度者,石山也,補曰:石山,《通典》引作"名山",云在渴槃陀國南四百里。谿谷不通,補曰:谿谷,《御覽》引作"谷谿"。以繩索相引而度云。補曰:郭義恭言縣度之國,蓋後人因山爲國耳。

【校記】

① "國"下中華本《魏書》有"也"字。

② 毒,底本作“毐”,據中華本《後漢書》、稿本、初編本改。

西夜國,補曰:《後書》云:“西夜一名漂沙。”《後魏書》:“悉居半國,故西夜國也。”《元和姓纂》:“悉君:故西掖國人。”是“西夜”又作“西掖”。王號子合王,補曰:范史譏《漢書》誤以西夜、子合爲一國。然考之《傳》文,《依耐》《無雷》《烏秅》言子合不言西夜,《莎車》言西夜不言子合,此傳亦明言西夜與胡異,復別言子合出玉石,截然爲二國。惟《蒲犂》下兼言西夜①、子合,而《水經注》所引之古本仍無西夜二字,且《漢書》之例固有連言二國者,如《烏弋山離》云“與犂靬、條支接”,《尉犂》《山國》云“與鄯善、且末接”,豈得以文義相屬,遂指爲一國乎?此傳所言地理,證以他書,皆是子合之事,蓋《漢書》“西夜國王號子”下有戶口、兵數及四至之文,傳本奪爛,因以“號子”與“子合”牽連爲一,范氏之論爲不察矣。《後魏書》云:“其王號子,治呼犍。”是“號子”者,其王之稱。徐氏《管城碩記》云:“‘西夜國王號’爲句,‘子合王治呼犍谷’爲句。”是猶未考《後魏書》也。治呼犍谷,師古曰:“犍音鉅言反。”補曰:《後書》“犍”作“鞬”。《佛國記》:“自子合南行四日,入葱嶺山。”《新唐書》:“子合在葱嶺北三百里。”是呼犍爲葱嶺中谷名。去長安萬二百五十里。補曰:去陽關當五千七百五十里。戶三百五十,口四千,勝兵千人。補曰:《漢紀》以爲小國。東北到都護治所五千四十六里,東與皮山、補曰:《佛國記》:法顯自于闐行二十五日到子合國。蓋于闐西通皮山,由皮山以達子合。西南與烏秅、北與莎車、補曰:《後魏書》:“渠莎國,居故莎車城,在子合西北。”西與蒲犂接。補曰:《蒲犂》言南接子合,則此爲西北也。蒲犂及依耐、無雷國師古曰:“耐音奴代反。”皆西夜類也。補曰:五國同類,故壤相接。西夜與胡異,補曰:臣瓚《武帝紀》注:“渠犂,西域胡國名。”是漢時名西域爲胡,故《後書·梁冀傳》《馬援傳》皆稱“西域賈胡”。《說文》謂之西胡。段氏曰:“《說文》西胡凡三見,言西胡以別匈奴之北胡。”其種類羌氐行國，師古曰："言不土著也。"補曰：《商頌》箋："氐羌，夷狄國在西方者。"蓋羌與氐爲一。隨畜逐水草往來。而子合土地出玉石。補曰：特言之以别西夜②。

【校記】

① 西，初編本誤作"至"。

② 特，底本作"持"，據稿本、初編本改。

蒲犂國，王治蒲犂谷①，補曰：蓋亦葱嶺谷。去長安九千五百五十里。補曰：去陽關當五千五十里。戶六百五十，口五千，勝兵二千人。補曰：《漢紀》以爲小國。東北至都護治所五千三百九十六里，補曰：蒲犂由莎車至都護治當作二千三百一十二里。東至莎車五百四十里，補曰：《子合》云西接蒲犂、北接莎車，此云東至莎車，蓋東北也。五，當作"七"。北至疏勒五百五十里，補曰：疏勒在莎車北，蒲犂在莎車西，故得北至疏勒。《水經注》："河水自依耐東流，逕蒲犂國北，爲葱嶺北河。"南與西夜、子合接，補曰：《水經注》引無"西夜"二字。西至無雷五百四十里。補曰：蒲犂在無雷東北，"西"下當奪"南"字。侯、都尉各一人。寄田莎車。補曰：蓋越依耐以耕。種俗與子合同。補曰：上言蒲犂類西夜，此言種俗同子合，互文見義。

【校記】

① 谷，底本、初編本作"國"，據稿本及中華本《漢書》改。

依耐國，王治補曰：懷祖先生曰："上文皆言某國王治某城，此不言者，闕文也。下文難兜國王治同。”去長安萬一百五十里。補曰：去陽關當五千六百五十里。戶一百二十五，口六百七十，勝兵三百五十人。補曰：《漢紀》以爲小國。東北至都護治所二千七百三十里，補曰①：依耐由蒲犂至都護治當作二千五百餘里。至莎車五百四十里，補曰：依耐北接疏勒，莎車西接疏勒，是莎車在依耐東北，故蒙上爲文。至無雷五百四十里，補曰：依耐南接子合，子合西南接烏秅、西接難兜，難兜西至無雷，是無雷在依耐西南，《傳》文奪之。無雷距蒲犂五百四十里，依耐在二國適中，里數疑有誤。北至疏勒六百五十里，補曰：《水經注》：“河水自無雷東流，逕依耐國北。”是與疏勒以河爲界。南與子合接，俗相與同。師古曰：“與子合同風俗也。”少穀，寄田疏勒、莎車。補曰：東北二境與二國接壤，故得寄田。

【校記】

① 補，初編本誤作“浦”。

無雷國，王治盧城，補曰：懷祖先生曰：“此本作‘無雷國、王治無雷城，猶之且末國、王治且末城，精絕國、王治精絕城也。隸書盧字作䖒①，其上半與雷相似，故雷訛作盧②，又脫無字耳。《御覽》引此正作無雷城。”去長安九千九百五十里。補曰：去陽關當五千四百五十里。戶千，口七千，勝兵三千人。補曰：《漢紀》以爲小國。東北至都護治所二千四百六十五里，補曰：無雷由依耐、蒲犂至都護治當作二千八百五十二里。南至蒲犂五百四十里，補曰：無雷之東爲難兜，難兜之東爲烏秅，烏秅之北爲蒲犂，則蒲犂在無雷東北，當蒙上“東北”爲文，“南”字衍也。南與烏秅、補曰：烏秅境蓋與婼羌犬牙相錯，故得越難兜而接無雷。北與捐毒、西與大月氏接。師古曰：“捐毒即身毒、天篤也。本皆一名,語有輕重耳。”補曰:捐毒在葱嶺東,爲今布魯特地,身毒在南山南,爲五印度地。二國絶遠,顔君比而同之,斯爲誤矣。《水經注》亦誤以身毒爲捐毒。衣服類烏孫,俗與子合同。補曰:不言寄田者,去莎車、疏勒遠。

【校記】

① 靁,初編本仍作“盧”,誤。

② 盧,初編本誤作“靁”。

難兜國,王治去長安萬一百五十里。補曰:去陽關當五千六百五十里。戶五千,口三萬一千,勝兵八千人。補曰:《漢紀》以爲次大國。東北至都護治所二千八百五十里,西至無雷三百四十里,西南至罽賓三百三十里,補曰:《水經注》引作三百四十里。南與婼羌、補曰:汪校引劉奉世以爲:“婼羌小國,最近陽關,去長安六千里,在都護東,而渠勒、于闐、難兜去長安且萬里,東北行數千里乃至都護,安得與婼羌相接? 必誤。”按,《通典》曰:“敦煌西西域之南山中①,從婼羌西至葱嶺數千里,有月氏餘種曰葱茈羌②、白馬羌③、黄牛羌,各有酋豪,北與諸國接,不知其道里廣狹。”蓋同爲羌種,故《傳》以婼羌目之,劉氏以爲誤,非也。北與休循、補曰:《水經注》言河水自休循,又經難兜國北,是休循在難兜東北。西與大月氏接。補曰:難兜西至無雷,而二國皆西接大月氏,是無雷之北有大月氏境。種五穀、蒲陶諸果。有銀、銅、鐵,作兵。補曰:有金,故作兵。與諸國同屬罽賓。補曰:唐《西域記》:烏剌尸國、半笯蹉國、曷邏闍補羅國,無大君長,皆役屬迦濕彌羅國。

【校記】

① 諸本"敦煌"下奪一"西"字,據中華本《通典》補;域,稿本誤作"城"。

② 呰,諸本作"茈",據中華本《通典》改。

③ 白,初編本誤作"曰"。

罽賓國,補曰:《隋書》:"漕國在葱嶺之北,漢時罽賓國也。"《舊唐書》作"在葱嶺南",按,當以"南"爲是。王治循鮮城,補曰:《後魏書》:"罽賓國,都善見城。"《隋書》曰:"都城方四里。"循鮮,《御覽》引作"修鮮"。按,循鮮之作修鮮,亦猶伊循之作伊修。去長安萬二千二百里。補曰:去陽關當七千七百里。不屬都護。戶口勝兵多,補曰:《隋書》云:"勝兵者萬餘人。"大國也。補曰:唐《西域記》:"迦濕彌羅國周七千餘里,自古鄰敵無能攻伐。"東北至都護治所六千八百四十里,東至烏秅國二千二百五十里,補曰:烏秅在難兜東,《難兜》言東北,而《烏秅》反言東者,《無雷》言南接烏秅,蓋難兜之南有烏秅地,正在罽賓東境。東北至難兜國九日行,補曰:《水經注》:"河水自難兜又西,逕罽賓國北。"西北與大月氏、補曰:與大月氏中隔雪山。西南與烏弋山離接。補曰:《後魏書》:"罽賓居在四山中,其地東西八百里,南北三百里。"

昔匈奴破大月氏,大月氏西君大夏,而塞王南君罽賓。師古曰:"君謂爲之君也。塞音先得反。"補曰:塞王,大夏之王也。按,《史記》:"大夏在大宛西南二千餘里。"則罽賓在東,不專於南。塞種分散,往往爲數國。師古曰:"即所謂釋種者也,亦語有輕重耳。"補曰:顔君《張騫傳》注:"塞,西域國名,即佛經所謂釋種者。塞、釋聲相近,本一姓。"按,梁荀濟《論佛教表》言:"《漢書·西域傳》塞種本允姓之戎,世居敦煌,爲月氏迫逐,遂往葱嶺南奔。又謂懸度、賢豆,身毒、天毒仍訛轉,以塞種爲釋種。”其說與顔君別。然考《牟子書》，言孝明時夜夢神人，身有日光。明日博問羣臣，通人傅毅對曰：臣聞天竺有道者，號曰佛，輕舉能飛，身有日光，殆將其神也。于是遣羽林將軍秦景、博士弟子王遵等十二人之大月氏國，寫取佛經四十二部，在蘭臺石室。是釋氏之法實出于大月氏，大月氏國即塞王故地也。《元和姓纂》亦云：塞姓“天竺胡人之釋後，即釋種也”。自疏勒以西北，休循、捐毒之屬，皆故塞種也。

罽賓地平，溫和，有目宿，補曰：《史記·大宛傳》：“馬嗜苜蓿，漢使取其實來。”按，今中國有之，惟西域紫花爲異。雜草奇木，補曰：《隋書》：漕國出“安息、青木等香，石蜜，半蜜，黑鹽，阿魏藥，白附子”①。《一切經音義》云：“鬱金出罽賓國。”檀、欀、梓、竹、漆。師古曰：“欀音懷②，即槐之類也，葉大而黑也。”補曰：顔君以雅訓爲說。按《廣韻》“欀”下引《山海經》云：“中曲山有木，如棠而圓葉，赤實，如木瓜，食之多力。”則欀別是一木。惟《玉篇》云：“欀，槐別名。”《後魏書》載此文即作“檀槐”，是顔君所本。種五穀、蒲陶諸果，糞治園田。地下溼，補曰：都城西臨信度大河，故下溼。生稻，補曰：顔君《食貨傳》注：“五穀謂黍、稷、麻、麥、豆。”是五穀不數稻，故別言之。冬食生菜。補曰：《舊唐書》：“其地暑溼，草木凌寒不死。”其民巧，雕文刻鏤，補曰：罽賓今痕都斯坦，其地鏤玉，有鬼工。治宮室，補曰：《隋書》：“葱嶺山有順天神者，儀制極華，金銀鍱爲屋，以銀爲地。”亦治宮室之事。織罽、補曰：《一切經音義》引《字林》：“罽之方文者，曰氍。”又引《通俗文》：“織文曰罽，邪交曰氍。”按，《說文》：“罽，魚網也。”“𦆁，西胡毳布也。”則罽當作𦆁。《廣韻》亦云：“𦆁，氈類，織毛爲之。”刺文繡，好治食。補曰：懷祖先生曰：“治食二字，義無所取，《漢紀》作‘好酒食’是也。下文‘大宛俗耆酒’，義與此同。今本‘酒’作‘治’者，涉上文‘治園田’、‘治宮室’而誤。”有金銀銅錫，以爲器。市列。師古曰：“市有列肆，亦如中國也。”補曰：《水經注》：罽賓“土地平和，無所不有，金銀珍寶，異畜奇物，踰于中夏大國也。”

懷祖先生曰:“市列上脱‘有’字,《漢紀》作‘有市肆’,肆即列也。”以金銀爲錢,文爲騎馬,幕爲人面。張晏曰③:“錢文面作騎馬形,漫面作人面目也。”如淳曰:“幕音漫。”師古曰:“幕即漫耳,無勞借音。今所呼幕皮者,亦謂其平而無文也。”補曰:《通雅》云:“錢面、錢幕,幕謂背也。”故《扁鵲傳》爪幕謂按背穴④。出封牛、水牛、象、大狗、沐猴、孔爵、師古曰:“封牛,項上隆起者也。郭義恭《廣志》云:罽賓大狗大如驢,赤色,數里搖鞉以呼之。沐猴即獮猴也。”補曰:《後書·西域傳》“封牛”,《一切經音義》引作“犎”,又云:“《周成難字》作‘犎’,音妃封反。”今有此牛,形小,膊上有犎。王氏《廣雅疏證》云:“獮猴,聲轉爲母猴。”《說文》曰:“爲,母猴也。”又轉爲沐猴。孔雀,《御覽》引魏文帝《與朝臣詔》曰:“前于闐所上孔雀尾萬枝,文采五色。”罽賓近于闐,故亦有之。今回疆有孔雀。珠璣、珊瑚、虎魄、璧流離。孟康曰:“流離青色如玉。”師古曰:“《魏略》云,大秦國出赤、白、黑、黃、青、綠、縹、紺、紅、紫十種流離。孟言青色,不博通也。此蓋自然之物,采澤光潤,踰於衆玉,其色不恒。今俗所用,皆銷冶石汁⑤,加以衆藥,灌而爲之,尤虚脆不貞,實非真物。”補曰:《說文》:“璣,珠之不圓者。”《一切經音義》引《字林》:“璣,小珠也。”《廣雅》云:“虎魄生地中,其上及旁不生草,深者八九尺,大如斛,削去皮,成虎魄,如斗。初時如桃膠,凝堅乃成。”璧流離,梵書作“吠瑠璃”,《一切經音義》:“舊言鞞稠利夜,亦言鞞頭梨,或云毗瑠璃,亦作鞞瑠璃,皆梵音訛轉,從山爲名。鞞頭梨山出此寶,青色。一切寶皆不可壞,亦非烟焰所能鎔鑄,唯有鬼神有通力者能破之爲物。或云金翅鳥卵殼。”《說文》云:“珋,璧珋石之有光者也。”段氏謂“璧珋”即此傳之璧流離。漢武梁祠堂畫及吳《國山碑》皆有璧流離,今本《漢書》注脱“璧”字,讀者誤以璧與流離爲二物矣。璧與吠音相近,又按玄應所說,孟氏言青色,蓋有據也。它畜與諸國同。

【校記】

① 二“蜜”字,底本、初編本作“密”,據稿本、中華本《隋書》改。“藥”

上中華本《隋書》據《通典》補"沒"字。

② 懷,初編本仍作"櫰"。

③ 晏,底本作"宴",據稿本、初編本及中華本《漢書》改。

④ 扁鵲,稿本作"倉公"。

⑤ 治,初編本誤作"冶"。

自武帝始通罽賓,自以絕遠,漢兵不能至,其王烏頭勞數剽殺漢使。師古曰:"剽,劫也,音頻妙反。"補曰:據《隋書》,其王姓昭武。唐《西域記》云:"土俗輕僄。"烏頭勞死,子代立,遣使奉獻。漢使關都尉文忠送其使。補曰:《百官公卿表》:"關都尉,秦官,武帝初置。"《武帝紀》:天漢二年(前99)有關都尉。《張敞列傳》:有杜業、辛遵爲函谷關都尉,寧成、尹齊、黄賞、何恢、翟宣、陰識爲關都尉。王復欲害忠,忠覺之,迺與容屈王子陰末赴補曰:容屈王蓋其國小王,如康居五王。共合謀,攻罽賓,殺其王,補曰:所殺者烏頭勞之子。《通鑑》注以爲殺烏頭勞,非是。立陰末赴爲罽賓王,授印綬。補曰:蓋外國王惟漢立者有印綬。後軍候趙德使罽賓,補曰:劉昭《百官志》:大將軍曲有軍候,比六百石,餘將軍亦有軍候。《李陵傳》有軍候管敢,《陳湯傳》有軍候假丞甘勳。與陰末赴相失,師古曰:"相失意也。"陰末赴鎖琅當德,師古曰:"琅當,長鎖也,若今之禁繫人鎖矣。琅音郎。"補曰:懷祖先生曰:"琅當上本無鎖字,後人誤取注文加之。古者以鐵連環係罪人,謂之琅當。《說文》作鋃鐺,云:'瑣也。''琅當德'即鎖德也。故師古云:'琅當,長鎖也。'不得又於琅當上加鎖字。又《王莽傳》①:'以鐵鎖琅當其頸。''鎖'字亦後人所加。'琅當其頸'即鎖其頸,不得又加'鎖'字。《御覽》引《王莽傳》有'鎖'字,則所見本已誤。《白帖》引作'以鐵琅當其頸',無'鎖'字。"殺副已下七十餘人,補曰:《張騫傳》多持節副使。遣使者上書謝。孝元帝以絕域不錄,放其使者於縣度，補曰：縣度在烏秅國西百二十餘里，罽賓東至烏秅二千二百五十里，則縣度在罽賓東北境二千一百餘里。絕而不通。

【校記】

① “傳”字諸本奪，據《讀書雜志》補。

成帝時，復遣使獻，謝罪，漢欲遣使者報送其使，補曰：《通鑑》繫此事於河平四年（前25）。杜欽說大將軍王鳳補曰：《杜欽傳》：“徵詣大將軍莫府，國家政謀，鳳常與欽慮之。”曰：“前罽賓王陰末赴本漢所立，後卒畔逆。師古曰：“卒，終也。”夫德莫大於有國子民，罪莫大於執殺使者，所以不報恩、不懼誅者，自知絕遠，兵不至也。有求則卑辭，無欲則嬌嫚，補曰：《文選·琴賦》《幽憤詩》注，李善兩引《說文》：“嫭，嬌也。”段氏云：“古無嬌字，凡云嬌，即驕也。”終不可懷服。凡中國所以爲通厚蠻夷，補曰：《通考》引無“以”字。懷祖先生曰：“‘爲’字，涉下‘爲’字而衍。”愜快其求者，爲壤比而爲寇。師古曰：“比，近也，爲其土壤接近，能爲寇也。愜音苦頰反①，比音頻寐反。”補曰：《通考》引“求”作“欲”。俗本“寇”下有“也”字。今縣度之阸②，非罽賓所能越也。補曰：唐《西域記》：“烏剌尸國東南登山履險，度鐵橋，行千餘里，至迦濕彌羅國。”即罽賓也。其鄉慕，不足以安西域；師古曰：“鄉讀曰嚮。”雖不附，不能危城郭。師古曰：“城郭，總謂西域諸國也。”補曰：顏君《陳湯傳》注：“謂西域國爲城郭者，言不隨畜牧遷徙，以別于匈奴也。”前親逆節，補曰：謂親爲逆節。惡暴西域，師古曰：“暴謂章露也。”故絕而不通；今悔過來，補曰：懷祖先生曰：“本作‘悔過來順’，‘順’字與上文‘逆’字相應，今本脫之，《後漢書·西域傳》注引作‘悔過來順’。”而無親屬貴人，奉獻者皆行賈賤人，補曰：所謂西域賈胡。欲通貨市買，以獻爲名，故煩使者送至縣度，恐失實見欺。補曰：非奉獻之實。凡遣使送客者，欲爲防護寇害也。起皮山南，更不屬漢之國四五，師古曰："言經歷不屬漢者凡四五國也。更音工衡反。"補曰：皮山南即天篤印度境，時不屬漢。斥候士百餘人，五分夜擊刁斗自守③，師古曰："夜有五更，故分而持之也。刁斗，解在《李廣傳》。"補曰：五更之義，《顏氏家訓》云："假令正月建寅，斗柄夕則指寅，曉則指午；自寅至午，凡歷五辰。冬夏之月，雖復長短參差，然辰間遼潤，盈不過六，縮不至四，進退常在五者之間。更，歷也，經也，故曰五更。"《李廣傳》注：孟康曰："刁斗，以銅作鐎，受一斗，晝炊飯食，夜擊持行，故名曰刁斗。"蘇林曰："形如銷，無緣。"師古曰："溫器也。銷即銚，今俗或呼銅銚。"尚時爲所侵盜。驢畜負糧，須諸國稟食，得以自贍。師古曰："稟，給也。贍，足也。食讀曰飤，次下並同。"國或貧小不能食，補曰：言不能供億。或桀黠不肯給，補曰：如《李廣利傳》所謂"當道小國，各堅城守，不肯給食"也。擁彊漢之節④，餒山谷之間，師古曰："餒，饑也，音能賄反。"乞匄無所得，師古曰："匄亦乞也，音工大反。"⑤補曰：乞有汽音，與丐轉注。離一二旬則人畜棄捐曠野而不反。師古曰："離亦歷也。曠，空也。"又歷大頭痛、小頭痛之山，赤土、身熱之阪，令人身熱無色，頭痛嘔吐，驢畜盡然。師古曰："嘔音一口反。"補曰：謂驢畜皆病。《御覽》引宋膺《異物志》曰："大頭痛、小頭痛山，皆在渠搜之東，疏勒之西。經之者，身熱頭痛。夏不可行，行則致死。唯冬可行，尚嘔吐。山有毒氣，病之所爲也⑥，冬乃枯歇，故可行也。"又有三池、補曰：《北史》："波知國有三池，傳曰大者有龍王，次者有龍婦，小者有龍子，行人經之，設祭乃得過，不祭，多值風雪之困。"磐石阪，補曰：《西域記》：呾叉始羅國"東南行二百餘里，度大石門"。《水經注》引作"磐石之磴"。道陿者尺六七寸，長者徑三十里。補曰：唐《西域記》："四境負山，山極峭峻，雖有門徑，而復隘狹。"臨峥嶸不測之深，師古曰："峥嶸，深險之貌也。峥音仕耕反，嶸音宏。"補曰：《後魏書》："其間四百里中，往往有棧道，下臨不測之淵。"行者騎步相持，繩索相引，補曰：《水經注》引作"絙橋相引"。二千餘里乃到縣度。補曰：《佛國記》云："順葱嶺西南行十五日，其道艱阻，崖岸險絕，其山惟石，壁立千仞，臨之目眩，欲進則投足無所。下有水，名新頭河，昔人有鑿石通路施旁梯者，凡度七百。度梯已⑦，躡懸絙過河。河兩岸相去減八十步⑧。"《水經注》以法顯所言即此傳罽賓境。畜隊，未半阬谷盡靡碎；師古曰："隊亦墮也；靡，散也。隊音直類反，靡音縻。"補曰：極言阬谷之深。人墮⑨，執不得相收視⑩。補曰：言彼此不得救援。險阻危害，補曰：《水經注》引作"阻險"。不可勝言。聖王分九州，制五服，師古曰："九州：冀、兖、豫、青、徐、荆、揚、梁、雍也。五服：侯、甸、綏、要、荒。"⑪胡三省注《通鑑》，引顏君此注而益之曰："此言禹迹也，周職方，九州有幽、并，無徐、梁。又分爲九服。"務盛内，不求外。今遣使者承至尊之命，送蠻夷之賈，勞吏士之衆，涉危難之路，罷弊所恃以事無用，師古曰："罷讀曰疲；所恃，謂中國之人也；無用，謂遠方蠻夷之國。"非久長計也。補曰：《通考》引作"之計"。使者業已受節，可至皮山而還。"師古曰："言已立計道之，不能即止，可至皮山也。"補曰：注"道之"，《通鑑》注引及汪校皆作"遣之"。於是鳳白從欽言。罽賓實利賞賜賈市，其使數年而壹至云。

【校記】

① 苦，初編本誤作"若"。

② 厄，中華本《漢書》作"阸"。

③ 刁,中華本《漢書》作“刀”,下同。

④ 彊,底本、初編本作“疆”,據稿本、中華本《漢書》改。

⑤ 音,諸本作“亦”,據中華本《漢書》改。

⑥ “山有毒氣”句,《太平御覽》原作“山有毒藥,氣之所爲”。

⑦ 度梯,初編本乙作“梯度”。

⑧ 減,初編本誤作“咸”。

⑨ 墯,中華本《漢書》作“墮”。

⑩ 埶,中華本《漢書》、初編本作“勢”。

⑪ 諸本“匃”在“侯”前,據中華本《漢書》改;綏,初編本誤作“緩”。

烏弋山離國,王補曰:《陳湯傳》作“山離烏弋”。去長安萬二千二百里。補曰:去陽關當七千七百里。《陳湯傳》服虔注:“山離烏弋不在三十六國中,去中國二萬里。”不屬都護。戶口勝兵,大國也。東北至都護治所六十日行,東與罽賓、補曰:《罽賓》言西南與烏弋山離接,蓋互文見義。北與撲挑[1]、師古曰:“撲音布木反。”補曰:“布木”當作“普木”,或“撲”爲“樸”之訛。《後書》:大月氏“滅濮達、罽賓,悉有其地”。按,達有唐割反之音,與桃雙聲,則濮達疑即撲桃也。西與犂靬、條支接。師古曰:“犂讀與驪同。靬音鉅連反,又鉅言反。”補曰:犂靬,《張騫傳》作犛靬,《後書》作犂鞬,《佛國記》作多摩梨靬國,《史記索隱》引《續漢書》:“犂靬一名大秦。”《水經注》引釋氏《西域記》:“大秦一名梨靬。”《後魏書》作黎靬。條支,《史記》作條枝,《後魏書》謂之波斯。

【校記】

① 桃,中華本《漢書》作“挑”。

行可百餘日,乃至條支。補曰:《後書》云:“自皮山西南經烏秅，涉懸度，歷罽賓，六十餘日行至烏弋山離國。復西南馬行百餘日，至條支。”國臨西海，補曰：《後書》云：“臨西海，海水曲環其南及東北。”《隋書》云：“西去海數百里。”暑濕，田稻。補曰：《後魏書》云：“氣候暑熱，地多沙磧，引水溉灌。其五穀惟無稻及黍、稷。”是與漢時異。有大鳥，卵如甕。師古曰：“甕，汲水缾也，音於龍反。”補曰：應劭以爲卵大如一二石甕，顔君駁之曰鳥卵如汲水之甕耳，無一二石也，見《張騫傳》注。《後魏書》云：“鳥形如橐駞，有兩翼，飛而不能高，食草與肉，亦能噉火。”唐杜環《大食國經行記》云①：“有駝鳥，高四尺以上，脚似駝蹄，頸項勝得人騎，行五六里，其卵大如三升。”人衆甚多，補曰：《隋書》：“勝兵二萬餘人。”往往有小君長，安息役屬之，以爲外國。師古曰：“安息以條支爲外國，如言蕃國也。”補曰：《後書》云：“爲置大將，監領諸小城。”善眩。師古曰：“眩讀與幻同，解在《張騫傳》。”補曰：顔君《張騫傳》注云：“即今吞刀吐火、植瓜種樹、屠人截馬之術皆是。”《後書·西域傳》注引《魏略》曰：“大秦國俗多奇幻，口中出火，自縛自解，跳十二丸，巧妙非常。”安息長者傳聞②，條支有弱水、西王母，亦未嘗見也。師古曰：“《玄中記》云‘昆侖之弱水，鴻毛不能起’也，《爾雅》曰‘觚竹、北戶、西王母、日下，謂之四荒’也。”補曰：《史記索隱》引《魏略》云：“弱水在大秦西。”又引《括地象》云③：“崑崙弱水，非乘龍不至。有三足神鳥，爲王母取食。”《後魏書》：“大秦西海水之西有河，河西南流。河西有南、北山，山西有赤水，西有白玉山。玉山西有王母山④，玉爲堂云。”長者，俗本作“長老”。自條支乘水西行，可百餘日，近日所入云。補曰：《後書》引作“西行二百餘日”，並糾《漢書》之失，以爲“近日入者”在大秦國之西。按，前漢使者皆自烏弋還，莫有至條支者，聲教所阻，非班君之病。《史記正義》引《魏略》云：“大秦在安息、條支西大海之西，故俗謂之海西，從安息界乘船直載海西，遇風利時三月到，風遲或一二歲。”

【校記】

① 杜瓌,今通行本均以《經行記》作者爲杜環,參《西域水道記》卷二引文及張一純《經行記箋注》(北京:中華書局2000年)。下同。

② 者,中華本《漢書》作"老"。

③ 象,中華本《史記》作"圖"。

④ "王"前中華本《魏書》有"西"字。

烏弋地暑熱莽平,師古曰:"言有草莽而平坦也。一曰莽莽平野之貌。"補曰:顔君於此傳及下烏孫國"莽平"同用此注。按,下文有"草木",不必複言"草莽"。《莊子釋文》云:"莽蒼,近郊之色。"莽即莽蒼,後說爲長。其草木、畜産、五穀、果菜、補曰:唐杜環《大食國經行記》云:"粳米白麪,不異中華。其果有遍桃、千年棗。其蔓菁,根大如斗而圓,味甚美。餘菜亦與諸國同。葡萄大者如雞子。香油貴者二:一名耶塞蔓,一名沒囝師。香草貴者有二:一名查塞䔧,一名葜蘆茇。"食飲、宫室、市列、補曰:《大食國經行記》云:"四方輻輳,萬貨豐賤,錦繡珠貝,滿於市肆。駝馬驢騾,充于街巷。刻石蜜爲廬舍①。"錢貨、兵器、補曰:《唐書》:大食國"兵刃勁利"②。金珠之屬補曰:《北史》:波斯國,古條支國。土地平坦,出金、鍮石、珊瑚、琥珀、車渠、瑪瑙,多大真珠、頗梨、瑠璃、水精、瑟瑟、金剛、火齊、鑌鐵、銅、錫、朱砂、水銀。皆與罽賓同,而有桃拔、師子、犀牛。孟康曰:"桃拔一名符拔,似鹿,長尾,一角者或爲天鹿,兩角者或爲辟邪。師子似虎,正黄有頳耏,尾端茸毛大如斗。"師古曰:"師子即《爾雅》所謂狻猊也。狻音酸,猊音倪,拔音步葛反。耏亦頰旁毛也,音而。茸音人庸反。"補曰:《後書·章帝紀》:章和元年(87),月氏國獻扶拔、師子;二年,安息國獻師子、扶拔③。《班超傳》:大月氏亦獻符拔。是不獨烏弋有此獸。《班超傳》注引《續漢書》曰:"符拔,似麟而無角④。"俗重妄殺。師古曰:"重,難也,言其仁愛不妄殺也。"補曰:烏弋已入北天竺境,故雜浮圖道。

《後書》云:"天竺國修浮圖道,不殺伐,遂以成俗。"其錢獨文爲人頭,幕爲騎馬。補曰:言"獨"者,諸國同罽賓,惟此正異。《太平寰宇記》:"條支國市列、錢貨,其文爲人,幕爲騎馬。"蓋引此傳,而奪"頭"字。以金銀飾杖。師古曰:"杖謂所持兵器也,音直亮反。"補曰:注中"兵"字,據汪校增。絕遠,漢使希至。補曰:《後書》云:"前世漢使皆自烏弋以還。"自玉門、陽關出南道,歷鄯善而南行,補曰:蓋西南也。至烏弋山離,南道極矣。轉北而東,得安息。

【校記】

① 蜜,底本、初編本誤作"密",據稿本及中華本《經行記箋注》改。

② 按,此語出《舊唐書》卷一九八《西戎傳》"大食國"下,"唐書"前當增"舊"字。

③ 按,此處所記元年事在《後漢書》卷三《章帝紀》,二年事在卷四《殤帝紀》。

④ "似"上中華本《後漢書》有"形"字。

安息國,王治番兜城,蘇林曰:"番音盤。"補曰:《後書》云:"居和櫝城。"《後魏書》:"安息國在葱嶺西,都蔚搜城。"《隋書》云:"城有五重,環以流水。"去長安萬一千六百里。補曰:《傳》言大月氏西至安息四十九日行,今二國去長安里數正同,當有誤字。不屬都護。北與康居、東與烏弋山離、補曰:東,當從《後書》作"南"。西與條支接。補曰:《後書》云:"自安息西行三千四百里,至阿蠻國。從阿蠻西行三千六百里,至斯賓國。從斯賓南行度河,又西南至于羅國九百六十里,安息西界極矣。"土地風氣,物類所有,民俗與烏弋、罽賓同。亦以銀爲錢,文獨爲王面,幕爲夫人面。補曰:此又與烏弋異。王死輒更鑄錢。有大馬爵。師古曰:"《廣志》云:'大爵,頸及膺身,蹄似橐駝,色蒼,舉頭高八九尺,張翅丈餘,食大麥。'"補曰:《史記正義》亦引此文,有"卵大如甕"四字。《御覽》引《突厥本末記》云:"短人國有大鳥,高七八尺,恒伺短人啄而食之。短人皆持弓矢,以爲之備。"蓋條支、安息皆有此雀,故《後漢書》云:"安息王獻條支大鳥,時謂之安息雀。"懷祖先生曰:"'爵'上亦有'大'字,而今本奪之;《御覽》《漢紀》《通典》引並作'大馬大爵'。"其屬小大數百城,補曰:《後書》云:"其東界木鹿城,號爲小安息。"地方數千里,最大國也。補曰:《水經注》引竺芝《扶南記》曰:"安息國去私訶條國二萬里①,國土臨海上,即《漢書》天竺、安息國也,戶近百萬,最大國也。"臨嫣水,補曰:嫣水即《水經注》所謂發原身毒之河水。安息都城南臨嫣水,故《水經注》云:"河水又西,逕月氏國南,又西,逕安息國南。"《通考》云:"今謂烏滸河。"商賈車船行旁國。補曰:安息西界臨雷翥海,又有陸道繞海北行,出海西,至大秦,故車船輻輳。書革,旁行爲書記。服虔曰:"橫行爲書記也。"師古曰:"今西方胡國及南方林邑之徒,書皆橫行,不直下也。革爲皮之不柔者。"補曰:《法苑珠林》云:"造書凡有三人,長名曰梵,其書右行,次曰佉盧,其書左行,少者倉頡,其書下行。"懷祖先生曰:"書革,'書'字本作'畫',謂畫革爲字而旁行之,以爲書記也。今作書革者,涉下文書記而誤。《史記·大宛傳》作'畫革',《索隱》曰:'畫音獲。'《御覽》《水經注》引並作'畫革'"。

【校記】

① 條國,初編本乙作"國條"。

武帝始遣使至安息,王令將將二萬騎迎於東界。東界去王都數千里,行比至,過數十城,人民相屬。師古曰:"屬,聯也,音之欲反。"補曰:事見《史記·大宛傳》。因發使隨漢使者來觀漢地，以大鳥卵及犂靬眩人獻於漢，補曰：《三輔黄圖》云：“奇華殿在建章宫旁，四海夷狄、器服珍寶，火浣布、切玉刀，巨象、大雀、師子、宫馬，充塞其中。”天子大説。師古曰：“説讀曰悦。”補曰：《張騫傳》應劭注曰：“鄧太后時，西夷檀國來朝賀，詔令爲之。而諫大夫陳禪以爲夷狄僞道，不可施行。後數日，尚書陳忠案漢舊書，乃知世宗時犛靬獻見幻人，天子大悦，與俱巡狩，乃知古有此事。”安息東則大月氏。

大月氏國，王補曰：汪校無“王”字。治監氏城，補曰：《史記·大宛傳》：“大夏民多，可百餘萬，其都曰藍市城①。”即監氏也。《後書》作“藍氏”，《後魏書》作“盧監氏”。去長安萬一千六百里。補曰：據改定龜茲里數積算，大月氏當去長安一萬二千二百一十二里，去陽關七千七百一十二里。改定里數見焉耆下。不屬都護。戶十萬，口四十萬，勝兵十萬人。補曰：《史記正義》引萬震《南州志》曰：大月氏“地高燥而遠，國王稱‘天子’，國中騎乘常數十萬匹，城郭宫殿與大秦國同。人民赤白②，便習弓馬。土地所出，及奇瑋珍物，被服鮮好，天竺不及也。”東至都護治四千七百四十里③，補曰：當作四千九百七十四里。西至安息四十九日行，南與罽賓接。土地風氣，物類所有，補曰：《御覽》引《異物志》曰：“月氏俗乘四輪車，或四牛，或八牛，所容二十人。”④《通考》引《異物志》曰：“月氏國有羊尾，重者十斤，割之供養，尋生如故。”民俗錢貨，與安息同。出一封橐駝。師古曰：“脊上有一封也。封言其隆高，若封土也，今俗呼爲封牛。封音峰。”補曰：《後魏書》：迷密國“獻一峰黑橐駝”。唐杜環《大食國經行記》云：“其駝小而緊，背有孤峰，良者日馳千里。”

【校記】

① 市，底本、初編本誤作“布”，據稿本及中華本《史記》改。

② “白”下中華本《史記》有“色”字。

③ “治”下中華本《漢書》有“所”字。

④ 所，中華本《太平御覽》作“可”。

大月氏本行國也，隨畜移徙，與匈奴同俗。控弦十餘萬，補曰：顏君《匈奴傳》注：“控，引也。控弦，謂能引弓者①。”故彊輕匈奴②。師古曰：“自恃其彊盛，而輕易匈奴也。”補曰：《通考》引作“故恃彊”。按，顏注“恃”與“輕”對舉，是舊本有“恃”字。本居敦煌、祁連間，補曰：據《隋書》，月氏王姓溫，居祁連山北之昭武城。《史記正義》云：“初，月氏居敦煌以東、祁連山以西。”按，張氏蓋以今甘州南山爲祁連也。河西四郡未開時，武威、張掖諸郡皆匈奴地，月氏安得居之？故顏君《張騫傳》注易之曰“祁連山以東、敦煌以西”。至冒頓單于攻破月氏，補曰：按，《匈奴傳》：冒頓質於月氏，月氏欲殺之，冒頓亡歸，故立爲單于，使右賢王擊走月氏。事蓋在孝文二、三年（前178、179）間。而老上單于殺月氏，補曰：懷祖先生曰：“‘月氏’下脫‘王’字，當依《張騫傳》補。”松按，《水經注》引作“殺其王”，《通考》引作“殺月氏王”。以其頭爲飲器，月氏乃遠去，過大宛，西擊大夏而臣之，師古曰：“解在《張騫傳》。”補曰：顏君於彼注，證飲器爲飲酒之器，以韋昭、晉灼注爲非也。都嬀水北爲王庭。補曰：《史記》云：“大夏在大宛西南二千餘里嬀水南。”蓋大夏時都水南，大月氏徙治水北也。其餘小衆不能去者，保南山羌，號小月氏。補曰：《後魏書》：“小月氏國，都富樓沙城，其王本大月氏王寄多羅子也。寄多羅爲匈奴所逐，西徙後令其子守此城，因號小月氏。被服略與羌同③。其俗以金銀錢爲貨。隨畜牧移徙，亦類匈奴。”《趙充國傳》：“匈奴使人至小月氏，傳告諸羌。”

【校記】

① 謂,中華本《漢書》作"言"。

② 彊,底本作"疆",注同,據稿本、初編本及中華本《漢書》改。

③ 略,中華本《魏書》作"頗"。

大夏本無大君長,城邑往往置小長,民弱畏戰,故月氏徙來,皆臣畜之,補曰:《史記》云:"大夏民多,可百餘萬。"共禀漢使者。師古曰:"同受節度也。"補曰:漢使大月氏如中郎將江、故雁門守攘是。王氏鳴盛曰:"月氏既不屬都護,豈有遠遷大夏,反受節度之理? 禀當廩給之義,共與供同。"松按,即上文所謂"須諸國禀食"也。有五翖侯:師古曰:"翖即翕字。"補曰:《張騫傳》有"傅父布就翖侯",李奇曰:"翖侯,烏孫官名。"《匈奴傳》:康居"與諸翕侯計",是烏孫、康居皆有翖侯①。《匈奴傳》又言小王趙信爲翕侯。一曰休密翖侯,補曰:數翖侯以東爲上也。治和墨城,補曰:《後魏書》:"伽倍國,故休密翖侯②,人居山谷間。"去都護二千八百四十一里,去陽關七千八百二里;補曰:五翖侯道里最爲紛舛,據"去都護"言之,則休密去雙靡九百里,雙靡去貴霜二千一百九十九里,貴霜去肸頓二十二里,肸頓去高附七十九里;據"去陽關"言,則休密去雙靡二十里,雙靡去貴霜二百里,貴霜去肸頓二百二十里,肸頓去高附一千八十一里,而休密去陽關轉較雙靡爲遠。古籍流傳,宜有訛奪。今各以《後魏書》校正。《後魏書》云休密翖侯在大月氏東一千五百里,是當作"去都護三千四百七十四里,去陽關六千二百一十二里"。二曰雙靡翖侯,治雙靡城,補曰:《後魏書》:"折薛莫孫國,故雙靡翖侯。在伽倍國西,人居山谷③。"去都護三千七百四十一里,去陽關七千七百八十二里;補曰:據《後魏書》:雙靡在休密西五百里,當作"去都護三千九百七十四里④,去陽關六千七百一十二里"。三曰貴霜翖侯,治護澡城,師古曰:"澡音藻。"補曰:《後魏書》:"鉗敦國,故貴霜翎侯。在折薛莫孫西,人居山谷間。"去都護五千九百四十里,去陽關七千九百八十二里,補曰:據《後魏書》,貴霜在雙靡西六十里,當作"去都護四千三十四里,去陽關六千七百七十二里。"四曰肸頓翎侯,師古曰:"肸音許乙反。"治薄茅城,補曰:《後魏書》:"弗敵沙國,故肸頓翎侯。在鉗敦西。居山谷間。"去都護五千九百六十二里,去陽關八千二百二里;補曰:據《後魏書》,肸頓在貴霜西一百里,當作"去都護四千一百三十四里,去陽關六千八百七十二里"。五曰高附翎侯,治高附城,補曰:《後魏書》:"閻浮謁國,故高附翎侯。在弗敵沙南。居山谷間。"《後書》言月氏得高附,在貴霜王併諸翎侯之後;《漢書》數入五翎侯,非其實也。尋其意旨,蓋謂高附當作都密。去都護六千四十一里,去陽關九千二百八十三里。補曰:據《後魏書》,高附在肸頓南一百里,當作"去都護四千二百三十四里,去陽關六千九百七十二里"。若以偏南不當孔道,則去陽關或近數十里。凡五翎侯,皆屬大月氏。補曰:高附之去大月氏約七百餘里。

【校記】

① 居,底本作"諸",據稿本、初編本改。

② 翎侯,中華本《魏書》作"翕侯",下同。

③ "谷"下中華本《魏書》有"間"字。

④ 七十,底本作"七千",據稿本、初編本改。

康居國,補曰:《史記索隱》:"居音渠。"《正義》:"居,其尼反。"王冬治樂越匿地。師古曰:"樂音來各反。"補曰:《傳》蓋言康居國王治卑闐城,至冬所居樂越匿地馬行七日,至夏所居藩內九千一百四里。以下"去長安"、"去都護",皆據卑闐城言之。《傳》文疑有奪誤。到卑闐城。

師古曰:"闐音徒千反①。"補曰:《大宛國》言"至康居卑闐城",是卑闐爲城名。《陳湯傳》:"涉康居界,至闐池西。"疑城因池爲名。此建治之地,而其王冬夏皆不居之,猶今哈薩克部以塔什干城爲都會,而其汗王冬夏各有游牧之所,惟死則反葬於塔什干城也。哈薩克部即古之康居。《通考》引作"治樂越匿地卑闐城",以卑闐在樂越匿地,誤。唐《西域記》:"颯秣建國都城周二十餘里,極險固,多居人。"去長安萬二千三百里。補曰:據下去都護里數,當作"去長安一萬二千七百八十八里",去陽關當是八千二百八十八里。不屬都護。至越匿地馬行七日,補曰:奪"樂"字。至王夏所居蕃內九千一百四里。師古曰:"王每冬寒夏暑,則徙別居,不一處。"補曰:蕃內地大約在卑闐城之西,烏孫在其東,言去蕃內地五千里,不得去卑闐轉九千餘里也。唐《西域記》云:"颯秣建國周千六七百里,東西長,南北狹。"戶十二萬,口六十萬,勝兵十二萬人。補曰:國小於烏孫,而大于大月氏。東至都護治所五千五百五十里。與大月氏同俗。補曰:大月氏在南道,康居在北道,而俗同者,《後魏書》云:康國者,康居之後,王本月氏人,被匈奴所破,西踰葱嶺,遂有其國,枝庶各分王。故俗同於月氏也。《通考》於此下引"地和暖,饒桐柳、蒲萄,多牛羊,出好馬",疑是此處奪文。東羈事匈奴。師古曰:"爲匈奴所羈牽也。"補曰:按,顧氏炎武云:"言不純臣,但羈縻事之,與烏孫羈屬同意。"

【校記】

① 千,底本作"十",據稿本、初編本及中華本《漢書》改。

宣帝時,匈奴乖亂,五單于並爭,補曰:五單于者,稽侯狦爲呼韓邪單于,薄胥堂爲屠耆單于,呼揭王爲呼揭單于,右奧鞬王爲車犁單于,烏藉都尉爲烏藉單于。漢擁立呼韓邪單于,補曰:《宣帝紀》:甘露三年(前51),匈奴呼韓邪單于來朝。《蕭望之傳》:"遣兵護輔呼韓邪單于定其國。"而郅支單于怨望，殺漢使者，補曰：荀悅《漢紀》："郅支單于怨漢擁護呼韓邪單于，乃求其侍子。漢遣衛司馬谷吉送之，郅支單于乃殺吉。"西阻康居。師古曰："依其險阻，以自保固也。"補曰：按，《匈奴傳》：郅支既殺使者，自知負漢，又聞呼韓邪益彊①，恐見襲擊，會康居王數爲烏孫所困，使迎郅支單于，置東邊，合兵取烏孫，郅支遂與相結，引兵而西，到康居。其後都護甘延壽、副校尉陳湯發戊己校尉西域諸國兵至康居，誅滅郅支單于，語在《甘延壽陳湯傳》。是歲，元帝建昭三年也（前36）。補曰：《甘延壽傳》："延壽爲郎中，諫大夫，使西域都護、騎都尉，與副校尉陳湯共誅斬郅支單于。"《陳湯傳》："建昭三年，湯與延壽出西域。矯制發城郭諸國兵、車師戊己校尉屯田吏士。漢兵、胡兵合四萬餘人，至郅支城，四面圍城，大呼乘之。單于被創死。軍候假丞杜勳斬單于首。凡斬閼氏、太子、名王以下千五百一十八級，生虜百四十五人，降虜千餘人。"

【校記】

① 彊，底本作"疆"，據稿本、初編本及中華本《漢書》改。

至成帝時，康居遣子侍漢，補曰：《通鑑》繫於元延二年（前11），胡三省注云："元帝時，康居遣子入侍，陳湯上言其非王子，今復遣子入侍①。"《焦氏易林》云："區脫康居，慕仁入朝。"貢獻，補曰：《通鑑》注云："既遣子入侍，而又奉貢也。"然自以絕遠，獨驕嫚，不肯與諸國相望。補曰：不肯視同諸國。都護郭舜數上言：補曰：舜爲都護當在永始中。"本匈奴盛時，非以兼有烏孫、康居故也；補曰：按，《匈奴傳》：本始二年（前72），"匈奴民衆死傷及畜産遠移死亡，不可勝數，於是遂衰耗。"是前此爲盛時。及其稱臣妾，補曰：謂呼韓邪入朝稱臣。非以失二國也。補曰：《通鑑》注："言匈奴之强弱，不繫二國之叛服。"

漢雖皆受其質子，補曰:《匈奴傳》:鴻嘉元年(前20)，搜諧單于遣子左祝都韓王呴留斯侯入侍。按，烏孫小昆彌時亦有侍子在京師。然三國內相輸遺，交通如故，補曰:《通鑑》注:"三國，謂匈奴、烏孫、康居。"亦相候司，補曰:《通鑑》注:"讀曰伺。"見便則發；補曰:三國見有便宜，互相侵略。合不能相親信，離不能相臣役。以今言之，結配烏孫竟未有益，反爲中國生事。補曰:《通鑑》注:"謂自武帝以來，以宗室女下嫁烏孫也。"然烏孫既結在前，今與匈奴俱稱臣，義不可距。補曰:服而絕之，於義不順。而康居驕黠，訖不肯拜使者。師古曰:"訖，竟也。"都護吏至其國，坐之烏孫諸使下，王及貴人先飲食已，乃飲啗都護吏，師古曰:"飲音於禁反，啗音徒濫反。"補曰:都護吏謂若丞以下，康居自以不屬都護，慢易其使。濫，汪校本作"監"。故爲無所省以夸旁國。師古曰:"言故不省視漢使也。"補曰:《通鑑》注:"夸者，自矜耀其能傲漢也。旁國，鄰國也。"以此度之，何故遣子入侍？其欲賈市爲好，辭之詐也。補曰:《通鑑》注:"謂特欲行賈以市易，其爲好辭者，詐也。"匈奴百蠻大國，師古曰:"於百蠻之中，最大國也。"補曰:蠻者，夷狄通稱，故匈奴亦謂之蠻。《匈奴傳》:"故有威於百蠻②。"又云:"如是而安，何以復長百蠻?"今事漢甚備，聞康居不拜，且使單于有自下之意，師古曰:"言單于見康居不事漢，以之爲高，自以事漢爲太卑，而欲改志也。"宜歸其侍子，絕勿復使，師古曰:"不通使於其國也。"以章漢家不通無禮之國。補曰:《通鑑》注:"章，顯著也。"敦煌、酒泉小郡及南道八國，給使者往來人、馬、驢、橐駝食，皆苦之。師古曰:"言二郡八國皆以此事爲困苦。"補曰:敦煌郡戶萬一千有奇，酒泉郡戶萬八千有奇，故爲小郡。康居在北道，而蘇𩨁、奧鞬已入吐火羅境，在葱嶺西南，故得從南道。苦之,《通考》作“苦乏”。空罷耗所過,送迎驕黠絕遠之國,師古曰:“所過,所經過之處。驕黠謂康居使也。罷讀曰疲,耗音呼到反。”非至計也。”漢爲其新通,重致遠人,師古曰:“以此聲名爲重也。”終羈縻而未絕。補曰:《漢官儀》:“馬曰羈,牛曰縻,言制四夷如牛馬之受羈縻也。”《陳湯傳》:“中國與夷狄有羈縻不絕之義。”

【校記】

① 今,諸本皆作“令”,據中華本《資治通鑑》改。

② “威”下中華本《漢書》有“名”字。

其康居西北可二千里,有奄蔡國。控弦者十餘萬人。與康居同俗。補曰:《史記正義》引《漢書解詁》云:“奄蔡即闔蘇也。”又引《魏略》云:“西與大秦通,東南與康居接。其國多貂,畜牧水草,故時羈屬康居也。”《後書》云:“奄蔡①,改名阿蘭聊國。”《後魏書》:“粟特國,在葱嶺之西,古之奄蔡,一名溫那沙。”《史記正義》又引《括地志》云:“奄蔡,酒國也。”臨大澤,無崖,蓋北海云。補曰:《說文》:“崖,高邊也。”言遠望不見高岸,舉高以該卑。《後魏書》:粟特“居於大澤”,《匈奴傳》:“留郭吉不歸,遷辱之北海上。”

【校記】

① “蔡”下中華本《後漢書》有“國”字。

康居有小王五:補曰:《陳湯傳》有康居副王抱闐。副王,殆即小王。一曰蘇䪥王,治蘇䪥城,師古曰:“䪥音下戒反。”補曰:《新唐書》:史國,“或曰佉沙,曰羯霜那①,居獨莫水南康居小王蘇薤城故地。有鐵門山,左右巉峭,石色如鐵。”《西域記》②:“羯霜那國周千四五百里,西南行二百餘里入山，山路崎嶇，谿徑危險，既絕人里，又少水草。東南山行三百餘里，入鐵門。鐵門者，左右帶山，山極峭峻，雖有狹徑，加之險阻，兩旁石壁，其色如鐵。既設門扉，又以鐵錮，多有鐵鈴，懸諸門扇，因其險固，遂以爲名。出鐵門，至覩貨邏國。"按，此在康居極南境。去都護五千七百七十六里，補曰：去康居二百二十里。《隋書》云："史國北去康國二百四十里。"去陽關八千二十五里；補曰：較以去都護里數，去陽關當八千四百六里。此不同者，蘇𧯊在葱嶺西南，入葱嶺由南道徑達陽關也。二曰附墨王，治附墨城，補曰：《唐書》："何國或曰屈霜你迦，曰貴霜匿，即康居小王附墨城故地。"《西域記》："屈霜你迦國周千四五百里，東西狹，南北長。"按，此在康居極東境。去都護五千七百六十七里，去陽關八千二十五里；補曰：蘇𧯊極南，附墨極東，而去陽關正同，去都護惟差九里，疑有誤。三曰窳匿王，師古曰："窳音庾。"治窳匿城，補曰：《唐書》："石國或曰柘支，曰柘折，曰赭時，治柘折城，故康居小王窳匿城地。西南有藥殺水，入中國謂之真珠河，亦曰質河。東南有大山，生瑟瑟。"《西域記》："赭時國周千餘里。西臨葉河，東西狹，南北長。"按，此在康居極北境。去都護五千二百六十六里，去陽關七千五百二十五里；補曰：《唐書》言石南五百里爲康，則當作"去都護六千五十里，去陽關八千六百八十里。"四曰罽王，治罽城，補曰：《唐書》："安國一曰布豁，又曰捕喝，西瀕烏滸河，治阿濫謐城，即康居小君長罽王故地。"《西域記》："捕喝國周千六七百里，東西長，南北狹。"按，此在康居東境。去都護六千二百九十六里，去陽關八千五百五十五里；補曰：《西域記》：自屈霜你迦國西二百餘里，至喝捍國；又西四百餘里，至捕喝國，是罽城在附墨西六百餘里。《傳》文去都護之數相距五百二十九里，似近之；去陽關則相距千三十里，疑誤。五曰奥鞬王，師古曰："奥音於六反，鞬音居言反。"治奥鞬城，補曰：《唐書》："火尋，或曰貨利習彌，曰過利，居烏澌水之陽。康居小王奧鞬城故地。"《西域記》:"貨利習彌伽國順縛芻河兩岸,東西二三十里,南北五百餘里。"按,此在康居東南境。去都護六千九百六里,去陽關八千三百五十五里。補曰:《西域記》:捕喝國又西四百餘里至伐地國,又西南五百餘里至貨利習彌伽國,又西南三百餘里至羯霜那國。是較蘇巔近三百餘里,而《傳》紀都護之數遠于蘇巔千一百三十里、陽關之數遠于蘇巔三百三十里。即核之罽城,惟都護之數以爲相距六百十里者近之,其陽關又轉近二百里,誤尤顯然。凡五王,屬康居。

【校記】

① 羯,中華本《新唐書》作"羯"。

② 域,初編本誤作"城"。

大宛國,王治貴山城,補曰:《史記正義》引《括地志》云:"率都沙那國,亦名蘇對沙那國,本漢大宛國。"《後魏書》:"洛那國,故大宛國也,都貴山城。"去長安萬二千五百五十里。補曰:據改定龜茲里數積算,當去長安一萬一千五百二十二里、去陽關七千二十二里①。戶六萬,口三十萬,勝兵六萬人。補曰:國又小於大月氏。副王、補曰:康居有副王,《後書·班超傳》:月氏有副王。輔國王各一人。東至都護治所四千三十一里,補曰:當作"四千二百八十里"。北至康居卑闐城千五百一十里,補曰:卑闐城在葱嶺西北,故以大宛爲南,若以蘇巔、奧鞬論之,則大宛在西。西南至大月氏六百九十里。補曰:《休循》言西北至大宛、西至大月氏,是大月氏在西南。北與康居、南與大月氏接,補曰:三國境相接,故張騫自匈奴亡嚮月氏,西走乃至大宛。言造意至月氏,不知向西南而直西行,誤至大宛,大宛乃送之康居,《康居傳》"致大月氏"也。土地風氣,物類民俗,與大月氏、安息同。補曰:安息俗同罽賓、烏弋。《罽賓》云:“種五穀,地下濕,生稻。”《烏弋山離》亦云:“暑濕,田稻。”故《史記·大宛傳》云:“大宛俗土著,耕田,田稻麥。”大月氏與安息同俗,大宛同安息,是以與大月氏同也。大宛左右以蒲陶爲酒,富人藏酒至萬餘石,久者至數十歲不敗。補曰:《御覽》載魏文帝詔羣臣曰:“中國珍果甚多,且復爲說蒲萄②。當其朱夏涉秋,尚有餘暑,醉酒宿醒,掩露而食。甘而不飴,脆而不酸,冷而不寒。味長汁多,除煩解飴。又釀以爲酒,甘於麴蘗,善醉而易醒。道之固以流涎咽唾,況親食之?即他方之果,寧有疋者!”又引《後涼錄》曰:“呂光入龜茲城。胡人奢侈,富於生養,家有蒲萄酒,或至千斛,經十年不敗。”俗耆酒,馬耆目宿。師古曰:“耆讀嗜。”補曰:俗,《通考》作“人”。今西域回人無不嗜酒者,種苜蓿如中國種桑麻,四月以後馬噉苜蓿尤易壯健。

【校記】

① 二十二,底本、初編本作“三十二”,據稿本改。

② 蒲,底本、初編本作“葡”,據稿本、中華本《太平御覽》改。

宛別邑七十餘城,補曰:《史記》云:“屬邑大小七十餘城,衆可數十萬。”多善馬。補曰:《通考》引宋膺《異物志》曰①:“大宛馬有肉角數寸,或有解人語及知音舞與鼓節相應者。”又引隋《西域圖記》云:“其馬,騧馬、烏馬多赤耳,黃馬、赤馬多黑耳。唯耳色別,自餘毛色與常馬不異。”馬汗血,補曰:《藝文類聚》引《神異經》云:“西南大宛宛丘,有良馬,其大二丈,鬣至膝,尾委於地,蹄如升。腕可屈,日行千里,至日中而汗血。”言其先天馬子也。孟康曰:“言大宛國有高山,其上有馬不可得,因取五色母馬置其下與集,生駒,皆汗血,因號曰天馬子云。”補曰:《武帝紀》應劭注曰:“大宛舊有天馬種,蹋石汗血。汗從前肩髆出,如血。號一日千里。”按,“汗從前肩髆出”者,本《後書·東平王蒼傳》語。今伊犁馬之强健者,前髆及脊柱往往有小瘡出血，名曰傷氣。必在前肩髆者，以用力多也。前賢未目驗，故不知其審。汪校"孟康"作"師古"。張騫始爲武帝言之，補曰：《史記》："漢使者往既多，其少從率多進熟於天子。言曰：'宛有善馬，在貳師城。'"是言者非一，特自騫始也。上遣使者持千金及金馬，以請宛善馬。補曰：據《大宛傳》《張騫傳》，漢使壯士車令等往也。宛王以漢絶遠，大兵不能至，愛其寶馬，不肯與。補曰：《大宛傳》："宛國饒漢物，相與謀曰：'漢去我遠，而鹽水中數敗，出其北有胡寇，出其南乏水草。又且往往而絶邑，乏食者多。漢使數百人爲輩來，而常乏食，死者過半，是安能致大軍乎？無奈我何。且貳師馬，宛寶馬也。'遂不肯予。"漢使妄言，師古曰："謂詈辱宛王。"補曰：《大宛傳》："漢使怒，妄言，椎金馬而去。"宛遂攻殺漢使，取其財物。補曰：《大宛傳》：其東邊郁成攻漢使。《李廣利傳》："殺期門車令、中郎將朝。"於是天子遣貳師將軍李廣利補曰：《李廣利傳》："期至貳師城取善馬，故號'貳師將軍'。"《唐書》云："東曹居波悉山之陰②，漢貳師城地。"將兵前後十餘萬人伐宛，補曰：按，《李廣利傳》：初伐宛，發屬國六千騎及郡國惡少年數萬人；及再伐宛，出敦煌六萬人；益發戍甲卒十八萬。是不止十餘萬。連四年。補曰：伐宛始於太初元年（前 104）秋，至四年春，乃斬宛王。宛人斬其王毋寡首③，補曰：顔君《李廣利傳》注："毋寡，宛王名。"按，《陳湯傳》作"毋鼓"。寡，古音讀如鼓。獻馬三千匹，補曰：據《李廣利傳》：漢取善馬數十匹，中馬以下牝牡三千餘匹。漢軍乃還，補曰：《李廣利傳》："兵終不得入中城，罷而引歸。"語在《張騫傳》。補曰：當作《張騫李廣利傳》。貳師既斬宛王，更立貴人素遇漢善者名昧蔡爲宛王。師古曰："昧音秣，蔡音千曷反。"補曰：《李廣利傳》注，服虔曰："蔡音楚言蔡。"《史記索隱》："昧蔡，大宛將。"後歲餘，宛貴人以爲"昧蔡諂，使我國遇屠"，師古曰："讇，古諂字。"補曰：《說文》："讇，諛也。讇或從臽。"《史記》作"諛"。相與共殺昧蔡,立母寡弟蟬封爲王,補曰:《史記》作"母寡昆弟"。遣子入侍,質於漢,漢因使使賂賜鎮撫之。又發數十餘輩④,抵宛西諸國師古曰:"抵,至也。"求奇物,因風諭以伐宛之威。師古曰:"風讀曰諷。"補曰:《史記》作"因風覽以伐宛之威德"。宛王蟬封與漢約,歲獻天馬二匹。補曰:《水經注》:"廣武城西南二十許里,水西有馬蹄谷。漢武帝聞大宛有天馬,遣李廣利伐之,始得此馬,有角爲奇。胡馬感北風之思,遂頓羈絶絆,驤首而馳。晨發京城,夕至敦煌北塞外,長鳴而去,因名其處曰候馬亭。"漢使采蒲陶、目宿種歸。補曰:《齊民要術》引陸機《與弟書》曰:"張騫使外國十八年,得苜蓿歸。"《大宛傳》作"取其實來"。天子以天馬多,又外國使來衆,益種蒲陶、目宿離宫館旁,極望焉。師古曰:"今北道諸州舊安定、北地之境往往有目宿者,皆漢時所種也。"補曰:《西京雜記》云:"樂游苑中自生玫瑰,樹下多目宿,一名懷風,時或謂光風,風在其間常肅肅然。照其光彩,故曰苜蓿、懷風,茂陵人謂爲連枝草。"《述異記》曰:"張騫苜蓿園,今在洛中。苜蓿本胡中菜,騫始於西國得之。"離宫館,《大宛傳》作"離宫别觀",李善《文選》注:"離、别,非一所也。"

【校記】

① 宋,初編本誤作"朱"。

② 波悉,諸本乙作"悉波",據中華本《新唐書》改。

③ 母寡,中華本《漢書》作"毋寡",下同。

④ 數,初編本及中華本《漢書》作"使"。

自宛以西至安息國,補曰:歷大月氏、康居,不斥言者,康居偏北,大月氏偏南。雖頗異言,然大同,自相曉知也。其人皆深目,多須髯,善賈市,補曰:今安集延種人近之。爭分銖。補曰:

《漢書·律曆志》云:"一龠容千二百黍,重十二銖。"是百黍爲銖,故《說文》云:"十絫,黍之重。"①貴女子,女子所言,丈夫乃決正。補曰:以爲正而決斷從之。其地皆絲漆,補曰:懷祖先生曰:"'皆'本作'無';無絲漆,不鑄鐵器,皆言其與中國異也。《通典》引作'無絲漆'。"不知鑄鐵器。補曰:"鐵",《史記·大宛傳》作"錢",徐廣曰:"多作'錢'字,又或作'鐵'字。"吳氏仁傑曰:"詳下文,當從《史記》爲正。《罽賓傳》有'金銀銅錫爲器'、'金銀爲錢',則錢、器自是兩事。"及漢使亡卒降,教鑄作它兵器。師古曰:"漢使至其國及有亡卒降其國者,皆教之也。"補曰:吳氏仁傑云:"馮奉世言:'羌戎,弓矛之兵耳,器不犀利。'器謂兵器。大宛諸國但有弓矛,所謂'它兵器'者,謂凡弓矛之外者也。"得漢黃白金,輒以爲器,不用爲幣。補曰:黃金即漢所賜大宛幣。吳氏仁傑云:"黃金謂銅,白金謂銀錫,皆可作兵器。《婼羌傳》云'山有鐵,自作兵',《難兜傳》云'有銀銅鐵,作兵',《越絕書》:'赤堇之山,破而出錫,若邪之谷,涸而出銅,歐冶子因以爲劍。'郭景純謂'古者通以錫雜銅爲兵器'。"

【校記】

① 此句中華本《說文解字》作:"絫,十黍之重也。"

自烏孫以西至安息,近匈奴。補曰:《匈奴傳》:"北服渾窳、屈射、丁零。"又言:"益西近烏孫。"按,丁令爲今俄羅斯國,臨西海,是得至安息。匈奴嘗困月氏,師古曰:"困,苦也。"補曰:即謂冒頓、老上事。故匈奴使持單于一信到國,補曰:信如外國之傳箭。國傳送食,師古曰:"言畏之甚也,食讀曰飤。"不敢留苦。師古曰:"不敢留連及困苦之也。"及至漢使,非出幣物不得食,不市畜不得騎,補曰:畜謂馬也。所以然者,以遠漢,而漢多財物,師古曰:"遠音于萬反。"故必市乃得所欲。及呼韓邪單于朝漢,後咸尊漢矣。補曰:神爵後西域無侵軼事。

桃槐國,王去長安萬一千八十里。師古曰:"槐音回。"補曰:計其道里,蓋亦葱嶺西小國。按,《西域記》:"覩貨邏國東扼葱嶺,自覩貨邏西至呾蜜國①,其國東西六百餘里,又東至赤鄂衍那國,其國東西四百餘里,又東至忽露摩國,其國東西百餘里,又東至愉漫國,其國東西四百餘里,又東至鞠和衍那國,其國東西二百餘里,又東至鑊沙國,其國東西三百餘里,又東至珂咄羅國,其國東西千餘里,東接葱嶺。"是葱嶺西多小國,桃槐即其類歟? 戶七百,口五千,勝兵千人。補曰:《漢紀》以爲小國。按,此下疑有奪文。

【校記】

① 蜜,底本、初編本誤作"密"。

休循國,補曰:《後漢紀》作"休修",亦循、修通。王治鳥飛谷①,在葱嶺西,補曰:唐《西域記》:"葱嶺者,據贍部洲中,南接大雪山,北至熱池②、千泉,西至活國,東至烏鎩國③,東西南北各數千里。崖嶺數百重,幽谷險峻,恒積冰雪,寒風勁烈。多出葱,故謂葱嶺,又以山崖葱翠,遂以名焉。"《水經注》引郭義恭《廣志》曰:"休循國居葱嶺,其山多大葱。"《御覽》引《西域諸國志》曰:"葱嶺高,行十二日可至頂。"去長安萬二百一十里。補曰:據改定龜兹里數積算,當作"去長安一萬六百二里、去陽關六千一百二里"。戶三百五十八,口千三十,勝兵四百八十人。補曰:《漢紀》以爲小國。東至都護治所三千一百二十一里,補曰:當作"三千三百六十四里"。至捐毒衍敦谷二百六十里,補曰:與葱嶺隔西岡。西北至大宛國九百二十里,補曰:較捐毒近百一十里。西至大月氏千六百一十里。補曰：大宛東南爲休循，西南爲大月氏，是大月氏在休循西，休循倚葱嶺，大月氏出嶺外，故《傳》言“踰葱嶺”、“出大月氏”。民俗衣服類烏孫，因畜隨水草，本故塞種也。

【校記】

① 谷，底本作“國”，據稿本、初編本及中華本《漢書》改。

② 池，中華本《大唐西域記校注》作“海”。

③ 鍛，底本、初編本作“鍜”，據稿本及中華本《大唐西域記校注》改。

捐毒國，王治衍敦谷，補曰：《西域記》言奔攘舍羅爲葱嶺東岡，此其西岡之谷歟？去長安九千八百六十里。補曰：據改定龜兹里數積算，當作“去長安一萬三百四十二里、去陽關五千八百四十二里”。戶三百八十，口千一百，勝兵五百人。補曰：《漢紀》以爲小國。東至都護治所二千八百六十一里。補曰：當作“三千一百四里”。至疏勒。補曰：《傳》言“自疏勒以西北，休循、捐毒”，是蒙上“東至”爲文。南與葱領屬，師古曰：“屬，聯也，音之欲反。”補曰：葱領無南面，此居葱領中，蓋近北也。無人民。西上葱領，則休循也。補曰：《水經注》：“河水西逕休循國。”葱領之西水皆西流，是知休循在葱領外。西北至大宛千三十里，北與烏孫接。補曰：與大宛、烏孫皆隔葱領。衣服類烏孫，隨水草，依葱領，補曰：唐《西域記》：波謎羅川據大葱領内①。本塞種也。補曰：休循、捐毒二國爲今東西布魯特種人，山峻，多雪，不可耕，故逐水草居。

【校記】

① 領,中華本《大唐西域記校注》作"嶺"。此節內"嶺"諸本多作"領",原文如此。

莎車國,補曰:《通鑑》注:"莎,素河翻。"王治莎車城,補曰:《後魏書》:"渠莎國,居故莎車城。"去長安九千九百五十里。補曰:據蒲犁去長安減之,當作"去長安八千八百十里、去陽關四千三百十里"。戶二千三百三十九,口萬六千三百七十三,勝兵三千四十九人。補曰:《漢紀》以爲次大國。輔國侯、左右將、左右騎君、備西夜君各一人,補曰:南接西夜,故備之。都尉二人,譯長四人。東北至都護治所四千七百四十六里,補曰:以去陽關數減之,當作"一千五百七十二里"。西至疏勒五百六十里,補曰:《疏勒》又言"南至莎車",互文以明西北也。西南至蒲犁七百四十里。補曰:自莎車歷蒲犁、依耐、無雷,皆迤邐而西南。有鐵山,出青玉。補曰:今葉爾羌河所經之密爾岱山出青玉。《穆天子傳》曰:"天子西征,至剞閭氏,乃命剞閭氏供養六師之人于鐵山之下,天子祭鐵山。"《御覽》以爲即莎車國鐵山。

宣帝時,烏孫公主小子萬年,補曰:楚主之子元貴靡及大樂皆長於萬年。莎車王愛之。莎車王無子①,死,死時萬年在漢。補曰:漢外孫也。莎車國人計欲自託於漢,又欲得烏孫心,即上書請萬年爲莎車王。漢許之,遣使者奚充國送萬年。萬年初立,暴惡,國人不說。師古曰:"說讀曰悅。"莎車王弟呼屠徵殺萬年,並殺漢使者,補曰:《馮奉世傳》:"莎車與旁國攻殺漢所置莎車王,並殺漢使者奚充國。"自立爲王,約諸國背漢。補曰:《馮奉世傳》:"時匈奴發兵攻車師城,不能下而去;莎車遣使揚言北道諸國已屬匈奴,於是攻劫南道,與歃盟畔漢,從鄯善以西皆絕不通。"按,此蓋地節三、四年(前67、66)事。會衛候馮奉世補曰:衛尉屬官有諸屯衛候。使送大宛客,補曰:按,《奉世傳》:"奉世以衛候使持節送大宛諸國客。"即以便宜發諸國兵擊殺之,補曰:《奉世傳》:"奉世與其副嚴昌以節諭告諸國王,因發其兵,南北道合萬五千人擊莎車,拔其城。莎車王自殺,傳其首,詣長安。"更立它昆弟子爲莎車王。還,拜奉世爲光禄大夫。補曰:據《奉世傳》:"以爲光禄大夫、水衡都尉。"是歲,元康元年(前65)也。補曰:據《後書》:漢末有莎車王延,天鳳五年(18)死,謚忠武王,子康代立。

【校記】

① 無,稿本、底本奪,據中華本《漢書》、初編本補。

疏勒國,補曰:莽曰"世善",見《後漢紀》。《後魏書》:"疏勒國在姑默西,白山南百餘里,漢時舊國。"《新唐書》云:"一曰佉沙。"按,《西域記》云:"佉沙國。舊謂疏勒者,乃稱其城號也。正言宜云室利訖栗多底①。疏勒之言,猶爲訛也。"王治疏勒城,補曰:《新唐書》:王居迦師城。《後書·班超傳》:疏勒有盤橐城、烏即城、損中城,又有兩城;損中又作楨中、頓中。《隋書》云:"都城方五里。"按,《後書·耿恭傳》之疏勒城非疏勒國地。去長安九千三百五十里。補曰:疏勒遠於莎車五百六十里,此"五十"當作"七十",去陽關當四千八百七十里。戶千五百一十,口萬八千六百四十七,勝兵二千人。補曰:《漢紀》以爲小國。疏勒侯、擊胡侯、輔國侯、都尉、補曰:《後書·班超傳》有都尉黎弇、番辰。左右將、左右騎君、左右譯長各一人。補曰:譯長言左右惟此與卑陸。東至都護治所二千二百一十里,補曰:當作"二千一百三十二里"。南至莎車五百六十里。補曰:實東南也。《後魏書》

疏勒國南有黄河。有市列，補曰：《後魏書》云："土多稻、粟、麻、麥、銅、鐵、錫、雌黄、錦、綿。"唐《西域記》："佉沙國周五千餘里，稼穡殷盛，花果繁茂。出細氈㲣②，工織細氎、㲪毹。"西當大月氏、大宛、康居道也。補曰：《後魏書》云："西帶葱領。"③故踰葱領者由之。

【校記】

① 言，中華本《大唐西域記校注》作"音"。

② 細，底本、初編本作"絹"，據稿本及中華本《大唐西域記校注》改。

③ 領，中華本《大唐西域記校注》作"嶺"。

尉頭國，王治尉頭谷，補曰：蓋白山之谷。去長安八千六百五十里。補曰：據改定龜茲里數積算，當作"去長安九千二十八里、去陽關四千五百二十八里"。戶三百，口二千三百，勝兵八百人。補曰：《漢紀》以爲小國。左右都尉各一人，左右騎君各一人。東至都護治所千四百一十一里，補曰：當作千七百九十里。南與疏勒接，山道不通，補曰：疏勒都白山南，故以爲阻。西至捐毒千三百一十四里，徑道馬行二日。補曰：徑道，山徑之道也。今自烏什至喀什噶爾驛程二千二百二十里，而沿烏蘭烏蘇徑路凡六百餘里，殆猶是歟？田畜、隨水草，補曰：城郭國，故田畜；近烏孫，故隨水草。衣服類烏孫。

漢書西域傳補注卷下

《西域傳》卷第六十六下　班固　《漢書》九十六

秘書監上護軍琅邪縣開國子顏師古注

烏孫國，大昆彌補曰：未稱昆彌時稱烏孫王。《匈奴傳》："以翁主妻烏孫王。"治赤谷城，師古曰："烏孫於西域諸戎其形最異，今之胡人青眼、赤須，狀類彌猴者，本其種也。"補曰：《焦氏易林》云："烏孫氏女深目黑醜。"是其形異也。烏孫舊治赤谷城，神爵中分爲大小昆彌，別爲部，大昆彌仍其舊治。《後魏書》云："居赤谷城，後西徙葱嶺中。"是烏孫在山南之證。今阿克蘇城北鹽山土色純赤，疑是其地。《陳湯傳》："郅支擊烏孫，深入至赤谷城。"去長安八千九百里。補曰：溫宿之去長安當八千七百二十八里，烏孫在溫宿北，故里數略同。戶十二萬，口六十三萬，勝兵十八萬八千八百人。補曰：西域最大國。相，大祿，補曰：《傳》有中子大祿。左右大將二人，補曰：宋祁云："楊本無左右二字。"按，《傳》有大樂爲左大將，馮夫人爲右大將妻，則楊本非也。侯三人，大將、都尉各一人，補曰："各一人"者，有左右也。《傳》有左右大將、都尉，宋祁引楊本，"大將"作"大夫"，似誤。大監二人，大吏一人，舍中大吏二人，騎君一人。東至都護治所千七百二十一里，補曰：以去長安較之，當作千六百六十二里，但言東，知非在山北。西至康居蕃內地五千里。補曰：《陳湯傳》：郅支借康居兵擊烏孫，"烏孫不敢追，西邊空虛，不居者且千里。"是蕃內地在康居境內四千餘里。地莽平。多雨，寒。山多松樠。師古曰："莽平謂有草莽而平坦也①。一曰莽莽平野之貌。樠，木名，其心似松，音武元反。"補曰：烏孫之境，西自捐毒之北，東迄焉耆之北，旁白山之陽，亘三千五百餘里，故曰"地莽平"。倚山，故多雨雪而寒。樠有二訓，一曰松心，一曰木名。言松心者，《莊子》所謂"液樠"；言木名者，此傳及《左傳》"樠木之下"、馬融《廣成頌》"履修樠"也。諸書惟《廣韻》不誤。今本《說文》云："樠，松心木。"段氏以爲有奪誤。顏君所據蓋同今本《說文》。《左傳音義》："樠，郎蕩反，又莫昆、武元二反。"《馬融傳》注："音莫寒反。"不田作種樹，師古曰："樹，殖也②。"補曰：近山，故不田作。隨畜逐水草，與匈奴同俗。國多馬，富人至四五千匹。民剛惡，貪很無信，多寇盜，最爲彊國。故服匈奴，師古曰："故，謂舊時也。服，屬於匈奴也。"補曰：《史記》言單于令昆莫長守於西域③。後盛大，補曰：《大宛傳》："昆莫收養其民，攻旁小邑，控弦數萬，習攻戰。"取羈屬，不肯往朝會。師古曰："言纔羈縻屬之而已。"補曰：《匈奴傳》："歲正月，諸長少會單于，祠。五月，大會龍城，祭其先、天地、鬼神。秋，馬肥，大會蹛林，課校人畜計。"是匈奴朝會事。東與匈奴、補曰：烏孫之地，蓋並天山之陽，直至焉耆以北，其東則車師，是與匈奴接。西北與康居、補曰：言西面、北面皆接康居，故《傳》又言"北附康居"。西與大宛、補曰：捐毒、休循北境皆烏孫地，故大宛在正西。南與城郭諸國相接。補曰：謂姑墨、溫宿、龜茲、焉耆。懷祖先生曰："'相'字後人所加，此傳凡言某國與某國接者，'接'上皆無'相'字。此亦當然。《漢紀》《通典》並作'南與城郭諸國接'，無'相'字。"本塞地也，大月氏西破走塞王，塞王南越縣度。大月氏居其地。補曰：南越者，第謂南走，懸度在西南也。後烏孫昆莫擊破大月氏，補曰：《張騫傳》："烏孫王號昆莫。昆莫父難兜靡本與大月氏俱在祁連、敦煌間，小國也。大月氏攻殺難兜靡，奪其地，人民亡走匈奴。子昆莫新生，傅父布就翎侯抱亡置草中，爲求食，還，見狼乳之，又烏銜肉翔其旁，以爲神，遂持歸匈奴，單于愛養之。及壯，以其父民衆與昆莫，使將兵，數有功。時，月氏已爲匈奴所破，西擊塞王。塞王南走遠徙，月氏居其地。昆莫既健，自請單于報父怨，遂西攻破大月氏。"大月氏徙西臣大夏，補曰：據《張騫傳》，昆莫蓋殺月氏王，其夫人臣大夏也。顔君彼注云："以大夏爲臣，爲之作君也。"而烏孫昆莫居之，故烏孫民有塞種、大月氏種云。補曰：皆其民去之不盡者。

【校記】

① 平坦，諸本作"坦平"，據中華本《漢書》改。

② 殖，中華本《漢書》作"植"。

③ 域，稿本作"城"。

始張騫言烏孫本與大月氏共在敦煌間，補曰：敦煌之置，在元鼎元年(前116)，騫時無此郡。今烏孫雖彊大，可厚賂招，令東居故地，補曰：《史記》作："招以益東，居故渾邪之地。"妻以公主，與爲昆弟，補曰：《匈奴傳》："劉敬奉宗室女翁主爲單于閼氏，約爲兄弟以和親。"今用其法於烏孫也。以制匈奴。語在《張騫傳》。補曰：班君於《騫傳》亦言"語在《西域傳》"，所謂綜其行事也。武帝即位，補曰：汪校引劉原父曰：衍"位"字。令騫齎金幣往。補曰：《騫傳》言："拜爲中郎將，二三百人①，馬各二匹，牛羊以萬數，齎金幣帛直數千鉅萬。"昆莫見騫如單于禮，師古曰："昆莫自比於單于。"騫大慙，謂曰：

補曰:據《大宛傳》:騫知蠻夷貪,故謂之。"天子致賜,王不拜,則還賜。"師古曰:"還賜,謂將賜物還歸漢也。"昆莫起拜,其它如故。補曰:其它仍用單于禮。

【校記】

① 二三百人,中華本《漢書》作"將三百人"。

初,昆莫有十餘子,中子大祿彊,善將,師古曰:"言其材力優强,能爲將。"補曰:大祿者,居大祿之官。將衆萬餘騎別居。大祿兄太子,太子有子曰岑陬。師古曰:"岑音仕林反,陬音子侯反。"補曰:《史記》作"岑娶"。太子蚤死,師古曰:"蚤,古早字。"謂昆莫曰:"必以岑陬爲太子。"昆莫哀許之。大祿怒,補曰:《史記》作"大祿怒其不得代太子也"。迺收其昆弟,將衆畔,謀攻岑陬。補曰:《史記》作"謀攻岑娶及昆莫"①。昆莫與岑陬萬餘騎,補曰:《史記》作:"昆莫老,常恐大祿殺岑娶。"令別居,昆莫亦自有萬餘騎以自備。國分爲三,大總羈屬昆莫。補曰:《史記》作"而其大總取羈屬昆莫",言昆莫但能羈縻之。騫既致賜,諭指曰:補曰:顏君《張騫傳》注曰:"以天子意指曉告之。""烏孫能東居故地,則漢遣公主爲夫人,結爲昆弟,共距匈奴,不足破也。"烏孫遠漢,未知其大小,師古曰:"遠音于萬反。"又近匈奴,服屬日久,其大臣皆不欲徙。昆莫年老補曰:冒頓死于孝文六、七年(前174、173)間,昆莫生于冒頓未破月氏之前,至元鼎時年蓋六十餘。國分,不能專制,迺發使送騫,補曰:《大宛傳》作"送騫還"。按,騫使烏孫歸在元鼎二年(前115),明年,騫卒。因獻馬數十匹報謝。補曰:顏君

《張騫傳》注云:“與騫相隨而來,報謝天子。”其使見漢人衆富厚,歸其國,其國後迺益重漢。

【校記】

① 娶,底本、稿本作“陬”,據初編本及中華本《史記》改。

匈奴聞其與漢通,怒,欲擊之。補曰:是時匈奴伊穉斜單于死,子烏維立爲單于。又漢使烏孫,乃出其南,抵大宛、月氏,相屬不絶。師古曰:“抵,至也,屬音之欲反。”補曰:烏孫在北山下,漢使之由南道者,並南山下;由北道者,沿塔里木河北岸。皆在烏孫境南。烏孫於是恐,補曰:漢通大宛、月氏,則出烏孫後。使使獻馬,補曰:《張騫傳》:“得烏孫馬好,名曰‘天馬’。”願得尚漢公主,爲昆弟。補曰:事在元封初。天子問羣臣,議許,補曰:因議而許之。曰:“必先内聘,補曰:内讀曰納。然後遣女。”烏孫以馬千匹聘。師古曰:“入聘財。”漢元封中,遣江都王建女細君爲公主,以妻焉。補曰:王建女於武帝爲孫行,江都國除於元朔六年(前123),易王子侯者,至元鼎五年(前112)免盡。細君無寵,故嫁外國。自王建死至此十四、五年。賜乘輿服御物,補曰:劉昭《輿服志》:“公主油畫軿車,服紫綬,帶各如其綬色,黄金辟邪首爲帶鐍,飾以白珠。”今遠嫁,特寵異之。爲備官屬宦官侍御數百人,補曰:按,劉昭《百官志》:“諸公主每主家令一人,丞一人。”注又引《漢官》曰:“主簿一人,僕一人,私府長一人,家丞一人,直吏三人,從官二人。”此有宦官侍御數百人者,皆特置,異于常制。贈送甚盛。補曰:《玉臺新詠》石崇《王昭君辭序》:“昔公主嫁烏孫,令琵琶馬上作樂以慰其道路之思。”烏孫昆莫以爲右夫人。匈奴亦遣女妻昆莫,昆莫以爲左夫人。補曰:按,《匈奴傳》:“常以太子爲左屠耆王。”

是匈奴尚左，昆莫先匈奴女者，仍畏匈奴也。

公主至其國，自治宫室居，補曰：烏孫雖逐水草，而有城郭，故得建宫室。《玉臺新詠》引作"自治室宫"。歲時一再與昆莫會，置酒飲食，以幣、帛賜王左右貴人。昆莫年老，語言不通，公主悲愁，自爲作歌曰："吾家嫁我兮天一方，補曰：《玉臺新詠》作"吾家之嫁我兮天一方"。遠託異國兮烏孫王。穹廬爲室兮旃爲牆，補曰：顔君《匈奴傳》注曰："穹廬，旃帳也。其形穹隆，故曰穹廬。"按，《周禮》："共其毳毛爲氈。"旃爲氈之假借字，《玉臺新詠》作氈。以肉爲食兮酪爲漿。師古曰："食謂飯，音飤。"補曰：《匈奴傳》："以視不如重酪之便美也。"懷祖先生曰："'肉'上本無'以'字，後人以上下文皆八字爲句，而此句獨少一字，故加'以'字耳。不知穹廬爲室旃爲牆、肉爲食酪爲漿皆相對爲文，不得獨於'肉'上加'以'字也。《御覽》《北堂書鈔》《藝文類聚》《文選》注引皆無'以'字。"松按，《玉臺新詠》亦無"以"字。居常土思兮心内傷，師古曰："土思，謂憂思而懷本土。"願爲黄鵠兮歸故鄉。"師古曰："鵠音下督反。"補曰：顔君《昭帝紀》注："黄鵠，大鳥，一舉千里者，非白鵠也。"《玉臺新詠》作"願爲飛黄鵠兮還故鄉"。按，謝莊《懷園引》："漢女悲而歌飛鵠。"是古本有"飛"字。天子聞而憐之，間歲遣使者持帷帳錦繡給遺焉。師古曰："間歲者，謂每隔一歲而往也。"補曰：劉昭《輿服志》："公主嫁娶，得服錦綺羅縠繒采十二色，重緣袍。"

昆莫年老，欲使其孫岑陬尚公主。補曰：《史記》作："昆莫曰：'我老。'乃令其孫岑娶妻翁主。"公主不聽，上書言狀，天子報曰："從其國俗，欲與烏孫共滅胡。"補曰：言此者以慰喻公主。岑陬遂妻公主。昆莫死，岑陬代立。岑陬者，官號也，補曰：官號不見前者，或尊官不常置。名軍須靡。昆莫，王號也，名獵驕靡。後書"昆彌"云。師古曰："昆莫本是王號，而其人名獵驕靡，故書云昆彌。昆取昆莫，彌取驕靡，彌、靡音有輕重耳，蓋本一也，後遂以昆彌爲其王號也。”補曰：注“爲其王號”，汪校無“其”字。按，烏孫人名，多有靡字，是其語音如此，昆彌亦仍其語音，未必取意昆莫、驕靡也。錢氏大昕曰：“昆彌即昆莫，彌、莫聲相轉，莫之爲彌，譯音有輕重，而名號未改，非取王名之一字而沿以爲號也。”岑陬尚江都公主，生一女少夫。師古曰：“名少夫。”公主死，補曰：公主在烏孫僅四、五年而死。漢復以楚王戊之孫解憂爲公主，補曰：楚王戊，景帝三年（前154）自殺，公主於武帝爲兄弟子行。妻岑陬。補曰：在太初中。岑陬胡婦子泥靡尚小，岑陬且死，以國與季父大祿子翁歸靡，補曰：季父大祿，即前中子大祿。曰：“泥靡大，以國歸之。”補曰：約待泥靡年長，立爲昆彌。

翁歸靡既立，號肥王，復尚楚主解憂，生三男兩女：補曰：上言“岑陬胡婦子”，是解憂配岑陬時無子女。長男曰元貴靡；次曰萬年，爲莎車王；補曰：《莎車傳》言小子萬年，此云次子，互異。爲王在地節中，《傳》終言之。次曰大樂，爲左大將；補曰：下又作“左大將樂”。長女弟史爲龜茲王絳賓妻；小女素光爲若呼翎侯妻。師古曰：“弟史、素光皆女名。”補曰：烏孫有布就翎侯，見《張騫傳》。此若呼翎侯，蓋如五翎侯之比。

昭帝時，公主上書，言：“匈奴發騎田車師，補曰：匈奴使四千騎田之。見下傳。車師與匈奴爲一，補曰：言二國並力。共侵烏孫，唯天子幸救之！”漢養士馬，議欲擊匈奴。會昭帝崩，補曰：《匈奴傳》：“烏孫公主上書，下公卿議救，未決，昭帝崩。”宣帝初即位，公主及昆彌皆遣使上書，補曰：《常惠傳》：“本始二年（前72），遣惠使烏孫。公主及昆彌皆遣使因惠言。”言：“匈奴復連發大兵侵擊烏孫，取車延、惡師地，補曰：車延、惡師，二地名，《功臣表》

下摩侯冠支"將家屬闌入惡師居",即此地。按,《匈奴傳》以此事屬於昭帝,公主上書時與此異。收人民去,使使謂烏孫趣持公主來,師古曰:"趣讀曰促。"補曰:《常惠傳》作"使使脅求公主"。《匈奴傳》:"范明友乘烏桓敝,擊之。匈奴繇是恐,不能出兵,即使使之烏孫,求欲得漢公主。"欲隔絕漢。昆彌願發國半精兵,補曰:《劉向傳》:"安民上書,入國戶半。"自給人馬五萬騎,補曰:烏孫勝兵十八萬,此五萬騎,是未得半,故《宣帝紀》但言"國精兵"。盡力擊匈奴。唯天子出兵以救公主、昆彌。"漢兵大發十五萬騎,五將軍分道並出。語在《匈奴傳》。補曰:《匈奴傳》:"本始二年,漢大發關東輕鋭士,選郡國吏三百石伉健習騎射者,皆從軍。遣御史大夫田廣明爲祁連將軍,四萬餘騎出西河;度遼將軍范明友三萬餘騎出張掖;前將軍韓增三萬餘騎出雲中;後將軍趙充國爲蒲類將軍,三萬餘騎出酒泉;雲中太守田順爲虎牙將軍,三萬餘騎出五原:凡五將軍,兵十餘萬騎,出塞各二千餘里。"按,《宣帝紀》:是年秋調兵,三年春乃出兵。遣校尉常惠使持節護烏孫兵,補曰:據《惠傳》:"公主、昆彌遣使因惠言。"是惠已自烏孫還,至是又持節爲使。《功臣表》:常惠以校尉光祿大夫持節。顏君《昭帝紀》注云:"持節而爲使。"昆彌自將翎侯以下五萬騎從西方入,至右谷蠡王庭,補曰:《匈奴傳》:"右王將居西方,直上郡以西,接氐、羌。"《後書·班超傳》注:"南面以西爲右。"匈奴之西方接烏孫。按,《匈奴傳》:"蒲類將軍兵當與烏孫合擊匈奴蒲類澤,烏孫先期至。"是從西方入者,即自蒲類之西矣。谷蠡,《宣帝紀》注引服虔曰:"谷音鹿。"韋昭曰:"蠡音如麗反。"顏君谷從服音,蠡音落奚反。《後書·杜篤傳》作"鹿蠡",蓋音同假借字。又《後書·和帝紀》注:"庭謂單于所常居。"此言庭者,匈奴以左右賢王、左右谷蠡爲最大,故亦言庭。獲單于父行及嫂、居次、補曰:《常惠傳》注引晉灼曰:居次,"匈奴女號,若言公主也。"顏君音行,胡浪反。《匈奴傳》:"漢天子,我丈人行。"名王、犂汙補曰:《匈奴傳》言"右賢王、犂汙王四千騎分三隊",又有

"左犁汙王咸"、"南犁汙王",蓋次於賢王者。左犁汙,左或作右。按,在匈奴西以右爲正。都尉、補曰:都尉在千長上,蓋左右大都尉。千長、騎將以下補曰:《匈奴傳》:"諸二十四長亦各自置千長、百長、什長、裨小王、相、都尉、當戶、且渠之屬。"四萬級,補曰:《常惠傳》作"三萬九千人",《匈奴傳》作"三萬九千餘級"。馬、牛、羊、驢、橐駝七十餘萬頭,補曰:《常惠傳》作"得馬、牛、驢、贏、橐佗五萬餘匹,羊六十餘萬頭"。烏孫皆自取所虜獲。還,補曰:《常惠傳》:"烏孫皆自取鹵獲,惠從吏卒十餘人隨昆彌還。"封惠爲長羅侯。是歲,本始三年也。補曰:《功臣表》:長羅侯以本始四年四月封。傳因敘用兵事併言之。漢遣惠持金幣賜烏孫貴人有功者。補曰:時公主亦應有賜,《後書・耿恭傳》:大昆彌遣使奉宣帝時所賜公主博具。

元康二年(前64),補曰:《通鑑考異》以蕭望之於神爵元年(前61)爲大鴻臚,《傳》文有大鴻臚蕭望之,則元康爲神爵之誤。今按,本始四年(前70)距神爵二年凡十一年,烏孫有大功,不應十一年乃往賜之,不足據一也;《常惠傳》:惠因便道擊龜茲,宣帝不許,大將軍霍光風惠以便宜從事。霍光薨於地節二年(前68),若至神爵,光死已八年,不足據二也;且《傳》敘龜茲事云常惠斬姑翼時,烏孫公主正遣女至京,比自京還,龜茲又得請於元康元年來朝,《常惠傳》明言斬姑翼而還,未言復至烏孫,不應烏孫是時遣女入京而惠遲至神爵,不足據三也。即以《蕭望之傳》推之,傳云:遷大鴻臚,先是,烏孫昆彌翁歸靡因常惠上書,詔下公卿議,望之以爲非長策,天子不聽。神爵二年,送公主配元貴靡,未出塞,翁歸靡死。惠上書云云。望之復以爲不可。蓋"先是"云者,追敘以起復爲不可之詞,非直謂爲大鴻臚時也。此傳因之,始云"大鴻臚蕭望之",舍本傳而用此傳,不足據四也。合諸傳考之,蓋惠於本始四年賜烏孫,地節元年即斬姑翼還京,至元康二年,詔遣常惠將兵揚威武車師旁。其時車師王在烏孫,故烏孫因惠上書,是元康不誤。烏孫昆彌因惠上書:"願以漢外孫元貴靡爲嗣,得令復尚漢公主，結婚重親，補曰：謂結兩重姻親。畔絶匈奴，願聘馬、驘各千匹。”詔下公卿議，大鴻臚蕭望之補曰：元康二年，望之自少府遷左馮翊，云大鴻臚，誤。以爲：“烏孫絶域，變故難保，補曰：《蕭望之傳》：“信其美言，萬里結婚，非長策也。”不可許。”上美烏孫新立大功，補曰：元康二年去本始三年僅六年，故曰新。又重絶故業，師古曰：“重，難也。故業，謂先與烏孫婚親也。”遣使者至烏孫，先迎取聘。補曰：取聘財。昆彌及太子、補曰：太子即元貴靡。左右大將、補曰：汪校“將”下有“軍”字。都尉皆遣使，凡三百餘人，入漢迎取少主。補曰：“取”當爲“娶”。上迺以烏孫主解憂弟子相夫爲公主，補曰：弟子謂弟之子，蓋楚王延壽之女弟行，與宣帝爲姑也。宋祁校云：越本“弟”下無“子”字。按，楚主在烏孫已四十年，不應尚有少弟。置官屬侍御百餘人，補曰：用細君故事。舍上林中，學烏孫言。師古曰：“舍，止也。”補曰：舍苑中，以其容車騎。天子自臨平樂觀，會匈奴使者、外國君長大角抵，設樂而遣之。補曰：平樂觀在上林中，《武帝紀》：元封六年（前105）“夏，京師民觀角抵於上林平樂館”。《東方朔傳》：董氏“常從游戲北宫，馳逐平樂，觀雞鞠之會，角狗馬之足”。使長羅侯補曰：汲古閣本作“長盧”，誤。光禄大夫惠爲副，補曰：《蕭望之傳》：“神爵二年，遣長羅侯惠使送公主配元貴靡。”凡持節者四人，送少主至敦煌。未出塞，補曰：出塞，出玉門、陽關也。《趙充國傳》：“自敦煌至遼東萬一千五百餘里，乘塞列隧。”聞烏孫昆彌翁歸靡死，烏孫貴人共從本約，補曰：從岑陬之約。《蕭望之傳》作“背約”，謂背翁歸靡之約。立岑陬子泥靡代爲昆彌，號狂王。補曰：蓋以不與主和，號曰狂。惠上書：“願留少主敦煌，惠馳至烏孫責讓不立元貴靡爲昆彌，補曰：《蕭望之傳》作“責以負約,因立元貴靡"。還迎少主。"事下公卿,望之復以爲:"烏孫持兩端,難約結。補曰:《蕭望之傳》作"亡堅約"。前公主在烏孫四十餘年,恩愛不親密,邊竟未得安,師古曰:"竟讀曰境。"此已事之驗也。今少主以元貴靡不立而還,信無負於夷狄,中國之福也。少主不止,繇役將興,補曰:《通鑑》注:"繇,古傜字通。"蓋公主在絕域,贈送之使興發勞人。其原起此。"天子從之,徵還少主。

狂王復尚楚主解憂,補曰:楚主時年將六十。生一男鴟靡,不與主和,又暴惡失衆。漢使衛司馬魏和意、副候任昌送侍子,補曰:《通鑑》注:"候①,衛侯也,爲和意之副。"侍子,前所送在京者。公主言狂王爲烏孫所患苦,易誅也。遂謀置酒會,罷,使士拔劍擊之。劍旁下,師古曰:"不正下。"補曰:俗本作"正下之"。狂王傷,上馬馳去。其子細沈瘦師古曰:"瘦音搜。"補曰:蓋先娶胡婦子。會兵圍和意、昌及公主於赤谷城。數月,都護鄭吉發諸國兵救之,迺解去。補曰:《通鑑》繫此事於甘露元年(前53),非也,蓋在五鳳中。漢遣中郎將張遵補曰:蓋期門中郎將。持醫藥治狂王,賜金二十斤,采繒②。補曰:下傳言金二十斤、繒三百匹,此"繒"字下似有奪文。因收和意、昌係瑣,補曰:《通鑑》注:"係瑣,即今鎖索也。"從尉犁檻車至長安,斬之。補曰:和意、昌蓋繫在烏壘,故從尉犁行,觀此知漢北道近河北岸,在今道之南也。車騎將軍長史張翁補曰:《百官公卿表》前後左右將軍皆有長史。留驗公主與使者謀殺狂王狀,補曰:期門中郎將秩比二千石,將軍長史秩千石,蓋張翁爲遵之副,遵送和意等還長安,故翁留也。下副使季都蓋亦同時使者。主不服,叩頭謝,張翁捽主頭罵詈。師古曰:"捽,持其頭,音材兀反。"補曰:《說文》:"捽,持頭髮也。"《金日磾傳》:"捽胡投何羅殿下。"③晉灼曰:"胡,頸也。"蓋持頭、持頸皆曰捽。主上書,翁還,坐死。副使季都別將醫養視狂王,補曰:醫養,謂知醫者及廝養。狂王從十餘騎送之。補曰:但言送都,是翁時已還,故言別將。都還,坐知狂王當誅,見便不發,下蠶室。補曰:公主、和意謀殺狂王,固漢意也,特以不死,委罪和意耳。張翁、季都之獲罪,皆不知朝廷之意。

【校記】

① 候,中華本《資治通鑑》作"侯"。

② 繒,初編本誤作"繪"。

③ 何,初編本誤作"河"。

初,肥王翁歸靡胡婦子烏就屠,狂王傷時驚,與諸翖侯俱去,居北山中,補曰:即今冰嶺以東至博羅圖山,所謂天山,以在烏孫北,故曰北山,此又烏孫在山南之證。揚言母家匈奴兵來,補曰:北山之陰爲今伊犁、烏魯木齊境,皆匈奴也。故衆歸之。後遂襲殺狂王,自立爲昆彌。漢遣破羌將軍辛武賢補曰:據《趙充國傳》:辛武賢以神爵元年(前61)自酒泉太守爲破羌將軍,二年五月,罷歸酒泉太守官。後七年,復爲破羌將軍,征烏孫。是討烏就屠事在甘露元年(前53)。將兵萬五千人至敦煌,遣使者案行表穿卑鞮侯井以面①,孟康曰:"大井六通渠也,下泉流湧出,在白龍堆東土山下。"補曰:宋祁云:"'面'當作'西'。"《通鑑》注謂:"時立表穿渠於卑鞮侯井以西。"按,今敦煌縣引黨河,穿六渠經縣西下,流入疏勒河,歸哈喇淖爾。西即大沙磧,豈古六通渠遺跡歟?欲通渠轉穀,積居廬倉以討之。補曰:通渠轉穀,欲水運也。廬倉,謂建倉。國朝雍正中,大將軍岳鍾琪於黨河議行水運,詳見余《西域水道記》中。倉,汪校作"舍"。

初，楚主侍者馮嫽師古曰："音了。嫽者，慧也，故以爲名。"補曰：《詩·陳風》："佼人僚兮。"《傳》："僚，好貌。"《釋文》："僚，本亦作嫽。"《説文》："嫽，女字也。""僚，好貌。"《方言》："釥、嫽，好也。"蓋僚、嫽通，婦人以爲美稱。顔君訓慧，未知所出。能史書，補曰：《通鑑》注："史，吏也。史書猶言吏書。"按，段氏曰：漢人謂隸書爲史書。故孝元帝、孝成許皇后、王尊、嚴延年、馮嫽，後漢孝和帝、和熹鄧皇后、順烈梁皇后、北海敬王睦、樂成靖王黨、安帝生母左姬、魏胡昭，史皆云善史書，大致皆謂適於時用。如《貢禹傳》云：郡國擇便巧史書者，以爲右職。又蘇林引胡公云：漢官假佐取内郡善史書者，給諸佐府也。《藝文志》言"史書令史"，亦謂能史書之令史。然則胡氏謂史書爲吏書，意亦通也。習事，補曰：《通鑑》注："内習漢事，外習西域諸國事也。"嘗持漢節爲公主使，行賞賜於城郭諸國，敬信之，號曰馮夫人。爲烏孫右大將妻，右大將與烏就屠相愛，都護鄭吉補曰：《段會宗傳》："爲西域都護，三歲，更盡還。"如淳曰："邊吏三歲一更。"今鄭吉自神爵二年（前60）爲都護，至甘露元年（前53）①，已八年不更者，或吉時未定此制。使馮夫人説烏就屠，以漢兵方出，必見滅，不如降。烏就屠恐，曰："願得小號。"補曰：願得小昆彌之號。宣帝徵夫人②，自問狀。補曰：此必鄭吉上書言之。遣謁者竺次、補曰：謁者，屬光禄勳。期門甘延壽爲副，補曰：謁者，秩比六百石；期門，比郎，而爲之副，其侍郎、郎中歟？《甘延壽傳》："遷爲郎。試弁，爲期門。"送馮夫人。馮夫人錦車持節，服虔曰："錦車，以錦衣車也。"補曰：《通鑑》引此注作"應劭"。錦車，《漢紀》作"輻車"。詔烏就屠詣長羅侯赤谷城，補曰：烏就屠或仍居北山中。常惠蓋與辛武賢同討而獨至烏孫也。立元貴靡爲大昆彌，烏就屠爲小昆彌，補曰：以長幼爲大小。皆賜印綬。破羌將軍不出塞還。補曰：以上甘露元年事。後烏就屠不盡歸諸翎侯民衆，補曰:烏就屠前與諸翎侯俱去。漢復遣長羅侯惠將三校補曰:《陳湯傳》:"引軍分行,別爲六校。"顔君謂一校則別爲一部軍,故稱校。按,《辛慶忌傳》:"時爲右校丞。"是分中左右三校歟?屯赤谷,因爲分別其人民地界,補曰:《辛慶忌傳》:"爲右校丞,隨長羅侯常惠屯田烏孫赤谷城,與歙侯戰,陷陣卻敵。"蓋分其人民有不從者,故與之戰。大昆彌戶六萬餘,小昆彌戶四萬餘,補曰:是時,戶不足十二萬也。以上當爲二年事。然衆心皆附小昆彌。

【校記】

① 露,底本作"路",據稿本、初編本改。

② "夫人"上中華本《漢書》有"馮"字。

元貴靡、鴟靡皆病死,公主上書言年老土思,願得歸骸骨,葬漢地。天子閔而迎之,公主與烏孫男女三人補曰:據下文言"孫三人",此處衍"烏"字。懷祖先生曰:"孫男女三人者,公主之孫男、孫女共三人也。《御覽》引此無'烏'字。"俱來至京師。是歲,甘露三年(前51)也。補曰:按,《宣帝紀》:公主歸于三年冬①。時年且七十,賜以公主田宅、奴婢,補曰:宋祁校舊本,"主"作"第"。奉養甚厚,朝見儀比公主。後二歲卒,補曰:蓋黃龍元年(前49)。三孫因留守墳墓云。補曰:劉昭《百官志》云:"公主子孫奉墳墓於京都者,亦隨時見會,位在博士、議郎下。"

【校記】

① 主,初編本誤作"子"。

元貴靡子星靡代爲大昆彌,弱,師古曰:"言其尚幼少。"馮夫人上書,願使烏孫補曰:馮夫人或隨公主來歸。鎮撫星靡。漢遣之,卒百人送焉。補曰:俗本"送"下有"烏孫"二字。都護韓宣補曰:韓宣代鄭吉,當在元帝初。奏,烏孫大吏、大祿、大監皆可以賜金印紫綬,補曰:《通鑑》注:"漢列侯金印紫綬,今特賜之。"以尊輔大昆彌,漢許之。後都護韓宣復奏,星靡怯弱,可免,更以季父左大將樂代爲昆彌,漢不許。後段會宗爲都護,補曰:《段會宗傳》:"竟寧中,以杜陵令五府舉爲西域都護。"按,竟寧元年(前33),封騎都尉,甘延壽爲列侯。蓋延壽更還,會宗代之。招還亡畔,安定之。師古曰:"有人衆亡畔者,皆招而還之,故安定也。"補曰:衆附小昆彌,故亡畔。

星靡死,子雌栗靡代。小昆彌烏就屠死,子拊離代立,師古曰:"拊讀與撫同。"補曰:《說文》:"拊,揗也。"段氏云:古作"拊揗",今作"撫循",是拊、撫古今字。按,事在成帝建始初。爲弟日貳所殺。漢遣使者立拊離子安日爲小昆彌。補曰:按,《段會宗傳》:安日爲會宗所立。日貳亡,阻康居。補曰:《陳湯傳》:"西域都護段會宗爲烏孫兵所圍,驛騎上書,願發城郭敦煌兵以自救。丞相王商、大將軍王鳳議數日不决。上召湯見宣室。湯知烏孫瓦合,不能久攻,故事不過數日。詘指計其日,曰:'不出五日,當有吉語聞。'居四日,軍書到,言已解。"即日貳攻圍之事。按,段會宗以竟寧元年(前33)爲都護,此事在建始元、二年(前32、31),王商時爲將軍,言丞相誤。漢徙已校屯姑墨,師古曰:"有戊己兩校兵,此直徙己校也。"補曰:屯姑墨爲近烏孫。欲候便討焉。補曰:以上爲建始二年事。安日使貴人姑莫匿等三人詐亡從日貳,刺殺之。師古曰:"詐畔亡而投之,因得以刺殺。"都護廉褒補曰:段會宗以建始二年更盡,廉褒當以三年代。廉褒見《百官公卿表》,又

《傅常鄭甘陳段傳》贊云:“廉褒以恩信稱。”賜姑莫匿等金人二十斤,繒三百匹。補曰:以上爲建始、河平間事。

後安日爲降民所殺,補曰:安日之立,蓋已十二三年。《段會宗傳》:“小昆彌爲國民所殺,諸翖侯大亂。”漢立其弟末振將代。補曰:《段會宗傳》:“徵會宗爲左曹中郎將、光禄大夫,使安輯烏孫,立小昆彌兄末振將。”按,會宗凡再爲都護,後又四使西域,此爲使西域之一,在永始二年(前15)。“漢立其弟”,《會宗傳》作“兄”,以下文及《會宗傳》“末振將兄子”校之,是“兄”字誤。時大昆彌雌栗靡健,翖侯皆畏服之,告民牧馬畜無使入牧,師古曰:“勿入昆彌牧中,恐其相擾也。”補曰:“入牧”疑當爲“入所牧爲税”,猶今哈薩克部入内地牧馬,每馬百收租馬一之類。國中大安和翁歸靡時。師古曰:“勝於翁歸靡時也。”小昆彌末振將恐爲所並,使貴人烏日領詐降,刺殺雌栗靡。補曰:按,《段會宗傳》在立末振將之明年,是永始三年事。漢欲以兵討之而未能,遣中郎將段會宗《段會宗傳》不載此事,此爲使西域之二。持金幣與都護圖方略,補曰:段會宗之再爲都護,更盡於鴻嘉二年(前19),自鴻嘉三年至永始四年凡六歲,當有二都護。按,《傳》於康居下有都護郭舜,據《傳》贊叙郭舜於廉褒後、孫建前,則舜正在永始時。此云“都護”,或即舜歟?立雌栗靡季父公主孫伊秩靡爲大昆彌。補曰:伊秩靡或大樂子。漢沒入小昆彌侍子在京師者。補曰:爲其有罪。久之,大昆彌翖侯難栖殺末振將,補曰:《段會宗傳》作末振將病死,與此異。末振將兄安日子安犁靡代爲小昆彌。師古曰:“末振將之兄名安日,安日之子名安犁靡。”補曰:《段會宗傳》作烏犁靡。漢恨不自責誅末振將,補曰:宋祁校越本無“責”字。按,汪校亦無。復使段會宗即斬其太子番丘。師古曰:“番音盤。”還,賜爵關内侯。是歲,元延二年(前11)也。補曰:《段會宗傳》:“元延中,復遣會宗發戊己校尉諸國兵，即誅末振將太子番丘。會宗留所發兵墊婁地，選精兵三十弩，徑至昆彌所在，召番丘，責以：'末振將骨肉相殺，殺漢公主子孫，未伏誅而死，使者受詔誅番丘。'即手劍擊斬番丘①。會宗還奏事，公卿議會宗權得便宜，以輕兵深入烏孫，即誅番丘。宣明國威，宜加重賞。天子賜會宗爵關內侯，黃金百斤。"按，此爲會宗使西域之三。

【校記】

① 斬，中華本《漢書》作"殺"。

會宗以翎侯難栖殺末振將，雖不指爲漢，合於討賊，奏以爲堅守都尉。補曰：以賞功，特置此官。責大祿、大吏、大監以雌栗靡見殺狀，奪金印紫綬，更與銅墨云。補曰：劉昭《輿服志》注引《東觀書》云："公侯金印、紫綬，中二千石至四百石皆銅印、墨綬。"末振將弟卑爰疐師古曰："疐音竹二反。"補曰：按，《匈奴傳》："哀帝建平二年（前5），烏孫庶子卑援疐翕侯人衆入匈奴西界，寇盜牛畜，頗殺其民。單于聞之，遣左大當戶烏夷泠將五千騎擊烏孫，殺數百人，略千餘人，毆牛畜去。卑援疐恐，遣子趨逯爲質匈奴。"即其人也。爰、援通。《息夫躬傳》注，蘇林曰："疐音欬嚏之嚏。"①晉灼曰："音《詩》'載疐其尾'之疐。"《匈奴傳》注，服虔："音獻捷之捷。"顏君以晉音是。本共謀殺大昆彌，將衆八萬餘口北附康居，補曰：以番丘見誅也。謀欲藉兵師古曰："藉，借也。"補曰：古多以藉爲借。兼並兩昆彌。補曰：《息夫躬傳》："烏孫兩昆彌弱，卑爰疐强盛，居彊煌之地，擁十萬之衆，東結單于，遣子往侍。"兩昆彌畏之，親倚都護。師古曰："倚，依附也，音於綺反。"補曰：《段會宗傳》："漢復遣會宗使安輯，與都護孫建並力。"

【校記】

① 嚏,稿本、底本皆作"疐",據初編本及中華本《漢書》改。

哀帝元壽二年(前1),大昆彌伊秩靡與單于並入朝,漢以爲榮。補曰:《哀帝紀》:"二年正月,匈奴單于、烏孫大昆彌來朝。"按,《匈奴傳》,是時爲烏珠留若鞮單于。至元始中,卑爰疐殺烏日領以自效,漢封爲歸義侯。兩昆彌皆弱,補曰:按,《王莽傳》言大昆彌中國外孫,是伊秩靡至始建國時猶存。卑爰疐侵陵,補曰:謂侵陵兩昆彌。都護孫建襲殺之。補曰:《段會宗傳》稱都護孫建在建平中,不應元始中尚在西域,或再任也。自烏孫分立兩昆彌後,漢用憂勞,且無寧歲。師古曰:"言或鎮撫①,或威制之,故多事也。"補曰:《王莽傳》:始建國五年(13),"烏孫大小昆彌遣使貢獻。莽見匈奴諸邊益侵②,意欲得烏孫心,迺遣使者引小昆彌使置大昆彌使上。保成師友祭酒滿昌劾奏使者曰:'夷狄以中國有禮誼,故詘而服從。大昆彌,君也。今序臣使於君使之上,非所以有夷狄也。奉使大不敬!'莽怒,免昌官。西域諸國以莽積失恩信,焉耆先畔③,殺都護但欽。"

【校記】

① 言,諸本奪,據中華本《漢書》改。

② 益,中華本《漢書》作"並"。

③ 焉,底本作"烏",據稿本、初編本及中華本《漢書》改。

姑墨國,補曰:莽曰"積善",見袁宏《紀》;《後魏書》作姑默。唐《西域記》:"跋祿迦國東西六百餘里,南北三百餘里。"王治南城,補曰:《後書·班超傳》:姑墨有石城。唐《西域記》:跋祿迦國"大都城周五六里"。去長安八千一百五十里。補曰:據改定龜茲里數積算,當作"去長安八千四百五十八里、去陽關三千九百五十八里"。戶三千五百,口二萬四千五百,勝兵四千五百人。補曰:《漢紀》不言,當爲次大國。姑墨侯、輔國侯、都尉、左右將、左右騎君各一人,譯長二人。東至都護治所一千二十一里,補曰:宋祁校云:監本作"千二十里",晏本作"二千二十里"。今以改定里數較之,當作"千二百二十里"。南至于闐馬行十五日,補曰:自姑墨南行,度額爾勾河,經大沙磧,至于闐,沙行往往失路,難以里計。北與烏孫接。補曰:姑墨之北山,皆烏孫地,蓋今拜城北也。出銅、鐵、雌黃。補曰:今滴水崖地有上、下銅廠。東通龜茲六百七十里。補曰:唐《西域記》:"跋祿迦國土宜氣序、人性風俗、文字法則同屈支國。"蓋壤地相接,故同。王莽時,姑墨王丞殺溫宿王,並其國。補曰:亦以壤地相接,故並之。

溫宿國,王治溫宿城,師古曰:"今雍州醴泉縣北有山名溫宿領者①,本因漢時得溫宿國人,令居此地田牧,因以爲名。"補曰:《地理志》:張掖郡有居延縣,安定郡有月氏道②,上郡有龜茲縣,蓋亦類此。去長安八千三百五十里,補曰:據改定龜茲里數積算,當作"去長安八千七百二十八里、去陽關四千二百二十八里"。戶二千二百,口八千四百,勝兵千五百人。補曰:《漢紀》以爲次大國。輔國侯、左右將、左右都尉、左右騎君、譯長各二人。東至都護治所二千三百八十里,補曰:據改定里數,當作"一千四百九十里"。西至尉頭三百里,補曰:《後魏書》:尉頭在溫宿北,蓋西兼北也。北至烏孫赤谷六百一十里。補曰:《水經注》:"水導姑墨西北,歷赤沙山,東南流逕姑墨國西。"赤沙山疑即赤谷,今之鹽山。姑墨西北正溫宿之北。土地物類所有,與鄯善諸國同。補曰:漸近鄯善也。東通姑墨二百七十里。補曰:《後魏書》:溫宿在姑墨西北。今阿克蘇城至滴水崖二百八十里。

【校記】

① 領,中華本《漢書》作"嶺"。

② 郡,諸本作"縣",據中華本《漢書》改。

龜茲國,補曰:《唐書》:"龜茲一曰丘茲,一曰屈茲。"唐《西域記》作"屈支國東西千餘里,南北六百餘里"。王治延城,補曰:《後書·班超傳》注引作居延城。《唐書》:王居伊邏盧城。唐《西域記》:屈支國大都城周十七八里。《後書·班超》及《梁慬傳》:龜茲又有它乾城。按,《唐書》:自焉耆西南經二大河至龜茲。二大河者,今海都河及舊時龜茲東川也。延城蓋在今渭干河北岸①。去長安七千四百八十里。補曰:據改定里數,當作"去長安七千七百八十八里、去陽關三千二百八十八里"。戶六千九百七十,口八萬一千三百一十七,勝兵二萬一千七十六人。補曰:《漢紀》以爲次大國。大都尉丞、輔國侯、安國侯、擊胡侯、卻胡都尉、擊車師都尉、左右將、補曰:《後書·班超傳》有左將軍。左右都尉、左右騎君、左右力輔君各一人,東西南北部千長各二人,補曰:龜茲四達之國,故有四部。卻胡君三人,譯長四人。補曰:蓋亦分東西南北。南與精絕、補曰:亦隔河相接。東南與且末、補曰:《後書·班超傳》注引作"東與且末",是奪"南"字。西南與杅彌、師古曰:"杅音烏。"補曰:《杅彌》云東北與龜茲接。北與烏孫、補曰:據《後魏書》,龜茲都城在白山南一百七十里,故並白山陽烏孫得居之。西與姑墨接。補曰:唐《西域記》:"龜茲西行六百餘里,經小磧,至跋祿迦國。"《水經注》:"龜茲西去姑墨六百七十里。"能鑄冶,補曰:《梁書·劉之遴傳》:"外國澡灌一口,有銘云②:'元封二年(前109),龜茲國獻。'"是能鑄冶之證。有鉛。補曰:唐《西域記》:"土産黄金、銅、鐵、鉛、錫。"東至都護治所烏壘城三百五十里。補曰:"三"蓋"五"字之訛,見下焉耆國注。以今道計之,凡六百餘里。

【校記】

① 干,底本、初編本作"千",據稿本改。

② "有"字,中華本《梁書》無。

烏壘,補曰:《水經注》云:"治烏壘城。"今《傳》文奪之。戶百一十,口千二百,勝兵三百人。補曰:亦小國。城都尉、補曰:蓋掌一城之兵。烏壘、渠犁同置。譯長各一人。與都護同治。補曰:雖言同治,應別有垣墉以處將吏,如今西域回城中別爲鎮城之類。據後傳,都護在埒婁城,或別城名歟?其南三百三十里至渠犁。補曰:《水經注》於渠犁下云:"西北去烏壘三百三十里。"是酈氏所見《漢書》本此作"東南"也。

渠犁,補曰:《武帝紀》:天漢二年(前99),渠黎六國來獻。《鄭吉傳》亦作"渠黎"。城都尉一人,補曰:《水經注》言龜茲東川水與西川枝水合流,逕龜茲城南,合爲一水,水間有故城,屯校所守也。酈氏之意,以水間故城爲渠犁田官之城,是田官不與渠犁同城之證。第渠犁在龜茲東南,不應田官在龜茲之南。按,《後書》云:班超定西域,居龜茲。是故城或超所居耳。戶百三十,口千四百八十,勝兵百五十人。補曰:《鄭吉傳》:"發渠黎、龜茲諸國五萬人。"東北與尉犁、補曰:敦薨水自今博斯騰淖爾溢出之河,渠犁在河西,尉犁在河東。東南與且末、南與精絕接。補曰：且末之通精絕二千里，故龜茲至渠犁皆接之。西有河，至龜茲五百八十里。補曰：《水經注》："敦薨水又屈而南，逕渠犁國西。故《史記》曰'西有大河'，即斯水也。又東南流，逕渠犁國。"蓋酈氏之意，以河即敦薨水。今證以目驗，知其不然。敦薨水即今海都河，《水經注》亦明言出"焉耆之北，敦薨之山"，其水不得至龜茲，一也。渠犁在烏壘東南，敦薨水去之尚遠，不得逕其國西，二也。龜茲東川正由渠犁東南入大河，敦薨水果出渠犁西，則隔于東川，無由達河，三也。蓋敦薨所經者，尉犁之西，《水經注》所謂"敦薨之水，自西海逕尉犁國"者也。"渠"與"尉"相亂耳。此云"西有河"，謂龜茲東川，今之烏恰爾薩伊河①。《水經注》云：東川水逕烏壘南，又東南，注大河。所謂"烏壘南"，即渠犁之西，今烏恰爾薩伊河，已不與大河通，而故道尚存。由渠犁之西泝河，可達龜茲東界，知《水經注》所引《史記》，即此傳文者。馮商等撰《漢書》②，在哀、平間猶名《史記》，至明帝時，猶稱班固私作《史記》，故酈氏又於焉耆下引《史記》，皆此《西域傳》文。

【校記】

① 伊，稿本作"依"。下同。

② 馮商，初編本乙作"商馮"。

自武帝初通西域、置校尉，屯田渠犁。補曰：漢通西域，在太初三年（前102）。《鄭吉傳》："自張騫通西域、李廣利征伐之後，初置校尉，屯田渠犁。"①是時，軍旅連出，師行三十二年，補曰：自元光二年（前133）賣馬邑，誘單于，絕和親，爲用兵之始。其後連年用兵，至太初三年西域貢獻，凡三十二年。海內虛耗。補曰：《張湯傳》："會渾邪等降，漢大興兵伐匈奴，山東水旱，貧民流徙，皆卬給縣官②，縣官空虛。"征和中，貳師將軍李廣利以軍降匈奴。補曰：《武帝紀》：征和二年（前91），匈奴入上谷、五原，殺略吏民。《匈奴傳》：單于立六年，入上谷、五原,殺略吏民。征和二年即單于六年。《匈奴傳》又云:其年,貳師降。是以貳師降爲二年事,而《武帝紀》《功臣表》《李廣利傳》皆作三年,是《匈奴傳》誤。上既悔遠征伐,而搜粟都尉桑弘羊補曰:搜粟,《百官公卿表》又作"騪粟"。桑弘羊於太始元年(前96)自大司農貶爲搜粟都尉。與丞相、御史補曰:《通鑑》繫此事征和四年,其時丞相爲田千秋,御史大夫爲商丘成。奏言:"故輪臺以東補曰:輪臺國爲貳師所屠,故稱"故"。宋祁云:舊本"以東"有"以"字,元祐《考異》及越本無"以"字,當除之。捷枝、渠犂皆故國,補曰:《水經注》:"東川水逕龜兹東北,歷赤沙、積梨南流。""積梨"當即"捷枝",是渠犂在今庫車城東南,捷枝在庫車城東北。《通考》作"接枝"。地廣,饒水草,有溉田五千頃以上,補曰:皆引河水溉之。《後魏書》云:輪臺"南三百里有大河東流,號計式水,即黄河也"。處溫和,田美,補曰:今回疆恒暖。可益通溝渠,種五穀,與中國同時孰。其旁國少錐刀,貴黄金綵繒③,可以易穀食,宜給足不可乏。師古曰:"言以錐刀及黄金彩繒與此旁國易穀食,可以給田卒,不憂乏糧也。"補曰:吳氏仁傑曰:"'錐'當作'錢',其偏旁轉寫,以戔爲隹耳。西域諸國如罽賓、烏弋、安息皆有錢貨,惟渠犂旁國少此,故貴黄金、綵繒,可以用此易五穀。《史記》:大宛以西,其地無絲漆,不知鑄錢器。亦謂是也。'錐刀'字見《左傳》,杜注:'錐刀,喻小事也。'若作'少錐刀',恐無意義。"黄金,荀悦《漢紀》作"黄鐵",吳氏仁傑曰:"《舜典》'金作贖刑',孔傳曰:'金,黄金也。'《呂刑》'其罰百鍰',孔傳曰:'鍰,黄鐵也。'孔穎達謂:古者金、銀、銅、鐵總名爲金。黄金、黄鐵,皆今之銅也。"采繒,《漢紀》作"錦繒"。顧氏炎武曰:"'不可乏',當作'可不乏'。"懷祖先生曰:"此承上文而言,既有美田可以種穀,又以錐刀、黄金、綵繒易穀于他國,則食宜給足不乏也。'不乏'二字之間不當有'可'字。此涉上文'可以易穀'而衍,顧氏謂'當作可不乏',非也。"臣愚以爲可遣屯田卒詣故輪臺以東,置校尉三人分護,補曰:欲分田卒,故增置一校尉。《漢紀》作“二人”。各舉圖地形，補曰：李陵出居延北，至浚稽山，舉圖所過山川地形。按，“地形”見《淮南子》。通利溝渠，務使以時益種五穀，師古曰：“益，多也。”補曰：《册府元龜》引“益，多也”在“酒泉”下，似至“酒泉”爲句。張掖、酒泉遣騎假司馬爲斥候，補曰：軍法，部有軍司馬，曲有軍候，又有軍假司馬、假候爲之副貳。《通鑑》注曰：“斥，拓也，候，望也，言開拓道路候望也。”屬校尉，補曰：斥候士皆領於校尉。事有便宜，因騎置以聞。師古曰：“騎置即今之驛馬也。”補曰：顔君《文帝紀》注曰：“置者，置傳驛之所，因名置也。”按，置傳驛者，謂分置傳與置驛。凡出使用車者，曰乘傳；用馬者，曰騎驛。又曰遽此“騎置”，猶《說文》言“置騎”。田一歲，有積穀，募民壯健有累重敢徙者詣田所，師古曰：“累重謂妻子家屬也。累音力瑞反，重音直用反。”補曰：《趙充國傳》：“終不敢將其累重。”《匈奴傳》：“匈奴悉遠其累重。”按，《劉屈氂傳》：“重馬傷耗。”顔君注曰：“重謂懷孕者也。”是人畜皆得稱重。魏晉間又或稱爲累，如“樂齎不得奉携尊累”是也。募民敢徙，如今新疆之客户。就畜積爲本業，師古曰：“畜讀曰蓄。”補曰：即一歲所得之積穀。本業，《漢紀》作“産業”。益墾溉田，稍築列亭，連城而西，補曰：《水經注》：敦薨水“又西南流，逕連城引注，裂以爲田”。酈氏以爲即此連城也。以威西國，輔烏孫，爲便。補曰：《通鑑》注：“時烏孫王尚公主，故欲屯田列亭，連城以輔之。”臣謹遣徵事臣昌分部行邊，師古曰：“分音扶問反，行音下更反。”補曰：《昭帝紀》有丞相徵事任宫，文穎注曰：“徵事，丞相官屬，位差尊，掾屬也。”張晏曰：“《漢儀注》：徵事比六百石。皆故吏二千石不以臧罪免者爲徵事，絳衣奉敕朝賀正月。”《衛霍傳》有郭昌，雲中人，以校尉從大將軍，元封四年（前107）以太中大夫爲拔胡將軍。屯朔方還，擊昆明，無功，奪印。按徵事以二千石不以臧罪免者爲之，則“臣昌”或即郭昌歟？嚴敕太守、都尉補曰：前漢之制，郡有太守，有都尉。明湊火，補曰：《漢舊儀》，邊郡太守各將萬騎行障塞烽火追虜。選士馬，謹斥候，蓄茭草。補曰：《費誓》："峙芻茭。"④《疏》引鄭氏曰："茭，乾芻也。"願陛下遣使使西國，以安其意。補曰：蓋以貳師降，恐西國畏匈奴，不安。臣昧死請。"補曰：《獨斷》云："漢承秦法，羣臣上書，皆言'昧死言'，王莽盜位，慕古法，去'昧死'，曰'稽首'。"

【校記】

① 犁，中華本《漢書》作"黎"。

② 印，初編本作"仰"。

③ 綵，中華本《漢書》作"采"，采與綵通，故下注二字互用，原文如此。

④ 峙，初編本誤作"時"。

上迺下詔，深陳既往之悔，曰：補曰：《通鑑》："見羣臣，上乃言曰：'朕即位以來，所爲狂悖，使天下愁苦，不可追悔。'""前有司奏，欲益民賦三十助邊用，師古曰："三十者，每口轉增三十錢也。"補曰：《高帝紀》如淳注引《漢儀注》："民年十五以上至五十六出賦錢①，人百二十爲一算，治庫兵車馬。"②又《惠帝紀》應劭注曰："漢律，人出一算，算百二十錢，唯賈人與奴婢倍算。"今口增三十，是百五十爲一算。其時有司有此奏而未行，故《蕭望之傳》："張敞曰：'先帝征行三十餘年，百姓猶不加賦。'"是重困老弱孤獨也。師古曰："重音直用反。"而今又請遣卒田輪臺。輪臺西於車師千餘里，補曰：以今道里計之，輪臺在車師前部西南一千三四百里。前開陵侯擊車師時，晉灼曰："開陵侯，匈奴介和王來降者。"補曰：《功臣表》：開陵侯成娩以故匈奴介和王將兵擊車師。據後傳，事在征和四年（前 89）。危須、尉犁、樓蘭六國子弟在京師者補曰：六國，皆近車師者，三國外，或且末、山國、焉耆歟？子弟非必侍子。按，征和元年，樓蘭請其侍子，以下蠶室不遣，是別有子弟也。皆先歸，發畜食迎漢軍，師古曰："畜謂馬牛羊等也。"又自發兵，凡數萬人，王各自將，補曰：六國之王。共圍車師，降其王。諸國兵便罷，力不能復至道上食漢軍。師古曰："食讀曰飤。"補曰：車師降後，便罷遣諸國兵，而諸國兵已匱乏，不能供億漢軍。漢軍破城，食至多，然士自載不足以竟師，師古曰："士雖各自載糧，而在道已盡。至於歸塗，尚苦乏食不足，不能終師旅之事也。"補曰：謂漢破車師時，軍食尚多，而士所載以歸者不足自給，言道遠。彊者盡食畜産，羸者道死數千人。朕發酒泉驢、橐駝負食，出玉門迎軍。補曰：明年始置敦煌郡，故第言酒泉。吏卒起張掖，不甚遠，補曰：遣酒泉吏卒出玉門迎軍，又使張掖吏卒至酒泉接應。二郡接壤，故言不甚遠。然尚斷留甚衆。師古曰："斷留，言其前後離斷，不相逮及也。斷音斯。"補曰：斷留，即宿留，斷、宿雙聲字。

【校記】

① 民，初編本誤作"明"。

② "治"上中華本《漢書》有"爲"字。

曩者，朕之不明，以軍候弘上書言'匈奴縛馬前後足①，置城下，補曰：城蓋長城。馳言秦人，我匄若馬'，師古曰："謂中國人爲秦人，習故言也。匄，乞與也；若，汝也；乞音氣。"補曰：《通鑑》注云："據漢時匈奴謂中國人爲秦人，至唐及國朝，則謂中國爲漢，如漢人、漢兒之類，皆習故而言。"馳言者，馳馬東言也。松按，《匈奴傳》：衛律謀鑿城藏谷，與秦人守之。亦以漢降匈奴者謂之秦人。又漢使者久留不還，補曰：《通鑑》注："久留不還，謂蘇武等也。"故興師遣貳師將軍，師古曰："興軍而遣之。"補曰：汪校"興"下無"師"字，故注以"興軍釋之"。

欲以爲使者威重也。補曰：即留匈奴之使，故使匈奴畏而歸之。古者卿大夫與謀，師古曰："與讀曰豫。"参以蓍龜，不吉不行。師古曰："謂共卿大夫謀事，尚不專决，猶雜問蓍龜也。"補曰：《洪範》所言者是。迺者以縛馬書徧視丞相、御史、二千石、諸大夫、郎爲文學者，師古曰："視讀曰示。爲文學，謂學經書之人。"補曰：御史謂御史大夫。二千石者，太子太傅、少傅、將作大匠、詹事、大長秋、典屬國、水衡都尉、京兆尹、左馮翊、右扶風皆是。大夫、郎者，郎中令屬官，大夫謂太中大夫、中大夫、光禄大夫；郎，議郎、中郎、侍郎②、郎中。文學，即大夫、郎之堪備顧問者。《武帝紀》："日者淮南、衡山修文學。"迺至郡屬國都尉成忠、趙破奴等，補曰：郡屬國都尉，謂郡守及郡與屬國之都尉。浞野侯以巫蠱事族，此趙破奴别是一人。皆以'虜自縛其馬，不祥甚哉！'補曰：馬見縛，兵敗之兆。或以爲'欲以見彊，師古曰："見，顯示。"補曰：亦圍者箝馬秣之之意。宋祁曰：别本"欲"字下有"式"字，劉蹟《考異》無"式"字，故除之。夫不足者視人有餘。'師古曰："言其夸張也。視亦讀曰示。"補曰：此申明見彊，以其見彊，知其不足也。《易》之，補曰：謂以《易》卜之，《張騫傳》曰："天子發書《易》。"卦得"大過"，爻在九五，孟康曰："其繇曰'枯楊生華'，象曰'枯楊生華，何可久也'！謂匈奴破不久也。"補曰："大過"上五體震，五在震下，爲馬足。巽爲繩，兩巽相承，縛馬之象。"大過"乾老坤生，坤爲鬼方，震爲驚走，故曰"匈奴困敗"。匈奴困敗。補曰：此占者之詞，凡對縛馬書者，有此三説。以下又雜考之星氣占筮也。懷祖先生曰："'匈奴'上脱'曰'字，曰者，衆人之言也，'大過'九五，《象傳》曰：'枯楊生華，何可久也。'故衆皆曰匈奴必困敗矣。《漢紀》有'曰'字。"公車方士、太史治星望氣，及太卜龜蓍，皆以爲吉，補曰：《通鑑》注："公車方士，方士之待詔公車者。太史，屬太常。治星，習爲天文之家；望氣，如《周官》之眡祲者，皆屬太史。太卜，屬太常，有令、丞。治，直之翻。”匈奴必破，時不可再得也。師古曰：“今便利之時，後不可再得也。”又曰：‘北伐行將，於鬴山必克。’師古曰：“行將謂遣將率行也。鬴山，山名也，鬴，古釜字。”補曰：按，《說文》以鬴爲釜之或字。卦諸將，貳師最吉。師古曰：“上遣諸將，而於卦中貳師最吉也。”補曰：懷祖先生曰：“師古所說，于文義不順，卦當作卜，言卜諸將孰吉，則貳師最吉也。下文云‘卜漢軍一將不吉’，即其證。今作‘卦’者，涉上下文‘卦’字而誤。《漢紀》正作‘卜’。”故朕親發貳師下鬴山，補曰：按，《匈奴傳》：“漢遣貳師將軍七萬人出五原。”則鬴山者，五原塞外山也。《匈奴傳》又云：使右大都尉與衛律要擊漢軍於夫羊句山狹。詔之必毋深入。

【校記】

① 候，底本、稿本作“侯”，據初編本及中華本《漢書》改。

② 郎，底本誤作“部”，據稿本、初編本改。

今計謀卦兆皆反繆。師古曰：“言不效也。繆，妄也。”補曰：惠氏棟《易漢學》引程舜俞集筮法師春曰：“大過，木兆卦也，外克内，應克世之兆，所以敗也。”惠氏又云：“大過震游魂，故云‘木兆卦’。五動又成震，初六辛丑，土乃震之財，故云‘外克内’。然大過九四丁亥，水也，而受制於辛丑之土，九四立世，初六爲應，故云‘應克世’。當時諸臣以漢爲内卦，匈奴爲外卦，故皆云吉而實反繆也。”重合侯得虜候者，補曰：是時重合侯莽通將四萬騎出酒泉千餘里。言：‘聞漢軍當來，匈奴使巫埋羊牛所出諸道及水上以詛軍。師古曰：“於軍所行之道及水上埋牛羊。”補曰：《匈奴傳》：衛律飭胡巫言先單于怒。《戾太子傳》：炙胡巫上林中。蓋匈奴有此巫蠱之術。單于遺天子馬裘，常使巫祝之。縛馬者，詛軍事也。’又卜‘漢軍一將不吉’。補曰：漢將尚有商丘成、莽通，惟貳師敗也。匈奴常言：'漢極大，然不能饑渴，師古曰："能音耐。"補曰：《鼂錯傳》："風雨罷勞，饑渴不困，中國之人弗與也。"失一狼，走千羊。'補曰：此亦述匈奴之言，謂因失一狼，千羊亦不能自存。狼喻將帥，羊喻士卒。迺者貳師敗，軍士死略離散，師古曰："言死及被虜略，並自離散也。"補曰：《匈奴傳》："漢新失大將軍士卒數萬人。"悲痛常在朕心。今請遠田輪臺，欲起亭隧，師古曰："隧者，依深阻之處開通行道也。"①補曰：《匈奴傳》"起亭隧"，顔君注曰："隧謂深開小道而避敵鈔寇也。"②依《說文》，當作䜌，謂塞上亭守㷭火者也。《後書·西羌傳》作"亭燧"。是擾勞天下，非所以優民也。補曰：《詩·大雅》傳云："優，渥也。"箋云："寬也。"《說文》："優，饒也。"今朕不忍聞。

【校記】

① 阻，中華本《漢書》作"險"。

② "而"下中華本《漢書》有"行"字。

大鴻臚等又議，欲募囚徒補曰：《百官公卿表》：征和四年（前89），"大鴻臚戴仁坐祝詛誅，淮陽太守田廣明爲鴻臚。"送匈奴使者，明封侯之賞以報忿，五伯所弗能爲也。師古曰："伯讀曰霸，五霸尚恥不爲，況今大漢也。"補曰：《通鑑》注："蓋欲使刺單于以報忿也。"且匈奴得漢降者，常提掖搜索，問以所聞。師古曰："搜索者，恐其或私齎文書也。"補曰：《通鑑》注："提謂提挈之也，掖謂兩人夾持其兩腋，搜索者，恐其挾兵刃。"今邊塞未正，闌出不禁，障候長吏使卒獵獸，以皮肉爲利，卒苦而㷭火乏，失亦上集不得，師古曰："言邊塞有闌出逃亡之人，而主者不禁。又長吏利於皮肉，多使障候之卒獵獸，故令㷭火有乏。又其人勞苦，因致奔亡。凡有此失，皆不集於所上文書。"補曰：顏君《武帝紀》注云："計者，上計簿使也，郡國每歲遣詣京師上之。"此上集蓋即上計。漢之上計使，唐謂之朝集使也。得者，登也，言上集之簿亦不得登載。得、登雙聲字。後降者來，若捕生口虜，迺知之。師古曰："既不上書，所以當時不知，至有降者來，及捕生口，或虜得匈奴人言之，乃知此事。"補曰：生口虜，虜之生得者，不得分爲二也。當今務在禁苛暴，補曰：禁長吏苛暴者。止擅賦，補曰：《通鑑》注："漢有擅賦法，今止不行。"力本農，補曰：謂勸農力本。修馬復令，孟康曰："先是令長吏各以秩養馬，亭有牝馬，民養馬皆復不事，後馬多絕乏，至此復修之也。"師古曰："此說非也。馬復，因養馬以免徭賦也。復音方目反。"補曰：亭養牝馬，又見《昭帝紀》應劭注，顏君所說免徭賦即復不事之意，而以孟說爲非，未得其解。以補缺，毋乏武備而已。郡國二千石各上進畜馬方略補邊狀，與計對。"師古曰："與上計者同來赴對也。"補曰：即所謂與計偕也。邊馬有額，馬死略盡，故補之。

由是不復出軍。而封丞相車千秋爲富民侯，以明休息，思富養民也。補曰：據《外戚恩澤侯表》，車千秋以征和四年（前89）六月丁巳封。《通鑑》注云："富民侯食邑於沛郡蘄縣。"又引顏君注曰："欲百姓之殷實，故取其嘉名也。"按，《車千秋傳》："千秋年老，上優之，朝見，得乘小車入宮殿中，因號曰'車丞相'。"①是稱"車千秋"者，在昭帝時，《表》《傳》皆據其終言之。

【校記】

① "因"上中華本《漢書》有"故"字。

初，貳師將軍李廣利擊大宛，還過杅彌，補曰：貳師後行攻輪臺還，過龜茲，在北道，而過杅彌者，杅彌東北接龜茲。杅彌遣太子賴丹爲質於龜茲。廣利責龜茲曰："外國皆臣屬於漢，龜茲何以得受杅彌質?"補曰:匈奴背漢,受樓蘭質子,龜茲疑於背漢。即將賴丹入至京師。昭帝乃用桑弘羊前議,補曰:武帝時欲田未果,故皆議行之。以杅彌太子賴丹爲校尉,補曰:即三校尉之一。將軍田輪臺,輪臺與渠犁地皆相連也。補曰:渠犁在東,輪臺在西,皆傍塔里木河北岸。龜茲貴人姑翼謂其王曰:"賴丹本臣屬吾國,今佩漢印綬來,迫吾國而田,補曰:輪臺爲今玉古爾地,在庫車城東三百二十里。庫車城南即龜茲故國。必爲害。"王即殺賴丹,而上書謝漢,補曰:如陰末赴之爲。漢未能征。

宣帝時,長羅侯常惠使烏孫還,補曰:事在地節元年(前69)。便宜發諸國兵,師古曰:"以便宜擅發兵也。"補曰:《常惠傳》:"惠奏請龜茲國嘗殺校尉賴丹,未伏誅,請便道擊之。宣帝不許,大將軍霍光風惠以便宜從事。"合五萬人攻龜茲,補曰:《常惠傳》:"惠與吏士五百人俱至烏孫,還過,發西國兵二萬人,令副使發龜茲東國二萬人、烏孫兵七千人,從三面攻龜茲。"言五萬者,舉成數。責以前殺校尉賴丹。補曰:《常惠傳》:"兵未合,先遣人責其王以前殺漢使狀。"龜茲王謝曰:"迺我先王時爲貴人姑翼所誤,我無罪。"執姑翼詣惠,惠斬之。補曰:按,《常惠傳》:惠令縛姑翼來。時烏孫公主遣女來至京師補曰:楚主女弟史。學鼓琴,漢遣侍郎樂奉補曰:漢制,郎中令屬官有五官中郎將、左右中郎將,號曰三署;署中各有中郎、議郎、侍郎、郎中。郡國舉孝廉,補三署郎,年五十以上屬五官,其次分在左右署。送主女,過龜茲。補曰:至烏孫而過龜茲,是烏孫在天山南、龜茲北。龜茲前遣人至烏孫求公主女,未還。會女過龜茲,龜茲王留不遣,復使使報公主,主許之。後公主上書,願令女比宗室入朝,補曰:宗室謂宗女。按,劉昭《禮儀志》載:正月上陵禮,百官、四姓親家婦女、公主、諸王大夫會陵。又大喪禮，皇后東向，貴人、公主、宗室婦女以次立後。是宗女有朝會之事。而龜茲王絳賓亦愛其夫人，上書言得尚漢外孫爲昆弟，補曰：言與主女爲昆弟，不敢質言壻也。願與公主女俱入朝。元康元年（前65），遂來朝賀。補曰：劉昭《禮儀志》注引蔡質《漢儀》曰："正月旦，天子幸德陽殿，臨軒，公、卿、將、大夫、百官各陪朝賀。蠻、貊、胡、羌朝貢畢，見屬郡計吏，皆庭覲①，庭燎。宗室諸劉雜會，萬人以上，立西面。"王及夫人皆賜印綬。夫人號稱公主，補曰：用公主之儀，當紫綬，印其金印歟？賜以車騎旗鼓，歌吹數十人，補曰：劉昭《百官志》：大將軍"賜官騎三十人及鼓吹"②。此蓋寵之如大將軍。歌吹者，横吹也。《後書·班超傳》注引《古今樂錄》："横吹，胡樂也。張騫入西域，傳其法於長安。乘輿以爲武樂。"綺繡雜繒琦珍凡數千萬。師古曰："琦音奇。"補曰：《玉篇》引《埤蒼》云："琦，瑋也。"《後書·仲長統傳》"琦賂寶貨"注引《抱朴子》曰："片玉可以琦。"數千萬者，言其直。留且一年，厚贈送之。後數來朝賀，樂漢衣服制度，歸其國，治宫室，作徼道周衛，出入傳呼，補曰：《漢舊儀》："皇帝起居儀，宫司馬，内百官，案籍出入，營衛周廬，晝夜誰何。輦動則左右侍帷幄者稱警，車駕則衛官填街、騎士塞路，出殿則傳蹕止人清道。"撞鐘鼓③，補曰：劉昭《禮儀志》："諸行出入，皆鳴鍾④，皆作樂。"《東京賦》云："撞洪鐘，伐靈鼓。"如漢家儀。外國胡人皆曰："驢非驢，馬非馬，若龜茲王，所謂贏也。"補曰：《説文》："贏，驢父馬母者也。"崔豹曰："驢爲牡，馬爲牝，即生騾；馬爲牡，驢爲牝，生駏驉。"絳賓死，其子丞德自謂漢外孫，補曰：弟史號稱公主，故其子自謂外孫。成、哀帝時往來尤數，漢遇之亦甚親密。

【校記】

① 庭，中華本《後漢書》作“陛”字。

② 及，初編本誤作“在”。

③ 鐘，諸本皆作“鍾”，據中華本《漢書》改。

④ “鍾”當作“鐘”，諸本及中華本《後漢書》原文如此。

東通尉犂六百五十里。補曰：渠犂在烏壘東南。烏壘東至尉犂止三百里，渠犂東通不得有六百餘也。疑“六”字有誤，或中隔敦薨溢出之水，而哈勒噶山中道險，故迂曲歟？

尉犂國，王治尉犂城，去長安六千七百五十里。補曰：據《傳》：鄭吉從尉犂至長安是正當烏壘孔道，去長安當作六千九百三十八里，去陽關當二千四百三十八里。戶千二百，口九千六百，勝兵二千人。補曰：《漢紀》以爲次大國。尉犂侯、安世侯、左右將、左右都尉、擊胡君各一人，譯長二人。西至都護治所三百里，補曰：《後魏書》：龜茲在尉犂西北。蓋龜茲國大，其境得至烏壘北。南與鄯善、且末接。

危須國，王治危須城，補曰：危須城當在今博斯騰淖爾東南。去長安七千二百九十里。補曰：以去都護里數計之，當作“去長安六千七百三十八里、去陽關二千二百三十八里”。戶七百，口四千九百，勝兵二千人。補曰：《漢紀》以爲次大國。擊胡侯、擊胡都尉、補曰：匈奴常在焉耆、危須、尉犂間賦稅諸國，蓋三國鼎峙，故皆置擊胡君。左右將、左右都尉、左右騎君、擊胡君、譯長各一人。西至都護治所五百里，至焉耆百里。補曰：《水經注》云：“逕出焉耆之東，導于危須國西。”是焉耆在西，危須在東。《傳》不言“西”，蒙上爲文;《水經注》引此傳文作"西至焉耆"。

焉耆國,補曰:《西域記》作:"阿耆尼國,東西六百餘里,南北四百餘里。"王治員渠城,師古曰:"員音于權反。"補曰:錢氏大昕以爲員渠即焉耆之轉,猶之尉犁國王治尉犁城、危須國王治危須城也。《後書》作"南河城",《後漢紀》作"河南城"。《水經注》:"敦薨水西源東流,分爲二水,西南流,出於焉耆之西,經流焉耆之野,屈而東南流,注於敦薨之渚。右水東南流,又分爲二,左右焉耆之國,城居四水之中,在河水之洲,治員渠城。"按,敦薨水今曰海都河,海都河惟一水注博斯騰淖爾。漢時入淖爾之處分爲二,又有一水自西北來,入於敦薨水,其會合之地,亦分爲二,員渠城正當其分處,故《後書·班超傳》言焉耆有葦橋之險,不欲令漢軍入國,超更從他國厲度,到焉耆,去城二十里,正營大澤中。可知城四面皆水,葦橋、大澤,均海都河所瀦也。今既無敦薨分出同入淖爾之水,又無西北來一水,海都河南四十里有舊城,雉堞猶存,周圍九里,俗曰四十里城,疑爲員渠遺址。《後魏書》云:員渠城在"白山南七十里",《隋書》云:"漢時舊國也。"《西域記》云:"都城周六七里。"去長安七千三百里。補曰:以去都護里數計之,當作"去長安六千八百三十八里、去陽關二千三百三十八里"。《後魏書》:焉耆"東南去瓜州二千二百里"。按,故瓜州在今安西州城西南八十里,陽關又在瓜州西南,故瓜州較近。戶四千,口三萬二千一百,勝兵六千人。補曰:《漢紀》以爲次大國。《隋書》曰:"勝兵千餘人。"擊胡侯、卻胡侯、輔國侯、補曰:《後書·班超傳》有國相腹久。左右將、補曰:《後書·班超傳》有左將北鞬支、左候元孟,左候蓋屬于左右將者。左右都尉、擊胡左右君、擊車師君、歸義車師君各一人,補曰:《後魏書》:焉耆國在車師南。按,《功臣表》有匈奴歸義樓剸王伊即軒,又有匈奴歸義王次公。此稱歸義車師君,蓋車師人之降漢者,封爲歸義君,而處於焉耆。擊胡都尉、擊胡君各二人,補曰:蓋亦分左右。譯長三人。西南至都護治所四百里，補曰：《西域記》云：從焉耆"西南行二百餘里，踰一小山，越二大河，西得平川，行七百餘里，至屈支國"。按，踰一小山，當即阿勒噶山；越二大河，當即敦薨水。是焉耆至龜茲共九百餘里，焉耆至烏壘四百里，則烏壘至龜茲當五百五十也。故據此以訂正之。南至尉犂百里，補曰：《後書·班超傳》：超自龜茲討焉耆，兵到尉犂界，焉耆王廣與其大人迎超於尉犂。龜茲東北行，先至尉犂，後至焉耆，是尉犂在南。又按，尉犂去烏壘三百里，危須經尉犂以至烏壘五百里，是危須去尉犂二百里，焉耆東南去危須百里，故西南去尉犂亦百里。北與烏孫接。補曰：烏孫之東境止此。近海水，多魚。補曰：《水經注》引《史記》曰："焉耆近海，多魚鳥。"《史記》者，即此傳文；海者，敦薨水所滙也。《水經注》云："東南流注于敦薨之藪。川流所積，潭水斯漲，溢流爲海。"今曰博斯騰淖爾。《後書》云"有海水曲入四山之内，周匝其城三十餘里"、《魏書》云"員渠城南去海十里"①、《班超傳》國相腹久等懼誅、亡入海是也。

【校記】

① 十里，中華本《魏書》作"十餘里"。

烏貪訾離國，補曰：以下諸國爲車師及匈奴故地，皆旁天山，山路迂曲，里數難知，《傳》文不盡合也。王治于婁谷，補曰：以改定車師後國去長安里數計之，烏貪訾離在後國西千六百六十里。按，車師已分爲前後及山北六國，不應其後國幅員尚千餘里，計車師分國，卑陸、且彌相距不過百里①，烏貪訾離以四十戶小國，約在車師西三四百里耳，正當博克達山中，故王治谷中也。據《後書》，國後爲車師所滅。去長安萬三百三十里。補曰：此里數有誤。戶四十一，口二百三十一，勝兵五十七人。補曰：《漢紀》以爲小國。《傳》言降衆千七百人，或都護散處之。輔國侯、左右都尉各一人。東與單桓、南與且彌、師古曰：

"且音子餘反。"補曰:且彌在天山東,烏貪訾離南與之接,其去車師不過千里,若去長安萬里,則烏貪訾離去單桓千四百餘里,不得言"接";且已過天山西,亦不能南接且彌。西與烏孫接。補曰:《後書》言車師前部西通焉耆,後部西通烏孫,是今迪化州界有烏孫地,故烏貪訾離西與之接。

【校記】

① 百,初編本空格。

卑陸國,補曰:《三國志》注引《魏略》,"卑"作"畢",字形之誤。王治天山東乾當國,師古曰:"乾音干。"補曰:《武帝紀》注,晉灼曰:天山"近蒲類國,去長安八千餘里"。顏君曰:"即祁連山。"《後書·竇固傳》注以爲折羅漫山,在西州交河縣東北。又於《班超傳》注云:天山"去蒲類海百里"。《唐書·地理志》交河郡下既言交河縣北天山,又言自西州西南有南平、安昌兩城,百二十里至天山西南入谷。按,晉氏、顏氏不言所在,若《班超傳》注則在今巴里坤;《竇固傳》注及《唐志》交河縣北之說,則在今吐魯番;《唐志》西南入谷之說,則在今哈喇沙爾城北。蒙古語謂天爲騰格里,今西域所稱汗騰格里山即天山,則在庫車城北。考《匈奴傳》重合侯兵道車師,北至天山。是天山不在車師北之證。章懷《竇固傳》注及《唐志》交河郡下之說非也。《後書》蒲類國在柳中西北,其非在蒲類海可知。近世相承指巴爾庫勒淖爾南之山爲天山,蓋誤於章懷。余往來西域,登陟此山,雖云險峻,而高衹十五里,不足當天山之目。是《班超傳》注亦未爲足據。尋校《傳》文,蓋漢時以今哈喇沙爾城北之博羅圖山爲天山,蜿蜒而北至博克達山以東,故《匈奴傳》云:票騎將軍出隴西,過焉耆山。焉耆即哈喇沙爾,特標爲焉耆山,明其爲大山。《御覽》引《西河舊事·匈奴歌》曰:"亡我祁連山,使我六畜不蕃息。失我焉支山,使我婦女無顏色。"焉支即焉耆別言。祁連與焉支者,互文見義耳。《水經注》云:焉耆"東北隔大山,與車師接","大"或"天"字之訛。若以汗騰格里山當之,地既遠於車師,且此傳言蒲類國在天山西、西南至都護，可證天山實在烏壘東。倘在庫車北，是當烏壘西矣。《唐書》言西州西南至天山，博羅圖山正在古交河城西南三百餘里。乾當國，劉奉世以"國"爲"谷"之誤，蓋與今阿拉癸山谷近。去長安八千六百八十里。補曰：以劫國計之，卑陸前、後國去長安約八千三四百里乃得南接車師。戶二百二十七①，口千三百八十七，勝兵四百二十二人。補曰：《漢紀》以爲小國。輔國侯、左右將、左右都尉、左右譯長各一人。西南至都護治所千二百八十七里。補曰：與車師前國接，故去都護道里與前國差等。

【校記】

① 二十七，底本、初編本誤作"七十七"，據稿本及中華本《漢書》改。

卑陸後國，補曰：分爲後國，猶烏孫之有大小昆彌。《後書》無後國，或已並之。王治番渠類谷，師古曰："番音盤。"去長安八千七百一十里。補曰：去長安數不足據，而就《傳》言之，是在卑陸西二十里。戶四百六十二，口千一百三十七，勝兵三百五十人。補曰：更小於卑陸國，戶四百疑誤。輔國侯、都尉、譯長各一人，將二人。補曰：都尉、譯長皆少一人，將則同卑陸也。東與郁立師、北與匈奴、補曰：卑陸不言，是後國在北。《後書》言卑陸接匈奴，其時已並後國。西與劫國、南與車師接。補曰：蓋車師前國。

郁立師國，補曰：《後書》作郁立國。王治內咄谷，師古曰："咄音丁忽反。"補曰：諸不言天山者，略也。去長安八千八百三十里。補曰：國在卑陸後國之東。八百，疑作一二百。戶百九十，口千四百四十五，勝兵三百三十一人。補曰：《漢紀》以爲小國。輔國侯、左右都尉、譯長各一人，東與車師後城長、補曰:以此傳言，是後城長在車師後國西。西與卑陸、北與匈奴接。補曰:《後書》云:後爲車師所滅。

單桓國，補曰:《霍去病傳》:"得單于單桓、酋涂王。"張晏注曰:"單桓、酋涂，皆胡王也。"蓋漢因其號以建國。王治單桓城，補曰:不在山中，故言城。去長安八千八百七十里。補曰:據改定車師後國里數，單桓在後國西二百里。戶二十七①，口百九十四，勝兵四十五人。補曰:聚落之小者，不足爲國。輔國侯、將、左右都尉、譯長各一人。補曰:《後書》云:後爲車師所滅。

【校記】

① 二十七，諸本作"三十七"，據中華本《漢書》改。

蒲類國，補曰:《後書》云:"蒲類本大國也，前西域屬匈奴，而其王得罪單于，單于怒，徙蒲類人六千餘口，內之匈奴右部阿惡地，因號曰阿惡國。南去車師後部馬行九十餘日。人口貧羸，逃亡山谷間，故留爲國。"蓋立國之始，因海爲名，國既移徙，遺民逃亡天山之西，仍存舊號也。王治天山西疏榆谷，補曰:塞土宜榆，故古者樹榆爲塞。朔方有長榆塞，謂之榆中;《西羌傳》有大、小榆谷。今新疆多榆，以榆名地如榆樹溝者，往往有之。去長安八千三百六十里。補曰:《後書》言蒲類"東南去長史所居千二百九十里"，而長史去長安八千一百七十里①，則蒲類去長安當作九千四百六十里。焉耆去柳中九百十五里，疏榆谷約在焉耆北三百七十餘里。戶三百二十五，口二千三十二，勝兵七百九十九人。補曰:《漢紀》以爲小國。《後書》作"戶八百餘"。輔國侯、左右將、左右都尉各一人。西南至都護治所千三百八十七里。補曰：焉耆去烏壘四百里，此在焉耆西，里數懸絕，疑有誤字。《後書》云："廬帳而居，逐水草，頗知田作。有牛、馬、駱駝、羊畜。能作弓矢。國出好馬。"

【校記】

① 長史，初編本誤作"長中"。

蒲類後國，補曰：《傳》有小蒲類國，或即後國歟？《後書》移支國居其地。王補曰：前國尚知田作，故有治地，此則專逐水草也。去長安八千六百三十里。補曰：當亦九千餘里，大抵在前國西。戶百，口千七十，勝兵三百三十四人，補曰：小於前國。《後書》云："移支國戶千餘，口三千餘，勝兵千餘人。其人勇猛敢戰，以寇鈔爲事。皆被髮，隨畜逐水草，不知田作。"輔國侯、將、左右都尉、譯長各一人。補曰：蒲類、且彌，傍天山左右，當在今大、小裕勒都斯地，土爾扈特、和碩特所游牧。

西且彌國，王治天山東天大谷，師古曰："且音子余反。"補曰：天大，各本作"于大"，今從宋本。去長安八千六百七十里。補曰：西且彌距東且彌百里，當去長安九千七十里。戶三百三十二，口千九百二十六，勝兵七百三十八人。補曰：大於東且彌。西且彌侯、左右將、左右騎君各一人。西南至都護治所千四百八十七里。補曰：里數有誤，約八百里也。《後書》不言，疑爲東且彌所并。

東且彌國，王補曰：《後書·班勇傳》：勇斬後部王軍就，使別校誅斬東且彌王。治天山東兌虛谷，去長安八千二百五十里。補曰:按,《後書》:東且彌去柳中八百里,是去長安八千九百七十里。戶百九十一,口千九百四十八,補曰:四十八,《通考》作"八十四"。勝兵五百七十二人。補曰:《漢紀》以爲小國。按,《後書》云:"戶三千餘,口五千餘,勝兵二千餘人。"蓋並西且彌而强盛。東且彌侯、左右都尉各一人。西南至都護治所千五百八十七里。補曰:里數有誤,約九百里也。《後書》云:"廬帳居,逐水草,頗田作。"

劫國,王治天山東丹渠谷,去長安八千五百七十里。補曰:去陽關四千七十里。戶九十九,口五百,勝兵百一十五人。補曰:《漢紀》以爲小國。輔國侯、都尉、譯長各一人。西南至都護治所千四百八十七里。補曰:在卑陸之西,則去都護當千或千一百也。

狐胡國,補曰:懷祖先生曰:"狐胡,當依《御覽》所引,作'孤胡',字之誤也。"王治車師柳谷,補曰:《唐書·地理志》自交河縣"北入谷百三十里,經柳谷,渡金沙嶺",是狐胡在前部北、後部南。懷祖先生曰:"狐胡與車師異地,不當云'治車師柳谷','師'字蓋涉下文'車師'而衍。《御覽》作'治車柳谷',無'師'字。"去長安八千二百里。補曰:交河城去長安八千九十里,入谷六十五里,至柳谷,則去長安當作八千一百五十五里。戶五十五,口二百六十四,勝兵四十五人。補曰:《漢紀》以爲小國。輔國侯、左右都尉各一人。西至都護治所千一百四十七里,補曰:據下至焉耆里數,"四十七"當作"七十"。至焉耆七百七十里。補曰:不言西者,蒙上爲文。據此傳,知狐胡去交河城六十五里。《唐書》言"百三十"者,謂至金沙嶺,柳谷適當道里之中。

山國，王師古曰："常在山下居，不爲城治也。"補曰：已見上注，當作："墨山國，王治墨山城。"去長安七千一百七十里。補曰：以去尉犁計之，當作"去長安六千六百九十八里"。戶四百五十，口五千，勝兵千人。補曰：《漢紀》以爲小國。輔國侯、左右將、左右都尉、譯長各一人。西至尉犁二百四十里，補曰：去都護當五百四十里。西北至焉耆百六十里，西至危須二百六十里，補曰：墨山在尉犁東，則去危須近而焉耆遠，里數有誤。東南與鄯善、且末接。補曰：墨山國在博斯騰淖爾南岸，東南濱蒲昌海，海南即鄯善、且末境。山出鐵，民山居，補曰：博斯騰淖爾南岸皆山。寄田糴谷於焉耆、危須。補曰：《水經注》言龍城"地廣千里，皆爲鹽而剛堅"，是其地不可耕，故寄田歟？

車師前國，王治交河城。河水分流繞城下，故號交河。補曰：《唐書・地理志》交河縣有交河水，源出縣北天山。今吐魯番廣安城西二十里雅兒湖有故城，周七里，即古交河城。城北三里許，有山谷，一谷出四泉，流逕城東，一谷出五泉，流逕城西，至城南三十餘里，入沙而伏。去長安八千一百五十里。補曰：交河城去柳中八十里，柳中去長安八千一百七十里，則交河城去長安八千二百五十里、去陽關三千七百五十里。戶七百，口六千五十，勝兵千八百六十五人。補曰：《漢紀》以爲小國。《後書》云："領戶千五百餘，口四千餘，勝兵二千人。"輔國侯、安國侯、左右將、都尉、歸漢都尉、車師君、通善君、鄉善君各一人，師古曰："鄉讀曰嚮。"補曰：車師叛服不常，故名官多以降附爲義。譯長二人。西南至都護治所千八百七里，補曰：據下至焉耆里數，焉耆去烏壘四百里，則此去都護當作千二百三十五里。至焉耆八百三十五里。補曰:亦蒙上"西南"爲文。以今驛程計之,則一千里。蓋因自博羅圖山改設臺站,故迂遠也。焉耆去柳中九百十五里,故《後魏書》云:焉耆國"東去高昌九百里"。

車師後國,王補曰:汪校作"後王國",《傳》有後王須置離。治務塗谷,補曰:《後書》云:自高昌壁北通後部金滿城五百里。金滿城即今濟木薩地,唐之北庭都護府也。《通鑑》:貞觀十四年(640)平高昌,以其地爲西州,以可汗浮圖城爲庭州。浮圖即務塗之轉音。此言務塗谷,蓋城在山中。今濟木薩城北五里有破城,爲唐都護府遺址,而城南十五里入山,是今城在唐城之南,漢城又在今城之南也。《後書・班勇傳》後部有金且谷,《西域傳》有且固城①。去長安八千九百五十里。補曰:《後書》務塗谷去洛陽九千六百二十里。按,《郡國志》云:雒陽西至京兆尹九百五十里。以此減之,則去長安當作八千六百七十里。戶五百九十五,口四千七百七十四,勝兵千八百九十人。補曰:蓋小于前國。《後書》云:"領戶四千餘,口萬五千餘,勝兵三千餘人。"擊胡侯、補曰:《傳》有輔國侯狐蘭支,則此當有輔國侯。《後書》後部有親漢侯。左右將、補曰:《傳》有右將股鞮、左將尸泥支。《後書》又有後部候炭遮,蓋屬于左右將者。左右都尉、道民君、譯長各一人。師古曰:"道讀曰導。"西南至都護治所千二百三十七里。補曰:今驛程一千六百五十餘里,若漢時由前部以至後部,則當一千七百三十五里,按,當與前部互易。

【校記】

① 域,底本、初編本誤作"城",據稿本及中華本《後漢書》改。

車師都尉國,補曰:此蓋漢置都尉監車師者。戶四十,口三百三十三,勝兵八十四人。

車師後城長國，補曰：按，《傳》，車師後王舉國降匈奴，匈奴與共寇殺後城長。是知後城長與車師都尉皆漢所置，以有人民，名之爲國耳。戶百五十四，口九百六十，勝兵二百六十人。

武帝天漢二年（前99），以匈奴降者介和王爲開陵侯，補曰：《功臣表》言開陵侯不得封年，按《傳》文①，似以天漢二年封也。開，《匈奴傳》作"闓"，顔君注曰："闓，讀與'開'同。"將樓蘭國兵始擊車師，補曰：元封三年（前108），漢已破姑師，其時西域未通，非欲有其地，至是始與匈奴爭之，故言始。匈奴遣右賢王將數萬騎救之，漢兵不利，引去。補曰：按，《匈奴傳》：漢使貳師將軍擊右賢王於天山，匈奴大圍貳師，幾不得脱，漢兵物故什六七，繼以李陵敗降，是漢兵不利也。此漢爭車師者一，漢未得車師。征和四年（前89），補曰：當從《武帝紀》及《功臣表》《李廣利傳》作三年。遣重合侯馬通將四萬騎擊匈奴，補曰：是時貳師出五原，商丘成出西河②，此獨言馬通，惟通出酒泉、過車師也。《匈奴傳》作"莽通"。道過車師北，補曰：今巴里坤至迪化州路。復遣開陵侯將樓蘭、尉犁、危須凡六國兵別擊車師，勿令得遮重合侯。諸國兵共圍車師，車師王降服，臣屬漢。補曰：《匈奴傳》：重合侯軍至天山，匈奴使大將偃渠與左右呼知王將二萬餘騎要漢兵。見漢兵强，引去。闓陵侯別圍車師，盡得其王民衆而還。此漢爭車師者二，漢得車師。

【校記】

① 按，底本、稿本作"接"，據初編本改。

② 成，底本、初編本作"城"，據稿本及中華本《漢書·匈奴傳》改。

昭帝時，匈奴復使四千騎田車師。宣帝即位，遣五將將兵擊匈奴，師古曰："謂本始二年（前72）御史大夫田廣明爲祁連將軍，後將軍趙充國爲蒲類將軍，雲中太守田順爲武牙將軍，及度遼將軍范明友、前將軍韓增，凡五將也。"補曰：顔君此注，據《武帝紀》爲序。武牙，《漢書》作"虎牙"，顔君避唐諱改。車師田者驚去，車師復通於漢。補曰：此漢爭車師者三，車師復降漢。匈奴怒，召其太子軍宿，欲以爲質。軍宿，焉耆外孫，不欲質匈奴，亡走焉耆。車師王更立子烏貴爲太子。及烏貴立爲王，與匈奴結婚姻，教匈奴遮漢道通烏孫者。補曰：此本始三年至地節元年（前69）事，凡三年。

地節二年（前68），漢遣侍郎鄭吉、校尉司馬憙師古曰："憙，音許吏反。"補曰：《鄭吉傳》：吉以從軍數出西域，爲郎。憙、喜，古今字。將免刑罪人補曰：《通鑑》注："罪人免其刑，使屯田。"田渠犁，積穀，欲以攻車師。至秋收穀，補曰：據《傳》，此爲地節二年秋，《匈奴傳》以爲事在三年，誤。吉、憙發城郭諸國兵萬餘人，自與所將田士千五百人補曰：下言三校尉，以五百人爲校。共擊車師，攻交河城，破之。王尚在其北石城中，補曰：《隋書》，高昌北有赤石山，山北七十里有貪汙山，城在山中，壘石爲之。按，姑墨亦有石城，是知非城名。《鄭吉傳》："擊破車師兜訾城。"或即其城歟？未得，會軍食盡，吉等且罷兵，歸渠犁田。收秋畢，復發兵攻車師王於石城。王聞漢兵且至，北走匈奴求救，匈奴未爲發兵。王來還，與貴人蘇猶議欲降漢，恐不見信。蘇猶教王擊匈奴邊國小蒲類，補曰：按，《匈奴傳》言"左右賢王、左右谷蠡最大國"，然則裨小王爲小國矣。諸小王亦稱諸侯，《匈奴傳》言"匈奴西邊諸侯"是也，匈奴有東蒲類王。斬首，略其人民，以降吉。車師旁小金附國補曰：今吐魯番有勝金口地。隨漢軍後盜車師，車師王復自請擊破金附。

匈奴聞車師降漢，發兵攻車師，吉、憙引兵北逢之，補曰：《匈奴傳》“勒兵逢擊烏孫”，顔君注：“以兵逆之。”匈奴不敢前。吉、憙即留一候補曰：所謂軍候。與卒二十人留守王，補曰：留守石城，備其王入匈奴。吉等引兵歸渠犂。車師王恐匈奴兵復至而見殺也，迺輕騎奔烏孫，吉即迎其妻子置渠犂。補曰：就屯校城。東奏事，補曰：吉蓋奏車師之捷。至酒泉，有詔還田渠犂及車師，益積穀以安西國，侵匈奴。補曰：吉行至酒泉，得詔書如此。以《吉傳》推之，吉還衛司馬使護南道當在此時。所謂“安西國”者，即令其護南道。吉還，傳送車師王妻子詣長安，賞賜甚厚，每朝會四夷，常尊顯以示之。補曰：此非本年事，《傳》終言之。於是吉始使吏卒三百人別田車師。補曰：別使吏卒之在渠犂者，非屯校兵也。按，《匈奴傳》：地節三年（前67），“西域城郭共擊匈奴，取車師國，得其王及人衆而去。單于復以車師王昆弟兜莫爲車師王，收其餘民東徙，不敢居故地。而漢益遣屯士分田車師地以實之。”即此傳二年事也。此漢爭車師者四，車師復降漢，田車師始此。得降者，言補曰：自此以下，據《通鑑》，爲元康二年（前64）事。單于大臣皆曰：“車師地肥美，補曰：前國爲今吐魯番地，恒暖，宜蔬穀。近匈奴，使漢得之，多田積穀，必害人國，不可不爭也。”果遣騎來擊田者，吉迺與校尉補曰：此校尉即司馬憙，非屯田之三校尉。盡將渠犂田士千五百人往田，補曰：《通鑑》作“吉將渠犂田卒七千餘人”，即用此傳文，而訛“士”爲“七”，淺人又臆增“卒”字耳。若果七千人，下文不得言“田卒少”也。匈奴復益遣騎來，漢田卒少，不能當，保車師城中。補曰：蓋交河城。匈奴將補曰：左大將。即其城下謂吉曰：師古曰：“即，就也。”“單于必爭此地，不可田也。”圍城數日乃解。補曰:《匈奴傳》:"匈奴遣左、右奥鞬各六千騎,與左大將再擊漢之田車師城者,不能下。"後常數千騎往來守車師,吉上書言:"車師去渠犂千餘里,補曰:前國去烏壘千二百餘里,渠犂在烏壘南三百餘里。間以河山,師古曰:"間,隔也,音居莧反。"補曰:河謂敦薨水、龜茲東川,山謂敦薨山、沙山、鐵關谷。北近匈奴,漢兵在渠犂者勢不能相救,願益田卒。"公卿議以爲道遠煩費,可且罷車師田者。補曰:《魏相傳》:"元康中,匈奴遣兵擊漢屯田車師者,不能下。上與後將軍趙充國等議,欲因匈奴衰弱,出兵擊其右地,使不敢復擾西域。相上書諫,言願與平昌侯、樂昌侯、平恩侯及有識者詳議乃可。上從相言而止。"公卿者,魏相等也。詔遣長羅侯師古曰:"常惠也。"補曰:惠凡五使西域,隨蘇武使一也,本始二年(前72)使烏孫二也,又持節護烏孫兵三也,本始四年賜烏孫四也,並此爲五。將張掖、酒泉騎出車師北千餘里,揚威武車師旁。胡騎引去,補曰:宋祁曰:淳化本作"引兵去",熙寧本及越本無"兵"字。按,汪校有"兵"字。吉迺得出,歸渠犂,凡三校尉屯田。

車師王之走烏孫也,烏孫留不遣,遣使上書,願留車師王,備國有急,可從西道以擊匈奴。漢許之。補曰:《匈奴傳》:"匈奴怨諸國共擊車師,遣左右大將各萬餘騎屯田右地,欲以侵迫烏孫西域。"西道,即當右地者。於是漢召故車師太子軍宿在焉耆者,立以爲王,補曰:據下傳,蓋漢殺匈奴所立兜莫,而立軍宿。盡徙車師國民令居渠犂,遂以車師故地與匈奴。車師王得近漢田官,與匈奴絶,亦安樂親漢。補曰:此漢爭車師者五,漢得其民,匈奴得其地。後漢使侍郎殷廣德責烏孫①,補曰:責其久留烏貴。求車師王烏孫貴,將詣闕,師古曰:"烏孫遣其將之貴者入漢朝。"補曰:汪校引劉原父曰:"漢求車師王耳,烏孫貴將反詣闕,又賜第與妻子居,非理也。"按,《鄭吉傳》:"從車師王妻子詣長安。"今漢復責烏孫,求車師王,故賜車師王第,使與妻子居耳。文當云:"烏孫遣其貴人,將詣闕。"錢氏大昕云:"烏貴者,車師王之名,是時車師已別立王,故稱其前王名以別之。當以'求車師王烏貴'六字爲句,'將詣闕'三字爲句,因上文烏孫相涉,誤衍一'孫'字,顏、劉不能校正,曲爲之說,非也。"松按,"將詣闕",猶《鄭吉傳》言"將詣京師",此傳亦言"捕樓蘭王,將詣闕"。賜第與其妻子居[②]。是歲,元康四年(前62)也。其後置戊己校尉屯田,居車師故地。補曰:《通鑑》注曰:"元康二年,以車師地與匈奴。今匈奴款附,故復屯田故地。"松按,當並徙還前王,而後國之建疑亦於此時也。

【校記】

① 德,底本、初編本作"得",據稿本及中華本《漢書》改。

② 第,初編本誤作"弟"。

元始中,車師後王國有新道,出五船北,通玉門關,往來差近,補曰:道近而易行,今小南路有小山五,長各半里許,頂上平而首尾截立,或謂是五船也。戊己校尉徐普欲開以省道里半,避白龍堆之阨。補曰:今哈密至吐魯番經十三間房、風戈壁,即龍堆北邊也。新道避之,又省道里之半,故普欲開之。車師後王姑句師古曰:"句音鉤。"補曰:《匈奴傳》作"句姑"。以道當爲拄置,師古曰:"拄者,支拄也。言有所置立,而支拄於己,故心不便也。拄音竹羽反,又竹具反。其字從手,而讀之者或不曉,以拄爲梁柱之柱,及分破其句,言置柱於心,皆失之矣。"補曰:汪校引劉原父曰:"'當道爲拄置'者,新道出車師後王國,則漢使往來,後王主爲之供億,故心不便也。'拄置'猶言儲偫。"松按,《釋言》云:"搘,拄也。"《說文》作"榰柱",拄置,即搘拄,置爲搘之假借字耳。宋祁曰:

“《通典》‘道’下有‘通’字。”心不便也。地又頗與匈奴南將軍地接，補曰：在匈奴南，故與南將軍接。普欲分明其界然後奏之，召姑句使證之，不肯，繫之。補曰：繫於校尉城。姑句數以牛羊賕吏，補曰：《說文》：“賕，以財物枉法相謝也。”《呂刑》：“五過之疵惟來”，馬本作“惟求”，云：“有請，賕也。”段氏云：“惟求者，今之枉法贓。”求出不得。姑句家矛端生火，其妻股紫陬師古曰：“陬音子侯反。”謂姑句曰：補曰：蓋往告之。“矛端生火，此兵氣也，補曰：《開元占經》引《地鏡》曰：“刀劍無故自拔出及光有聲者，憂兵傷君，有血汙。”利以用兵。前車師前王爲都護司馬所殺，補曰：事不見《傳》，前王謂兜莫。今久繫必死，不如降匈奴。”即馳突出高昌壁，入匈奴。補曰：《隋書·西域傳》：“高昌國者，漢車師前王庭。漢武帝遣兵西討，師旅頓弊，其中尤困者因住焉。其地有漢時高昌壘。”按，元歐陽圭齋《高昌偰氏家傳》云：“高昌者，今哈剌和綽也。和綽本漢言高昌，高之音近和，昌之音近綽，遂爲和綽也。哈剌，黑也，其地有黑山也。”所言高昌最詳。今名哈喇和卓，漢交河城東二十里，爲今吐魯番廣安城，廣安城又東六十里，爲哈喇和卓，即後漢之柳中。由此北入山爲後部，東出即匈奴境。

又去胡來王唐兜[1]，補曰：婼羌王。國比大種赤水羌，師古曰：“比，近也，音頻寐反。”補曰：《後書·西羌傳》：爰劍子孫支分凡百五十種。九種在賜支河首以西，及在蜀、漢徼北。參狼種在武都，氂牛種在越巂，白馬種在廣漢，又有五十二種、八十九種。《舊唐書·太宗紀》：副總管薛萬均、薛萬徹破吐谷渾於赤水源。數相寇，不勝，告急都護。都護但欽補曰：按，《匈奴傳》言“時漢平帝幼”，則事在元始中。不以時救助，唐兜困急，怨欽，東守玉門關。補曰：守猶敂也，敂關首欽。玉門關不內，即將妻子人民千餘人亡降匈奴。匈奴受之，而遣使上書言狀。補曰：單于受置左谷蠡地，遣使上書言狀，曰"臣謹已受"。是時，新都侯王莽秉政，遣中郎將王昌等使匈奴，補曰：《匈奴傳》："詔遣中郎將韓隆、王昌，副校尉甄阜，侍中謁者帛敞，長水校尉王歙使匈奴。"告單于西域内屬，不當得受。補曰：顔君《匈奴傳》注曰："既屬漢家，不得復臣匈奴。"單于謝罪，補曰：《匈奴傳》："單于曰：'孝宣、孝元皇帝哀憐，爲作約束，自長城以南天子有之，長城以北單于有之。有犯塞，輒以狀聞；有降者，不得收。臣知父呼韓邪單于蒙無量之恩，死遺言曰：有從中國來降者，勿受，輒送至塞，以報天子厚恩。此外國也，得受之。'使者曰：'匈奴骨肉相攻，國幾絶，蒙中國大恩，危亡復續，妻子完安，累世相繼，宜有以報厚恩。'單于叩頭謝罪。"執二王以付使者。補曰：二王，《匈奴傳》作"二虜"。莽使中郎王萌補曰：《匈奴傳》作"中郎將"，此奪"將"字。待西域惡都奴界上逢受。師古曰："逢受謂先至待之，逢見即受取也。"補曰：《息夫躬傳》："願助戊己校尉保惡都奴之界。"《匈奴傳》服虔注："惡都奴，西域之谷名。"逢受，《匈奴傳》作"逆受"。單于遣使送，補曰：《匈奴傳》作"送到國"。因請其罪。師古曰："請免其罪也。"使者以聞，莽不聽，補曰：《匈奴傳》作"有詔不聽"，莽居攝，亦稱詔書。詔下會西域諸國王，陳軍補曰：爲大會，陳兵以示威。斬姑句、唐兜以示之。

【校記】

① 唐，初編本作"周"。

至莽簒位，建國二年(10)，補曰：當作"始建國"。以廣新公甄豐爲右伯，補曰：按，《王莽傳》：始建國元年，封甄豐爲廣新公；二年，以符命言新室當分陝，立二伯，以豐爲右伯，太傅平晏爲左伯。當出西域。補曰:《王莽傳》:"拜豐爲右伯,當述職西出。"車師後王須置離聞之,與其右將股鞮、左將尸泥支謀曰:師古曰:"鞮音丁奚反。""聞甄公爲西域太伯,當出,故事給使者牛羊穀芻茭,導譯,補曰:導,鄉導;譯,譯語者。前五威將過,補曰:《王莽傳》:始建國元年,"秋,遣五威將王奇等十二人班《符命》四十二篇於天下。""五威將乘《乾》文車,駕《坤》六馬,背負鷩鳥之毛,每一將各置左右前後中帥,凡五帥①。衣冠車服駕馬,各如其方面色數。將持節,稱太一之使;帥持幢,稱五帝之使。其東出者,至玄菟、樂浪、高句驪、夫餘;南出者②,隃徼外,歷益州,貶句町王爲侯;西出者,至西域,盡改其王爲侯;北出者,至匈奴庭。"所給使尚未能備。今太伯復出,國益貧,恐不能稱。"師古曰:"不副所求也。"補曰:太伯秩尊于五威將。欲亡入匈奴。戊己校尉刁護聞之③,師古曰:"刁音彫。"召置離驗問,辭服,乃械致都護但欽在所埒婁城。師古曰:"埒婁,城名。埒音劣,婁音樓。"補曰:當即《後書·班超傳》所謂"陳睦故城"。所,猶處也。置離人民知其不還,皆哭而送之。至,欽則斬置離。置離兄輔國侯狐蘭支將置離衆二千餘人④,驅畜産,補曰:驅,《匈奴傳》作"敺",顔君注:"敺,與驅同。"舉國亡降匈奴。師古曰:"盡率一國之衆也。"

【校記】

① 帥,底本、初編本作"師",據稿本及中華本《漢書》改。

② 出,諸本奪,據中華本《漢書》補。

③ 刁,中華本《漢書》作"刀",下同。

④ 兄,初編本誤作"巳"。

是時,莽易單于璽,單于恨怒,補曰:《匈奴傳》:建國元年

(9),“易單于故印。故印文曰‘匈奴單于璽’,莽更曰‘新匈奴單于章’。”“單于始用夏侯藩求地有距漢語,後以求稅烏桓不得,因寇略其人民,釁由是生,重以印文改易,故怨恨。”《王莽傳》:“匈奴單于求故璽,莽不與,遂寇邊郡,殺略吏民。”遂受狐蘭支降,遣兵與共寇擊車師,殺後城長,補曰:《匈奴傳》“城”作“成”,顏君注:“後成,車師小國名;長,其長帥。”按,後成,即此傳之後城長國,顏君注誤。傷都護司馬,補曰:言都護司馬以別於校尉司馬,疑有分治後城長國者。及狐蘭兵復還入匈奴。補曰:後城長國在後國西,故兵還匈奴,當經車師前國之北。時戊己校尉刁護病,遣史陳良屯桓且谷備匈奴寇。師古曰:“且音子余反。”史終帶取糧食,補曰:劉昭《百官志》:戊己校尉有丞無史。據此傳,是有史二人。按,漢制,護烏桓校尉有擁節長史二人,護羌校尉有擁節長史一人。此戊己校尉不言長史者,護烏桓、護羌二校尉秩皆比二千石,其屬得置六百石之長史。西域官惟都護與副校尉爲比二千石,戊己校尉以六百石爲之屬職,同于長史,故《後書》即稱戊己校尉爲長史,則此二史者,或戊己之副,非其屬官也。司馬丞韓玄領諸壁,右曲候任商領諸壘,補曰:戊己校尉屬有丞一人、司馬一人、候五人,此言司馬丞,或丞兼攝司馬也。劉昭《百官志》:大將軍營五部,部下有曲,曲有軍候一人,比六百石,其餘將軍亦有部曲。右曲候,右部之曲候。《説文》:“壘,軍壁也。”鄭氏《周禮》注:“軍壁曰壘。”此分言者,壁、壘非一處,故互文言之。領諸壁、壘,即所謂總知營事。相與謀曰:“西域諸國頗背叛,補曰:是時西域騷動,尚未顯然背叛。至始建國五年,焉耆先畔,殺都護,叛跡始著。匈奴欲大侵。要死。可殺校尉,將人衆降匈奴。”如淳曰:“言匈奴來侵,會當死耳,可降匈奴也。”師古曰:“要音一妙反。”補曰:要死,《匈奴傳》作“恐並死”。即將數千騎至校尉府,脅諸亭令燔積薪,師古曰:“示爲燧火也。”補曰:亭,置燧之地,即《傳》所謂“亭燧”。爲燧火者,假爲寇至。分告諸壁曰:“匈奴十萬騎來入,吏士皆持兵,後者斬!”得三四百人,補曰:《匈奴傳》作“劫略吏卒數百人”。去校尉府數里止,晨火爇。師古曰:“古然字。”補曰:即燔積薪。校尉開門擊鼓,收吏士,補曰:見爇火,故收吏士,使入府。良等隨入,遂殺校尉刁護及子男四人、諸昆弟子男,補曰:殺刁護四子及其昆弟之子。獨遺婦女、小兒。師古曰:“遺,留置不殺也。”止留戊己校尉城,補曰:即校尉府所在也。按,《傳》言姑句馳出高昌壁,是其時高昌有壁無城。而《後書》言匈奴、車師共圍戊己校尉,又校尉城不在交河城内明證。蓋前漢校尉城去交河城不遠,後漢因之,建初元年(76),段彭解戊己校尉之圍而破車師於交河城是也。班超再定西域,復置戊己校尉,乃移治高昌壁耳。遣人與匈奴南將軍相聞,補曰:《匈奴傳》作“遣人與匈奴南犁汙王南將軍相聞”①,南將軍蓋屬南犁汙王者。南將軍以二千騎迎良等。良等盡脅略戊己校尉吏士男女二千餘人入匈奴。單于以良、帶爲烏賁都尉。師古曰:“賁音奔。”補曰:按,《匈奴傳》:“玄、商留南將軍所,良、帶徑至單于庭,人衆別置零吾水上田。”故惟以良、帶二人爲都尉。烏賁都尉,《匈奴傳》作“單于號良、帶曰烏桓都將軍”,是爲都尉官而寵以將軍之號。《王莽傳》:始建國二年,“十一月,立國將軍建奏:‘西域將欽上言,九月辛巳,戊己校尉史陳良、終帶共賊殺校尉刁護,劫略吏士,自稱廢漢大將軍,亡入匈奴。’”是其事也。建者,孫建;欽者,但欽。

【校記】

① 汙,中華本《漢書》作“汗”。

後三歲,單于死,補曰:烏珠留若鞮單于也,以綏和元年(前8)立。《匈奴傳》云:“立二十一歲,建國五年(13)死。”弟烏纍單于咸立,師古曰:“纍音力追反。”補曰:按,《匈奴傳》:咸爲呼韓邪少子,始建國二年,莽拜咸爲孝單于。《匈奴傳》:"匈奴用事大臣右骨都侯須卜當,即王昭君女伊墨居次云之壻也。云常欲與中國和親,又素與咸厚善,見咸前後爲莽所拜,故遂越輿而立咸爲烏絫若鞮單于。"復與莽和親。莽遣使者多齎金幣賂單于,補曰:《匈奴傳》:"天鳳元年(14),云、當遣人之西河虎猛制虜塞下,告塞吏曰欲見和親侯王歙。莽遣歙、歙弟騎都尉展德侯颯使匈奴,賀單于初立,賜黄金衣被繒帛。"購求陳良、終帶等。單于盡收四人,及手殺刁護者芝音妻子以下二十七人,皆械檻車付使者。到長安,莽皆燒殺之。補曰:《王莽傳》:"莽燔燒良等於城北,令吏民會觀之。"其後莽復欺詐單于,和親遂絶。補曰:欺詐謂前紿言侍子登在,今知其死。匈奴大擊北邊,補曰:《匈奴傳》:"匈奴愈怒,並入北邊,北邊由是壞敗。"而西域亦瓦解。焉耆國近匈奴,先叛,殺都護但欽,莽不能討。補曰:按,《莽傳》,事在始建國五年。

天鳳三年(16),迺遣五威將王駿、補曰:《王莽傳》作"大使五威將"。西域都護李崇補曰:《後漢紀》作"李宗"。將戊己校尉補曰:即郭欽。出西域,諸國皆郊迎,送兵穀,補曰:謂助兵與食,兵如莎車、龜兹兵是。焉耆詐降而聚兵自備。駿等將莎車、龜兹兵七千餘人,分爲數部入焉耆,焉耆伏兵要遮駿。及姑墨、尉犂、危須國兵爲反間,還共襲擊駿等,皆殺之。唯戊己校尉郭欽别將兵,補曰:《王莽傳》:"駿命佐帥何封、戊己校尉郭欽别將。"後至焉耆。焉耆兵未還,欽擊殺其老弱,引兵還[①]。補曰:《王莽傳》:"從車師還入塞。"莽封欽爲剼胡子。鄧展曰:"剼音衫。"師古曰:"剼,絕也,音子小反。字本作剿,轉寫誤耳。"補曰:《王莽傳》作"剿胡子"。《説文》:"剿,絕也。"又引《夏書》曰:"天用剿絕其命。"蓋作"剿"者,《尚書》正字,衛、包改"剿"作"勦",勦從刀,刀又誤作力,遂相承用剿,而剿廢矣。《王莽傳》:"將遣大司空征伐剿絕之矣。"猶存古字。莽拜欽爲填外將軍,又封何封爲集胡男,皆見《莽傳》。李崇收餘士,還保龜茲。補曰:近都護者,龜茲爲大國,故依以爲重。數年補曰:自天鳳三年至更始元年(23),漢兵誅莽,凡八年。莽死,崇遂沒,西域因絕。

【校記】

① 引,底本、稿本奪,據初編本及中華本《漢書》補。

最補曰:《後書·衛霍傳》後有"最",顔君注:"最,凡也。"凡國五十。補曰:據哀、平間分五十五國,除去不屬都護者五國,故曰"五十"。自譯長、補曰:三十九人。城長、補曰:三人。君、補曰:以君名者二十二人。監、補曰:以監名者二。吏、補曰:以吏名者三。大祿、補曰:一人。百長、補曰:《傳》無。千長、補曰:八人。都尉、補曰:以都尉名者六十二人。且渠、補曰:二人。當戶、補曰:《傳》無。將、相至侯、王,補曰:將四十九人、相一人、侯四十八人、王七人。皆佩漢印綬,凡三百七十六人。補曰:此即《匈奴傳》所謂"西域諸國佩中國印綬"者。合《傳》所載官數二百四十七人,又除不屬都護者,其數益懸,百長、當戶,皆在《匈奴傳》。而康居、大月氏、安息、罽賓、烏弋之屬,皆以絕遠,不在數中,其來貢獻,則相與報,補曰:若康居貢獻,則都護吏至其國,罽賓奉獻,則送其使。不督錄總領也。

贊曰:《漢紀》"武帝篇"全錄此文,稱爲"本志"。本志,猶言本書也。孝武之世,圖制匈奴,師古曰:"圖,謀也。"補曰:《漢紀》作"圖利制"。患其兼從西國,師古曰:"從音子容反。"結黨南羌,迺表河曲,列西郡，開玉門，補曰：《後書·西羌傳》曰："初開河西，列置四郡，通道玉門，隔絶羌、胡，使南北不得交關。"懷祖先生曰："曲，當爲'西'，武帝所開四郡，皆在河西，《通典》《御覽》引並作'河西'。西郡，《漢紀》作'四郡'。'玉門'下《漢紀》有'關'字。"通西域，以斷匈奴右臂，補曰：《漢書》以取烏孫爲斷匈奴右臂①，劉歆上議，以武帝立五屬國，起朔方，伐朝鮮，起玄菟、樂浪，以斷匈奴左臂。《班超傳》注云："南面以西爲右也。"《漢紀》"匈奴"下有"之"字。隔絶南羌、月氏。單于失援，由是遠遁，而幕南無王庭。補曰：《匈奴傳》："票騎封於狼居胥山，禪姑衍，臨翰海而還。是後，匈奴遠遁，而幕南無王庭。"《漢紀》作"遠遁漠北"。《武帝紀》注應劭曰："幕，沙幕，匈奴之南界。"臣瓚曰："沙土曰幕。"

【校記】

① 右，底本作"有"，據稿本、初編本及中華本《漢書》改。

遭值文、景玄默，養民五世，補曰：高、惠、文、景至孝武爲五世，《獨斷》云："呂后不入數。"天下殷富，財力有餘，士馬彊盛。補曰：《漢官儀》：牧師諸苑三十六所，分置西北邊，分養馬三十萬頭。故能覩犀布、補曰：《漢紀》"故能"下有"積羣貨"三字。懷祖先生曰："'布'當爲'象'，象、布二字篆文下半相似，《漢紀》《通典》引並作'犀象'。"瑇瑁，則建珠崖七郡，師古曰："瑇音代，瑁音妹。"補曰：《地理志》："粵地處近海，多犀、象、毒瑁、珠璣、銀、銅、果、布之湊。"建珠崖七郡，《漢紀》作"開犍爲、朱崖七郡"。按，《武帝紀》及《地理志》：元鼎六年（前111），定越以爲南海、蒼梧、鬱林、合浦、交阯、九真、日南、珠厓、儋耳郡，元帝時，始棄珠厓、儋耳兩郡，則"七郡"當作"九郡"，《漢紀》數犍爲者亦非。感枸醬、竹杖，則開牂柯、越嶲，師古曰："枸音矩。"補曰：按，《西南夷傳》："番陽令唐蒙風曉南粵。南粵食蒙蜀枸醬，蒙問所從來，曰：西北牂柯江。蒙歸至長安，問蜀賈人，獨蜀出枸醬，多持竊出市夜郎。蒙上書言通夜郎道，置犍爲郡。其後西南夷數反，罷西夷。及元狩元年（前122），張騫言使大夏時，見蜀布、邛杖，問所從來，曰：從東南身毒國。騫因盛言大夏慕中國，誠通蜀，身毒國道便近，天子乃令王然等十餘輩間出西南夷。"《地理志》：牂柯郡、越巂郡皆元鼎六年開。《本紀》：元鼎六年，"定西南夷，以爲武都、牂柯、越巂、沈黎、文山郡。"聞天馬、蒲陶，則通大宛、安息。補曰：《通考》引無"安息"二字。自是之後，明珠、文甲、通犀、翠羽之珍盈於後宮，如淳曰："文甲即瑇瑁也。通犀，中央色白，通兩頭。"補曰：文甲、通犀，《漢紀》作"文貝、犀象"。《東方朔傳》："宫人簪瑇瑁、垂珠璣。"蒲梢、龍文、魚目、汗血之馬充于黄門，孟康曰："四駿馬名也。"師古曰："梢馬音所交反。"補曰：《漢紀》作"𦀡毹、琪瑠、蒲萄、龍文、魚目、汗血名馬。"《東京賦》："駙承華之蒲梢。"《説文》："媽馬，赤鬣縞身，目若黄金，名曰吉皇之乘。"此"龍文"者，謂其文似龍，猶驒騱文若鼉魚矣。《爾雅》：馬"二目白魚"。《西京雜記》："帝得貳師天馬，以玫瑰石爲鞍，鏤以金銀、鍮石，以緑地五色錦爲蔽泥。"《漢舊儀》："中黄門駙馬，大宛馬、汗血馬、乾河馬、天馬、果下馬。"顔注"梢馬音"當作"蒲梢，馬名，音所交反"。鉅象、師子、猛犬、大雀之羣食於外囿。師古曰："鉅亦大。"補曰：《漢紀》作"巨象、獅子、猛獸、大雀之羣實於外囿"。《本紀》：元狩二年，"南越獻馴象"。殊方異物，四面而至。

於是廣開上林，補曰：《三輔黄圖》云："武帝建元三年（前138），開上林苑，東南至藍田宜春、鼎湖、御宿、昆吾，旁南山而西，至長楊、五柞，北繞黄山，瀕渭水而東，周袤三百里，離宫七十所，皆容千乘萬騎。《漢宫殿疏》：'方三百四十里。'《漢舊儀》：'上林苑，方三百里，苑中養百獸，天子秋冬射獵取之。'"穿昆明池，補曰：昆明池在上林苑中。《本紀》：元狩三年（前120），"減隴西、北地、上郡戍卒半。發謫吏穿昆明池。"《三輔黄圖》云："昆明池在長安西，周四十里，有百艘樓船，建樓櫓，戈船各數十，上建戈矛，四角悉垂幡葆麾蓋。”營千門萬户之宫，補曰：《本紀》：太初元年（前104），“起建章宫。”顔君注：“在未央宫西。”《三輔黄圖》云：“建章宫周二十餘里，千門萬户。”立神明通天之臺，補曰：神明臺，在建章宫閶闔門内；通天臺亦曰候神臺，又曰望仙臺，在甘泉宫。《武帝紀》：元封二年（前109），“作通天臺。”顔君注云：“通天臺者，言此臺高，上通於天也。《漢舊儀》云高三十丈，望見長安城。”興造甲乙之帳，師古曰：“其數非一，以甲乙次第名之也。”補曰：《東方朔傳》：“推甲乙之帳，燔之於四通之衢。”應劭曰：“帳多，故以甲乙第之。”顔君此注蓋用應説。《西京賦》：“大駕幸乎平樂，張甲乙而襲翠被。”落以隋珠和璧①，師古曰：“落與絡同。”補曰：《漢紀》作“絡以隋珠荆璧”，《東方朔傳》注引作“絡”。天子負黼依，襲翠被，馮玉几，而處其中。師古曰：“依讀曰扆，扆如小屏風，而畫爲黼文也。白與黑謂之黼，又爲斧形。襲，重衣也②。被音皮義反。”補曰：《漢紀》“依”作“黻”。按，黼依，見《禮記》。黼黻不得言“負”也。處，《漢紀》作“居”。設酒池肉林以饗四夷之客③，補曰：酒池在長樂宫中東司馬門内，其水來自未央宫，自未央北墉出，經壽宫南，入長樂宫北墉④，經長秋觀大夏殿之北，滙爲池。《三輔黄圖》云：“太上皇廟在長安城中香室街酒池之北。”是酒池在香室街。《太平寰宇記》云：“武帝作酒池以誇羌、胡，飲以鐵盆，重不能舉，皆抵牛飲。”按，《三輔黄圖》有秦酒池，《長安志》亦言：“酒池，秦始皇造，漢武帝行舟於中。”是非自漢設之。作《巴俞》都盧、海中《碭極》、漫衍魚龍、角抵之戲以觀視之。晉灼曰：“都盧，國名也。”李奇曰：“都盧，體輕善緣者也。《碭極》，樂名也。”師古曰：“巴，巴州人也。俞，水名，今渝州也。巴俞之人，所謂賨人也，勁鋭善舞，本從高祖定三秦有功，高祖喜觀其舞，因令樂人習之，故有《巴俞》之樂。漫衍者，即張衡《西京賦》所云‘巨獸百尋，是爲漫延’者也。魚龍者，爲舍利之獸，先戲於庭極，畢乃入殿前激水，化成比目魚，跳躍漱水，作霧障日，畢，化成黄龍八丈，出水敖戲于庭，炫耀日光。《西京賦》云‘海鱗變而成龍’⑤,即爲此色也。俞音踰,碭音大浪反,衍音弋戰反,視讀曰示。觀視者,視之令觀也。”補曰:《漢紀》“俞”作“渝”,“衍”作“演”,“抵”作“觝”。《武帝紀》:元封三年,“作角抵戲,三百里内皆來觀。”劉昭《禮儀志》注引蔡質《漢儀》曰:“正月旦,天子幸德陽殿,臨軒,公、卿、將、大夫、百官悉坐就賜,作九賓徹樂。舍利從西方來,戲於庭極,畢,化爲比目魚,又化成黄龍,以兩大絲繩繫兩柱中頭間,相去數丈。兩倡女對舞,行于繩上,對面道逢,切肩不傾,又蹋局出身,藏形于斗中。鐘磬並作,樂畢,作魚龍曼延。”蓋後漢相因,用之正旦,唯無角抵耳。《巴俞》並用於大喪禮。及賂遺贈送,萬里相奉,師旅之費,不可勝計。補曰:《食貨志》:“渾邪王率數萬衆來降,漢發車三萬兩迎之。既至,受賞,賜及有功之士,費凡百餘鉅萬。天子爲伐胡故,盛養馬,馬之往來食長安者數萬匹,胡降者數萬人皆得厚賞,衣食仰給縣官,縣官不給。”

【校記】

① 隋,中華本《漢書》作“隨”。

② 重,底本、稿本作“章”,據初編本及中華本《漢書》改。

③ 客,底本、稿本作“名”,據初編本及中華本《漢書》改。

④ 宫,底本作“官”,據稿本、初編本改。

⑤ 鱗,初編本誤作“麟”。

至於用度不足,迺榷酒酤,筦鹽鐵,補曰:《本紀》:天漢三年(前98),“初榷酒酤。”《食貨志》云:“以東郭咸陽、孔僅爲大農丞,乘傳舉行天下鹽鐵,作官府,除故鹽鐵家富者爲吏。”鑄白金,造皮幣,補曰:《本紀》:元狩四年(前119),有司請收銀錫造白金及皮幣以足用。按,《食貨志》:白鹿皮方尺,緣以繢,爲皮幣,直四十萬。又造銀錫白金三品:一曰重八兩,圜之,其文龍,直三千;二曰以重差小,方之,其文馬,直五百;三曰復小,橢之,其文龜,直三百。算至車船,補曰:《漢紀》作“船車”。《本紀》:元光六年(前129)冬,"初算商車。"按,《食貨志》:非吏比者、三老、北邊騎士,軺車一算;商人軺車二算。船五丈以上一算。租及六畜。補曰:如淳以租及六畜爲若馬口錢,見《昭帝紀》注。民力屈,財用竭,師古曰:"屈音其勿反。"補曰:《漢紀》"用"作"貨"。因之以凶年,補曰:《食貨志》:"是時山東被河災,及歲不登數年,人或相食,方二三千里。"寇盜並起,補曰:《通考》引作"羣盜"。道路不通,直指之使始出,衣繡杖斧,斷斬於郡國,然後勝之。補曰:《漢紀》作"衣繡衣,持斧鉞,斬斷于郡國"。《本紀》:天漢二年,"泰山、琅邪羣盜徐敎等阻山攻城,道路不通。遣直指使者暴勝之等衣繡衣、杖斧分部逐捕。"是以末年遂棄輪臺之地,而下哀痛之詔,豈非仁聖之所悔哉!補曰:《通考》引"而"作"且","仁聖"作"聖人"。

且通西域,近有龍堆,遠則葱嶺,身熱、頭痛、縣度之阨[①],淮南、杜欽、揚雄之論,皆以爲此天地所以界别區域,絕外內也。補曰:淮南王《諫伐閩越書》:"自三代之盛,胡、越不與受正朔,非强弗能服,威弗能制也,以爲不居之地,不牧之民,不足以煩中國也。"杜欽論見此傳,揚雄論見《匈奴傳》。《漢紀》作"分别區域,隔絕外內"。《書》曰"西戎即序",師古曰:"《禹貢》之辭也。序,次也。"補曰:《史記索隱》引王肅《尚書注》:"西戎,西域。"禹既就而序之,非上威服致其貢物也。補曰:《漢紀》作"禹但就而序之,非威德之盛,無以致其貢物也"。《魏書·西域傳》序引"非上威服"作"非盛威武"。

【校記】

① 阨,中華本《漢書》作"阸"。

西域諸國,各有君長,兵衆分弱,無所統一,補曰:《漢紀》“西域”作“西戎”,“分弱”作“貧弱”。雖屬匈奴,不相親附。匈奴能得其馬畜旃罽,而不能統率與之進退。補曰:《漢紀》作“匈奴徒能得”,“統”作“總”,此言西域之無益于匈奴。與漢隔絕,道里又遠,補曰:道里,《通考》引作“道路”;又,《漢紀》作“尤”。此言西域之無損于漢。得之不爲益,棄之不爲損。盛德在我,無取於彼。補曰:《漢紀》“棄”作“失”。故自建武以來,西域思漢威德,補曰:《通考》引作“盛德”。咸樂内屬。唯其小邑鄯善、車師,界迫匈奴,尚爲所拘。而其大國莎車、于闐之屬,數遣使置質于漢,願請屬都護。聖上遠覽古今,因時之宜,羈縻不絶,辭而未許。補曰:《後書·西域傳》:匈奴單于因王莽之亂,略有西域,唯莎車王延最强,不肯附屬。建武十四年(38),莎車王賢與鄯善王安並遣使詣闕貢獻。十七年,賢復遣使奉獻,請都護。二十一年,車師前王、鄯善、焉耆等十八國俱遣子入侍,願得都護。天子以中國初定,北邊未服,皆還其侍子。《通考》引作“聖人遠鑑古今”。雖大禹之序西戎,周公之讓白雉,太宗之郤走馬,義兼之矣,亦何以尚茲!師古曰:“‘西戎即序’,說已在前①,昔周公相成王,越裳氏重九譯而獻白雉。成王問周公,公曰:‘德不加焉,則君子不饗其質;政不施焉,則君子不臣其遠。吾何以獲此物也?’譯曰:‘吾受命國之黄耇曰:久矣天之無烈風雨雷也,意中國有聖人乎?盍往朝之,然後歸之。’王稱先王之神所致,以薦宗廟。太宗,漢文帝也。郤走馬,謂有人獻千里馬,不受,還之,賜道路費也。老子《德經》曰‘天下有道,郤走馬以糞’,故贊引也。”②補曰:孟堅生于建武八年,明帝永平五年(62)始詣校書郎,修《漢書》,至建初乃成是作。書正當明帝、章帝時,而此贊稱光武爲聖上者,《史通》云:“建武中,司徒掾班彪作《後傳》六十五篇。其子固以父所撰未盡一家,乃起元高皇,終乎王莽,爲《漢書》紀、表、志、傳百篇。其事未畢,會有上書云固私改作《史記》者,有詔京兆收繫,悉錄家書封上。固弟超詣闕自陳,明帝引見,言固續父所作,不敢改易舊事，帝意乃解。即出固，徵詣校書。”可見《漢書》之傳多有叔皮所作贊，稱“聖上”爲叔皮之辭，孟堅因而不改。考叔皮卒于建武三十年，西域貢獻、請都護在十四年至二十一年，叔皮目擊時事，言之故詳也。注“成王問周公”，汪校本“成”作“至”。

【校記】

① 已，底本、稿本作“以”，據初編本及中華本《漢書》改。

② 故，初編本誤作“城”。

新疆赋

孫　序

馨祖家康樂，城東門外田中，小石山起伏數里不斷，有大山之勢，《石譜》謂之袁石。蜀水繞其址，《漢書·地理志》"蜀水東流南昌①，入湖漢"是也。自城行七里，爲康樂橋，橋北爲康樂菴，面水背山，通舟楫，出石炭，多良田、美酒、魚蝦。幼時讀書菴中，有終焉之志。既而五上公車，晚得廣西一縣，至未幾，罷歸。再至，再罷。又起閩之甌寧，得少攬天下之佳山水，而亦備涉道路之險阻艱難。嗣乾隆乙卯（六十年，1795），丁母憂歸，已五十六年。中間病病而殘廢，及七十而戍伊犁，見新疆圖，摹之不成，亦不能已，今又六年。星伯先生出自定開方圖，復以《新疆賦》見示，令作序，且曰："皇甫士安序《三都》矣。"馨祖，楚人也，伍大夫監禮所未見者六，將何言？然歐文蘇讀，竊忻慕焉。《唐書》："漢姑墨國西三百餘里，度石磧，至淩山，葱嶺北原。"《前漢》不載，無考。先生以淩人、淩陰釋之，於木素爾達巴罕之譯文亦合。昔周太祖踏冰，夜上淩橋，得此而後解。其述忠臣烈士爲國捐軀，凜凜有生氣。自伊犁奉使喀什噶爾諸部，萬三千六十八里，八閱月，境皆親歷，言之綦詳。先生居京師，爲詞臣，博綜文獻。自出關以來,逢古蹟,必求其合。方强志篤學,頌揚盛美,正其時也。馨祖年老力弱,爲《昆都倫歌》,結轖不達。若此函之如海厓,何可望?至於水道有記,山硤有程,柳樹泉縣出一劍飛,風戈壁險逾數千里,又不徒藉班堅、酈元爲捃摭已。萬載孫馨祖序。

【校記】

① 流,中華本《漢書》作"至"。

賦　序

粤徵西域，爰始班書。孟堅奉使於私渠，定遠揚威於疏勒。語其翔實，必在經行。走以嘉慶壬申之年(十七年,1812)，西出嘉峪關，由巴里坤達伊犁，歷四千八百九十里。越乙亥(二十年,1815)，于役回疆，度木素爾嶺①，由阿克蘇、葉爾羌達喀什噶爾，歷三千二百里。其明年，還伊犁，所經者英吉沙爾、葉爾羌、阿克蘇、庫車、哈喇沙爾②、吐魯番、烏魯木齊，歷七千一百六十八里。既覽其山川、城邑，考其建官、設屯，旁及和闐、烏什、塔爾巴哈台諸城之輿圖，回部、哈薩克、布魯特種人之流派，又徵之有司，伏觀典籍。仰見高宗純皇帝自始禡師，首稽故實。乾隆二十年(1755)二月，諭曰："漢時西陲，塞地極廣，烏魯木齊及回子諸部落，皆曾屯戍，有爲内屬者。唐初開都護府，擴地及西北邊。今遺址久湮。著傳諭鄂容安，此次進兵，凡準噶爾所屬之地、回子部落内，伊所知有與漢唐史傳相合可援據者，並漢唐所未至處，一一詢之土人，細爲記載，以資採輯。"迄乎偃伯，畢系篇章。聖製《十全集》載初定準噶爾、再定準噶爾、平定回部共詩七百四十首、文二十二首。勒《方略》以三編，《平定準噶爾方略》前編五十四卷、正編八十五卷、續編三十三卷，乾隆三十七年大學士傅恒等奏進。界幅員爲四路。《欽定皇輿西域圖志》四十八卷，乾隆二十七年大學士傅恒等奉敕撰，分新疆爲四路：嘉峪關、玉門、敦煌至安西州爲安西南路，哈密、鎮西府、迪化州爲安西北路，庫爾喀喇烏蘇至伊犁、塔爾巴哈台爲天山北路，闢展、哈喇沙爾、庫車、葉爾羌、和闐爲天山南路。圖戰地以紀勳伐，《欽定新疆戰圖》十六幅。志同文以合聲均。《欽定西域同文志》二十四卷，乾隆二十八年奉敕撰。在辰朔時憲之經，釐職方河源之次。乾隆二十年三月，上諭："西師報捷，噶勒藏多爾濟抒誠内附，西陲諸部，相率來歸，願入版圖，其日出入晝夜、節氣時刻，宜載入《時憲書》，須賜正朔，以昭遠裔向化之盛。侍郎何國宗，素諳測量，著加尚書銜，帶同五官正明安圖、司務那海，前往各該處測其北極高度、東西偏度，繪圖呈覽。所有坤輿全圖及應需儀器，著何國宗酌量帶往。"二十一年正月，授努三爲三等侍衛，同左都御史何國宗往伊犁。二十四年五月，諭："回部將次竣事，應照平定伊犁之例，繪畫輿圖。欽天監監正明安圖、傅作霖，西洋人高慎思，二等侍衛什長烏林泰，乾清門行走藍翎侍衛德保，馳驛前往。"二十五年四月，還京，以各城節氣載入《時憲書》。三十八年，編土爾扈特、和碩特入《時憲書》。四十七年，命侍衛阿彌達窮河源，《欽定河源紀略》三十六卷。備哉燦爛，卓哉煌煌！是用敷陳，導揚盛美。將軍罷獵，脱長劍以高吟；刁斗無聲，倚征鞍而瞑寫。辨其言語，孤塗撐犁之文；存其地名，的博蓬婆之號。設爲主客，本諸見聞有道；守在四夷，不取耿恭之賦。勞者須歌其事，聊比葱女之詞。徒中上書，非敢然也；采薇先輩，無或譏焉。

【校記】

① 木素爾，稿本作"穆蘇爾"，下同。

② 哈喇沙爾，稿本作"喀喇沙爾"，下同。

新疆南路賦

烏孫使者習於誦訓，好徵前聞。曲歌《出塞》，詩擬《從軍》。既諳乎北道之地域，而未究南道之星分。會奉檄而行役，乃旁搜城郭諸國之遺文，則咨有葱嶺大夫者，吐辭爲經，登高能賦，揜臧旻之博通，紬班勇之記注。乃造廬而請曰："吾子觀政西陲，服官南路，將亦識其形勢而達其掌故乎？願子摛鴻藻、敭景祚，祓飾耆武，煥炳皇度。"

大夫曰："唯唯，遏矣！回部外區是疆，基祖國於墨克[①]，《西域圖志》：'回部西有墨克、墨德那[②]，爲回之祖國。'聖製《葉爾羌碑》：'粵稽回始，庫自天方，又名墨克，一曰天堂。'稟金氣於西方。《後漢書·西羌傳》。廓下都於化益，《山海經》。紀朝獻於阿衡。《逸周書》。逮中鄉之發迹，陸機《漢高祖功臣頌》。值攣鞮之披猖。白登圍而城困，藍田溢而陵襄。應月壯而事舉，占雲髻而兵揚。賣馬邑兮誨盜，略鴈門兮報償。屯甌脱而犇遏，棄斗辟而寇嘗。雖董赤申其薄伐，衛青奮彼外攘，曾不得塞飛狐之口，而虜白羊之王。嗟哉冒矻，接茲引弓。兼從是患，鑿空疇通。臂斷其右，族偪其東。惟久長之深計[③]，建都護而鎮控，屯胥鞬而積穀，治烏壘以宅中。判前後而别部，配戊己而厲宫。樓蘭斬而報怨，伊循田而威重。蓋孝武經營，師行則三十二年焉；哀平相繼，分割爲五十五國焉。應赤九之會昌，以上見兩《漢書》。輳黄初而順軌。《三國志》。習大乘而星居，《佛國記》。震先鋒而風靡。《晉書》。通舊國於六朝，《南史》。開磧路於萬里。晶杯則寶帶偕登，《唐書》。活褥共渾提並至。《唐會要》。五季之衰，不通私市。同慶紀獻杵之年，懷化授司戈之士。新、舊《五代史》。砳鱗兮號錫，《宋史》。獨峰兮駝馳。《玉海》。珠符兮是佩，《元史》。金印兮屢褫，《明史》。徒以恢大度於羈縻，委遐陬以錯跱。疇則牖其民於不侵不叛，析其地而我疆我理之哉！

【校記】

① 墨克，稿本作"默克"，下同。

② 二"墨"字，稿本皆作"默"。

③ 此句稿本作"讋土著以即叙"。

巍巍聖代，明明廟謨，天授宏略，神輸秘圖。登天山而闞虓虎，臨瀚海而裂毫貙。其定準部，蕩沙幕，犁其庭，掃其閭，固使者之所聞矣。蠢茲二豎，梟轂猘雛。聖製詩：'二豎鼠竄圖苟延。'謹按，謂大和卓木波羅泥都、小和卓木霍集占也。肉骨生死，德偕恩渝。聖製《平定回部告成太學碑》：'二酋大、小和卓木者，以回部望族，久爲準噶爾所拘於阿巴噶斯鄂拓者也。我師既定伊犁，乃釋其囚，以兵送大和卓木波羅泥都歸葉爾羌，俾統其舊屬，而令小和卓木霍集占居於伊犁，撫其在伊犁衆回。乃小和卓木助阿逆攻勤王之台吉、宰桑等，阿逆賴以苟延。及我師再入，阿逆遂逃入哈薩克，而霍集占亦收其餘衆竄歸舊穴。'又《西師》詩：'肉骨生死恩，感應久不輟。報德乃以怨，轉面凶謀黠。'郭吉受海上之辱，張匡詛道旁之弧。聖製《西師》詩注：'和卓歸故域後，我將軍等差副都統阿敏道率百人往會盟，而彼乃設計，盡行戕害。'敢狼心之弗諗，肆蟻聚之未鋤。率醜類以煽亂，忘怙冒而干誅。波羅泥都據喀什噶爾城，霍集占據葉爾羌城，煽亂回部，諸城相率應之。乃奮天戈，蕩穢平頗。爲鵝爲鸛，入自庫車。乾隆二十三年（1758），命靖逆將軍雅爾哈善討回部。兵至庫車，賊目阿布都克勒木據城守。聖製《托和鼐行》：'我師攻圍賊庫車，臨衝茀茀四面羅。'又云：'賊不自量犯兩翼，兩翼飛馳張鸛鵝。'謹按，車與羅協音。聖製《得庫車城誌事》詩'我師久圍賊庫車'注：'讀作歌韻。'一奪氣於托和鼐，地名，在庫車城東八十里，大兵攻庫車，以其地爲賊援兵要路，遣侍衛達克他那守之。聖製詩有《托和鼐行》。再褫魄於鄂根河。水名。小和卓木時自沙雅爾來援，敗之於此。聖製《回纛行》：'毆至鄂根河之側，溺水斃者如眠鼉。'視探囊之孔易，雖亡纛而不赦。大軍敗霍集占，獲其纛，仍進兵追剿。聖製《回纛行》：'斬將獲醜如囊探。'長蛇遺毒，困獸抗顏。一鼓堂堂，進軍至阿克蘇，時霍集斯獻議，徑趨葉爾羌則一舉可克，將軍兆惠從之。七隊桓桓。大軍時分七隊。騁射生之驍勇，奮勳戚之英賢。攻葉爾羌，參贊公明瑞、副都統由屯殺賊最夥，賊敗入城。聖製《由屯像贊》：'本射生手，狼不暇走。'又《賜明瑞》詩：'世胄更勳戚。'奏膚公以制勝，集爪士以摧堅。大軍殺賊至葉爾羌城下，奪所築臺，軍聲大振。兔三窟以走狡，雞連棲而苞亂。霍集占以馬兵四千、步兵六千拒大軍，波羅泥都復以馬兵三千、步兵二千自喀什噶爾來會。謀塡海於黑水，忘壓卵於齊盤。大軍移營偪賊，輜重於齊盤山，濟河半渡而橋圮。賊衆大至，大軍且戰且行，至喀喇烏蘇，築堡守。即黑水圍也。玩我弩末,迫我於難。聖製《平定回部碑》:'我軍人馬周行萬餘里,亦猶强弩之末矣。'又《西師》詩:'我師萬里外,馬力實難繼。'力戰疇厲,血勇誰殫。副都統三格、總兵高天喜力竭,沒于陣。聖製《三格像贊》:'從軍贖罪,每戰必力。'又《高天喜像贊》:'怒則面赤,是謂血勇。'惟鄂惟特,臨陣軀捐。侍衛鄂實、特通額陣亡。納公三公,雙義凜然。將軍納穆扎爾①、參贊三泰被害。聖製《雙義》詩。惟天助順,聖製《我軍》詩:'仰冀天助順。'惟帝誅頑。聖製詩:'背恩戕使先開釁②,曲直間惟帝鑒詳。'有窖斯米,有樹斯丸。聖製《後回囊行》詩注:'喀喇烏蘇之役,將士方堅壁趣援,時於固守處得窖米贍軍,樹上檢鉛丸濟用。'作士氣以敵愾,欽睿算之燭先。信虎臣之矯矯,終振旅以闐闐。黑水被圍③,參贊尚書舒赫德自阿克蘇赴援,將軍伯富德亦以兵來會,賊拒之。適參贊公阿里衮遵旨自巴里坤解馬至,乃得解圍,振旅還阿克蘇。螳拒隆車,魚游沸鼎。乘霧行空,望風絶影。二十四年,大軍定和闐。聖製《博羅齊行》:'時賊望風先逃奔。'又云:'乘霧直搗賊營後。'三單臣率,兩路師整。大軍分兩路,兆惠由烏什取喀什噶爾,富德由和闐取葉爾羌。聖製《賜兆惠書扇》詩:'臣節率三單。'又《喀什噶爾回衆投誠》詩:'整師兩路一時進。'巢覆横奔,榛除息梗。大小和卓木聞大軍將至,各棄城遁。耳疊雙而仰攻,二酋西遁,窮追至霍斯庫魯克嶺,奮勇仰攻,斬馘數百。聖製詩注:'回言霍斯庫魯克者,華言雙耳也。'角先折而威逞。參贊公明瑞復敗賊於阿爾楚爾,聖製詩:'明瑞先已折其角。'馘早獻而心傾,首來函而路迥。二酋逃至拔達克山,其汗素勒坦沙殺二酋,波羅泥都屍身被盜,遂函霍集占首來獻。聖製詩:'嘉兹馘早獻馘順。'又云:'函首霍占來月窟,傾心素坦款天閶。'④秉齊斧而戡亂,聖製《詠拔達克山汗所進斧》詩:'齊斧方戡亂。'搴嘛尼而服猛。《方略》載:'二十三年,雅爾哈善奏:托木羅克有賊人踪跡，帶兵往迎，見嘛尼纛一桿，賊衆五六十人。'極勃律而投烽，東西布魯特咸内附。聖製《烏什戰圖》詩'游牧東西勃律連'注：'唐之勃律，即今之布魯特。'被�沖而釋警。聖製《瀛臺賜宴拔達山來使》詩'筠沖語異逮濛瀛。'於是引鳳奏於天方，聖製詩'卻引天方鳳奏西'注：'時將軍兆惠自葉爾羌得回部樂，奏送適至，因命於大饗所陳諸部末肄之，其器有大、小鼓、簫管、提琴、洋琴之屬，其伎有倒剌都盧及承盌轉碟之屬。'炳雲書於伊洱。平定回部，勒聖製碑文於伊西洱庫爾淖爾。狃窯器於龍泉，霍罕伯克納祿博圖貢龍泉盤子，見聖製詩。寫褭蹄與麟趾。聖製有《回部貢金至，命爲麟趾、褭蹄以紀其事》詩。人集和通，聖製詩注：'厄魯特謂回人爲和通。'錢流普爾。回語謂錢爲普爾，聖製詩：'市通普爾泉流廣。'刀佩偃月，聖製《拔達山汗素勒坦沙貢刀歌》：'佩刀一握偃月形。'劍横秋水。副將軍富德於伊西洱得霍集占所佩劍，奏進，聖製《回劍行》：'一條秋漢溢波瀾。'匕首雙銜，聖製《博洛爾部沙瑚沙默特伯克進玉欛雙匕首》詩：'球琳欛内鐵銜定。'銀壺四喜。聖製有《詠唐回紇鋄銀四喜壺》詩。海青下韝，聖製《霍罕白鷹歌》：'下韝目不留狼豺，霍罕又貢白海青。'石蜜包甌。布哈爾出緑葡萄，截條植地而生，回人謂之奇石蜜食。乾隆年間移植禁苑，有聖製詩注云：'魏文帝詔：寧比西國葡萄石蜜。石蜜之音頗近回語，豈當時亦曾見此耶？'豆識噶愛之文，聖製《詠唐時回銅器詩序》：'山莊舊藏古銅器一，似豆而短足，其文則似回字，令吐魯番、哈密回子等識之，惟識噶愛二字。'又詩注：'噶讀作平聲。'匠鏤嗘嚕之匜。聖製《詠回銅嗘嚕簃器》詩：'重器直還嗘嚕匜。'詩序云：'嗘嚕簃之制，正圓而豐下，上横鋬，可左右紐，高五寸有十分寸之五，口圍尺有八寸，腹圍二尺四寸有十分寸之八，中實六升許，銅范而金銀錯，其文皆旁行回字，不可辨識。西師凱還，將軍等與所俘武器並獻，命阿琿其名曰哈爾拔野特者詳譯之。具云：元時回部有汗曰眉哩特木爾，世居伊犁，嘗得沙賴子良匠喀瑪爾所造,用貯漿齊,鏤文悉祝嘏之詞。'表陳嚕克靄之箋,聖製《紫光閣錫宴聯句》詩'金花箋嚕克靄表'注:'帕爾西語,謂表箋也。'字譯陀犁克之史。回人有史書曰《陀犁克》。

【校記】

① 納穆扎爾,稿本作"納木札爾",下同。

② 此句前稿本有"澤國幸邀賜豐稔,頑回更冀靖倡狂"。

③ 此四字,稿本無。

④ 闔,底本作"閶",據稿本改。

既通四譯,聖製詩注:'葉爾羌回人譯愛烏罕語,準噶爾人譯回語,若以周時語論之,當爲四譯矣。'爰建八城。首曰疏勒,參贊之庭,喀什噶爾城曰徠寧城,古疏勒國地,駐參贊、協辦大臣各一員,總轄八城事務。環列八衛,喀什噶爾邊衛自城東北環城西南,凡大卡倫八。分屯四營。喀什噶爾換防兵有滿營、綠營、錫伯營、索倫營。臨徙多以爲固,喀什噶爾城南臨烏蘭烏蘇河,即《西域記》之徙多河。據磐槀之崢嶸①。《後漢書》疏勒有磐槀城。次曰依耐,新建是名。英吉沙爾,古依耐國地。回語英吉謂新,沙爾謂城,言城新建也。領隊治之,如古附庸。英吉沙爾爲喀什噶爾屬城,駐領隊大臣一員。架沙梁以橫亘,實咽喉之所嬰。英吉沙爾城南橫亘沙梁百里,圖木舒克河流徑其間,爲喀什噶爾、英吉沙爾兩城扼要之地。次三寬廣,是曰葉奇。葉爾羌初名葉爾奇木,古莎車國地。回語謂地爲葉爾,謂寬廣爲羌;言其地寬廣也。聖製詩'葉奇已慶春膏溥'注:'葉爾奇木四字,急呼之,實兩字也。'次四和闐,水跡爰基。和闐,古于闐國,爲葉爾羌屬城。《西域記》:昔于闐建城,有外道,負大瓢,盛滿水,以其水屈曲遺流,周而復始,依彼水迹，峙其基堵。城非崇峻，攻擊難克。登山涉淵，貢玉於斯。葉爾羌採玉於密爾岱山、澤普勒善河，和闐採玉於玉隴哈什河、哈喇哈什河以貢②。粲輝煌之琳宇，焕照耀以豐碑。葉爾羌有顯忠祠、顯佑寺，又有聖製《平定回部勒銘葉爾羌之碑》。導三支以派別，張匡鄴《行程記》載于闐玉河三，其白玉河即今玉隴哈什河，綠玉河即今哈喇哈什河，烏玉河即今皂窪勒河③。撫六城之繁滋。和闐所轄城村六，曰額里齊城④，曰哈喇哈什城，曰玉隴哈什村，曰克勒底雅城，曰齊爾拉村，曰塔克村⑤。次五永寧，不當孔道。烏什城曰永寧城，古尉頭國地。在阿克蘇西，非驛程所經。騰凫藻以屯開，烏什有寶興、充裕、豐盈三工屯田。抗鷹落以城抱。烏什據山爲城，鷹落山在城西。負地險以牙孽，絕根株於再造。乾隆三十年（1765），逆回賴黑木圖拉據烏什城叛，討平之，盡誅其黨惡者。更建置之因時，酌損益於多寡。烏什變亂初定，設重兵，移參贊大臣駐之。至乾隆五十二年⑥，仍移參贊於喀什噶爾，侍衛兵丁，遞減有差。六曰阿蘇，四達經衢。溫宿、姑墨，二國遺墟。阿克蘇，古溫宿、姑墨國地。聖製詩'報來始自阿蘇投'注：'回語阿克蘇急呼則爲阿蘇。'擅坑冶以資鼓鑄，則貨流於羌胡。阿克蘇產銅，有上下銅廠，設錢局，鑄一當五錢，供回疆諸城之用。襟二城而航五渡，則路通於舟車。阿克蘇有拜城、賽喇木城⑦，即唐時俱毗羅城、阿悉言城地。境內多水，托什干河、瑚瑪喇克河、湯那哈克河、楚克達爾河、木咱喇特河皆設船渡⑧。次七屈茨，庫車，古龜茲國地。龜茲，《西域記》作屈茨。次八焉耆，哈喇沙爾，古焉耆國地。東西並峙，接壤鎮之⑨。庫車在西，哈喇沙爾在東，各設辦事大臣一員。惟渠犁與輪臺，處適中而在茲。漢田官之相近，唐安西之所治⑩。庫車城東三百二十里，爲玉古爾回莊⑪，即古輪臺地。漢之都護，唐安西都護⑫，皆建治於此。衛拉二族，向化來移。天覆地載，立盟分旗，汗暨貝子，授地有差。咸統於哈喇沙爾，俾牧於裕勒都斯⑬。乾隆三十六年，土爾扈特與和碩特自俄羅斯來歸。土爾扈特設十旗，爲烏納恩蘇珠克圖盟，分駐庫爾喀喇烏蘇、晶河⑭、塔爾巴哈台，而以扎薩克卓里克圖汗駐哈喇沙爾之大裕勒都斯山統之⑮；和碩特設四旗，爲巴圖色特啓勒圖盟，駐哈喇沙爾之小裕勒都斯山，而以扎薩克阿穆爾靈貴貝子領之。按，土爾扈特、和碩特，即四衛拉特之二。聖製《土爾扈特歸順》詩：'衛拉昔相忌。'

【校記】

① 磐藁，中華本《後漢書》作"磬藁"。
② 哈喇哈什，稿本作"哈拉哈什"，下同。
③ 皁窪勒，稿本作"雜瓦"。
④ 額里齊，稿本作"伊里齊"，下同。
⑤ 以上三城村，稿本依次作"策勒村"、"克里底雅城"、"塔克努喇村"。
⑥ 五，底本作"六"，據稿本改。
⑦ 賽喇木，稿本作"賽里木"，下同。
⑧ 咱，稿本作"雜"。
⑨ 此四字，稿本作"大臣分治"。
⑩ 所治，稿本作"是資"。
⑪ 玉，稿本作"布"。
⑫ 此五字，稿本作"唐之都督府"。
⑬ 裕勒都斯，稿本作"珠勒都斯"，下同。
⑭ 晶河，稿本作"精河"，下同。
⑮ 扎薩克，稿本作"札薩克"，下同。

其東則導以廣安之城，哈喇沙爾東一千零二十里，爲吐魯番，其城曰廣安。闢展之邑。吐魯番又東二百一十里，爲闢展城。儵夐火州，吐魯番城東六十里哈喇和卓，即明火州治。《歐陽圭齋集》作'哈喇和綽'①，云即漢高昌。侵淫風穴。吐魯番齊克塔木臺以東有風戈壁②，相傳其地爲風穴，即宋王延德所謂鬼谷口避風驛。回猋碭駭，堪輿無色。歕薄人物，十不存一。壇曼泱漭，煩寃拂鬱。千百餘里，以屬於哈密。風戈壁緜亘數千里，即古白龍堆，今名噶順沙磧，自吐魯番至哈密千二百里。其西則域以劍末之谷，《唐書·西域傳》：'由疏勒西南入劍末谷。'蓋葱嶺中谷名。竭叉之民，《佛國記》：'竭叉國，當葱嶺中。'嶢嶢造天，葱嶺輪囷。岡聳福舍，《西域記》：'奔攘舍羅，葱嶺東岡也，唐言福舍。'種別休循。《漢書·西域傳》：'休循國在葱嶺西，故塞種也。'今布魯特地。蟻緣入壁，鐵石重闉。《西域記》：山行入鐵門，'山極峭峻，雖有狹徑，加之險阻，兩旁石壁，其色如鐵，既設門扇，又以鐵錮。'《長春西游記》亦言'過鐵門之險'。繩索相引，懸度厠賓。頭痛身熱，與死爲鄰。《漢書·西域傳》。險阻危害，嵱嵷嶙峋。馬行四十日，以極於大秦。布哈爾爲大秦國地，距葉爾羌四十日程。其南則呢蟒依山，帥陰雪陽。和闐額里齊城南五百八十里爲大雪山。呢蟒依，譯言雪也。盛夏含凍，不若暴强。《西域記》：'大雪山盛夏含凍，積雪彌谷，蹊徑難涉。山神鬼魅，暴縱妖祟。'甗錡絶陘，線天蔽光。瘴癘中人，往往而僵。登降施靡，攀援頡頏。三危鳥道，《西藏總傳》：'衛在四川打箭爐西南，諺稱前藏；藏在衛西南，諺稱後藏；喀木在衛東南。三處統爲三危，即《禹貢》導黑水至於三危也。'四路羊腸。乾隆十七年（1752），駐藏大臣班第奏言：準噶爾通藏隘，有阿里、那克桑、騰格里淖爾③、阿哈雅克四路。楝科捷徑，康熙五十六年（1717），策妄阿喇布坦由和闐踰楝科爾庭山襲藏。

蓋大雪山中山名。天竺之疆。葉爾羌有道通阿里，阿里距藏兩月餘，自阿里南入額訥特珂克境，即古天竺。其北則喀克善山，折而東出，結爲凌山，嶔崟岏崒。巨冰百里，眩目靡骨。騎步相持，失不容髮。葱嶺自喀克善山折而東，至阿克蘇之北，爲木素爾達巴罕，譯言冰嶺也。嶺南北長百里，東西數十里，純冰結成。行其間者，險滑萬狀。《西域記》云：'凌山，葱嶺北原也。'雪海乍風，千軍坐沒。冰嶺中有雪海，惟一線通人行，若遇風雪，則迷失道路，鮮能脱者。陰潛慘廩，嫛姍教窣。千二百里，伊犁之域。阿克蘇北踰冰嶺，至伊犁凡一千二百二十里。其中則南河、北河，雙直如弦。雅璊雅爾河、烏蘭烏蘇河合爲喀什噶爾河，即《水經注》葱嶺北河④。聽雜阿布河⑤、澤普勒善河合爲葉爾羌河，即《水經注》葱嶺南河⑥。樹枝達利，流玉于闐。和闐城東玉隴哈什河，即古樹枝水，城西哈喇哈什河，即古達利水。二河皆産玉。左合枝水，厥狀井闌。南北河、和闐河與阿克蘇河四水會於噶巴克阿克集之北境。四水交貫，形如井闌。阿克蘇河者，即《水經注》所謂"左合枝水"也。計戍東注⑦，緣磧北邊。四水合爲塔里木河，東流經大戈壁之北。塔里木河即《通典》計戍水。撥換淤岸，龜兹通川。阿克蘇城東北之阿爾巴特水，即《水經注》之姑墨川，《唐書》之撥換河。惟《水經注》以爲入大河，今則流至哈喇裕勒滚之南⑧，入沙而伏。《水經注》又有龜兹東川、龜兹西川。西川一支會東川，入大河⑨。東川即庫車城東之庫克訥克嶺水⑩，西川即庫車城西之渭干河。今庫克訥克嶺水不會渭干河。敦薨溢海，連城裂田。《水經注》云：'敦薨之水，溢而爲海，又西南流，逕連城别注，裂以爲田。'敦薨水即今哈喇沙爾之海都河⑪，溢而爲海，即今瀦爲博斯騰淖爾也。剛鹵棋累，餘溜龍蟠。少禽多鬼，霧往雲還。星日藏壑，冬夏涵天。渾渾泡泡，牢蘭之淵。南路諸水，歸羅布淖爾，《漢書》謂之蒲昌海，釋氏謂之牢蘭海。地底流脈，壁上釃泉。乃會百泓之星海，而東爲萬古之河源。羅布淖爾潛行千五百里，東南至巴顔哈喇嶺之麓⑫，爲阿勒坦噶達素齊老，伏流始出。其地有巨石，高數丈，岸壁皆土，作黄赤色。壁上有天池流水百道，皆黄金色，東南流，注爲阿勒坦郭勒。又東北流三百里，有泉數百泓，錯列如星，爲鄂敦塔拉⑬，即星宿海也。阿勒坦郭勒入其中，挾諸泉東北流，是爲黄河。

【校記】

① 喇，稿本作“剌”。

② 塔，稿本作“騰”。

③ 淖爾，稿本作“諾爾”。

④ 稿本“葱”上有“之”字。

⑤ 稿本無“阿”字。

⑥ 稿本“葱”上有“之”字。

⑦ 戍，底本作“戌”，據稿本及《通典》原文改，下注同。

⑧ 哈喇裕勒滚，稿本作“哈拉玉爾滚”。

⑨ 此句稿本作“東川入西川，以入大河”。

⑩ 庫克訥克，稿本作“扣克訥克”，下同。

⑪ 海，稿本作“愷”。

⑫ 巴顔哈喇，稿本作“巴彦哈拉”。

⑬ 塔拉，稿本作“他臘”。

爾其葭居芁處，桑樞柳樊。瓜廬鑿牖，曲突當門。回人所居，必開天窗，當門作一柴竈。環鴉城之水驛，《元史》有鴉兒看城水驛，即葉爾羌城。鬪鼠壤於山村，《西域記》：‘大沙磧中有堆阜，並鼠壤墳。’帶溫湯而成聚，阿克蘇北特克和羅木有石洞①，中有溫泉數區，浴之可療疾。映古塔以繚垣。葉爾羌城内有古塔，高三十餘丈，回人名之曰"圖特"。亭倚長楊之樹,回疆驛路每間數十里則樹白楊一叢,引水環之,爲行人憩息之所,如内地之茶亭。其名曰"博斯騰"②。家臨沙棗之園。回疆多沙棗樹,四月作白花,結實如小豆。其園則有榆槐接蔭,松柏交柯,回語榆爲哈喇雅阿特③,槐爲圖呼瑪克,松爲喀楚喇,柏爲喀爾該。朱櫻夏綻,丹若秋多。回語櫻桃爲哲納斯台,石榴爲阿納爾。《博物志》張騫於西域塗林國得石榴種。玉飣蜜父,碧綴蘋婆。蜜父,梨名。回疆沙雅爾城梨最美,葉爾羌貢蘋果膏。杏移巴旦,參種婆羅。李時珍《本草》:'巴旦杏出回回舊地。'又引蘇頌曰:'仙茅名婆羅門參,始因西域婆羅門僧獻於唐玄宗,故名。'木瓜垂枝於空谷,羌桃采纈於平阿。聖製有《葉爾羌驛貢石榴、蘋果、木瓜三種》詩,蘇頌《圖經本草》:'核桃,張騫使西域始得種。'其圃則有豌豆、蠶豆,胡瓜、寒瓜。元《飲膳正要》有回回豆,即豌豆。《太平御覽》引《本草經》:'張騫使外國,得胡豆,即蠶豆;胡瓜,即黄瓜。'李時珍曰:'張騫使西域,得種。'寒瓜,即西瓜。胡嶠《陷虜記》云:'征回紇,得此種。'茱薑韭薤,葫荽瓠茄。回語秦椒爲塔里瑪穆爾魯楚,薑爲贊濟必勒,韭爲庫爾德,薤爲闢雅資,瓠爲阿實喀巴克,茄爲帕廷干,葫即大蒜,荽即原荽。《本草》引《唐韻》:'張騫使西域,始得大蒜、胡荽。'翠拂渾心之竹,《湛然居士集·河中十詠》注:'地有渾心竹。'紅分芭欖之花。芭欖又作杷欖,《湛然居士集》凡十一見,有言其花者,則曰'花開杷欖芙蕖淡'、'杷欖看開花'、'杷欖花前風弄麥'、'琥珀瓶中杷欖花'、'杷欖花開紫雪香';有言其果者,則曰'親嘗芭欖寧論價'、'杷欖花前杷欖仁'、'輕黄杷欖燦牛酥'、'杷欖碧枝初著子'、'芭欖賤如棗',又言:'食生杏,甘香如芭欖。'蓋西域之珍卉也。簇雞冠而翹秀,壓狗尾而欹斜。回語雞冠花爲塔吉和喇斯,狗尾花爲喀摩楚古勒。

【校記】

① 和,稿本作"霍"。

② 博斯騰,稿本作"百子塘"。

③ 哈,稿本作"喀"。

若夫七日爲墟,百物交互。回俗以歲首第一日爲沙木畢,二日爲雅克沙木畢,三日爲都沙木畢,四日爲賽沙木畢,五日爲插沙木畢,六日爲排沙木畢,七日爲阿雜那。遇阿雜那日則爲市名,其市曰巴咱爾。徵逐奇贏,奔馳婦孺。則有紅花、紫鉚,黄牙、白附。《博物志》:'張騫得紅花種於西域。'今葉爾羌有番紅花。紫鉚,樹名,蘇頌曰:'出昆崙國。'黄牙,即黄硇砂,《廣州記》云:'出昆崙國及波斯。'今産庫車。郭璞《子虛賦》注引蘇林曰:'白坿,白石英也。'今回疆産白土,可浣衣,或即其類。蛤粉堆青,晶鹽耀素。青蛤粉即青黛,李時珍曰:'波斯青黛,即外國藍靛花。'今藍澱以回疆産者佳。水晶鹽,《梁四公子記》曰:'出高昌國。'今吐魯番有産者,而阿克蘇鹽山口産者良,名曰冰鹽。雞舌含香,馬乳垂露。《湛然居士集·西域河中十詠》詩:'飽啖雞舌肉。'又《贈蒲察元帥》詩:'黯紫葡萄垂馬乳。'蜜流刺草之漿,淚滴胡桐之樹。《北史》:'高昌有草名羊刺,其上生蜜。'胡桐淚,見《漢書》注,回疆處處産之。斗量金線之礬,刀裁白叠之布。李時珍曰:'波斯國出黄礬,謂之金線礬,磨刀劍,顯花文。'今回疆有藍礬,可銷鐵,蓋即其類。《南史》:'高昌國有草實,如繭中絲,爲細纑,名曰白叠,取以爲布。'李時珍謂即棉花,宋末始入江南。其或遠方瓌寶,大賈高貲。復有迷迭、兜納,珊瑚、玻璨,《魏略》:'迷迭香、兜納香,出大秦國。'蘇恭《唐本草》曰:'珊瑚從波斯國及師子國來。'《玄中記》:'大秦國有五色玻璨。'齊墩、摩澤,底珍、阿梨,齊墩樹即齊墩果,摩澤樹即没石子,底珍樹即無花果,皆出波斯,見《酉陽雜俎》。阿梨樹,《本草》謂之阿勃勒,李時珍曰:'即波斯皂莢。'今喀什噶爾有之。薰陸、蘆薈，辟邪、䔢齊，李珣《海藥本草》：'熏陸即乳香，是波斯松樹脂；蘆薈生波斯，亦樹脂。'《酉陽雜俎》：'安息香出波斯，呼爲辟邪樹；䔢齊樹能出蜜，亦出波斯。'逮乎阿月渾、骨路支，李珣曰：'胡亲子，波斯呼爲阿月渾子。'陳藏器《本草拾遺》：'骨路支生昆崙國，名飛藤。'必斯答、錫蔺脂，必斯達，果名，出回回地，見元《飲膳正要》。李時珍曰：'錫蔺脂，波斯銀鉚也。'拔蘭鹿、榾柮犀，《唐會要》：'薛延陀獻拔蘭鹿。'《遼史國語解》：'榾柮犀，千歲蛇角。'《明會典》作骨篤犀，出哈密衛。咸梯航而入市，列闤闠而衒奇。於是衆庶悅豫，禜蓨蘄祜，《西域圖志》：阿琿誦經①，禳災迎福。逐臭以居，慕羶而聚。虔禮拜於祆神，立祠堂於教主。《西域圖志》：回人尊敬天神，設禮拜寺，始生教主曰派噶木巴爾。立祠堂，奉香火，名曰瑪咱爾。

【校記】

① 阿琿，稿本、《西域圖志》作"阿渾"，下同。

其逢正歲，度大年，《西域圖志》：回人無閏月①，'滿三百六十日爲一年，謂之大年。'騎沓沓，鼓鼘鼘，凹睛突鼻，溢郭充廛。《西域圖志》：回俗大年第一日，如中國元旦，伯克戎裝，齎教主所賜纛，鼓樂擁護，率所衆赴禮拜寺行禮。場空獸舞，匏巨燈圓。《唐書·西域傳》：'龜茲歲朔，鬥馬羊、橐駝七日，觀勝負以卜歲盈耗。'《西域圖志》：回俗大年前十五日，懸葫蘆於樹，盛油其中。油盡燈落，踏破之以爲破除災咎。兜離集，袤帕聯，聖製《瀛臺曲宴外藩》詩：'西瀛袤帕許參連。'又云：'兜離歌與任僸舞。'丸劍跳，都盧緣。聖製詩：'舞看跳劍與都盧。'奏七調，彈五絃，吹觱篥，摑毛員，龜茲七調，見《通志》。《文獻通考》:'龜茲樂器有五絃觱篥、毛員鼓。'跨高楔,聖製《觀回部繩伎聯句詩序》:'乃命回人緣高楔,踏修絙。'歌《小天》。龜茲曲名,見《通考》。末陀釀酒,回部有葡萄酒,佛書名葡萄酒爲末陀酒,見唐釋玄應《顯揚聖教論注》。騰格分錢。回俗以五十普爾爲一騰格,直銀一兩。聖製詩:'肉好頒型騰格錢。'得斯撻之嶷嶷,聖製詩'得斯撻帕首嶷嶷'注:'得斯撻,回人纏頭帽。'按,虞集《曹南王勳德碑》:'旦耳答者,西域織文之最貴者也。'或得斯撻譯語之轉。額色帔之翩翩。帕爾西語,謂馬爲額色帔。見聖製詩注。

【校記】

① 人,稿本、《西域圖志》作"俗"。

當此之時,世家襲職,回部世家居哈密者,郡王品級多羅貝勒一;居吐魯番者,多羅郡王一、一等台吉一、二等台吉一;居新疆者,散秩大臣晉固山貝子一、貝子品級輔國公一、公一、三等輕車都尉一,皆世襲罔替。伯克任官。回部設官,皆因其伯克之舊名,而冠以天朝之品秩。自三品至七品,其伯克之名曰阿奇木,曰伊沙噶,曰噶匝納齊①,曰商,曰哈子,曰訥克布,曰茂特色布,曰木特窪里,曰密喇布,曰都官,曰巴濟吉爾②,曰巴克瑪塔爾,曰什呼勒③,曰阿爾巴布,曰帕察沙布④,曰明,曰克勒克雅喇克,曰匝布梯墨克塔布,曰賽特里,曰哲博⑤,凡二十級,各有專司。多倫戶卹,多倫回,見《蒙古回部王公表傳》,蓋回族賤者服軍臺徭役。阿琿藝嫻。回中通曉經典者曰阿琿,見聖製詩注。婦識蠶桑之利,和闐有蠶,見《唐書》⑥。回語謂蠶爲闖里雅庫爾圖。農知種植之篇。回人有農書名《哩薩拉》。佔畢則亦思替非之字,《元史》,至元二十六年(1289)置回回學,習亦思替非文字。測候有嚕斯納默之編。聖製詩：‘嚕斯納默會文同。’天降時雨，庚辰（乾隆二十五年，1760）、辛巳（二十六年，1761），聖製皆有《葉爾羌大臣奏報得雨》詩。地湧靈泉。回疆有二柳樹泉，一在烏什城南五里，一在庫車洋薩爾軍臺東十五里，清冽異於他泉，回人稱爲哈喇察啓，譯言靈泉也。精鏐在府，和闐之科羅卜及阿克布，葉爾羌之塞勒庫勒⑦，每歲皆貢金。樂石在懸。乾隆間，採密爾岱山玉作編磬⑧。獨樹盤欔⑨，哈薩克有獨樹一株，其上五枝盤挐，陰廣可蔽二百騎，哈薩克謂之鄂埒引噶克叉莫多。聖製有《寄題哈薩克獨樹》詩。舞鶴蹁躚。大兵定吐魯番，羅布淖爾回人貢仙鶴。盧牟亭毒，莫知其然。是博望不得侈略於致遠，翁孫不得擅美於屯田。彼唐宋之瑣瑣，更何足於籌邊也哉？”

【校記】

① 以上二伯克名，稿本作“伊什罕”、“噶雜納齊”。

② 以上七伯克名，稿本作“哈資”、“納克布”、“摩提色布”、“密圖巴里”、“密拉布”、“都管”、“巴濟伯爾”。

③ 什呼勒，稿本作“什瑚爾”。

④ 帕察沙布，稿本作“帕提沙布”。

⑤ 以上四伯克名，稿本作“克拉克雅拉克”、“默克塔布”、“色依得爾”、“哲百”。

⑥ 此三字，稿本無。

⑦ 塞勒庫勒，稿本作“色勒庫爾”。

⑧ 密爾岱，稿本作“闢勒”。

⑨ 欔，稿本作“攫”。

新疆北路賦

烏孫使者避席而誦曰："茂矣，美矣，偉創制矣！廣矣，大矣，參天地矣！今乃知丹書之貢，西藏歲獻丹書克。異白雉之讓也；玉關之通，殊珠崖之棄也。然聖天子不疆彼葱雪，同我中冀，變彼朔閏，同我啓閉，易彼衣冠，同我佩璲，革彼語言，同我文字，蓋遐思旅獒慎德之訓，深維大禹即叙之義。匪漸被之有待，誠蹇晏之所示。若乃談重鎮之措施，覘理本之至計，明農以養之，儲兵以衛之，設學校以教之，畫郡縣以莅之，建其長，立其貳，作其利，捄其弊，則北路備焉。

夫其爲疆域也，啓莽平，鄰澤鹵，浮沮表井，皆見《漢書》。雍狂闢土，《後漢書》。排浚稽之山，《漢書》。奄鮮卑之部，《後漢書》。通五船以爲門，披六國以爲户，立惡都奴以爲界，棄烏禪幕以爲虜。皆見《漢書》。其前則壘崋嵒齬，列障四千。天山首自烏什之北，至巴里坤南山，凡四千里。貢古魯克之嶺，在烏什北二百里，自東而西，袤延數百里，山北即伊犁西南境。蓋天山發自喀克善山，此其正幹也。奇喇圖魯之山①。在烏魯木齊西烏蘭烏蘇軍臺南二百里、庫克河之源。徑納喇特之險隘，納喇特山在哈喇沙爾西北、伊犁東南，接界處有卡倫。挺博克達之中權。博克達山在迪化州治東南百餘里,《丘長春西游記》謂之陰山。鹿圈噴湧而赴浸,近納喇特山有地名鹿圈,泉水噴湧,流出爲昌曼河,即伊犁河上游。龍池濕瀑而成淵。博克達山巔有大龍潭,周數十里,山麓有小龍潭,周十餘里。鎮雙碑於蒲類,淩百磴於祁連。祁連即巴里坤南山,山險峻,雍正十一年(1733),大將軍查郎阿命員外郎阿炳安修盤道數十折,衛以欄楯。山頂有唐《姜行本紀功碑》,山下臨巴爾庫勒淖爾②,即古蒲類海,海岸有漢《裴岑紀功碑》。其後則包絡寒露之野,跨躡眩雷之塞。《漢書》。標鄂博以察畿疆,蒙古於分界處堆碎石爲記,名曰鄂博。因淖爾以名險介。新疆北境多淖爾,故每指以定界,如塔爾巴哈台以宰桑淖爾爲界③,其所屬之土爾扈特以噶勒札爾巴什淖爾爲界④,晶河以喀喇塔拉額西柯淖爾爲界,庫爾喀喇烏蘇以阿雅爾淖爾爲界。淖爾,譯言海也。巴勒喀什,於斯爲大。沙磧緣其表,三島峙其內。趨西北以罙入,極康居之所在。巴勒喀什淖爾在伊犁西北,東西七百餘里,南北百餘里,中有三山,環淖爾皆戈壁,在哈薩克境。哈薩克,古康居國。猗宰桑之沮洳,望羅刹而分界。宰桑淖爾之北爲俄羅斯國境。俄羅斯一名羅刹。越科布多之北鄰,爲烏梁海之所屆。科布多城駐劄參贊大臣,其境有三種烏梁海人游牧。一曰阿勒台烏梁海,一曰阿勒坦淖爾烏梁海,一曰唐努烏梁海。統土爾扈之新舊,土爾扈特,渥巴錫之族爲舊土爾扈特,伊犁將軍轄之;舍稜之族爲新土爾扈特,科布多參贊轄之。聖製詩'落成土爾扈來賓'注:'土爾扈特急呼之,則爲土爾扈。'接喀爾喀於內外。喀爾喀有三,曰舊喀爾喀,曰內喀爾喀,曰外喀爾喀。今自巴里坤以北至科布多、烏里雅蘇台所屬,皆外喀爾喀牧地,與內喀爾喀同編扎薩克。詄蕩蕩,浩茫茫。騁斜徑,涉大荒。馳突利,士馬良。故匈奴偃蹇於炎漢,而突厥桀驁於李唐。北路地在唐爲西突厥。

【校記】

① 喇,稿本作"林"。

② 勒,稿本作"爾"。

③ 宰桑,稿本作"齋桑",下同。

④ 噶勒札爾,原作"札爾噶勒",據《西域水道記》卷四改。

迨奇渥温之失政,元姓奇渥温氏。有馬哈木之寖昌。聖製《準噶爾全部紀略》:'衛拉特,《明史》稱爲瓦剌,史所載脱歡太師,蓋其始祖。元亡,而其强臣分爲三,其渠曰馬哈木者,即脱歡之父也。'阿魯台之族别,綽羅斯之姓彰。準噶爾姓綽羅斯,與和碩特、土爾扈特、杜爾伯特爲四衛拉特,今稱厄魯特,即明時所謂阿魯台也。雄西海以自大,聖製《平定準噶爾告成太學碑》:'準噶爾厄魯特者,本有元之臣僕,叛出據西海。'衍北支而愈强。《蒙古回部王公表傳》云:'準噶爾稱北厄魯特,系出厄斯墨特達爾漢諾顔。'噶勒丹之首禍①,康熙年間,噶勒丹首爲邊患。策妄繼而召殃。康熙三十六年(1697),噶勒丹爲大兵所敗,走死,其姪策妄阿喇布坦嗣爲酋,始猶恭順,自康熙五十四年以後,每來犯邊。謹按,聖製詩'爾時策妄力猶弱',即謂策妄阿喇布坦也。擾我衛藏,康熙五十六年,策妄阿喇布坦遣小策零敦多布侵西藏②,殺拉藏汗,我師敗績,總督額倫特遇害。納我叛亡。雍正元年(1723),平青海,青海王羅布藏丹津走,投策妄阿喇布坦,世宗憲皇帝遣使索之,不即獻。阻絶我使命,康熙初年,遣使至策妄阿喇布坦游牧,至哈密,爲噶勒丹所害。三十四年,三遣使往,皆爲所辱。侵軼我邊疆。噶勒丹侵喀爾喀,常闌入我邊境,策妄阿喇布坦亦每擾哈密。實凶德以世濟,乃禍心之包藏。赫赫聖祖,奮發神武。黄屋雲移,白旄宵竪。分指金戈,三揮玉斧。聖祖仁皇帝於康熙三十五年二月、九月,次年二月,凡三次親征噶勒丹。無競維人，後先禦侮。三十五年二月之役，兩路出師，聖駕向克魯倫河進發，撫遠大將軍伯費揚武向土喇進發。聖駕駐蘇德圖，授費揚武方略，殲噶勒丹之衆於招摩多③。聖製《全韻》詩注：‘噶勒丹之敗衂，實費揚武一人之功。’戮貳負而陳尸，噶勒丹既死，策妄阿喇布坦獻其尸。斬溫禺而釁鼓。康熙五十八年，平逆將軍延信等收復西藏，策零敦多布所授僞總管俱斬於陣前。會幕地而傳觴，喀爾喀爲噶勒丹所擾，率衆內附。康熙三十年，聖駕駐多倫淖爾，命喀爾喀七旗與四十九旗列坐賜宴。戢梵天以安堵。康熙六十年，聖製《平定西藏碑文》曰：‘平定西藏，振興法教，賜今瑚畢勒罕册印，封爲第六輩達賴喇嘛，安置禪榻，撫綏土伯特僧俗人衆，各復生業。’貍貐有子，封狼生貙。雍正年間，策妄阿喇布坦死，子噶勒丹策凌嗣。野心克肖，厲吻仍蘇。世宗震怒，載彎星弧。靖遠、寧遠，判道徂誅。雍正五年，噶勒丹策凌集兵窺邊，以傅爾丹爲靖遠大將軍，駐阿爾台，岳鍾琪爲寧遠大將軍，駐巴里坤。靖邊、綏遠，驅逆亡逋。雍正九年，大策零敦多布、小策零敦多布擾邊，以順承親王錫保爲靖邊大將軍，駐察罕廋爾，馬爾賽爲綏遠將軍，駐歸化城。姑衍有封山之票騎，雍正五年，賊以二萬衆犯庫舍圖④，掠駝馬，總兵樊廷、副將冶大雄擊退之。涿邪有外扞之單于。雍正九年之役，錫保令喀爾喀親王丹津多爾濟敗賊於鄂登楚克。鋌鹿投身於走險，檻虎失勢於負嵎。緤觭輪與匹馬，等拉朽而摧枯。雍正十年，噶勒丹策凌傾國入寇，掠額駙策楞所部，策楞大敗之，追擊於額爾德尼招，噶勒丹策凌僅以身遁。穆穆高宗，並包兼容。維初年之罷役，破二術以坐攻。通偪介以易道，正戎索以溝封。乾隆四年，議定邊界，許其通市，盡撤西北兩路兵。蓋以賊所恃二術，一曰窺我邊，一曰激我怒。破其所恃，彼亦束手。見聖製《西師》詩注。乃天亡而魄奪，斯衆叛而技窮。蝸有角而自戰，魚終爛而內訌。乾隆十年(1745),噶勒丹策凌死,準部内亂,達瓦齊自立爲汗,於是三策凌及薩拉爾先後歸順。十九年,輝特台吉阿睦爾撒納與都爾伯特台吉訥默、和碩特台吉班珠爾來降,並乞師靖亂。運筭風霆,拯民水火。高宗純皇帝知準噶爾爲天亡之時,決意戡亂。乾隆二十年,遂兩路出兵。六十載之鴟張,聖製詩'梗化昔延六十載'注:'準噶爾部自策妄阿喇布坦恃遠鴟張,厥後篡弑頻仍,逋誅者六十餘年矣。'廿五人而致果。大兵至伊犁,達瓦齊遁於格登山,侍衛阿玉錫等三人以二十二騎乘夜薄其營,賊衆驚潰。聖製《阿玉錫歌》:'廿五人氣摩青旻。'漿有提壺,弦無折笴。飛尺檄,駕單舸。即條枝失其阻害,格登摧其駛駥。達瓦齊自格登竄逸,將軍檄回酋霍集斯擒獻。聖製《西師底定伊犁》詩:'乘時命將定條枝。'《平定準噶爾勒銘格登山之碑》:'格登之崔嵬,賊固其壘。我師堂堂,其固自摧。'又云:'師行如流,度伊犁川;粤有前導,爲我具船。'舉九集賽,四圖什墨,廿一昂吉,廿四鄂拓克⑤。集賽、昂吉、鄂拓克,皆恭見聖製《準噶爾全部紀略》;圖什墨,恭見聖製《蕃甲行》詩。皆委質以四月,二月出師,五月定伊犁。而不必乘其三隙也。聖製《開惑論》:'三隙可乘,未興大軍。'注:'策妄多爾濟那木扎勒年幼昏暴⑥,此一隙也;喇嘛達爾扎篡奪,又一隙也;達瓦齊復篡奪之,又一隙也。彼時皆未興兵。'及乎食桑詐,聖製詩'謀窮降將食桑詐'注:'阿睦爾撒納既與達瓦齊隙,窮蹙來降,即用爲副將軍,統兵進剿,加封雙親王。洎伊犁既平,覬爲四部總台吉,未饜所望,乘隙鼓煽,致煩再定。'脱兔跳。聖製詩'跳兔爰爰脱大黄'注:'阿睦爾撒納爲官兵追急,復投哈薩克。'樊崇悔,聖製詩:'樊崇降頓悔。'謹按,謂阿睦爾撒納之叛。彭寵驕,聖製詩'功如彭寵遼東豕'注:'執達瓦齊之役,阿睦爾撒納原不可謂無功。而伊犁既平,遂懷攜貳。'聚蜂蟻,阿逆既叛,駐伊犁之厄魯特及塔爾巴哈台諸處皆蠢動,聖製詩:'蜂屯更蟻雜,不可爬與梳。'肆蝳蝐。聖製《開惑論》:'阿逆叛,羣兇應，如蜩如螗，曰梟曰獍。'明駝晝絕，二十一年六月，喀爾喀郡王青滚雜卜撤軍臺，文報中斷。聖製詩注：'蒙古地馳驛皆以駝。'火輪夜燒。阿逆劫伊犁，固勒扎廟被焚⑦，聖製《固勒扎廟火》詩：'火輪轉法羞賑膰。'四甄重整，聖製《開惑論》：'爾其重整四甄。'六騎潛逃。聖製詩注：'逆賊阿睦爾撒納復投哈薩克軍營，阿布賚欲縛之以獻，逆賊竊馬，挾六騎夜遁。'繫頡利以纓組，聖製詩'尚教頡利待擒生'注：'西路軍營馳報擒獲阿睦爾撒納露布，蓋據以告者，乃阿逆緩師之計也。'駐落蘭之弓刀。聖製《夜雪》詩'落蘭應是滿弓刀'注：'時將軍策楞等率師剿捕，阿睦爾撒納駐落克蘭之地。落克蘭急呼之則爲落蘭。'掃騂獍之叛換，聖製《開惑論》：'喀爾喀有青滚雜卜者，慓狡僉回之騂獍也。'靖包沁之軒囂。聖製詩'包沁之人通乃賊'注：'厄魯特呼礮爲包，包沁，其司礮人也。上年正月，其宰桑阿克諸爾率衆二千餘人來附。逆賊阿睦爾撒納之亂，包沁煽動闌出卡倫，爲官兵所殲。'懸藁街而骨腐，阿逆徒步入俄羅斯，尋患痘死，俄羅斯以其屍送入邊。蕩葱海而氛消。聖製《閱伊犁奏章》詩：'更喜葱海每霑膏。'蓋天罰龔行於再定，平定伊犁武功，分初定、再定爲兩次。而神謨制勝於三朝。以視花門之龕暴，聖製《花門行》詩。實遲速之相遼。

【校記】

① 噶勒丹，稿本作"噶爾丹"，下同。

② 敦多布，稿本作"敦多卜"。

③ 招摩多，稿本作"昭莫多"。

④ 庫舍圖，稿本作"科舍圖"，下同。

⑤ 鄂拓克，稿本作"鄂托克"，下同。

⑥ 扎勒，稿本作"札爾"。

⑦ 固勒扎，稿本作"固爾札"，下同。

既戢我柯，既攝我麾。廓彼周道，物其土宜。俶自山北，郡曰鎮西。宜禾、奇臺，二縣相比。惟守與令，各有攸司。巴里坤至烏魯木齊，即《漢書》山北六國地，乾隆二十八年(1763)，設鎮西府於巴里坤，領宜禾、奇臺二縣。循名考實，糾厲成規。弊六計以均職，應四科以廉事。間以戎衛，列營相次。各城皆分駐滿、漢營兵。屹屹會寧，疏榆所治。巴里坤滿營駐劄之地曰會寧城，漢蒲類國治疏榆谷，疑與相近。湯湯木壘，形同釜底。巴里坤西六百六十里爲木壘河，駐綠營兵。雍正年間，寧遠大將軍岳鍾琪駐大兵於此，副將軍張廣泗以木壘地處兩山，形同釜底，奏罷之。望孚遠之孤懸，通衆山之徑蹊。環托壘之畎澮，接贊皇之舊基。木壘西一百八十里爲古城，綠營駐者爲古城營，滿營駐者爲孚遠城。二城相比，望似孤懸，而爲衆山蹊徑之會。城外自東至北，有阿布達爾托壘水，俗謂之磨河。城西六十里，爲濟木薩城，城北里許，有唐李德裕所築北庭都護府舊址。豈鱉思之未改，歐陽圭齋《高昌偰氏家傳》：'北庭者，今之別失八里城也。'按，別失八里城，《長春西游記》謂之鱉思馬城①。訝龍興之已移。《長春西游記》：北庭端府，有龍興西寺二石刻在。

【校記】

① 鱉思馬，諸本誤作"鱉思爲"，據《長春真人西游記》原文改。

又西迪化，是建州一。古城西四百九十里，爲烏魯木齊，迪化州建治之所。城曰鞏寧，治烏魯齊。烏魯木齊都統駐劄之城曰鞏寧城，迪化州亦建治於此。聖製詩'闢墾久增烏魯齊'注：'即烏魯木齊，疾呼則爲烏魯齊。'所領縣三，丞倅副之。迪化州領皇康、昌吉、綏來三縣，並轄呼圖壁巡檢、濟木薩縣丞各一員。易金滿以阜康，迪化州東百三十里，地名特訥格爾①，建縣曰阜康，於其地獲舊碑，知爲唐金滿縣地。有迭屑之處茲。《長春西游記》言：宿輪臺東陰山下，有迭屑頭目來迎。正今阜康縣境。維昌吉之西達，夾二水以交歧。昌吉縣治東有昌吉河，俗名頭屯河，治西有羅克倫河②，皆自南趨北，以夾縣治。繚峻垣以靖遠，乃西放乎綏來。昌吉西爲綏來縣，縣治曰康吉城，與綠營所駐綏寧城相連，其外衛以邊牆，置靖遠關。爾其中樞握憲，都統建庭。北極距其後戶，北極山在鞏寧城北十餘里。福壽導其前楹。福壽山俗名靈應山，在鞏寧城南里許。阿勒塔齊之水③，直界道乎兩城。阿勒塔齊水出南山北，流入葦蕩，俗名烏魯木齊河。河東爲提督所駐之迪化城，西爲都統所駐之鞏寧城，相去七里。右屯八旗之勁旅，左簡九鎮之雄兵。鞏寧城，滿營駐劄，乾隆三十七年移自涼州、莊浪；迪化城，綠營中營駐劄，乾隆二十七、八、九並三十三年移自安西提標，及甘州、涼州、河州、延綏、寧夏、興漢、西寧、固原各營。家儲犀渠之甲，人服縵胡之纓。浮游郊遂，阡陌縱橫。六道七道，二堡相並。聯乎輯懷，是屬中營。六道灣有惠徠堡，七道灣有屢豐堡，孤穆第有輯懷城，三處皆在迪化城東，爲中營屯地。樂全、寶昌，懷義、宣仁。四堡皆在鞏寧城西，亦中營屯地。星羅畛畷，綺錯溝塍。甌窶污邪，流種火耕。一鍾實穫，百室斯盈。則有野處不暱，鄉校之英。高鳳漂麥，承宮聽經。學肄蛾術，歌賓《鹿鳴》。樂《詩》《書》之藹藹，習仁讓之蒸蒸。乾隆三十四年，設迪化州及所屬三縣學額。三十八年，設鎮西府及所屬二縣學額。後又定每科中式舉人名數。

【校記】

① 訥，稿本作“納”。

② 羅，稿本作“洛”。

③ 勒，稿本作“爾”，下同。

至其綴以慶綏，迪化州西七百一十里，爲庫爾喀喇烏蘇，其城曰慶綏，有領隊大臣、糧員駐之。枕以嘉德，迪化州東南二百三十里，爲喀喇巴勒噶遜①，其城曰嘉德，在齊克達巴罕之下，有糧員、守備駐之。安阜扼要，晶河之側。庫爾喀喇烏蘇西四百一十里爲晶河，河東岸曰安阜城，糧員駐之。霜泛熬波之場，戶載淘金之籍。嘉德城西有昂吉爾圖淖爾，安阜城北有喀喇塔拉額西柯淖爾，皆産鹽。慶綏城東有奎屯河，慶綏城西有濟爾噶朗河，上游皆産金。展托里之莽罠，陸奎屯之汯汩。領布延圖之三旗，接塔巴台於直北。土爾扈特在北路者凡三，一曰東部落二旗，其爵爲畢錫呼勒圖郡王，在庫爾喀喇烏蘇之濟爾噶朗游牧，依奎屯河西岸。一曰西部落一旗，其爵爲濟爾哈朗貝勒，在晶河之托里游牧。一曰北部落三旗，其爵爲布延圖親王，在塔爾巴哈台之和博克薩里游牧。聖製詩‘駐塔巴台大臣奏’注：‘塔爾急呼爲一字，巴哈急呼爲一字。’建綏靖之金墉，徙雅爾之雪磧。面額米爾之瀇滉，負楚呼楚之崱屴。塔爾巴哈台城曰綏靖，乾隆二十九年始築於雅爾，繼以雪大難守，三十一年移於楚呼楚山之陽、額米爾河之北。四部環居，塔爾巴哈台所轄游牧有厄魯特、察哈爾、土爾扈特、哈薩克四部。六營齊闢。塔爾巴哈台駐滿營、綠營、錫伯營、索倫營、察哈爾營、厄魯特營。斯蠻陬夷落之界，襲險重固之國，而猶未入乎伊犁之域也。塔爾巴哈台爲北路之極，與俄羅斯接壤，故設參贊、領隊、章京、侍衛、同知等官治之。

【校記】

① 勒,稿本作"爾"。

翼翼烏孫,新疆之柢,伊犁爲古烏孫地,新疆總會之區。峻岨豁險,握其肯綮。外則善塔斯嶺,導千百餘山以周峙;伊犁四面皆山,南面天山,爲葱嶺正幹,西南善塔斯嶺,爲葱嶺分支,環繞四境,層巖叠嶂,不可悉數。內則伊列之川,滙九十餘水而橫駛。伊犁河即《唐書》伊列水,其河自東南趨西北,橫亘伊犁境中,所滙之水可名者九十九條。廣輪所經,各千餘里。伊犁之境,東西一千五百餘里,南北一千一百餘里。陰陽既度,日星斯揆。拓舊築於一成,聳惠遠之百雉。伊犁凡九城,將軍駐劄者曰惠遠城,乾隆二十八年(1763)建,周九里三分,五十八年增築至十里六分三釐有零。杜預《左傳注》:'方十里曰成。'其南則河流澒溶,汪洋渺瀰。長隄捍禦,不陊不阤。惠遠城南半里即伊犁河,築隄衛之。輓方舟而漕粟,咸轉輸而茲檥。伊犁河運糧船十六隻,運固勒扎回糧,兌卸於城東南隅。其北則瞻德、廣仁,左右相倚。瞻德城在察罕烏蘇,惠遠城西北七十里;廣仁城在烏克爾博羅素克,惠遠城西北九十里。達乎綏定,馳道迆邐。夾濃蔭以颸輕,隱金椎而雲起。綏定城在烏哈爾里克,惠遠城西北三十里;自綏定至惠遠,築甬道,夾樹榆柳。其東則惠寧、熙春,是角是犄。惠寧城在巴彥岱,惠遠城東七十里,又東十里爲熙春城,地名喀喇布拉克。眡寧遠之迎曦,惜都綱之舊燬。高阜崛嵂以俯瞰,貞珉照耀乎萬祺。寧遠城在固勒扎,熙春城東南十里,其地即準噶爾建都綱之所,後燬於火。城之東北隅半里許高阜上,恭建聖製平定準噶爾勒銘伊犁前後二碑。其西則塔勒奇城,拱宸西靡。或背山之嵬嶷,或面山而崎巘,塔勒奇城在塔勒奇山陽,惠遠城西三十里。又西北八十里，爲拱宸城，地名霍爾果斯。亂經流以深入，乃達乎庫隴癸。庫隴癸，山名，乾隆二十三年，將軍兆惠剿叛黨昂克圖、塔爾巴等四宰桑，大捷於此，聖製《庫隴癸之戰》詩。自拱宸城西行，踰霍爾果斯河、車集河①、撒瑪勒河②、圖爾根河、奎屯河，至庫隴癸，凡二百餘里。

【校記】

① 車集，稿本作"策集"，下同。

② 撒瑪勒，稿本作"薩瑪爾"，下同。

徒觀其街衢輻輳，閭巷旁通。卌五爲衡，二四爲縱。守嚴更以啓閉，譙樓聳立乎衢中。惠遠城中大街一縱一横，中建鼓樓。其衡巷，樓之南，東西各十三；樓之北，東十西九。其縱巷，樓東四，樓西二。臨來安而北向，心戀闕而呼嵩。眄柧稜於天表①，騰星緯之熊熊。城北門曰來安，門内建萬壽宫，恭勒聖製《土爾扈特全部歸順記》及《優䘏土爾扈特部衆記》兩碑。升馨香於房祀，咸肸蠁於宗工。北門内建祠堂一所，奏祀伊犁將軍之有功地方者。闡幽光於貞孝，乃厲俗而移風。城東北隅建節孝祠。協南訛於宣闓，首教穡而明農。城南門曰宣闓，先農壇、社稷壇在南門外。值旱潦而祈報，聿啓佑乎龍宫。龍王廟在南門外。朝旗獵獵，夜鼓鼕鼕。沈沈幕府，奕奕元戎。總統伊犁等處將軍一員，駐劄城内。武士執戟以就伍，衆司操簡以趨公。承值將軍署公事者，印房、駝馬處、糧餉處、功過處則有司員，營務處、滿營檔房則有侍衛、協領、佐領。廣諏咨於隊帥，交翊贊而和衷。錫伯、索倫、察哈爾、厄魯特四營領隊皆駐劄城内。又有惠寧城領隊及綏定城總鎮公署。察嘉肺之必立，設撫民理事、同知各一員。典琛幣之恒充。設倉員，司倉庫。開磨城而龤糗，各佐領磨房四十所。傾羽山以輸銅。設寶伊錢局鼓鑄。班騶駿之宛馬，八旗官馬圈八所。審觳摩於和弓。設軍器庫。莅說澤而平質劑，城西門曰說澤，門外有貿易廳，哈薩克榷場也。屆景仁而肅軍容。城東門曰景仁，官兵演武教場在門外。市肆儸讙而相競，貨貝隱賑以告豐。市肆皆在北門外。以上皆惠遠城事。

【校記】

① 眄，稿本作"盻"。

　　祿糈焉籌，興屯是務。惟熟券之番休，闢新田而分布。伊犁綠營屯兵自乾隆四十三年（1778）改爲眷兵。按，《元史》有生券軍、熟券軍，蓋以有家室者爲熟券。溝七里而渠通，七里溝有新渠，引東阿里瑪圖泉水。河三條而瀆注。各營水利，均有分地，餘水所入，有頭道河、二道河、三道河之別。占填星以書年，每年秋成，以二十八分爲豐收。樂健兒之應募。聖製《伊犁大熟》詩：'屯田況健兒。'以上營屯。法百畝於周徹，制公田於殷助。惠遠、惠寧兩城，滿營種地每人授田百畝，而八旗分地外，每城各有公田。旁果樹而牆遮，接魚槮而水戽。嘉慶十七年（1812），尚書松筠奏伊犁公種之田毘連伊犁河北岸，附近蘆柴兼可捕魚。公地之南築堡、穿井，每戶授田三十四畝，酌種穀麥，兼植蔬果。産以恒而習勤，地雖廣而非鶩。嘉慶十七年，伊犁將軍晉昌奏請將不能得水之田竟行刪除，免致鶩廣而荒。旋經軍機大臣議駁，以爲此項餘丁素無執業，今令其習勤耕作，正教養兼施之道。以上旗屯。有郭外之受廛，指河灣而沿溯。已僑寄之胥忘，識蓋藏之有素。伊犁客戶授田者，有莊世福等四十八戶、張子儀等三十三戶、張尚義等二百戶、張成印等二十三戶、王巳興等三十戶。每戶給田三十畝，報墾升科，永爲土著。聖製《伊犁客民願入屯田戶籍詩序》：‘地喜新疆，式擴連營。皆挈眷番休，人忘故土，堪懷比屋，並望衡僑。寄請依郭，外以受廛。固已市通哈薩，祈指河灣，而荷鍤何須，畔讓諸回。’又《伊犁各城戶口耕牧情形》詩：‘蓋藏有素衣食裕。’以上戶屯。限一畹以名田，惠髫鉗之守戍。伊犁遣屯，每名種地十二畝。田十二畝曰畹，見王逸《楚詞注》。表隙地以西區，陟高梁而東傃。遣屯之在塔勒奇者，謂之西地，又有在喇嘛寺溝者，沿東山，俗謂之中營東梁。以上遣屯。疇畚鍤之相隨，聖製詩：‘即今伊犁疆，墾畬畚鍤隨。’集耕回而齊赴。自乾隆二十七年至三十二年，陸續由烏什、葉爾羌、和闐、哈密、吐魯番等處調回子赴伊犁種地，共六千戶。聖製詩：‘耕回挈眷遷。’增沃壤於春稽，嘉慶九年，將軍松筠奏准春稽等四處地畝令回子加種①。快納總於河渡。回子交糧，皆於固勒扎河渡。以上回屯。莫不墾污萊，收塡閼。灑時風，被甘澍。故得屢豐接乎青黄，聖製《麥熟》詩：‘屢豐接青黄。’荒服臻乎富庶。聖製《伊犁客民願入屯田戶籍詩序》：‘荒服旋增乎富庶。’二麥登大有之祥，三叠賡天章之句。辛巳年（乾隆二十六年，1761），聖製《伊犁大臣奏報二麥大熟，因用杜甫〈送高三十五書記〉詩韻》詩，甲申年（二十九年，1764），又再叠韻、三叠韻。

【校記】

① “將軍松筠”四字，稿本無。

至其設兵也，屹屹兩營，實維駐防。西安、灤陽，涼州、莊浪。六千君子，守節知方。惠遠城滿營調自熱河、涼州、莊浪，共四千三百餘名；惠寧城滿營調自西安，共二千二百名。聖製《實勝寺後記》:‘索倫兵馬射雖精,而知方守節,終不如我滿洲世僕。’以上滿營。綠旗習農,畊作是長。聖製《伊犁二麥大熟》詩:‘綠旗本習農。’關西虎士,遷地能良。綠營攜眷兵調自西安、甘肅提鎮各標。別廿五屯,乾隆四十三年(1778),初調屯兵,定制爲二十五屯。自後增減,不出此數。六城相望。綠營分駐綏定、廣仁、瞻德、拱宸、熙春、塔勒奇六城。以上綠營。移彼索倫,自黑龍江。拜牲、格爾,風俗異壤。索倫兵調自黑龍江。左翼爲索倫,在奎屯河、撒瑪勒河游牧;右翼爲達虎爾,在霍爾果斯河、科河建屋舍以居。聖製《蒙古田》詩注:‘蒙古語以氊廬爲格爾,以土瓦屋爲拜牲。’騁騎射之無敵,曾不數乎蹶張。以上索倫營。察哈爾之駐牧,賽喇木以爲疆。察哈爾兵調自張家口,兩翼皆在賽喇木淖爾一帶游牧。擇畏吾而分隸,馳兩翼之莫當。察哈爾壯丁不敷甲缺,乾隆四十年、四十四年、五十四年,叠移厄魯特四百二十戶補駐察哈爾部落。聖製詩‘畏吾都護換迴京’注:‘按,元世祖至元十七年(1280),置畏吾都護。畏吾即今衛拉特,又名厄魯特。’以上察哈爾營。此皆錯處乎九城,以捍衛乎河陽。上四營皆在伊犁河北岸。猗錫伯之八屯,夾雙渠之泱泱。錫伯兵調自盛京,駐牧伊犁河南岸,開大渠二,夾渠分列八屯。資雞豚之樂利,錫伯營最爲富庶。嘉慶十七年(1812),軍機大臣議伊犁旗屯奏應按照駐防錫伯之制,養雞畜豚,於生計大有裨益。繕甲矢之堅剛。錫伯營有自製撒袋、戰箭、刀槍,冠諸營。以上錫伯營。至厄魯之遺種,滋愛馬以繁昌。厄魯特本準噶爾遺種,生息日久,今漸繁盛。聖製詩注:‘厄魯特亦呼厄魯。愛馬,見元至元六年敕,猶言部落,疑即愛曼之訛。’沙畢納爾之後附,達什達瓦之先降。判上三與下五,亘南山而作障。達什達瓦者,準噶爾台吉小策零敦多布之子,爲其汗喇嘛達爾扎所殺,屬衆投誠,安插熱河。事在準部未滅之先,是爲達什達瓦厄魯特。乾隆二十九年,自熱河移駐伊犁,編爲左翼上三旗。其自二十五年以後,由哈薩克、布魯特投出者,編爲右翼下五旗。三十六年,又有沙畢納爾部隨土爾扈特歸順者,亦附厄魯特下五旗安置。伊犁自東南至西南,南山之陰,皆其游牧。以上厄魯特營。

其置邊衛也,大者卡倫,小布克申。凡官兵巡守設汛之地,曰卡倫。兩卡倫間所設瞭望之處,曰布克申。夜則櫜聚,晝則籌巡。卡倫各有開齊、巡查、遞籌。或移設之無恒,或常設之貴因。卡倫有營務處專轄者,有五領隊專管者,其中設有定地,爲常設之卡倫,共二十七處。又有住卡官兵,隨時易地,如烏弩古特卡倫,春季設,冬則移於昌曼之類,爲移設之卡倫,共九處。或添撤之視地,更遞易乎冬春。又有雖設卡倫,過時則撤,如河岸卡倫冬添夏撤、綽倫古爾卡倫春添冬撤之類,爲添撤之卡倫,凡四十五處。幾非常而執禁,匪過所而莫臻。其外則大宛之國,今安集延。布露之民,布露見《唐書》,今布魯特。蘇對之域,貴山之人。蘇對、貴山,皆哈薩克地,恭見聖製詩。別三準於典屬,哈薩克分三準,伊克準即左部,多木達準即右部①,巴罕準即西部。差六品於外臣。布魯特頭人各給翎頂,自二品至七品有差。驅羊馬而通市,安集延哈薩克時至伊犁貿易。納賮幣而來賓。布魯特例至伊犁進馬。卹卉服而無遠,聖製《瀛臺宴拔達山諸部回使》詩:'何妨卉服接絲衣。'察藕絲而必甄。哈薩克以馬牛羊求市者②,酌其肥瘠,以紬緞易之。聖製《伊犁馬牛羊》詩:'去非藕絲脆,來匪骨立瘠。'

【校記】

① 多,稿本作"都"。

② 求,稿本作"來"。

若夫考牧詠，馬政頒。均齊立，每年夏秋，將軍赴察哈爾、厄魯特游牧查閱孳生牲畜，其馬羣扣限取孳，照三年一均齊之例辦理。脫朶便。《金史》：‘羣牧所，設掃穩脫朶，分掌諸畜，所謂牛馬羣子也。’騺騜駁，絅驪驩。驂駃騠，調駊騲。徵異種於汗血，《後漢書·東平憲王蒼傳》：‘宛馬一匹，血從前髆上小孔中出。’今伊犁馬之善走者，前肩及脊或有小痂，破則出血，土人謂之傷氣。凡有此者，多健馬，故古以爲良馬之徵，非汗如血也。整儁乘於屈産。《衆經音義》：‘龜茲即屈支，多出龍馬。’又引《左傳》云：‘屈産之乘。’將以埒四駿之跡，聖製有《愛烏罕四駿歌》。謹按，四駿曰超洱驄、徠遠騮、月峭騋、淩崑白。參八駿之班。聖製有《拔達山八駿歌》。謹按，八駿曰送喜驄、堅昆鶻、洱海驌、紫電騋、服遠騮、玉題駿、祥霞驥、籋雲騢。則有騁如意，嘉慶七年(1802)，賞大學士保寧所進烟熏棗騮“如意騮”名號。服超閑。嘉慶十五年，賞伊犁將軍晉昌所進海騮馬“超閑驌”名號。騰慶吉，嘉慶十年，賞伊犁將軍松筠所進馬“慶吉騮”名號。效平安。嘉慶七年，賞大學士保寧所進黄馬“平安座”名號；十四年，賞伊犁將軍松筠所進馬“平安驌”名號。庨祥俊，嘉慶十一年，賞伊犁將軍松筠所進烟熏棗騮“祥俊騮”名號。步安端。嘉慶十六年，賞伊犁將軍晉昌所進菊花青馬“安端驄”名號。慶雲容與，嘉慶十八年，賞伊犁將軍松筠所進銀蹄海騮馬“慶雲驌”名號。寶花爛斑。嘉慶二十年，賞乾清門侍衛、伊犁領隊大臣吉勒通阿所進黑花馬“寶花騅”名號。蓋兩龍呈才於夏后，飛黄應瑞於帝軒。冠七騶而錫號，啓一笑於天顔。又汎觀於在坰，察蕃阜於虞官。亦牛羊之銜尾，錯牟圄而羣讙。羊廠一年一均齊，牛廠四年一均齊，駝廠五年一均齊。

既陟巘而降原，復行林而瞻麓。順長養於鼓蔓，禁樵蘇而滋毓。檉柳莿蓼於河堧，松樠蓊鬱於巖曲。《漢書·西域傳》言鄯善國多檉柳，今伊犁亦有之。《西域傳》又言烏孫國山多松樠，蓋即今杉松也。神蓡儕功於上黨[1]，産沙参如黨参。支連齊品于巴蜀。産黄連。溪泛四葉之菜，惠遠城西有池産白蘋，蘋名四葉菜。室貯千歲之穀。有草葉如雞冠，高三尺許，結穗如穀，正紅色，垂尺許，採作瓶花，經冬不萎，名千歲穀，子可煮粥，又名回子穀。青剖麥子之瓜，塔勒奇産一種西瓜，大如碗，正圓而色碧，其子白色，如小麥，故名。翠剪柳葉之菊。瞻德城多老柳，結花細叠如菊，大亦如之，瓣仍柳葉，青緑可愛。可點茶，味微苦，庫爾喀喇烏蘇城亦有之。佩解鹿葱，即萱草。囊盛鶯粟。鶯粟最肥，種之成畦。羊乳垂垂，即枸杞。鴟頭簇簇。即貫衆。金散地丁，即蒲公英。紅攢石竹。石竹花。以及芰括、桂荏，薄荷，即《甘泉賦》之芰括；紫蘇，即《爾雅》之桂荏。芣苢、萹蓄，芣苢即車前子，萹蓄俗謂之胡蝶花。豨薟、狃蒿，葰蓉、苜蓿，勤母、益母，勤母即貝母。黄結、黄良之屬，黄結即山豆根，黄良即大黄。辨皂物與覈物，難悉數而更僕。復有變常徵怪，熒聽駭目。雪沒骭而蓮葩，雪蓮狀如洋菊，生深山積雪中，其生必雙，雄者差大，然不並生，亦不同根，相去必一兩丈，望見此花，當默往採之。若指以告人，則縮入雪中，雖劚雪求之，不獲。冰堅腹而燕啄。南山澗中，冬日堅冰，有雀大如燕，㲉卵冰穴，名冰雀，一曰雪燕。余於霍諾海見之。雀芋處暵而翹滋，伊犁銅廠沙磧中生草，長莖而細葉，似蔦蘿，作藍花，懸之風簷，歷久愈鮮，置濕地即死，土人名曰濕死乾活。按，《酉陽雜俎》言雀芋置乾處反濕，濕處反乾，或即其類。石油遇水而騰燭。李時珍言：'石油得水愈熾。'今瑪納斯産之。竫嬉紅柳之娃，烏魯木齊山中有人高尺許，遇檉柳吐花時，折柳爲小圈，著頂上跳舞。檉柳花淡紅色，極可愛，俗名紅柳，因呼人爲紅柳娃。核注青田之酥。《古今注》言：'烏孫國有青田核,大如六升瓠,盛水,俄變爲酒,名青田酒。'今已無此物。尤《齊諧》所不載,計然所未録。

【校記】

① 蕿,稿本作"葠"。

乃縱獵者,傳言賁育,伊犁將軍每秋至哈什行圍,冬則至塔勒奇行圍。張翼河干,哈什圍場皆依河岸,領隊大臣二,分爲左右翼。鳴笳空谷。合圍必吹角。踤儲胥屬,橐箙躍騉。駼駚驥騄,搫狐貒蹶。麕鹿搏麢,羊蹈麛犢。哈什圍狼、狐、麀、鹿最多。罨鴰鷂,罝撲朔。塔勒奇圍惟雉、兔。蘩駼鼵,伊犁賽喇木淖爾岸多鳥鼠同穴。罻鵕鸘。伊犁産黑鵲,形如鸜鵒,而徧身白點,善鳴。乾隆年間,尚書阿桂名爲鵕鸘爾,呈進,聖製《鵕鸘爾》詩。熊羆竦讋,虎豹奔屻。南山多熊虎,每歲獲之。進則闢脰,退則洞腹。掩澤挂山,風毛雨肉。方鬱怒而未息,肆鹽利而止戮。聊浪乎洲淤,巡行乎溝瀆。圍場外自都爾伯勒津回莊以西,沿河皆回户地畝。搜梵書之片石,圍場額琳摩多水側石上,有準部所鐫唐古特字經咒。奠雙烈之遺躅。圍場博羅布爾噶蘇水側有定北將軍班第、參贊大臣鄂容安雙烈殉節碑,將軍歲祀之。考山城之古驛,《湛然居士集》有《再過西域山城驛》詩。鏡天池之澄緑。《長春西域記》言天池,即今伊犁賽喇木淖爾。尋沙井之詩篇,《湛然居士集·過沙井和移剌子春韻二首》末句云:'莫忘天山風雪裏,湛然駝背和君詩。'注:'昨至沙井,乘牛車過前路,跨駝方達行在。'按,沙井未知今在何地。訪故宫之琴木,《湛然居士集·河中十詠》注:'得故宫門,堅木三尺許,斲爲琴,有清聲。'訂誤説於種羊，西域舊傳有骨種羊，言種骨而生，余詢之外藩回人，並無其事。考《湛然居士集·河中十詠》云：'溉旱河爲雨，無衣壠種羊。'又《贈高善長》詩：'西方好風土，大率無蠶桑。家家植木棉①，是爲壠種羊。'始知種羊謂木棉，其誤由此。問舊名於秃鹿。《長春西游記》：'至阿里馬城，其地出帛，曰秃鹿麻。'按，阿里馬當在伊犁霍爾果斯地。證四十八橋之跡，《長春西域記》《湛然居士集》每言四十八橋，即今果子溝也，地在圍場山後。辨九十六種之族。西域有九十六種，見湛然居士《西游錄序》。命弛旆而計鮮，示從禽之不黷。

【校記】

① 棉，稿本作"綿"，下同。

於是申憲度，考禮樂。展明禋，絜粢酌。陳簠簋，列斚爵。舉耤於春田，報功於秋穫。伊犁社稷壇、先農壇皆春秋致祭，每歲春，將軍行耕耤禮。六宗昭其秩，有文昌、風神廟。八蜡致其恪。有八蜡廟。班浮沉與庪縣，肅獻酬之交錯。伊犁山川在祀典者，名山六，曰格登山，曰額林哈畢爾噶山，曰烘郭爾鄂博山，曰阿勒坦額墨勒都圖山，曰塔勒奇山①，曰阿布喇勒山；大川十，曰伊犁河，曰阿里瑪圖河，曰哈什河，曰空格斯河②，曰撒瑪勒河，曰車集河，曰奎屯河，曰賽喇木淖爾，曰察罕烏蘇河，曰霍爾果斯河，春秋致祭。舉釋奠而用幣，爰舞羽而歈籥。每歲春秋丁祭。入黨庠而踐節，坐里尹而申約。惠遠、惠寧兩城各有義學、清書學，惠遠城又有敬業學，派滿營協領等官司之。莅校比而戒茲，讀邦瀍而欽若。各學皆按年考試，每月朔望，於敬業學宣讀聖諭廣訓。故得人無介胄，地無沙漠。興三物而束脩，遜五品而文莫。揚緝熙而民於變，暢皇風而頌聲作。且夫玉盤、石鉢，所以紀襲美而告成也；聖製《帝青石佛鉢詩序》：‘既愜法緣之喜，因賡襲美之章。’又《玉盤謠詩序》：‘德致詎誇夫俘玉，而功成宜切於銘盤。’謹按，二物皆平準部後得之。銅印、鐵章，所以詔知懼而凜盈也。聖製《海努銅印》詩③：‘蠲忿因之益凜盈。’又《鐵章記》：‘若夫戒盈知懼，固不在區區抑埴之物矣。’謹按，銅印虎紐，文曰‘管轄厄魯特後旗扎薩克印’，旁識‘雍正四年十月鑄成’。蓋向年頒給厄魯特毛海，後叛以獻噶勒丹策凌④。乾隆二十五年，伊犁辦事大臣伊柱獲於海努克。鐵章者，策妄阿喇布坦乞自達賴喇嘛，文曰‘厄爾德尼卓里克圖洪台吉之章’，華言‘寶權大慶王’也。平達瓦齊後得之。均椀、鼓尊，所以誌和衆而安氓也；烏魯木齊屯田得均窑椀、唐鼓腔尊，都統奏進。聖製《題均窑椀》詩：‘用誌屯戍安邊氓。’又《題唐鼓腔尊》詩：‘安民和衆盡吾謀。’剛甲、錯刀，所以嘉歸順而表誠也。金錯刀、剛甲，皆土爾扈特汗所獻。聖製《剛甲行》：‘即今歸順爲我臣。’《金錯刀》詩：‘渥巴錫汗新來王，解用爲貢表至誠。’

【校記】

① 以上三山，稿本作“額琳哈必勒罕”、“崆郭羅鄂博”、“阿爾坦額墨勒都圖”。

② 空格斯，稿本作“崆吉斯”。

③ 海努，稿本作“海砮”，下同。

④ 策凌，底本、稿本皆作“策淩”，据前文改。

在昔龍堆未靖，小醜縱横。瓜沙築堡，準噶爾侵擾回部，雍正三年（1725），吐魯番回衆内徙肅州金塔寺、甘州威虜堡；十一年，魯克沁回衆内徙瓜州。張岳移營。雍正年間，大兵備準噶爾，寧遠大將軍岳鍾琪營於木壘河，副將軍張廣泗移駐庫舍圖嶺，又移於巴里坤。黔首效命於魯陳之域，雍正九年，準噶爾圍魯克沁，越四旬餘，不下，復以木梯三百攻哈喇和卓。魯克沁，即《明史》魯陳地。牲畜徙跡於波羅之庭。雍正八年，準噶爾襲庫舍圖卡倫，盜駝馬。準噶爾其時建庭於伊犁東北境之波羅塔拉。方三隴之阻遠，玉門關外流沙有三隴，見《後漢書》注。聖製《西師》詩：'終以阻遠艱。'遽六月以遄征。聖製詩：'遠愧周王興六月。'而今日者，人經乎內咄之谷，地極乎卑闐之城。不閉戶以居，不齎糧以行。丁壯不見烽燧之警，耆老不聞鉦鼓之聲。此孰得而孰失，亦何回而何貞[①]。矧移兵而無僉軍之擾[②]，伊犁、烏魯木齊駐防滿漢兵，皆移自陝甘，未增兵額。節餉而有度支之贏。平定新疆後，裁減甘肅等處草料及京口、杭州等處出旗漢軍俸餉、口糧、馬乾、折色等項，每年共節省銀一百二十九萬兩有餘，以一百零七萬八千餘兩爲新疆各城俸廉、經費之用，尚餘銀二十一萬餘兩，是增設新疆兵餉、度支，轉有贏餘。事變而愈康，聖製《開惑論》：'愈變而愈康。'天培不可傾。聖製碑文：'天之所培者，人雖傾之，不可殛也。'欽惟十全揚武，聖製詩：'十全大武揚。'廟筭先庚。聖製《全韻》詩：'豈憚軍書治旁午，每申廟筭諭先庚。'利申酉之怨復，聖製詩：'亦月申酉利復怨。'符乙亥之盪平。周宣王二年（前826）乙亥，平淮夷，我朝康熙年間，破噶勒丹，乾隆二十年（1755），定準部，皆乙亥年。恭見聖製《平定準噶爾告成太學碑》。獻馘終牽於白練，聖製詩：'佇待白練牽。'露布馳遞乎紅旌。聖製詩：'露布傳紅旌。'猶且理昭虔鞏，聖製詩：'從來悟得受招理，虔鞏流謙慎捧盈。'德體好生。聖製詩：'好生體造物。'詩著《西師》之什，論標"開惑"之名。弆軍俘則致美於肆夏，聖製《弆藏西師俘獲軍器於紫光閣》詩：'戢干櫜矢肆時夏。'藏靈纛則用戒於佳兵。聖製《尊藏得勝靈纛於紫光閣》詩：'敢復佳兵恃勝强。’而子大夫侈崑崙之物産，炫栗廣之地形③。騁舌人之博辯，泥舊史以爭鳴。此東都主人所由興歎於知德，而烏有先生復將設誚於見輕也。”

【校記】

① 回，稿本作“䵹”。

② 僉，稿本作“簽”。

③ 栗廣，稿本作“汃國”。

言辭未畢，葱嶺大夫睞然氣下，幡然意改。乃稱曰：“大順之積，將有開而必因；大同之至，雖離逖而亦親。猗聖清之煦諭，默契合乎鴻鈞。卿雲昭貺於縟藻，康熙二十四年(1685)十月，五色慶雲見；雍正七年(1729)十二月二十六日，五色卿雲捧日。繩河表瑞於清淪。順治二年(1645)正月河南孟縣，八年十一月陝西靜寧州，康熙九年山西滎河縣，二十二年十一月山西蒲州至平陸，五十六年四月陝西固原州，雍正四年十二月，陝西、河南、山東、江南，皆黄河清。馴象鑿山於思茅之境，雲南由普洱入思茅，舊道甚險。康熙二十年，有異象出於普，夷人逐之，象從一高嶺行，人步從之，遂成通道。今尚有象跡，見《皇朝通考》。鶢鶋懷音於遼海之濱。《皇朝通考》：‘天聰七年(1633)，鶢鶋集於遼東，國人皆曰蒙古之鳥來至我國，必蒙古歸順之兆。’既東風之受吏，又西母之來賓。誕發祥而流慶，鍾運會於庚辰。乾隆二十四年定新疆，次年庚辰，篤生聖人。今甲子之已復，闓帝夏與皇春。今嘉慶二十四年(1819)，聖壽六旬。如尼西爾宛之德化，乾隆二十七年(1762)，葉爾羌辦事、都統新柱奏，有土伯特拉達克汗策旺那木札爾投誠，遣人致書。其書有‘如古之尼西爾宛時羊虎同居並不相害’等語。如素賚瑞佛之鴻仁，如魯斯塔木之大勇，如伊斯干達里之威神。乾隆二十四年，布魯特額德格訥之阿濟比遣人獻書，譯文云：‘謹呈如天普覆廣大無外、如愛養衆生素賚瑞佛之鴻仁、如古伊斯干達里之神威、如魯斯塔木天下無敵之大勇、富有四海乾隆大皇帝欽命將軍軍前，額德格訥布魯特小臣阿濟比恭祝大皇帝萬萬壽。’超四洲與四主，東毗提訶洲，南贍部洲，西瞿陀尼洲，北拘盧洲；南象主，西寶主，北馬主，東人主。見《西域記》。而莫得與比倫。斯所以表署一千年，《吐魯番總傳》：康熙十二年，吐魯番使烏魯和卓等至，貢西馬四、蒙古馬十五、璞玉千斤，表稱瑪木特賽伊特汗，署一千八十三年。地拓二萬里，聖製《實勝寺後記》：‘平準噶爾、回部，拓地伊犁、喀什噶爾、葉爾羌一帶二萬餘里。’而永戴如天覆育之聖人。乾隆二十三年，右部哈薩克圖里拜表文稱：‘如天覆育之聖人在上，臣願竭衰駑，奮勉自效，永無二心。’”

彭邦疇等跋[1]

國家文治昌明，幅員遼濶。在昔高廟賦盛京，泰菴和公賦西藏，淵乎懿哉，誠鉅製也。今上御極之初，余同年友星伯徐君獻所著《新疆志》，旋拜中書之命。蓋星伯以身所閱歷，證之簡編，故能綜貫古今、包舉鉅細，發前人所未發，其承寵光也固宜。玆又撮其要領，成《新疆賦》二篇，句櫛字梳，俾地志家便於省覽。予受而讀之，如覩爻閭之會，帕首鐻耳，其狀貌皆可名也；如觀畫中之山，千支萬幹，其脈絡皆可數也；如誦內典之文，聱牙結舌，其音韻皆天成也。煌煌乎與《盛京》《西藏》之作後先輝映，班孟堅、左太冲之流未足多矣。

抑余於星伯，更有以觀其微者。遠適異國，昔人所悲，自來放逐之徒，其發爲文章，大都反覆以辨其誣，憤激以行其志。即或寓憂危之旨，寫勞苦之詞，亦令觀者讀不終篇，愀然掩卷。此其人皆返於中而不能無所愧怍，求於世而不能無所怨尤，故不得已而爲此。若星伯之兀兀鉛槧於殊方絕域之地，宣皇風而揚盛軌，以成其獨有千古者，其志趣固已過人遠矣！且並其當日之所以獲戾者，亦不待辨而自明矣！世之覽者惜其才，憫其遇，能大昌其所學，俾得由絲綸之地，重登著作之庭，則高文典册，藉以黼黻昇平，其表見更當何如耶？道光甲申（四年，1824）冬日，年愚弟彭邦疇拜讀一過，書此數語以歸之。

【校記】

① 以下題記五篇，除彭邦疇見於刻本外，餘則僅見於稿本。

道光乙酉（五年，1825）八月，年愚弟陳嵩慶讀。

年愚姪陳裴之拜讀于聽雨樓。

余讀《新疆賦》而歎星伯徐君之不可及也。弱冠以前習舉子業，非學究，亦敲門磚耳。陟蓬觀、練詞章，出提風雅，猶於當代傳人之學無當焉。及夫從役而西，輕裝就道，又非載有五車書可資博攷者也。然而審形勢、述沿革、紀勳伐，悉徵其物産、民風，援古證今，有若指掌，非夙昔根柢邃深而又博聞强識而讓者，烏能若此？同年之處京師者，散布如晨星，惟余與星伯居相近，以故星伯之歸也，昕夕過從，相與道古，賞奇析疑之致，亹亹猶有同心。然而星伯傳矣！始信"江山之助"不虛云。年愚弟張錫謙跋。

古稱相如工爲形似之言，揚子雲之文沉博絕麗，然不過詞章之業而已。《兩都》《兩京》，於建國規模粗舉大綱，亦不可據爲典要。此賦於形勢、勳伐、建制、物産、土宜，如指諸掌；而廟謨勝算，悉具其中。當爲掌故家所珎，不徒藝林寶貴已也。千秋絕業，子雲復生，更不得以雕蟲小技目之矣！道光五年(1825)十二月，陽湖張琦識。

附録一：

《西域水道記校補》彙校

《西域水道記校補》今所見凡六種（破折號前爲筆者所擬簡稱）：

1、徐校本——徐松原稿本，日本早稻田大學圖書館藏，編號特ル五—100。

2、姚校本——《咫進齋叢書》四集本，姚覲元輯，光緒中刻本，中國國家圖書館藏，編號 SB962。

3、沈校本——《晨風閣叢書》本，沈宗畸輯，宣統元年（1909）番禺沈氏刊本。又有《叢書集成續編》223 册（臺北：新文豐出版股份有限公司 1989 年）據以影印本。

4、繆校本——《星伯先生小集》本，繆荃蓀輯，民國九年（1920）繆氏刻《烟畫東堂小品》第七册"徵卷"，卷一。

5、彙編本——《清人文集地理類彙編》第五册本，譚其驤主編，杭州：浙江古籍出版社 1988 年，456－469 頁，據《星伯先生小集》本標點録入。

6、周校本——《早稻田大學藏〈西域水道記〉修訂本》本，周振鶴撰，載《中國典籍與文化》2001 年第 1 期，86－95 頁。

作爲徐氏原稿的整理本，除姚校本刻而未印外，後四種均進入傳播而影響較大，但其間舛誤不一，故有校勘之必要。兹據徐校本複印件錄入，并校以姚、沈、繆、周校本與彙編本。標誌字如“至”、“改”等，原稿縮小與否并不統一，此處一律縮小以示區别。徐松原本的校補内容表現爲行間徑改42處、另簽改正66條(61簽)兩種形式，錄文在前者上冠以＊標誌，其餘則爲另簽改正條。

自叙[①]

十三行

＊穆默改特穆[②]

【校記】

① “叙”，沈校本作“序”。

② 此條周校本無。

卷一

二葉十三行至十九行[①]

地富庶、多磚屋也。元《經世大典圖》作可失哈耳[②]。《經世大典》久佚[③]，其西北地圖一篇，載《永樂大典》“元字韵”，《元史・地理志》“西北地附録”即據此圖爲之。今所引皆稱《經世大典圖》，以從其朔。《元史・世祖紀》作可失合兒。《耶律希亮傳》作可失哈里，《拜延八都魯傳》作乞失哈里，《曷思麥里傳》作可失哈兒。遼金之際，地入西遼。乃滿國破，屈出律竄奪菊兒汗之位，遂有其地。成吉思皇帝庚辰年(1220)征西域[④]，斬屈出律，可失哈兒、押兒牽、斡端始附於元。蓋今之西域，皆元時篤來帖木兒分地也。西印度有默德那國，其王馬哈墨《明史》作謨罕驀德，又作馬哈麻。生而神靈，西域諸國尊爲派噶木巴爾，《元史・賽典赤贍思丁傳》作別菴伯爾⑤,《明史·西域傳》作別諳拔爾。猶言天使,是倡回教。

【校記】

① "葉"字彙編本皆作"頁"。

② "元"字周校本奪。

③ "久佚"下周校本有"不傳"二字。按,徐校本此二字已圈去而代以"佚"字,周校本衍。

④ "思"下周校本衍"汗"字。

⑤ "贍",沈校本、彙編本作"瞻"。

二十一行

嗣教爲第二世阿里一作阿厘,其教自此而分。都魯機、阿丹諸國專宗派噶木巴爾,巴社國則宗阿里。各不同①。

【校記】

① "各不同"三字,姚、沈、繆校本與彙編本無;"各"字周校本作"爲"。

三葉十三行

魏神龜初①,胡太后遣使者宋雲如西域求佛書,道由葱嶺。《洛陽伽藍記》云云②

【校記】

① "初"字,周校本奪。

② "云云",姚、沈、繆校本與彙編本作"載雲之言曰"。

十四行

神龜二年，去神龜字①。

【校記】

① 此句與上則用同一簽紙。姚、沈、繆校本與彙編本改作“神龜，删”。

十八行、十九行

漢盤陀國正在山頂。按，魏之漢盤陀①，唐謂之朅盤陀。《唐書·地理志》云：“自疏勒鎮西南入劍末谷、青山嶺、青嶺、不忍嶺，六百里，至葱嶺守捉②。故朅盤陀國，開元中置守捉。”蓋今阿賴地也③。

【校記】

① “按”，沈校本作“案”；“魏之”，周校本作“《魏書》云”。

② “至”字周校本標爲脱字，實則原文有之。

③ 此句之上周校本錄有“按，漢唐之盤陀、朅盤陀”九字，在徐校本上此內容與前文之“按，魏之漢盤陀，唐謂之朅盤陀”相重，故有删除標誌，周校本衍。

六葉四行

四十里抵喀什噶爾城。《唐書·地理志》云：“疏勒鎮南北西三面皆有山，城在水中。城東又有漢城，亦在灘上。赤河來自疏勒西葛羅嶺，至城西分流，合於城東。”疏勒鎮者，疏勒都督府治也。烏蘭烏蘇色赤，故有赤河之目。

烏蘭烏蘇逕喀什噶爾城西[1]，引東岸渠二云云[2]。

【校記】

① “逕”字彙編本作“徑”。

② “云云”二字姚、沈、繆、周校本與彙編本無。

十五行

池東出水東流，池西出水西流。《水經注》引《涼土異物志》曰：“葱嶺之水分流東西[1]，西入大海，東爲河源。”所謂入大海者，即新頭河之入雷翥海者也。池水東出之岸

【校記】

① “流”字繆校本、彙編本奪。

二十一行

爲什克南城。《水經注》云：“河水一源西出捐毒之國、葱嶺之上，西去休循二百餘里。”又曰：“水西，逕休循國南[1]，在葱嶺西。”是知阿賴山在庫勒北矣。昔大和卓木[2]。

【校記】

① “逕”字彙編本作“徑”。

② “昔大和卓木”五字繆校本、彙編本奪。

七葉十五行

百里,逕察哈爾阿勒爾[1],《水經注》云:“河逕岐沙谷,出谷分爲二水,一水東流,逕無雷國北。”蓋以庫勒之水與烏蘭烏蘇同源,斯爲謬矣。庫勒水又東流百里,逕哈喇塔什嶺北。

【校記】

① 此節四“逕”字,彙編本均作“徑”。

十一葉十六行

* 葡改蒲[1]。

【校記】

① 此條周校本無。

十八行

* 頗改頓

十三葉六行

三月初三日也[1]。《每月統紀傳》謂生於陳宣帝太建元年(569)[2]。西洋人尊耶穌之教,其言不足據。

【校記】

① 今簽條殘,“三月初三”字樣仍粘在卷一十三葉二行上端。

② “《每月統紀傳》”,彙編本標點爲“每月,《統紀傳》”,誤;“紀”字,周校本作“記”。

十三葉六行

或曰佛、回作教①，皆以滅度之歲紀元，梅氏文鼎推回回術，謂馬哈墨辭世在隋開皇十四年（594）甲寅②，而《明史》言馬哈墨作回回曆，用隋開皇十九年己未（599）爲元，即以爲建國之年③。其身不存，何能立教？正道陵遲，異端滋起，謬悠之論④，固難折衷矣⑤。

【校記】

① “回”下沈校本衍“之”字。

② 此句下周校本有“聖人即馬哈”五字，并有校語云：“振按，原文下有‘麻’字，圈去，或是誤圈？”據徐校本原文，此處原有“彼教聖人即馬哈麻”八字，但有删除標誌，周校本誤讀。

③ “之”字周校本作“元”。

④ “悠”字周校本誤作“攸”。

⑤ 姚、沈、繆校本與彙編本句末注云：“此簽在第十三葉。”周校本云：“此段言回曆，應插在何處不明。但依理或在卷一第十二葉第五行‘爲元年’之後。”今據文意當繫於上條箋注之後，即十三葉六行下。

十四葉二十二行

＊猗改騎①

【校記】

① 此條姚、沈、繆校本與彙編本無。

十五葉十一行

* 蘊改藴

十六葉十五行

至元十一年立驛一條，已載沙州下，此處删。鵶爾看注於此處[①]。

【校記】

① 此條姚、沈、繆校本與彙編本作“至元十一年至陸驛二，删”。

十五行至十八行

今正爲葉爾羌。《元史》作鵶爾看[①]，又作押兒牽，皆音近之轉。《經世大典圖》不載，其時蓋附於于闐也[②]。《一統志》云

【校記】

① “鵶”，彙編本作“雅”。

② 此句周校本奪一“于”字。

十六行

* 曷思麥思改曷思麥里[①]。

【校記】

① 此條姚、沈、繆、周校本與彙編本無。

十九行

青吉斯汗至十九世汗，擬删①。

【校記】

① 此條與上則校記用同一簽紙。姚、沈、繆校本與彙編本作"注，删"。"斯"字，周校本誤作"思"。

十九葉十行

往往重千萬觔。《漢書·西域傳》："莎車國有鐵山①，出青玉。"《穆天子傳》："天子西征，至剞閭氏。乃命剞閭氏供養六師之人於鐵山之下②。"即此山矣。山與瑪爾瑚魯克③

【校記】

① "山"字彙編本誤作"三"。

② "山"字周校本作"嶺"。

③ "克"下姚、沈校本有"山"字、繆校本與彙編本有"山連"二字。

二十三葉九行

*覔改覓①

【校記】

① "覓"字，姚、沈、繆校本與彙編本作"覔"。

二十四葉十二行

＊遲改遅[①]

【校記】

① “遲遅”原作“迟遅”，徐校本改尸爲犀，即改正前遲爲正體意，姚、沈、繆校本與彙編本作“遲改犀”，周校本作“遲改爲遅”，均小訛。

二十八葉八行

哈喇哈什城，元之哈剌合底城[①]，司空、景義公撒亦的之先世所居。由此徙西洋，世爲賈販，以財雄海外矣[②]。乾隆二十四年

【校記】

① “剌”字，周校本作“喇”。

② 此句徐校本原文在“乾隆二十四年”後，而有互乙標誌，令插入其前。周校本未省，而列此五字在“由此”前，不能與正文銜接。

十八行、十九行

玉隴哈什，《元史》作至傑赤等城是也。一行全删[①]。

【校記】

① 此條姚、沈、繆校本與彙編本改作“玉隴哈什，《元史》作玉龍傑赤至等城是也。删”。

二十九葉四行

＊千改干[①]

【校記】

① 此條姚、沈、繆、周校本與彙編本無。

九行

後六頁唐《西域記》云至至今利用。”準其地望，或是樹枝，然語涉不稽，非可傳信。此段接“達利爲西源矣”下①。

【校記】

① 此條所謂“後六頁”，指卷二第六葉第十六行至第七葉第二行之內容，姚、沈、繆校本與彙編本引足全文作：

達利爲西源矣(1)。唐《西域記》云：“瞿薩旦那城，東南百餘里，有大河西北流，國人利之，以用溉田。其後斷流，王深怪異，於是命駕問羅漢僧曰(2)：大河之水，國人取給，今忽斷流，其咎安在？羅漢曰：龍所爲耳，宜速祠求，當復昔利。王因回駕，祠祭河龍。忽有一女，淩波而至，曰：我夫早喪，主命無從，所以河水絕流，農人失利，王於國內選一貴臣配我爲夫，水流如昔。王曰：敬聞。於是舉國僚庶(3)，鼓樂飲餞。其臣乃衣素服，乘白馬，與王辭訣，敬謝國人，驅馬入河，履水不溺，濟乎中流，麾鞭畫水，水爲中開，自茲沒矣。頃之白馬浮出，負一旃檀大鼓(4)，封一函書，河水遂流，至今利用。”準其地望，或是樹枝，然語涉不稽，非可傳信。

(1)“達利”，沈校本衍作“達爲利”。

(2)“曰”字繆校本、彙編本奪。

(3)“僚”下沈校本衍“臣”字。

(4)“檀”字沈校本作“壇”字。

十六行

＊接改按

卷二

一葉十一行

城北作七堰，互相灌注，近於濁漳之十二墱流也。入阿克蘇。

【校記】

① 此條姚、沈、繆校本與彙編本無"入阿克蘇"四字，而有注云："此簽在第一葉。"周校本則疑列於三葉四行。茲據其簽在第一葉，而又有"入阿克蘇"之注文，列於一葉十一行"阿克蘇"前。

一葉十八行

＊素城赴烏什　城改誠

三葉十五行

分爲專城，地起高原，北至北山。

六葉十六行至七葉四行

冬夏不可行。水發山中，所謂阿耨達大水也。《水經注》云："南河東逕于闐國北①。又東北，逕扜彌國北。又東，逕精絕國北。又東，逕且末國北。又東，右會阿耨達大水。"《水經注》又引釋氏《西域記》曰："阿耨達山西北有大水北流，注牢蘭海者也。其水北流，逕且末南山。又北，逕且末城西②。"按③，《水經注》先言南河逕且末國北，再言又東會大水，則河在城東矣。《西域記》城西字誤。

《唐書》謂之且末河,河西爲播仙鎮,故且末城也[4]。克勒底雅河北流三百餘里,滙大河[5]。照此改[6]。

【校記】

① 此節"逕"字,彙編本均作"徑"。

② "其水"句,姚、繆校本與彙編本奪"逕且末南山。又北"七字。

③ "按"字沈校本作"桉"。

④ "城"上沈校本衍"河"字。

⑤ 此句周校本奪,而誤收徐校本原文之有删除標誌之内容,曰:"《唐書》又言于闐東三百九十里有建德力河,扜彌國所在。余按,酈君之言南河逕扜彌國北,不言有所滙之川,知爲細流矣。辯機《西域記》云瞿薩旦那城云云至今利用,不稽之言,非可依據。"

⑥ "照此改"三字,姚、沈、繆校本與彙編本無。

七葉十一行

《唐書·地理志》云:姑墨州至異名矣[1]。十九字全删[2]。

【校記】

① "州"字,姚、繆校本與彙編本作"洲"。

② "十九字全删",姚、沈、繆校本與彙編本作"删"字。

十七行

* 庫徹改苦叉

九葉九行注

* 漢改海[1]

【校記】

① 此條周校本無。

十葉十八行

有勃達嶺。《唐書·地理志》作拔達嶺①。

【校記】

① "拔"字,周校本作"板"。

十一葉一行、二行

至凌山,《唐書·地理志》謂之凍凌山。《詩》:"納於凌陰"云云。

十二行注

* 領改嶺①

【校記】

① 此條周校本無。

十二葉四行

* 千改干①

【校記】

① 此條周校本無;沈校本作"于改干",誤。

十四行

＊是爲雅爾幹河①。河經莊折而東。

【校記】

① 此條周校本無；"幹"字沈校本誤作"斡"。

十三葉十六行

＊于改干①

【校記】

① 此條周校本無。

十八行

＊于改干①

【校記】

① 此條周校本無。

十四葉二行注

趙郡王叡處。乾陀羅城，疑即班超所居之它乾城①。

【校記】

① "居"字，姚、繆校本與彙編本奪。

四行

差存髣髴。龜茲嘗於此置關，即後漢敦煌太守張朗從北道先期至爵離關者也①。

【校記】

① 此條與上則校記用同一簽紙。“北”字，周校本作“此”。

又

＊于改干①

【校記】

① 此條周校本無。

十六行

＊于改干　上改土①

【校記】

① 此條周校本無。

二十行至二十二行

《西域記》云屈支國至由斯渡矣，全删①。

【校記】

① “全删”二字，姚、沈、繆校本與彙編本作“删”字。

二十二行

＊于改干[1]

【校記】

① 此條周校本無。

十五葉十九行

＊于改干[1]

【校記】

① 此條周校本無。

十七葉十六行

分地定居諸務。《唐書·地理志》云:“自焉耆西五十里,過鐵門關[1]。又二十里,至于術守捉城。又二百里,至榆林守捉。又五十里,至龍泉守捉。又六十里[2],至東夷僻守捉。又七十里,至西夷僻守捉。又六十里[3],至赤岸守捉。又百二十里,至安西都護府。”計其道里,西夷僻爲玉古爾莊,于術爲庫爾勒莊。附近兩莊云云④。

【校記】

① “門”字,沈校本奪。

② “六十里”,沈校本誤作“六百里”。

③ 此處沈校本奪“至西夷僻守捉。又六十里”。

④ “云云”二字,姚、沈、繆校本與彙編本無。

二十葉十四行

＊覔改覓①

【校記】

① "覓"字,姚、沈、繆校本作"覔"。

二十二葉十八行、十九行

所謂四水之中矣。孝恪既滅焉耆,即其國置焉耆都督府。《地理志》:"張三城守捉西南百四十五里,經新城館,渡淡河,至焉耆鎮城。"淡河即孝恪所浮之水歟①？今吐魯番廣安城西二十里雅兒湖爲古交河城②,唐貞觀時安西都護治云云。"唐之西州"四字删③。

【校記】

① "歟"字,姚、繆校本與彙編本作"與"。

② "安"字,周校本作"興",并出校記云:"振按,原書興作安。"今查徐校本,原亦作"安",周校本誤。

③ "唐之西州"句,指上句原文"唐貞觀時"前有此四字,今當删除。姚、沈、繆校本與彙編本無此句。

二十三葉十五行

＊春字下目正作日①

【校記】

① 此條姚、沈、繆、周校本與彙編本無。

十六行

＊千改于①

【校記】

① 此條姚、沈、繆、周校本與彙編本無。

二十五葉十六行至二十六葉十三行

吐魯番者，元時畏兀兒境，或作畏吾、畏兀、偉兀、衛兀①。回鶻裔也，舊牙帳在和林，唐末衰弱，地爲黠戛斯所幷，徙居火州②。成吉斯初興③，國主巴而朮阿而忒的斤首納土爲婚姻④。傳至元孫紐林的斤，封高昌王⑤。國有五城，見《元史·鐵哥朮傳》及元陸文圭《廣東道宣慰使都元帥墓志》⑥。今吐魯番鎮城曰廣安。其東七十里爲元火州，亦曰交州，畏吾兒國王治之，今曰哈喇和卓，《經世大典圖》作合剌火者⑦，歐陽玄《高昌偰氏家傳》作哈剌和綽⑧，《元史》作火州、霍州、和州。漢之高昌壁。又東百一十里，元之魯古塵，今曰魯克察克，又曰魯古沁⑨。後漢之柳中城，唐之柳中縣。準部之强⑩。

【校記】

① 周校本奪"畏吾"二字，"畏兀"下又衍"兒"字。

② "火"字繆校本、彙編本作"大"。

③ "興"字，周校本作"與"。

④ "國"字，沈校本奪；"巴而朮"，周校本作"巴爾朮"。

⑤ "王"字周校本奪，并將下文"國"字誤承上讀。

⑥ "元"字姚、繆校本與彙編本奪。此句下徐校本原有句云："《經世

大典圖》載畏吾兒地於魯古塵之東，他古新之南，疑高昌建治所在也。"然有删除標誌，周校本不察，仍録之，并誤"也"字爲"地"。

⑦ "剌"字周校本作"喇"。

⑧ "剌"字沈、周校本作"喇"。

⑨ "曰"字沈校本誤作"日"。

⑩ 此句姚、繆校本與彙編本無。徐校本於此句上原有句云："廣安城西二十里，漢之交河城，唐置交河縣安樂城。"有删除標誌，周校本不察，以删除號爲括注標誌，仍録之。

二十六葉十一行

唐之安樂城五字删①

【校記】

① 此條沈校本無。"五字"，姚、繆校本與彙編本無。

二十七葉九行

織野麻爲衣①。

【校記】

① 此條"麻"字旁徐校本有圈記，以原文此字偏旁广作厂，擬改定也。姚、沈、繆校本與彙編本無此條。

羅布淖爾所受水第五圖

* 烏怡爾薩依河　怡改恰①

【校記】

① 此條周校本無。

第七圖

＊庫克雅台　台改爾①

【校記】

① 此條周校本無。

卷四

四葉四行

於焉卵育。津渡所屆①，泛以威呼，刳木爲舟形，國語曰威呼。《易》曰②："利涉大川，乘木舟虚。"鄭氏注："如今自空大木爲之，曰虚。"即威呼是矣。乾隆二十八年(1763)，參贊大臣伊公勒圖始置巴圖蒙柯至沙圖阿璊七軍臺，以特克斯河水深闊，造威呼二，令索倫部人善操舟者二人教習之，謂此臺渡口也③。

【校記】

① "屆"字繆校本、彙編本作"屆"。

② "易"上周校本衍"周"字。

③ "參贊"以下句，姚、沈、繆校本與彙編本未引全文，而作：

六行(1)

注，删(2)　即改謂(3)

(1)"行"字沈校本誤作"年"。

(2)"注"字，繆校本、彙編本誤作"往"；"注"者，指原文"造威呼二”下注“刳木爲舟狀濟人，國語名曰威呼”句，該句既在《校補》本中移在前“威呼”下，此處重復，故删。

(3)此校記沈校本無。

五葉六行①

發自華諾輝嶺。按，華諾輝，甘肅亦有此地名，《通鑑》②：“突厥寇蘭州③，隋涼州總管賀婁子幹敗之於可洛峐。”可洛峐即華諾輝之轉音，胡身之注謂山無草木曰峐④，望文生義，不知譯音無定字也。

【校記】

① 此條繆校本、彙編本未標葉行，徑接四葉六行條下，誤。

② “鑑”字，徐校本作“監”，據原書名改。

③ “蘭”字，周校本作“南”。

④ “峐”字，周校本誤作“垓”。

七葉六行

* 溫克布拉克水　上克改都①

【校記】

① 此條周校本無。

八葉十三行

空格斯舊爲準噶爾烏魯特霍爾博斯鄂拓克地①。

【校記】

① 此條下姚、沈、繆校本與彙編本有注：“此簽在第八葉。”周校本云：

"振按,此條不知繫於何處,可繫之處有卷4－7a/8、8a、8b、9b等處。"今按八葉十三行(即8b/2)空格斯下緊接有"其東麓有溫泉,石甃尚存,故老言是準部遺跡"句,故此箋恰可爲"準部遺跡"作注,因繫於此。

十一葉十八行、十九行

溺死者甚衆①。賀魯既滅②,地爲突騎施所有③,分大小牙突騎施④。烏勒質建小牙於伊麗水⑤,《唐書·地理志》云

【校記】

① "溺"字上姚、沈、繆校本與彙編本有"兵馬"二字。

② "賀"字沈校本誤作"駕"。

③ "地"下周校本衍"當"字。

④ "牙"字,周校本奪。

⑤ "小"字,周校本作"四"。烏勒質,《舊唐書》卷一九四、《新唐書》卷二一五等史籍皆作"烏質勒",是。

十四葉二行

高皆丈餘,博明《鳳城瑣錄》云:"灌莽中生小果如椹,下有葉承之,仲夏色正紅,微酸,季夏則深紅,味甚甘,名依爾哈木克,國語也。"按,齊齊爾哈納爲蒙古語,又曰普盤果,即斯樹矣。

十六葉四行

愴焉悲楚，乃爲詩曰："世俗云云①。"亦欲詮次舊聞，庶幾翔實。

【校記】

① "世俗云云"，姚、繆校本與彙編本作"世俗徒耳食（詩凡百二十字，元在注中。）"，"元"字彙編本作"原"。沈校本作"世俗徒耳食云云"，并在條末注"詩凡百二十字，元在注中"。

十七葉三行

博羅布爾噶蘇舊爲輝特台吉唐古忒游牧地①。

【校記】

① 此條末姚、沈、繆校本與彙編本有注云："此簽在第十七葉。"周校本繫於4－17a/3下，是。

二十六葉十行

＊磚瓦窑作塼瓦窯①

【校記】

① 此條姚、沈、繆、周校本與彙編本無。

二十七葉二行

＊擄改虜

十四行注

俗呼爲集吉草，又曰芨芨草，皆席萁字訛。元《草堂寺碑》云："皇太子於西涼府西北約一百里習吉灘下窩魯朶[①]。"習吉亦席萁之誤，蒙古語謂芨芨草爲得勒蘇，見劉文正公《西域考驗集》。其叢生根蟠大處曰臺[②]。

【校記】

① 西涼府，沈校本奪"西"字。

② "蟠"字，周校本作"燔"。

二十八葉六行

＊四改回[①]

【校記】

① 此條周校本無。

十二行

＊蒼改倉[①]

【校記】

① 此條周校本無。

三十二葉七行至三十三葉一行[①]

即阿里瑪圖之異文也。《世祖紀》言地在和林北[②]，《地理志》又言在北庭西北四五千里[③]。按，阿力麻里距北庭三千里而遥，當和林西南。準今審古，即實爲非。《地理志》又謂是海都分地，證以《月赤察兒傳》[4]，亦爲舛也[5]。地舊有城。

【校記】

① "七行"二字沈校本奪。

② "世"上徐校本原有"元"字，而點去之，周校本仍錄入。

③ "千"字，周校本作"十"。

④ "察"字，周校本奪。

⑤ "舛"上徐校本原有"誤"字，而點去之，周校本仍錄入。

三十二葉十六行

*刼改劫[1]

【校記】

① 此條姚、沈、繆、周校本與彙編本無。

三十七葉十行

*遇改過[1]

【校記】

① 此條周校本無。按底本亦有徑作"過"者，當係後來挖補本。

三十九葉一行注

*拾改哈[1]

【校記】

① 此條周校本無。

四十一葉二行

圖爾根舊準噶爾多果魯特鄂拓克地①。

【校記】

① "舊"下周校本衍"爲"字。此條下姚、繆校本與彙編本有注云:"以下四籤皆在第四十一葉"。周校本云:"此條可繫之處亦多,或應繫於最早出現'圖爾根'之卷4－36b/3。"今按第四十一葉係專述"圖爾根水"之條目,因繫於此。

四十一葉十三行

古爾班阿里瑪圖舊準噶爾庫本諾雅特部鄂齊爾烏巴什之昂吉①。

【校記】

① 此句周校本作"舊準噶爾庫本昂吉。諾雅特部鄂齊爾烏巴什之",因誤辨大小字注而錯簡。周校本疑繫此條於4－41a/7,按此處之"古爾班阿里瑪圖"爲綱目文字,依例不當出注,故繫於4－41b/2下。

四十一葉十八行

庫魯圖①舊準噶爾布庫斯鄂拓克地。

【校記】

① 庫魯圖,姚、繆校本與彙編本乙作"庫圖魯"。周校本疑繫此條於4

-41b/6 下，按此行之“庫魯圖”爲綱目文字，依例不當出注，故繫於四十一葉十八行，即 4 -41b/7 下。

四十一葉二十行

自庫魯圖東南至沙圖[①]，沙圖西南至古爾班薩里[②]，皆在巴勒喀什西南岸唐之潔山都督府地，突騎施阿利施部也[③]。

【校記】

① “魯圖”二字，沈校本無。

② “里”字，周校本作“生”。

③ 此條下沈校本有注云：“以上四簽皆在第四十一葉”。周校本疑繫於卷 4 -41b/9 -42a/2 之間，今據文意及簽條原粘處，故繫於四十一葉二十行，即 4 -41b/9 下。

四十二葉十六行

喀喇塔拉者[①]，西與托博隴相接[②]，舊爲準噶爾額爾克騰鄂拓克地下接南北山勢云云[③]。

【校記】

① 此句上姚校本有“有喀喇塔拉水自北來入之”句。

② “西”下徐校本原有“地”字而點去之，姚、沈、繆校本與彙編本不察，仍錄之。

③ “云云”二字，姚、沈、繆校本無。

四十五葉二行注

＊曷思麥里　下思改里①

【校記】

① 此條周校本無。

四十六葉二十二行

此段言月祖伯，應酌删①。

【校記】

① 此條下姚、沈、繆校本與彙編本有注云："此簽在第四十六葉。"周校本繫於卷4－46b/8下，今據文意，此語當指46b之9－11行之注中注，故繫於46b11行，即四十六葉二十二行下。

卷五

五葉十三行

莫竟其委。爰考納林之流，元劉郁《西使記》謂之忽章河，其言曰："過忽章河，渡船如弓鞋然。土人云河源出南大山，地多産玉。"《長春西游記》則曰："有河爲霍闡沒輦，由浮橋渡。其河源出東南二大雪山間，色渾而流急①，深數丈，勢傾西北，不知其幾千里②。"蓋夷語無定字，霍闡即忽章之轉語③，而渡船、浮橋，自昔有之。河之東北四日程，爲賽藍城，河西南五日程，爲邪迷思干城④，即西遼之河中府矣。元時往來西域，皆取道於斯。

【校記】

① “渾”,周校本作“深”。

② “其”字,沈校本奪。

③ “之”下周校本衍“音”字。

④ “邪”字,沈校本奪。

六葉二行

自阿克沙依水以東至音圖庫斯水四百里間[1],舊和碩特部沙克都爾曼濟之昂吉也[2]。入阿克沙依水下[3]。

【校記】

① “至”字周校本作“玉”。

② “沙”字周校本作“河”。

③ “入阿克沙依水下”句,姚、沈、繆校本與彙編本無,而有注云:“此簽在第六葉。”按該條原列於下條後,周校本繫於卷5－6a,今據文意及體例,繫於六葉二行下,并前置於下條之前。

六葉八行

亦曰霍什霍爾河。霍什霍爾河西北隔山即吹河源。吹河西北流千餘里,瀦爲和什庫勒[1]。《元秘史》云:“太祖命速別額台追蔑兒乞主脱黑脱阿子忽秃、赤老溫等[2],至垂河。”即此河也。《元史·巴而术阿而忒的斤傳》作“戰於襜河”[3],《雪不台傳》以襜爲蟾,《聖武親征錄》又作“嶄河”,皆垂河異文矣[4]。長春之自賽藍東行,“宣差阿狗追餞師於吹沒輦之南岸”是也[5]。吹河西南三百餘里爲塔拉斯河,劉郁《記》所謂“二月二十八日過塔剌寺,三月一日過賽藍城”者也。

【校記】

① “爲”字周校本作“而”;“和”字沈校本作“河”。

② “速別額台”,周校本作“帶別額爾”;“脫黑”,周校本作“脫里”。

③ “斤”字彙編本誤作“廳”。

④ “河”下沈校本有“之”字。

⑤ “阿”字周校本作“珂”。

八葉十五行至十八行

不聞似煮也。淖爾南岸山中元長春至茲路,全删①。

【校記】

① 此條姚、沈、繆校本與彙編本改作“元長春真人之朝成吉思皇帝至仍由茲路,删”。“茲路”,周校本誤作“前漢”,故注云:“此條與原文有所不合。”

九葉三行至十三行

曰阿勒坦山,舊作阿爾泰山,《元史·武宗紀》作按台山,即阿勒坦之轉音。譯言金山。北魏蠕蠕始出金山而立國,隋爲西突厥地①,唐時葛邏祿、胡屋、鼠尼施三姓内附,居之。回鶻之建牙和林也,地亦屬焉。遼金之際,乃蠻國據山北,成吉思滅之以封諸王。其後叛王因其險阻,日尋干戈,垂五十年,不奉正朔,禁暴戢兵②,乃置重戍。《元史》載叛王事多抵牾,今補海都諸王傳以證地理。《海都傳》,《土哇傳》③。迄其亡也,故太子愛猷識理達臘遁和林,爲明兵所破,太子死,丞相納哈出④,擁衆二十萬⑤,據金山。洪武二十年(1387),師逾金山,納哈出降。山頂西南前山頂至尾數句,係自《水道提綱》語,或當存之⑥。

【校記】

① "地"上周校本衍"國"字。

② "暴"字,沈校本作"畏"。

③ 此處小字注,姚、沈、繆校本與彙編本無。

④ "出"下沈校本有"降"字。

⑤ "擁"字彙編本誤作"押"。

⑥ 此處小字注,"係"字周校本誤作"後",并注云:"此處亦與原文有所不合。"姚、沈、繆校本與彙編本引足全文,作:

山頂極四十八度七分,西二十二度二分,其尾極四十六度五分(1),西二十度四分。係《水道提綱》語,或當存之(2)。

(1)"極"字,沈校本奪。

(2)此條末姚、繆校本與彙編本有注云:"此下二簽皆在第九葉。"

九葉十三行

元時自金山至上都皆置馹①,《經世大典》"站赤"不詳,以《元史》明宗、文宗兩紀考之,自金山至和林北潔堅察罕,即揭揭察哈澤,迦堅茶寒殿所在也,在和林北七十餘里。以次東行,朶里伯真、斡耳罕木東②、必忒怯秃、探秃兒海、秃忽剌即土拉、秃忽剌河東即土拉河③、斡羅斡秃、不魯通、忽剌火失温、坤都也不剌、撒里、兀納八、闊朶、撒里怯兒、哈里温、闊朶傑阿剌倫、哈兒哈納秃、忽秃、孛羅火你、不羅察罕、小只、王忽察都、上都六十里店、上都三十里店。按,"站赤"云鐵里干站自闊斡禿至小只凡十䭾④,疑闊斡禿即闊朵⑤。

【校記】

① "䭾"字,繆、周校本與彙編本作"驛"。

② "斡"字,沈校本作"幹";"罕木東",周校本作"四十木車"。

③ "剌"字,周校本作"拉"。

④ "站赤",周校本作"識者";"凡"字,彙編本作"几";"䭾"字,繆、周校本與彙編本作"驛"。

⑤ 此條末沈校本有注云:"此上二簽皆在第九葉。"周校本云:"振按,此段或者接在上段之後?"是。

十四行至十六行

二百七十餘里之鄂爾和楚克山。準語云云①。山陰皆準部舊牧地,曰烏蘭呼濟爾,昔之布庫努特鄂拓克也。其西曰綽爾郭,阿睦爾撒納之昂吉也。又西曰察罕呼濟爾,達瓦齊之昂吉也。塔爾巴哈台城者,名以山也。山在城北百里。乾隆二十年(1755),封巴雅爾爲輝特汗,駐牧茲地。後從叛亂,二十二年(1757),官兵討之。五月云云②。查巴雅爾從逆事③。

【校記】

① "準語云云",姚、沈、繆校本與彙編本引足原文,作"準語山峰高聳之謂,一作鄂勒霍楚爾"。

② 此句姚、沈校本僅作"五月"二字,繆校本、彙編本無。

③ 此句姚、沈、繆校本與彙編本無;"查"、"事"二字,周校本作"木只"、"軍"。

二十行

蓋比之三周華不注矣改蓋比之帖木真繞不兒罕山三遭矣①。

【校記】

① 此句姚、沈、繆校本與彙編本改作"繞行塔爾巴哈台山三次,蓋比之帖木真繞不兒罕山三遭矣。西域初定"。

十二葉九行

言我五集賽按五集賽,一曰阿克巴,二曰拉布里木①,三曰杜爾巴,四曰雅素隆,五曰伊克呼拉爾,皆於阿拉克圖古勒淖爾西南齋爾游牧②,乾隆二十年(1755)内附。

【校記】

① "拉"字周校本奪。

② "拉"、"齋"二字,周校本作"杭"、"齊"。

十八行二十五字

* 爲刪①

【校記】

① 此條周校本無。

十五葉一行、二行注

按,闊別列,《床兀兒傳》作闊客[①],地在金山南,當即今之科布多也,闊科、別布皆雙聲,列、多音亦相近。照此改[②]。

【校記】

① 周校本“床”作“特”,“兒”下衍“地”字。

② “照此改”三字,姚、沈、繆校本與彙編本無。

十四行

* 于改干[①]

【校記】

① 此條周校本無。

十八行

* 于改干[①]

【校記】

① 此條周校本無。

二十一行

* 爾改兩[①]

【校記】

① 此條周校本無。按底本亦有徑作“兩”者,當係後來挖補本。

十七葉五行至十行①

而右會察罕河。河發自博羅鄂博，在喀喇圖淖爾水西南七十餘里。源處爲喀喇淖爾，南流數十里②，左滙布拉青吉勒河。又南流數十里，左滙哈達青吉勒河，是爲青吉勒河。又南流近百里③，有哈弼察克河自東來滙，是爲察罕河。察罕河東南流五十餘里④，入於布拉干河。琳丕勒云云⑤。照此改⑥。

【校記】

① “至十行”三字，沈校本無。

② “數十里”，沈校本作“五十餘里”。

③ 此句前，徐校本原有文句曰：“當遼金之際，地屬蔑兒乞部。元太祖初，乃滿部强盛，蔑兒乞徙而東北，乃滿有其地。元太祖甲子年破乃滿，并征蔑兒乞。戊辰又征乃滿，其主奪西遼，并滅蔑兒乞。《長春游記》載鎮海之言曰：‘白骨甸古之戰場，頃者乃滿（即乃蠻，今作奈曼。）大勢亦敗于是。’即謂戊辰事。青吉勒河”。後其内容在他處出現，此處重復，故有删除標誌。周校本不察，仍録其文，其中“并征蔑兒乞”，周校本作“并征蔑兒里乞”，并注云：“此條將‘里’皆圈改爲‘兒’，此處大約漏圈。”實則原文已點去之，周校本未察。又“奪”字，周校本作“？”。

④ “察罕河”三字，周校本奪。

⑤ “琳丕勒云云”，姚、沈、繆校本與彙編本作“《琳丕勒多爾濟傳》云”。

⑥ “照此改”三字，姚、沈、繆校本與彙編本無。

十八葉六行至八行

南北相直,近五百里。龍骨即烏隆古之轉語矣①。又曰兀瀧古河,《元秘史》云:“成吉思與客列亦種人王罕征乃蠻種的古出古敦不亦魯黑②,《親征錄》作盃祿可汗,按,即太陽罕之兄③。不亦魯黑不能對陣,起過阿勒台山去。追至忽木升吉兒地面兀瀧古河行④,成吉思獲不亦魯黑的官人也迪土卜魯黑⑤。又追至乞濕泐巴失海子行⑥,不亦魯黑遂窮促了⑦。”故《長春游記》載鎮海之言曰:“白骨甸,古之戰場,頃者乃滿大勢亦敗于是。”蓋地鮮水草,兼饒鬼魅⑧,所由氏爲白骨甸矣。烏隆古河北距⑨

【校記】

① “語”字周校本作“譯”。

② “古”字,繆校本、彙編本作“占”。

③ “罕”字,沈校本作“汗”。

④ “升”字,周校本作“利”。

⑤ “土”字,姚、繆校本與彙編本作“士”;“黑”字,周校本作“里”。

⑥ “濕”、“失”二字周校本作“溫”、“夫”。

⑦ 此句下徐校本原有句云:“乞濕泐巴失海子即乞則里八寺之異名也。”有删除標誌,周校本不察,仍錄之,“乞濕”二字并誤作“七溫”。

⑧ “饒”字周校本作“繞”。

⑨ “北距”下姚、沈、繆校本與彙編本有“額爾齊斯河源”六字。

十一行

所屬逃去①。額璘沁尋以附逆革職解京②,道死,戮尸。見《西域考驗集》③,俟考。

【校記】

① "所"上姚、沈、繆校本與彙編本有"遂率"二字。

② "革"字沈校本作"苗"。

③ "西域"二字,沈校本乙作"域西"。

十七行

似額而色黑也①。《唐書·沙陀傳》:"處月居金娑山之陽。"準以地望,疑此爲金娑山矣。《特默齊傳》云②

【校記】

① "似"上姚、沈、繆校本與彙編本有"言山之"三字。

② "默"字周校本作"莫"。

十九葉二行至四行

復似其蔓,所謂乞濕泐巴失海子,又曰赫色勒巴什淖爾。

九行

在元時又名曰乞則里八寺海①。

【校記】

① 此條與上則校記用同一簽紙。"又"字旁徐校本有圈記,以原文奪此字,而欲增補也。"名"字沈校本奪。周校本不察,將此條緊接上條之下,"里"字又誤作"黑"。

十七行

＊曰阿勒坦山烏梁海①

【校記】

① "山"下彙編本有逗點,誤。

二十葉十九行、二十行

是爲額爾齊斯河,元之額兒的失水也①。成吉思甲子年(1204)追襲篾兒乞脫黑脫阿②,到金山,住過冬。明年春,逾阿來嶺,適乃蠻古出魯克與脫黑脫阿相合於額兒的失不黑都兒麻地面根源行,整治軍馬③。成吉思至其地,脫黑脫阿中亂箭死④。其尸不能將去,其子割其頭,渡額兒的失水⑤,溺死者過半。河側置馹,謂之大河馹⑥。

【校記】

① "兒"字周校本作"而"。

② "脫黑",沈校本奪,周校本作"脫里"。

③ "黑"字周校本作"里"。

④ "黑"字周校本作"里"。

⑤ "額兒的失水",沈校本奪作"兒失水"。

⑥ 二"馹"字,繆、周校本與彙編本均作"驛"。

二十一葉二行

即紀斯河之勝。其時成吉思西征回回,比其歸也,於斯過夏。《元史・太祖紀》於庚辰(1220)歲書駐蹕也石的石河[①],時方克尋思干,何得數千里旋師縱敵?作史者不諳地理,致有此失[②]。

【校記】

① 此句"歲"、"的"字繆校本、彙編本作"的"、"河";"駐"字沈校本作"驛"。

② 此條與上則校記用同一簽紙。

二十三葉十八行

亦曰鴻和圖淖爾。注云云[①]。《唐書》言葛邏祿部跨僕固振水[②],當即此淖爾也。淖爾圓橢云云[③]。

【校記】

① "注云云",姚、沈、繆校本與彙編本引足原文作"鴻和,蒙古語鈴也,見《元史語解》。"周校本作"注云"。

② "邏"、"振"二字,周校本作"羅"、"根"。

③ "云云",姚、沈、繆校本與彙編本作"形"字,周校本作"云"。

附録二：

《西域水道記》（外二種）地名索引

本索引按各條目首字筆畫排序，收入《西域水道記》《漢書西域傳補注》《新疆賦》所及西域地名，包括自然與行政地理名詞，如國家、城鎮、村莊、關門、山水、驛站、軍臺、寺祠等；連帶而及的周圍地域如西藏、青海、甘肅、內蒙古等省區，以及印度、中亞、西亞、俄羅斯、外蒙古等相關地名，亦予列入；其有爲古族名而兼有地名義者，如丁零、烏孫、乃蠻等，亦予列入；但連帶而及的中原地名如黃河、重華宮等，不入索引；地圖、校記中的地名，亦不入索引。

同名異地均分別列條，而於條目後括注其不同的地名特徵，以資區別，如"二工（昌吉屯田）"、"二工（惠遠旗屯）"例。同地異名，如烏恰爾薩伊河諺稱二道河，分別列條，而各自括注其異稱，以資互見，如"二道（即烏恰爾薩伊河）"、"烏恰爾薩伊河（又作二道河）"例，其相互關係，惟據原書記述，不作校正，以免枝蔓；同一地名有詳略之稱，如三危、三危山、三危之山、三危峰者，則以其簡稱爲條目，餘皆括注，如"三危（三危山、三危之山、三危峰）"例。

附條目首字音序檢索表。

首字拼音檢索表

Y

Z

地名索引

一畫

二畫

三畫

四畫

五畫

六畫

七畫

八畫

九畫

十畫

十一畫

十二畫

十三畫

十四畫

十五畫

十六畫

十七畫

十八畫

十九畫

二十畫

二十一畫以上

附録三：

《西域水道記》(外二種)重印後記

朱玉麒

《西域水道記》(外二種)包括徐松的《西域水道記》《漢書西域傳補注》《新疆賦》三種西域著作,由筆者承乏點校整理,於2005年7月由中華書局作爲"中外交通史籍叢刊"的第18種正式出版。整理本的一個特點,是得到了徐松以上三種著作的稿本與刻本,因此得以以彙校的方式整理該書;其最爲重要的《西域水道記》,又得到了在刻本之後徐松的親筆校補文字,補充了自刻本以來徐松對《西域水道記》的增補與修改内容。

在本書出版不久,榮新江教授又在俄羅斯國家圖書館的斯卡奇科夫舊藏中,發現了可能是張穆謄抄自徐松校補本的簽條。其中簽補,有超出筆者用以整理的日本早稻田大學圖書館藏徐松親筆校補本的内容(參榮新江《俄羅斯國家圖書館所見〈西域水道記〉校補本》,《文史》2005年第4輯,245—256頁,下文引用稱"俄藏本")。因此,對於《西域水道記》一書的内容,又有了新的補充。而由於本人的譾陋與粗心,其中標點斷句的失誤和文字繁簡轉換造成的錯訛,在近年的使用過程中,亦時有發現。

兹趁《西域水道記》(外二種)重印之際,根據新發現的材料以及閲讀所見的謬誤,按照已出版的《西域水道記》(外二種)頁碼次序，作正誤、補遺如下。其中正誤的部分，在重印本中，已經挖改；而補遺部分，因影響排版，暫時沒有在重印本中增補。恭請讀者據下面的文字自行對該書進行修正。

我要感謝榮新江教授的發現與研究，感謝給我指出謬誤的李吟屏、許全勝等先生。我也期待此後不斷得到嚴正的批評，以便將來的重印或再版能少出錯誤。

2012 年 6 月 3 日於北京大學

一、正誤

頁碼	原文	誤	正
前言 9	遣戍期間，徐松還遠昉班固《兩都》、張衡《二京》之製，創作了昇平時代歌頌大一統的文學作品——《新疆賦》。	昉	仿
正文 17	又國語謂雪爲呢蟒，依西番語謂之岡	呢蟒，依	呢蟒依，
正文 47		第 2 行校記號①重複	改正文中第二行①为②，改第七行②为③；［校記］中①、②的文字内容互調
正文 119	交州即火州也，統別失八里之地，北至阿朮河，東至元敦甲石哈，巴而朮阿而忒的斤曾孫火赤哈兒的斤嗣爲亦都護。至元十二年〈1275〉，都哇卜思巴等率兵十二萬圍火州，聲言曰：'阿只吉奥魯只諸王以三十萬之衆猶不能抗我而自潰	元敦甲石哈；都哇卜思巴；阿只吉奥魯只	元敦、甲石哈；都哇、卜思巴；阿只吉、奥魯只
正文 253	土人呼果爲阿里馬，蓋多果實，以是名其城。"其地出帛，曰秃鹿麻，所謂種羊毛織成者。		後引號移至"所謂種羊毛織成者。"下

續表

頁碼	原文	誤	正
正文 290	丞相納哈出,擁衆二十萬,據金山。洪武二十年(1387),師踰金山,納哈出降。	納哈出,擁衆二十萬;納哈出降	納哈出擁衆二十萬;納哈出降
正文 495	今濟木薩城北五里有破城,爲唐都護府遺址,而城南十五里入山是今城,在唐城之南,漢城又在今城之南也。	而城南十五里入山是今城,在唐城之南	而城南十五里入山,是今城在唐城之南
附錄 567	烏蘭烏蘇徑喀什噶爾城西[①] 【校記】①"徑"字彙編本作"徑"。 水西,逕休循國南[①],在葱嶺西。 【校記】①"徑"字彙編本作"徑"。	正文"徑"字;校記前"徑"字	均正作"逕"
附錄 568	百里,徑察哈爾阿勒爾[①],《水經注》云:"河徑岐沙谷,出谷分爲二水,一水東流,徑無雷國北。"蓋以庫勒之水與烏蘭烏蘇同源,斯爲謬矣。庫勒水又東流百里,徑哈喇塔什嶺北。 【校記】①此節四"徑"字,彙編本均作"徑"。	正文四"徑"字;校記前"徑"字	均正作"逕"
附錄 574—575	"南河東徑于闐國北[①]。又東北,徑扜彌國北。又東,徑精絕國北。又東,徑且末國北。又東,右會阿耨達大水。"(《水經注》又引釋氏《西域記》曰:"阿耨達山西北有大水北流,注牢蘭海者也。其水北流,徑且末南山。又北,徑且末城西[②]。"	正文七"徑"字;校記①前"徑"字,②"徑"字,③"案"字,⑤"徑"	"徑"均正作"逕";"案"正作"桉"

續表

頁碼	原文	誤	正
	按[3],《水經注》先言南河徑且末國北） 【校記】 ①此節"徑"字,彙編本均作"逕"。 ②"其水"句,姚、繆校本與彙編本奪"徑且末 南山。又北"七字。 ③"按"字沈校本作"案"。 ⑤……余按,酈君之言南河徑扜彌國北		

二、補遺

頁碼	原文	增補
正文23	校記③	俄藏本補正此句外,並有朱筆鉤去底本前句"傳記言蔥嶺者,莫詳於魏 宋雲"。
正文56	校記③	此處《會典》引文,俄藏本亦有朱筆鉤除標記。
正文56	其年有採進密爾岱山玉三（句下補校記符號②）	②俄藏本此句補作:其年有採進密爾岱山玉者,一玉重萬餘觔,棄之庫車東門外。又三,
正文56	輦至哈喇沙爾,以其勞人,罷之。（句下補校記符號③）	③此句俄藏本改作:輦至哈喇沙爾,亦罷之。
正文56	土人導余至驛舍東北觀之,半沒塵壤,出地者高二尺許（句下補校記符號④）	④俄藏本該句下補:在庫車者未暇觀焉。

續表

頁碼	原文	增補
正文 57	祭以少牢（句下補校記符號⑤）	⑤俄藏本刪此四字，改作：以羊祀之，猶駿馬河之取貝子胎銅矣。既祀，
正文 65	梵書又謂之薩旦那（句下補校記符號①，同頁原校記①改標爲②）	①薩旦那，俄藏本補作“瞿薩旦那”，是。
正文 65	校記①（改作校記②）	俄藏本改寫爲： 《經世大典圖》曰忽炭。按，成吉思皇帝庚辰之役，于闐已望風降附，而《元史·阿剌瓦而思傳》云：“從帝親征于闐、尋斯干。”《至元辨僞錄》亦言：“耶律楚材扈從太祖西征于闐，及可弗叉國。”蓋庚辰以滅乃滿，得降于闐。既克而叛，又附算端。是以辛未之春，復用師焉。成吉思乃封皇子察阿歹，（《元史》作茶合帶，又作察合台，又作茶合解，今從《秘史》。）爲右手大王以鎮之。其孫阿魯忽（《旦只兒傳》作兀盧。）封于闐王。（《附錄》、《補元史諸王傳·阿魯忽傳》：阿魯忽者，察阿歹之孫，合剌旭烈子也。成吉思皇帝親征西域，辛未之春，再定于闐，使察阿歹爲右手大王鎮之。蒙哥皇帝之二年七月，命合剌旭烈征西域。其年十二月薨，阿魯忽嗣，駐斡端城，爲于闐王。于闐地土廣大，擅農桑之利，回回人如雅老瓦實、馬合麻、哈八石，皆于闐世族。其唐兀賢傑或往依之。暗伯親迎於敦煌，阻兵不得歸，客於阿魯忽所。而阿波古亦事阿魯忽。阿魯忽以爲得人助，萌異圖，與海都應。天子疑之，至元十三年，命愛薛使焉。復以別速解、忽別列八都兒二人爲都元帥，領蒙古軍二千人、河西軍一千人戍斡端城，又使薛徹干等通好。阿魯忽留使者，數年不遣。薛徹干得暗伯所贐馬駝逃歸，言其狀。十六年，命諸王出伯、元

頁碼	原文	增補
		帥不花帖木兒往討。出伯以大軍逼于闐,而使兀渾察往可失哈耳,爲遊擊軍,遇敵人二千餘,兀渾察以勇士五十人與戰,禽其將也班胡火者。海都遣將玉論亦撒率兵萬餘人來援。遊騎先至斡端,宣慰司劉恩設伏以待,敗之。海都又遣八把以衆三萬來侵,恩懼而退。十七年,也罕的斤又征斡端,詔諭三城官民。十九年,諸王合班、元帥忙古帶、總管旦只兒等軍至斡端,與阿魯忽戰,勝之。阿魯忽請降。二十三年,立驛於斡端。二十四年,以鈔萬定賑斡端貧民。初,憲宗之世,西域立兩行省,以別失八里行省控制西域左地,阿母河行省控制西域右地。世祖之世,又立三宣慰司,當北道之中,則別失八里;南道之東,則哈剌火州;南道之西,則斡端。迨不賽因有國,不置王官,罷阿母河行省。至是,阿魯忽專制南道。至元二十六年,亦罷斡端宣慰司。凡途魯吉、柯耳魯、畏兀兒之地,皆屬焉。傳至篤來帖木兒、燕只吉台,世世朝貢不絕。)
正文 71	校記③	此句俄藏本以箋條粘貼,改寫爲: 元 至元十年六月,遣玉工李秀才采玉。(《永樂大典》載《經世大典·站赤》云:"至元十年六月十八日,兵刑部侍郎伯术奏:失呵兒、斡端之地產玉,今遣玉工李秀才者采之,合用鋪馬六匹、金牌一面。上曰:得玉將何以轉致至此?對曰:省臣已擬令本處官忙古艀拔都兒,於官物內支腳價運來。上曰:然則必得青黄黑白之玉,復有大者,可去其瑕璞起運,庶幾馹傳輕便。"按,失呵兒即可失哈兒。言產玉,即葉爾羌之玉也。是知葉爾羌 元時爲可失哈兒地。)次年正月,免于闐采玉工差役。
正文 72	校記①	此句前俄藏本補寫:"于闐鎮城,毗沙都督府治所也。"

續表

頁碼	原文	增補
正文 74	校記①	此句至段末“又東,經烏什城北”之前,俄藏本簽改爲: 西支行大山中,分流而會者,再逕哈爾布拉克南,有一水自北來入,東流八十里,逕哈喇和勒南,又東流一百一十里,逕赫色勒滾巴斯南。又東有阿哈爾布拉克,雙泉併發,自北來匯。又東流七十里,逕松塔石嶺北,水之南岸,自松塔石西五十里,至庫雨克托輝,又西七十里,至阿克奇。由此益西,皆南阻嶔崟,諺曰:梯子嶺騎步相持,七八日僅有達愛依克里克及阿克楚庫爾者。(二地皆喀什噶爾境。)《漢書》所謂尉頭南與疏勒接,山道不通者也。胡什齊布魯特依山遊牧,其鄂拓克週四十餘里,逐斯水爲居。水自松塔石嶺下,分爲二,皆東流六十里,逕愛斯庫烏什北而會,又東流七十里,逕色普拜爾北,又東流七十里,逕畢底爾卡倫南,(一作博得爾。)是爲畢底爾河。地有小石山,孤峰高聳,曰瑚什山。賴黑木圖拉之亂,賊據此山以抗官軍。畢底爾河逕其北,又東十餘里,逕巴什雅哈瑪卡倫城北,(卡倫在烏什城西八十里。)分二支,並東流,經鷹落山北,
正文 81	姑墨川水,唐之撥換河(句下補校記符號①,同段原校記①改標爲②)	①俄藏本此句下箋條粘貼,補寫爲: 其地爲四達之衝。《唐書》曰:安西出柘厥關,渡白馬河,至阿悉言城。(詳下渭干河條下。)又六十里至撥換城。此東通庫車路也。又曰:渡撥換河,至小石城。又六十里至大石城,曰溫肅州。(按肅當作宿,取溫宿國爲名。)此西至阿克蘇路也。又曰:溫肅州西北三十里至粟樓烽。又四十里度拔達嶺。又五十里至頓多城,烏孫所治赤山城。此北至伊犁路也。又曰:自撥換、碎葉,(按碎葉二字衍文。)西南渡渾河,(按即渾巴什河。)百八十里有濟濁館,故和平鋪也。又經故達幹城,

續表

頁碼	原文	增補
		百二十里至謁者館。又六十里至據史德城,一曰鬱頭州。(按鬱頭州即河西屬諸胡之尉頭州。鬱、尉雙聲字。《唐志》作蔚頭,傳寫之誤。尉頭國,今烏什地。)在赤河(按即烏蘭烏蘇河。)北岸孤石〔山〕。(北)渡赤河,經岐山,三百四十里至葭蘆館。又經達漫城,百四十里至疏勒鎮。此西南由烏什至喀什噶爾路也。(今此路不行。)又曰:自撥換南而東,經崑崗,渡赤河,(按所渡者塔里木河,仍蒙烏蘭烏蘇之號。渡塔里木河後,渡和闐河。)又西南經神山、睢陽、鹹泊,又南經疏樹,九百三十里至于闐鎮城。此南通和闐路也。撥換城,一曰威戎城,亦曰姑墨州。撥換河, 按,據《新唐書・地理志》,箋條"北岸孤石北渡赤河"之後"北"字作"山",抄者涉上"北"字而誤書,今改正。
正文83	校記①	此句至"通藏地"之間,俄藏本以箋條粘貼,改寫爲: 玉隴哈什東南二百三十里,爲齊爾拉村。齊爾拉東百五十里,漢 扜彌國也。班書《西域傳》云:扜彌國西通于闐三百九十里。《唐地理志》:于闐東三百九十里有建德力河,其地有建德力城。即扜彌國 扜彌城。按酈君之言,南河逕扜彌國北,不言有所匯之川,知建德力爲細流矣。又東北爲克勒底雅城,(克勒底雅城在齊爾拉村東北一百八十里。)城據南山,曰克勒底雅山。城之南三百五十里曰塔克村,山行有徑,
正文86	校記①	此句俄藏本以箋條粘貼,改寫爲: 唐 貞觀二十年,阿史那社爾破龜茲,於其國城置龜茲都督府,領州九。顯慶三年,又徙安西大都護府治之。(唐 北庭大都護府統三軍,曰瀚海軍、天山軍、伊吾軍。凡領突厥州二、府二十三,治於瀚海軍。安西大都護府統四鎮都督府州三十四,河

續表

頁碼	原文	增補
		西諸胡州十二、府二,西域州七十二、府十六,所謂四鎮都督府者,一龜茲,二于闐,三焉耆,四疏勒,治於龜茲。都護又兼鎮西節度使,凡鎮兵二萬四千人,馬二千七百匹。)元《經世大典圖》作苦叉。
正文 102	今則西川自入河,東川入湖後無復餘水,不與河通(句下補校記符號②)	②此句下俄藏本補: 酈君又言龜茲西源所出山,引《釋氏西域記》謂:屈茨北二百里有山,夜則火光,晝日但煙。以余目驗,山即冰嶺,度越之時,不睹晝煙,推其致誤,蓋與東源相混矣。《宋會要》載:雍熙中,供奉官王延德使高昌還,《行程記》云:王居北庭,北庭山中出硇砂,山中常有煙氣湧起,而無雲霧,至夕光焰如炬,火照見禽鼠皆赤。采硇砂者著木底鞋,若皮爲底者即焦。今庫車北山產硇砂,昏夜之時,光興上照。
正文 120	以其女也立亦里迷失別吉厚載以茵,引繩墜城下而與之,都哇解去。	"茵"下出校記:也立亦里迷失別吉,中華本《元史·巴而朮阿而忒的斤傳》作"也立亦黑迷失別吉"。
正文 200—201	校記①	又據俄羅斯國家圖書館所收張穆舊藏刻本,卷三第四十二葉第六行至第九行所刻文字即與稿本簽條內容同,有旁改與浮簽同底本,並在刻本改寫部分的天頭有朱筆所寫:"星伯先生改定如此。此其初印本也,今已抽換矣。穆記。"
正文 415	梵言薩旦那(句下補校記符號①,本段原校記符號①②改②③)	①薩旦那,據原書,當作"瞿薩旦那"。